Edition AV

Das Buch

Bitter für die Briten, dass nicht einmal die Artus-Sage vor den Franzosen sicher ist. – In „Diener des Goldes: »King« Artus und das Geheimnis von Avalon" erfährt der junge Marcel Amidieu von seiner bretonischen Tante, dass nicht in Britannien, sondern hier in der Bretagne die „wahre" Geschichte um Artus, Merlin, Excalibur und die Tafelrunde stattgefunden hat.

Je genauer wir der Jagd nach einem legendären Goldschatz und den Erzählungen alter Bretonen folgen, umso mehr verschwimmen Raum und Zeit, weitet sich unser Horizont und plötzlich erscheint die Bretagne als Ausgang und Ende dieser Welt. Alles stürzt auf uns ein: Teufel und Dämonen, Goten, Römer, Paradies, Sintflut, Jesus, Giganten, Weltkrieg und Wundermaschinen. Überall lauern Parallelwelten und unerwartete Begegnungen zwischen Mythen, Astronomie und Archäologie. Akribisch werden unzählige Spuren freigelegt und zu einem Netz verflochten, das uns so schnell nicht mehr loslässt. Alles dreht sich, bis Vergangenheit und Sage zu unserer Gegenwart und Zukunft werden könnten.

Dieses Buch ist kein Abenteuer, es will uns seine Wahrheit offenbaren.

Martin Fenske, Erstleser

Der Autor

Pierre Dietz, Jahrgang 1963, lebt im Rhein-Main-Gebiet und arbeitet als Animationsdesigner, Künstler und Schriftsteller. Deutsch-französische Wurzeln, historische Themen und ein bewegtes Leben im Medienbereich, als Kurzfilmemacher, Journalist und Fotograf prägen sein Werk.

Im gleichen Verlag erschienen:
»Briefe aus der Deportation«, »Resistance und Todesmarsch« sowie »Das Geisterfestungsfest«.

Pierre Dietz

King Artus

und das Geheimnis von Avalon

Edition AV

CIP-Titelaufnahme der deutschen Bibliothek:
Dietz, Pierre; »King« Artus und das Geheimnis von Avalon.
1. Auflage, Bodenburg / Niedersachsen, Verlag Edition AV

ISBN 978-3-86841-235-2

Für Isabelle, Jean und Ron

Originalausgabe

Satz und Gestaltung: Pierre Dietz / pierre-dietz.de
Lektorat: Martin Fenske
Druck: Leibi / Neu-Ulm

Printed in Germany
ISBN 978-3-86841-235-2

Pierre Dietz

King Artus

und das Geheimnis von Avalon

INHALTSVERZEICHNIS

Graffiti

1

12. Juni 1996

Der Blick auf die Uhr zeigt kurz vor zwei am Morgen. Paris schläft trotz der ungewöhnlichen Hitze. Drückend warmer Wind bläst den Staub durch die breiten Uferstraßen. In der »Seine« spiegeln sich die Lichter des »Musée d'Orsay«. Über dem ehemaligen Bahnhof ragt die Spitze des Eiffelturms empor. Marcel Amidieu schwelgt in Kindheitserinnerungen. Bei der Eröffnung des Museums für französische Impressionisten vor sechs Jahren ist der damals Dreizehnjährige mit den Eltern zugegen gewesen. Das ist für den Gymnasialschüler lange her. Das Betrachten der Meisterwerke zwischen dem Beginn der Zweiten Republik und dem Ersten Weltkrieg hat in ihm den Wunsch geweckt, eines Tages ein reicher und berühmter Künstler zu sein.

In einer Plastiktüte warten die vereinbarten Utensilien auf die bevorstehende Aktion. Darunter ein fester Karton, in den das Motiv geschnittenen ist, eine große Spraydose mit rotem Autolack, ein winziges Notizbuch mit karierten Blättern, Einweg-Kugelschreiber und ein gefalteter Plan der Untergrundbahn. Der Junge wartet auf einen wenig älteren Künstlerfreund mit dem Pseudonym »ME«. Das Kürzel steht für »Messerschmitt«, eine Firma, die im Dritten Reich Jagdflieger und Bomber gebaut hat. Sein Freund sammelt bevorzugt Plastikmodelle dieses Flugzeugherstellers und bemalt die Bausätze möglichst originalgetreu.

Marcel und einige Schulfreunde spielen ebenfalls Krieg, mit kleinen Plastiksoldaten. Dank ihrer Freizeitbeschäftigung haben sich die Schüler intensiv mit der Geschichte des Zweiten Weltkriegs beschäftigt und über Bücher und Zeitschriften eine Menge über die Gräueltaten der Nazis erfahren. Der Holocaust ist immer wieder ein Thema, weshalb keiner von ihnen freiwillig den Part der Wehrmacht übernimmt. Alle ziehen die Rolle des gerechten Alliierten vor, der den Juden zu Hilfe kommt. Sein Fehler, vor den Kameraden geprahlt zu haben, sein Vater sei aus Deutschland. Um dem Sohn Fragen nach der Herkunft zu ersparen, hatte dieser bei der Hochzeit den Nachnamen der Frau angenommen. Trotzdem haben die Spielkameraden den Halbfranzosen gerne aufgefordert, den Part des »Rommel« im Kampf gegen »Montgomery« und »Patton«

zu mimen. Für Franzosen aus Kreisen der Résistance ist der Halbdeutsche der Sohn des ehemaligen Feindes dem gewisse Mitschüler mit Argwohn begegnen. Zu seinem Glück ist Paris eine Weltstadt und genügend andere sind ihm freundlich gesonnen. Insbesondere die dunkelhaarigen Mädchen interessieren sich für ihn, den Blonden mit den azurblauen Augen.

»ME« und Marcel haben sich über ihre Leidenschaft für Miniaturen von militärischen Fahrzeugen auf dem »Salon du Jouet«, einer Modellbaumesse im Norden der Stadt, kennengelernt. Marcel ist an »MEs« Tisch stehen geblieben, um bei ihm mehr über die Airbrush-Maltechnik aufzuschnappen. Im Verlauf des Gesprächs wechselt die Problemstellung auf die aktuellen politischen Zustände im Bezug auf die Bildung der Jugend.

„Die wahren Verbrecher des Krieges verschweigen uns die Lehrer bewusst!", sagt »ME« energisch. „Nur wenige haben eine Ahnung von der Existenz der Hintermänner der imperialen Staatsführung, die zu Zeiten Philippe Pétains Frankreich an den Rand des Untergangs getrieben haben!"

„Wer sind die Leute?"

„Geheimbünde, die mit Luzifer paktieren!"

„Der Beelzebub ist eine Märchenfigur."

„Wenn der Meister der Finsternis nur ein Hirngespinst ist, hätte sich sein Andenken nicht über alle Epochen der Menschheit, in der Malerei, auf der Bühne und in Aufzeichnungen, so hartnäckig gehalten."

„Dieses Wesen ist ein Synonym für die Mächte des Verderbens."

„Der Antichrist ist die treibende Kraft, die uns zu absonderlichen Handlungen verleitet, die wir unter normalen Umständen niemals täten."

„Was vermag ein Mensch wider einen Dämon auszurichten?"

„Alles, wenn du Mumm in den Knochen hast!"

„Den Mut, aber nicht die Mittel und erst gar nicht das nötige Wissen!"

„Bist du bereit, gegen die vom Teufel besessene Staatslenker aktiv vorzugehen und einen Beitrag zur politischen Kunst zu leisten?"

„Wenn das der Karriere als Künstler förderlich ist."

„Fertige eine Schablone an, besorge Autolack-Spraydosen und lege dir einen Decknamen zu. Das Motiv sprühen wir an die Wände der Stadt und sorgen so für einiges an Aufsehen. Wir benötigen außerdem einen Stadtplan und ein Notizbuch. Vergiss die Stifte nicht!"

„Ist »33« für dich in Ordnung? Das ist meine Lieblingszahl."

„Perfekt!"

„Wie heißt du?"

„Das verrate ich niemandem!"

Der Unbekannte mit dem südfranzösischen Akzent hat ein außergewöhnliches Muttermal auf der linken Wange. Auf dem angehefteten Namensschild stehen nur die zwei genannten Buchstaben.

„Du überredest mich zu rebellischen Aktionen und sagst mir nicht einmal den Namen! Das ist wenig Vertrauen erweckend!"

„Das ist besser so. Öffentlich nenne ich stets nur den »Nom de Guerre«. Freunden gegenüber, die das genauso zu handhaben. Wenn uns die Polizei erwischt, sagt der Ertappte nichts über die anderen aus. Den Tipp habe ich vom Großvater. Der ist in der Résistance gewesen."

„Wer sagt dir, ob ich unter den Umständen überhaupt komme?"

„Ich spüre deinen Drang, dieses Land zu verändern, wodurch du dich von den meisten Jasagern unserer Generation unterscheidest."

»ME« skizziert grob seine Vorstellungen auf die Rückseite eines Flugblatts.

„Bekommst du das hin?"

„Ich denke schon!"

„Wir treffen uns nächsten Mittwoch, um zwei Uhr nach Mitternacht, auf der »Pont du Carrousel« vor dem »Louvre«."

✝✝✝

Zwei Uhr in der Nacht. Vom »Place de la Concorde« kommend, rast ein Auto mit hoher Geschwindigkeit an Marcel vorbei. Kurz darauf schlendert »ME« in kurzen Hosen über die Brücke. »33« ist komplett in schwarz gekleidet. Der wohlhabende Sohn eines Winzers hat ein weißes T-Shirt und helle Halbschuhe an.

„Bist du bereit?", fragt »33« mit konspirativem Unterton.

„Na klar!", sagt »ME« emotionslos. „Zeig mir die Vorlage!"

„Die Polizei sieht uns an dieser Stelle von weitem!"

„Sei nicht so übervorsichtig! Je offensichtlicher, desto unauffälliger!"

»33« holt vorsichtig den Karton aus der Tüte und hält das labile Gebilde mit der Schutzfolie in den Schein der großen Laterne neben der »Statue des Wohlstands«, in deren hohlen Sockel einst das Häuschen zum Abkassieren des Brückenzolls untergebracht gewesen ist.

„Den Teufel hast du ausgezeichnet getroffen und die Buchstaben hast du perfekt hinbekommen. »ME33« als Signatur, übertrifft jede Erwartung!"
„Die Schrift habe ich auf unserem Rechner mit dem Zeichenschnitt »Stencil« gestaltet und ausgedruckt."
„Bist du wahnsinnig! Wenn dein Vater die Datei findet!"
„Ich bin nicht doof! Ich habe die Daten erst gar nicht gespeichert."
„Wer hält die Schablone? Wer sprüht? Hast du den Notizblock eingesteckt?"
„Du bist mir einer! Bei der Nutzung des Computers rastest du aus, und im Gegenzug notierst du jede Straßenecke, an der wir sprühen auf dem Stadtplan. Wenn die Bullen uns schnappen, schreibt uns die städtische Reinigung spielend leicht die Rechnung für das Entfernen der Kunstwerke."
„Sind wir erst bedeutende Künstler, beweisen wir mit diesen Aufzeichnungen, an welchen Stellen wir die kleinen Botschaften hinterlassen haben."
„Warum sprayen wir nicht »Freestyle«? Das ginge schneller und das Ergebnis wirkt spontaner."
„Das nervige Geschmiere? »Zigoing« oder »Shaboom«? Das hat keinen Style. Wo bleibt die politische Aussage? Die Leute sind von den knallbunten Schmierereien genervt und viele schauen erst gar nicht mehr hin. Mit der Form hat das Statement Charakter, einen Wiedererkennungswert!"
„Wir probieren die Wirkung des Graffitis besser erst einmal unten am Ufer aus?"
„So vergeuden wir nur Zeit! Den ersten Schritt wagen wir gleich am Gebäude gegenüber!"
„Am »Louvre«? Bist du von allen Geistern verlassen?"
„Das Schloss ist das bekannteste Kunstmuseum der Welt. Wir verewigen uns an seinen Mauern und sind morgen früh berühmt! Ein Skandal! Das bestbewachte Bauwerk Frankreichs ist verschandelt! Denke nur an die Presse, die ihre Fotoreporter schickt!"
„Und die Bullen?"
„Siehst du einen?"
„Jetzt nicht! Jeden Moment taucht eine Streife auf."

„Künstler zermartern sich nicht das Hirn über solche Nebensächlichkeiten. Angst vernebelt die Sinne. Lass uns endlich loslegen!"

Die beiden Aktionskünstler überqueren den »Quai François Mitterrand« und schreiten auf den östlichen der fünf Torbögen zu. Auf dem anderen Ufer der »Seine« fährt ein Auto. Nervös zupft »ME« an einem Lederbändchen am Handgelenk. Das Brummen verhallt in Richtung »Palais Bourbon«. Unmittelbar unterhalb der italienischen Gemälden des sechzehnten und siebzehnten Jahrhunderts hält »33« die Schablone an die halbhohe Wand mit steinernen Sitzgelegenheiten, die den Fußgängerbereich vom Verkehr trennt. Diese Ecke ist von zufällig vorbeifahrenden Fahrzeugen aus nicht einsichtbar. »ME« sprüht gleichmäßig – von links nach rechts und von oben nach unten – über die ausgeschnitten Stellen im Karton. Der erfahrene Hobby-Lackierer dreht die Dose auf den Kopf und bläst die restliche Farbe aus dem Ventil, um das Eintrocknen der Düse zu verhindern. Im Licht einer Taschenlampe holt »33« das Notizbuch aus der Tüte und notiert den Ort und die Uhrzeit. Ein erhabener Blick auf das gelungene Werk. Nach einer kurzen Trockenzeit verstauen die Freunde ihre Tatwerkzeuge wieder.

„Wo sprühen wir als nächstes?"

„Im Durchgang gegenüber zur »Rue de Rivoli«."

„Du läufst nicht allen Ernstes übers offene Gelände? An den Laternen sind Kameras installiert."

„Wir kriechen durch die Hecken. Dort sind wir für die Überwachungsbeamten unsichtbar."

„Am Ufer sind wir überhaupt nicht zu sehen!"

„Für wahr! Und kein Mensch sieht dort unsere Botschaften!"

Wenige Meter vor dem »Arc de Triomphe du Carrousel« leuchten im »Cour Napoléon« schlagartig gleißend helle Flutlichter. Schnell ducken sich die ihre Köpfe. Ein rechteckig geschnittenes Gebüsch dient ihnen als Deckung. Aus einem Seitenportal des Museums strömen schwer bewaffnete Soldaten auf den Platz und postieren sich in einer Linie vor der größten der gläsernen Pyramiden.

„Ich habe dich vor den Überwachungsgeräten gewarnt!", keucht »33« panisch. „Jetzt sind wir geliefert!"

„Diese Veranstaltung ist staatlicher Natur und hat mit uns nichts zu schaffen. Einer der intriganten und korrupten Politiker empfängt vermutlich mitten in der Nacht einen geheimen Staatsgast. Die Medien sind aus leicht nachvollziehbaren Gründen nicht informiert. Ich sehe auf jeden Fall niemanden von der Presse."

„Und ich sehe keine Anzugträger. Nur Uniformierte. Das ist ein Manöver."

„Im Zentrum der Stadt? Aber egal, lass uns hurtig verschwinden!"

Lautlos schwebt ein unbeleuchtetes Fluggerät heran. Das Luftfahrzeug, welches aus zwei durchdrungenen, ungleichen Zylindern mit einer komplizierten Oberflächenstruktur besteht, landet neben der großen Pyramide, ohne deren Glasfassade zu zerstören. Kurz bevor der seltsame Flieger aufsetzt, umgibt blaues Licht das Gefährt. Staub wirbelt auf. Eine Tür am Rumpf öffnet sich und eine Rampe fährt aus.

„Ich traue meinen Augen nicht! Und ich bin der Auffassung gewesen, alle Flugzeuge der Welt zu kennen! Das Gerät widerspricht allen Regeln der Aerodynamik!"

„Ich sehe weder Kennzeichen noch Flagge. Die Maschine scheint nicht aus Frankreich zu stammen."

„Das ist garantiert eine asiatische Neuentwicklung. Ungewöhnlich leise!"

Ein Dutzend Männer und Frauen in Zivil schreiten andächtig durch das Tor des »Cour Carrée«, der seit dem Auszug des Finanzministeriums Teil der Ausstellung ist. Zwei Mitarbeiter tragen ein für den Louvre verhältnismäßig kleines Gemälde aus den Beständen der Kunstsammlung heraus.

„Das sind die »Arkadischen Hirten« von Poussin", erkennt »ME« das Bild aus der Mitte des siebzehnten Jahrhunderts.

„Erkennst du das Motiv aus der Entfernung?"

„Das Bild ist Thema einer Hausarbeit gewesen", sagt »ME«.

„Was denkst du?", fragt »33«. „Hat das Museum das Bild verkauft? Hat der Louvre das Recht, den Besitz der französischen Nation zu veräußern?"

„Das Bildnis umgibt ein Geheimnis. Zwei Schäfer deuten auf den Schriftzug »ET· IN· ARCA· DIAEGO«. Schatzsucher vermuten hinter den Worten einen Hinweis auf das Grab Jesu oder eines Apostels.

Der steinerne Sarkophag steht, dem Gelände nach zu urteilen, in Südfrankreich."

„Was ein Zufall!", erinnert sich »33«. „Wir haben uns in Latein mit genau jenem Spruch befasst. »Und in Arkadien ich«, ergibt keinen Sinn! Also haben wir angefangen, die Buchstaben anders aneinanderzureihen. Das ist lustig gewesen. Ich erinnere mich an die Kombination »ET· IN· ARCA· DIAEGO«. Demnach liegt der Heilige Jacob im Bogen und nicht Jesus!"

„Hut ab! Nicht übel für einen Laien! Jeder Verschwörungstheoretiker nähme dir die Theorie mit Kusshand ab. Das Tor erscheint mir in dem Zusammenhang nicht zu passen."

„Welche Ecke des »Midi« ist das?"

„Angeblich aus der Nähe von »Rennes-le-Château«."

Aus dem futuristischen Flugapparat kommen düstere, in lange dunkle Mäntel gekleidete Figuren die Rampe heruntergelaufen. Zwei von den Fremden schleppen eine Packung, dessen Papier mattschwarz gefärbt ist. Ein Anzugträger aus den Reihen der Museumsleute schreitet würdevoll auf die absonderlichen Ankömmlinge zu.

„Das ist unser Staatspräsident!", entfährt »33« ein Erstaunen.

Auf ein Kommando hasten die Schatten eilig zur Seite. Mit übermenschlich großen Schritten eilt ein zweibeiniges Wesen im Format eines Goliaths auf das Staatsoberhaupt zu.

„Glaubst du mir jetzt", holt »ME« tief Atem, „was ich dir über die Verbindung der Regierung zum Teufel gesagt habe?"

„Der ist annähernd drei Meter groß!", sagt »33« ein wenig zu laut.

„Leise! Wenn der uns hört, sind wir geliefert!"

Der Riese gibt dem Präsidenten die Hand. Das Landesoberhaupt verbeugt sich unterwürfig und ordnet mit einer Handbewegung die Übergabe des Gemäldes an. Die Museumsmitarbeiter erhalten im Austausch das schwarze Paket. Die dubiosen Gestalten kehren mit den »Arkadischen Hirten« in das Fluggerät zurück, begleitet von dem Giganten, der seinen Untergebenen langsamen hinterherschreitet.

Der Staatschef winkt zufrieden und lächelt politisch korrekt. Geräuschlos entschwindet der Spuk in der Dunkelheit der Nacht. Lastwagen der Armee brausen aus beiden Richtungen auf den »Place du Carrousel« und die Sicherheitskräfte leiten den Abzug ein.

„Zu dumm, ich habe meinen Fotoapparat vergessen! Derartige Aufnahmen sind gewiss ein Leckerbissen für die Boulevardpresse!"

„Das Spektakel hat uns die beste Zeit für eigene Kunstwerke geraubt. Gleich öffnen die Bäckereien!"

Im Osten graut der Himmel über den Dächern des Palastes. Die zwei stehen unvorsichtigerweise auf und setzen ihren Weg fort. Ein lauter Pfiff ertönt und dringt ihnen bis ins Mark. Einige Soldaten steht im Schatten des Triumphbogens und sind von den mittlerweile Übermüdeten übersehen worden.

„Unbekannte Subjekte!", ruft ein vermutlich altgedienter Haudegen.

„Dort, an der Hecke!"

„Ergreifen!", befiehlt eine Frau in Uniform.

Der Fettleibige trampelt los und zerrt am Revolver. Der Verschluss des Halfters klemmt. Der Uniformierte verlangsamt das Tempo, um sich mehr auf das Waffenetui zu konzentrieren.

„Nichts wie weg!", zischt »ME«. „Lauf!"

Ohne sich umzudrehen, rennen die Ertappten zum »Jardin des Tuileries«.

„Die Vorlagen!", keucht »33« atemlos. „Ich habe unsere Tüte liegen lassen."

Ein Schuss fällt! Entgegen aller Vernunft beschleunigen die Freunde in ihrer Todesangst die Laufgeschwindigkeit.

„Feuer einstellen!", schreit die Vorgesetzte. „Sind Sie wahnsinnig? Sie hatten Befehl, die Agenten festzunehmen, nicht zu erschießen!"

„Das ist ein Warnschuss in die Luft gewesen!", verteidigt sich der Angesprochene.

„Wir sind nicht im Krieg! Fassen Sie die Kerle, ohne gleich die halbe Stadt zu wecken!"

»ME« und »33« erreichen das Ende des »Louvre« und gelangen an den »Quai François Mitterrand«. Von dort führt der Sprint zur gegenüberliegenden Straßenseite und dort eine Treppe zum »Quai des Tuileries« hinunter. Die Flüchtenden wenden sich nach links und nähern so der »Pont Royal«.

„Durchhalten!", treibt der sportliche »ME« zur Eile an. „Unter der nächsten Brücke lebt ein Bekannter von mir."

In den zahlreichen Nischen zwischen den Pfeilern stehen Zelte von Obdachlosen.

„Etienne! – Etienne, bist du da?"

„Wer ist da?", ruft eine jugendliche Stimme aus einer der Einbuchtungen.

„Ich bin's, Thomas. Wo steckst du? Uns sind Soldaten auf den Fersen!"

„Uns Kleinkriminelle jagt gelegentlich die Polizei und ihr legt euch mit der ganzen Armee an? Respekt, Kollege!"

Der minderjährige Stadtstreicher zieht einladend die Zeltbahnen auseinander. Die beiden schlüpfen hektisch hinein. Der seit längerer Zeit ohne Körperpflege lebende »Clochard« schließt den Reißverschluss. Aus Erfahrung lässt der Lebenskünstler den Eingang einen Spalt offen, um hinaus zu spähen. Das stampfende Traben sich nähernder Armeestiefel verstärkt sich im Widerhall des Kalksteingewölbes. Unmittelbar vor dem Zelt verschnaufen die Uniformierten. Die Gejagten halten die Luft an. Anspannung und die Hitze treiben ihnen den Schweiß auf die Stirn.

„Na bravo!", beschwert sich die Vorgesetzte. „Die sind über alle Berge!"

„Wenn Sie mich fragen", entschuldigt sich der alte Mann in Uniform, der die vermeintlichen Agenten entdeckt hat, „sind das womöglich Kinder! Die zugegeben äußerst sportlichen Backfische haben das Entscheidende gewiss nicht zur Kenntnis genommen. Die Nachteulen sind zum besagten Zeitpunkt schlicht zu weit weg gewesen."

„Dank der unüberlegten Schießerei kommen wir nicht umhin, die Zeugen zu eliminieren! Nicht auszudenken, wenn die Geschichte in der Presse erscheint!"

„Ohne Hintergrundwissen sind ihre Aussagen wertlos! Die Medien oder die Polizei interessieren sich nicht für das Abfeuern einer Waffe, wenn dies folgenlos geschieht. Jede Nacht fallen Schüsse in Paris. Entlang der großen Boulevards haben alle Metropläne Einschusslöcher. Durchgeknallte Halbwüchsige in schnellen Autos nutzen die hell erleuchteten Flächen als Zielscheiben. Die subversiven Subjekte haben, wenn überhaupt, den Präsidenten gesehen, der einen Staatsgast verabschiedet hat."

„Haben die Vögelchen den Austausch der Geschenke denn mitbekommen?"

„Peinlich ist die fehlende Verpackung! Eine maßlose Schlamperei! Das hat Konsequenzen!"

„Unser Gast hat deinen Fauxpas galant übersehen. Vermutlich sind die schwulen Burschen nur zufällig vor Ort gewesen. Die Hecken dienen zur Deckung ihrer Spielchen."

„Ruhe!", mault ein Obdachloser auf der anderen Seite des Gehweges.

„Du bringst der Organisation nur Schande. In meiner Einheit ist kein Platz mehr für dich!"

»33« sieht vorsichtig hinaus. Der Waffenträger zieht der angestauten Hitze wegen sein Barett vom Kopf. Der Mann hat eine Glatze und auffallend kleine Ohren. Derart winzige Hörorgane hat Marcel bislang nicht beobachtet. Weitere Soldaten, die den Uferweg in die entgegengesetzte Richtung abgesucht haben, erreichen ihre Vorgesetzte und nehmen ebenfalls ihre Kopfbedeckungen ab. Keiner von Ihnen hat Haare auf dem Kopf. Nicht einmal ihre Chefin. Und alle haben die gleichen Besonderheiten.

„Wir vergeuden kostbare Zeit. Erstatten Sie Meldung! Abzug!"

„Der Leitungsstab hat uns sein Kommen zu spät angekündigt! Wir sind zu sehr in Eile gewesen, um das Gelände angemessen abzusichern!"

„Der Meister liebt spontane Auftritte! Selbst wenn die Schwuchteln das Bild erkannt haben, ist die Information alleine wertlos!"

Der Trupp kehrt zur Treppe an der »Pont Royal« zurück. Leise und beständig plätschert das Wasser der »Seine« gegen das gemauerte Ufer. Der Hund winselt nicht mehr. Der heiße Wind lässt die Zeltbahnen flattern. Ein Lastwagen fährt über die Brücke.

„Verfolgt von Außerirdischen!", seufzt »ME«.

„Sind dir ihre winzigen Lauscher aufgefallen?", fragt »33«.

„Ein nicht zu übersehendes Merkmal! Danke, Etienne, du hast uns das Leben gerettet."

„Keine Ursache! Diese blassen Gestalten sind öfter entlang des Ufers anzutreffen und ständig auf der Suche nach einer imaginären Bedrohung. Uns Obdachlose nehmen die merkwürdigen Wesen aus unerfindlichen Gründen nicht wahr. Nicht die geringste Ahnung, warum das so ist. Als ob wir aus Luft bestünden."

„Wir haben einen Riesen gesehen. Eine furchteinflößende Erscheinung, deren Anblick scheinbar verboten ist. Einer der Soldaten – der Alte – hat auf uns geschossen! In was sind wir da nur hineingeraten? Weshalb steht von übergroßen Existenzen nichts in den Zeitungen?"
„Hauptsache, ihr seid erst einmal in Sicherheit!"
„Ich bringe dir bei Gelegenheit eine Pulle Wein vorbei", bietet »ME« seinem Freund an. „Ist das okay für dich?"
„Da sage ich niemals nein! Das weißt du. Bleibt eine Weile in meinem Zelt."
„Ich gehe nach Hause", drängelt »33«. „Bald fängt die Schule an!"
„Verstehe! Freut mich, dich kennengelernt zu haben. Wenn du am Ufer bist, schaue bei mir rein. Du bist immer willkommen!"

Marcel begeht den Fehler, sich kurz auf sein Bett zu legen. Der Wecker klingelt. Der Übermüdete wacht nicht auf und verpasst das Frühstück. Sein Vater hat das Haus früh am Morgen verlassen. Der Ingenieur eines französischen Fahrzeugkonzerns zieht die frühen Morgenstunden vor, um am Nachmittag Zeit für sich zu haben.

Die bretonische Mutter ist Parfümverkäuferin in einem der gigantischen Kaufhäuser hinter der »Opéra Garnier«. Cécile Amidieu ist ein Kopf größer als sein Alter Herr, weshalb der Spätpubertäre nur ungern mit den Eltern Gemeinsames unternimmt, insbesondere wenn Schulkameraden am gleichen Ort zu erwarten sind. Die strenge Mama wünscht sich nichts sehnlicher für ihren begabten Sohn als ein Studienplatz an der Elite-Universität »Sorbonne«. Vor ihrem Weg zur Arbeit rüttelt diese an der Zimmertür, um sich zu verabschieden. Aus Panik, den Geruch des Obdachlosen zu verbreiten, bleibt die Tür verschlossen.

„Bist du erkältet mein Liebling?"
„Nein, ich habe nur miserabel geschlafen!"
„Hast du gestern zu lange ferngesehen?"
„Bin beim Film eingeschlafen und mich haben Alpträume geplagt!", lautet die Ausrede.
„Du hast in Kürze deine Prüfungen! Nervosität ist absolut normal. Stehe endlich auf und gehe in die Schule!"

„Lass mich in Ruhe! Ich bin kein Kind mehr!"

„Dein Frühstück steht auf dem Tisch. Ich gehe jetzt los, mein Schatz!"

„Danke, Mama! Bis heute Abend."

Marcel brüht sich am Gasherd in der kleinen schmalen Küche erst einmal einen überdosierten, von Hand gefilterten Kaffee. Das dickflüssige Aufputschmittel schmerzt im Gaumen und erzeugt kurz darauf Herzrasen. Marcel zittert am ganzen Körper. Der Raubbau an den Reserven hat zur Unterzuckerung geführt. Der Junge flucht wegen der eigenen Dummheit laut vor sich hin. Drei längliche Würfelzucker versinken in der öligen Substanz der zweiten Tasse. Der Gestank der Nacht schreit nach einer heißen Dusche. Ein weiterer Schluck zur Probe.

„Schon besser! Zwei Zucker mehr und die Mischung ist perfekt!"

Die Müdigkeit steckt tief in den Knochen. Der Gymnasiast schleppt sich zu dem ehrwürdigen Bauwerk, in dem das »Lycée Louis le Grand« seit 1563 untergebracht ist. Marcel steigt an der Metro-Station »Cluny – La Sorbonne« aus, durchschreitet den »Jardin Médiéval«, überquert den »Place Paul Painlevé« und biegt in die »Rue des Écoles« ab. Ihn trifft der Schlag. Auf der gegenüberliegenden Straßenseite lehnt »ME« an einer Hauswand und winkt ihn zu sich herüber.

„Ich habe auf dich gewartet."

„Woher weißt du, auf welche Schule ich gehe?"

„Ist das so wichtig? Lass uns nach der Tüte suchen, bevor die Polizei unsere Unterlagen findet!"

„Ich schwänze nicht! Wir haben demnächst die ersten schriftlichen Klausuren."

„Du handelst dir weit mehr Ärger ein, wenn die Schablone in die falschen Hände gerät!"

„Warum bist du nicht sofort zum Louvre gegangen?"

„Du beobachtest den Platz und warnst mich, falls diese sonderbaren Gestalten wieder auftauchen!"

Auf dem »Place du Carrousel« patrouillieren keine Glatzköpfigen mehr. Scharen von ahnungslosen Urlaubern stehen vor der großen Pyramide Schlange, weil ihnen der Nebeneingang, an dem sich nur selten Warteschlangen bilden, nicht bekannt ist. Trotz intensivem Stöberns bleibt

die Tüte unauffindbar. Entweder haben die Soldaten das Beweismittel aufgelesen oder der Kehrdienst den Müll entfernt. Einige Touristen fotografieren ihr nächtliches Werk.

„Was habe ich dir gesagt!", triumphiert »ME«. „Morgen lesen wir einen Artikel über das Kunstwerk in der Zeitung! Lass uns gleich heute Abend weitermachen!"

„Ich habe den Unterricht geschwänzt! Ich hoffe, meine Eltern bekommen davon nichts mit."

„Du bist erwachsen. Schreibe deine Entschuldigung selbst!"

Reise in die Bretagne 2

Juli 1996

Marcel hat im Leistungsfach Mathematik mit überdurchschnittlichen Noten geglänzt. Seine Mutter ermutigt ihn, sich trotz der Ausrutscher in den anderen Fächern an der »Sorbonne« zu bewerben. Größen wie Albert Einstein haben Tiefpunkte durchlebt und seien später kometenhaft aufgestiegen.

„Beim Vorstellungsgespräch", ist seine Mama überzeugt, „punktest du durch deine hervorragenden Manieren, die du von mir erlernt hast."

Die Schule ist aus. Ferien! Ein paar Tage drauf steigt der Junge frühmorgens in den Zug in die Bretagne ein. Kurz vor der Abfahrt. Sein Vater hat angesichts einer Unternehmenskrise keinen Urlaub erhalten und dem weiblichen Familienoberhaupt fehlen die Nerven, mit dem Großvater alte Meinungsverschiedenheiten aufzuwärmen. Durch die Spiegelung der Scheiben sind seine unter Zeitdruck stehenden Eltern nur schemenhaft zu erkennen. Die beiden winken zaghaft zurück.

Der Reisende bemerkt nicht, wie sich ein nach Knoblauch und Schweiß riechender Prolet neben ihn setzt. Im Mittelgang stauen sich die Fahrgäste. Viele haben einen Stehplatz. Neben ihm ein Knacken, gefolgt von einem Zischen – das typische Geräusch einer sich öffnenden Bierdose. Verwundert schaut Marcel in zwei unsympathische Augen. Ein Dreitagebart kaschiert eine unbestimmte fleischige Masse.

„Ein Bier, Kollege?"

„Für mich ist das zu früh am Morgen!"

Seine Gedanken schweifen in die Zukunft. Endlich sieht der leidenschaftliche Schwimmer das Meer wieder. Paris im Sommer ist langweilig. Alle Freunde sind verreist. Der Junge verbringt die Ferien bei Tante Louane in »La Forêt-Fouesnant«, in Küstennähe. Sein Großvater wartet ebenfalls sehnsüchtig auf den einzigen Enkel.

Der Gestank, den der Nachbar verströmt, ist unerträglich. In der Sitzreihe davor unterhalten sich zwei ältere Damen in unangemessener Lautstärke. Die betagten Vorstadt-Pariserinnen kommentieren Belanglosigkeiten in der Landschaft, als seien die vorbeirasenden Landmarken die wichtigsten Errungenschaften der Menschheit. Die Klimaanlage in dem Großraumwaggon ist für T-Shirt und kurze Hosen zu frostig eingestellt. Marcel friert. Bei der Menschenmenge besteht keine Hoffnung, aus dem Koffer ein wärmeres Kleidungsstück herauszuholen, geschweige denn, dem merkwürdigen Nachbarn zu entfliehen. Das Wetter verschlechtert sich zunehmend. Die flache »Perche« zieht vorüber und die Gedanken reisen durch die Vergangenheit.

Der Tod seines Onkels, Janick Noyieux, dem Ehemann der Tante, hat ihn damals tief getroffen. Seine witzige Art hat ihn als Kind oft zum Lachen gebracht und dessen Schiffsmodelle haben sich in seine Erinnerungen gebrannt, mit denen der Junge ungestraft gespielt hat, selbst wenn Teile abgebrochen sind. Der ehemalige Matrose eines Unterseebootes und späterer Kapitän eines gekenterten Touristen-Rundfahrtschiffes ist bei dem Versuch ertrunken, Passagiere zu retten.

Beruflich ohne Ehrgeiz lebt die Tante von diesem Zeitpunkt an von einer bescheidenen Witwenrente mietfrei im Haus des Großvaters. Die passionierte Anhängerin bretonischer Mythen und Sagen schreibt regional bekannte Bücher über ihre Entdeckungen. Das hat ihr keine Freunde beschert. Das frühere Stadtoberhaupt hat postuliert, ihre wissenschaftlich nicht fundierten Schauergeschichten vertrieben die Gäste. Die Hetze hat schädigende Ausmaße angenommen, denn das Oberhaupt des Ortes forderte den Zeitschriftenhändler auf, ihr erstes Buch nicht in sein Sortiment aufzunehmen. Bevor der Streit vor Gericht gelandet ist, starb der Bürgermeister aus ungeklärten Umständen. Seither hat Tante Louane in der Gemeinde den Ruf einer Hexe. Sein Opa Paul ist sechsundneunzig Jahre alt und hofft, nicht vor Marcels eintreffen das Zeitliche zu segnen.

„Zigarette?", meldet sich der übergewichtige Sitznachbar wieder zu Wort.

„Ich rauche nicht! Aber egal, vielleicht beruhigt das Nikotin meine Nerven."

„Dich aufzufinden hat mich meine letzten Nerven gekostet!"

Der Kahlköpfige zündet die beiden Glimmstängel an und öffnet eine weitere Bierdose. Ihm fallen die winzigen Ohren seines Nachbarn erneut ins Auge.

„Meine Vorgesetzte und ich haben durch dich beträchtlichen Ärger erhalten, und ich bin den Job als Sicherheitsoffizier des Präsidenten los."

„Ohne Ihre Dienstmarke haben Sie nicht das Recht, mich zu verfolgen! Genießen Sie Ihre Freizeit!"

„Mein Chef bleibt der Gleiche, obwohl ich nicht mehr in der alten Abteilung bin. Sei froh, in diesem überfüllten Zug zu sitzen! Wenn all die Leute nicht im Gang stünden, hätte ich dich längst grün und blau geschlagen!"

„Ich habe Ihnen nichts getan! Ich kenne Sie nicht einmal. Das ist garantiert eine Verwechslung! Wenn Sie mir wehtun, schreie ich um Hilfe!"

„Ich übergebe dich meiner neuen Dienststelle! Danach ist meine Ehre wiederhergestellt und der große Meister ist mir wieder wohlgesonnen. Der Herr der Hölle wartet mit Vergnügen auf dich. Niemand sieht den Höchsten ungestraft!"

Um den Worten Nachdruck zu verleihen, quetscht ihn der Häscher zwischen sich und der Außenwand ein.

„Auf den Fang!", bringt der Söldner einen Toast auf sich aus.

„Was haben Sie mit mir vor?"

„Ich bringe dich nach Paris zurück."

Das widerliche Wesen neben ihm genehmigt sich auf den Sieg ein Bier nach dem anderen. Marcel hat Bauchschmerzen, Bedenken vor möglichen Konsequenzen und Platzangst. Die Gedanken rotieren. Der Junge steht kurz vor einer Ohnmacht. Alle seine Sinne haben Alarmstufe rot.

„Frankreich trennt sich besser von der Bretagne!", fordert eine der beiden Damen auf den Sitzen vor ihm. „Die Menschen dort sind keine Franzosen!"

„Wir alle sind gläubige Christen!", entrüstet sich ihre Nachbarin.

„Ich muss auf die Toilette!", stellt Marcel seinen Mut auf die Probe.

„Komm schon!", murrt der Trunkenbold und die nächste Dose verliert ihren Verschluss. „Dieser Trick ist älter als das Kino und du hast dich schon einmal aus dem Staub gemacht. Mein Chef hat geeignete Mittel, um aus dir herauszuquetschen, was du mitbekommen hast."

„Und weiter?"

„Das entscheidet der Meister, was mit dir geschieht!"

„Wieso geschehen? Ich bin kein Verbrecher! Was habe ich deiner Meinung nach gesehen? Und wo? Ich kenne Sie nicht!"

„Christen?", schreit die Dame am Fenster. „Nachfahren von Templern, die Frankreich mithilfe des »Baphomet« ruinieren!"

„Diese Schachteln haben keine Ahnung!", empört sich der Angetrunkene. „Hebräisch rückwärts gelesen wird aus »Baphomet« den Namen unserer großen Göttin SOPHI.A!"

„Ich muss aufs Klo!"

„Und wenn du dir die Hose vollmachst – du bleibst sitzen!"

„Sprich leiser!", sagt die Mitreisende vor ihm zu ihrer Sitznachbarin. „Uns hört der ganze Wagen zu!"

Monoton rattern die Räder über die Gleise. Der Inhalt einer weiteren Dose Bier rinnt durch eine Kehle, die keinen Durst mehr hat. Der Junge schaut angestrengt aus dem Fenster. Wann kommt der Zug im nächsten Bahnhof an? Hoffentlich ergibt sich auf dem Bahnsteig eine günstige Gelegenheit, um dem Fettwanst davonzulaufen. Dessen Chef beabsichtigt Marcel erst gar nicht kennenzulernen! Die Polizei ist dank der Graffiti keine Alternative und steckt am Ende mit dieser Organisation unter einer Decke. Heftiges Schnarchen dring an sein Ohr. Das Bier hat seine Wirkung als Schlafmittel voll entfaltet.

Der Junge stemmt sich mit voller Kraft gegen die Seitenwand. Der Kerl ist zu schwer! Unverhofft gibt die fleischige Masse nach. Ein athletisch gebauter Mitreisender grinst ihn an.

„Ich habe euer Gespräch unfreiwillig mitgehört. Ich habe keine Ahnung, was du seiner Auffassung nach ausgefressen hast, und die Hintergründe gehen mich nichts an. Ich schätze, du bist im Recht und der Penner ist ein Verbrecher. Los! Steige über ihn und verstecke dich bis zum nächsten Halt in der Menschenmenge! Der Säufer steht vermutlich so schnell nicht wieder auf."

„Vielen Dank! Warum haben Sie mir geholfen? Sie kennen mich nicht einmal!"

„Ich habe genug Menschenkenntnis und ein Gespür für Ungerechtigkeit!"

„Wie revanchiere ich mich bei Ihnen?"

„Hilf anderen Menschen. Das Gute kommt eines Tages zu mir zurück!"

Der Junge hat keine Zeit, sich mit philosophischen Fragen zu beschäftigen. Sein Koffer ist in einem Gepäckregal aufbewahrt.

Unter einem Schwall an ruppigen Worten und derben Gesten hangelt sich der Befreite seinen Sachen entgegen und quält sich mit dem Reisegepäck in Richtung Lokomotive. Der nächste Waggon hat Abteile und auf dem Gang stehen nur vereinzelt Passagiere. Einen Wagen weiter stellt Marcel sich an den Ausstieg und schaut sich nervös um. Der Zug reduziert seine Geschwindigkeit. Die Strecke ist kurvenreich und folgt einer idyllischen Flusslandschaft. Die Bebauung ist urbaner. Die Gleise durchqueren den nicht endenden Rangierbahnhof von »Rennes«. Bange Minuten bleiben bis zum Erreichen des Hauptbahnhofs. Die Fahrgäste drängen sich zu den Ausgängen.

„Lassen Sie mich durch!", lallt der Häscher von Weitem. „Im Namen des Staates! Geben Sie den Weg frei!"

Die Bremsen quietschen Unheil verheißend.

„Warten Sie gefälligst", erwidert eine Dame, „bis Sie an der Reihe sind!"

„Das ist Behinderung einer Festnahme!", schreit der Verfolger die Fassungslose an.

„Wenn Sie ein Polizist sind, bin ich Mutter Teresa!"

Mit der flachen Hand schubst der Aufgebrachte sein Hindernis aus dem Weg. Von dem brutalen Vorgehen erschüttert fällt die aus dem Gleichgewicht Gekommene über ihren Koffer und schlägt schreiend auf den Boden auf. Aus einer Platzwunde an der Stirn rinnt Blut. Die Bahn kommt zum Stehen.

„Was fällt Ihnen ein?", wettert die zutiefst Empörte. „Ich zeige Sie an! Haltet diesen Verbrecher!"

Die Automatiktür öffnet sich. Marcel setzt zum Sprung auf den Bahnsteig an. Eine Hand an seinem T-Shirt hält ihn zurück.

„Lauf nicht weg, Amidieu! Ich finde dich, wo immer du dich versteckst!"

Das T-Shirt zerreißt.

„Du kommst mir nicht davon!", knurrt der Häscher.

Die Handtasche der Gestürzten saust durch die Luft. Ein heftiger Schlag an den Hinterkopf des Betrunkenen, bringt ihn zu Fall.

„Sie bleiben", droht die Aufgebrachte, „bis die Polizei kommt! Ihr Verhalten hat ein Nachspiel!"

Ohne sich umzudrehen, rettet sich Marcel, seinen Koffer hinter sich herziehend, in die Innenstadt.

Tante Louane

3

Juli 1996

Der Gedanke, mit dem Zug weiterzufahren, bereitet ihm Unbehagen. Was, wenn der Glatzkopf am Bahnsteig auf ihn wartet? Marcel versteckt sich in einem kleinen Park neben dem »Musée des Beaux-Arts« und wechselt dort sein T-Shirt. Gegenüber steht eine Telefonzelle. Die Schwester seiner Mutter erklärt sich bereit, ihn mit ihrem Auto abzuholen. Treffpunkt ist die gegenüberliegende Uferstraße. Bis dahin sind, je nach Verkehrslage, bis zu drei Stunden Wartezeit zu überbrücken. Dem Gejagten fehlt die Ruhe in der Zwischenzeit alte Gemälde zu betrachten. Gespannt schweift der Blick die »Avenue Jean-Janvier« Richtung Bahnstation hinunter. Der Junge fragt sich, wer in besagter Nacht aus dem Ufo gestiegen ist. Weshalb lohnt der Aufwand, ihn nach so langer Zeit weiterhin zu verfolgen? Oder ärgert sich der Soldat nur deshalb, die Nerven verloren und auf ihn geschossen zu haben?

Zweihundertzehn quälende Minuten später rollt der uralte weiße Peugeot 203 Cabriolet über den »Quai Châteaubriand«. Die Inneneinrichtung des Zweisitzers besteht aus rotem Leder und riecht modrig. Das Verdeck hat Risse. Die feuchte Seeluft verhindert das Austrocknen der eingenisteten Pilze und Flechten. Im Fahrtwind des langsam fahrenden Wagens flattert das Kopftuch der glücklichen Tante.

„Was hat der Typ von dir gewollt?", erkundigt sich Louane. „Am Telefon habe ich nur »Bahnhof« verstanden!"

„Das ist recht kompliziert."

„Ich verstehe! Manche Gedanken brauchen Zeit, um sich zu setzen, und gewisse Erlebnisse ausreichend Abstand, bevor du darüber sprichst."

„Ich habe dank des Vorfalls bisher nichts gegessen!"

„Ich kenne ein sympathisches Restaurant in »Larmor-Baden«, das von außen nicht sonderlich schick ist, aber eine ausgezeichnete heimische Küche hat. Von dort genießen wir einen grandiosen Ausblick auf die sagenumwobene Landschaft der Apfel-Inseln. Ich habe dir einiges zu erzählen."

Am Golf von »Morbihan« angekommen hält das Auto auf einer Landzunge im Hafen der Stadt an. Das Wetter klart auf. Dünne weiße Wolken treiben nach Osten ins Landesinnere. Der Wind riecht nach Jod. Marcel holt tief Luft, um den Großstadtmief aus seiner Nase zu verbannen. Die Wellen rauschen im Sand oder gluckern unter den Booten. Der Strand ist übersät mit Muschelschalen, Seetang und toten Krebsen. Die wärmende Sonne taucht die Szenerie in ein friedliches Licht.

„Die Gegend ist ganz anschaulich, Tante Louane!"

„Du untertreibst! Dies ist der magischste Ort auf der ganzen Welt!"

„Übertreibst du nicht ein wenig? Eine alte Pinie, ein paar Häuser, ein kleines Schloss und eine Hafenmole. Der Ort hat nichts Eminentes."

„Ich spreche von dem See!"

„Ist das ein See oder ein Meeresarm?"

„Dieses Gewässer ist in mystischer Zeit einmal ein verzauberter See gewesen, bevor der Fluss »Auray« das trennende Land weggeschwemmt hat."

„Soso! Verzaubert. Ich sehe nur verendetes »Frutti di Mare«."

„Das Wasser ist mit den Gezeiten gekommen und verschwunden. Die Menschen damals haben für den Vorgang keine Erklärung gehabt. Zur passenden Zeit angekommen sind hier die Wiesen aufgetaucht und die Inseln sind leicht erreichbar gewesen. Wenn die Sonne auf das nasse Gras geschienen hat, ist Dunst aufgestiegen. Die sagenhaften Nebel von »Avalon«! Oder auf Keltisch: Ãbállon."

„Von der Seeluft bekomme ich Hunger!"

„Du hast recht! Wir essen etwas und ich lege dir dar, was ich in Erfahrung gebracht habe."

Gleich ein paar Hundert Meter weiter steuert die Tante den nächsten Parkplatz an. Eine Mauer hindert einen kleinen Abhang, abzurutschen. Ein wenig schicker Bungalow, der auf einer durchgehenden Garage steht, beherbergt ein Restaurant mit großen Fenstern. Davor und an der Seite erstreckt sich eine Terrasse mit Seeblick. Liegende Betonstäbe mit Löchern verunstalten das Geländer. Ein Kellner stellt nach dem Regenschauer des Vormittags die Bestuhlung wieder auf.

„Hübsch ist das Ambiente wahrlich nicht!"

„Sitzen wir draußen?", fragt Louane reflexartig.

„Der Wind ist zu heftig! Hinter den Scheiben wärmen uns die Sonnenstrahlen."

„Drinnen sehen wir genug!"

Der Ober mittleren Alters, der schon bessere Tage erlebt hat, empfiehlt Taschenkrebs, Salzlamm mit weißen Bohnen samt Röstkartoffeln und flambierten Crêpe.

„Auf der Insel gegenüber hat einst eine Frau namens Morgane gelebt. Die Halbschwester des nebulösen Königs Artus hat die Region der Inseln beherrscht."

„Das ist scheinbar Ewigkeiten her."

„Durch massive Unruhen hat das Römische Reich zu jener Zeit die Vormachtstellung eingebüßt. Auf ihrer langen Wanderung haben die Goten eine Waffe mitgebracht, die auf Umwegen zu uns gelangt ist. Neuerdings ist behauptet worden, die Klinge sei aus Kalabrien und mit der »Macht der Götter« ausgestattet gewesen. Der erste Stahl in den Händen der Menschen."

Der Junge schaut seine Tante an, als ob diese von einem anderen Stern zur Erde gekommen sei.

„Binde mir keinen Bären auf!"

„Hast du je von »Avalon« und von »Excalibur« gehört?"

„Wer kennt nicht das legendäre Schwert? Im Lateinunterricht haben wir gelernt »ex« heißt »aus«, »cai« bedeutet »Stein« und »libur« meint »frei«. Was hat der Säbel in der Bretagne verloren? Spielt die Artussage nicht in Britannien?"

„Wir sind in Britanien mit nur einem »N«! Das ursprüngliche Land der Kelten. Und alles geschah in »Letavia« und nicht auf den Inseln!"

„Beruhige dich! Ich habe verstanden, worauf du anspielst!"

Der Garçon serviert zwei »Chouchen«[1] zum Aperitif.

„Der schmeckt hervorragend!", urteilt Marcel.

„Achten Sie darauf", mischt sich der Kellner ein, „Wenn Sie zu übermäßig davon trinken fallen Sie unweigerlich auf den Hinterkopf!"

„Ist das so?"

„Hier weiß das jedes Kind!", stimmt Louane zu.

1 Bretonischer Met, ca. 14 Prozent Alkoholgehalt.

Die Servicekraft setzt ein Lächeln auf und verschwindet in Richtung Küche.

„Auf der Insel gegenüber hat Morgane Lancelot eingesperrt, um ihn zu verführen und ihm ihren Willen aufzuzwingen."

„Liebe Tante, ich hoffe, du machst nur Spaß? Hast du Beweise? Denkst du dir das aus, um mich auf den Arm nehmen? Was weiß ich, der Junge aus der Stadt, über die Witze aus der Provinz? Jetzt sei bitte wieder ganz normal!"

„Bei uns Feen sind deine sogenannten Scherze fundierte Überlieferungen!"

„Seit wann bist du eine Fee?"

„Du bist durch Propaganda-Märchen verdorben, die uns Feen und Druiden diffamieren! Erst hat Rom, anschließend die Kirche, schließlich die vorgeblichen Aufklärer die Idee vom Leben mit der Natur diffamiert und uns in den Untergrund gedrängt. Wissen basiert auf den Lehren der Schöpfer. Wir haben die Kenntnisse zum Wohle der Menschen und aller Lebewesen angewandt. Schau nur, was Forscher dem Planeten angetan haben! Waffen und Umweltzerstörungen."

„Ihr habt versäumt", provoziert Marcel, „selbst Waschmittel und Fahrzeuge zu entwickeln. In diesem Fall wäre euer Ansehen in der Bevölkerung deutlich besser!"

Der Kellner bringt die frisch aufgebrühten Taschenkrebse, die der Koch fachgerecht geöffnet hat.

„Falls Sie einen Nussknacker oder Ähnliches benötigen, winken Sie mich kurz herbei."

„Das geht schon!", lächelt Louane die Bedienung an und führt ihre Ausführungen fort. „Die Allmächtigen haben uns solche Entwicklungen nicht erlaubt! Ihrer Aussaat und Schöpfung hat niemand Schaden zuzufügen. Nicht mehr lange und die Umwelt ist dank deiner Wissenschaftler, Waschmitteln und Autos dem Untergang geweiht! Bald ist die Erde wieder wüst und leer. So, wie die Götter unsere Erde vorgefunden haben."

„Und die Fee, die mir gegenübersitzt, eine alte stinkende Karre fährt, und die Wissenschaft verurteilt, rettet die Welt vor der Apokalypse?"

„Von mir aus. Laufe jetzt gerne auf der Stelle zurück nach Hause in dein von miefenden Vehikeln und Reinigungsmitteln verseuchtes Paris!"

„Tut mir leid, das mit der ausgedienten Möhre ist mir so raus gerutscht!"

Die Tante schaut hinaus auf den ehemaligen See. Die Ebbe hat eingesetzt und die Furt zur Insel zeichnet sich deutlich ab. In der Strömung zwischen den Buhnen üben Paddler den Umgang mit den Kräften der Natur.

„Ich fahre den Schrotthaufen, bis dieser auseinanderfällt, um dem größten Übel, der Profitgier, entgegenzutreten. So ein Auto führe fünfzig Jahre und mehr. Wenn Konzerne Interesse am Naturschutz hätten, wären alle Teile in Modulen verbaut, die eine Werkstatt bei Defekt oder technischer Weiterentwicklung bequem austauscht."

„Das ist ein Denkfehler! Wie baust du in einen Oldtimer nachträglich Airbags, Sicherheitsgurte, Kassettenrekorder, elektrische Fensterheber oder leistungsfähigere Motoren ein?"

„Das ist gar nicht nötig! Früher sind die Menschen mit dem zufrieden gewesen, was der Einzelne besessen hat. Neid ist in den Dorfgemeinschaften verpönt gewesen und ist in extrem harten Fällen bestraft worden."

„Wie viele sind ums Leben gekommen, weil die alten Fahrzeuge unzureichende Sicherheitsvorrichtungen gehabt haben? Aber um erneut auf die Artussage zurückzukommen: Woher weißt du so genau, was damals geschehen ist? Aufgrund der vagen Hinweise aus der Gralsgeschichte ist die Forschung nicht von der Authentizität der Überlieferungen überzeugt. Die Orte lassen sich nicht finden und die Geschichte ist vermutlich nur ein Idealbild des Mittelalters gewesen."

Louane schüttelt unablässig den Kopf. Begreift der Junge nichts?

„Weil die Wissenschaft in England, Irland oder Skandinavien und nicht in der Bretagne nach den Fakten sucht! In den Köpfen der Bevölkerung ist weit mehr überliefert als in allen Büchern der Welt!"

„Von wem ist das Zitat? Einstein? Wallenstein? Freiherr von Stein?"

„Von Merlin persönlich, der gewusst hat, wie manipulierbar geschriebene Worte sind!"

„Soviel ich weiß, sind von ihm keine Aufzeichnungen vorhanden!"

„Wir kennen jedes Wort von unserem göttlichen Meister! Diese sind bis heute mündlich weitergegeben."

„Ach! Merlin ist göttergleich gewesen?"

„Sein Vater ist der Teufel und die Mutter eine Gläubige."

„Meinst du den drei Meter aufragenden Darth-Vader-Verschnitt, dem ich in Paris begegnet bin?"

Marcel schaut in weit aufgerissenen Augen.

„Jetzt überraschst du mich!"

„Vor dem Louvre ist bei Nacht so eine Art Ufo gelandet und der Gigant ist ausgestiegen."

„Wenn der Herr der Finsternis dich bemerkt hat, bist du in großer Gefahr! Der hohe Herr hasst Zeugen, die nicht zu den Auserwählten zählen."

„Du glaubst mir?"

„Warum nicht? Nur weil die Geschichte für normale Charakteren unglaubwürdig klingt?"

„Da sind Uniformierte mit Glatzen und kleinen Ohren aufgetaucht."

„Das sind die Nachkommen seiner Brut! Nimm dich vor denen höllisch in Acht! Ich habe bei anderer Gelegenheit von der heimlichen Armee gehört."

Der Junge runzelt die Stirn. Bringt die Tante die Zeiten nicht arg durcheinander?

„Was haben Menschen von heute mit der Spätantike zu schaffen?"

„Die Götter versuchen seit Anbeginn der Menschheit, uns für ihre territorialen Machenschaften zu missbrauchen. In jener Zeit sind die Franken die »Kleinohren« gewesen. Für den Diabolus existiert die Zeit nicht! Ich warne dich vor den Häschern!"

„Einer ist mir bis in den Zug gefolgt. Ich bin ihm nur knapp entkommen!"

„Ich habe mich über dein vorzeitiges Aussteigen gewundert. Jetzt ist mir so einiges klar. Große Vorsicht ist geboten! Am besten rufst du die Eltern aus einer Telefonzelle an. Und nur, wenn wir unterwegs sind."

„Übertreibst du nicht ein bisschen?"

„Alle Telefongespräche laufen über Paris durch die Telecom-Zentrale unter den Tuilerien. Dort bist du leicht zu lokalisieren."

„Das ist technisch unmöglich! Alle Gespräche zu belauschen, erfordert eine Unmenge an Personal."

„Der Teufel verfügt über Techniken, die du dir in deiner kühnsten Fantasie nicht auszudenken vermagst. Und selbst im Traum reicht Vorstellungskraft nicht aus, um sich den Umfang auszumalen. Ich habe eine Freundin, die in »Comper am See« wohnt. Was hältst du davon, wenn wir die Nachfahrin der Viviane besuchen?"

„Ich kenne die Frau nicht!"

„Und weiter? Sie ist liebenswert und äußerst mitteilsam. Ihre Geschichten sind unbezahlbar."

Marcels Laune sinkt auf den Tiefstpunkt.

„Ist dieser Tag nicht anstrengend genug für mich verlaufen? Ich sehne mich nach dem Meer."

„Du verbringst sechs Wochen am Meer. Da fällt eine Übernachtung auf dem Lande nicht ins Gewicht. Der geschichtsträchtige Ort ist nur ein paar Kilometer entfernt. »Garçon«! Hat das Lokal ein öffentliches Telefon?"

„Neben den Toiletten, Madame."

„Ich bin kurz weg."

„Louane!"

„Keine Widerrede!"

Der Junge hofft, die Telefonverbindung kommt nicht zustande. Der Kellner tischt das Salzlamm auf.

„Die Dame möge sich beeilen. Das schmeckt kalt nicht besonders lecker und ist warm gestellt schnell zäh."

„Danke! Meine Tante ist nur kurz weg."

„Nehmen Sie zum Hauptgang einen Rotwein oder lieber einen Cidre?"

„Ein Apfelwein passt zur Gegend – ein Roter zum Lamm."

„Wir haben den besten Cidre der Welt! Unser Nationalgetränk ist aus den handverlesenen Äpfeln der Inseln in diesem See hergestellt. Eine Tradition, die bis in die Urzeit zurückreicht, als Eva einen der Äpfel Adam reichte."

„Das Paradies lag …"

„… auf »Avalon«, mein Freund! Beerenfrucht oder Apfelsekt?"

„In dem Fall einen paradiesischen Cidre."

Zufrieden schlendert der Ober zur Theke. Der Stadtjunge fragt sich, was die Sichtweise auf Geschichte der Bretagne derart verändert hat. Schafft die Abhängigkeit zu Frankreich Minderwertigkeitskomplexe? Marcel winkt Louane zu, die im Gesprächsrausch die Welt um sich vergessen hat. Der Garçon serviert die Getränke. Der Junge verliert die Geduld und stochert zaghaft im Essen herum. Größere Bissen folgen, bis der Teller annähernd leer gegessen ist. Da kehrt die Schwester seiner Mutter endlich wieder an den Tisch zurück.

„Beeile dich! Das Fleisch ist kalt."

„Und weiter? So verbrenne ich mir wenigstens nicht den Mund!"

„Lass mich raten – die Gute hat abgesagt."

„Wie kommst du denn darauf?"

„So lange, wie ihr telefoniert habt, sieht das nach einer Absage aus."

„Wir haben unsere Neuigkeiten ausgetauscht und ich habe ihr erst einmal von dir erzählt ..."

„Am Telefon?"

Kreidebleich sinkt Marcel auf dem Stuhl nieder.

„Oh! Die »Tuilerien« habe ich völlig außer Acht gelassen!"

„Jetzt lesen mich die Teufelsglatzen bei deiner Freundin auf."

„Den Nachnamen habe ich nicht erwähnt. Wie viele deines Namens leben in Frankreich pro Quadratkilometer?"

„Diejenigen davon, die eine Tante Louane haben: exakt einen!"

„Lass uns aufbrechen!"

„Und der Nachtisch?"

„Ein kleiner Kaffee tut – in der Tat – stets gut!"

Die Tante ordert zwei »Expressos« und Marcel grübelt nach Argumenten, sein Gegenüber umzustimmen.

„Du hast nichts zum Umziehen mitgenommen."

„Sorge dich nicht um mich! Janine hat die gleiche Kleider- und Schuhgröße wie ich. Wenn wir uns besuchen, helfen wir uns immer gegenseitig aus."

„Verbringen Sie Ihren Urlaub in der Gegend?", fragt der Kellner und serviert die Crêpes.

„Ein geheimnisvoller Landstrich", schwärmt Louane, „um sich zu erholen. Wir lieben die Zeugnisse aus der Urzeit!"

„Wenn das so ist, setzen Sie auf »Gavrinis« über und sehen Sie sich dort den »Cairn« an. Das Bauwerk ist sechstausend Jahre alt. Dort ist kurioserweise eine zerbrochene Stele verbaut, die ursprünglich vierzehn Meter hoch gewesen ist. Die Archäologen fragen sich, wie die Menschen damals das schwere Stück auf die Insel transportiert haben."

„Das klingt hochinteressant und wir nehmen Ihren Vorschlag unbedingt in unser Programm auf."

Die Bedienung eilt zum nächsten Tisch und der Junge schaut sein Vis-à-vis fragend an.

„Warum hast du ihn angelogen?"
„Ich traue dem Kerl nicht. Der Schnüffler ist ständig um uns herum. Ich wette, der hat jedes Wort mitbekommen. Sei nach dem Vorfall im Zug überaus vorsichtig! Am Ende ist der Ausflug eine Falle. Wenn wir dort verschwinden, bekommt das niemand mit."
„Jetzt übertreibst du! Der Kerl hat normale Ohren. Eher ein wenig zu groß und leicht abstehend. Der »Garçon« hat uns den Tipp aus Freundlichkeit gegeben."
„Sein Zuvorkommen ist mindestens eine Provision von dem Bootsbesitzer Wert, der uns zur Insel übersetzt. Für den Fall, wir führen hin."
„Besser das, als bei deiner Freundin in einen Hinterhalt zu geraten! Heute Abend sind wir ..."
„Ich zahle und wir fahren zu ihr! Die Gute wartet schon auf uns."
Der Ober bringt die Rechnung.
„Ich habe zwei ermäßigte Karten für Sie. Die bekommen nur gute Kunden. Die Führung ist inklusive."
Louane bezahlt.
„Was habe ich dir gesagt?", lacht sich die Tante beim Verlassen des Lokals ins Fäustchen. „Der tätigt nebenbei Geschäfte."
„Ob sein Chef was von den Nebengeschäften ahnt?"

✝✝✝

Ein befestigter Feldweg nimmt die ausgeleierte Federung des alten Peugeots erheblich in Anspruch. Janine steht am Gartentor ihres ländlichen Reihenhäuschens, das aus Naturstein gemauert ist. Die Fassaden sind mit Efeu bewachsen. Die Fensterkanten muten mittelalterlich an. Über die mannshohe Mauer ragt eine Palme. Mit quietschenden Bremsen und einer Fehlzündung kommt der alte Wagen zum Stehen. Ohne die Handbremse anzuziehen, hechten die langjährigen Freundinnen freudestrahlend aufeinander zu. Die beiden Damen umarmen sich und der Junge zieht geistesgegenwärtig den Hebel nach oben. Mit gemischten Gefühlen nähert sich der Jugendliche der, aus seiner Sicht, betagte Dame.
„Was für ein Prachtkerl!", juchzt Janine entzückt. „Warum verbringst du deine Ferien nicht bei mir?"
„Ich bin bevorzugt am Meer!", beschwert sich Marcel.

„Das ist hoffentlich nur ein Scherz! Kommt rein! Ich sage du zu dir? Ich bin Janine, und ich serviere uns erst einmal einen Aperitif, zum Auflockern."

Als wenn Louane nicht unterwegs schon locker genug gewesen sei. Die Angetrunkene argumentierte ihre Weiterfahrt unentwegt mit der Behauptung, Alkoholverbot am Steuer bezöge sich nur auf Autobahnen.

Das bescheidene Wohnzimmer ist mit Jesusdarstellungen aller Art übersät. Repliken von Gemälden, Kruzifixe und winzige Figurinen tummeln sich auf den rustikalen Möbeln oder hängen an den weiß getünchten Wänden. Eine Katze liegt auf der Fensterbank und beobachtet, was im Garten vor sich geschieht. Der Raum riecht nach Weihrauch und altem Holz. Marcel schaut sich fassungslos um. Bei sämtlichen Kirchgängen hat der selten praktizierende Katholik nicht so viele Gekreuzigte, Gegeißelte oder Gesegnete gesehen, wie in diesem Zimmer versammelt sind. Manche sind modern, einige Einzelstücke scheinen aus dem Mittelalter zu stammen.

„Spielen wir eine Partie Domino?", durchbricht die Freundin die Stille.

Ohne auf eine Antwort zu warten, zieht Janine eine kleine Holzschachtel aus der Schublade ihres Buffets. Ein roter Punkt markiert eine vertiefte Stelle im Deckel, mit der sich das Kästchen öffnen lässt. Mit einer geschickten Drehung landen die Spielsteine seitenrichtig auf dem Tisch. Die Vierzigjährige verschwindet in einem Nebenraum und kommt mit einer dunklen Flasche wieder zurück.

„Auf das Wiedersehen entkorken wir einen »Pineau des Charentes«!"

„Was ist das?", fragt der unbedarfte Junge.

„Ein mit Wein angesetzter »Cognac«. Ein wohlschmeckender Aperitif. Ich ziehe den Korken und du verteilst die Steine!"

„Mein von der Großstadt verdorbener Neveu und ich haben einen Glaubenskonflikt. Deshalb sind wir bei dir. Ich hege die Hoffnung, du überzeugst den Abtrünnigen von der mystischen Einmaligkeit unserer paradiesischen Bretagne."

„Ich habe nur erwähnt von der Schule von eurer Theorie abweichend unterrichtet zu sein."

„Mein Neffe sucht Viviane bei den Engländern!"

„So verdummen die Kinder an den angeblichen Bildungsstätten!", ist Janine erbost. „Einer behauptet eine vorgebliche Wahrheit und alle anderen plappern der Lüge hinterher. Erwachsenen haftet das falsche Wissen wie karamellisierte Butter an ihren Hirnen fest."

„Die Lehrer brauchen eine Basis für ihren Unterricht!", versucht Marcel seine Ausbildung zu verteidigen.
„Viviane ist in »Comper vom See« zur Welt gekommen!", sagt Tante Louane mit Nachdruck. „Nicht in Großbritannien, sondern vor Ort hat die »Herrin vom See« Uther Pendragon das Schwert »Excalibur« überreicht! Im Wald von »Paimpont«, südwestlich von uns aus gesehen, hat das Haus gestanden, in dem die Schwester der Elaine ihr Pflegekind Lancelot aufgezogen hat, nachdem sein Vater Ban von Bénoïc getötet worden ist!"
„Ihr Ehemann Gerren ist der Herr des hiesige Wehrdorfs gewesen", ergänzt Janine. „Dessen Vater Solor DuLac ist der Urahn aller alteingesessenen Familien dieser Gegend. Der Brautvater ist der Heiland gewesen, der mit Beginn der Unruhen, die Gralsburg bei »Saint-Jean-de-Monts« bezogen hat."
„Von einer Hochzeit des Gekreuzigten ist in der Bibel kein Hinweis zu finden!"
„Erinnere dich! Wer hat ihn am Kreuz besucht? Die Mutter Maria, Magdalena und Marthe, die Schwester des Lazarus, den der Erlöser von den Toten auferweckt hat und der ebenfalls nach Frankreich gegangen ist. Die Gebeine bewahrt die Kirche in »Autun« in der »Bourgogne« auf."
„Was hat das mit den Leuten vom See zu gemein?"
„Der See im Familiennamen bezieht sich auf »Jesus vom See Genezareth« und ist ein alter Adelstitel. Mit dem See hinter dem Schloss hat der Name keine Relation. Über viele Generationen lang haben auf dem Land seine Nachfahren immer wieder untereinander geheiratet, um die göttliche Blutlinie nicht zu verwässern."
„Ein Familienstammbaum von Abkömmlingen der Allmächtigen?", ist Marcel überrascht.
„Hast du ihm noch nichts von dem Gral erzählt?", fragt Janine.
„Das hätte den Jungen restlos überfordert!"
„Ist dir unsere Geschichte nicht wichtig? Du bist einer von uns! Der Gral ist keine wandelnde oder grell leuchtende Schale gewesen."
„Sind mit dem Gral nicht die Blutstropfen aufgefangen, die der Sohn Gottes am Kreuz vergossen hat?"
„In England hat ebenfalls einen Ort »Sulis« geheißen", ergänzt Tante Louane, „das heutige »Bath«! Die Briten behaupten, dies sei der Ort aus der Artussage."

„Der Gral ist der Gesalbte selbst. Nach der inszenierten Wiederauferstehung ist das »Agnus Dei«, wie erwähnt, mit seiner Frau und den drei Marien auf zwei kleinen Seglern über Ägypten vor den Römern geflohen. Auf dem zweiten Boot ist neben den anderen Mirjam von Bethanien mitgereist. Ihr hat der Messias den Auftrag gegeben, dessen Lehren zu verbreiten und eine Kirche zu gründen. Die drei Frauen sind in Südfrankreich in »Saintes-Maries-de-la-Mer« gelandet. Das Schiff mit Marthe, Jesus und Josef von Arimathia an Bord hat »Hispanien« umrundet und ist in dem »Sulis« vor Anker gegangen, das fernerhin in Erinnerung an die Ankömmlinge aus dem Orient »Lorient« genannt worden ist. Die Nachfahren der Besatzungen irren, da der Sinn des Unternehmens in Vergessenheit geraten ist, nach wie vor auf der Rückreise über Land in die alte Heimat heute als Zigeuner durch Europa."
„Das ist unhaltbar. Artus hat mehr als vierhundert Jahre später als Jesus gelebt! Oder stimmten deren Geburtsjahre überein?"
„Der Friedensfürst ist unvorstellbar alt geworden", setzt Janine ihren Vortrag fort, „wenn der Heiland nicht am Ende weiterhin am Leben ist. Annähernd fünfhundert Lebensjahre hat unser geistiger Meister und heimlicher König in der Bretagne gewirkt. Das erklärt, warum wir so gläubig und die katholischsten unter den Katholiken sind! Nach dem Tod seiner Frau, der schwarzen Martha von Bethanien, ist der Sohn Gottes auf der Suche nach »Maria«[2] Magdalena in Richtung Pyrenäen weitergezogen. Dessen Nachkommen haben sich im Laufe der Zeit über die Königshäuser in allen Ländern Europas ausgebreitet."
„Die Ritter der Tafelrunde haben den Herzenswunsch gehegt", übernimmt Louane das Gespräch, während Janine an ihrem Tee nippt, „ihm zu dienen. Der Nazarener hat nur Rechtschaffenen gewährt, sich ihm zu nähern. Der Verkünder der Liebe hat keine Raufbolde um sich gewollt. Besonnenheit, Nächstenliebe und Mäßigung haben die Gralsritter ausgezeichnet."
„Für was benötigt ein höheres Wesen Soldaten?", ist Marcel sprachlos.
„Die »Hüter des Heiligen Grals« sind seine Leibwächter gewesen."
„Jesus hat hübsche Töchter gehabt", grinst Janine.

2 Maria ist ein Titel und kein Name gewesen.

„Selbst der Teufel hat sich an einer vergangen", sagt Louane trocken. „Die Gute hat ihr Kind sofort taufen lassen, weshalb sich ihr Sohn Merlin auf die gute Seite geschlagen hat."
„Der Druide ist getauft worden?", fragt der Junge ungläubig.
„Endlich verstehst du uns!", freut sich Janine.
„Ich sehe, worauf ihr hinaus zielt, aber nicht, was ihr mit euren Räubergeschichten zu bezwecken gedenkt."
„Du bist halber Bretone. In dir fließt das Blut des Herrn!"
„Ist sein Blut nicht in uns allen? Zumindest in uns Christen?"
„Jesus ist der Sohn Gottes und hat uns zu Nachfahren Gottes gemacht."
„Trinkt nicht so viel von dem »Pineau«!", ermahnt Marcel die leicht angetrunkenen Frauen. „Sonst erlangt ihr den Status von Heiligen! Davon abgesehen, sind meine Vorfahren Karl Marx und Martin Luther. Die beiden Wegbereiter anderen Denkens sind die Ahnen der Deutschen, warum dieses Volk gegen Kommunismus und Religionen ist. Welches Kind interessiert sich für das, was die Eltern treiben oder getrieben haben?"
„Eben nimmt uns der Frechdachs auf den Arm!", schmunzelt Janine.
„Oh, jetzt habt ihr mich ertappt!"
„Was wir dir über unsere Halbinsel erzählt haben", spielt Louane die Ernsthafte, „entspricht der Wahrheit."
„Ich gehe eher von der Realität zweier trunkener Damen aus, die einem Urlauber den Glauben an die Historie der Menschheit rauben!"
„Dem Jungen ist nicht zu helfen!", bemängelt seine Tante.
„Was meinst du", steht Janine auf und hebt ihren Zeigefinger hoch über ihren Kopf, „weshalb die Bretagne bestrebt ist, sich von Frankreich zu trennen? Eines Tages stehen Artus und Merlin wieder auf und erheben das Land zum Zentrum der Welt!"
„Das dauert noch ein paar Tausend Jahre!", zieht Marcel die enthusiastischen Frauen weiter auf. „Ich denke, ihr habt für eure Behauptung keinerlei Beweise."
„Beschäftigen dich mehr mit deiner Herkunft, statt dich nur an den Strand zu legen."
„Schau dir die Sehenswürdigkeiten an! Janine fährt dich gerne zu den Schauplätzen der Geschichte. Du bestaunst viele Zeugen aus Gestein, um dir ein Bild der eigenen Vergangenheit vor Augen zu führen."

„Die Menhire sind Bestandteile einstiger Großbauwerke", steigert sich Louane in das Thema rein. „Die kleinen Steine sind beim Bau von Burgen und Ortschaften entwendet worden. Die ursprünglichen Aufbauten aus Holz sind verbrannt oder verfallen. Die Quader sind durch die Kräfte der Natur erodiert. Wissenschaftler sagen, primitiven Völker haben die Monolithen mühsam durch Europa transportiert, um diese für ihre Götter hinzustellen. Gott selbst hat jene Säulen aus den Felsen gebrochen oder aus Beton gegossen. Nach über sechstausend Lenzen ist von den Bauwerken nichts geblieben."
„Angenommen ihr habt recht mit den Vermutungen, welche Gebäude haben eurer Meinung dort gestanden?"
„Keine anderen als heute!", begeistert sich Janine über Marcels einlenken. „Da standen Bahnhöfe, Supermärkte, Verwaltungsgebäude, Verteidigungsanlagen und Wohnhäuser."
„Da hat sich ein minimaler Denkfehler eingeschlichen! Die technische Entwicklung hat sich stets auf den Kenntnissen der Vorfahren aufgebaut und sich fortwährend weiterentwickelt. Katastrophen und Krieg haben immer wieder für Verschlechterungen gesorgt."
„Das gilt für uns niedere Kreaturen", bleibt Janine stur, „aber nicht für die Allmächtigen!"
„Der Mensch hat durch Konflikte und Seuchen schwere Rückschläge hingenommen", ergänzt Tante Louane. „Ein Gott erkrankt nicht! Ein Gott stirbt im Kampf oder lebt ewig!"
„Wie lässt sich eure Vielgötterei mit katholischem Gedankengut vereinbaren?"
„Das ist in der Bretagne eine lang gehegte Tradition. In der Kirche glauben wir an den einen Gott und privat an die alten Überlieferungen."

Der Junge wacht von innerer Unruhe getrieben auf. Wo ist der Lichtschalter? Im Schein einer unzureichenden Beleuchtung offenbart sich ihm ein fremder Raum. Vor der Couch stehen seine Schuhe. Eine kratzige Zudecke strömt einen undefinierbaren Geruch aus. Sämtliche Kleidungsstücke hat der Schlaftrunkene noch an. Die ungewohnte Umgebung und der Restalkohol schlagen auf sein Gemüt. Wo ist die Toilette?

Der Aufstieg lärmt unter den wieder angezogenen Schuhen. Janines Stimme dringt an sein Ohr.

„... bei mir! Gleich morgen früh, holst du ihn ab!"

In welche verlogene Welt ist Marcel da nur geraten?

„Ich passe auf ihn auf. Bei mir kommt so schnell nichts weg! Schon gar nicht mitten in der Nacht!"

Marcel packt die Panik. Die saubere Freundin der Tante unter einer Decke mit diesen merkwürdigen Gestalten? Bei dem ganzen Unfug, den die Märchentante erzählt hat, ist ihr Verhalten vorauszusehen gewesen. Das Telefonat ist der eindeutige Beweis. Nachdenken! Einmal tief durchatmen. Auf keinen Fall in der Falle bleiben! Louane zu wecken, ist ihm verwehrt. Die Treppe erzeugt beim Betreten einen Höllenlärm. Ein winziger Hohlraum unterhalb der Stufen hält als Unterschlupf her. Ein Gestell mit Schürhaken und ein Ascheimer bieten ihm zusätzlichen Sichtschutz. Die Zeit vergeht nicht. Aus dem Zimmer nebenan kommen nicht zuzuordnende Geräusche. Endlich zieht Janine schlafwandlerisch an ihm vorbei.

„... bekommt ihn schon!", flüstert die Verräterin vor sich hin.

Das Holz über ihm knarrt. Eine Tür gähnt in ihren nicht geölten Angeln. Kurz darauf herrscht Stille. Der Junge schleicht zur Ausgangstür, dreht bedachtsam den Schlüssel um und entweicht ins Freie. Die Katze nutzt die Gelegenheit und verschwindet in der Finsternis. Dicke Regentropfen prasseln herab. Der Ausreißer schnappt sich einen Schirm, der neben der Eingangstür in einem Eimer steckt und huscht mit dem für ihn zu kleinen Regenschutz in den Garten. Dankenswerterweise ist das Tor in die Freiheit nicht abgesperrt. In welcher Richtung liegt die nächste Stadt? In der Dunkelheit verliert Marcel nach ein paar wenigen Metern die Orientierung. Hauptsache weit genug weg von dem Irrenhaus. Eine Taschenlampe hätte im Wohnzimmer auf der Anrichte gestanden, schießt ihm durch den Kopf.

In der Ferne brennt eine Laterne. Dort steht vermutlich das Schloss. Der Boden ist auf einmal weich unter den Sohlen. Die Straße scheint an dieser Stelle einer Biegung zu folgen. Der Nachtblinde tastet sich vorsichtig ein Stück zurück. Der Mond erhellt gelegentlich die Konturen in der Landschaft. Weshalb hat der kopflose Junge die Tante nicht geweckt? Umkehren kommt nicht in Frage. Seine Schulter rammt einen harten Gegenstand. Der Schmerz lässt endlich nach, da ist ein Anlasser zu hören. Mehrfach heult ein Motor auf und würgt wieder ab. Scheinwerfer rasen auf ihn zu. Das Auto hupt! Erschrocken springt der Ausreißer zur Seite. Erst jetzt sind die Umrisse des alten Peugeots erkennbar.

„Wohin gehst du?“, schreit Louane. „Weißt du, welchen Schrecken du uns eingejagt hast?“

„Was treibst du mitten in der Nacht draußen im Regen?“, ruft Janine vom Beifahrersitz aus. „Du brichst dir am Ende ein Bein!“

„Ich habe gehört“, rechtfertigt sich Marcel, „wie du mich an die Spione des Teufels verpfiffen hast!“

„Gott gütiger Mann! Wenn du Alkohol nicht verträgst, trinkst du besser nichts!“

„Janine ist die frömmste Frau“, ist die Tante empört, „die ich kenne! Verrat kommt für meine beste Freundin nicht infrage!“

„Ich habe einen Anruf von der der Frau von Gegenüber erhalten.“

„Um Mitternacht?“

„Sie kennt meine Schlafstörungen. Vor zwei, drei Uhr schlafe ich nie ein.“

„Du hast gesagt, die Person könne mich gleich morgens abholen!“

„Aber auf keinen Fall dich, du Dummerchen! Ihren Schirm, mit dem du durchgebrannt bist, beabsichtigte die Gute zurückzubekommen!“

„Janine hat gesehen, wie du dich aus dem Staub gemacht hast.“

„Für Staub fällt allerhand Regen.“

Die Tante springt aus dem Wagen und klappt den Fahrersitz nach vorne.

„Steige ein! Ziehe schleunigst die nassen Sachen aus.“

✝✝✝

Die Nachbarin, eine gewisse Madame DuLac, bringt vier Croissants sowie zwei Baguette zum Frühstück mit und übergibt Janine ihre völlig verstörte Katze. Die liebenswerte Dorfbewohnerin ist zehn Jahre älter als Louane.

„Ich bringe dir deinen orientierungslosen Tiger zurück!“, sagt diese gelassen. „Du glaubst nicht, welche glückliche Nachricht ich soeben erhalten habe!“

„So euphorisch wie du ausschaust, hast du im Lotto gewonnen!“

„Viel besser! Meine Tochter ist schwanger.“

„Wieder ein kleiner Arthur oder reden wir von einer Viviane?"
„Das ist nicht ermittelt worden!"
„Ich gehe erst einmal in den Keller, eine Flasche Champagner holen. Darauf stoßen wir an!"
„Der junge Mann schaut nachdenklich drein!", bemerkt die Nachbarin.
„Mich irritieren die Namensgebungen und Alkohol am frühen Morgen."
„Du hast Ferien! Die Namen basieren auf der Kenntnis von der Wiederkehr des Königs. Eines Tages kommt Artus zurück, um die Menschheit von ihrer Dummheit zu befreien, aus Religion Wissen zu formen und den tausendjährigen Weltfrieden zu stiften. Damals hat der Heerführer unser Land vor sämtlichen Invasoren beschützt. Deshalb sind wir heute ein stolzes und freies Volk!"
„Das feuchte Wetter scheint Wahnvorstellungen auszulösen. Die Bretagne hat keine Autobahnen geschweige denn einen internationalen Flughafen. Aus dieser Provinz heraus ist die Welt nicht zu regieren!"
„Wir haben den heiligen Boden gegen die Entweihung durch gigantische Baumaßnahmen verteidigt!", sagt Madame DuLac bitterernst.
„In den hiesigen Wäldern sind von Fabelwesen bewohnt", pflichtet Tante Louane bei, „weil wir Bretonen die vom Aussterben bedrohten Spezies dort ungestört leben lassen."
„Welche Substanzen sind in den Croissants? Die Wirkstoffe scheinen für ausreichend Fantasie zu sorgen."
„Du hältst uns für drogenabhängige alte Schachteln?", sagt Janine aufgesetzt verbittert.
„Weil Sie nicht die leiseste Ahnung haben!", ereifert sich die Nachbarin. „Sie sind in einer Großstadt aufgewachsen. Das erklärt Ihr verschrobenes Weltbild."
„Haben Sie Beweise?", fragt Marcel.
„Öffnen Sie die Augen! In der Bretagne begleitet Sie die Geschichte der Welt auf Schritt und Tritt."
„Ob du mir glaubst oder nicht", sagt die Gastgeberin, „in dir stecken die Gene von Artus, Jesus und der Dame vom See! Die Genannte ist keine geringere als die Maria vom See Genezareth, »Notre Dame«, gewesen!"
„Nicht zu verwechseln mit der »Maria von Magdala«!", sagt Louane.

„Die Heilige ist rund tausend Jahre alt geworden und 1295 nach Christus in der Basilika von »Saint-Maximin-la-Sainte-Baume« beerdigt worden."
„Das ist zu lange her!", regt sich der Junge auf. „Das sind Legenden!"
„Bei weitem nicht!", rechnet Janine vor. „Seine Tochter – Viviane die Dunkle aus dem Haus David und Ehefrau von Gerren – hat die Welt erblickt, als ihr Vater fünfundvierzig gewesen ist."
„Das sind rund tausendneunhundert Jahre", überlegt Marcel. „Da komme ich auf sechsundsiebzig Generationen."
„Nicht ganz", erwidert die Nachbarin. „Die katholische Kirche hat im Jahr des Herrn sechshundertvierzehn den Kalender auf das Jahr neunhundertelf nach Christus vorgedreht. Ziehen Sie bei Ihren Berechnungen dreihundert Jahre ab!"
„Das sind immer noch vierundsechzig Menschenalter. Da ist alles Blut verwässert."
„Wie gesagt", berichtigt Louane. „Die Jesus-Familie hat stets ausschließlich untereinander geheiratet. Außer deine Mutter, die sich nicht an die Vorgaben unserer Vorfahren gehalten hat. In dir fließt deshalb das Blut des Satans!"
„Sie haben eine Gemeinsamkeit mit Merlin!", begeistert sich Madame DuLac.
„Jetzt habe ich genug von euren okkulten Fantasien! Ich bin im Urlaub und habe keine Lust an dem unglaubwürdigen Pseudo-Geschichtsunterricht teilzunehmen."
„Die Vergangenheit Ihrer Sippe holt Sie eines Tages ein!", prophezeit die Nachbarin.
„Marcel hat zwischenzeitlich die Bekanntschaft mit den teuflischen Dienern gemacht", petzt die Tante.
„Die Dämonen des Teufels sind wieder unterwegs!", erschrickt Madame DuLac. „So steht die Welt vor gravierenden Veränderungen. Am besten erzähle ich Ihnen die wahre Geschichte der Bretagne von Anfang an."

Vortigern

4

13. August 408 nach Christus

Der römische »Caesar« Honorius lässt, nach heftigen Meinungsverschiedenheiten, den in Ungnade gefallenen Heermeister Stilicho hinrichten. Der von Alarich, dem »Reix«[1] der Goten, unter Druck geratenen Kaiser Roms erwägt, seinen General Konstantin als Mitkaiser einzusetzen, der sich im Jahr zuvor selbst zum Kaiser der »Letavier«[2] ausgerufen hat. Um ihn auf seine Seite zu ziehen, überträgt der Herrscher seinem Gegenspieler die Aufgabe, die Germanen, die zwei Jahr zuvor den Rhein überquert haben, zu hindern, sich in Gallien auszubreiten und die sächsischen Piraten zu bekämpfen, die in »Letavia« an Land gegangen sind. Beides gelingt dem »Britanier« nicht, was ihn gegenüber dem »Imperator« als unfähig dastehen lässt.

Da Konstantin aufgrund seiner militärischen Misserfolge keine offizielle Anerkennung aus Rom erhält, rebellieren Volk und Armee gegen ihn und seine Anhänger. Der Bürgerkrieg bindet seine gesamte Kraft und den Rest seiner Getreuen. Um seinen Spielraum zu erweitern, erhebt der Widersacher seinen Sohn Constans zum »Caesaren« und beruhigt so die Gemüter in den eigenen Reihen wieder. Statt mit dem gewonnenen Freiraum die von Rom gestellten Aufgaben zu erfüllen, marschiert sein Heer in Italien ein. Honorius wartet nicht und bläst zum Gegenangriff. Die Invasion endet im späten Frühjahr 410 mit der Niederlage der Angreifer, denen nur der Rückzug bleibt. Der Unterlegene zieht sich in das gallische Oppidum »Vienne« zurück.

Aus Verzweiflung rebelliert General Gerontius erneut und ruft seinen Sohn Maximus zum Kaiser aus. Unbeirrt von diesen Ereignissen beordert Honorius den inzwischen in seine Dienste übernommenen Gerontius nach »Hispanien«, um von dort die Germanen zu bekämpfen, die plündernd durch Gallien gezogen und auf dem Weg nach

1 Römischer Heerführer mit Landbesitz, der die Aufgabe gehabt hat, den Frieden in seinem Gebiet zu wahren. Reix entspricht der falschen Schreibweise Rex. X ist als »sch« gesprochen worden (wie noch heute in Spanien). Hieraus entstand der deutsche Begriff »Reich«.

2 Letavia ist ein alter Name der Bretagne.

»Africa«[3] sind. Von den Hunnen vertrieben, sind die Völker des Nordens auf der Suche nach neuen Siedlungsräumen. Durch das kälter gewordene Klima reichen die Ernten in Mittel- und Südeuropa nicht aus, Zuwanderer mit Nahrung zu versorgen. Die Kunde von der Kornkammer auf der anderen Seite des »Mare Nostrum«[4] zieht die Heimatlosen an wie ein Magnet.

†††

Römische Kolonie Tarraco[5], 411 nach Christus

Außer Atem rennt Maxiumus in Begleitung seines jüngeren Bruders Fortigus durch den Palast, hin zum Arbeitszimmer seines Vaters. Seit der Niederlage Konstantins gegen Rom wirkt Gerontius kraftlos. Die Verwaltung der Provinz »Hispanien« ist sein einziges Lebensziel. Ihm fehlt der Wille, sich anstelle des für ihn imaginären Honorius den Germanen entgegenzustellen. Der ehemalige Heerführer lebt seitdem in sich gekehrt und schenkt seiner Umwelt nur wenig Beachtung. Das Ungestüme der Jugend widert den welterfahrenen General an.

„Ihr stört mich!"

„Ein Bote hat eine fantastische Nachricht überbracht", sprudelt Maximus heraus.

„Erkennt mich der »Caesar« endlich als Mitkaiser an?"

„Weitaus besser, Vater! Ein Gote namens Alarich hat die Stadt Rom geplündert und den »Schatz der Götter« erbeutet."

„Den »Schatz der Götter«? Ich habe ihn gesehen, diesen Schatz. Im Friedenstempel sind auserlesene Stücke aus dem Tempel von Jerusalem ausgestellt gewesen."

„Den Goten ist die Überfahrt von »Bruttium«[6] nach »Africa« missglückt und ihr Anführer ist inzwischen gestorben. Sein Nachfolger, Athaulf,

3 Die wohlhabendste Provinz Weströmischen Reiches auf dem Kontinent »Lybia« (Afrika) galt als Kornkammer Roms. Heute die Küstenregion von der Mitte Algeriens bis zur Mitte Libyens.

4 Das Mittelmeer.

5 Heute Tarragona.

6 Das heutige Kalabrien.

ist auf dem Weg nach »Hispanien«. Die Goten marschieren die Küste entlang durch »Gallia Narbonensis«[7]."
„Was interessieren mich die Goten? Rom ist geschwächt und unsere Zeit scheint gekommen, die Macht zu übernehmen! Honorius hat die Insel »Albion«[8] räumen lassen. Ihm fehlen Truppen. Konstantin hat sich in »Vienne« verschanzt und ist ihm keine Hilfe."
„Die Goten haben vor, von »Hispanien« aus nach »Africa« zu gelangen. Der Bote sagt, dein ehemaliger Vorgesetzter plant gleichwohl, den Schatz an sich zu reißen. Haben wir den Schatz, gehört uns Rom!"
„Maximus", nimmt Gerontius seinen Sohn beiseite, „du hältst die Stellung in »Hispanien« und kümmerst dich um administrative Aufgaben! Fortigus begleitet mich bei der Jagd auf Konstantin und dem Schatz. Diesem »letavischen« Versager, der Schande über unsere Familie gebracht hat, gönne ich das »Gold der Götter« nicht!"
„Sei du unser Kaiser, Vater! Lasse mich mit Fortigus gegen Konstantin kämpfen!"
„Meine Männer halten dich für ungeeignet, kampferfahrene Legionäre in den Krieg zu führen. Du bist zu jung und kennst das Leben der Soldaten nur aus Erzählungen. Ich bleibe bei meinen Kriegern! Meine Kameraden folgen mir bis in den Tod. Ich zwinge Honorius in die Knie! Dank Konstantin hält dieser mich für einen wertlosen Strategen."
„Niemand denkt so von dir!"
„Maximus, kümmere dich um die Verwaltung »Hispaniens« und überlasse das Denken mir! Und du, Fortigus, reite nach »Gallia Narbonensis« und bekomme heraus, welche Route die Goten nehmen. Sende mir einen Boten! Greife auf keinen Fall ohne mich an!"
„Wenn du den Schatz erobert hast", sinniert Maximus, „und ihn Honorius zurückgibst, ernennt dich der Kaiser zum Heerführer!"
„Hast du den Verstand verloren? Mit dem Gold stellen wir das größte Heer aller Zeiten auf und reißen das Reich an uns. Schon bald sind wir die Herrscher in »Ravenna«!"

†††

7 Heute Südfrankreich.

8 Heute Großbritannien.

Der Gegner steckt in »Vienne« fest. Die Rekrutierung und Ausrüstung neuer Soldaten bereitet ihm seiner Misserfolge wegen Probleme. Gerontius greift die unzureichend verteidigte Stadt an und fügt seinem ehemaligen Anführer eine bittere Niederlage zu.

„Konstantin ist geflohen!", stellt Fortigus enttäuscht fest.

„Wir haben seinen Sohn als Geisel genommen!", freut sich der General über seinen Teilsieg. „Jede Wette, der feige Bastard ergibt sich freiwillig, wenn ihm das zu Ohren kommt!"

„Töten wir diesen kleinen Bastard!"

„Constans ist mein Druckmittel und nur lebend von Wert! Ich schätze, sein räudiger Vater flieht zur Garnison nach »Arelate«[9]. Für die Goten mit ihren schweren Fuhrwerken sind die zwei Brücken dort über den »Rhodanus«[10] der einzige passierbare Weg nach »Hispanien«. Ich folge ihm und du verhinderst seine Rückkehr nach »Vienne« mit allen Mitteln!"

„Warum lässt du mich nicht mit dir ziehen? In diesem trostlosen Nest langweile ich mich zu Tode!"

„Vertreibe dir die Zeit mit dem Wiederaufbau der Stadt. Halte mir den Rücken frei, falls Honorius auf die Idee kommt, seinen neuen Heerführer Constantius auf uns zu hetzen!"

„Mit meinen Leuten bin ich nicht in der Lage, die Stadt zu halten!"

„Ich überlasse dir die »Pictonischen Söldner«[11], die miserable Reiter sind. Ihre Stärke ist die Verteidigung."

✝✝✝

Nach einem Marsch von acht Tagen über die Römerstraße entlang des »Rhodanus« erreicht Gerontius »Arelate«. Der Fluss und die Sümpfe hindern ihn, die Stadt zu umstellen. Die Stadtmauer ist ohne den Einsatz von Kriegsmaschinen nahezu uneinnehmbar. Der General verlangt, seinen ehemaligen Prinzipal zu sprechen. Unter dem Versprechen der gegenseitigen Unversehrtheit begegnen sich die beiden vor dem »Runden Turm«.

9 Heute Arles.

10 Heute die Rhone.

11 Nicht mit den schottischen »Pikten« zu verwechseln. Die »Pictonen« haben südlich der Flussmündung des »Liger«, heute die Loire, gelebt.

„Was erwartest du von mir?“, mimt Konstantin den Unschuldigen.
„Ich verlange von dir, dich aus der Politik zurückzuziehen und mir nie wieder in die Quere zu kommen. Begebe dich in meine Gefangenschaft und ich garantiere dir ein ruhiges Leben, für dich und deine Familie.“
„Weshalb bist du so erzürnt, mein Freund? Bin ich dir nicht stets ein guter Vorgesetzter gewesen?“
„Deinetwegen habe ich meinen Ruf verloren, habe ich in Italien keine Beute gemacht und habe die letzten Jahre mit der Verwaltung einer Provinz zugebracht.“
„Fortuna ist mir wahrlich nicht immer hold gewesen. Das Blatt hat sich gewendet, mein Freund. Ich stehe kurz davor, die Macht Roms an mich zu reißen, und benötige einen erfahrenen General wie dich, Gerontius. Stelle dir kurz vor, welchen Reichtum du als mein Heerführer eines Tages hast.“
„Unter dir diene ich nie wieder. Räume das Feld. Meinetwegen verlasse die Stadt und gehe nach »Germanien« oder »Africa«. Im Gegenzug verschone ich das Leben deines Sohnes, der in meiner Gewalt ist.“
„Du bluffst! Ich erspähe Constans unter deinen Leuten nicht. Auf diese Taktik falle ich nicht herein, mein Freund.“
„Fortigus hält deinen Sohn in »Vienne« in Gewahrsam.“
„Ich spiele seit Langem mit dem Gedanken, mein Freund, mich zur Ruhe zu setzen. Ich habe ein großes Landgut in »Letavia«. Weit genug weg, um dir nicht im Wege zu stehen. Bringe mir meinen Sohn. Am gleichen Tag ziehe ich aus »Arelate« ab. Wehe dir, mein Freund, wenn du ihm ein Leid zugefügt hast!“

Gerontius schickt nach seinem Sohn und fordert ihn auf, samt dem Gefangenen und allen entbehrlichen Truppen zu ihm zu stoßen. Weigert sich Konstantin trotz des Druckmittels abzuziehen, erwägt der General, Constans vor den Augen seines Vaters hinzurichten. Die Zeit drängt. Die Goten sind auf dem Vormarsch und Gerontius benötigt die Kontrolle über die Stadt, um diese an der Weiterfahrt zu hindern. Nach drei Wochen zermürbenden Wartens taucht die Vorhut seines Sohnes vor den Toren auf.

„Ich habe dich schon vor einer Woche erwartet!"
„Meine Hochzeit hat die Abreise verzögert", sagt Fortigus unbeeindruckt. „Ich stelle dir voller Stolz meine Frau Sevira vor. Ihr Vater ist der Stadtvorsteher von »Vienne«."
„Wo ist der Arrestant?"
„Sevira ist froher Hoffnung."
„Dein Privatleben interessiert mich nicht", sagt Gerontius scharf. „Schaffe mir die Geisel herbei! Nach der Übergabe überlässt Konstantin mir die Alleinherrschaft. Mir steht der Weg nach Rom offen. Ich benötige »Arelate«, um die Goten aufzuhalten, bevor Honorius Wind von meinen Plänen bekommt."
„Constans?", fragt Sevira. „Ist das der junge Mann, den die »Pictonen« zum Beweis deiner Liebe vor unserer Hochzeit hingerichtet haben?"
„Ich erwürge dich!"
„Du nimmst deinem Enkel den Vater", sagt Sevira beherrscht. „Ich selbst habe von Fortigus diesen Beweis seiner Macht gefordert."

✝✝✝

September 411 nach Christus

Von Trauer und Wut getrieben, verteidigt Konstantin »Arelate« gegen die Übermacht vor den Toren der Stadt. Um seinerseits die Goten an der Überquerung des »Rhodanus« zu hindern, erreicht Flavius Constantius »Arelate«. Der Heermeister des Honorius vertreibt aus reinem Eigennutz die Belagerer und nimmt, gegen sein Versprechen, Konstantin zu verschonen, die für ihn strategisch wichtige Stadt selbst ein.
„Mein geliebter Sohn ist tot! Nimm du mir nicht meine Würde!"
„Ich habe dir mein Wort auf freien Abzug gegeben. Meine Späher berichten, vor »Vienne« steht ein Heer fränkischer Söldner. Stehen diese unter deinem Befehl?"
„Das Reich ist seit dem Ansturm der Hunnen in Aufruhr. Dein Kaiser ist ein Versager! Ich habe den römischen Frieden aufrecht erhalten und mich den Eindringlingen entgegengestellt. Und zum Dank hat mich dein »Caesar« bekämpft und mir den Marsch durch »Italien«

verweigert. Schließe dich mir an. Gemeinsam retten wir Rom vor dem Untergang."

„Deine Tage sind gezählt. Ziehe dich nach „Vienne" zurück und vertreibe die Aufständischen. Wenn du Honorius überzeugst, mich als Mitkaiser einzusetzen, zeige ich mich erkenntlich."

Konstantin verlässt »Arelate« nicht ohne Hintergedanken und nutzt in »Vienne« die Gelegenheit, ein Ersatzheer auszurüsten. Sein ehrgeiziger Befehl an seinen General Edobich lautet, gegen Constantius vorzugehen. Der Franke hat eigene Pläne. In der Hoffnung, selbst an den »Schatz der Götter« zu gelangen, greift Edobich den Zug der Goten an. Dieser stellt sich als Scheinkonvoi heraus, der keine Schätze geladen hat, und nur zur Ablenkung dient. Die Verteidiger wehren sich dennoch erbittert und töten viele Angreifer.

Constantius' Heerführer Ulfila, der das gleiche Ziel verfolgt, reibt die Söldner Edobichs bis auf den letzten Krieger auf. Seiner eigenen Sicherheit wegen lässt Constantius Konstantin in »Vienne« hinrichten. Die Exekution ist im Gange, da bringen römische Ritter die Söhne des Hingerichteten, Aurelius Ambrosius und Uther, zu »Reix« Budicus auf die Insel »Albion«.

†††

412 nach Christus

Nach ihrer Niederlage fliehen Gerontius und Fortigus mit den wenigen, ihnen übrig geblieben Soldaten nach »Hispanien«. Des Winters wegen sind die Berge und die Straße entlang der Küste nicht passierbar. Heftige Schneefälle und eisiger Wind zwingen die beiden, auf der gallischen Seite zu überwintern. Eines Morgens, bei erneutem Neuschnee, ist Fortigus mitsamt den »Pictonischen Söldnern« spurlos verschwunden. Jeden Tag kehren weitere Krieger nicht von der Jagd zurück oder entfernen sich ohne Abschied in die Nacht hinein.

Das Frühjahr kündigt sich durch laue Winde an. Der Schnee taut und nach langer Wartezeit, ist die Uferstraße wieder frei. Der General setzt mit eine Handvoll Männern wütend und enttäuscht seinen Rückweg nach »Tarraco« fort.

„Wo ist der Schatz?", empfängt ihn Maximus erwartungsvoll.
„Gegen die römische Übermacht", sagt Gerontius resigniert, „habe ich keine Chance gehabt."
„Du hast dir angemaßt", ist sein ältester Sohn empört, „der bessere Feldherr von uns beiden zu sein!"
„Dein Bruder hat sich nicht an meine Anweisungen gehalten und meinen Plan vereitelt!"
„Wenn ein einziger Soldat versagt, hat der Anführer die Konsequenzen zu tragen! Wo ist Fortigus? Weshalb ist mein Bruder nicht bei dir?"
„Erwähne diesen hinterhältigen Nichtsnutz nicht, der die »Pictonen« auf seine Seite gezogen hat und mit den Überläufern in die »Pyrenaei Montes«[12] entflohen ist."
„Wie viele deiner Soldaten haben sich ihm angeschlossen?"
„Wie du siehst, bin ich nur mit der Leibgarde zurückgekehrt, deren Anführer du einst gewesen bist."
„So bist du zu nichts zu gebrauchen, Vater! Gehe mir aus den Augen! Suche dir einen Altersruhesitz und kreuze nie wieder meinen Weg! Wie konnte unsere Mutter nur einen solchen Versager heiraten! Welch eine Schande, solch einen Vater zu haben. Zum Glück ist mein Elend, von ihrem derzeitigen Ort aus, nicht zu sehen."
„Seit unserer Hochzeit habe ich stets versucht, den Anforderungen deines Großvaters zu genügen. Sein Adelstitel erhebt ihn nicht zu einem besseren Menschen! Wo befindet sich deine Mutter?"
„Wen interessiert das schon? Macht und Einfluss gelten mehr als militärische Misserfolge! Meine Mutter ist einer schweren Krankheit erlegen und hat davor verfügt, dich nicht zu benachrichtigen."

Der Gedemütigte schleicht wie ein verletzter Fuchs aus dem von ihm gehassten Palast hinaus. Der Schock sitzt tief. Auf dem Weg zum Meer laufen ihm die Tränen übers Gesicht. Verächtliche Blicke folgen ihm, Frauen spucken hinter ihm auf den Boden und Kinder werfen mit kleinen Steinen nach ihm. Am Strand, unterhalb des Amphitheaters, zieht Gerontius sein Schwert und begeht Selbstmord.

†††

12 Pyrenäen.

412 nach Christus

Vor Einbruch des Winters sendet Fortigus einen Boten nach »Ravenna« und bittet den »Caesar«, ihm die Legitimierung als Heerführer, im Rang eines »Reix«, zu erteilen, um langfristig die Kontrolle über die Soldaten seines Vaters zu erlangen. Seine Heerschar zieht derweil plündernd durch die Pyrenäen, was dem Kaiser zu Ohren kommt und ihm missfällt. Da der Friede gebrochen ist, erhält der Abtrünnige weder Landzuteilung noch einen Titel.

Die Goten unter Athaulf marschieren in das ihnen von Honorius zugewiesene Gebiet um »Tolosa« ein und besetzen das Land der »Santonen« und »Pictonen« unterhalb des »Ligers«.

✝✝✝

415 nach Christus

Der selbst ernannte »Dux«[13] Fortigus ist auf der Suche nach Verpflegung für seine Männer. Ohne Land bleibt ihm nur die Jagd, da sein Geld zur Neige gegangen ist. In den Höhenlagen ist das Wild knapp und seine Männer plagt der Hunger. Ein Überfall auf das »Oppidum Ruscino«[14] ist geplant. Im Morgengrauen ziehen die verwahrlosten Krieger ins Tal und treffen zufällig auf einen Konvoi der Goten, der von »Tolosa« nach »Barcino« über die Brücke des Flusses »Test« zieht.[15] Die schwer beladenen Ochsenkarren versprechen reiche Beute. Fortigus wartet, bis alle Wagen den Fluss passiert haben, und greift den Konvoi von vorne an. Die an Hinterhalte gewohnten Goten setzen sich heftig zur Wehr. Die Angreifer reitet über die erhöhten Flanken und reißt die Kolonne auseinander. Während der Schlacht flieht ein Teil der Goten, mit ihnen ihr Anführer Athaulf, in Richtung »Hispanien«. Die Überlebenden unterwerfen sich und schwören ihrem neuen Oberhaupt treu zu folgen. Unter den Goten predigt ein junger arianischer Priester namens Anaolsus, der Fortigus von seinem Glauben überzeugt und ihn Vortigern tauft.

✝✝✝

13 Römischer Heerführer ohne Landbesitz mit der Aufgabe, den Frieden zu bewahren.

14 Heute Castell Rosselló bei Perpignan.

15 Route von Toulouse nach Barcelona über den Têt.

Mit dem erbeuteten Gold rekrutiert der selbst ernannte »Dux« einen gewaltigen Heerhaufen und erbittet vom Kaiser erneut eine Provinz, die allein ihm gehört. Rom weist ihm aus Angst vor dem erstarkten Widersacher, das von Gaius Iulius Caesar unterworfene »Lugdunensis Tertia« zu, das durch Einwanderung fremder Völker in Unruhe geraten ist. Der Kaiser ernennt ihn zum lang ersehnten »Obersten Reix«. Seinem Freund Anaolsus vertraut Vortigern die gotischen Einheiten an und gibt ihm den Auftrag, »Arelate« zu sichern.

In der Garnisonsstadt »Condate«[16] herrscht seit dem Tod Konstantins ein Machtvakuum, da dessen Söhne seine Nachfolge nicht angetreten haben und sich weiterhin im Schutz von »Reix« Budicus auf der Insel »Albion« aufhalten. Im Osten bedrängen gallische Stämme unter der Führung von Meirchion Gul von Gorron die Kelten, im Zentrum des Landes waltet ein fremdartiges »Volk vom See« und im Norden marodieren sächsische Piraten. Vortigern bezieht das Backsteingebäude der Präfektur. Dort kleidet sich der Heerführer nach der neuesten Mode ein. Der neuartige Kammhelm ist wegen des fehlenden Nasenschutzes leichter und das Blickfeld weniger eingeschränkt. Das Kettenhemd ist feingliedriger als das vorherige und in den Stoff der langärmligen »Militärtunika«, sind kostspielige Verzierungen eingewebt. Die »Bracae«[17] besteht aus Leinen und die geschlossenen »Calceus«[18] sind aus weichem Wildleder gearbeitet. Einigen Sklaven schneidet der neue Statthalter persönlich die Zungen heraus und lässt diese den enormen Rest seiner Beute in den labyrinthartigen Kellerräumen tief unter dem Amtsgebäude vergraben. Fallgruben mit angespitzten Pfählen verhindern unerwünschten Zutritt.

Als Anführer der gotischen »Cevisaer« ist Vortigern bekennender »Arianer« und ist schon alleine aus diesem Grund beim Volk unbeliebt. Die Anhänger der Marienkirche hegen ihm gegenüber tief sitzenden Argwohn, da der Machthaber sich mehrfach für deren Vertreibung ausgesprochen hat.

16 Heute Rennes.

17 Hosen.

18 Schuhe.

Wenn Gott als höchstes Wesen kein Sohn hat, ist eine Frau, die genau das verkündet, der Schadenszauberei wegen zu verurteilen und die Ungläubigen sind mit der bloßen Verbannung milde bestraft. Das Gerücht kursiert, der Vertreter Roms habe den beim Volk beliebten Constans aus dem Weg räumen lassen. Daraufhin ordnet dieser an, die angeblichen Täter aus den Reihen der »Pictonen« öffentlich zu erwürgen. So sagen die Auftragsmörder nicht gegen ihn aus. Die stets treu kämpfenden »Pictonen« verlassen in dieser Nacht wutentbrannt die Stadt und ziehen sich auf ihr eigenes Territorium zurück.

Der im Stich gelassene Tyrann lässt willkürlich Menschen aus allen Gesellschaftsschichten auf dem »Forum« auspeitschen. Wer ihm in die Quere kommt, findet sich schnell auf dem römischen oder keltischen Friedhof wieder. Im Untergrund formiert sich zunehmend Widerstand, doch im Zweikampf ist der Schwertkämpfer unbesiegbar. Gegen seine silbrig glänzende Waffe, die dem Gerede zufolge von den Göttern in »Liburnia«[19] aus Salz[20] geschmiedet worden ist und sich auf einem der Wagen des Goten-Konvois gelegen hat, sind seine Feinde chancenlos. Jedes herkömmliche Schwert zerbricht beim ersten Schlagabtausch und kein Kettenhemd hält der scharfen Klinge stand. Deshalb lässt Vortigern seine Beute nicht einen Augenblick aus den Augen. Das Unikat trägt die Inschrift: »Ex.Sal.Liburn«.

✝✝✝

Der »Oberdruide« aus »Condate«, Ardagus, trifft sich mit Unterdrücker in der Absicht, die angespannte Lage im Land zu beruhigen. Zwölf Sklaven begleiten den heiligen Mann, der standesgemäß eine weiße Tunika mit rotem Cape trägt. Nur widerwillig lässt der Alleinherrscher den hohen Besuch zu sich bitten.

„Das Volk hörte ich sagen, du habest ein umfangreiches Wissen über den Lauf der Dinge. Siehst du die Zukunft?“

Der Naturgelehrte und geistige Führer des Volkes schaut betreten zu Boden. Der Tradition zufolge stehen ihm die ersten Worte zu! Vortigern wertet sein Zögern als Respektlosigkeit, und bekommt vor Wut einen roten Kopf. Endlich tritt der Seher nach vorn.

19 Heute Kroatien, Siedlungsraum der Veneter.

20 Chromsalz.

„Ich habe das Volk sagen hören, du ignorierst die Götter!"
„Ich akzeptiere nur einen Gott. Den einzig Wahren!"
„So traust du meinen Worten nicht, denn mehr als nur ein Wort kommt über meine Lippen!"
„Meine Religion verbietet mir die Teilhabe an heidnischem Tun, nicht aber das Anhören oder Lesen eines heidnischen Rates."
„Die römische Schrift ist uns Druiden verboten. Unsere »Zeichen«[21] haben übernatürliche Kräfte, deren Nutzung für alltägliche Aufzeichnungen nicht gestattet ist. Was genau, erwartest du, von mir zu hören?"
„Ich vergewissere mich nur, ob du mir die volle Wahrheit sagst!"
„Weshalb? Ich stehe im Rang über dir! Wir lenken das Volk, der »Reix« die Armee."
„Das mag in alten Zeiten so gegolten haben. Heute ist ein »Reix« Herrscher über alle Untertanen und dem fügst du dich! Ich überführe dich ansonsten der Scharlatanerie! Das wäre dein Tod. Beweise mir deine Fähigkeiten!"
„Welcher meiner Künste?"
„Sage meine Zukunft voraus!"

Der Druide streicht feierlich mit seiner rechten Hand über seine Augenbrauen, wobei sich der Daumen dem Mittelfinger nähert, und hebt im Anschluss theatralisch den Arm in die Höhe bis der Zeigefinger zur Decke zeigt.
„Ein Heer der »Pictonen« zieht heran."
„Davon wüsste ich! Diese nutzlose Bande habe ich vertrieben."
„Deine Späher haben versagt und deine Spione sind ausgetrickst worden. Die »Pictonen« sinnen auf Rache für die von dir Hingerichteten. Deine Gegner haben sich mit den Goten verbündet, deren Schatz du gestohlen hast! Ein gewaltiges Heer marschiert herbei. Deine Gegner reiten des Nachts, um unentdeckt zu bleiben."
„Du spielst mit dem Tod oder um unsäglichen Reichtum! Sage mir, steht mir ein Sieg bevor?"
„Ich komme demnach zu Wohlstand! Verliere keine Zeit und nimm die Verteidigung entlang des »Ligers« in Angriff. Im Stammesgebiet

21 Gemeint sind Schriftzeichen, die über die Wanderung der Kelten nach Griechenland gelangt und dort noch heute gebräuchlich sind.

der »Curiosoliten« steht ein Heer der Sachsen. Biete den Eindringlingen deine Freundschaft an und bitte ihre Anführer um deren Unterstützung."

Nach über einer Woche Wartezeit kehrt der von Vortigern entsendete Bote zurück.

„Hast du gute Nachrichten?"

„Ich sprach mit zwei Heerführern, deren Namen wie Pferde klingen und deren Dialekt schwer zu verstehen ist."

„Wie lauten ihre Namen?"

„Hengist und Horsa. Ihre Reiterei ist auf dem Weg hierher ..."

„Für Verhandlungen habe ich dir keine Vollmacht erteilt! Wie lauten ihre Forderungen?"

„Die Brüder schätzen, ihre Unterstützung ist dir ein Quent[22] »Letavias« als Siedlungsgebiet wert."

„Die »Pictonen« sind auf dem Vormarsch. Ihre Streitmacht steht am »Liger«. Wir haben keine Zeit zu verlieren! Diesmal lasse ich dein Fehlverhalten durchgehen. Handelst du ein weiteres Mal eigenmächtig, lasse ich dich erwürgen!"

Ein keltisches Heer taucht vor »Condate« auf. Bevor Vortigern seine Truppen mobilisiert, erreicht ihn ein Bote der Gegenseite.

„Mein Herr, Meirchion Gul von Gorron, schickt mich."

„Sage deinem Herren, wir vertreiben euch und töten ausnahmslos jeden, den wir gefangen nehmen!"

„Gul hat von eurem Vorhaben erfahren", bleibt der Bote geduldig, „gegen die »Pictonen« zu Felde zu ziehen".

„Wenn wir mit euch fertig sind, metzeln wir die »Pictonen« nieder."

„Das ist ebenfalls das Ansinnen meines Herrn. Die »Pictonen« überfallen ständig unsere Ländereien. Gul bietet dir seine Hilfe an!"

„Warum sagst du das nicht gleich? Jede Unterstützung ist mir in diesen schweren Zeiten willkommen, mein Freund!"

22 Der fünfte Teil, später ist die Grafschaft »Kent« danach benannt worden.

Zur Bewährung im Kampf entsendet Hengist seine beiden Söhne Ochta und Ebissa. In der Nacht überqueren die Sachsen die Römerbrücke von »Condevincum«[23], um den sich nähernden »Pictonen« in die Flanke zu reiten. Zeitgleich täuschen Vortigerns und Guls Truppen einen Frontalangriff vor. Nach der gewonnenen Schlacht finden sich die Sieger in »Condate« zu einem Festessen ein.

„Eure Söhne haben sich tapfer geschlagen", lobt Vortigern seine Gäste. „Und ich danke euch für den geleisteten Beistand."

„Du hast uns ein »Quent« versprochen", sagt Hengist in seiner Sprache, wobei der Sachse eine Hand hoch hält und auf einen Finger deutet.

„Gewähre ihnen", mischt sich Ardagus ein, „dort, wo unsere neuen Freunde angelandet sind, im ehemaligen Gebiet der »Curiosoliten« zu siedeln. Seit deren Aufstand gegen Gaius Iulius Caesar, ist das Land verödet."

„Gib den Fremden kein eigenes Land!", murmelt Meirchion Gul von Gorron. „So sind diese gehalten, sich zu verteilen und zu integrieren."

„Ich bestehe auf ein weiteres Pfand",sagt Hengist und zeigt auf eine junge Frau. „Heirate zum Zeichen unserer Freundschaft meine Tochter Renouein!"

„Ein »Arianer« vermählt sich nicht mehrmals", versucht sich der Statthalter aus der Affäre zu ziehen.

„Du bist der Herrscher! Also stellst du die Regeln auf. Durch die familiäre Bindung bin ich dir stets zum Beistand gegen deine Feinde verpflichtet."

Der Sachse umarmt Vortigern brüderlich.

„Deine Religion interessiert niemanden", mischt sich der alte Druide ein. „Mit deiner zweiten Hochzeit erneuerst du den Glauben an die alten Götter. Sonst schätzt dich das Volk wie die »Pictonen«, die behaupten, der San Grá EL[24] lebe auf ihrem Gebiet."

„Was ist der San Grá EL?", ist Hengist hellhörig.

„Ein Schatz von unschätzbarem Wert", sagt Ardagus geheimnisvoll.

„Sprichst du von dem Schatz aus Rom, der in aller Munde ist?"

„Lasse mich den Schatz für dich suchen. Wo finde ich diesen San Grá EL?"

„Erkundige dich nach der Schale", lügt Vortigern, „in der das Blut des Heilands aufgefangen worden ist! Folge stets dem Rosenkreuz.

23 Ursprünglicher Name von Nantes, später Portus Namnetus.

24 Synonym für Jesus.

Nur würdige Edelleute haben das Recht, das Heiligtum zu sehen. Aber bedenke, der Unwürdige stirbt bei seinem Anblick."
„Wer ist dieser Heilsbringer?"
„Die Römer haben ihn gekreuzigt, weil dieser Prophet behauptet hat, der Sohn Gottes und der König der Juden zu sein."
„Entspricht das nicht der Wahrheit?"
„Auf keinen Fall! Angenommen Jesus ist der Sohn Gottes, so stünde ein zweiter Gott neben dem Allmächtigen. Da nur ein Gott existiert, ist Christus folglich kein Gott."
„Bevor ich losziehe, feiern wir deine Hochzeit!"

✝✝✝

428 nach Christus

Die »Pictonen« haben sich von ihrer schweren Niederlage nicht erholt. Stattdessen haben die Sachsen auf der Suche nach dem vermeintlichen Schatz zusätzliche Spuren der Verwüstung in weiten Teilen ihres Land hinterlassen.

Zeitgleich ziehen in »Condate« dunkle Wolken auf. Gegen Vortigern erhebt sich ein neuer Aufstand aus seinen eigenen Reihen, den Vortimer, sein inzwischen herangewachsener Sohn, anführt. Der »Reix« flieht auf Anraten seines Druiden nach »Oalas«, wo ihn Ochta vor seinen Verfolgern versteckt. Der Jugendliche greift mit seinem kleineren Bruder Catigern und einer Horde Kriegern, die in den Kindern eine glänzende Zukunft »Letavias« sehen, das »Quent« an.

In der dritten Schlacht bei »Episford«[25] fallen Catigern und Horsa. Die Streitmacht aus dem Norden erleidet eine vierte Niederlage. So bleibt den Invasoren nur die Flucht mit ihren »Keels«[26] aufs offene Meer hinaus.

Renouein, die mit ihrem Gemahl ins Exil gegangen ist, sucht auf Anweisung Vortigerns nach ihrem Vater Hengist, um ihn zur Rückkehr zu bewegen. Sevira vergiftet ihren Sohn und verhindert so den Mord an ihrem Gatten.

25 Heute Epiniac.

26 Sächsische Kriegsschiffe.

Nach Erhalt dieser Neuigkeiten kehrt Vortigern unverzüglich nach »Condate« zurück. Der alte Druide empfängt den Heimkehrer.

„Ich habe dich erwartet", lügt Ardagus ihm ins Gesicht.

„Zum Glück hast du mich vor meinem missratenen Sohn gewarnt!"

„Und ich warne dich erneut! Mangelnden strategischen Kenntnissen wegen hat dein Sohn das Heer stark dezimiert. Deine Verbündeten sind seinetwegen entflohen. Du bist deinen Feinden zweifellos schutzlos ausgeliefert und ich ahne Unheilvolles!"

„Mein Gold ist längst nicht mehr in Sicherheit, obwohl niemand wähnt, wo ich den Schatz versteckt halte. Nicht einmal mein verdorbener Sohn ist fündig geworden und deine seherischen Fähigkeiten reichen zum Glück nicht aus, um ihn aufzustöbern."

Der Hintertriebene wäre in der Lage diese Aussage zu bestätigen, denn in der Abwesenheit Vortigerns hat dieser die meiste Zeit erfolglos mit Suchen verbracht. Das bleibt sein Geheimnis.

„Für dich ist ein Schutzbau erforderlich", formuliert Ardagus seinen hinterlistigen Plan, „das dich und dein Gold behütet. Baue einen festen Turm auf einem Hügel namens »Erfil«[27]. Dieser erhebt sich westlich von »Condate«. Folge der Römerstraße Richtung »Sulis«."

„Kehrt Hengist zurück, um mir zur Seite zu stehen?"

„Wenn du dich bis zur Rückkehr der Sachsen nicht selbst schützt, kommt jede Hilfe zu spät!"

„Ich baue eine Kirche und bitte Gott um Unterstützung!"

„Erwarte von Gott, in solch einem Gebäude, gegen die Schwerter deiner Feinde, keinen Beistand! Nur der von mir erdachte Turm rettet dein Leben! Eile dich! Die Zeit ist knapp!"

„Weshalb ein Bauwerk außerhalb der sicheren Stadt errichten und nicht innerhalb des »Castrums« von »Condate«?"

„In diesen Mauern bist du nicht vor den Feinden aus deinen eigenen Reihen geschützt."

„Zeige mir, wo sich dieser Hügel ist! Diesmal begleitest du mich dorthin!"

✝✝✝

27 Heute Monterfil.

Unterhalb des Hügels »Erfil« ist eine Zeltstadt entstanden, in der emsiges Treiben herrscht. Vortigern lässt die kostspieligen Mietsklaven unbarmherzig von seinem Baumeister antreiben. Das Fundament ist gegraben. Die ersten Steine sitzen aufeinander. In der Nacht weckt lautes Getöse die erschöpften Arbeiter. Der Turm ist in sich zusammengebrochen. Noch in der Dunkelheit begibt sich ein Bote nach »Condate«. Am späten Nachmittag erreicht der Reiter die Stadt.

„Mein »Reix«! In der letzten Nacht hat uns ein seltsamer Vorfall verstört!"

„Ich habe befürchtet, du meldest mir einen Angriff der »Pictonen«."

„Der Berg hat gebebt. Grauenvolle Geräusche sind aus seinem Inneren gedrungen. Schreckliche Angst hat unsere Herzen erfasst, da mit einem lauten Krachen die Grundmauern deines Turmes nachgaben und das Gerüst mit in die Tiefe gerissen hat!"

„Der Druide hat mir den Baumeister als den Besten empfohlen!"

„Der Einsturz ist nicht mit rechten Dingen zugegangen!"

„Die Mietsklaven sind die Schuldigen! Verstehen diese Untauglichen ihr Handwerk nicht? Der Erbauer möge die Mannschaft austauschen!"

„Dunkel ist die Nacht gewesen und die Arbeiter haben geschlafen. Nur üble Geister oder finstere Dämonen haben die Kraft, ein solch solides Bauwerk zu zerstören!"

✝✝✝

Zweimal stürzt der Bau erneut ein, ein drittes Mal spricht der Bote vor. Vortigern lässt den Druiden Ardagus kommen.

„Böse Mächte verhindern meine Rettung. Deine Götter taugen nichts!"

„Die Götter haben keine Zustimmung erteilt, weil du ihnen nicht geopfert hast!"

„Gott steht über allem Irdischen und verlangt keine Opfer."

„Dein Gott ist weit weg. Versöhne dich mit den hiesigen Göttern!"

„Was ist deiner Meinung nach zu tun? Ich kenne mich mit euren heidnischen Gepflogenheiten nicht aus."

„In der Zeit unserer Vorväter ist ein vaterloser Jüngling bei lebendigem Leibe in das Fundament eingemauert worden, um die Mächte der Unterwelt zu besänftigen."

„Solch unchristliche Praktiken sind mir zuwider!"

„Dein Leben ist in Gefahr!"
„Wenn du der Auffassung bist, ein Mord besänftigt deine Götter, so kümmere dich selbst um die Ausführung!"
„Ich schaffe dir einen Jungen herbei. Das Opfer hast du selbst zu vollziehen, sonst wirkt der Zauber nicht!"
„Aus christlicher Sicht ist das ein Mord."
„Sagt ein Heermeister, der unzählige Seelen zu den Göttern geschickt hat."
„Das ist jeweils in einem fairen Zweikampf geschehen. In einer Schlacht oder Mann gegen Mann!"
„Ein dunkler Schatten umgibt dich."
„Was erhoffst du, mir mit diesen Worten zu sagen?"
„Dein Handeln ist nicht immer so rein und voller Edelmut gewesen, wie du mir gegenüber behauptest."
„Bezichtigst du mich der Lüge?"
„Mich betreffen deine Vorgehensweisen nicht! Komme mit den Allmächtigen ins Reine!"
„Bring mir den Jungen! Aber gehe unauffällig vor!"
„Ziehe die Arbeiter von der Baustelle ab. So hast du keine Zeugen. Unterstelle mir für seine Ergreifung einen Trupp deiner Kämpfer!"
„Wen hast du für das Opfer vorgesehen?"
„Die Götter haben mir ihre Wahl mitgeteilt", lügt der Druide. „An der Küste lebt bei einem Fischer ein elternloser Jüngling, der behauptet, seine Mutter sei eine Adlige aus dem »Veneti«, der Vater aber sei unbekannt. Sein Wesen versetzt die Menschen in Angst. Dieser Bastard ist der Sohn des gefallenen Gottes! Dies ist der Grund, weshalb die ehrbaren Götter seinen Tod verlangen."
„Ich gebe dir zu deiner freien Verfügung mein Siegel für Anweisungen an meine Soldaten. Erledige, was zu vollbringen ist."

†††

Der dem Tod geweihte Junge fällt durch seine blasse Haut und seine schwarzen Haaren aus dem Bild der Einheimischen. Zunächst weigert sich der großgewachsene Außenseiter, Ardagus Folge zu leisten. Der Druide fordert seine Männer auf, ihn zu ergreifen. Eine unsichtbare Kraft bildet eine Wand. Wie gebannt stehen die Krieger tatenlos neben ihrem Anführer. Auf einmal entschließt sich der Sonderling, freiwillig mitzugehen. Die Soldaten folgen ihm mit respektvollem Abstand.

„Ich bin Merlin," stellt sich der Bartwuchslose unaufgefordert vor. „Ich habe mich auf den Weg zu dir gemacht, da ich sehe, wie viele Menschen dich am liebsten tot sehen. Dein ärgster Feind ist dieser falsche Druide, der vorhat, mich ebenfalls aus dem Weg zu räumen!"

Der Angeklagte hebt an, sich zu der Schuldzuweisung zu äußern. Eine ihm überlegene Macht hält ihn vom Sprechen ab.

„Wie kommst du darauf?", ist Vortigern erstaunt.

„Ein wahrer Druide stellt sich niemals in den Dienst eines Heerführers."

„Dieser wahre Druide wäre nicht mehr am Leben. Ich bestrafe jeden, der sich über mich zu stellen wagt! Beweise deinen Vorwurf!"

„Du hast vor, mich auf Rat dieses Scharlatans einzumauern."

„Woher weist du, was ich mit dir vorhabe?"

„Ich sagte schon, ich bin ein Seher! Folge mir zu deinem Turm! Dort sage ich dir, aus welchem Grund das Bauwerk nicht fertig ist. Und nimm den Alten mit, der nicht in der Lage ist, das Problem zu beseitigen!"

Vortigern ist verwundert über die Art, wie der Knabe mit der flachen Nase und den kleinen Ohren mit ihm spricht. Dem »Reix« fehlt der Wille, sich gegen den Jungen durchzusetzen. Merlin weigert sich, ein Pferd zu besteigen, und läuft zu Fuß, weshalb die Reise eine gefühlte Ewigkeit lang dauert. Der Hügel rückt in sein Sichtfeld. Der junge Augur bleibt stehen und wartet auf eine Inspiration. An der Baustelle angekommen, befiehlt Merlin den Mietsklaven, ohne auf eine Reaktion des Statthalters zu warten, einen Stollen in den Hang treiben.

„Innerhalb des Hügels ist ein See, in dem zwei Drachen gelebt haben. Durch die Bauarbeiten sind diese nervös geworden, und ich erahne, die gereizten Tiere aus der »Anderswelt« haben sich gegenseitig totgebissen."

„Du vermutest?"

„Ich spüre keine Lebenszeichen. Wenn der Tunnel gegraben und das Wasser abgelaufen ist, schickst du den Druiden hinein. Der Schwindler ist gehalten, uns zu berichten, ob die Kreaturen am Leben sind."

Unter großen Kraftanstrengungen graben die Mietsklaven den Abflusskanal. Vortigern ist ungeduldig und lässt die ganze Nacht durcharbeiten. In den frühen Morgenstunden schießt das Wasser unter hohem Druck ins Freie und füllt eine nahe gelegene Senke auf. Die Quelle versiegt. Merlin und der Druide sind spurlos verschwunden. Die Arbeiter bergen die toten Drachen. Aus der näheren Umgebung strömen die Menschen herbei. Auf einem großen Feuer grillt die Bevölkerung die Fleischmassen und verzehrt diese.

„Lindwürmer schmecken besser als Tauben!", denkt Vortigern. „Schade, diese Tiere sind nur äußerst selten anzutreffen und für die Zucht nicht geeignet."

Trotz ruhiger Zeiten wartet der Statthalter sehnlich auf die Rückkehr von Hengist. Aus Zweifel an den Göttern der Heiden lässt der Arianer sicherheitshalber ein Baptisterium bauen. Um den Zorn der Einwohner nicht auf sich zu lenken, liegt die Baustelle außerhalb der Stadtumfriedung von »Condate«. Der Turm in »Erfil« ist fertiggestellt und großzügig bevorratet. Vortigern zieht dort mit ein paar wenigen Vertrauten und sorgfältig ausgewählten Soldaten ein. Das Gebäude verfügt über eine massive Tür aus Eichenholz, die von innen mit schweren Balken verbarrikadiert ist. Das Fundament und der erste Stock sind aus Stein gemauert. Für den Bau des Obergeschosses sind kleinere Steine verwendet worden. Die zweistöckige Dachkonstruktion besteht aus Holz. In der obersten Etage ist ein Erker angebracht, aus dessen Fenster die Region Richtung Westen zu überschauen ist. Vortigern schaut andächtig hinaus und sieht Merlin, der vor der Tür steht und um Einlass bittet. Nur mit Mühe erträgt der Junge die für ihn ungewohnte Höhe.

„Ich habe erfreuliche Neuigkeiten für dich", reißt sich der Riese zusammen. „Im »Quent« sind die Segel der Sachsen gesichtet worden."

„Wie den Boten einer Verderben bringenden Meldung der Tod ereilt, verdient der Überbringer einer freudigen Botschaft eine Belohnung!"

„Ich bin mit meinem Bericht nicht am bitteren Ende angelangt. Leute, die von der Insel »Albion« gekommen sind, berichteten von einer gewaltigen Streitmacht, vor der Hengist geflohen ist."

„Wenn nur meine Verbündeten zurückkehren, bevor die »Pictonen« von meiner Wehrlosigkeit Wind bekommen."

„Hast du Aurelius Ambrosius und Uther aus dem Gedächtnis gelöscht?"

„Niemals vergesse ich je meine Ziehbrüder! Nach dem Tod ihres Vaters und des Bruders sind die beiden spurlos verschwunden. Ich habe befürchtet, die beiden nie wieder zu sehen."

„Weshalb versuchst du, mich zu täuschen? Den Mord hast du eingefädelt! Du hast die »Pictonen« beauftragt, Constans zu töten."
„Das ist eine Lüge!"
„Der Nachfolger General Konstantins hat deiner Karriere im Weg gestanden. Seine Brüder hast du ebenfalls auf deiner Todesliste gehabt. Zu deinem Glück haben sich die beiden in Luft aufgelöst."
„Dieser Hochnäsige hat sich gegen mich gestellt. Deutest du mit dieser Aussage an, die Streitmacht, von der du gesprochen hast, steht unter dem Befehl dieses Lumpenpacks?"
„Das Heer ist verschifft und sein Eintreffen ist nur eine Frage der Zeit."
„Deine Vorhersagen sind stets eingetroffen. Wo landet der Feind an? Wehrt Hengist die Invasoren ab?"
„Ich berichte dir nur von meinen Vorahnungen. Details sehe ich nicht! Ich weiß nur, deine Verbündeten sind von der Insel geflohen. Der Sachse stirbt in einer der kommenden Schlachten."
„Bleibe ich am Leben? Schützt mich dieser Turm vor meinen Feinden? Hält das Bauwerk einem Angriff stand?"
„Nach dem Tod deines Konföderierten kämpfen dessen Söhne für dich weiter. Schütze dich vor Aurelius Ambrosius und Uther."
„Der Turm bewahrt mich vor allen Gefahren!"
„Und bleibe dem Feuer fern!", sagt Merlin für Vortigern nicht hörbar.
„Schau dir diese massive Konstruktion an! Keine Armee der Welt erobert dieses moderne Verteidigungsgebäude. Keine Balliste vermag den Mauern zu schaden und kein Belagerungsturm ist hoch genug, um dieses Fenster zu erreichen."
„Mit dieser Vermutung wirst du recht haben."

431 nach Christus

Aurelius Ambrosius und Uther landen am Strand von »Ben Odet«. Die Sachsen stellen sich ihnen auf dem Vormarsch nach Osten bei »Guoloph«[28] entgegen. Das Land ist verwüstet, die Bewohner fliehen.

28 Heute Gueltas

Wie Merlin vorausgesagt hat, fällt Hengist. Der neue Anführer ist sein Sohn Ochta, der das Blatt nicht zu wenden vermag. Der Unterlegene bietet an, nach der Beerdigung seines Vaters abzuziehen. Auf dem Weg zu seinem Bruder, der nach »Condate« vorausgeeilt ist, um die Machtverhältnisse zu klären, kommt Uther an einer heruntergebrannten Ruine vorbei. Dort begegnet der Adlige Merlin, der ein sonderbar glänzendes Schwert in den Händen hält, das der Junge nur mit Mühen hebt.

„Vortigern hält dich nicht mehr auf!", sagt Merlin.

„Auf dem Schlachtfeld haben wir den »Reix« nicht zu sehen bekommen?"

„Sein Turm ist ihm zum Verhängnis geworden", erklärt der Riese.

„Der Beschreibung nach bist du sein Berater, der in aller Munde ist."

„Ich habe nie in seinen Diensten gestanden! Ich handele stets nur im Einvernehmen mit meinem Vater."

„So bist du Merlin. Das Volk behauptet, du siehst die Zukunft."

„Mein Vater hält große Stücke von dir und ist derjenige gewesen, der euch gerettet und auf die Insel »Albion« hat bringen lassen. »Reix« Uther, ich bin dir treu ergeben."

„Wieso maßt du dich an, mich einen Heerführer zu nennen?"

„Nach deines Bruders Tod bist du schon morgen sein Nachfolger!"

„Mein Bruder ist am Leben!"

„Ochta, der Sachse, hat sich Zutritt zu den Gemächern von Aurelius Ambrosius verschafft und ihn vergiftet. Jede Hilfe kommt zu spät!"

Die römischen Adligen aus dem Ritterstand, die Uther eskortieren, sind von den Worten entsetzt.

„Merlin, begleite mich nach »Condate«!"

„Ich gehe in den Wald von »Caledern«. Dort wartet mein Vater auf mich, um mir meinen Lehrer namens Blaise vorzustellen. Ich finde mich bei dir in »Gesogribate« ein, wenn die Zeit gekommen ist!"

„Ich bleibe demnach nicht in der Stadt?"

„Du baust im »Ben Trajon«[29] einen Seehafen und erneuerst das »Castrum« von »Ker Leon«!"

✝✝✝

29 Kopf (Ben) der Zitze (nicht des Drachens).

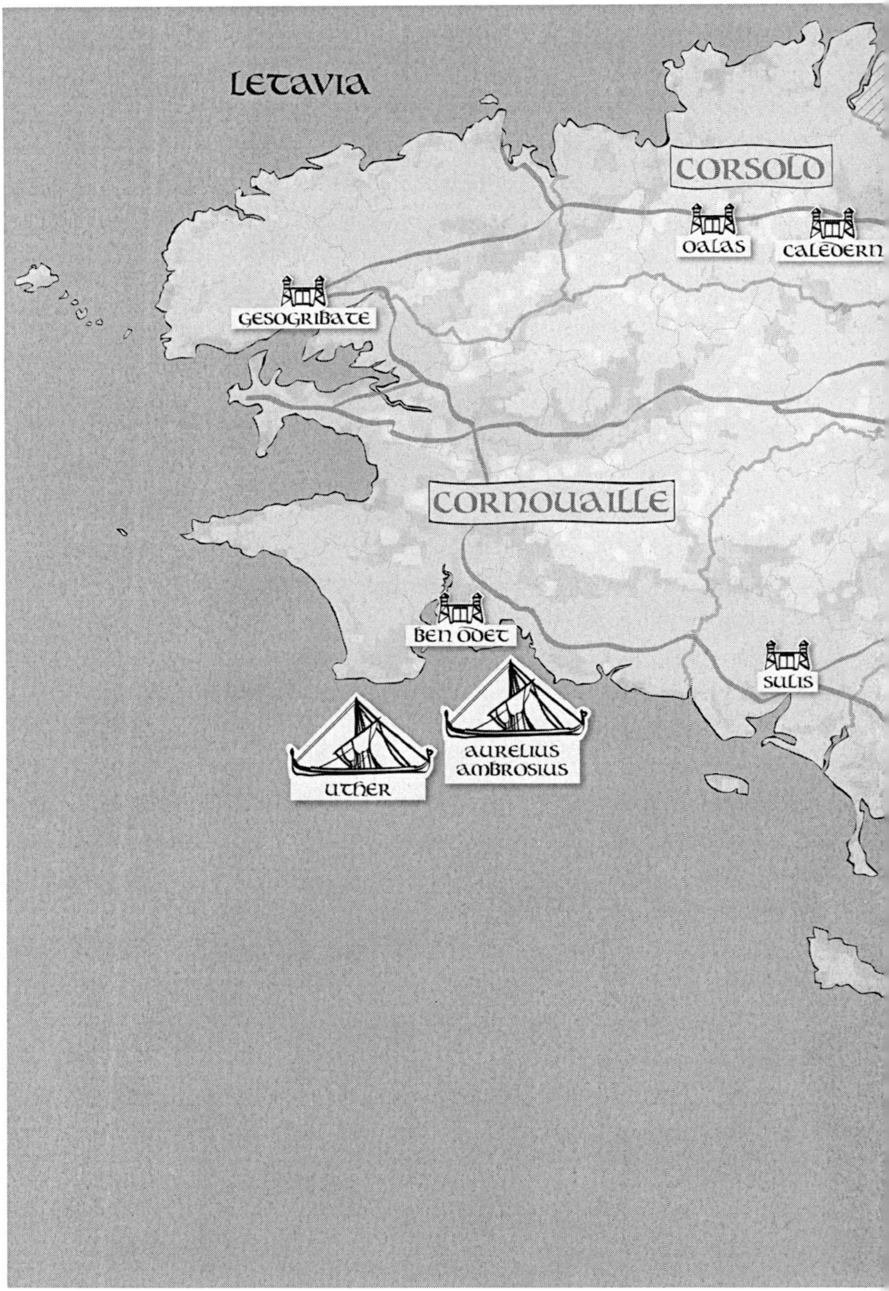
LETAVIA
CORSOLD
OALAS
CALEDERN
GESOGRIBATE
CORNOUAILLE
BEN ODET
SULIS
AURELIUS
AMBROSIUS
UTHER

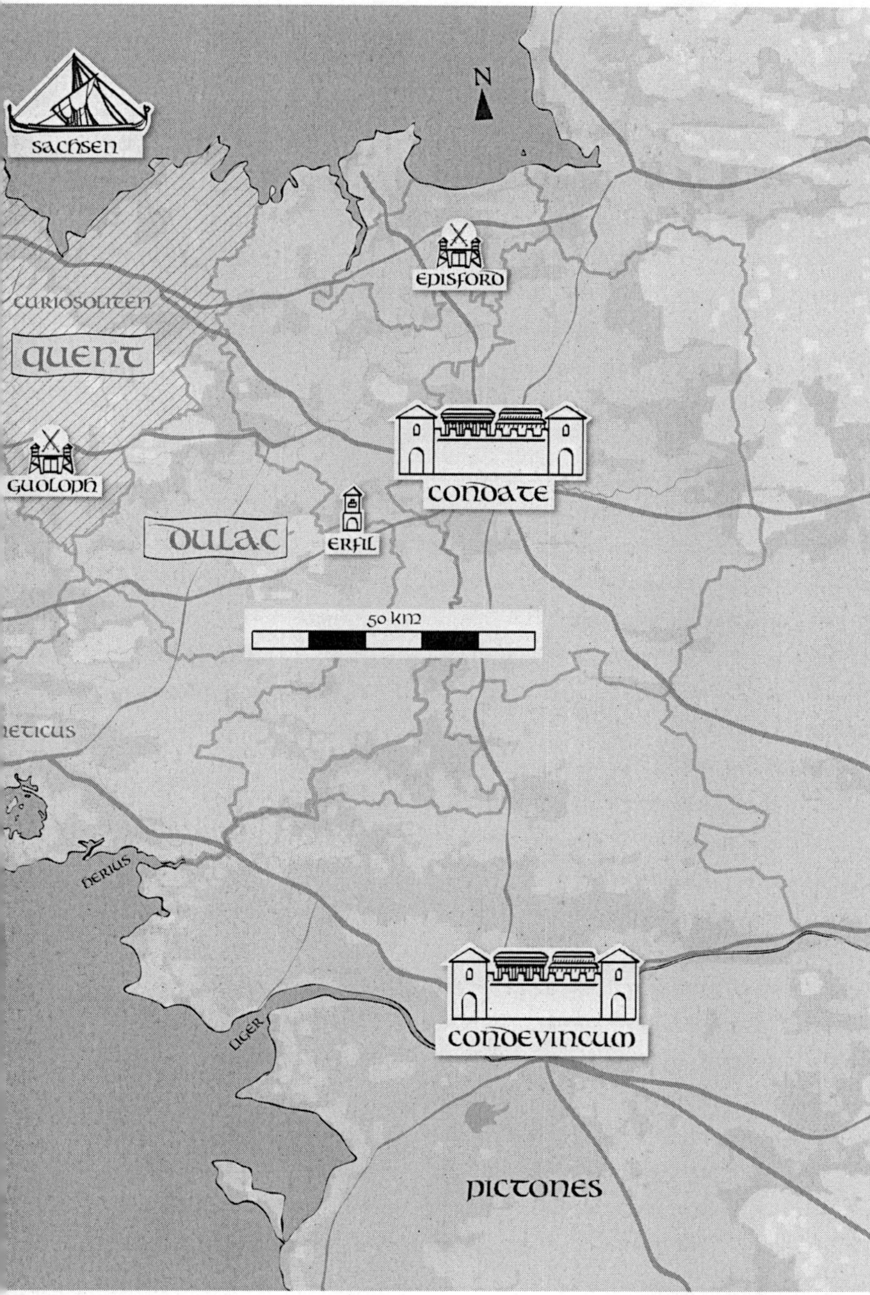
SACHSEN
N
EPISFORD
CURIOSOLITEN
QUENT
GUOLOPH
CONDATE
DULAC
ERFIL
50 KM
ETICUS
HERIUS
LIGER
CONDEVINCUM
PICTONES

Uther ben Trajon

5

Juli 1996

Marcel liebt das Jugendzimmer seiner Mutter. Zu Gast bei der Tante hat der Junge seine Ferien seit frühster Kindheit in »La Forêt Fouesnant« verbracht. Die Kammer ist winzig und verströmt den Duft vergangener Zeit. In dem spartanisch eingerichteten Raum stehen ein schmales Bett, ein Nachttisch, ein Stuhl – auf dem, seit deren Auszug ihre Lieblingspuppe sitzt – eine Spiegelkommode und ein Kleiderschrank. Die Wände sind rot tapeziert. Schwere goldene Vorhänge sind neben der Fensterbank mit dicken bordeauxfarbenen Kordeln befestigt. Da das Haus nicht übermäßig geräumig ist, fragt sich der Junge, weshalb das Zimmer nicht längst einem anderen Zweck zugeführt worden ist.

Eine Lampe aus den neunzehnhundertsechziger Jahren hängt leicht schräg von der Decke und ist neben dem Regal eines der modernen Elemente. Der Druck eines Gemäldes aus dem vierzehnten Jahrhundert, das die Altstadt von »Concarneau« zeigt, hängt über dem Bett. Dieses Bild lässt ihn träumen, wie einst die Segelschiffe vor der Kulisse der Wehranlage in See gestochen sind.

„Hast du die leiseste Ahnung", holt Tante Louane ihn aus seinen Wachtraum, „was das ist?"

„Festung »Cornouaille« steht auf dem Bild. Demnach ist das die »Ville Close« von Concarneau."

„Das ist das »Tintargol« aus den alten Mythen! Das Heerlager unseres »Dux« Gorlois."

„Ich habe gelernt, »Tintagel« liegt im englischen »Cornwall«."

„Sprich »Cornouaille« mal ganz langsam aus! Da hast du dein »Cornwall«. Im Keltischen bedeutet »Cairn« Zuflucht und »Ouailles« Herde."

„Klingt nach Kuhstall."

„Das ist ein Hinweis auf den Beginn der Viehzucht, die weltweit ihren Ursprung in der Bretagne gefunden hat. Dort haben die ersten Hirten gelebt, bis Kain wegen des Brudermordes verschleppt worden ist. »Tintargol« ist das Römerlager und Wehrdorf, das vor dem Bau der Festung an dieser Stelle gestanden hat, denn für die Fundamente ist

roter Lehm verwendet worden. »Tint« heißt Rot und »Argol« ist das keltische Wort für Lehm. Zur Zeit Artus standen in der Region weder Burgen noch Klöster oder Kathedralen, wie die Schriftsteller des Mittelalters das behauptet haben. Die Bretonen sind zu jener Zeit definitiv keine Christen gewesen."

✝✝✝

432 nach Christus

Merlin lässt die Sklaven, deren Zungen von Vortigern herausgeschnitten worden sind, das Gold aus dem eingestürzten Gewölbe des Turms bergen. Um das gewaltige Volumen zu reduzieren, befreien die Arbeiter das Material von Verzierungen, trennen über Quecksilberbäder andere Metalle heraus, schmelzen das Gold und gießen transportable Barren. Die Köhler holzen die Wälder ab. Anstelle der Bäume stehen immer mehr Schafe und Rinder auf den Freiflächen. Merlin versteckt den so gewonnenen Schatz in Höhlen des »Uhel Koat«[1].

1 Hoher Wald, heute Huelgoat.

Aurelius Ambrosius erhält in »Condate«, am Rande der Straße nach »Sulis«, eine nach römischer Sitte angelegte Ruhestätte in Form eines »Tumulus« für höhergestellte Persönlichkeiten. Sein Bruder Uther zieht – wie ihm der Seher prophezeit hat – nach »Gesogribate« und haucht »Léon« neues Leben ein. Die Provinz leidet seit damals an den Spätfolgen der Invasion unter Gaius Iulius Caesar und der Vernichtung sowie Deportation der »Osismier«.

Uther wartet derweil ungeduldig auf seine Ernennung zum Heerführer. Aus »Ravenna« bleibt die kaiserliche Bestätigung aus. Das Machtvakuum ist höchst gefährlich. Deshalb greift der Stratege zu einer List und lässt seine Soldaten ihren »Reix« selbst bestimmen. In Miniou[2] siegt Uther gegen den rebellischen »Reix« Pasgen von Buellt und Jouersunion[3]. Wie Merlin ihm aufgetragen hat, ist »Ker Léon«[4] sein neues Hauptquartier. Das ehemals römische Feldlager »Saliocannus« liegt im oberen Teil der Halbinsel »Ben Trajon«, an der Nordküste des einstigen »Osismi-

2 Mynyw, bei Pont-Aven.

3 Gwerthrynion.

4 Hof von Léon.

Reichs«. Zur Feier seiner Amtseinführung sind alle Stammesführer und Kriegsfürsten, die bei der Eroberung »Letavias« mitgewirkt haben, nach »Mons Relaxus«[5] eingeladen. Auf einer weiten Lichtung in einem Tal an einem Ausläufer des Meeres steht ein großer, runder Tisch.[6] Fortan nennt sich der »Reix« Uther Ben Trajon.

VICTOR

Der Riese »Reix von Léon«, Victor von Ker Ahes und Ker Mel-Karhez[7], ist Uthers engster Vertrauter und hat das Fest organisiert. Erste graue Strähnen in den welligen Haaren und im Vollbart verraten sein Alter. Ebenso die erheblich verfärbten Zähne. Der kurze wettergegerbte Hals fließt über in einen muskulösen Körper mit Bauchansatz. Auffällig ist sein oft grundloses Grinsen, bei dem sein Gesicht knallrot anschwillt. Victor lehnt römische Lebensweisen ab. Bei ihm zuhause stehen nur Krüge mit vergärtem Apfelmost auf den Tischen. Wein und Cervesia passieren seine Landesgrenze nicht, obwohl Victor der Legion seinen Aufstieg und Besitz zu verdanken hat. Die Demütigungen durch den Dienstherren, zu Beginn seiner Laufbahn, sind nicht vergessen. Nach dem absichtlich herbeigeführten Sturz vom Reittier, der zur Erniedrigung erdacht gewesen ist, hinkt sein linkes Bein. Und genau diesem Vorgesetzten hat Victor, in der Hoffnung auf Anerkennung, in einer Schlacht das Leben gerettet. Dessen hämisches Lachen geistert ihm nach wie vor durch den Kopf. Die Wunde in seiner Seele, die das Zurückweisen der Hilfeleistung, dessen römischer Herkunft wegen bei ihm verursacht hat, heilt nicht. Nie vergisst Victor die dämonische Fratze des Prinzipals in jenem Augenblick, da sich im Zorn sein Schwert in dessen Seite versenkt

5 Heute Morlaix.

6 Heute steht an dieser Stelle das Rathaus. Die Dimension der runden Tafel ist dort auf dem Platz durch einen Kreis vor dem Gebäude angedeutet.

7 Gwythyr ist König von Léon, Victor von Carhaix Plouguer und Maël-Carhaix.

hat und das römische Blut auf ihn zugeströmt ist. Erleichterung hat ihn überwältigt. Obgleich andere Römer ihn ignoriert oder sich einwandfrei verhalten haben, und ähnliche Vorfälle ausgeblieben sind, ist seine Ablehnung gegenüber dem Reich geblieben. Victor eilt aufgeregt, und alle Details kontrollierend, in seinen aus hochwertigem Wildleder gearbeiteten Halbsandalen um die Tafelrunde. Ihm folgt ein Duft von Pferd. Sein Gürtel, bestückt mit Kreiselementen aus Bronze und nach unten verlaufenden Zierketten, vermag nicht den korrekten Sitz der Kleidung zu gewährleisten. Des Umfangs wegen ist dieser stets bestrebt, nach oben zu rutschen. In der Folge hängt sein Herrenrock zu tief. Dazwischen drückt sich der mit Wachteln vollgestopfte Bauch heraus.

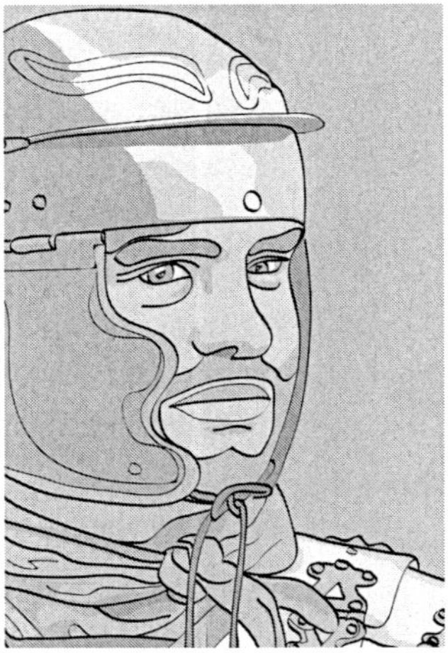

CORNEUS

Der verwitwete und zum zweiten Mal verheiratete »Dux« Corneus von Landévennec ist ein oftmals ungehorsamer Vasall gewesen. Beim Anblick des furchterregenden »Ex.Sal.Liburn« fällt der Abtrünnige vor »Reix« Uther Ben Trajon auf die Knie und schwört unbedingte Lehenstreue. Dank seiner Tapferkeit und Willenskraft, verzeiht ihm Uther diese Nebensächlichkeit und hält ihn im »Höchsten Collegium«. Vier Jahre zuvor sind die Sachsen erfolgreich vertrieben worden. Bis heute erinnern sich die Bewohner an die Siegesfeier auf »Ker Landévennec«. Corneus ist römischer Abstammung und eher kleinwüchsig. Sein kantiges, achtsam rasiertes aristokratisches Gesicht entspringt einem rechteckigen Kopf, der auf einem gedrungenen Hals sitzt. Seine Lachfalten, seine honigfarbenen Augen, seine verführerischen Brauen, seine ebenförmige Nase mit großen Nasenlöchern und sein kurz geschnittenes krauses Haar entsprechen dem aktuellen Schönheitsideal. Seine muskulösen Arme, den beträchtlichen Brustumfang und seine kurzen O-Beine verbirgt Corneus unter tadellos sitzender Toga und Tunika. Seine hochwertigen Sandalen stammen aus Rom, hat ihm der fahrende Händler versichert.

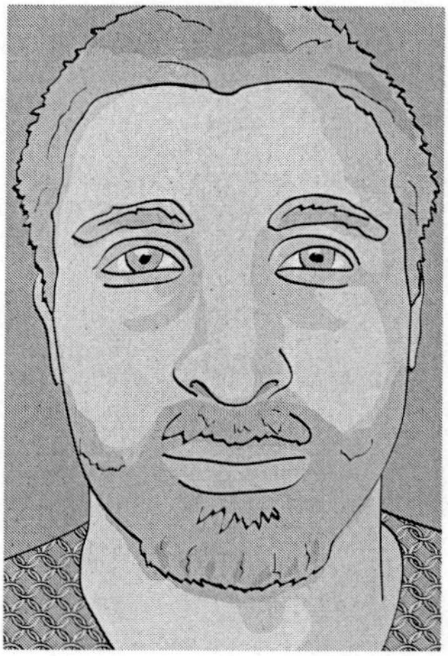

PELLAN

Der von der »Insel« jenseits der »Garumna«[8] stammende »Reix« Pellan von Listrac-Médoc ist bekannt für den verantwortungsvollen Umgang mit Finanzen. Sein Bruder Garlon ist ihm in seiner Heimat um ein Haar zum Verhängnis geworden. Während der winterlichen Belagerung durch die Goten hat jener den Speiseplan und sein Vermögen mit leichtfertigen Nachbarn aufgebessert. Vor Dank, in diesen Zeiten, nicht zu hungern, hat niemand nach der Herkunft der Ware gefragt. Mit der Zeit hat Garlon alle Vorsichtsmaßnahmen vernachlässigt. Als ein reicher Vater der Oberschicht Fleisch für seine Familie bei ihm gekauft hat, hing eindeutig erkennbar ein menschlicher Fuß am Knochen. Die aufgebrachten Dorfbewohner haben den Massenmörder hingerichtet und Pellan, für den Versuch ihn zu decken, vor das Tor getrieben. Der Gefangenschaft der Goten entkommen, die ihn nicht beachtet haben, hat sich Pellan im Norden der Armee von »Reix« Uther Ben Trajon angeschlossen.

RIENCE

Außer ein paar Floskeln höfischer Begrüßung kommen »Reix« Rience nur wenig Worte über die Lippen. Der Einzelgänger steht gerne abseits der anderen und beobachtet deren Treiben. Keiner traut sich, ihm in die Augen zu schauen. Flüchtig nehmen die Gäste seinen durchtrainierten Körper, sein gepflegtes Äußeres und seine verhärmten Gesichtszügen wahr. Niemand kennt seine Vergangenheit oder seine Herkunft.

8 Heute die Gironde.

Der weit gereiste »Reix« Bran von Gordes und Estangore[9] unterhält die Gäste mit blumigen Erzählungen aus dem römischen Ostreich. Der vom Leben gekennzeichnete Kämpfer ist übersät mit Narben und hat ein markantes Gesicht. Unter hochgezogenen Brauen beobachten listige dunkle Augen ständig das Umfeld. Eine lange Nase endet über dem kurz geschorenen Vollbart. Sein muskulöser Hals sitzt auf einem sehnigen Torso, der in tadelloser höfischer Kleidung steckt. Bran hat fortwährend einen miserablen Haarschnitt. Die Angst vor Rasiermesser und Scheren in den Händen fremder Leute zwingen ihn, sich seine Haare selbst zu schneiden.

Bran

Der Edelmann glänzt durch seine Frau Marina, einer Tochter des oströmischen Kaisers Flavius Arcadius, Bruder des Honorius, Vater des Theodosius. Marina hat das zweite Lebensjahr nicht vollendet, da ist Ihre Mutter, Aelia Eudoxia, bei einer Fehlgeburt gestorben. Ihre älteren Geschwister haben stets den Ton angegeben und ihre Art zu Leben vorgegeben. 427 nach Christus hat Bran aus verzweifelter Liebe mit ihrer Einwilligung den Tod Marinas vorgetäuscht, die von ihrer Schwester Aelia Pulcheria genötigt worden ist, ein Leben in eheloser Jungfräulichkeit zu führen. Auf ihrer Flucht sind die beiden nach »Condate« gelangt. Dort ist Bran Vortigern begegnet und hat ihm seine Dienste angeboten. Von dem neuen Dienstherren ständig schikaniert und mit dem Tode bedroht, ist Bran zu »Reix« Uther Ben Trajon übergelaufen.

Marina

9 Heute Étang de l'Ore, Montpellier.

CONSERGE

Bei der Befreiung der Halbinsel hat der düstere Conserge[10] von Gorron an der Schlacht von Arsderé[11] teilgenommen. Seither ruht sich der Kriegsheld auf seinem Ruhm aus. Seine Beförderung zum »Dux« bleibt aus, weshalb ihn sein Gram zerfrisst. Uther schätzt ihn als Freund und Berater und sieht bei ihm über fehlende Titel hinweg.

Esclabor der Sarazene ist ein alter Wegbegleiter Uthers. Bei der übereilten Abreise aus »Vienne« ist sein Vater, Safar der Mescogneu, der Kutscher gewesen und der Junge hat im Laufe der Reise mit Uther gespielt. Der Wagenführer ist bei einem Überfall von Räubern ums Leben gekommen und sein Sohn ist von der Familie aufgenommen worden. Der Verlust des Vaters hat ihm den Appetit genommen. So ist der »Saraceni« selbst als erwachsener Mann klein und dürr geblieben. Flagrant sind sein dünner Hals, seine kurzen, dichten schwarzen Haare, seine extrem langen Arme und der Umstand, niemals zu schwitzen. Seine ägyptischen Füße stecken in den orientalischen Schuhen seines Vaters, die sonst nur zu festlichen Anlässen getragen worden sind. Seine sehnigen Beine geben ihm eine auffällig laxe Gangart. Das Gesamtbild rundet sein römischer Mantel ab, der leger über einen Kaftan hängt, der ebenfalls aus dem Nachlass stammt. Den stechenden Augen entgeht nichts, wohingegen seiner Nase der Geruchssinn abhandengekommen ist.

ESCLABOR

10 Cynfarch. Hinweis auf einen Torwärter. Conserge ist der katalanische Begriff für Pförtner.

11 Arfderydd, heute die Insel Ars-de-Ré, die in der Spätantike noch mit einer Landbrücke mit dem Festland verbunden gewesen ist. Durch Erdbeben verschwand diese Verbindung.

Wenn sich sein schmaler Mund, mit den ständig zuckenden Mundwinkeln, öffnet, um mit ungewöhnlich weicher Stimme eine der selbsterdachten nahöstlichen Lebensweisheiten von sich zu geben, blitzen weiße Zähne zwischen dem kurz geschorenen Bart hervor.

GORLOIS

»Dux« Gorlois der Dunkle, »Comes von Cornouaille«, und seine Frau, die Riesin Igerne aus dem Haus des »Reix« Amelout[12] von Domnomea, die aus dem nahe gelegenen »Kernev« angereist sind, fallen durch ihre schlichte Zurückhaltung auf. Gorlois' alteingesessene Familie hat »Cornouaille« lange vor der Eroberung durch Gaius Iulius Caesar beherrscht. Sein Großvater Solor hat das Land zum größten und wirtschaftlich stärksten in »Letavia« ausgebaut. Sein Vater Gerren hat eine der Töchter des San Grá ELs geheiratet. Seine Hautfarbe ist nicht so hell, wie in der Gegend üblich, weshalb der Klan den Beinamen »Dunkle« trägt. Seine roten Haare wallen bis über die Schultern. Bei der Augenfarbe hat sich das Glasblau seines Vaters durchgesetzt. Gorlois gilt als freundlich und großzügig, wenngleich ein wenig selbstgerecht. Nach Gerrens Tod ist der »Comes« von Rom zum »Dux« der Region »Cornouaille« legitimiert worden. Seine Frau Igerne hat lange blonde Haare, die bis weit über das Gesäß reichen. Die »Duchesse« trägt ein tadellos geschnittenes Kleid mit unprätentiös und dezent angebrachten Pflanzenornamenten. Ein kunstvoll gefertigter Gürtel, verziert mit einem rund geschliffenen Edelstein, und Ohrringe sind der einzige sichtbare Schmuck, der ihren hohen Stand verdeutlicht. Ihr Blick wirkt verführerisch und zugleich nachdenklich. Ihre kurzen Schritte gleicht Igerne mit ihren zierlichen Händen aus, wodurch die zartgliedrige Gestalt über den Boden zu schweben scheint.

†††

12 Amlawdd.

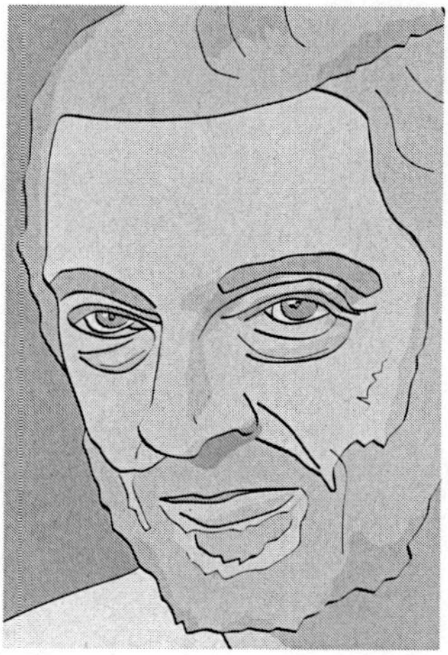

UTHER

Uther ist wie vom Blitz getroffen. Nie hat der Lebemann eine derart lieblich aussehende Frau gesehen. Ständig wandern seine Blicke zu ihr hin. Das entgeht weder ihr noch ihrem Ehemann. Uther trinkt hastig und übermäßig.

„Siehst du die bemerkenswerte Frau dort?“, hört ihn seinen »Dapifer«[13], Ulfin von Rigonou, lallen.

„Meinst du die Gattin unseres Verbündeten, der deine Überfahrt von der Insel und eure Landung auf dem Festland erst ermöglicht hat? Und dessen Soldaten für uns die Sachsen ausgespäht haben?“

„Der Überläufer hat beste Dienste geleistet!“

„Sieh dich nach einer anderen Frau um! Eine, die ungebunden ist. Gewinne Gorlois als Freund, der dir Igerne hin und wieder überlässt.“

„Du wagst deinem »Reix« Ratschläge zu erteilen? Diese Frau gehört allein an meine Seite.“

„Durch dein Vorhaben ist deine Regierungszeit nicht von langer Dauer!“

„Du hast mir viele Male das Leben gerettet. Deshalb verzeihe ich dir dein ungezügeltes Benehmen. Bringe diese auserlesene Schale aus purem Gold meiner Angebeteten! Sage ihr, ich warte voller Sehnsucht und brenne nach ihr!“

„Gorlois erschlägt mich! Unschuldig und ehrlos gehe ich von dieser Welt!“

„Sage ihr, wie ich ihren Anblick liebe! Bei solch einer Anmut fließe ich dahin wie ein rauschender Fluss, der die Klippen hinunterstürzt. Bring ihr das Kleinod!“

IGERNE

13 Seneschall.

Ulfin kommt an die Stelle, an der das Paar und Igerne gestanden haben. Beide sind verschwunden. Der »Comes« hat das Ansinnen des Heerführers durchschaut und sich mitsamt seiner Frau, ohne Erlaubnis des Hausherren, von dem Fest entfernt. Uther ist außer sich vor Zorn. Ein Lehnsmann hat sich gegen den »Magister Militum« aufgelehnt. Das ist Meuterei!

„Lasse Milde walten!", fordert Ulfin. „Gib dem Vasallen die Gelegenheit, sich bei dir zu entschuldigen!"

„Das kommt nicht in Frage! Ich erwürge diesen Verräter eigenhändig."

„Schlafe eine Nacht und morgen ist dein Zorn verflogen!"

„Mich beschleicht das Gefühl, Ulfin, du verschaffst Gorlois mit deinem Zögern einen Vorsprung."

„Ich bin dein dir treu ergebener Untertan, Uther!"

„Die Reiterei hält sich abmarschbereit. Bei Tagesanbruch brechen wir nach »Cornouaille« auf. Und wage nie wieder, mir zu widersprechen!"

Wochen später, das Heer marschiert endlich ab, trifft Uther in »Vorganium«[14] auf Merlin, der am Ortseingang auf ihn wartet.

„Der Moment ist ungünstig!", reagiert Uther abweisend. „Ich habe meine Ehre verloren und gedenke diese wiederherzustellen!"

„Ich weiß!", bleibt der Druide gelassen. „Ich habe mich in »Cornouaille« für dich umgeschaut. Gorlois hat sich auf »Terra Beg Meil« verschanzt und erwartet dort deinen Angriff. Igerne findest du auf der anderen Seite der Bucht, auf der befestigten Halbinsel »Tintargol«. Der »Comes« wägt seine Frau dort in Sicherheit."

„Ich bin über deine Kenntnisse erstaunt und dir zu Dank verpflichtet!"

„Höre dir meine Warnung an! Seiner unzugänglichen Lage wegen ist das »Castris« nicht zu erobern. Über den schmalen Landstreifen dringst du nicht unbeschadet bis zu den Palisaden vor. Bogenschützen haben ein leichtes Spiel, jeden Angreifer von Weitem zu treffen. Weiterhin verfügt die Wehranlage über Ballisten, Katapulte und Flammenwerfer."

14 Heute Plounéventer.

Uther hat Herzschmerzen. Ihn treibt der Zorn. Alle strategischen Regeln außer Acht lassend, teilt der Heerführer seine Leute auf und lässt beide Lager attackieren. »Terra Beg Meil« ist uneinnehmbar. Der Gegner unternimmt ständig Ausfälle. Uther schickt Ulfin los, um Merlin zu suchen. Die Tage vergehen. Endlich finden sich die beiden bei Uther ein.

„Du siehst Igerne wieder und eroberst beide Heerlager", verspricht der Seher. „Halte dich exakt an meine Vorgaben, denn die Sache ist heikel! Ich stelle dir eine Bedingung. Schwöre bei deinem Leben, mir jeden Wunsch zu erfüllen!"

Gorlois, in Vorfreude die reizvolle Frau, willigt widerspruchslos ein. In der Nacht verschwindet der Druide und kehrt mit nachempfundenen Kleidungsstücken, Schminke und Duftstoffen zurück.

„Ich kenne einem geheimen Weg," erklärt Merlin, „über den wir bei niedrigem Wasser unentdeckt nach »Tintargol« hineinkommen. Zunächst verwandele ich uns in Gestalten, die in der Wehranlage jeder kennt."

Der Riese schminkt seine beiden Begleiter.

„Redet möglichst nicht! Eure Stimmen verraten euch."

Bei einbrechender Dunkelheit schleichen die drei durch den Belagerungshalbring zu den Klippen. Im Mondschein gibt das Niedrigwasser unterhalb der Felsen einen Weg frei. Auf der Rückseite der Halbinsel führt eine in den Stein geschlagene Treppe in das feste Haus des »Castris«. Eine Zofe entdeckt die Männer. Die Tarnung gelingt und die Zugehefrau meldet die Ankunft des Gatten. Uther verzieht sich in ihre Gemächer.

Kurze Zeit später Soldaten dringen über den Geheimgang ins Haus. Uther ist nach wie vor in der Kammer! Der Illusionist fängt die Krieger in der Verkleidung des Regrendarius[15] ab.

„Wir haben einen Ausfall gewagt", berichtet einer der Boten. „Die Gegner sind darauf vorbereitet gewesen und haben sich heftig gewehrt. Wir sind zurückgedrängt worden. Jemand hat gerufen, der »Comes« sei tot! Die Verwirrung hat der Feind genutzt, um unsere Verteidigung zu überrennen. Wer Widerstand geleistet hat, ist erschlagen worden. Wir sind geflohen!"

„Ich überbringe ihm die üble Nachricht lieber selbst", bietet der Meister an und pocht an die Tür.

15 Verwalter des Lagers.

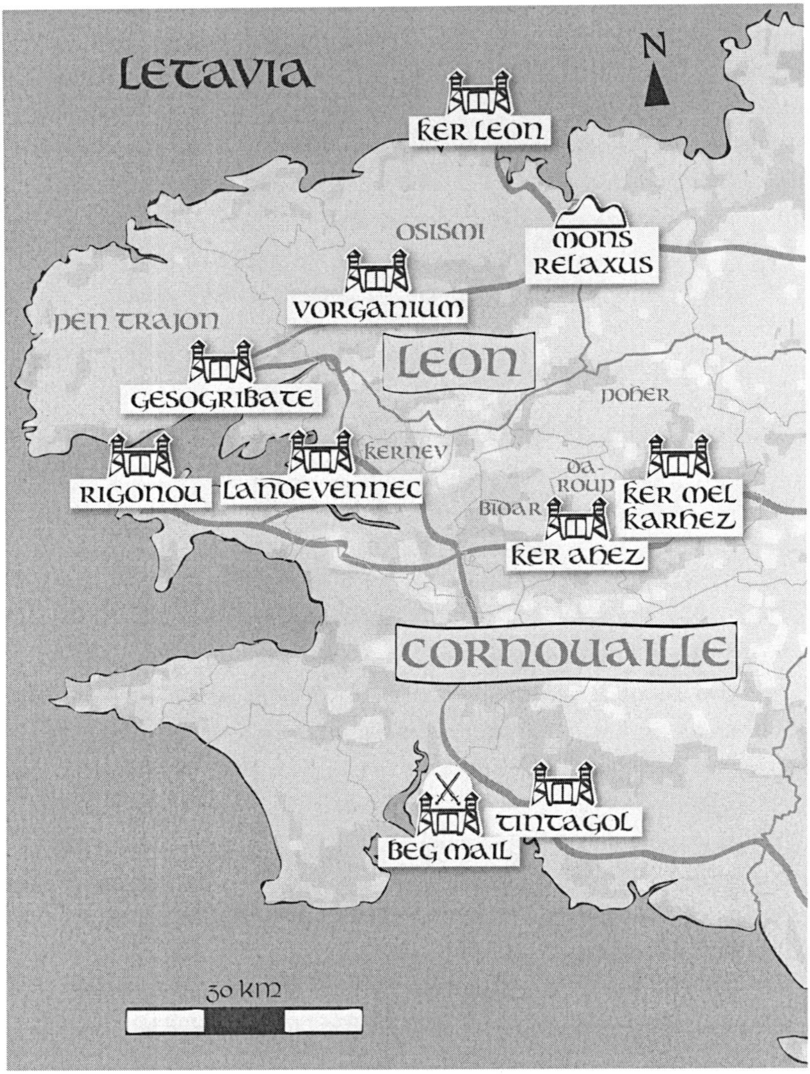

Die Gefahr vor Augen verlangt Uther von Igerne das Zimmer nicht zu verlassen. Die »Comtessa« ist beunruhigt.

„Schicke die Soldaten zurück nach »Terra Beg Meil«!", flüstert der Riese. „Gib ihnen den Auftrag, Uther von deinen Friedensabsichten in Kenntnis zu setzen!"

Verwirrt, aber erleichtert, ihren »Comes« lebend zu sehen, folgen die Untergebenen den Anweisungen ihres vermeintlichen Anführers. Merlin wartet, bis die Männer außer Hör- und Sichtweite sind, sodann steigen die drei und Igerne ebenfalls die Treppe hinab. Unten angekommen, beendet der Druide die Maskerade, um nicht von den eigenen Leuten unter Beschuss zu geraten. Die einsetzende Flut drängt zur Eile.

„Warum hast du mich mitgenommen?", fragt Ulfin.

„Gorlois ist tot gewesen, da ist Uther zu Igerne gegangen. Das bezeugst du eines Tages, wenn ich dich darum bitte! Deshalb ist mir deine Anwesenheit so wichtig!"

Die Sonne sendet erste Strahlen über den Horizont. Bei der Rückkehr ins Lager sind die Soldaten in Aufruhr und suchen fieberhaft nach Uther. Groß ist der Jubel, als dieser wie aus dem Nichts kommend zwischen ihnen steht.

†††

Uthers Truppen ziehen ab. Die Familie des »Comes von Cornouaille« und deren Anhänger beerdigen ihren geschätzten Anführer auf »Terra Beg Meil«. Sein Bruder Cador übernimmt am Grab die Nachfolge. Der neue »Dux« gelobt ewige Rache. Seine kleine Tochter, Jenny[16], erfasst die Tragweite nicht. Das Kind hat neben ihrem Onkel ihre geliebte Tante verloren, die das Mädchen wie ein eigenes Kind behandelt hat. Uther zieht triumphierend in »Ker Léon« ein und präsentiert Igerne der Bevölkerung als seine Beute. Die beiden betreten sein Haus, da bricht ein heftiges Gewitter los. Dicke Tropfen donnern auf das mit Holzschindeln gedeckte Dach. Blitze erhellen das Innere des Hauses. Durch die mit Holzstäben gesicherten Fenster pfeift der Wind. Ein Sklave hängt Tierfelle vor die Öffnungen.

CADOR

16 Keltisch: Guinier.

„Die Götter sind über deine Abkehr von ihnen erbost!", deutet Merlin die Gewalten der Natur. „Finde einen Weg zu ihnen! Opfere einen Stier!"

„Kein Mensch glaubt heute mehr an BELENOS oder TEUTATES! Ich habe nie einen Gott zu Gesicht bekommen. Für das Volk bin ich ein Gott, denn ich gebe ihr Schicksal vor."

„Du bist nicht beliebt, sagen die Leute!"

Das auf zwei Hügeln erbaute »Ker Léon« schützt ein verhältnismäßig hoher Erdwall. Zu oberst steht Uthers Haus, das von den kleineren der Handwerker und dem des Druiden umgeben ist. Am Fuß der rund sechzig Meter erreichenden Anhöhe sind die mit Stroh gedeckten Holzhütten der Soldaten und der Bauern angesiedelt. Auf der Erhebung dahinter haben sich die Sklaven Erdlöcher gegraben. Rund um die Eingänge der beengten Höhlen stapeln sich die Abfälle der Bewohner und Gegenstände, die für den Weitergebrauch von Wert zu sein scheinen. Der Wind weht den Gestank bis zur Küste hinunter. Aufschüttungen vor den Zugängen verhindert das Eindringen von Regenwasser. Bei lang anhaltenden Niederschlägen dringt die Nässe dennoch ein. Erkältungen, verdorbene Lebensmittel und Erdrutsche sind die Folgen. Die Leibeigenen der Reichen nehmen Speisereste mit nach Hause. Alle anderen sammeln Muscheln, Meeresschnecken, Austern, Seetang und Garnelen. Gelegentlich finden Mäuse, Würmer und Frösche den Weg in ihre Mägen. Die Kleidung für den Winter besteht aus dürftig zusammengenähten Stoffresten. Die Diener der Wohlsituierten erhalten Zuteilungen an Leinenstoffen und sind in Anbauten der Herrenhäuser untergebracht. Ihre Toten versenken die Besitzlosen im Meer. Niemand spendet ihnen Trost. Ihre Hoffnung ist der schnelle Tod. Die Kinder haben selten eine Chance, über das fünfte Lebensjahr hinauszukommen. Die Druiden weigern sich, die Armen zu heilen. Die Männer warten sehnsüchtig auf den Aufruf zum Krieg. So mancher hat seinen Reichtum durch Beute zuwege gebracht. Zwar bleibt ihnen der Zugang zur Welt der Adligen verwehrt, aber deren Familien versorgen die Heilkundigen.

Einen Mondumlauf später findet die Hochzeit nach alten keltischen Sitten statt. Alle »Reges« der Region sind zum Festmahl geladen. Gleich drei weiße Stiere opfert Uther, um sich selbst zu ehren, und lässt die besten Stücke des gegrillten Opferfleischs verteilen. Mit dieser Geste stimmt Uther das Römer hassende Volk ihm wohlgesonnen und präsentiert sich als einer der ihren.

Die Tafelrunde

unter Uther Ben Trajon

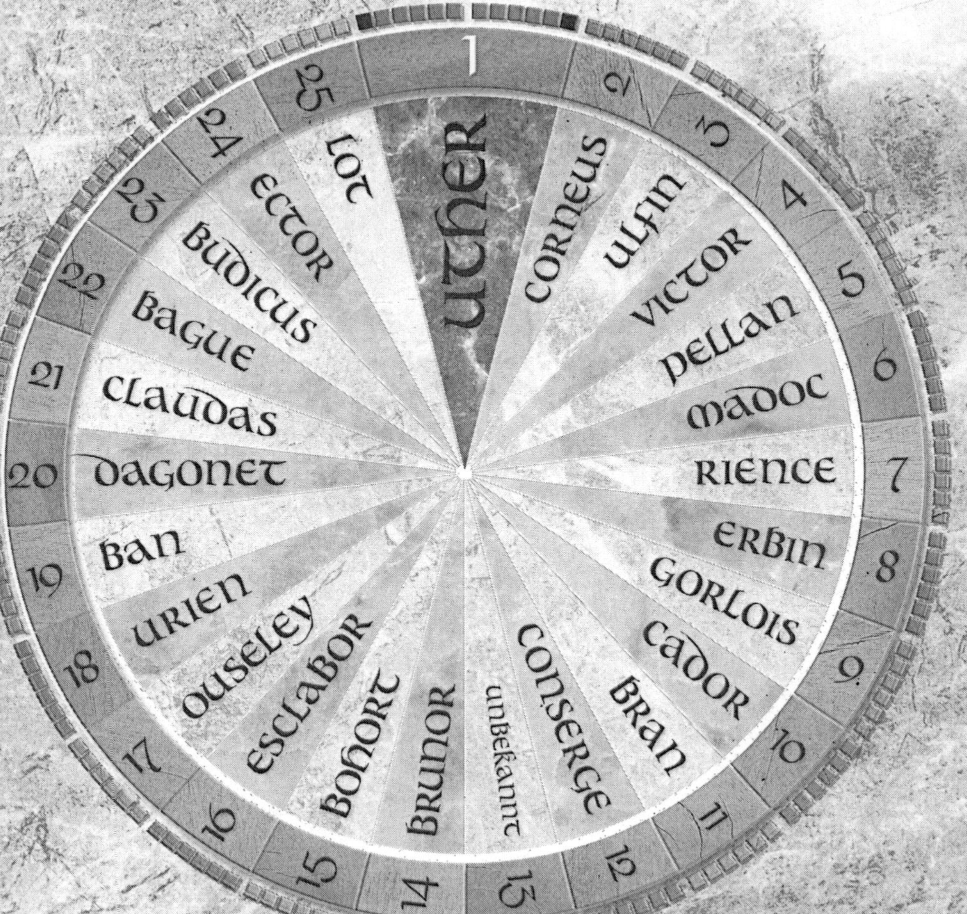

La Foret Fouesnant

6

Juli 1996

Seit Tagen fällt nachmittags zum Gezeitenwechsel langfädiger Regen. Marcel langweilt sich, da Sonnenbaden ausfällt. Nach dem Mittagessen legt sich Tante Louane auf die Couch, um ihrem »Augentraining« nachzugehen. Kurz darauf wechselt ihr Atmen zu gleichmäßigem Schnarchen über. Auf der Suche nach einer Beschäftigung durchstöbert Marcel den Keller. Die Werkstatt seines verstorbenen Onkels birgt kleine Schätze an Metallen, Hölzern, Gips, Farben, Nägeln und Schrauben, aus denen sich eine Landschaft für seine Modelle herstellen lässt. Gleich beim Betreten des verstaubten und mit Spinnweben durchzogenen Kellergewölbes fällt ihm die seit Jahren ungenutzte Angelausrüstung ins Auge. Manche Teile sind mit Flugrost überzogen. Insgesamt sind Ruten verschiedener Längen, Rollen unterschiedlicher Durchmesser und Schnurstärken sowie weiteres Zubehör in einwandlosem Zustand vorhanden. Mit ein wenig Kriechöl glänzen die oxidierten Stellen wieder. Die Spulen benötigen Fett und funktionieren wieder einwandfrei. Marcel packt das Jagdfieber und rüstet sich mit der längsten Angel, einer mittleren Rolle, der Reuse und einem Werkzeugkasten, der allerlei Haken, Bleikügelchen und Werkzeuge enthält, aus. Marcel zieht aufgeregt seine Regenjacke an, da wacht seine Tante auf.

„Heute Abend essen wir Fisch!"

„Ich habe schon alles für das Abendessen eingekauft", murmelt Louane schlaftrunken.

„Das essen wir morgen! Ein frisch gefangener Fisch schmeckt anders als das Zeug aus dem Supermarkt."

„Der Regen fällt in Strömen! Bei diesem Wetter bleibst du lieber im Haus. Ich bin jetzt wach."

„Bei Regen beißen die Fische am besten, habe ich mal gelesen."

„Lass uns Domino spielen."

„Ich brauche frische Luft!"

„Enge ich dich ein?"

„Ich denke nach. Hat nichts mit dir zu tun."

„Habe ich ein falsches Wort gesagt?"

„Du hast geschlafen."
„Wäre ich deiner Meinung nach besser wach geblieben? Bist du sauer, weil ich geschlafen habe?"
„Das ist absurd! Die Geschichte mit dem Glatzkopf belastet mich! Vielleicht kehre ich besser erst einmal nicht nach Paris zurück. Dieser Typ aus dem Zug weiß mit Sicherheit, wo ich wohne, und lauert mir am Ende vor meiner Haustür auf."
„Studiere in Brest! So bist du in meiner Nähe und kommst mich häufiger besuchen."
„In Brest? Was bitte, studiere ich in Brest? U-Boot-Technik? Meeresbiologie? Oder noch besser: bretonische Mythen."
„Was ist am Studium unserer Sagen auszusetzen?"
„Wovon lebe ich später einmal? »Merlinplatte« mit »Artusmus« an »Vivianesoße« mit »Hinkelstein« garniert?"
„Das ist nicht komisch! Eines Tages hast du den Lehrstuhl für bretonische Geschichte inne und lebst von den Büchern, die du zu dem Thema verfasst."
„Ich vergaß! Der Verkauf deiner Bücher hat dich zu einer wohlhabenden Frau gemacht, die zum Glück eine Witwenrente hat, weil die berühmte Schriftstellerin sonst längst verhungert wäre!"
„Du frecher Lümmel! Gehe angeln! Und vor heute Abend brauchst du nicht wiederkommen! Ich fahre nach Quimper zum Schoppen – meine Witwenrente auf den Kopf hauen!"
„Ich brauche einen Köder! Wo bekomme ich ein paar Würmer her?"
„Bevor du mir den Garten umpflügst, fahre ich dich zum Hafen. Und danach an eine Stelle, wo du garantiert ein paar Fische fängst. Dein Ableben wegen Fischmangels wäre unverantwortlich. Für die Crêperie reichen meine bescheidenen Einnahmen aus den Buchverkäufen leider vorne und hinten nicht aus!"
„Jetzt bist du zynisch!"
„Dein Onkel ist statt mit Fischen immer mit einer Fahne zurückgekommen. So konnten wir nicht einmal mehr essen gehen!"
„Unterstellst du mir, das Angeln als Vorwand für übermäßigen Alkoholkonsums vorzugeben?"

Der Regen plätschert monoton aus dem grauen Himmel herab. Die Tropfen springen nach dem Aufschlagen munter in die Höhe. Marcel steht auf einem durch einen Sturm schwerbeschädigten Fischkutter, der schon lange ausgedient hat. Der Ladekran ist gebrochen und durch die offenen Luken ist das Gluckern eingedrungenem Wassers zu hören. Der Standort ist ideal, da der Angler bei Flut über tiefem Grund steht. Der Regen ist warm und der Wind weht sanft durch die Bucht. Der neon-orangene Schwimmer treibt munter tänzelnd auf dem trüben Wasser.

Die Uferstraße ist menschenleer, und doch wähnt sich Marcel beobachtet. Ein alter Mann mit einer gelben Allwettermütze schlurft in hohen Gummistiefeln die Straße entlang. Deshalb erkennt Marcel weder die Größe der Ohren noch das Vorhandensein von Haaren. Der Greis watet neben dem Anlegesteg durchs Wasser und zieht über eine von Algen überwucherte Leine ein seeuntüchtiges Holzboot herbei. Die Farbe ist schon lange abgeblättert. Dennoch sind Reste hellblauer und weißer Flächen zu erkennen. Innerhalb der morschen Bordwände türmen sich undefinierbare Gerätschaften, die dort ihre Zeit als Treibgut beendet haben.

Der alte Fischer zieht den Strick, der ihm als Gürtel dient, enger, rudert bis zur Mitte der Bucht und versenkt dort statt einem Anker, ein an einem zerschlissenen Tau seemännisch verknoteten Stein. Angeekelt nimmt Marcel zur Kenntnis, wie der Alte einen Wurm zwischen seinen Lippen hält. Der alte Seebär beißt ein Stück des wirbellosen Tieres ab und schiebt das sich windende Fleisch auf einen rostigen Haken. Marcel überkommt ein heftiger Würgereiz. Die Angelschnur ist auf einem Stück Holz aufgewickelt und gleitet über die lederne Hand des Alten ins Wasser. Der dunkelblaue Schwimmer aus Vorkriegszeiten kommt kurz unter der Wasseroberfläche zum Stehen. Kurze Zeit später landet der erste Fisch im Kahn. Mit einem großen Stock terminiert der erfahrene Angler das Leben seines Fangs durch einen gezielten Schlag auf den Kopf. Seine Zähne beißen dem Wurm ein weiteres Stück ab. Schnell schaut Marcel in eine andere Richtung. Innerhalb kürzester Zeit beenden drei dicke Fische auf ähnliche Art ihr Leben. Marcels grell leuchtende Pose tänzelt im Wasser nur munter auf und ab. Fische haben ein Faible für den Speichel alter Männer, mutmaßt der Glücklose. Umgehend verwirft Marcel angewidert den Gedanken, den Außenseiter nachzuahmen.

Endlich verschwindet sein Bissanzeiger in der Tiefe. Bis sein Hirn die Veränderung registriert, vergeht eine Weile. Mit einem übertrieben heftigen Ruck reißt der Anfänger seine Angel in die Höhe und seine zitternden Hände rollen den leeren Haken herauf. Der Betagte lichtet seinen »Anker« und rudert gemächlich, als existiere die Zeit für ihn nicht, gegen die einsetzende Ebbe zum Ufer zurück. Dort vertäut der Alte sein Boot mit einer blau-weißen Kordel aus Kunststoff, an einem rostigen Ring an der Mole. Dann schlurft der Weißhaarige in aller Ruhe zu Marcel.

„Beißen die Fische?"

„Meine Würmer jedenfalls nicht!"

„Zeige mir deinen Köder!"

Marcel öffnet die Weißblechdose, in der sich seine Mehlwürmer winden.

„Der Händler hat dich reingelegt! Das sind die Falschen! Nimm in Zukunft die breiten Sandwürmer! Ich gebe dir ein paar von meinen. Mit ihnen hast du mehr Glück!"

„Vielen Dank! Herr …"

„Nenne mich Père Albert! Im Ort kennt mich jeder unter diesem Namen. Du bist nicht aus »La Forêt«?"

„Ich lebe in Paris, aber meine Mutter stammt aus der Gegend."

„Du bist der Enkel des alten Amidieu! Siehst ihm verdammt ähnlich.“
„Sie kennen meinen Großvater?“
„Wir haben gemeinsam den Krieg erlebt.“
„Sie sind ebenfalls deportiert worden?“
„Ich rede vom Ersten!“
„Sie sind so alt wie mein Großvater? Sie sehen viel jünger aus!“
„Danke! Leider gehe ich jetzt schon nach Hause. Meine Mutter wartet mit dem Essen auf mich. Sehen wir uns morgen wieder?“

†††

„Père Albert?“, fragt Louane erstaunt und setzt ein ironisches Lächeln auf. „Der ist im Ort bekannt wie ein bunter Hund!“
„Der Kerl nimmt Würmer in den Mund und angelt mit bloßen Händen!“
„Albert ist ein sonderbarer Kauz!“, bestätigt die Tante.
„Trotz seines Alters“, ist Marcel euphorisiert, „kocht seine Mutter, noch immer sein Essen! Wie alt ist der Mann?“
„Wenn ihn einer fragt, so sind achtzig Jahre seit seiner Geburt vergangen. Das ist in meiner Kindheit schon so gewesen! Keiner kennt seinen wahren Geburtstag und soviel ich weiß, sind weder Dokumente noch Papiere vorhanden, aus denen sich Genaueres ableiten lässt.“
„Was sagt das Melderegister? Hat dort jemand nachgesehen?“
„Dort existiert kein Eintrag zu seiner Person.“
„Nicht einmal als Soldat?“
„Albert hat sich freiwillig gemeldet und unter falschem Namen mit drei Kreuzen unterschrieben, hat mir der ‚Filou‘ selbst einmal erzählt!“
„So alt ist niemand! Das ist gegen das Gesetz der Natur.“
„Das Alter dieser Spezies, von der Albert stammt, ist Teil einer alten Legende, von einer Menschheit vor unserer Menschheit! Diese ist wesentlich älter geworden als wir heute.“
„Was ist das für eine Menschheit gewesen?“
„Denke nur an den »Cro Magnon«. Die Wissenschaft behauptet, diese Gattung sei ausgestorben. Einzelne von ihnen weilen weiterhin unter uns.“

„Vor rund zehn Jahren ist ein Film in den Kinos gelaufen, in dem die Langlebigen »Highlander« genannt worden sind. Das Abschlagen des Kopfes ist Grundvoraussetzung, um deren Leben zu beenden."

„»Highlands« heißt auf Französisch »Haut Pays«. Das liegt gleich um die Ecke, rund um den Ort »Pouldreuzig«. Dort findest du den Ursprung dieser Legende. Um auf Père Albert zurückzukommen: Dieser Naturbursche hat, so lange ich ihn kenne, niemals gekränkelt oder eine ernsthafte Verletzung gehabt."

„Eines Tages entdecken ihn die Behörden bei einer Volkszählung."

„Ohne Nachnamen und ohne Papiere ist eine Zuordnung nicht möglich. Noch ist für ihn kein behördliches Raster eng genug, um ihn zu erfassen."

„Was ist mit seiner Krankenversicherung?"

„Nicht vorhanden!"

„Mietvertrag?"

„Ich habe etwas munkeln hören, das Haus, in dem seine Mutter lebt, gehört einer Stiftung. Ich vermute, der Verein deckt seine Mitglieder auf diese Weise vor dem Staat, der Kirche und der Wissenschaft."

„Wovon lebt der Mann?"

„Durch den Verkauf von Fischen an die Restaurants im Ort. Das reicht ihm für ein paar Zigaretten und eine Flasche Wein von Zeit zu Zeit."

„Und was kocht ihm seine betagte Mutter?"

„Die beiden haben einen kleinen Garten. Alles andere liefert das Meer."

„Muss ich Angst vor ihm haben?"

„Vor Albert? Einem liebenswerteren Menschen bin ich nie begegnet!"

Mit den sich verschiebenden Gezeiten setzt der Regen jeden Tag eine Stunde später als am Vortag ein. Tante Louane fährt ihren Neffen täglich zum alten Kutter und holt ihn zur vereinbarten Zeit dort wieder ab. Jedes Mal, wenn das Auto an der Kreuzung zur Hauptstraße ankommt, ist der Dorfpolizist nervös und stoppt sofort den fließenden Verkehr.

„Ist dir aufgefallen," fragt Marcel den Unschuldigen mimend, „wie der Polizist auf dich reagiert?"

„Ach Yves? Der steht seit der Schulzeit auf mich und hat sich nie getraut mich anzusprechen. Seit der Bürgermeister-Affäre wirft der Möchtegern-Kommissar leider ein weiteres Auge auf mich, da ich seiner Meinung nach für das Ableben des Ortsvorstehers verantwortlich bin. Aber mal was anderes! Dein Großvater hat sich bei mir beschwert. Warum sagst du nur kurz guten Tag und gehst gleich wieder? Gib dir einen Ruck und höre dir seine Geschichten an."

„Jeden Sommer drückt Opa mir seine Kriegsgeschichten aufs Ohr! Ich habe das Gefühl, schon zum hundertsten Mal von seiner Begegnung mit einem deutschen Soldaten 1918 im Niemandsland zwischen den Fronten gehört zu haben. Mit dieser Episode beschönigt Opa meinen deutschen Vater, nur weil beide zu feige gewesen sind, aufeinander zu schießen!"

„Die Alten bauen mit den Geschichten der Jugend Brücken ins Leben."

„Brücken, die niemand braucht!"

„Du hast keine Ahnung, wann du an den Abgrund gerätst! Vielleicht erzählt mein Vater dir von seiner Deportation. Über seine schlimmen Erfahrungen in Deutschland hat dein Opa nie mit mir gesprochen. Was die Brücken anbelangt, denke nur an deine Glatzköpfe!"

„Musst du die erwähnen? Du verdirbst mir die gute Laune!"

„Nach dem Angeln tust du mir bitte den Gefallen, dich mit deinem Großvater zu beschäftigen. Wer weiß, wie lange der Gute noch lebt!"

„Für mich sind das keine guten Argumente. Am Ende habe ich einen Haut-Pays-Opa, der mich noch überlebt!"

„Abwegig ist das nicht! Grüße Albert von mir."

Dank der Sandwürmer fängt Marcel regelmäßig Fische. Darunter Exemplare, die der Anfänger zuvor nie zu Gesicht bekommen hat. Ein Grundfisch mit einem überdimensionierten, gepanzerten und mit Stacheln bewehrten Kopf. An dem mickrigen Körper scheint wenig Essbares dran zu sein. Ein aalförmiger Fisch hängt am Haken, der ein langes spitzes Maul hat, in dem eine erschreckende Anzahl kleiner Zähne aufgereiht sind. Der Fang versucht, seinen Fänger zu beißen, wann immer dieser nach ihm greift. Vor Aufregung hat Marcel vergessen, Handschuhe anzuziehen.

„Gib bei den »Nadeln« acht!", rät Albert, der unbemerkt auf dem Kutter aufgetaucht ist. „Wenn das Vieh dich erwischt, reißt sein Kiefer dir die Haut mehrere Zentimeter weit auf. Die Wunden entzünden sich und verheilen nur langsam!"

Schon greift der erfahrene Fischer nach einem Stück Holz und verpasst dem großäugigen Hornhecht einen kräftigen Hieb.

„Das ist eine Meeresnadel. Einfach salzen und nach ein paar Minuten auf den Grill legen. Dieser Fisch hat viele türkisfarbene Gräten, ist aber trotzdem recht wohlschmeckend."

„Meine Tante sagt, Sie seien schon recht alt."

„Da hat die gute Louane nicht unrecht. Ich stamme noch vom dritten Menschengeschlecht ab, welches auf der Erde lebt."

„Hat Gott den Menschen nicht im Paradies erschaffen?"

„Die Götter haben mehrere Gattungen Mensch geschaffen. Im alten »Elysium«, in »Stonehenge«, ist aus dem »Neandertaler« der »Cro Magnon« entstanden. Der letzte Garten Eden hat in der Bretagne gelegen, bevor das »ENG.EL Land« namens »Albion« sich vom Festland gelöst hat. Das ehemalige Labor ist der »Cairn vom Petit Mont« und die Geburtsstation der »Cairn von Gavrinis«. Der Apfelbaum hat auf der »Île-aux-Moines« der Hauptinsel von »Avalon« gestanden. Nachdem Noah mit der Arche in »Arradon«[1] gelandet ist, hat EN.LIL aus dem »Cro Magnon« den sogenannten Sapiens geformt, der nicht zeugungsfähig gewesen ist. Sein Bruder EN.KI hat den Baum des Lebens verändert. Erst durch diesen Eingriff hat sich diese Menschengattung selbst fortgepflanzt und ist seither der »Sapiens Sapiens«. Die ersten Kelten. Wut entbrannt hat EN.LIL daraufhin die Menschen durch den ENG.EL GABRI.EL vertreiben lassen. Das ist vor fünftausendsiebenhundertsiebenundfünfzig Jahren geschehen. Diese sind bis nach Griechenland gezogen und haben die Geschichte der Götter dort bewahrt. So haben sich die Kelten über Europa bis nach Indien verbreitet. Aber nur die Juden haben sich das Datum gemerkt."

„Warum hat Gott den Neandertaler nicht einfach so belassen, wie die Natur ihn beschaffen hat?"

1 Später mit dem Ararat verwechselt worden.

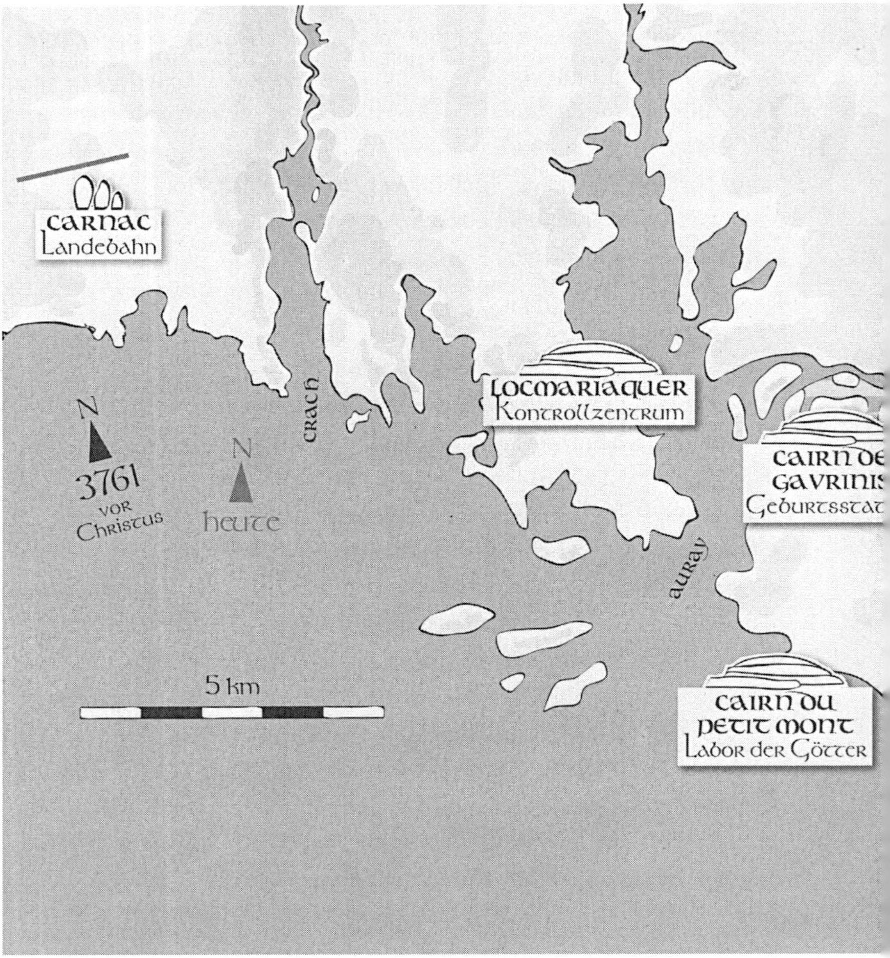

„Die erste Menschheit, die PRO.ME.THE.US kreiert hat, ist EN.LIL zu langlebig und zu gescheit gewesen. Diese robuste Gattung ist zur Gefahr für die Götter geworden. Außerdem haben die angeblichen Steinzeitmenschen die Eigenart besessen, faul und laut gewesen zu sein. Insbesondere ihre hellen Stimmen raubten EN.LIL den letzten Nerv. Die große Überschwemmung hat diese Rasse ausgelöscht. Aus ein paar Überlebenden haben die Götter den »Cro Magnon« geschaffen, da sich die Bedingungen auf der Erde grundlegend geändert haben."

„Sagten Sie langlebig? Die Wissenschaft sagt, der »Homo neanderthalensis« hat höchstens zwanzig Jahre lang gelebt."
„Diese Spezies hat ein Alter von bis zu dreitausendsechshundert Jahre erreicht! Die Götter haben diese ohne Ausnahme bis zu deren Lebensende in die »Unterwelt« deportiert sobald das Erwachsenenalter überschritten worden ist. Das erklärt das angeblich junge Sterben."
„Das sagt nichts darüber aus, weshalb der Neandertaler verändert worden ist".

„Wer nicht altert, überlebt lange Raumflüge. Große Distanzen sind kein Hindernis. Die Götter haben befürchtet, die neue Gattung verbreiten sich unkontrolliert über das Universum. Darum ist unsere Lebenserwartung auf achthundert Jahre reduziert worden!"
„Achthundert?"
„Die letzten Halbgötter haben weit länger gelebt."
„Warum gehen Sie mit diesem Wissen nicht an die Öffentlichkeit? Das wäre eine Sensation!"
„Mein Leben wäre zu Ende! Ärzte und Wissenschaftler unternähmen Experimente mit mir. Die Regierung brächte mich nach Paris, um mich dort auszustellen. Sei dir versichert – und ich bin froh darüber –, kein Mensch glaubt diese Geschichte!"
„Weshalb erzählen Sie das ausgerechnet mir?"
„Die Zeit kommt, da den »Sapiens« die Augen zu öffnen sind. Ich hoffe, du vollbringst das Wunder der Verkündung."
„Ich opfere mein Leben nicht für eine skurrile Idee!"
„Du bist in eine andere Zeit geboren. Bis du ein alter Mann bist, hat sich die Denkweise der Menschen grundlegend geändert."
„Was gibt mir Anlass, Ihren Worten zu trauen?"
„Du bist einer von uns, selbst wenn in dir das Blut des Teufels fließt. Ich spüre das! Der Herr der Unterwelt, hat in der Bretagne zu unserem Glück nur Merlin gezeugt, bevor EN.KI nach Deutschland weitergezogen ist. Du bist hoffentlich klug genug, die Geschichte für dich zu behalten, bis die Zeit gekommen ist, die Menschheit aufzuklären. Und nimm dich vor den Boten des Fürsten der Finsternis in Acht. Die überwachen dich auf Schritt und Tritt, sobald die Häscher wieder auf deiner Fährte sind!"

Marcel traut seinen Ohren nicht. Woher weiß der alte Fischer von den Kleinohren? Eine ganze Weile schaut der Junge nachdenklich hinaus aufs Meer. Marcel hat vorgehabt weitere Fragen zu stellen, doch der Alte ist inzwischen geräuschlos verschwunden.

Der Grossvater 7

La Forêt Fouesnant, Juli 1996

„Ihr jungen Leute", blökt der Großvater, „habt keinen Anstand!"
„Das ist die Begrüßung für einen Enkel, der sich die Zeit nimmt, seinen Opa zu besuchen!"
„Und gleich wieder abhaut, um den Mädchen am Strand nachzujagen!"
„Das Wetter ist nicht zum Sonnenbaden geeignet!"
„Und da hat dich die Langeweile zu mir getrieben?"
„Louane meint, du hast mir einiges zu berichten."
„Von alleine bist du demnach nicht auf die Idee gekommen! Wir haben früher freiwillig den Geschichten der Altvorderen gelauscht!"
„Klar, ohne Radio und ohne Fernsehen habt ihr keine Alternativen gehabt."
„Selbst wenn, hätten wir zugehört, weil die Erzählungen einen mit der Heimat und den dort lebenden Menschen verbindet. Was weißt du über deine Herkunft? Du bist leider ein Entwurzelter!"
„Jetzt bin ich da, um dir zuzuhören!"
„Sprich lauter! Ich höre dich nicht!"
„Berichte mir aus deinem Leben!", sagt Marcel laut.
„Das freut mich, denn weder deine Mutter noch deine Tante haben sich die Ausführungen von den schrecklichen Ereignissen meines Lebens jemals angehört!"
„Die Zeit der bewaffneten Auseinandersetzungen ist vorbei und deine Töchter haben sich nicht mit der Vergangenheit belastet! Umgekehrt werfen dir die beiden vor, nie mit ihnen geredet zu haben!"
„Die Zeit der totalen Kriege hat erst angefangen! Am Ende kämpft jeder gegen jeden, bis die Menschheit vernichtet ist!"
„Wir leben im vereinten Europa, das keine harten Konflikte mehr kennt."
„Du hast keine Ahnung, welches System hinter dem Militär steckt! Ich habe die Drahtzieher gesehen. Ich bin den Wesen, die uns steuern, manipulieren und in den Abgrund führen, begegnet und ich sage dir, diese Teufel sind nicht von dieser Welt!"

†††

Beginn Erster Weltkrieg, 3. August 1914

Ich habe nie eine Schule besucht. Das ist nicht üblich gewesen und nur die reichen Familien haben das erforderliche Schulgeld aufgebracht. Ich habe die Tage mit dem Auflesen von Strandgut und Meeresfrüchten verbracht. Brauchbares hat mein Vater in der Stadt verkauft. Von den Krebsen und Muscheln haben wir uns ernährt. Eines Tages stehen die Nachbarn mit Trauerminen vor unserem Haus. Alle sind gekommen, teils aus Sensationslust, teils aus Neugierde und teils aus Anteilnahme. Die Sonne versinkt und die Cidre-Kutsche meines Vaters hält vor dem Haus. Vier Männer tragen den Schwerverletzten hinauf in das Schlafzimmer der Eltern. Ein unzureichend gesichert Fass hat sich losgerissen und ist über ihn hinweggerollt. Bevor der Doktor eintrifft, stirbt mein Vater an den Folgen der Quetschungen.

„Deine Mutter ist auf deine Hilfe angewiesen", nimmt mich ein Nachbar zur Seite. „Komme am Montag in die Konservenfabrik! Wir benötigen jemand, der anpackt!"

Ich bin Hilfspacker und meine Aufgabe ist beschädigte Dosen beiseitezustellen, da ich nicht in der Lage bin bis zu einem Dutzend zu zählen. Ich vermisse schon am ersten Tag das Streunen mit den Freunden entlang der Strände. Nach zwölf Stunden Arbeit bin ich müde und gehe früh zu Bett. Der Nachbar, der zugleich mein Vorarbeiter ist, bringt mir am Wochenende das Lesen der Worte, die auf den Etiketten stehen, das Schreiben meines Namens und das Rechnen bis zwanzig bei.

Eines Morgens läuten die Kirchenglocken. Ich bin vierzehn Jahre alt. Frankreich ist im Krieg mit Deutschland. Ich habe keine Vorstellung davon, was das ist. Das ist das Land der Hunnen, sagen die Leute auf der Straße. Ein Volk von Barbaren, das vor nichts zurückschreckt. Alle erwachsenen Männer ziehen nach und nach in den Krieg. Die Leute erzählen, die Zeitung habe von einer kurzen Kampagne geschrieben. Ein Spaziergang, der den Deutschen die Schmach von 1870/71 heimzahlt. Wir bejubeln die Helden, die unseren Ort verlassen. In der Konservenfabrik sind wir zu wenige, um die Produktion aufrecht zu halten. Deshalb übernehmen Frauen die Arbeit ihrer Ehegatten.

21. Mai 1918

Mein Geburtstag rückt näher. Schon lange jubelte niemand mehr, wenn junge Kerle zur Front abfahren. Viele sind gegangen und als schlechte Nachricht in Form eines Briefes, mit der Mitteilung, Frankreich habe einen heldenhaften Sohn verloren, zurückgekehrt. Eines Nachts bekomme ich keine Luft! Ich versuche einzuatmen, aber die Lunge verweigert ihren Dienst. Ich springe aus dem Bett und reiße verzweifelt das Fenster auf.

„Mit achtzehn Jahren sterben?", rasen mir schreckliche Bilder durch den Kopf.

Und endlich, unter lautem Rasseln der Bronchien, nehmen meine Lungenbläschen wieder Sauerstoff an. Die Angst sitzt mir im Nacken. Mir ist schwindelig. Mein erster Asthma-Anfall. Der Westwind bläst Regentropfen herein. Ich spüre die Nässe und frage mich, ob ich eine Zukunft habe. Die innere Unruhe bereitet mir Sorgen. Endet mein Leben durch einen Erstickungsanfall? Meine Mutter ist nur ein Häufchen Elend und scheint über Nacht um Jahre gealterte zu sein. Der Gedanke, mich zu verlieren, treibt die Ärmste in den Wahnsinn.

„Ob wir uns jemals Wiedersehen?"

„Lass mich mit deinem Gejammer in Ruhe!", reagiere ich empört.

„Tue nicht so, als ob dich das alles nichts angeht. An der Front lauert der Tod! Schau, die vielen Trauernden und die zahlreichen Verletzten, die unsere Hospitale füllen. Und Unmengen an Krüppeln, die durch die Straßen schleichen und auf Almosen angewiesen sind."

„Mir geschieht nichts. Frankreich gewinnt den Krieg! Anderenfalls beuten uns diese Barbaren aus und zerstören unser Land. Die Teutonen sind Wilde, ohne jeden Anstand."

„Glaubst du nicht, die Deutschen sind Menschen wie wir?"

„Versuche, mir nicht einzureden, diese Mistkerle seien human! Das sind Feinde!"

„Jeder Soldat hat eine Mutter, die wie ich auf die Rückkehr ihres Sohnes wartet. Und viele haben Frauen und Kinder zuhause, die durch deren Tod ins Unglück stürzen!"

„Hauptsache, die deutschen Mütter warten vergeblich!"

In der Fabrik verabschiede ich mich von meinen Kolleginnen.

„Nimm dich vor den Hunnen in Acht!", sagt die Vorarbeiterin.

„Das sind Barbaren ohne jede Zivilisation", sagt eine Kollegin.

„Die Germanen kommen aus der Kälte", behauptet eine andere.

„Napoleon hat gesagt", mischt sich die Nächste ein, „die Deutschen haben sechs Monate Winter und sechs Monate keinen Sommer."

„Die Alemannen beten heidnische Götter an und selbst den Teufel."

„Die Teutonen sind herzenskalte Bestien."

„Welche Sachen benötige ich für den Krieg und was erwartet mich bei der Armee", frage ich naiv.

„Paul", straft die Meisterin mich mit einem mitleidsvollen Blick, „nur du stellst derart dumme Fragen. Ich versichere dir, ab sofort ersetzt die Armee dir Vater und Mutter."

„Ich nehme von unseren guten Konserven mit!", entgegne ich motzend.

„Wie kommst du auf die absurde Idee?", mault die Tochter eines Helden des verlorenen Krieges von 1870/71. „Die Verpflegung bei der Armee ist die beste, die ein Soldat bekommt. Weshalb unnötigen Ballast mit dir herumschleppen? Spare deine Kräfte für den Feind auf. Niemand kann dir sagen, wann dieser Krieg endet?"

„Bleibe ich bis zu meiner Pensionierung beim Militär?"

„Vorausgesetzt, du lebst so lange!"

„Leide ich, wenn mich eine Kugel trifft?"

Das Frühstück schmeckt mir nicht! Wie gewöhnlich, besteht meine kleine Mahlzeit, aus einer Schüssel Kaffee, Baguette vom Vortag und Butter. Über alle Maßen nervös, gebe ich einen weiteren Löffel Zucker hinzu und versuche, wenigstens das Getränk herunterzuschlucken. Der Zeiger der Uhr bewegt sich nicht. Ich ertrage nicht mehr, zuhause zu sein, und vor dem Unbekannten habe ich Angst. Meine Mutter stellt mir eine Schachtel auf den Tisch. Mitten in der Nacht ist die beste Sandkeks-Bäckerin der Bretagne aufgestanden, um mir vor meiner Abreise ein paar dieser Leckereien zu backen. Ich habe ihr von dem Gespräch mit der Meisterin erzählt. Jetzt hat meine fürsorgliche Mutter ebenfalls Bedenken, was die Verpflegung bei der Armee anbelangt.

„Bitte schreibe mir jede Woche einen Brief!"

„Ich schieße in der Zeit besser auf den Gegner, statt unnötig Gelegenheiten verstreichen zu lassen! Meine Schreibkenntnisse beschränken sich auf das Beschriften von Etiketten."

Die beste Mutter der Welt meint, das reicht aus, um ihr eine Nachricht zu schicken, und steckt mir einen Beutel mit Kleingeld zu.

„Für Postkarten und Briefmarken."

„Du hast nie gelernt zu lesen", versuche ich mein Gesicht zu wahren.

„Ich finde jemand, der mir hilft!"

1. Juni 1918

Eine letzte Umarmung vor der Tür. Der Morgen graut. Ich laufe eineinhalb Stunden bis zum Bahnhof von »Concarneau«. Der Bahnhofsplatz ist voller Menschen. Mit so vielen Unbekannten habe ich nicht gerechnet. Wo sind die Gleichaltrigen aus dem Ort? Die Typen ängstigen mich. Hinterlandbewohner, die sich gegenüber uns Küstenbewohnern nicht zu benehmen wissen. Diese Körnerdrescher bestehen nur aus Muskeln und sinnen darauf, mich zum Frühstück mal so ordentlich zu verhauen.

Mein Magen rebelliert, obwohl nichts drinnen ist. Die Eingangshalle ist überfüllt. Dennoch drängen ständig weitere Neuankömmlinge hinein. Die Luft riecht nach Schweiß, Knoblauch, Urin, Alkohol und kaltem Tabak.

Ich prüfe nervös, ob ich den Fahrschein und die Papiere eingesteckt habe, die mich als vorläufigen Angehörigen der Armee ausweisen. Die Unterlagen riechen nach dem Sprit aus einem hochmodernen Matrizendrucker. Die Sonne erhebt sich gemächlich über den Horizont und wärmt meine Haut. Die Warterei ist öde. Die meisten stehen in kleinen Gruppen beieinander und reden. Ich höre nicht, was die Einzelnen sagen und wünsche mir jemand, der mich kennt, lenke mich von meinen grässlichen Gedanken ab. In der Ferne steigt eine Rauchsäule auf. Aus »Quimperlé« kommend, fährt der Sonderzug nach »Paris« ein. Ich steige ein, da sehe ich Hervé. Was für eine Freude.

Mein früherer Spielkamerad hat ebenfalls eine Fahrkarte mit dem Aufdruck »Limoges«. Mir fällt ein Stein vom Herzen, nicht alleine in die Fremde zu fahren. Hervé hat eine alte »Musette«[1] um seine Schultern hängen. Der Zug fährt an und der begnadete Musiker belustigt den ganzen Wagen mit frivolen Liedern. Die anderen beten, schweigen oder grübeln.

„Die Alemannen sind die Brut des Satans!", versuche ich die Meute ein wenig aufzumuntern.

„So abwegig ist das nicht!", entgegnet einer der Mitreisenden. „Mein Opa ist im Krieg von 1870/71 in Gefangenschaft geraten. Dort haben die »Boches«[2] ihn hungern und frieren lassen!"

„Mein Opa hat von ähnlichen Erfahrungen berichtet", mischt sich ein weiterer ein. „Die Hunnen haben den Ort seiner Kindheit erobert. Die barbarischen Horden sind über unsere Frauen hergefallen."

„Welch eine Schande!"

„Das schreit nach Rache!"

„Unser Pfarrer ist der Auffassung, die Deutschen stehen mit dem Teufel im Bund."

„Bei uns im Ort sagen die Alten, die Teutonen sehen aus wie Ferkel."

Bald darauf haben alle eine negative Anekdote über den Feind zum Besten gegeben. Gemeinsam singen wir die »Marseillaise«. Am frühen Nachmittag erreichten wir den Bahnhof »Montparnasse« in »Paris«.

Ich bin das erste Mal in meinem Leben in der Hauptstadt und bitter enttäuscht, den Eiffelturm nicht zu sehen. Beim Aussteigen fragen wir uns gegenseitig, wer welches Ziel hat. Bis auf wenige Ausnahmen erhalten wir »Limoges« zur Antwort. Hervé und ich schließen uns den anderen an. Mit der »Metro«[3] fahren wir weiter zur Haltestelle »Gare Austerlitz«. Der Gedanke, unter der Erde zu sein, beängstigt mich.

„Das ist das Reich der Toten!", denke ich laut. „Hoffentlich stören wir die Seelen der Verstorbenen nicht!"

1 Französisches Akkordeon.

2 Französisches Schimpfwort für Deutsche.

3 Pariser U-Bahn.

Meine Kameraden hören mich nicht! Meine Bedenken versinken im Trubel derer, für die der Krieg in unendlicher Ferne zu sein scheint. Die unterirdischen Gänge sind elektrisch beleuchtet. Nicht wie bei uns zuhause, wo alle Lampen gasbetrieben sind. Wir kommen in eine wesentlich größere Röhre, in der Schienen verlegt sind. An den Wänden hängen Plakate für »Duval-Suppenwürfel« und Beinprothesen. Was für eine Welt. Die Menschen wirken nicht angstvoll aus. Eher gleichgültig. Desinteressiert. Mit sich beschäftigt. Unerklärlicherweise beruhigt mich das. Der Krieg ist demzufolge nicht so schrecklich, wie die Zeitungen schreiben. Was wissen wir in der Provinz denn vom Krieg? Die Pendler sind hektisch. Niemand hat Zeit, vor Ort zu verweilen, um die technischen Wunderwerke zu bestaunen. Ein Zug hält, und die Masse drängt mich hinein.

Ich ärgere mich, nicht früher und zu einem anderen Anlass in diese Stadt der Wunder gekommen zu sein. Wir stehen auf einem Bürgersteig, der uns wie von Geisterhand befördert. Wir gönnen uns den Spaß und laufen gegen die Fahrtrichtung. Außer Rand und Band geraten, kollidieren wir unweigerlich mit Passanten, die unser flegelhaftes Benehmen nicht tolerieren und uns beschimpfen. Wir haben nicht einmal Zeit, uns zu entschuldigen. Alles geschieht so schnell! Ich schäme mich, »Concarneau« für eine Großstadt gehalten zu haben, und überdenke meine Arroganz den Bauern gegenüber.

Meine Mitreisenden pfeifen jungen Damen hinterher. Diese lächeln nur mitleidig und flanieren durch das Labyrinth der Stadt davon. Weshalb Kontakt aufnehmen? Krieger ziehen in den Krieg. Immer weiter. Die »Metro« bringt uns dem Schlachtfeld entgegen, denke ich, da flutet Tageslicht den Waggon. Wir haben das Tunnelsystem verlassen. Ich sehe den Eiffelturm und blicke von oben auf die Häuser von Paris. Wie ein Pilot! Vor meinem geistigen Auge sehe ich mich als Pilot eines »Nieuport-Doppeldeckers«. Bilder dieses Flugzeugs habe ich häufiger in der Zeitung gesehen, die jeden Morgen bei uns im Betrieb ausgelegen hat. Die Meisterin hat uns die wichtigsten Meldungen von der Front und die Todesanzeigen vorgelesen. Ich träume, wie ich dem Feind verfolgend über die Stadt fliege. Friedlich scheint die Sonne auf die Fassaden. Ab und an erkenne ich Menschen in ihren Wohnungen.

In »Concarneau« sind motorisierte Kutschen die große Ausnahme und so komme ich aus dem Staunen nicht wieder heraus, denn unten auf der Straße herrscht reger Verkehr von Taxis, Lastwagen und Personenkraftwagen. Dazwischen tummeln sich von Pferden gezogene Wagen und Unmengen von Fahrradfahrern.

Im Bahnhof »Austerlitz« steht der Sonderzug nach »Limoges« zur Abfahrt bereit. Unsere Trödelei erweist sich als fataler Fehler, denn der Zug ist überfüllt. Hervé und ich haben Glück und finden zwei Sitzgelegenheiten nebeneinander. Von den restlichen Gefährten aus der Heimat haben wir uns getrennt. Wir versprechen gegenseitig, uns am Zielort wiederzusehen. Der Zug setzt sich in Bewegung. Kurz darauf verlassen wir »Paris« und fahren übers Land in Richtung Süden. Weit weg von der Front! Das monotone Rattern sowie die wenig abwechslungsreiche Kulisse ermatten mich und ich schließe die Augen. Ich habe keinen Willen, gegen die Müdigkeit anzukämpfen. Da rüttelt mich jemand am Arm. Ein älterer Herr, in der Uniform des »Chemins de fer de l'État«[4], verlangt, die Tickets zu sehen.

„Für Schikanen haben die da oben ausreichend Zeit und Personal!", empörte sich Hervé. „Wieso ist dieser Mann nicht an der Front?"

„Sie fahren in den Krieg?", scherze ich. „Aber nur mit Fahrkarte bitte!"

Die Armee hat nicht einen Gedanken an unser Wohlergehen bei der Anreise vergeudet. Die Mägen knurren. Da fallen mir die Kekse meiner Mutter ein. Ich teile die willkommenen Leckerbissen mit Hervé und denen, die zufällig um uns herum sitzen. Meine Sitznachbarn verteilen im Gegenzug Hartwürste, Baguette, Schokolade, Cidre und Wein. Eine seltsam zusammengestellte Mahlzeit, aber wir sind erst einmal satt und haben einen Schwips. Die Lautstärke unserer Gesänge nimmt zu.

✝✝✝

Mitten in der Nacht fährt der Zug langsamer und die Bremsen fangen an zu quietschen. Auf den schummrig beleuchteten Schildern steht »Limoges«. Wir sind angekommen. Beim Aussteigen schwappt uns die warme Luft des Südens entgegen, die anders riecht als bei uns in der Bretagne. Am Ende des Bahnsteigs stehen Männer in Uniform. Einer von ihnen ist mit Unmengen an Orden dekoriert und einen Kopf kleiner als sein Begleiter.

4 Französische Staatsbahn vor der Gründung der SNCF 1937.

„Warten Sie!", fordert dieser uns auf. „Wir rufen Sie einzeln auf."

„Sind wir in der richtigen Einheit?", fragt ein Mitreisender vor mir forsch. „Ich höre kein Donnern der Kanonen!"

„Sie verrecken früh genug!"

„Ich beabsichtige, nicht zu sterben! Ich habe vor zu kämpfen!"

„Halten Sie den Mund, bis ich Sie zum Sprechen auffordere!"

„Ich verlange eine Erklärung!"

Mit hochrotem Kopf schlägt der Weißhaarige den Vordermann seine Reitpeitsche ins Gesicht.

„Ich bringe ihnen bei, sich einem Vorgesetzten gegenüber respektvoll zu benehmen! Beim nächsten Mal stelle ich Sie vors Kriegsgericht."

Der Geschlagene heult wie ein Kind. Nach einer langen Tortur des Wartens ziehen wir durch die von Gaslaternen beleuchteten Straßen bergan, bis zum Eingang einer Kaserne. Am Tor stehen zwei Uniformierte mit Gewehren über den Schultern. Die Wachen grinsten uns dreckig an. Ein flaues Gefühl durchzieht meinen Magen.

„Ist der Teufel nach Frankreich zurückgekehrt?"

Hervé sieht mich fragend an, traut sich aber nicht, den Mund zu öffnen. Im Kasernenhof versammeln wir uns unter einer großen Laterne. Der kleine Offizier steigt auf eine Holzkiste und schaut jeden einzelnen von uns genau an.

„Sie sind in der Ausbildungseinheit des 63. Infanterie Regiments. Wir formen richtige Soldaten aus Ihnen! Nach Ihrer Ausbildung haben Sie das Werkzeug in der Hand, dem Feind entgegenzutreten. Wir teilen Sie jetzt Ihren Stuben zu. Dort bleiben Sie, bis wir Sie morgen früh wecken!"

Abendessen ist nicht vorgesehen, da wir erst nach Schließung der Kantine angekommen sind. Der Magen knurrt und wir haben nichts zu beißen. Hervé und ich sind dankenswerterweise im zweiten Stockwerk, neben dem Treppenhaus, im gleichen Raum untergebracht. Dort steht nur eine Reihe strohbedeckter Betten.

✝✝✝

2. Juni 1918

Trillerpfeifen reißen uns aus dem Schlaf. Ein Soldat betritt den Raum.

„Ich bin der für Sie zuständige Unteroffizier. Sie waschen sich jetzt und ziehen Sie sich an! Ich gebe Ihnen eine Stunde Zeit!"

„Wann dejeunieren wir?", fragt ein Stubennachbar.

„Wo bekomme ich eine Postkarte her?", fragt ein Zweiter.

„Den Block eigenständig und ohne meine Anwesenheit zu verlassen", schreit dieser los, „ist unter Strafe verboten! Niemand hat das Recht, ohne mich in der Kaserne herumzulaufen! Erst recht nicht, sich vom Gelände zu entfernen! Das Schreiben von Briefen in der Dienstzeit ist nicht gestattet!"

Exakt eine Stunde später holt uns unser Vorgesetzter ab und führt uns, wie eine Gänsemutter ihre Küken, zur Kantine. Das Frühstück ist gewöhnungsbedürftig und der Kaffee eine Katastrophe.

„Diese Plörre fördert Impotenz!", tuschelt ein Kamerad.

Wir trauen uns nur, zu flüstern. Die Alteingesessenen beäugen uns argwöhnisch und fangen grundlos an zu lachen.

„Arme Hirne!", sage ich zu Hervé. „Die bilden sich ein, mehr Wert zu sein, nur weil diese Drückeberger länger in dieser Kaserne sind, als wir!"

„Jetzt bin ich an der Reihe!", schreit einer zu uns herüber. „Ich fahre an die Front! Ihr seid beschissene Anfänger! Ihr habt keine Ahnung vom Soldatenleben!"

Seine Komplizen grölen. Ihrem Benehmen nach, haben die Trunksüchtigen zum Frühstück einige Flaschen hochprozentiger Getränke zu sich genommen.

„In der Kantine sind keine Vorgesetzten anwesend!", stelle ich erschrocken fest. „Wir sind denen schutzlos ausgeliefert!"

„Antworte nicht!", rät mir Hervé. „Schau weg!"

Der Küchenbulle gibt vor, nichts zu bemerken. Seine Befugnisse enden an der Essensausgabe. Der ehemalige Koch eines Bordells, wie sich schnell herumspricht, grinst nur stupide. Die unangenehmen Burschen stürzen aus dem Saal. Unser Unteroffizier steht an der Tür und schaut auf seine Taschenuhr. Der vormalige Küfer führt uns in einen Schulungsraum.

„In den nächsten Tagen erlernen Sie die Grundregeln der Armee und erhalten Ihre Uniformen. Schicken Sie umgehend Ihre privaten Sachen nach Hause. Sie lernen Schießen und wir weisen Sie in Ihre Spezialaufgaben ein."
„Ersparen Sie uns diese Kinderspiele und lassen Sie uns sofort an die Front fahren!", sagt der junge Mann vom Bahnhof, der offenbar nichts hinzugelernt hat.
„Das trifft sich gut! Ich suche einen Volontär. Einen Freiwilligen für das Schälen der Kartoffeln. Melden Sie sich auf der Stelle in der Küche!"

†††

Jeden Tag lernen wir Schießen und Granaten Werfen. Mit aufgepflanztem Bajonett und Gasmaske greifen wir Strohpuppen an. Jeden Abend fallen wir todmüde in unsere Betten, alle, außer der Kerl von der Bahnstation namens Claude, der immer wieder unangenehm auffällt. Jeden Abend schleicht sich der Abenteuerlustige heimlich davon. Eines Morgens ist der Ausreißer nicht zurückgekommen. Drei lange Wochen sind seither vergangen. Unser Unteroffizier beordert Hervé und mich in die Schreibstube.
„Ihr Glückspilze!", empfängt uns ein »Caporal«[5]. „Für euch ist die Ausbildung beendet. Die Armee versetzt Sie nach »Le Vernet« in die Pyrenäen."
„Was haben wir in den Bergen verloren?", ist Hervé fassungslos. „Die Front ist genau in der entgegengesetzten Richtung!"
„Dort ist ein Kriegsgefangenenlager. Ihr bewacht heruntergekommene Hunnen aus Deutschland und Österreich!"
„Womit haben wir das verdient?"
„Die zwei Rekruten, die ursprünglich vorgesehen gewesen sind, stehen für diese Aufgabe nicht mehr zur Verfügung!"
„Was ist der Grund für deren Ausfall?"
„Der eine lag eines Morgens tot in seinem Bett, der andere hat sich unerlaubt von der Truppe entfernt."
„Sie reden nicht rein zufällig von unserem Stubenkameraden Claude?"
„Euer seltsamer Zimmernachbar hat für einiges an Aufsehen gesorgt!"
„Der Kamerad ist immer ein wenig eigensinnig!"

5 Entspricht einem Oberstabsgefreiten.

„Das meine ich nicht. Der Draufgänger hat jede Nacht die Truppenunterkunft verlassen. Die Wachen haben von ihm »organisierte« Zuwendungen bekommen. In den Wirtshäusern hat Claude durch sein unerschöpfliches Repertoire an frivolen Witzen Geld verdient und sich im Anschluss vollaufen lassen. Euer grotesker Kompagnon ist bei den Wirtinnen und deren Gästen überaus beliebt. Eines Nachts hat eine Schlägerei in dem Lokal zu einem Polizeieinsatz geführt, und obwohl der Ausreißer nicht beteiligt gewesen ist, flog seine unerlaubte Entfernung aus der Kaserne auf. Die »Gendarmerie« hat ihn verhaftet und daraufhin der Militärpolizei übergeben."
„Und jetzt sitzt Claude im Gefängnis?", frage ich.
„Die Geschichte ist nicht zu Ende! Claude ist an ein Militärgericht überstellt und zum Tode verurteilt worden. Briefe sind angekommen. Immer mehr Menschen standen vor dem Gerichtsgebäude, die gegen seine standrechtliche Erschießung protestiert haben. Für die Nachtschwärmer ist euer Kamerad ein Star der Unterhaltung. Am Ende haben die Richter nachgegeben und seine Strafe in einen dreimonatigen Gefängnisaufenthalt umgewandelt."
„Ich hoffe", sagt Hervé, „Claude löst uns in Kürze ab! Ich habe keine Lust, in den Pyrenäen zu versauern!"
„Abgelehnt! Nach der Gefängnisstrafe kommt der Pechvogel in ein Spezialkommando. Die Überlebenschancen sind dort äußerst gering. Das ist höhere Gewalt."

25. Juni 1918

»Le Vernet« ist ein winziger Ort mit nicht einmal fünfzig Häusern. Die Siedlung liegt am Ufer des »Ariège« und unser Ziel an einem Waldrand in unmittelbarer Nähe. Bis »Andorra« beträgt die Entfernung rund neunzig und bis »Toulouse« sechzig Kilometer. Das Lager ist in einem heruntergekommenen Zustand. Viele Gefangene haben jede Hoffnung verloren. Ihre Verpflegung ist unzureichend. Ich bin tageweise in der Kantine der Lagerleitung als Ordonnanz eingeteilt.

Aus Mitleid mit den armen Teufeln bringe ich ihnen das eine oder andere Stück Brot vorbei, welches in der Offiziersmesse liegen geblieben ist. Voller Dankbarkeit lehren die Arretierten mich, ihre Sprache zu sprechen. Die Härte des Ausdrucks beeindruckt mich. Ich bin erstaunt, wie leicht ich das Gelernte behalte. In der Messe schließe ich Bekanntschaft mit dem Soldaten Corbu, der zweiundsechzig Jahre alt ist.

„Bist du nicht zu alt“, frage ich frech, „für die Armee?“

„Lach du nur!“, nimmt der hagere Südfranzose meine Frage mit Humor. „Ich habe mich freiwillig gemeldet.“

„Und jetzt bist du sauer, nicht an der Front zu sein?“

„Das ist mir egal, Hauptsache weit weg von zuhause. Dort sind alle dank unseres Pfarrers am Durchdrehen!“

„Selbst die Kirche hat schwarze Schafe!“

„Ach, was weißt du schon? Der meiner Meinung nach falsche Priester hat behauptet, einen Schatz gefunden zu haben. Jedenfalls ist bei ihm über Nacht der Luxus ausgebrochen.“

„Was ist so abträglich, reich zu sein? Ein Geistlicher ist wie jeder andere in der Lage, weltliche Reichtümer zu finden.“

„Hast du vom spirituellen Papst gehört? Maria Magdalena hat in Südfrankreich die Marienkirche gegründet. Diese ist offiziell von den Katholiken zerschlagen worden. Aber eben nur formell. Im Geheimen lebt diese Glaubensgemeinschaft weiter. Und unser Pfarrer ist das Oberhaupt der Sekte gewesen.“

„Gewesen?“

„Saunier ist Anfang vorigen Jahres gestorben.“

„Alles wendet sich zum Guten!“, versuche ich den alten Mann aufzumuntern.

„Seither ist das Dorf auf der Suche nach seinem Erbe. Angeblich hat seine Haushälterin das Vermögen im Ort vergraben. Erst wenn der Krieg vorbei ist, kehre ich nach »Rennes-le-Château« zurück. Schade nur, ich sehe meinen Enkel Noël selten. Das Kind ist mittlerweile sechs Jahre alt.“

Am Abend erreicht ein Telegramm die Poststelle des Lagers. Die Kommandantur beordert Hervé und mich nach Limoges.

14. Juli 1918

Ausgerechnet am Nationalfeiertag sitzen wir im Zug. Sofort nach unserem Eintreffen in der Kaserne, am späten Nachmittag, schickt uns der Soldat von der Schreibstube umgehend zum Bahnhof zurück. Der Zug zur Front sei abfahrbereit. Eile ist geboten.

Ein Güterzug mit Viehwagen verspricht keinen Komfort. Jeweils sechzig Mann pro Waggon richten sich auf dem ausgelegten Stroh so bequem wie möglich ein. Viele halten Weinflaschen in ihren Händen. Einige haben den Inhalt vorsichtshalber gleich in ihren Hals geschüttet. Mir fällt ein Kamerad auf, der ständig seine Hände in sein Gesicht legt, wieder abnimmt, und an einer anderen Position auflegt. Ein weiterer schaut stur auf einen Punkt am Ende der Unendlichkeit und kaut seine Fingernägel, ohne Notiz von uns zu nehmen. An jeder Tür weisen uns die Mitreisenden aufgrund vollzähliger Belegung ab. Der Güterwagen hinter der Lokomotive ist leer. So haben Hervé und ich einen ganzen Eisenbahnwagen für uns alleine. Leider sind wir bei der Verteilung der Rationen und des Weins noch nicht in der Kaserne gewesen. In der Hoffnung, unseren Anteil nachgereicht zu bekommen, lassen wir die Tür weit offen stehen. Ein Güterzug fährt langsam auf dem Parallelgleis ein.

„Dank dieser Schnecke von Lokomotivführer", frotzele ich, „kommen wir zu spät an die Front!"

„Vorher entladen die Leute der Bahn das geschlachtete Vieh", richtet Hervé meine Aufmerksamkeit auf das Blut, welches aus den Wagen tropft.

„Der Krieg bringt alles durcheinander!", stimme ich bei. „Die Metzger sind heutzutage an der Front."

Zugpersonal öffnet die Türen der Waggons. Wir erblicken Massen von Soldaten mit unterschiedlichsten Verwundungen. Einigen fehlen die Arme, anderen die Beine. Die Verkrüppelten tragen blutgetränkte Verbände. Krankenschwestern eilen mit Rollstühlen herbei, um ihre Patienten abzuholen.

„Was eine Scheiße!", entgleiten mir sonst nicht gesagte Worte.

„Die haben ihren Heldenmut bewiesen!", sagt Hervé trocken. „Jetzt reisen wir erster Klasse zur Schlachtbank!"

Trillerpfeifen ertönen. Unser Zug fährt ab.

15. Juli 1918

Ständig wache ich kurz auf und schlafe wieder ein. Die Nervosität lässt mir keine Ruhe. Der nächtlichen Hitze wegen steht die Tür weit offen. Der Fahrtwind tröstet mich. In den frühen Morgenstunden erkenne ich endlich eine Art Bahnsteig.

„Alles aussteigen!“, schallt ein Befehl von draußen.

Im Schein der Handlampen sehe ich ein kleines Bahnhofgebäude. Auf einem Schild an dem schmucklosen Backsteingebäude steht »Conchy-les-Pots«. Die Zeiger stehen auf zwei Uhr. Wir steigen mit steif gewordenen Kochen aus. Die mondlose Nacht gibt nichts von der Landschaft preis. Die Ruine eines Kirchturms zeichnet sich, auf der anderen Seite der Gleise, gegen das Mondlicht ab. Das Sternbild des Großen Bären steht klar am Himmel über mir.

Ein Unteroffizier gibt die Order, Aufstellung zu nehmen und auf ihn zu warten. Kurze Zeit später kommt unser neuer Vorgesetzte zurück und dirigiert uns zum letzten Wagen. Dort bekommen wir Acht-Millimeter-Munition für unsere »Lebel-Gewehre« und »Citron-Fougass-Handgranaten« ausgehändigt. Auf dem Rest einer Mauer steht in weißer Farbe: »Offiziere gehören zu ihren Soldaten in den Graben und nicht zu deren Frauen in die Betten«! Wir schmunzeln.

„Wir sind nahe der Front!“, warnt unser Chef. „Vor einem Monat verliefen an dieser Stelle die deutschen Linien! Laden Sie Ihre Waffen durch! In wenigen Augenblicken marschieren wir los.“

Nach einer längeren Wartezeit setzten wir uns in Bewegung. Am Ortsausgang sehen wir in weiter Ferne Wetterleuchten.

„Das ist der Schein explodierender Artilleriegranaten“, erklärt uns der Zugführer unbeeindruckt.

Wir kommen an eine Kreuzung und biegen nach rechts ab. Nach einer Weile erreichen wir einen restlos zerstörten Ort. Die Kolonne steht. Der Unteroffizier lässt uns umkehren. Zurück in »Conchy-les-Pots« klopft unser Vorgesetzter an eine Tür und fragt nach dem Weg.

„Der Chef ist nicht in der Lage“, regt sich Hervé auf, „Karten zu lesen!“

„Bis wir ankommen,“, mutmaße ich, „ist der Krieg vorbei.“

„Wir verpassen das Frühstück!“

„Und das Mittagessen!“

Diesmal marschieren wir nach links. Die Handgranaten sind mir zu schwer und ich habe Angst, aus Versehen eine davon auszulösen. Ich werfe den Ballast in einem unbeobachteten Moment in den Straßengraben. Bei Sonnenaufgang erreichen wir endlich eine Kaserne. Völlig übermüdet nehmen wir die erste Mahlzeit des Tages ein. Uns bleibt keine Zeit, auszuruhen. Wir haben den Auftrag, die Nummer dreiundsechzig an den Kragenspiegeln gegen die Nummer einundfünfzig auszutauschen. Wir sind in die Näharbeiten vertieft, da explodiert im Kasernenhof ein Schrapnell. Die Druckwelle zerfetzt die Fensterscheiben. Alarmrufe! Schreie! Ratlos schauen wir einander an.

„Zu den Waffen!", schreit uns der Unteroffizier hysterisch an. „Bewegt eure Hintern! Schnell! Schnell! Schnell!"

Träge kommt Bewegung in unseren Zug. Wir stürmen in den Hof. Über uns hören wir Motorenbrummen.

„Ich sehe nichts!"

„Das ist eine Taube!", erklärt unser Vorgesetzter. „Diese Höllenmaschine hat transparente Flügel und ist ab einer Flughöhe von vierhundert Metern nicht mehr zu sehen! Schießen Sie in Richtung der Motorengeräusche!"

Verunsichert richten wir die Gewehre in die Luft, zögern aber, dem Schießbefehl zu folgen. Eine zweite Explosion reißt das Dach eines Schuppens weg. Panisch feuern wir wild durcheinander in den trüben Himmel. Die Maschine kommt im Tiefflug über uns hinweg geflogen. Der Pilot schießt mit einem Revolver auf uns und verletzt einen Kameraden am Fuß. Ein anderer hat einen Streifschuss am Arm. Keiner von uns trifft den Piloten. Das Flugzeug dreht schwerfällig nach Osten und steigt langsam wieder in das Grau der Wolken. Ich sehe nach wie vor das Tatzenkreuz vor meinen Augen. Das erste Mal in der Realität! Dieses Symbol bereitet mir Angst! Die Form ist bedrohlich und ich habe ein Déjà-vu.

18. Juli 1918, 0:05 Uhr

„Meine Herren!", begrüßt uns der Unteroffizier mit bitterer Miene. „Unsere Truppen haben bei Reims, unter schweren Verlusten, eine deutsche Offensive aufgehalten. Ab fünf Uhr fünfunddreißig rollt die Gegenoffensive an. Abmarsch für unsere Einheit ist in einer Stunde!"

Wir Neulinge freuen uns auf das Ende der Warterei. Einige schreiben eilig einen Brief nach Hause, in dem neben den üblichen Floskeln, freudig der Beginn des ersten Einsatzes erwähnt ist. Wir überprüfen die über dreißig Kilogramm wiegende Ausrüstung.

„Nehmt genügend Proviant mit!", empfiehlt einer aus der Lagerverwaltung. „Ich habe »Affenfleisch«[6] und Sardinen zu verkaufen. Ihr wisst nicht, wann ihr wieder Verpflegung bekommt. Unzählige Soldaten sind an der Front verhungert, weil diese Dickschädel nicht auf mich gehört haben!"

Dummerweise erhöhen die Dosen das Gewicht meines Kampfgepäcks. Ich ärgere mich über den Preis und darüber, auf meine Kollegen vertraut und mich nicht im Fabrikverkauf eingedeckt zu haben. Die Ungewissheit dessen, was auf uns zukommt, erzeugt bei den einen Nervosität und lässt die anderen nachsinnen. Ein paar wenige sind euphorisch.

„Gleich überrennen wir die Deutschen!", murmelt einer.

„Beten wir?", fragt mich Hervé.

„Was bringt das?", entgegne ich gereizt.

„Wir wissen nicht, was uns in ein paar Stunden erwartet!"

„Ich bin froh, eine Mutter zu haben, die nach dem Tod meines Vaters, den Glauben an Gott verloren hat. Statt in die Kirche bin ich sonntagmorgens an den Strand gegangen."

„Denkst du", fragt Hervé kleinlaut. „Gott hat kein Interesse an uns?"

„Auf wessen Seite steht Gott?", frage ich aggressiv. „Die »Vanen« und »Asen« haben sich oft stärker erwiesen als der gallische Gott!"

Wir hören das Brummen von Lkw-Motoren.

„Gleich fahren wir los!", flüstern wir ehrfürchtig.

Die vielen hektisch bewegten, mit Karbid genährten Handlampen erzeugen eine angespannte Atmosphäre. Ich schaue auf meine Taschenuhr. Wir haben exakt zwei Uhr in der Früh. Ich verlasse die Baracke. Mir bläst frischer Morgenwind durch die Nase, der einen hohen Anteil Feuchtigkeit mit sich führt.

„Wir bekommen Regen", sage ich zu Hervé.

6 Corned Beef im Soldatenjargon.

Im Hof steht eine Feldküche. Dort gibt uns der Koch eine Ration »Saft«[7] für die Fahrt. Der Befehl ertönt, anzutreten und ein Unteroffizier verteilt uns auf die Lastwagen. In dunkler Nacht setzt sich der Konvoi in Gang. Drei Stunden später halten die Fahrzeuge. Wir erhalten die Aufforderung auszusteigen. Eine Zeit lang folgen wir einer durch Artilleriebeschuss unbrauchbar gewordenen Eisenbahnlinie. Die ersten zarten Strahlen der aufgehenden Sonne kündigen einen neuen Tag an. Ich blicke erneut auf meine Uhr, fünf Uhr und vierunddreißig Minuten. Mehrfach ist ein Rattern in der Luft zu hören.

„Was ist das?", rufe ich erschrocken.

„Unsere Artillerie hat ...", mein Zugführer redet zunächst nicht zu Ende. Auf der gegenüberliegenden Anhöhe explodieren eine Reihe von Hundertfünfundfünfzigern.

„... mit dem Aufräumen begonnen", versucht sich mein Vorgesetzter gegen den Lärm durchzusetzen. „Die Kanoniere schießen uns den Weg frei. Die erste Welle folgt dem Beschuss und besetzt die feindlichen Verteidigungsanlagen!"

Die anfliegenden Granaten sind immer häufiger zu hören und der Hügel gegenüber ist ein Meer aus Flammen, Explosionen und Rauch.

„Vorwärts", schreit unser Anführer. „Zum Angriff!"

Wir rennen im rechten Winkel zur Bahnlinie über eine Wiese in Richtung der gegnerischen Linien. Unser erstes Ziel ist unser eigener Reserve-Graben. Wir überqueren den Bahndamm, da hören wir Maschinengewehrfeuer. Einige Kameraden fallen wie abgemäht zu Boden. Um uns herum detonieren Sprengkörper. Meine Ohren klingeln. Meine Augen sind eingetrübt. Ich sehe, wie Hervé vor mir stolpert. Mit einem Satz bin ich bei ihm.

„Brauchst du Hilfe?"

Mein Freund antwortet und rührt sich nicht. Ich rüttle an seiner Schulter und knuffe ihm in die Seite. Vorsichtig drehe ich ihn zur Seite. Die Hälfte des Kopfes hat ein Geschoss weggefetzt! Erschrocken weiche ich zurück.

„Auf!", brüllt der Unteroffizier. „Auf! Weiter!"

Ich habe vor, ihn zurückhalten, brabbele aber nur zusammenhangslose Wortfetzen. Der Schock lähmt mich. Ich bin nicht mehr in der Lage, mein Hirn zu gebrauchen. Eben hat Hervé noch gelebt.

7 Kaffee im Soldatenjargon.

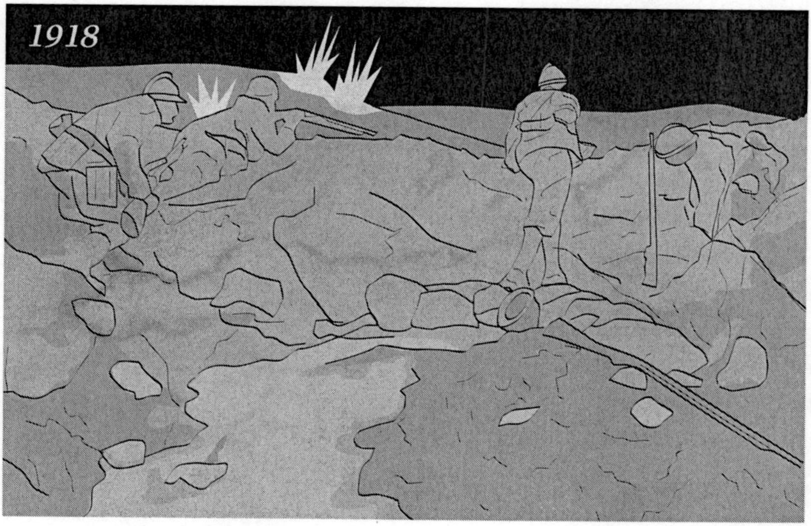

„Um die Toten kümmern wir uns später!“

Ich erreiche unverletzt die zweite Linie. Andere sind teilweise blutüberströmt. So habe ich mir den Krieg nicht vorgestellt! Wo ist der Feind? Ich sehe den Gegner nicht. Der Hügel liegt im Dunkeln und ist durch das Artilleriefeuer von dichtem Rauch überzogen. Wir kauern zitternd in dem Erdloch. Ein Kamerad späht über die Grasnarbe. Ein kurzes Zucken, und ein Kopfschuss beendet sein Leben. Wir Unerfahrenen schauen uns ratlos an. Soldaten springen unverhofft zu uns in den Graben. Wir erschrecken, und reißen unsere Gewehre hoch.

„Ihr Idioten!“, schreit ein anvisierter »Caporal«. „Nehmt eure verflixten Schießprügel runter!“

Endlich dringen Sonnenstrahlen durch die Wolkenlücken. Unaufhörlich detonieren Granaten und wirbeln Unmengen von Erdreich auf. Unweit von mir schlägt ein mannshoher Vierhunderter in die Rückwand. Das Ende des Blindgängers schaut heraus und qualmt.

„Zu mir!“, ruft der »Caporal«. „Eingraben! Bevor der Zünder auslöst!“

Einige rennen zurück zur Bahnlinie.

„Bei der kleinsten Erschütterung explodieren wir!“, murmelt ein älterer Soldat ständig vor sich hin.

„Das Geschoss reißt uns alle in den Tod“, spielt sich der Wichtigtuer auf, „wenn ein Ahnungsloser auf den Auslöser tritt! Spaten raus und schippen!“

Über unseren Köpfen pfeifen Querschläger hinweg. Wieder leichter Nieselregen. Wir schaufeln. Hinter mir springt unser Unteroffizier in den Graben. Diese Aktion führt zu heftigem Beschuss des Abschnitts.

„Bereit halten", schreit der Vorgesetzte.

„Der Blindgänger ist nicht gesichert!"

„Nehmen Sie Ihr Gepäck auf und kämpfen Sie!"

„Der Vormarsch ist zum Erliegen gekommen!"

„Das liegt an solchen Drückebergern wie Ihnen! Mit Sand zu spielen, anstatt sich auf den Feind zu stürzen!"

Unser Zugführer zieht seinen Revolver und fuchtelte mit dem Lauf vor der Nase des »Caporals« herum. In dem Moment beschießt unsere Artillerie die Anhöhe erneuten. Diesmal oberhalb der eigenen Stellungen.

„Raus mit Ihnen oder ich schieße!"

Wir verteilten uns an den drei Sturmleitern in diesem Abschnitt. Ich habe das tödliche Los, an erster Position zu stehen, und zögere. Unser Anführer und bläst in seine Trillerpfeife.

„Und los!"

Ich steige in aller Eile hinauf und renne in Richtung des Feindes. Keine zehn Schritte vom Graben entfernt, rattern die gegnerischen Maschinengewehre los. Ich werfe mich hinter einen verkohlten Baumstumpf. Mit einem lauten Stöhnen fällt der Unteroffizier neben mir nieder. Ein paar panische Bewegungen und der Ärmste erstickt an seinem aus der Kehle laufenden Blut. Ich schaue mich um und sehe, keiner der Kameraden gibt ein Lebenszeichen von sich. Mit jeder meiner Regungen löse ich heftigen Beschuss auf mich aus. Ich halte den Kopf unten. Die Artillerie hat ausgerechnet den Abschnitt vor mir ausgelassen. Regungslos denke ich über meine Situation nach. Wie reagiere ich? Vor mir lauert der Tod. Hinter mir ebenfalls. Ich selbst schieße nicht, denn von meiner Position aus, sehe ich nichts. Jetzt bedaure ich zutiefst, meine Granaten weggeworfen zu haben.

†††

Ich liege eine lange Weile in der kleinen Deckung. Eine Feuerwalze unserer Kanonen setzt sich in Gang. Eine Druckwelle erfasst mich und ich verliere für einen Moment die Besinnung. Meine Ohren nehmen nur dumpf die Kampfgeräusche wahr. Drei Kameraden tauchen neben mir auf.

„Auf, weiter!"

Gemeinsam springen wir in den Graben vor uns. Wir haben die erste Linie des Gegners eingenommen. Einzelne Regenschauer entladen sich und verwandeln das Schlachtfeld zunehmend in eine morastige Mondlandschaft. Der Abend kündigt sich an. Mit Beginn der Dämmerung versuchen die Deutschen, Heuballen in Brand zu setzen, um das Niemandsland zu beleuchten. Das Material ist zu feucht. Alle Anstrengungen misslingen. Wir nutzen den Augenblick, um vorzurücken. Leuchtraketen erhellen kurzzeitig die Front. Ich haste aus der Deckung und stürme nach vorn. Ein paar Meter vor uns, haben sich zwei Feinde in einem Loch verschanzt. Der Mond wagt einen Blick durch die Wolken. Mit einem Satz bin ich im feindlichen Schützengraben, mein Schießeisen im Anschlag. Sowie ich vor ihnen stehe, strecken die Überwältigten ihre Waffen und heben ihre Hände.

„Kameraden!", flehen die beiden. „Kameraden!"

Weiter unten im Loch sehe ich einen Schatten. Mit einer ruckartigen Bewegung verschwindet dieser in einem Erdloch. Wie von Geisterhand verschließt sich die erdige Öffnung. Ich bin perplex und zeige mit meinem Gewehr auf die Stelle.

„Was ist das?", frage ich auf Deutsch.

Vor Schreck verstehen mich die Überrumpelten nicht.

„Kameraden! Kameraden!"

Habe ich Wahnvorstellungen? Spielt mir mein Hirn einen Streich? Mit dem Karabiner zeige ich in Richtung unserer Linien. Ich führe meine Kriegsgefangenen im Schutz des fahlen Mondlichts ab. Kurz vor Erreichen der eigenen Gräben rufe ich um Hilfe. Ich befürchte, meine Leute, erschießen mich versehentlich.

„Paul kommt mit zwei Gefangenen!", erkennt mich einer meiner Leute.

Ein »Lieutenant« eilt herbei.

„Was haben diese Deutschen dort verloren? Die Order lautet, keine Gegner am Leben zu lassen!"

„Davon weiß ich nichts! Seit dem Vormittag habe ich alleingelassen auf dem Hügel zu überleben versucht."

„Das ist Missachtung eines Befehls! Ich stelle Sie vor ein Kriegsgericht!"

Ich entschuldige mich für die nicht erhaltende Order. Der Offizier beruhigt sich zum Glück! Das ist also der Dank der Armee, für diesen schrecklichen Tag. Ich frage mich, ob der studierte Herr Leutnant seine Order von weiter oben befolgt hat? Der Drückeberger hat den ganzen Tag, gegen den Artilleriebeschuss geschützt, in seinem Bunker verbracht. Von dort hat der arrogante Pinsel seine Männer in den Tod befehligt, ohne zu wissen, was sich an der Front abspielt! Jetzt begreife ich das Graffiti am Bahnhof und bin entsetzt.

„Führen Sie die Arrestanten ab!", ergeht seine Anweisung an eine Handvoll Soldaten, die beim Ansturm auf die gegnerischen Linien nicht beteiligt gewesen sind.

„Und Sie kehren sofort auf Ihren Posten zurück!", pfeift der »Lieutenant« mich an.

Niedergeschlagen schleiche ich zu den eroberten Gräben. Die Deutschen versuchen nach wie vor, die nassen Heuballen anzuzünden. Deshalb bleibe ich unentdeckt. Ich setze mich erschöpft auf die Erhöhung für die Schützen. Ein Kamerad nimmt im Schein explodierender Granaten neben mir Platz und hält mir eine Flasche Wein hin. Ich nehme den Becher und trinke ihn hastig in einem Zug aus. Der Fremde schenkt nach.

„Du hast den Hunnen gezeigt, wie wir den Krieg gewinnen! Du allein, zwei Gefangene, Hut ab!"

„Die haben nicht mit mir gerechnet", grinse ich.

„Guillaume Petit"

„Dem Akzent nach bist du aus der Normandie?"

„Und du, aus der Bretagne."

„Ich habe heute Morgen meinen besten Freund verloren."

„Wer ist der Pechvogel gewesen?"

„Hervé Vaureix."

„Den habe ich nicht gekannt", schüttelt meine neue Bekanntschaft den Kopf. „Tut mir leid für dich!"

†††

Morgengrauen. Trillerpfeifen! Befehl zum Angriff! Wir stürmen unter lautem Geschrei auf den Rückzugsgraben des Feindes zu. Das Abwehrfeuer des Gegners ist nicht so heftig wie am Vortag. Unbeirrt von den Kugeln, die um meinen Kopf schwirren, renne ich an den nassen Heuballen vorbei und danke Gott für seine Fürsorge. Ich habe das Gefühl, unverletzbar zu sein. Meine Kameraden folgen mir. Kurz bevor wir die zweite Linie erreichen, räumen die Deutschen, unter dem Druck der anstürmenden Massen, ihre Deckung und flüchten ins Hinterland. Mich hat der Wahnsinn gepackt. Statt in dem zweiten Graben Schutz zu suchen, springe ich über diesen hinweg und laufe ihnen hinterher.

Dichter Nebel steigt auf. Die Kanonen schweigen. Gelegentlich höre ich Kolkraben auf der Suche nach Leichen krächzen. In dem weißen Dunst ist die Orientierung nach dem Stand der Sonne undenkbar. Ich habe mich hoffnungslos verirrt. In der Situation, in der ich mich befinde, laufe ich ernsthaft Gefahr, in Gefangenschaft zu geraten. Oder weit unseliger, ein nervöser Gegner erschießt mich. Ich komme an eine Stelle, wo ein Hain gestanden hat. Jetzt die verkohlten Baumstämme ragen gespenstisch aus dem Nebel. Mir rutscht das Herz in die Hose. Einer der größeren Wurzeln sieht aus wie ein Feind.

„Mein Gott!", sage ich zu mir. „Der Nebel spielt mir Streiche!"

Da bewegt sich der vermeintliche Baumstumpf. Gleichzeitig reißen wir unsere Gewehre hoch.

„Halt!", rufe ich. „Kamerad! Kein Schießen!"

Beide Flinten verharren auf halber Höhe.

„Du sprichst Deutsch?", fragt jener erstaunt.

„Danke viel! Ich verlaufen!"

„Das ist mir genauso ergangen. Englische Suppe! Bei dem Nebel verliert ein jeder die Orientierung."

Der Mann kommt näher. Ein junger Kerl mit einem schmalen haarlosen Gesicht. Seine blauen Augen wirken ein wenig trostlos. Seine Uniform entspricht dem deutschen Kampfanzug. Mir fallen die fehlenden Abzeichen auf.

„Ach Kamerad!", klage ich. „Was tun?"

„Du dürftest an diesem Ort nicht sein!"

„Ich nach dort?"

„Schlecht Kamerad. Dort sind unsere Stellungen!"

„Du nix deutsch?"

„Gehe in diese Richtung", empfiehlt die seltsame Gestalt.

„Jawolt (sic.)", salutiere ich militärisch, „Kamerad!"

Wir schenkten uns gegenseitiges ein Lächeln und entfernen uns vorsichtig voneinander, rückwärts gehend, mit gesenkten Waffen. Nach einer Weile sehe ich ihn nur noch schemenhaft und winke ihm zum Abschied zu. Dieser erwidert meinen Gruß. Ich verliere ihn aus den Augen. Ich laufe eine Weile. Nach einiger Zeit setze ich mich erst einmal hin. Ich zittere vor Entspannung und bin froh, unter den Lebenden zu sein.

Ich habe mich halbwegs beruhigt und begebe ich mich bedachtsam auf den Rückweg. Ich nehme mir vor, das Geschehene niemand zu erzählen. Am Ende bekomme ich Ärger deswegen. So in Gedanken versunken, komme ich zu nahe an einen Abgrund, der zu einem enormen Bombentrichter gehört. Im Nebel erkenne ich weder wie tief noch wie breit der Sprengkrater ist. Der Boden gibt nach und ich rutsche den schlammigen Abhang hinunter. Ich komme zum Stillstand und blicke ich neben mir in einen Hohlraum, der mich sofort an das Schützenloch der Deutschen erinnert, in welchem der Schatten verschwunden ist. Ich sehe einen Tunnel, der durch die gewaltige Explosion an der Stelle eingestürzt ist. Der Regen von gestern hat diese Öffnung freigespült.

Ich lausche in die Stille. Nichts rührt sich. Millimeter für Millimeter nähere ich mich dem Zugang. Vor mir liegen Leichenteile in Fetzen von feldgrauen Uniformen gehüllt. Dahinter zieht sich ein längerer Stollen in eine seltsam beleuchtete Ferne. In ihm sind Gleise verlegt. Ich hadere zwischen, den Gang erkunden oder schleunigst zur Truppe zurückzukehren. Ich denke kurz darüber nach, ob ich für den Fund einen Orden angeheftet bekomme. Ich habe eine sensationelle Entdeckung vorzuweisen. Mit detaillierten Angaben zu dem unbekannten unterirdischen System lässt sich ein schneller Sieg erringen.

Ich atme tief durch, entsichere mein Gewehr und krieche nach vorn. In dem gespenstischen Licht sehe ich in wenigen Metern Entfernung einen abgehenden Seitengang. Ohne ein Laut zu verursachen, schleiche ich mich an. An der Ecke angekommen, schaue ich äußerst behutsam in den Gang hinein. Dieser ist leer! Eine Treppe führt nach unten. Ich höre ein Surren und steige vorsichtig hinab. Eine fensterartige Öffnung in der Wand ist von der anderen Seite mit Brettern vernagelt. Ich luge zwischen den Holzlatten hindurch und erkenne eine Halle mit zwei grau gestrichenen Maschinen. Ein paar Meter weiter steht eine mit Nieten versehene Stahltür offen. Ich habe das Gefühl, die Luft brennt. Angst breitet sich bei mir aus. Jetzt bloß kein auffälliges Geräusch erzeugen und keine falsche Bewegung.

Kleine Schweißperlen laufen mir den Hals hinunter. Ich frage mich, nach dem Zweck der Anlage, doch fehlt mir jedes Wissen von moderner Technik. Ist das gar eine neue Waffe? Unter extremer Anspannung nähere ich mich der Bunkertür. An der Türzarge angekommen, lausche ich in den Raum. Niemand spricht. Ich bin bereit, den überraschten Gegner zur Strecke zu bringen. Ein schneller Blick um die Ecke. Ich springe mit dem Gewehr im Anschlag hinein. Keine Menschenseele!

An den Wänden und Decken verlaufen hellgrau oder rot gestrichene Rohre. Manche kommen von oben, aus einem Loch in der Decke, und enden in den runden Gehäusen. Ich spüre die frische Luft, die das Belüftungssystem ansaugt. Rohrverbindungen verzweigen aus diesen Kästen und verschwinden in einem anderen Schacht, der tiefer ins Erdreich führt. Ich bin davon überzeugt, die Anlage pumpt Luft in einen weiter unten gelegenen Bunker. Durch das Herumstöbern lasse ich alle Vorsicht außer Acht.

„... lassen wir das ganze Areal abbauen", höre ich eine deutsche Stimme, die sich nähert, „bevor ein Mensch das Leck entdeckt!"

Mir rutscht das Herz in die Hose. Hektisch schaue ich mich nach einem Versteck um. Schnell klettere ich eine Leiter auf einen Servicegang oberhalb der Maschinen hinauf. Das Gitter am Boden ist weder ein Sichtschutz noch eine geeignete Deckung. Ich lege mich dennoch behutsam auf das Zinkblechraster. Vorsichtshalber nehme ich mein Gewehr in Anschlag und warte. Zwei Männer betreten in merkwürdig schwarzen Uniformen, die Halle durch einen Eingang auf der gegenüberliegenden Seite der Stahltür, der mir vorher nicht aufgefallen ist.

„Das ist ein Planungsfehler gewesen", sagt einer der beiden, „die Anlage so weit oben zu bauen!"

„Diese Gegenoffensive der Franzosen hat niemand vorausgesehen!"

Eine weitere Gestalt betritt den Raum. Ein Riese von mindestens drei Metern Größe. Seine Augen sind glasblau und haben auffällig schmale Pupillen.

Der Glatzköpfige hat keine Augenbrauen und sonst keinen erkennbaren Haarwuchs. Trotz seiner Größe und Leibesfülle ist der Koloss unheimlich beweglich und gelenkig. Sein Gang wirkt unnatürlich. Anstelle einer Krawatte ziert ein Tatzenkreuz den Kragen. Ich zähle bei ihm sechs Finger an jeder Hand und bin kurz davor, mich bei dem Anblick zu übergeben. Was für eine Ausgeburt der Hölle ist das? Ich liege, nur ein paar Zentimeter entfernt, oberhalb von ihm. Ich traue mich nicht, zu atmen! Glücklicherweise stakst der Hüne auf die beiden Männern zu, die ihre Hände zum römischen Gruß erheben.

„Heil dir, erhabener Meister. Euer Besuch ehrt uns, Retter der Winde!"

„Ehre dem Erlöser!", sagt der Riese. „Mein Vater schickt mich, das Leck zu inspizieren. Kennen Sie den Havarieplan?"

Seine Stimme klingt hohl, als kämen die Töne tief aus seinem Inneren. Ihr Klang verheißt Unheil.

„Mächtiger Heilsbringer! Wir bauen diese Anlage ab und an einem weiter östlich gelegenen Ort, in weitaus größerer Tiefe, wieder auf."

„Hat der Verzicht auf die Maschinen Konsequenzen?"

„Wir rechnen mit Qualitätseinbußen in diesem Sektor. Wir legen ihn für die Zeit des Umbaus am besten still."

„Das ist kostbarer Zeitverlust."

„Nicht auszudenken, wenn Menschen diese Einrichtung entdecken."

„Veranlassen Sie alles Nötige. Dringen versehentlich Personen ein, sind diese sofort zu liquidieren!"

„Jawohl, mein Meister. Wir bringen Sprengfallen an."

Die Männer nehmen erneut militärische Haltung an und salutierten mit römischem Gruß. Der Riese entfernt sich mit raschen Schritten. Ich sehe ihn kurz von der Seite. Das Monster hat eine helle schuppige Haut und riecht unangenehm.

„Wir haben Glück", sagt einer der beiden, „der Chef hat gute Laune."

Die Kerle lachen und atmen hörbar auf. Die Deutschen prüfen eine Instrumententafel und verlassen den Raum gemächlich. Hinter ihnen verschließt sich wie von Geisterhand die Wand, weshalb ich den Eingang anfangs nicht gesehen habe. Ich verharre bange Minuten und höre, ob jemand kommt. Ich springe auf, bevor der angekündigte Bautrupp auftaucht und die erwähnten Fallen installiert.

Ich steige äußerst behutsam von der Maschine hinunter und bin froh, nicht entdeckt worden zu sein! Mir ist, als versagen meine Beine vor Anspannung ihren Dienst. Ich humpele. Ich eile. Ich renne zum Einstiegsloch zurück.

„Das ist der Teufel persönlich!", schießt mir durch den Kopf.

Dieses bleiche Gesicht und die unheimlichen, wasserblauen Augen haben mir Todesangst eingejagt. Ich beschließe, niemandem davon zu berichten. Ich befürchte, wegen Trunkenheit ins Gefängnis zu wandern.

Sommer 1996

„Wie viele Gegner hast du getötet?", fragt Marcel.

„Damals herrschte Krieg! Wie alle anderen, habe ich nur mein eigenes Überleben im Sinn gehabt."

„Sage mir, sind viele Feinde durch deine Kugeln gestorben?"

„Selbst wenn du mich jetzt als Feigling abstempelst, außer auf das Flugzeug habe ich nicht einen einzigen Schuss abgegeben."

„Nicht einen einzigen?"

„Dank meiner Deutschkenntnisse habe ich mit den »Feldgrauen« Tauschhandel getrieben. Schnaps gegen Decken, Tabak gegen Wein."

„Und deinen Freund Hervé? Keinen Gedanken an Rache?"

„An wem? An dem Kanonier, der die Kanone abgefeuert oder an dessen Dienstvorgesetzten, der ihm den Befehl dazu gegeben hat? Oder an dem Befehlshaber dieses Vorgesetzten? Den deutschen Kaiser habe ich nicht vor die Flinte bekommen. Die gegnerischen Soldaten sind genauso froh gewesen wie ich, nach dem Krieg wieder zu ihren Familien zurückzukehren. Die Begegnung mit dem Leibhaftigen hat mich bewogen, darüber nachzudenken, ob nicht der Teufel die Verantwortung für die Kriege hat."

„Weshalb glaubst du, dem Höllenfürst begegnet zu sein? Vielleicht leben bei den Deutschen noch Riesen. In vielen Märchen tummeln sich solche Gestalten und fressen Humanoide!"

„Ich bin der festen Überzeugung, nicht die Zwerge leben unter der Erde, sondern diese Großwüchsigen. Unsere Vorfahren haben von der Anderswelt gesprochen. Über geheime Zugänge ist der Abstieg erfolgt.

Hünengräber, in denen Türen verborgen sind. Uns fehlen die Schlüssel für den Einstieg. Der Legende nach hat der Antichrist diese Bauten eigenhändig errichtet. Manche sind nur zur Irreführung aufgestellt worden. In späteren Zeiten haben Menschen die Monumente nachgebaut, ohne über den erforderlichen Mechanismus zu verfügen, der den Eingang zur Unterwelt öffnet!"
„Ich bin vor kurzem selbst einem Giganten über den Weg gelaufen."
„Nimm dich in Acht! Diese Wesen sind äußerst gefährlich! Hätten die mich ich damals entdeckt ..."
„Weshalb steht in den Zeitungen nichts darüber?"
„Das ist eine Geheimorganisation! Leider habe ich nie erfahren, was deren Ziele sind."
„Nach den Ferien fängt mein Studium an. Vielleicht finde ich in der Universitätsbibliothek den einen oder anderen Hinweis."
„Du hast Lesen und Schreiben in der Schule gelernt! Ich habe stets bedauert, eine solche Einrichtung nie von innen gesehen zu haben. Erst mit dem Fernsehen hat sich mir eine andersartige Sichtweise auf diese Welt erschlossen. Bedauerlicherweise ist dieser Blick weiterhin recht trübe! In der Realität fehlt die Musik! Die Wirklichkeit hat ihre eigene Dramaturgie. Das Blut der Leichen kommentiert keine Sinfonie Nummer drei in d-Moll oder die Nocturne Nummer zwanzig! Ein Sonnenaufgang über dem Niemandsland ist so lange lautlos, bis ein Schuss fällt oder die Kanonen donnern."

†††

Artus

8

Sommer 1996

Endlich klares Wetter. Marcel fährt mit Louane an den Strand von »Kerléven«. Den Blick über die Bucht bis nach »Beg Meil« sieht der Junge mit anderen Augen. Armer Gorlois! Von wegen edles Rittertum. Viele Menschen haben aufgrund der Machtgier eines Feldherrn ihr Leben verloren. Marcel betrübt das von trübem Schlick verfärbte Wasser. Ein paar Möwen gieren nach Essbarem aus dem Picknickkorb. Der Sand füllt sich mit Sonnenhungrigen. Die beiden schwimmen ausgiebig. Wieder bei den Strandtüchern bittet Marcel seine Tante, die Geschichte der Bretagne weiterzuerzählen. Hat Churchill nicht gesagt, die Wahrheit sei zwischen zwei Lügen verborgen?

✝✝✝

434 nach Christus

Ein Frühjahrssturm peitscht über den zugebauten Hügel von »Ker Léon« hinweg. Das Meer ist aufgewühlt und rollt mit gewaltigen Brechern auf die Küste zu. Die Möwen fliegen rückwärts. Weiße Schaumkronen türmen sich auf petrolfarbigen Wellen. Ein heiliger Baum stürzt entwurzelt den Hang hinunter und bringt eine Hütte zum Einsturz. Ein Blitz steckt das morsche Holz in Brand. Die Bewohner zittern vor dem entfesselten Zorn der Götter. Im Getöse des Windes verebben die Schreie einer in den Wehen liegenden Frau. Links neben der Eingangstür ist eine Feuerstelle, in der ein eiserner Dreifuß für das Aufsetzen eines Kessels steht. In der hinteren Hälfte des Saales haben die Sklaven ein flaches Bett für die Entbindung vorbereitet, das mit weichen Fellen ausgelegt ist. Entlang der Wand lehnen eroberte Schilde und Waffen. Über der Stirnseite des Bettes hängen an einem Stab Düfte verströmende Kräuter, um die Gebärende zu beruhigen. In einem mannshohen Gestell hängt ein Eimer voll Wasser und ein weiterer, der mit »Chouchen« gefüllt ist. An drei Haken baumeln Kupferkessel in verschiedenen Größen.

Uther sitzt auf einem Dreibeinschemel an einem niedrigen Tisch und vergräbt sein Gesicht in den Händen. Das Feuer erhellt, unterhalb der offenen Zwischendecke, prasselnd den Raum. Der Rauch zieht hinauf bis unter das mit Holz gedeckte Dach. Der Qualm imprägniert die drei Schichten Schindeln, die aus den astfreien unteren sieben Metern von Fichten geschlagen sind. Von dort drückt ihn der Wind durch die Rauchöffnungen ins Freie. Der Dachfirst des Anführers hat den steilsten Winkel aller Häuser im Dorf. Die Lebensdauer eines Daches hängt von der Steigung ab. Je spitzer, desto haltbarer, umso teurer. Die Isolation besteht aus rund um die Außenwände aufgestapeltem Brennholz. Diese natürliche Wärmedämmung weist erhebliche Lücken auf. Ein Zeichen für den endenden Winter.

Eine Druidin bereitet die Wasserweihe vor. Dagonet, der von Gestalt defensiv gebeugte Dorftrottel, fuchtelt mit seinen langen Armen, den knotigen Händen und den dünnen Fingern herum, als ob Geister aus dem Raum zu vertreiben seien. Sein mit Muttermalen übersätes Gesicht ziert eine Knollennase, die alle Gegenstände wie ein Hund beschnüffelt. Seine enormen Füße, mit denen der Spaßvogel über extrem dünne Waden verbunden ist, tänzeln über den Boden und wirbeln einigen Staub auf. Von der Heilerin zurechtgewiesen, tränen seine flattrigen Glotzaugen, von denen eins zimtbraun und das andere amethystfarben ist.

Deprimiert verlässt Dagonet das Haus und rammt mit seinem hohen Kopf versehentlich die Türzarge. Sein Jammern geht im Getöse der Winde unter. Igerne gebärt einen Sohn. Der Säugling gibt den ersten Laut von sich, da öffnet sich die Eingangstür und Merlin betritt durchnässt den Raum. Uther ist nervös und läuft aufgewühlt vor dem Bett auf und ab.

„Da ist eine Sache", sagt Uther, „die ich dir vorenthalten habe. Merlin nimmt das Kind an sich!"

„Erst raubst du mir den Mann, den ich geschätzt habe und obendrein das Kind! Was liegt mir an dem Bastard? Weiteren Nachwuchs habe ich mir mit Gorlois gewünscht, den ich selbst im Tod noch liebe."

„Sei nicht so herzlos!"

„Du wirfst mir vor, gefühlskalt zu sein? Je rascher der Schandfleck aus meinem Leben verschwindet, desto eher ist dieses Häuflein Elend aus dem Sinn!"

„Das ist mein Sohn. Ich bedaure zutiefst, ihn nicht um mich zu haben und ihn nicht zu erziehen!"

„Du hast keine Zeit, dich um den Jungen zu kümmern! Deine Fähigkeiten beschränken sich aufs Kämpfen. Zu mehr reicht dein Verstand nicht. Was bist du imstande, ihm beizubringen? Ich freue mich für ihn, das mögliche Glück zu haben, in einem hingebungsvollen Umfeld aufzuwachsen. Sorge du dich um deinen Bastard Madoc!"

„Madoc ist legitim! Seine Mutter und ich sind vermählt gewesen. Die Götter haben während seiner Geburt ihren Tod beschlossen. Du hast nicht das Recht, derart über Madoc zu reden, der alt genug ist, um auf sich selbst aufzupassen!"

„Ich bin gekommen", ertönt die eindringliche Stimme Merlins „um zu holen, was du mir versprochen hast, Uther!"

„Ist das Schicksal des Kindes unumkehrbar?", jammert der Vater.

„Nimmst du der Mutter, ohne Reue, das Kind weg?"

„Meine Absicht ist, den Jungen vor Feinden zu schützen. Lasse mich Art-Ursus mit Heilwasser besprühen, welches ihn mit meinem Vater verbindet! Möge euer Sohn eines Tages der Anführer der latinisierten »Letavier« und gleichzeitig das geistige Oberhaupt der Anhänger der alten keltischen Traditionen sein. Wie der Bär »Reix« der Tiere ist, rückt euer Sohn einmal auf den Platz des obersten Heerführers!"

Igerne übergibt den Säugling, ohne ihn eines weiteren Blickes zu würdigen.

„Nimm den Schreihals! Artus ist ein Jammerlappen und Versager wie sein Vater!"

„Wir brauchen Helden", schmunzelt der Illusionist, „die in die Lieder der Barden Einzug finden."

„Was geschieht mit Artus?", klagt Uther. „Was hast du mit ihm vor?"

„Du stehst da und heulst wie eine Memme!", lacht Igerne schäbig.

„Gib dem Riesen, was du ihm versprochen hast!"

„Du weißt, wie hingebungsvoll ich dich liebe!"

„Ich bin deine Sklavin! Du hast mich geraubt und meine Freiheit mit Füßen getreten. Du hast mein Leben zerstört. Du liebst mein Aussehen, ohne mein Wesen zu kennen. Ich hasse dich!"

„Ich bringe Artus zu meinem Freund Ector", mischt sich Merlin ein.

„Dessen Frau hat ebenfalls einen Sohn zur Welt gebracht."

„Ector lebt vor Ort. Ich besuche den Jungen gelegentlich."

„Nach der »Gessa« – dem Gesetz der »Regis« – ist dir nicht gestattet, ein Kind, das in der Obhut eines Druiden ist, anzusehen oder anzusprechen! Diese Maßnahme dient seinem Schutz, denn sein Leben ist in ständiger Gefahr. Anderenfalls schicke ich dich in die Verbannung!"

„Was ist erforderlich, um Artus ein erträgliches Leben zu ermöglichen?"

„Gib mir Goldbarren oder Ringgeld[1] und ich gebe deine Zuwendungen an Ector weiter!"

†††

Eine ausladende Drechsel beherrscht Ectors Wohnraum. Über einer Werkbank ist ein langer biegsamer Ast gespannt, den ein Stützholz in die Höhe hält, und der im Boden mit schweren Gesteinsbrocken befestigt ist. An dessen dünnem Ende führt ein Seil über ein Rundholz zu einem Fußpedal. Das Rundholz steckt in einem Vierkanteisen, das mit zwei Hölzern in der Werkbank verankert ist. Mit diesem Werkzeug bohrt Ector Löcher in kleine Steine. Artus' Ziehvater ist ein Mann mittleren Alters. Seine blonden Haare enden in einem Haarschopf und geben Raum für eine hohe Stirn über einer nach links gekrümmten Nase. Darunter geht ein Schnurrbart in

1 Eine der keltischen Formen von Geld, welche beim Reiten aufgefädelt worden ist.

einen Backenbart mit ausrasiertem Kinn über. Seine perlgrauen Augen sitzen unter wenig sichtbaren Brauen. Ector verströmt einen ledrigen Geruch, der von den von ihm gegerbten Ziegenfellen herrührt. Die Tiere stammen aus eigener Zucht, von der Koppel hinter seinem Haus. Ector ist sorgfältig und ebenso engstirnig, weshalb ihn seine Nachbarn meiden. Die Fischer schätzen die von ihm gelochten Kieselsteine zum Beschweren ihrer Netze und die von ihm gefertigte wasserfeste Lederkleidung. Merlin betritt mit dem Säugling Ectors Haus und bewirkt eine Schieflage des Haussegens.

„Wie ernähre ich das Kind?", regt sich die künftige Ersatzmutter auf.

„Meine Brüste reichen nicht für beide!"

Wie so oft, wenn jemand dem Riesen eine Frage stellt, lacht dieser laut los, ohne eine Antwort zu geben. Eine beträchtliche Summe Gold landet auf den Tisch und ändert spontan das Verhältnis zu ihrem Ziehsohn.

„Ich stille den Jungen! Ector, suche uns eine Amme für Keie!"

✝✝✝

441 nach Christus

Uther sieht aus der Ferne den zwischenzeitlich siebenjährigen Sohn. Sein Herz ist schwer. Artus spielt mit einem Unbekannten, als sei das Kind sein eigener Bruder. Ulfin aus Rigonou inspiziert mit ihm die Wehranlagen des Ortes. Schweigend und mit bitterer Miene, reitet der Alte neben Uther her.

„Wie lange lassen wir uns das ungezügelte Fehlverhalten der Fremden hierzulande noch gefallen?", reißt Ulfin Uther aus seinen Gedanken.

„Das sind Kinder und keine Fremden!"

„Ich rede von den unflätigen Sachsen! Denkst du an den Mord an Aurelius Ambrosius, Uther?"

„Jenes Verbrechen vergesse ich niemals!"

„Was hält dich davon ab, diesen Abschaum menschlichen Seins ins Meer zu werfen?"

„Hast du unsere Niederlagen in »Bernicia« und »Ker Ebrauc«[2] verdrängt? Merlin hat mich beauftragt, bei »Gesogribate« einen Hafen zu

2 Vermutlich Moréac und Hengoat.

bauen. Ich benötige alle verfügbaren Kräfte zum Errichten der Molen. Da der Druide in Kontakt mit den Göttern steht, habe ich keine andere Wahl, als den Wunsch zu erfüllen."

„Am »Mont Damen«[3] haben wir die Sachsen verjagt! Seither beschwert sich das Volk, du schenkst persönlichen Prestigeobjekten mehr Beachtung, als dich um die Sicherheit im Land zu kümmern. Fürchtest du rechtliche Auseinandersetzungen?"

„Ich sehe mich nicht an die Abmachungen Vortigerns mit den Eindringlingen gebunden. Die Verträge sind nichtig!"

„Ängstigt dich der Krieg?"

„Wir gehen leer aus! Die Sachsen haben weder Vermögen noch genug zu essen. Ich riskiere keine Rebellion, wegen einer Handvoll Störenfriede."

„Wir wenden eine List an, für die wir nur wenig Leute und einen Boten benötigen!"

Düstere Wolken hängen über dem »Quent«. Die Neuankömmlinge haben die Einheimischen versklavt, vertrieben oder ermordet. Alle Brücken sind zerstört und entlang der Grenze sind künstliche Hindernisse, wie eingepflanzte Holzspieße, Trittfallen, Wasser- und Brandgräben angelegt. Patrouillen sichern die verwahrlosten Straßen. Große Flächen Wald sind gerodet. Rund um die Köhlereien und an den Kreuzungen stehen Wachtürme, die feindliche Truppenbewegung per Hornsignal weitermelden. Eindringlinge enden auf einem der Pfähle, die gleichzeitig als Grenzmarkierung und der Abschreckung dienen. Einer der verwesten Gepfählten, taucht aus dem Nebel auf. Dem Boten überkommt ein eisiger Schauer. Bedächtig setzt sein Pferd den Weg fort und erreicht einen Wehrkanal, dessen gegenüberliegendes Ufer mit Reiterfallen gespickt ist. Der Weg endet abrupt. Auf der anderen Seite ist zwischen zwei alten Eichen eine hölzerne Zugbrücke befestigt. Eine Handvoll Soldaten bewachen und bedienen die seltsame Konstruktion. Die Sachsen beobachten den einzelnen Reiter eine Zeit lang, bevor ein von Eseln angetriebenes Seilsystem den Steg herabsenkt. Die Krieger zwingen ihn, sich der Waffen und des Kettenhemdes zu entledigen. Zufällig inspizieren Ochta und Ebissa eine nahe gelegene Schmiede.

3 Vermutlich Lescouët-Gouarec.

„Was führt dich zu uns?", fragt Ochta herrisch. „Hast du die Zeichen der Warnung nicht gesehen?"
„Flavius Domicus aus Rom schickt mich", lügt der Bote, „Mein Herr ist in Schwierigkeiten und benötigt dringend Hilfe."
„Ein Römer in Not? Wie lindere ich seine Sorgen, mein Freund?"
„Sein schweres Fahrzeug steckt im Sumpf fest! Wir benötigen kräftige Männer und Pferde, die seinen Wagen herausziehen."
„Hat dein Herr nicht genug Legionäre oder Söldner bei sich, die ihn aus dieser misslichen Lage befreien?"
„Der Wagen ist voller Gold. Mein Herr hat die Steuern eingetrieben und ist auf dem Rückweg nach »Lutetia«. Da ihr die Straße gesperrt habt, sind wir gezwungen, einen Umweg in Kauf zu nehmen. Mangels einer Karte ist unsere Karosse vom Weg abgekommen. Mein Herr fragt, ob du ihn gegen eine satte Belohnung zu retten gewogen bist."
„Einem reichen Römer, helfen wir gerne! Führe Ebissa zu besagter Stelle!"

Ochta wittert Gefahr und folgt mit seinen Reitern dem Trupp des Bruders in angemessenem Abstand, um im Notfall zu Hilfe zu eilen. Nach kurzem Ritt ist die Kutsche zu sehen, die tief im Morast steckt. Daneben steht der vermeintliche Römer mit seinem Pferdelenker und einem Diener. Diese Beute lassen sich die Sachsen nicht entgehen. Von der Gier getrieben, bemerken die beiden Brüder die im dichten Dickicht versteckten Bogenschützen nicht. Diese springen auf und spannen ihre Sehnen. Die nachfolgenden Reiter sehen ihre Anführer in der Gewalt einer Überzahl von »Letaviern«, geben diese auf und retten sich ins »Quent«. Die Sieger kehren nach »Portus Saliocanus«[4] zurück und stecken die Gefangenen in einen von den Römern erbauten Kerker.

Uther lädt triumphierend die »Letavischen Herrscher« zur Gerichtsverhandlung ein. In einem feuchten Kellerverlies zermürben Ochta und Ebissa durch Nahrungsentzug und körperliche Demütigungen. Wochen vergehen, bis die Geladenen eintreffen. Die in Ketten gelegten Arrestanten kommen vor den Kriegsrat.

4 Carantec, in der Bucht von Morlaix, gegenüber von Saint-Pol-de-Léon.

„Wir werfen euch vor“, eröffnet Uther die Verhandlung, „wiederholt in unsere Gebiete eingefallen zu sein! Vortigern hat euch gewährt, im »Quent« zu siedeln, indes nicht das Volk auszurauben und zu vertreiben, Felder abzufackeln, Frauen zu entführen oder Fischerboote zu versenken! Wie rechtfertigt ihr eure Schandtaten?“
„Der Krieg gegen die »Pictonen« hat uns geschwächt“, verteidigt Ochta das Handeln der Sachsen. „Viele von uns haben keine Ehefrauen und ihr habt uns keine abgegeben! Die Fischer haben uns den Fisch weggefangen. Wir haben keine Zeit, Landwirtschaft zu betreiben. Der harte Winter hat uns keine andere Wahl gelassen, als zu plündern.“
„Ihr habt nicht einen Acker bestellt“, wirft ihnen »Reix« Rience vor. „Ihr habt das Land mit Wehrbauten verschandelt! Wir haben euch keine Rechte für das Meer eingeräumt! Der Fischfang ist euch nicht verboten, die Fischerei im Umkehrschluss mit keinem Wort erlaubt worden.“
„Ohne unsere Hilfe“, fordert Ebissa zugebilligtes Recht ein, „hätten die Pictonen euer Land längst annektiert. Dein Vorgänger hat uns »Quent« als Lohn für den Beistand gegeben!“
„Vortigern hat uns ermutigt“, ergänzt Ochta, „nach dem »Gral« zu suchen, um mit dem Gold gemeinsam gegen Rom zu ziehen!“
„Und nebenbei“, merkt »Reix von Léon« Victor von Ker Ahes und Ker Mel-Karhez an, „habt ihr so manchen »Ker«[5] in Schutt und Asche gelegt!“
„Die Leute reden oft nicht freiwillig“, erklärt Ochta.
„Diese angeblich Ahnungslosen geben vor“, pflichtet Ebissa bei, „ihnen sei der Schatz aus Rom nicht bekannt!“
„Ich nahm an“, sagt Uther verwirrt, „ihr sucht nach dem »San Grá EL«[6], um Erlösung zu erlangen.“
„Was kauft sich ein Heerführer von Seelenheil?“, schaut Ochta verwundert in die Runde der anwesenden Kriegsherren. „Meine Seligkeit habe ich an ODINs Seite, wenn ich in einer Schlacht mein Leben ehrenvoll gebe. Um das »Quent« zur neuen Heimat aufzubauen, benötige ich eine Menge Gold!“

5 Keltisches Wort für »Hof«. Da ein »Reix« ein »Dux« mit Landbesitz ist, leitet sich aus diesem Begriff der mittelalterliche »Königshof« ab.

6 Fab Grá EL übersetzt: Sohn Liebe Gottes.

„Das Land gehört euch nicht!“, braust Conserge von Gorron auf. „Mein Vater hat Vortigern davor gewarnt, euch im »Quent« siedeln zu lassen. Ihr seid nicht würdig, ein Teil unserer Gesellschaft zu sein!“
„Selbst wenn der »Reix« euch erlaubt hat“, sagt Rience trocken, „dort ansässig zu sein, ist dies kein Zugeständnis an die Ewigkeit.“
„Ihr habt mit dem neuen »Reix« Uther keinen Vertrag geschlossen und missbraucht euer Gastrecht!“, ergänzt »Reix von Léon« Victor.
„Um das »Quent« zu verlassen“, bemerkt »Reix« Rience, „braucht ihr kein Gold. Setzt euch in eure »Keels« und verschwindet!“
„Wir fordern die Beachtung der römischen Gesetze!“, klagt Ochta.
„Ich respektiere dein Handeln hinsichtlich getroffener Vereinbarungen“, schließt »Reix« Uther die Verhandlung. „Das dir entgegengebrachte Vertrauen hast du schamlos für deine Zwecke und gegen uns angewendet. Eine Gemeinsamkeit teilst du mit Vortigern, dem Mörder meines Bruders Constans. Du hast Aurelius Ambrosius vergiftet. Dich ereilt der unehrenhafte Tod durch öffentliches Erwürgen! ODIN straft dich durch Missachtung. Ebissa ist ein Geächteter, der das »Quent« zu räumen hat! Euch Sachsen ist der Zutritt nach »Letavia« für alle Zeiten verwehrt!“
„Ich habe ihn nicht durch Gift getötet!“, hebt Ochta seine Tonlage an.
„Leugnest du deine Übeltat?“
„Ich habe den Weichling gefesselt, gequält, bespuckt und geschlagen, bis dieser Jammerlappen um die Gnade des Todes gewinselt hat. Am Ende habe ich ihn von seinen Qualen erlöst und ihm die Eier abgeschnitten!“

†††

442 nach Christus

Uther Ben Trajon strebt wirtschaftlichen Aufschwung an und benötigt einen dauerhaften Frieden in »Letavia«. Der Anführer der »Pictonen« ist zu Unterredungen nach »Portus Namnetus« geladen. Da Vortigern tot ist, verlaufen die Gespräche positiv. Reger Handel ist beiderseits erwünscht. Ermutigt von den erfolgreichen Verhandlungen mit den Nachbarn, bittet Uther Theoderich[7], den »Reix« der Goten, sich ebenfalls mit ihm zu treffen.

7 Theoderich der Erste, »Reiks« der Westgoten von 418 bis 451 nach Christus.

„Der »Pictone« hat sich mit dir ausgesöhnt, da der Anlass der Fehde eine Sache der Ehre gewesen ist, die ihn betraf. Wir gewähren den Warenaustausch, um unser Wohlwollen zu zeigen. Ich hoffe, du bist nicht so naiv anzunehmen, wir verzichten auf den Schatz!"
„Ich habe keine Ahnung", lügt Uther, „wovon du sprichst."
„Unser »Gold der Goten« ist in aller Munde. Du weißt, wovon ich rede und wo unser »Gral« ist! Ich spreche vom »GOTHO· REGII· AURUM· LATENTIS«, dem verborgenen Gold des gotischen Herrschers."
„Wir sind auf der Suche nach dem »San Grá EL«, dem »Heiligen Gral«, um Erleuchtung zu erhalten."
„Ich ruhe nicht eher, bis ich das Gold zurückhabe! Vorher ist der Friedensschluss unmöglich!"
„Bringe ich in Erfahrung, wo der »Gral« zu finden ist, setzte ich dich umgehend davon Kenntnis."
„Du verschweigst, was du von deinem Druiden weißt!"
„Merlin sprach einmal von einem Schatz aus Rom. Dieses Gold gehört dem römischen Volk. Im Fall jenen Fundes gebe ich folgerichtig den Römern ihr Eigentum zurück."
„Du weißt, wo mein Schatz ist. Gib ihn mir, und ich garantiere dir, »Letavia« für alle Zeit in Ruhe zu lassen!"
„Ich wiederhole, den Aufenthalt des »Grals« nicht zu kennen! Mir scheint, mein Vorgänger hat euch des Goldes beraubt. Der Tote ist nicht in der Lage zu sprechen und seinen Sklaven fehlen die Zungen."
„Weshalb hat Vortigern seine Bediensteten zum Schweigen gebracht? Um ein Geheimnis zu verbergen? Wir haben Zeit! Deine Uneinsichtigkeit beschert dir keinen Frieden. Ich ruhe nicht eher, bis ich unser Gold zurückhabe!"
„Die Franken haben sich den Schatz längst unter den Nagel gerissen!", lügt Uther erneut.

Keie hat Sommersprossen, perlgraue Augen und blonde Haare, die wie beim Vater in einem Haarschopf enden. Im Gegensatz zum Vater hat Keie weniger dünne Augenbrauen und keine schiefe Nase.

Artus erlernt mit dem Milchbruder den Holzschwertkampf. Ector legt beim leiblichen Sohn Wert auf die Ausbildung in Rhetorik und Literatur. Ein loses Mundwerk ist die Folge. Artus spielt Keie gegenüber eine untergeordnete Rolle, denn Ector sieht in seinem Sohn einen künftigen Heerführer »Léons«. Artus hat als »Scutari«[8] die Aufgabe, Keie zu beschützen. Um sich an diese Stellung zu gewöhnen, erledigt Artus Arbeiten, die sonst Handlangern oder Waffenknechten zugeordnet sind. Dementsprechend leidet das Selbstbewusstsein des Pflegesohns. Artus sieht für sich keine glänzende Zukunft und zeigt wenig Interesse an Mathematik, Lesen oder Schreiben.

Ihre Schönheit verfluchend und Uther einen Denkzettel verpassend, lässt Igerne ihre Haare kurz schneiden und sich am ganzen Körper mit keltischen Symbolen tätowieren. Uther plagen Magenschmerzen, gegen die kein Kraut gewachsen zu sein scheint. Unverhofft taucht Merlin bei ihm auf.

„Ich benötige einen ärztlichen Rat und hege den Wunsch, für meine Brüder und mich ein würdiges Grabmal zu bauen!"

„So hinterlässt du der Nachwelt ein Zeugnis deines Ruhmes."

„Mir schwebt ein Triumphbogen vor!"

„Kein Siegestor! Das verzeihen dir die Leute nicht! Je weniger du deine römische Herkunft spüren lässt, desto mehr Wohlwollen bringt dir dein Volk entgegen."

„Wir sind Teil des Römischen Reichs!"

„Du hast endlich deine Legitimierung aus Ravenna erhalten?", bekommt der Riese einen Lachanfall. „Herzlichen Glückwunsch!"

„Darauf warte ich vergeblich."

„Die Macht Roms ist lange gebrochen. Zeit für die Menschen, sich der alten Werte zu besinnen! Baue einen »Cairn«[9] aus Stein!"

„Für solch ein Monument fehlen mir die nötigen Steine."

„Greife auf längst behauenes Baumaterial zurück."

„Um erneut den Zorn des Volkes heraufzubeschwören?"

8 Schildträger.

9 Neolithisches Gebäude.

„Auf dem Berg »Quillarigon« stehen zwei von Giganten in grauer Vorzeit errichtete Steinkreise. Die Erbauer haben das Material aus weiter Ferne herbeigeschafft. Die Anlage liegt weitab von menschlichen Siedlungen. Niemand stört sich an dem Abriss, wenn du ein Bauwerk von ihnen zerstörst."
„Am Ende rächen die sich an mir!"
„Diese Nachkommen der Götter sind in der großen Flut ertrunken. Nur Riesen leben heutzutage noch in »Domnomea«. Von diesen hast du durch deine Verwandtschaft mit ihnen nichts zu befürchten."
„Wer vermag die schweren Steine herbeizuschaffen?"
„Ich veranlasse das Nötige und überwache die Bauarbeiten des Monumentes. Du hast mit deinen Regierungsgeschäften genug zu erledigen. Gegen deine Magenschmerzen nimm mehr Thymian zu dir!"

448 nach Christus

Ulfin aus Rigonou spricht in einer dringenden Angelegenheit mit Uther.
„Erinnerst du dich an Ebissa, den du hast laufen lassen?"
„Hat der Sachse das Land verlassen?"
„Das Gegenteil ist der Fall! Ebissa hat sich als Sklave verkleidet Zutritt zur Gefängnisküche verschafft und einen Brand entfacht."
„Habt ihr ihn für sein Vergehen in Ketten gelegt?"
„Ebissa hat sich widersetzt und ist mit seinem Bruder geflohen."
„Der Bogen ist überspannt! Wir vernichten die Sachsen."
„Lasse keine Gnade walten!"

»Reix« Lot von Orkney und Lothian ist ein Nachfahre EN.KIs und ein Riese von Gestalt. Im Laufe der Jahre ist sein Bauch gewachsen und zwingt ihn vornübergebeugt zu laufen. Seine fleischigen Waden schwabbeln bei jedem Schritt. Lot verbirgt bei Begegnungen mit Würdenträgern seine überdimensionierte Unterlippe mit der rechten Hand. Sein linker Arm ist nach einem Sturz vom Pferd steif geblieben. Lot versteht durch seine einnehmende Art, andere Menschen zu schwierigen Unternehmen zu bewegen, selbst wenn diese wissen, in den sicheren Tod zu ziehen. Tief im Inneren ist Lot ein Feigling, der von Neid zerfressen ist, weshalb der »Praefectus« empfindlich, aggressiv, launisch und ängstlich ist. Da vorher nicht zu sehen ist, was enthalten ist, verspeist Lot beispielsweise keine Eier. Sein Feldzug gegen die Sachsen ist erfolglos. Enttäuscht und voller Zorn zieht Uther gegen den Feind. Das Schicksal zieht ihm einen Strich durch die Rechnung. Der Feldherr erkrankt schwer. Merlin ist auf einer seiner geheimnisumwoben Touren unterwegs. Die Militärärzte sind ratlos und geben Uther keine Chancen, jemals wieder auf die Beine zu kommen. Unter den Stellvertretern herrscht Zwietracht. Keiner gönnt dem anderen mehr Macht. »Dux« Corneus von Landévennec sieht seine Zeit gekommen, Nutznießer von Einkünften aus den Lehen zu sein. »Reix von Léon« Victor von Ker Ahes und Ker Mel-Karhez ist der beste Freund Uthers und setzt darauf, Zeit zu gewinnen. Der Römer Corneus ist ihm ein Dorn im Auge. Bei Uther sieht Victor über die Fakten hinweg, Abkömmling römischen Adels zu sein, da diese sich den keltischen Sitten und Gebräuchen angepasst hat. »Dux« Cador von Cornouaille steht ihm in dieser Ansicht zur Seite. Seit dem Tod seines Bruders Gorlois hegt Cador Argwohn gegen die Römer und bedauert ein wenig, den Grund verloren zu haben, sich für die Schmach an der Familie zu rächen. Uther hat ihn in aller Freundschaft in seine Reihen aufgenommen und ihm reichlich Beute verschafft. Cador sieht sich in der Nachfolge, wenn Uther in die »Anderswelt« entschwindet. Conserge von Gorron und sein Sohn Bague von Madus sehen das Ende des »Höchsten Collegiums« gekommen und verlangen, in der Hoffnung auf mehr gallischen Einfluss in »Letavia«, dessen Auflösung. Da geschieht ein Wunder und Uther kommt wieder zu sich.

LOT

„Wieso bin ich nicht in der Lage aufzustehen?“

„Eine seltsame Krankheit hat dich geschwächt“, beruhigt ihn Ulfin.

„Wo sind wir?“

„Der Ort heißt »Alvan«[10]."
„Wie sind die Kämpfe verlaufen? Sind die Sachsen tot?"
„Ochta und Ebissa weigern sich, gegen einen Kranken Krieg zu führen."
„Das geht entschieden zu weit. Diesem Gelump erteile ich eine Lektion! Holt eine offene Sänfte und tragt mich zu meinen Soldaten!"

Ochta lacht beim Anblick des für eine Schlacht untypischen Gebildes laut los. Seine Krieger folgen seinem Beispiel mit lautem Gegröle.

„Ich erweise dir nicht die Ehre an WOTANs Tafel Platz zu nehmen", ruft Ochta. „Gehe nach Hause und lasse dich mit süßem Brei verwöhnen! Sage mir, bevor du gehst, wo ich den Gral finde! Ich löse dich als »Reix« ab und deine Leute sind ab sofort meine Vasallen. Dein Schwert gefällt mir. Gib mir das Prachtstück! Für dein Grab ist diese Edelwaffe zu schade."

Uthers Kräfte erstarken. Zorn kocht in ihm empor.

„Ich bringe dir das Kleinod göttlicher Waffentechnik persönlich vorbei!"

Uther brüllt, als öffneten sich die Tore zur Hölle, und greift an. Das beflügelt seine Anhänger. Die Krieger rücken vor. Die Kavallerie stößt in beide Flanken der gegnerischen Fußtruppen. Angstverzerrte Gesichter, die versuchen den Hieben der Klingen und Kampfhämmer zu entgehen. Erste markerschütternde Schreie der Schwerverletzten. Im Mordrausch metzeln die Berittenen das Fußvolk nieder. Blut spritzt in Strömen. Eingeschlagene Köpfe. Helme purzeln zu Boden. Weithin hörbares Stöhnen. Brechende Knochen. Abgetrennt Gliedmaßen.

Drei Gegner klammern sich an eine Lanze und rammen diese in ein Pferd, das laut keuchend auf die aufgewühlte Erde kracht. Der Reiter stürmt mit erhobener Waffe auf die Soldaten los. Der vordere Lanzenträger defäkiert vor Angst und weicht zurück. Das Schwert zerfetzt seinen Hals. Die beiden hinter ihm ziehen mit letzter Kraft das »Pilum«[11] aus dem verendenden Reittier und bohren den Spieß in den Feind. Aus dem aufgerissenen Bauch quellen die Gedärme heraus. Das Feld füllt sich eruptiv mit Leichen und Tierkadavern.

10 Heute vermutlich Saint Albin, Plogonnec.

11 Römischer Wurfspieß.

Im Wahn des Kampfes erschlagen die Mordgierigen die Verletzten und Sterbenden. Muskelverhärtungen durch ständiges Zuschlagen mit voller Wucht. Ermüdungen. Pfeilbeschuss. Ohnmacht durch Blutverlust. Nach einer Stunden andauernden Schlacht sind die Sachsen aufgerieben und ihre Anführer tot. »Reix« Pellan von Listrac-Médoc sind beide Hände abgeschlagen worden. Die Wunden versenken die Feldärzten mit glühendem Metall. Aus dieser Auseinandersetzung geht der Überlebenskünstler »Dux« Corneus von Landévennec ohne nennenswerte Schrammen hervor. Bei den anderen kehrt Ruhe ein. Nach einer längeren Pause beerdigen die wieder zu Kräften gekommenen Krieger ihre Kameraden und plündern die gefallenen Gegner. Jene bleiben als Futter für Raben, Ratten und weiteres Getier liegen. Uther ist wie durch ein Wunder unverletzt. Seine Krankheit bereitet ihm schwere Sorgen. Glücklich über den Sieg lässt der Feldherr die Truppen samt der Gefangenen, in einem Triumphzug nach römischer Manier Richtung »Ker Léon« marschieren.

Der »King« 9

449 nach Christus

Merlin weilt bei Blaise. Da trifft die Nachricht ein, der »Reix« sei tot. Erculf, ein übergelaufener Sachse, hat die Quelle vergiftet, aus der Uther sein Heilwasser bezogen hat. »Reix« Bohort von Gaunes, »Reix« Erbin, »Dux« Corneus von Landévennec, Esclabor der Sarazene und drei weitere Freunde sind ebenfalls Opfer des Anschlags. Vorahnungen, die den Illusionisten vor dem Unglück gewarnt hätten, sind ausgeblieben. Das betrübt den Druiden, der sonst recht präzise in die Zukunft schaut. Mit der Absicht, Uther neben seinen Brüdern beizusetzen und »Ex. Sal.Liburn« an sich zu nehmen, begibt sich der Riese auf den Weg nach »Ker Léon«. Gerät die Waffe in falsche Hände, verschiebt sich das von seinem Vater geforderte Gleichgewicht unter den Menschen.

Madoc San[1] Uther hat sein fünfundzwanzigstes Lebensjahr erreicht. Ihm kommt der Tod des Vaters nicht ungelegen. Seit dessen Erkrankung hat die Ungeduld sein Wesen zerfressen. Appetitlos streift Madoc durch die Wälder und fällt mit dem Schwert reihenweise kleine Bäume. Sein Messer köpft unzählige Blüten. Der überschäumenden Wut wegen verlieren Schnecken, Frösche, Würmer und Schmetterlinge ihr ohnehin kurzes Leben. Madoc stellt sich vor, wie seine Gegner, von seinen Sohlen zertreten, auf dem Boden liegen.

Als Merlin ankommt, ernennt sich Madoc selbst zum »Reix« und beruft sich auf ein angeblich vorrömisches Erbrecht. Der treue Verbündete Uthers, »Reix« Bran von Gordes und Estangore, fühlt sich nach wie vor dessen Familie verpflichtet, doch die Anmaßungen Madocs sind für ihn nicht annehmbar. Der junge Aufschneider hat den Bogen überspannt und ist ihm ein Dorn im Auge. Bran ruft sich ebenfalls zum »Reix der Letavier« aus. Die eigenwilligen Machtübernahmen lösen einen Bruderkrieg aus. Erculf, den nicht mindere Machtfantasien zu blutigen Handlungen beflügeln, erschlägt Madoc. Seine Freunde erwürgen wiederum den Sachsen.

✝✝✝

1 Falsch interpretierte Schreibweise: fab. Ursprung von »Son« (Englisch) und »Sohn« (Deutsch).

Artus ist fünfzehn Jahre alt und Merlin plant, ihn trotz der jungen Jahre zum »Obersten Reix« zu ernennen. Jetzt, da Rom den Einfluss in der Region eingebüßt hat, benötigt »Letavia« einen Herrscher, der den Adel und das Militär anführt, ohne sich zum Kaiser auszurufen. Ein solches Vorgehen wertet Rom als Provokation und entsendet Truppen. Um den Schatz nicht in Gefahr zu bringen, ist der von Madoc angezettelte Bürgerkrieg zu beenden. Keiner der möglichen Nachfolger kennt die Verstecke, auf die der Riese das Gold verteilt hat.

Der Druide begibt sich erneut zu seinem Bruder, der in den Wäldern von »Caledern« ein futuristisches Labor betreibt. Die Anlage ist gegen unbefugtes Eindringen durch eine Vielzahl an Fallen gesichert, die den technischen Kenntnisstand der Bevölkerung weit übertreffen. Jeder weiß, der Wald steht unter einem Bann!

Blaise hat eine Neigung zu alchemistischen Spielereien und von seinem Vater vielerlei Anleitungen zum Bau nützlicher Geräte und Waffen erhalten. Da EN.KI keine Zeit hat, mit dem Spross alle Details durchzugehen, gelingen nicht alle Versuche. Oft enden diese mit einem lauten Knall, was den Ort für zufällige Zeugen weit unheimlicher erscheinen lässt. EN.KI sieht die Zeit für den Menschen nicht gekommen, sich dieser Maschinen zu bedienen.

„Überzeuge durch einen Zaubertrick von der Rechtmäßigkeit der Nachfolge!", sagt Blaise in der Geheimsprache der Druiden.

„Unser Vater hat mir den »ME der unsichtbaren Kraft«[2] samt einer Apparatur, ohne die der Kristall nur ein wertloses Schmuckstück ist, gegeben und ich habe den einen oder anderen Test vollführt. Die Sache funktioniert einwandfrei. Ich habe ein Gerät gebaut, das in der Lage ist, eiserne Gegenstände auf übernatürliche Weise festzuhalten. Erst nach einer gewissen Zeit lässt sich das Eingeklemmte, in dem Fall der Stahl, ohne große Kraftanstrengung wieder herausziehen. Behalte die Zeit unbedingt im Auge! Reicht die Kraft der Tongefäße[3] nicht mehr aus, misslingt der Trick!"

„Was bezweckt das Kunststück?"

2 Ein sogenannter Stein der Weisen der Elektrizität.

3 Ägyptische Batterien.

„Nach einem alten Brauch der »Sarmaten«, die einst von den Römern als Garnison im Gebiet der »Britanie« stationiert gewesen sind, hat deren Anführer ein im Boden steckendes Schwert als Zeichen seiner Macht aus der Erde gezogen."

„Verstehe. Durch deinen Apparat zieht nur ein von mir auserkorener »Ex.Sal.Liburn« aus der geheimnisvollen Halterung heraus."

„Wenn du die Kraft aktivierst, verursacht das Zusammenschlagen der Backen einen außergewöhnlichen Knall. Achte darauf, keine zufälligen Zeugen in der Nähe zu haben! Verstecke das Gerät für den Trick und vernichte die Apparatur im Anschluss restlos! Nimm die Einzelteile und zerstöre alles bis zur Unkenntlichkeit! Das Metall gib den Schmieden zum Einschmelzen! Die göttliche Technik gehört unter keinen Umständen in die Hände der Menschen! Unser Vater hat mir das so aufgetragen, und du hältst dich an seine Vorgaben!"

✝✝✝

An den Kalenden[4] treffen sich die Bewohner »Ker Léons«, um Neuigkeiten auszutauschen, Streit zu schlichten und gemeinsame Bauvorhaben zu beschließen. Keie reitet hocherhobenen Hauptes auf einem Pferd, das ihm sein Vater zum fünfzehnten Geburtstag geschenkt hat. Mit einem Gefühl der Männlichkeit umfasst seine linke Hand den Knauf seines Schwertes, denn Ector hat ihn als Stellvertreter geschickt. Artus läuft zu Fuß neben ihm her und springt über die Pfützen hinweg. Bei Erreichen der Grenze ihres Anwesens bekommt ihr Nachbar Peredur einen Lachanfall.

„Was erlaubst du dir", ist Keie empört, „mich zu beleidigen?"

„Dein Gaul gleicht einer runzligen Rübe."

„Weshalb bemisst du die Qualität des Pferdes?"

„Bei dieser Möhre sieht ein jeder, welch lebloses Herz darin steckt!"

„So hast du über mein Pferd gelacht und nicht über mich?"

„Ich amüsiere mich über deinen Auftritt! Auf dem Ackergaul siehst du aus wie eine Amphore auf einem Flusskahn!"

„Du fällst durch deine Unscheinbarkeit niemandem auf. Ohne Zank hätten wir keine Notiz von dir genommen!"

4 Der Erste eines Monats zu Neumond.

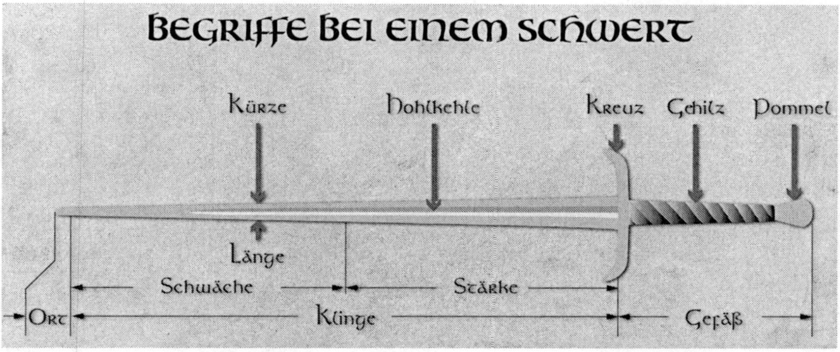

„Du trägst eine unbrauchbare Waffe. Beim Anblick meines Schwertes winselst du um Gnade!"

„Wir sind auf dem Weg zur Versammlung. Deshalb habe ich keine Zeit, mich mit dir ungebildeten Tunichtgut anzulegen. Behalte zukünftig deine minderbemittelten Gedanken besser bei dir, statt anständige Leute mit dem Pestgestank deines Atems zu belästigen!"

Keie reitet fort, ohne sich die Flüche Peredurs anzuhören. Am Ufer führt eine Treppe vom Meer auf den Hügel hinauf zu den festen Häusern. Flache behauene Steine liegen auf dem geglätteten Untergrund. Zwischen zwei Stufen steckt »Ex.Sal.Liburn«. Nur das »Gefäß« schaut heraus. Eine Menschenmenge umringt die »Reges« und »Duces«[5] beim Streit um das Vorrecht und die Reihenfolge, einen Versuch zu wagen. Die Lautstärke, in der das geschieht, lockt weitere Mitstreiter und Zuschauer an. Da taucht Merlin unverhofft wieder auf.

„Der Stahl", erhebt der Magier seine Hände und seine Stimme, „hat einen hohen symbolischen Wert. Uther hat diese Waffe zum Zeichen der Macht getragen. Das Metall haben die Götter geformt. Keine von Menschenhand geschmiedete Klinge ist imstande, das Schwert zu zerstören. Nur wer in der Lage ist, »Ex.Sal.Liburn« aus dem Stein herauszuziehen, ist der neue »Oberste Reix« in »Letavia«!"

Niemand vermag die Waffe zu bewegen. Selbst der Riese nicht, der rein interessehalber am »Gehilz« zieht.

✝✝✝

5 Mehrzahl von Reix und von Dux.

Um seiner jüngst vermählten Frau Osabe seine Macht zu beweisen, ernennt sich Claudas von Gaunes[6] kurzerhand eigenmächtig zum Alleinherrscher, obwohl sein Bruder Bohort »Reix von Gaunes« ist. Deshalb steht ihm der Titel nicht zu. Claudas hat den Spitznamen »Caradouc Breichbras«. Sein rechter Oberarm weist mehr Umfang auf als ein durchschnittlicher Oberschenkel. Folglich sitzt seine Schulter höher und der Oberkörper wirkt schief. Sein unkollegiales Verhalten heißt »Reix von Léon« Victor von Ker Ahes und Ker Mel-Karhez nicht gut. »Reix« Bran von Gordes und Estangore wünscht keine Wiederholung des durch Madoc ausgelösten Bürgerkriegs. »Reix« Rience droht ihm mit Vergeltung. Der dem Schein nach gescheit und anständig geltende »Dux« Bague von Madus und Gorron schlägt Bran unverhofft die Faust ins Gesicht.

CLAUDAS

„»Gorron« liegt nicht in »Letavia«!", weist Ulfin auf ein mögliches Ausschlusskriterium hin.

„Ich habe das Land neben »Logres« von meinem Onkel Urien geerbt!", erregt sich Bague. „Als gebürtiger »Letavier«, steht mir das Recht auf den »Obersten Reix« zu!"

Ein Wort ergibt das andere und der Streit mündet in einer wenig zimperlichen Schlägerei, an der sich selbst die Jugendlichen beteiligen. Nur Dagonet zieht sich zurück. Die Beteiligten ergreifen ihre Zierschwerter und stechen andeutungsweise aufeinander ein. Niemand trägt ein Kettenhemd oder gar einen Schild und noch trachtet keiner einem anderen ernsthaft nach dem Leben.

„Artus!", ruft der verwöhnte Keie. „Ich habe mein Schwert aus der Hand geschlagen bekommen! Bague steht mit seinen Füßen darauf und weigert sich, mein Eigentum herauszugeben. Lauf, und hole mir ein Ersatzschwert! Sobald du wieder da bist, zeige ich dem »Gorronesen«, wie ein »Léonese« kämpft. Beeile dich!"

6 Bro Gowned beziehungsweise Góunes.

Artus rennt los und Keie hüpft vor Aufregung hin und her. Mit einer imaginären Waffe schlägt der Junge auf eingebildete Gegner ein, um der angestauten Nervosität Luft zu verschaffen.

„Hört mit diesem Unfug auf!", erschallt die eindrucksvolle Stimme des Riesen über das Kampfgetöse hinweg. „Diesmal entscheiden die Götter, wer das Land regiert!"

Artus eilt zufällig an der Stelle vorbei und zieht, mit dem Gedanken, sich den Weg nach Hause zu sparen, am »Pommel«. Die »Ägyptische Batterie« ist aufgebraucht und der Magnet funktioniert nicht mehr. Artus zieht ungesehen »Ex.Sal.Liburn« aus der Treppe und rennt zurück. So erhält Keie in Windeseile ein Ersatzschwert.

„Wie das glänzt!", staunt Keie über das Brillieren der Klinge. „Lass uns verschwinden!"

„Weshalb kämpfst du nicht weiter!"

„Merlin hat uns den Spaß verdorben und Einhalt geboten!"

Geistesgegenwärtig versteckt Keie das Schwert unter dem aus Schafwolle gewebten Mantel. Hinter sich hören die beiden Ausrufe des Erstaunens und des Entsetzens. Ein Aufruhr derer, die sich als neuen Herrscher gesehen haben und denen der Zug verweigert worden ist.

Ector hat den Tumult gehört und schaut nachdenklich in die Richtung der versiegten Lärmquelle. Seine Sorge gilt Keie. Als seine Schützlinge auftauchen, fällt dem alten Haudegen ein Stein vom Herzen. In die Jahre gekommen, wundert sich der Krieger, über einen solch langen Zeitraum alle Schlachten und Scharmützel überlebt zu haben. Seinen wachsamen Augen entgeht der Gegenstand nicht, den Keie zu verbergen versucht.

„Was trägst du unter deiner Tunika?"

„Meine Zukunft!"

„Ich verlange zu sehen, was du in mein Haus hineinträgst!"

„Ein Schwert, Vater!"

„Was ist mit der Waffe, die ich dir geschenkt habe?"

„Dieses hat mir Artus gegeben!"

„Seid ihr unter die Diebe gegangen?"

„Schau nur, Vater, ich bin der neue »Oberste Reix«! So, wie du dir das immer gewünscht hast!"

„Ihr Jugendlichen habt nur Kindereien im Kopf. Heerführer sind von ihren Leuten gewählt oder Erben des Landes ihrer Vorväter und nicht von einem Stück Bronze oder Eisen zur Macht erkoren! Von welchem Geld, Artus, hast du den Gegenstand erworben?"

„Ich bin am Strand entlanggelaufen", stammelt Artus. „Da habe ich ein Funkeln in der großen Treppe gesehen. Ich habe mich genähert. Ein Licht hat die ganze Umgebung erhellt. Zunächst bin ich erschrocken und habe erst vorgehabt, davonzulaufen. Ich habe meinen ganzen Mut zusammengenommen, vorsichtig am Gehilz gewackelt und die Klinge herausgezogen. Da Keie seines verloren hat, gab ich ihm das kostbare Stück."

„Höre mir zu, Artus! Die Waffe ist nicht von Menschenhand geschmiedet. Nie habe ich ein Material in Händen gehalten, in dem ich die Welt so deutlich erblickt habe. Wir haben nicht das Recht, eine Waffe der Götter zu tragen! Ich fürchte deren Zorn. Ihre Rache ist verheerend! Stecke das Schwert dorthin zurück, wo CAMULOS dieses Wunder hat fallen lassen!"

„Wenn ich dir Folge leiste, ist Keie unbewaffnet!"

„Das ist nicht dein Problem!"

Merlin sieht die Jugendlichen mit der glänzenden Waffe den Strand entlangkommen, verlangt die Herausgabe und bittet die beiden auf ihn zu warten. Hektisch tauscht der Magier die aus Ton geformten Energieträger aus. Ein lauter Knall ertönt. Die Klinge steckt fest. Der Riese winkt die Brüder herbei.

„Welch ein merkwürdiger Laut", ist Artus erstaunt.

„Die Götter haben sich für die Rückgabe »Ex.Sal.Liburns« bedankt", ist der Illusionist schlagfertig.

„Eine seltsame Sprache."

„Die Allmächtigen bedienen sich der Zeichen und der Geräusche, um mit uns Druiden zu kommunizieren."

„Jetzt weiß ich, was »Danke« in der Zunge der Ewigen heißt!"

„Zieh am »Kreuz«!", fordert Merlin Keie freundlich auf.

Der Trick funktioniert. Der Stahl rührt sich nicht vom Fleck.

„Ich versuche ebenfalls mein Glück", bettelt Artus.

„Habe Geduld! Zur gegebenen Zeit fordere ich dich auf, deine Kraft unter Beweis zu stellen."

Wie ein Lauffeuer verbreitet sich die Neuigkeit im Ort und die Bewohner strömen herbei. Wieder bekommt niemand das Schwert herausgezogen. Der Riese treibt die Anwärter zur Eile an. Endlich ist Artus an der Reihe und Merlin unterbricht die geheimnisvolle Kraft. Diesmal rechtzeitig.

„Das ist der Wahrheitsbeweis!", ruft Ban von Bénoïc aus. „Die Weltenlenker haben dich zu unserem Anführer auserkoren!"

Aus gesundem Menschenverstand heraus, wittert das Volk den Betrug, ohne eine Erklärung für das plötzliche Nachgeben zu haben. Der Meister nimmt Artus »Ex.Sal.Liburn« ab und schickt ihn samt seinem Bruder nach Hause. Die beiden geraten außer Sichtweite. Der Magier stellt sich der aufgebrachten Menge. »Dux« Bague von Madus und Gorron, dessen Vater Conserge an einer schmerzvollen Krankheit verstorben ist, tritt hervor.

„Das ist Zauberei!", argwöhnt Bague.

„Das ist der Wille der Allmächtigen!", kontert der Riese.

„Wieso begehren die Götter ein Kind zum Heerführer?", fragt Claudas von Gaunes zornig. „Wir wählen den Anführer stets selbst!"

„Ravenna legitimiert diesen Jungen nicht!", pflichtet »Reix« Rience bei.

„Ich gehe einen Schritt weiter!", bittet Merlin die Menge um Ruhe.

„Der »Oberste Reix« ist ab sofort unser »King«! Einer, der geistiger Führer ist, die Soldaten befehligt und über das Volk herrscht."

„Welch ein Unfug!", bleibt »Reix« Rience bei seinem Urteil. „Das Volk braucht einen Druiden und keinen hitzköpfigen Kindersoldaten ohne Sinn für das Gemeinwohl!"

„Das ist erhebliche Macht für einen einzelnen", gibt Claudas zu bedenken, „der das Kommando über die Streitkräfte hat! Das Volk hat keine Rechte mehr!"

„Unter deiner Führung", pariert Ban von Bénoïc, „hätte das Volk längst keine Rechtsansprüche mehr."

„Das sagt ausgerechnet mein eigener Bruder?"

„Der »King« ist verpflichtet", beruhigt Merlin die Choleriker in der Debatte, „sein Handeln auf das Wohl des Volkes auszurichten."

„Wie viele militärische Tyrannen haben wir in den vergangenen Jahren ertragen?", erhitzt sich »Dux« Bague. „Bislang haben uns die Druiden vor Schlimmerem bewahrt! Wer schützt uns in Zukunft vor der Willkür der Despoten, in deren Fangarme du uns hineinpresst? Mein

Land steht vor der Entvölkerung. Ich halte die Besucher meines Landes davon ab, wieder abzureisen, und biete ihnen Grundstücke ohne Pachtzins an."

„Ich versichere euch, Artus ist der rechtmäßigen Sohn Uthers! Von seiner Herkunft hat Artus keine Kenntnis. Ich habe damals den Jungen zu Ector gebracht."

„Uther ist tot!", sagt »Reix« Rience grimmig. „Ich fordere Neuwahlen!"

„Artus ist der einzige", bleibt Merlin standhaft, „der im Stande gewesen ist, das Schwert aus der Treppe zu ziehen!"

„Der Junge hat übernatürliche Kräfte!", bestätigt Ulfin aus Rigonou.

„Das ist ein billiger Zaubertrick!", zischt »Dux« Bague.

„Wir brauchen einen vorbildlichen Anführer!", braust »Reix« Rience auf. „Einen, dem wir blind vertrauen. Weshalb tischst du uns diesen Knaben auf? Artus steckt im Wahn der Jugend. Hebe ihn für später auf!"

„Hast du Beweise?", sagt Claudas von Gaunes forsch.

„Hast du Zeugen?", brüllt der »Dux« Bague mit hochrotem Kopf und krächzender Stimme.

„Ich bestätige Artus als Uthers rechtmäßigen Sohn!", mischt sich Ulfin erneut ein, „Gorlois ist tot gewesen, da ist Uther zu Igerne in die Kammer gegangen!"

„Gebt dem Jungen eine Chance!", versucht »Reix von Léon« Victor von Ker Ahes und Ker Mel-Karhez zu schlichten.

„Artus ist unser »King«!", stimmt ihm »Reix« Bran von Gordes und Estangore zu.

„Ich bin jederzeit bereit, für den »King« zu kämpfen!", ist Ban von Bénoïc euphorisiert.

„Deine vorlauten Worte", schnauzt ihn Claudas von Gaunes an, „bereust du eines Tages!"

„Niemand bereut, sich dem »King« angeschlossen zu haben!"

„Vor dir habe ich keine Angst! Und den »King« zerquetsche ich mit bloßen Händen."

»Reix« Rience, Claudas und »Dux« Bague drohen mit kriegerischer Vergeltung und verlassen wütend den Strand. Merlin blickt den sogenannten Freunden Uthers kopfschüttelnd hinterher.

Merlin holt den ahnungslosen Artus ab und führt ihn zum Haus seines Vaters.

„In diesem Raum bist du zur Welt gekommen!", freut sich der Riese. „Dies ist jetzt dein Haus."

„Weshalb steht die Hütte leer? Hat Uther alleine gelebt?"

„Uther hat die Brut des Vorgängers verbannt. Deine Mutter hat sich nach seinem Tod auf die Suche nach ihren Töchtern begeben."

„Meine Mutter ist bei meinem Vater!"

„Begreife endlich! Ector ist nicht dein Vater! Du bist der rechtmäßige Sohn Uther Ben Trajons! Ector hat dich auf mein Bitten hin aufgenommen, um dein Leben zu schützen."

„Und Keie?"

„Ihn weihen wir schonend ein. Ihr seid wie Brüder aufgewachsen, und als solche steht deine neue Situation nicht zwischen euch."

Die beiden laufen den Weg zu Ectors Haus hinunter. Merlin ist enttäuscht, seinen Freund nicht anzutreffen. Keie schleift und poliert sein neues Schwert.

„Eine vortreffliche Klinge!", eröffnet der Riese das Gespräch. „Erinnerst du dich an »Ex.Sal.Liburn«, Keie?"

„Nie vergesse ich den Glanz!"

„Artus ist auserwählt, die Waffe der Allmächtigen zu tragen."

Keie ist sprachlos und von der Entscheidung der Götter schwer niedergeschlagen.

„Artus ist ab sofort der »Oberste Reix«!"

„Ich bin auf dieses Amt vorbereitet worden! Artus ist mein Mundschenk!"

„Dein Vater hat gehofft, selbst eines Tages der Anführer der »Letavier« zu sein. Das ist nie eingetreten. Artus ist Uthers Sohn. Ihm steht die Nachfolge zu!"

Betreten und geschockt, schaut Keie zu Boden.

„Packe deine Sachen", sagt Merlin zu Artus.

Artus hat seine wenigen Habseligkeiten in eine Decke gepackt, die ihm, mit einem Seil zusammengezurrt, als Beutel dient.

Wenig später kehrt Ector von einer Lieferung gebohrter Steine zurück. Keie schildert ihm, was der Druide gesagt hat. Dieser ist außer sich vor Zorn. Mit allem ist zu rechnen gewesen, nur nicht mit einem Ziehsohn, der zum Vorgesetzten des leiblichen Sohnes mutiert ist. Ector und Keie eilen schnellen Schrittes zu Uthers Haus. Ohne seine hellseherischen Fähigkeiten zu bemühen, erwartet der Riese seinen Freund.

„Ich verlange von dir", faucht der Aufgebrachte, „meinen Sohn zum »Dapifer« über dein Reich zu ernennen! Möge Keie dir das Fleisch an den Tisch bringen und der Verwalter deiner Ländereien sein!"

„Niemand streitet Keies Stellung mir gegenüber ab! Keie achtet auf meine Gesundheit."

„Vergib Keie das Amt auf Lebzeiten, egal was immer der Hitzkopf sagen oder anstellen mag!"

„Ich habe stets auf Keie aufgepasst. Jetzt gibt mein Bruder mit Freuden auf mich acht!"

„Baut Keie Unfug, so ist das nicht seine Schuld, sondern deine!"

„Weshalb trage ich die Verantwortung, wenn Keie Fehler begeht?"

„Du bist von seiner Mutter gesäugt worden. Keie hat die Milch einer niederen Frau erhalten! Das ist mein großer Irrtum gewesen!"

Dichter Nebel verhüllt den Tag. Die Sonne ist ein undefinierbarer hellerer Punkt in der milchigen Luft. Die dunkelgraue Flut liegt wie ein Spiegel unter dem Hügel von »Ker Léon«. Der Horizont verliert sich im Dunst. Totenstille. Artus, der sich zunehmend der Aufgaben bewusst geworden ist, hat alle ihm bekannten Heerführer zu einem Einführungszeremoniell gebeten. Merlin hat nicht versäumt, die Gegner seiner Idee einzuladen, um die aufgekeimten Streitigkeiten beizulegen.

„Kniet nieder!", fordert der Druide die Versammelten auf. „Wir begrüßen unseren neuen »Obersten Reix«, Artus!"

Gemurmel und Raunen durchzieht die Menge. Der Jugendliche schreitet leicht verschüchtert durch die Hintertür herein. Artus lässt den Blick in die Runde schweifen und geduldet sich, bis das letzte Wort verstummt und der letzte Blick gesenkt ist.

„Ab sofort", ergreift Artus das Wort und wartet bis der Nachklang verhallt ist, „haben alle römischen Sitten, Gebräuche und Gesetze keinen Bestand mehr in »Letavia«!"

In den Gesichtern spiegelt sich Unglauben. Artus hebt Richtlinien auf, die seit der Unterwerfung durch Gaius Iulius Caesar Bestandteil dieser Gesellschaft sind? Erneut schwallt eine Welle gebrabbelter Worte durch den Raum. Im Dachgebälk schrecken zwei Tauben auf und flattern zu den Rauchluken.

„Erhebt euch! Mit dem heutigen Tag, besinnen wir uns die Werte unserer Vorfahren und kombinieren diese mit dem Fortschritt der Zeit."
„Wie stellst du dir das vor?", fragt »Reix« Rience.
„Ich formuliere eigene Regeln, die gerechter sind als die barbarischen Methoden der Römer! Durch öffentliches Erwürgen verliert kein »Letavier« sein Leben mehr!"
„Das ist lobenswert!", pflichtet »Reix von Léon« Victor von Ker Ahes und Ker Mel-Karhez bei. „Wegen jeder Nichtigkeit haben die Römer unsere Leute erwürgt!"
„Du bist römischer Abstammung!", protestiert »Reix« Bague von Madus und Gorron. „Ein Römer ist niemals gegen Rom!"
„Ich bin einer der Eurigen, und meinem Volk geschieht nie wieder ein Unrecht!"
„Für die Römer sind wir rechtlose Söldner!"
„Die Römer haben jeden Prozess gewonnen!", erinnert sich »Reix« Victor. „Nie hat vor dem Gesetz einer von uns jemals besser abgeschnitten, als ein Römer. Insbesondere nicht, wenn dieser Träger eines ritterlichen Titels oder aus noblem Hause gewesen ist."
„Verschiedene Anreden erniedrigen!", verkündet Artus feierlich. „Nur bei Verwendung eines Prädikats sind wir alle gleich."
„Was ist mit mir?", fragt Bague. „Ich bin römischer »Comes« aus dem Ritterstand und gedenke dies zu bleiben! Und ich bestehe weiterhin auf Bevorzugung bei Gericht!"
„Ich bin euer »King« und entscheide, wer in Zukunft zu meinen Edelleuten gehört! Zeige mir deinen Willen, ein »Sir« zu sein!"
„Das ist eine bodenlose Unverschämtheit!", empört sich »Reix« Rience. „Stellst du unsere Rechte infrage?"
„Ein junger und unerfahrener Heerführer setzt nicht am ersten Tag alle Regeln außer Kraft", stimmt Claudas von Gaunes zu.
„Elf Gegnern habe ich die Bärte abgeschnitten!", schwillt »Reix« Rience der Kamm. „Wenn dein Flaum gewachsen ist, komme ich zurück und erweitere meine Sammlung!"
„Diese Anmaßung", wettert »Dux« Bague von Madus und Gorron, „uns altem Adel dermaßen vor den Kopf zu stoßen, hat Konsequenzen! Dein Spot auf unsere Privilegien hat ein Ende!"

„Ohne Merlin erdolchte ich dich sofort!", droht Claudas von Gaunes.
„Solange ich euer »Reix« bin", fährt Bohort von Gaunes dazwischen, „ermordet niemand niemanden!"
„Claudas!", findet Artus seine Sprache wieder. „Du wagst dich, mir gegenüber Drohungen auszusprechen? Zu deinem Glück ist heute ein Tag zum Feiern! Ich sehe über deine ungezügelte Äußerung hinweg."
„Danke ab!", fordert »Reix« Rience.

Vor Schreck erheben sich die Versammelten.

„Du bist jung und hast keine Ahnung von Politik", versucht »Dux« Bague eine letzte Brücke zu bauen. „Noch bist du kein gestandener Mann. Übergib die Verantwortung einem Erfahrenen!"
„Wenn ihr so weiterlebt", sagt Keie, „erwartet euch das verdiente Siechtum des Alters! In den Schlachten habt ihr euch vor dem Feind gedrückt! Was verlangt euer faulendes Fleisch von meinem Bruder?"
„Findet euch mit der Realität ab!", schreitet Merlin ein.
„Wir finden uns mit den Fakten ab", setzt »Reix« Claudas von Gaunes einen Schlussstrich unter die Verhandlungen, „gegen diesen Wahnsinn in den Krieg zu ziehen!"
„Gegen die Streitmacht des »King« habt ihr keine Chance!", schreit Ban von Bénoïc seinen Widersacher an. „Bevor ihr losmarschiert, befördern wir euch in die »Anderswelt«!"

Die drei Gedemütigten verlassen »Ker Léon« wutentbrannt.

„Ich berufe Keie in den Ritterstand! Knie nieder mein Bruder! Wenn dich der »Ort« drei Mal an den Schultern berührt, so bist du »Sir« Keie von Ker Léon und zugleich mein Seneschall."
„Seneschall?", ist Ector misstrauisch. „Was ist das?"
„Das entspricht dem »Dapifer«", erklärt Artus den neuen, von ihm ersonnenen Bezeichnung.
„Das ist recht kompliziert, was du vorhast! Wer merkt sich all diese neuen Begriffe?"
„Wir »Letavier« brauchen eine eigene Identität! Wir lassen uns nie wieder von anderen Völkern beherrschen!"
„Hinweg mit der römischen Vorherrschaft!", brüllt die Menge. „Lang lebe »Letavia«!"

„Ich stamme ebenfalls aus dem Ritterstand!", drängt sich Ulfin vor die Menge. „Schlage mich zum »Sir« und ich bin dir treu zu Diensten!"

„So bist du mein »Mareschallus«[7]", freut sich Artus, „»Sir« Ulfin aus Rigonou!"

Artus ernennt Ector gleichermaßen zum »Sir«. Der Magier lässt seinen Schützling niederknien und hält eine dünne goldene Krone in die Höhe.

„Dies ist ein weit erkennbares Zeichen deines Glanzes und deiner Macht, Artus! Nur du hast das Recht, diese Krone zu tragen! Das Gold symbolisiert deine Verbundenheit mit den Göttern. Handele stets im Sinne unserer Schöpfer!"

Merlin fordert die Menge auf, sich erneut hinzuknien. Der aus der Politik scheidende Druide krönt seinen Nachfolger.[8]

☨☨☨

Artus lässt leicht verkatert nach dem Riesen rufen.

„Du sagst, mein Vater sei Uther gewesen. Warum bin ich nicht bei ihm aufgewachsen? Warum habe ich ihn nie kennengelernt und warum hast du mir meine Familie vorenthalten?"

„Dein Vater hat nicht nur Freunde gehabt und ist von seinen Feinden vergiftet worden. Diese hätten dein Leben ebenfalls längst beendet. Selbst jetzt bist du in großer Gefahr, denn du hast römische Vorfahren. Was deine Gegner gegen dich vorbringen, ist für »Letavia« eine Chance. Die Römer akzeptieren einen ihresgleichen eher, als einen Kelten. Du bist die Brücke nach Rom!"

„Was stelle ich an, um das Volk auf meine Seite zu bekommen? Ich habe keine römische Erziehung genossen und bin weder Kelte noch Gallier! Ich gehöre nicht, wie du, zu den Riesen. Ebenso wenig zu den Zwergen."

„Suche den »San Grá EL«, der im Lande weilt! Dieser ist wie ich der Sohn eines Himmelsfürsten. Rastlos schreitet sein Licht durch unsere Gefilde, um edlen Menschen reinen Herzens die Ehre zu erteilen, ihm zu folgen. Lasse dir nichts zu Schulden kommen! Bitte ihn um die Hand einer Enkelin und du bist »King« von Gottes Gnaden!"

7 Oberbefehlshaber der Reitertruppen.

8 Dieses Zeremoniell übernimmt später die Kirche.

„Mir wächst die Geschichte über den Kopf! Ich bin nicht in der Lage, an alles gleichzeitig zu denken! Ich habe Feinde, ich suche einen Heiligen, ich heirate und bin für alle ein Vorbild!"
„Ich habe dir meine Macht übertragen und trotzdem bin ich der Druide, der dein Schicksal leitet. Vertraue mir. Ich lasse dich nicht im Stich! Leider habe ich erschreckende Neuigkeiten! Die drei Männer, die du bei deiner Krönungsfeier verprellt hast, bereiten sich auf den Krieg vor!"
„Diese Verräter!", ist Artus erschrocken. „Habe ich weitere Gegner in meinen Reihen? Wie schütze ich mich vor ihnen?"
„Wir entlarven deine Widersacher."
„Wie stellst du das an?"
„Demnächst hältst du eine Versammlung ab, in der du sämtliche Lehen neu vergibst. Deute an, die Verteilung berge Überraschungen."
„Ich habe zutreffenderweise vor, die Gebiete gleichmäßig aufzuteilen."
„Gewisse Herrschaften nehmen das garantiert nicht hin! Bei der Konferenz verlieren deine Kontrahenten die Nerven. Biete jedem der Leibwachen einen Beutel voll Gold für dein Überleben und einen zusätzlichen Sack für jeden erschlagenen Gegner an. Wenn sich ein Feind ergibt und dich um Gnade bittet, sei gnädig! Lasse ihn schwören, dir treu zu dienen! Das Volk liebt dich für deine Großmütigkeit."
„Woher weißt du das alles, Merlin?"
„Ich bin ein Seher, Artus. Leider habe ich eine weitere unerfreuliche Neuigkeit. Fischer haben berichtet, »Reix« Budicus sei verstorben."
„Wie empfinde ich für jemand Trauer, von dem ich zuvor nie ein Wort gehört habe?"
„Du hast recht! Budicus hat deinen Vater und dessen Bruder Aurelius Ambrosius vor den Mördern deines Großvaters gerettet. Bedauerlicherweise bin ich mit einer wichtigen Sache beschäftigt. Dein Onkel ist ermordet worden und ich bin nicht in der Lage gewesen, ihm zu helfen! Ich hoffe, mir bleibt die Zeit, dir deine Familiengeschichte im Detail zu erzählen."
„Deine Worte erfüllen mich mit Sorge! Warum hast du die Zeit nicht?"
„Vor dir steht die Aufgabe, »Letavia« zu befrieden, eine blühende Wirtschaft aufzubauen und die Grenze nach »Aquitania« zu sichern."

450 nach Christus

Der Winter hat spät eingesetzt und mit ungewohnter Härte zugeschlagen. Im Frühjahr keimt die Saat endlich, da öffnen sich die Schleusen des Himmels und überschwemmen das Land. Die Ernte fällt entsprechend mager aus. Die Preise für Lebensmittel steigen ins Unerträgliche. Merlin weist seinem Schützling in die Geheimnisse der Staatsführung ein. Ein Bote begehrt Artus zu sprechen.

„»Reix von Léon« Victor von Ker Ahes und Ker Mel-Karhez schickt mich!"

„Was ist der Anlass deines Vorsprechens?"

„Aus Südosten greifen uns unentwegt marodierende Heerhaufen an. Diese Schurken überfallen Bauernhöfe, brennen Felder nieder und stehlen Vieh. Sodann verschwinden die Strolche wieder."

„Weshalb bekämpft Victor die Banditen nicht? Heerhaufen klingt nicht nach einer organisierten Armee!"

„Mein Herr sagt, diese Soldaten bestehen auf Rache, für eine Schmach, die du »Reix« Claudas von Gaunes beigebracht hast. Andere seien auf der Suche nach einem legendären Schatz! »Reix« Claudas[9] sei besessen davon, das Gold zu besitzen, selbst wenn sein Leben ein Ende fände!"

„Von was sprichst du? Ich habe nie davon gehört!"

„Die Gefangenen sprachen vom »Gold der Goten«!"

„Die Goten leben, soviel ich vernommen habe, im weit entfernten »Aquitanien«. Aus welchem Grund sucht »Reix« Claudas nicht dort?"

„Mein Herr sagt, bevor dessen Land nicht besiegt ist, hat das Morden und Brandschatzen kein Ende! Victor benötigt dringend deine Unterstützung!"

„Das begeistert meine Soldaten nicht, gegen mittellose Feinde ins Feld zu ziehen. Das verspricht keine große Beute!"

„Wir sagen dennoch zu!", mischt sich der Druide ein. „Richte unserem Freund aus, wir stellen vor dem Winter ein Heer auf und stehen ihm zur Seite."

Der Bote zieht sich zurück.

„Was verschweigst du mir?", fragt Artus.

9 Gelegentlich Gilomar (Gil vom See) oder Gilmore genannt.

Merlin lacht laut auf und schüttelt den Kopf. Artus schaut ihn erbost an.

„Ein Funke Wahrheit ist an dem Gerücht."

„Nur ein Funke?"

„Der »Schatz der Götter« hilft dir eines Tages, »Letavia« in die Unabhängigkeit gegenüber Rom zu führen."

„Wo steckt das Gold?"

„An sicheren Orten", hält ihn der Riese hin.

„Und warum hast du mich nicht von dessen Existenz in Kenntnis gesetzt? Habe ich als »King« nicht das recht, alles zu wissen, was mein Land betrifft?"

„Dein Leben ist gefährdet. Weshalb weiteres Risiko auf dich laden?"

„Reicht das Vermögen, um die Soldaten zu besolden?"

„Für diese Lappalie brauchst du nur einen geringen Teil des Ganzen."

„Heraus mit der Sprache! Wo hast du das Gold versteckt?"

„Als ich das Mausoleum für deine Onkel gebaut habe ..."

„Der Schatz ist in einem Grabmal? Ist das nicht makaber? Was, wenn die Toten ihn nicht liegen lassen und das Gold in die »Anderswelt« mitnehmen? Rächen sich meine Vorfahren an mir, wenn ich einen Teil davon benötige?"

„Das Risiko bin ich eingegangen."

„Was geschieht mit dem Gold, wenn uns das Schicksal zwingt, diesen Ort zu verlassen, und wir gezwungen sind, weiterzuziehen?"

„Dein Vater ist vom alten Schlag gewesen und hat die Devise ausgegeben, die Armee ständig in Bewegung zu halten. Hast du eine bessere Idee? Ein stehendes Heer lässt sich leichter versorgen."

„Mir schwebt vor – und du siehst, ich sehe ebenfalls die Zukunft voraus –, die Völker im »Trajon« zu einen und das Land zu einem Bollwerk gegen Rom auszubauen!"

„Junger Artus, lass Taten folgen! Denn das ist, was ich sehe! Bitte »Dux« Cador von Cornouaille um Unterstützung. Über das Haus »Domnomea« besteht eine Verwandtschaft zu deiner leiblichen Mutter. Unterrichte ihn davon!"

Endlich beruhigt sich das Wetter. Die Ernte im Herbst verspricht einen hohen Ertrag.

Frühjahr 451 nach Christus

Die Morgenden sind frisch und kalter Wind treibt Regenwolken vom Atlantik über »Letavia«. Die Natur stellt sich auf die sonnige Jahreszeit ein – der keltische Sommer[10] hat begonnen – und die Pflanzen treiben ihre Knospen aus. Die Vögel zögern, Nester zu bauen. Der Nieselregen perlt an den eingeölten Kettenhemden ab. Das Leder riecht nach Pferd oder Hund. Die Versorgungswagen bleiben immer wieder im Matsch hängen. Artus trägt die goldene Krone auf seinem Helm. Merlin reitet auf einem Esel nebenher. Druiden ziehen freiwillig in den Krieg. Kein »Reix« zwingt ein Mitglied der geistigen Oberschicht zum Kriegsdienst. Boten berichten von Sachsen, die im Südosten gelandet sind. Diese haben sich mit den »Pictonen« und den Goten verbündet. Eine Schneise der Verwüstung zieht sich bis nach »Condate«. Artus lässt das Besprechungszelt aufbauen. Kriegsrat!

„Ihr werft mir meine Jugend vor! So höre ich mir euren Rat gerne an."

„Ich bin der Meinung", sagt der erfahrene »Sir« Ulfin aus Rigonou, „wir vertreiben erst die Sachsen, anschließend die Goten und danach die »Pictonen«, bevor wir uns »Gaunes« und »DuLac« zuwenden, indem wir diesen in den Rücken fallen. Die Teilung des Heeres schwächt uns nur unnötig!"

„Durch Aufsplittung sorgen wir für große Verwirrung", sinniert »Sir« Keie, „da wir an verschiedenen Orten zur gleichen Zeit auftauchen. Unsere Gegner rechnen bei Jahresbeginn nicht mit einem Angriff. Sieg durch Überraschung!"

„Ich warne vor einem Krieg an vielen Fronten gleichzeitig", rät Merlin. „Die Versorgung der Krieger ist ungleich aufwendiger und erfordert zusätzliche Handwerker!"

„Gerät eine der Abteilungen in Not", gibt »Sir« Ector zu bedenken, „fehlen uns die Kräfte, einen Durchbruch zu verhindern!"

„Die Sachsen sind uns zahlenmäßig weit unterlegen und vom Winter geschwächt", resümiert Artus. „Keiner der Feinde erwartet uns. Die Goten und die »Pictonen« benötigen nach ihrem Feldzug gegen »Condate« Zeit, um sich erneut zu rüsten. Folglich attackieren wir zu-

10 Die Kelten haben nur zwei Jahreszeiten gekannt: Sommer und Winter.

nächst die Sachsen und werfen diese zurück ins Meer! Wir verlassen die Straße und dringen so unentdeckt über »Gaunes« in die »Britanie« vor. Dort vereinen wir uns mit Cador und greifen an."

Artus sendet Kundschafter aus, einen Weg durch die Sümpfe, Wälder und Felder zu finden. Ihnen folgen Pioniere, die schlichte Holzbrücken für die Fahrzeuge bauen. Obwohl der Regen nachlässt, ist das Vorwärtskommen eine Tortur für jeden Einzelnen.

†††

„»Dux« Cador von Cornouaille meldet sich nicht!", stellt »Sir« Ulfin bei Erreichen der »Britanie« fest.

„Wir sind auf seine Unterstützung nicht angewiesen!", erwidert Artus.

„Unser Verbündeter reitet durch das verwüstete Land des Claudas", sieht Merlin.

„Die Kundschafter sagen", verkündet Artus, „wir sind in Kürze am Fluss »Sevel«. Dort warten wir auf Cador und senden ihm Boten, die ihm den Weg weisen. Den Soldaten gönnen wir erst einmal eine Pause!"

„Wir benötigen Patrouillen", gibt »Sir« Ulfin zu bedenken, „welche feindliche Späher außer Gefecht setzen!"

Erste Sonnenstrahlen behaupten sich gegen die Wolken und bahnen sich ihren Weg durch die sich vergrößernden Lücken. Der Wind hat an Kraft und Kälte verloren. Die Felder trocknen und die Laubwälder füllen sich mit kraftvollem Grün. Die Bauern bringen die Saat aus. »Dux« Cador von Cornouaille hat sich gegen Claudas von Gaunes durchgesetzt und trifft auf Artus. Zeitgleich kommen die Truppen des jungen Budicus von Cornouaille und des »Reix« Lucan von Landévennec im Lager an. Die dort Einquartierten langweilen sich.

Budicus

Budicus hat einen Hang zur Gemütlichkeit und ist auf dem Schlachtfeld we-

Lucan

niger ein Stratege als ein Techniker mit hoher Ausdauer. Durch seine gelassene Art stehen seine Krieger geschlossen hinter ihm. Lucans honigfarbenen Augen mit sanftem Blick entgeht kein weibliches Wesen. Die Kehrseite des weichen Äußeren ist ein harter Kämpfer, der alle Kunstgriffe des Schwertkampfs meisterhaft beherrscht, insbesondere den gefährlichen rückhändigen Schlag mit der »Kürze«.

„Claudas hat uns schwer zugesetzt!", berichtet Cador. „Bei »Prederion«[11] sind wir in einen Hinterhalt geraten und der »Reix« hat uns in ein, aus den Knochen römischer Legionäre erbautes, Gefängnis gesperrt. Zu unserem Glück hat ein Druide namens Eliabre ihn abgelenkt. Der Unheilszauberer hat dem »Reix« einen unheilvollen Trank verabreicht. Das Elixier hat Claudas die verschiedenen Tiere auf dem Hof mit seiner Frau Osabe[12] verwechseln lassen. Der Illusionist hat sich mit der Holden beschäftigt, um mit ihr ein Kind zu zeugen. Lucan von Landévennec hat uns befreit."

„So ist eure Gefangenschaft nicht von Langeweile geprägt gewesen!", mutmaßt Merlin.

„Eine Zeit lang haben wir vor Lachen alles um uns herum vergessen."

„Der gute Lucan!", bemerkt der »King«.

„Lucan sagt", berichtet Budicus, „sein Vater Corneus ist ein Freund deines Vaters gewesen. Für dich zu reiten, sei ihm eine große Ehre. Lucan hat den »Reix der Gaunen« in Verdacht, den Giftanschlag gegen Uther und seine Gefolgsmänner verübt zu haben, um selbst den Posten des »Obersten Reix« zu ergattern. Bei diesem hinterhältigen Mord ist Lucans Vater ebenfalls ums Leben gekommen."

11 Bedegraine, heute Brandérion.

12 Keltisch: Eliavre und Ysave.

„Für deine Hilfe und der alten Freundschaft unserer Familien wegen ernenne dich zum »Sir« und zu meinem Mundschenk, Lucan! Cador und Budicus, euch adle ich für euren Beistand!"

Jubelnd überqueren die durch die Verstärkung hoch motivierten Soldaten den Fluss »Sevel« und galoppieren südlich in Richtung »Sulis«[13]. »Sir« Cador der Ältere sieht Artus an und zweifelt an der Vaterschaft Uthers. Hat Merlin – aus welchem Grund sei dahingestellt – alle an der Nase herumgeführt? Allein die dunklere Haut des »Kings« ist ein Hinweis auf eine mögliche Nachkommenschaft von Gorlois. In jenem Fall fiele sein eigener Neffe der geplanten Rache zum Opfer, und Artus ist überdies der Sohn der geschätzten Schwägerin. Ist der Junge für die Verfehlungen anderer verantwortlich?, fragt sich »Sir« Cador und beschließt, den Jungen erst einmal zu in Augenschein nehmen.

†††

Die Sachsen sind nach einer langen Irrfahrt mit Kurs auf »Hispanien« erheblich dezimiert. Der endlose Sandstrand, die Hitze des Sommers und die Stürme des Winters haben ihnen übel zugesetzt. An der trostlosen Küste sind weder Wild noch frisches Wasser zu finden. In der rauen See fällt der Fischfang unzulänglich aus. Durch Wind, zerrissene Segel und der Strömung treiben die Zermürbten unfreiwillig zurück an die Küste der »Britanie«. Die Goten beobachten, von »Guérande« auf der gegenüberliegenden Seite der Flussmündung des »Herius« aus, deren Landung. Völlig ausgehungert greifen die Gelandeten erfolglos nahe liegende Höfe an. Die Jagd auf Mäuse und Wachteln lindert ihre Not nur dürftig. Eine Frau reitet herbei, stellt sich als eine »Fay von Rhuys« vor und warnt die Eindringlinge vor dem Betreten ihres Landes. Beim Versuch, die »Fay« zu vergewaltigen, büßen zwei Dutzend Männer ihr Leben ein. Weitere dreißig Krieger liegen schwer verletzt am Boden. Die Unverletzten versprechen, die Grenze zu respektieren und nach Norden zu ziehen.

Späher übermitteln Artus die Stärke der Sachsen. »Sir« Cador zieht mit seinen Leuten gegen die Invasoren vor und erschlägt die meisten eigenhändig. Sein Heer schiebt die brennenden »Keels« zurück ins Meer. Da trifft ihn ein aus unmittelbarer Nähe abgeschossener Pfeil ins Auge und bohrt sich durch den Schädel bis zur inneren Rückseite des Helms. Cador ist auf der Stelle tot.

13 Heute Hennebont (Alte Brücke) und nicht Bath in Großbritannien.

Artus und sein Gefolge treiben die Goten und die »Pictonen«, die im Begriff sind, sich in die Auseinandersetzungen einzumischen, den »Liger« bis zum »Mons Badonicus«[14] hinauf. An den sanften Hängen tobt die Schlacht. Die Gegner kennen keine Gnade. Erschöpfte und Verletzte verlieren ihren Kopf. Cador der Jüngere stößt hinzu und versorgt Artus' Truppen mit eroberten Waffen.

CADOR DER JÜNGERE

„Dein Vater ist ein tapferer Krieger gewesen!", ist Artus über den Verlust des Onkels untröstlich. „Erst vor ein paar Tagen habe ich ihn zum »Sir« ernannt. Ich vererbe dir den Titel. Nenne du dich ab sofort »Sir« Cador von Cornouaille!"

Ein Gote greift mit der Lanze »Reix« Victor Léon von Ker Ahes und Ker Mel-Karhez an. Die Spitze streift das Kettenhemd. Geistesgegenwärtig schlägt Artus dem Angreifender den Arm ab. Im Übereifer beendet der »King« die Leben von annähernd tausend Feinden. Im Blutrausch nimmt Artus geistesabwesend das Kruzifix eines sterbenden Goten an sich und hängt sich das christliche Zeichen über seine Schultern.

„Die Krähen steigen auf!", bemerkt der Riese. „Wir haben gesiegt!"

Artus bezieht in »Durtia«[15] am Ufer des »Herius« Winterquartier. Mit »Samhain«, der Nacht, in der die Toten in die »Anderswelt« wandeln, hat der Nachtfrost Einzug gehalten. Nach alten Überlieferungen fällt jeder dem Wahnsinn anheim, der nicht an den Feierlichkeiten teilnimmt. Ungewöhnlich dichter Nebel nimmt die Sicht. Selbst die eigene Hand gerät aus dem Blickfeld. Einheimische erzählen von den geheimnisvollen »Inseln von Avalon«, die Urheber dieser »Dicken Suppe« seien. Merlin, den das Kreuz auf Artus' Rücken irritiert, entfernt sich ohne Abschied.

14 Montbazon, in der Nähe von Tours.

15 Im Land »Redon«, die einzige Furt in weitem Umkreis über den Fluss »Vilaine«.

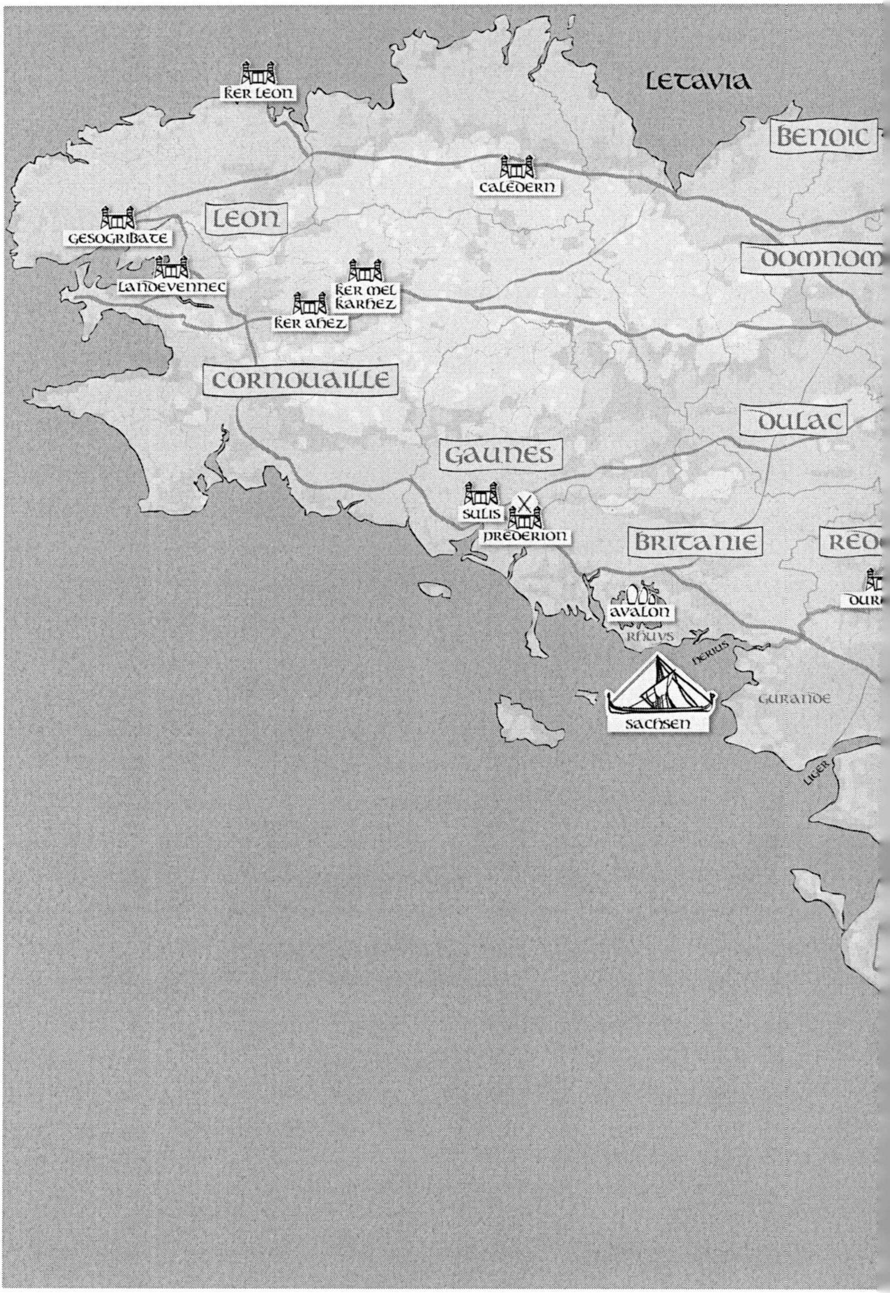
Letavia
Ker Leon
Benoic
Calédern
Leon
Gesogribate
Domnon
Landevennec
Ker Mel
Karhez
Ker Añez
Cornouaille
Dulac
Gaunes
Sulis
Prederion
Britanie
Avalon
Rhuys
Nerius
Sachsen
Gurande
Liger

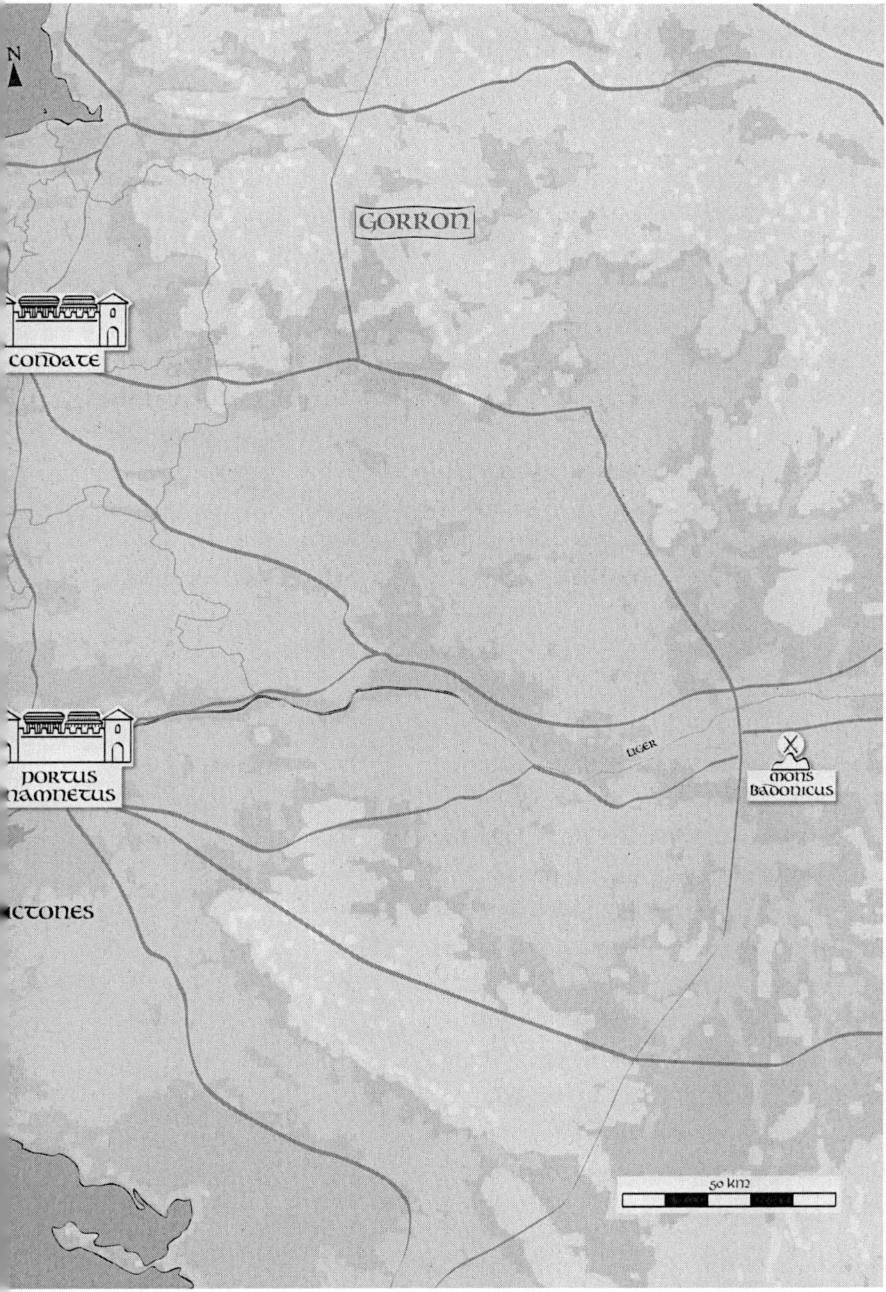
N
GORRON
CONDATE
LIGER
PORTUS
NAMNETUS
MONS
BADONICUS
CTONES
50 km

Krieg der Vasallen 10

Winterbeginn 452 nach Christus

Die kalte Jahreszeit nutzt »Reix« Claudas, um sein Heer mit modernen Waffen aus dem verbündeten »Gorron« und aus eigenen Schmieden aufzurüsten. Im Frühjahr ist sein vernichtender Angriff gegen »Cornouaille« geplant. Der »Reix« ahnt nichts von den vielen jungen Leuten, die sich bei Artus freiwillig für den Kampf melden.

Das Prinzip des »Kings«, die Beute gerecht unter der Gefolgschaft zu verteilen, und der allgemeine Siegestaumel stilisieren Artus zum Idol. Allen verdienten Soldaten verspricht der »King« Ländereien oder Ortsbezirke in den eroberten Gebieten, die in seinem Namen zu verwalten sind. Artus nimmt sich die zweifache Menge der »Sirs«, die das Doppelte der Truppführer und diese wiederum die Duplizierung ihrer Kämpfer erhalten. Jeder Krieger hat das Recht, Artus anzusprechen und sein Anliegen vorzutragen. Keiner der Männer zieht mit einem unguten Gefühl oder Groll gegen einen anderen in den Krieg. Streitigkeiten und Ungerechtigkeiten sind vorher aus dem Weg zu räumen.

Andernorts braut sich ein Unglück zusammen. An der Nordküste liegt Trèbe[1], das Heiligtum des Bénoïc. Nur »Reix« Ban und sein Druide Lain haben das alleinige Recht, den Platz der Götter zu betreten. Aus Sorge vor den Androhungen Claudas, ihn zu töten, hält sich Ban an diesem Ort versteckt. Nervös betrachten die beiden das Sumpfgebiet. Das Wetter ist trüb und der Wind ist eisig. Die Gegend wimmelt von Ratten. Bei jeder Bewegung springen die braunen Nager in alle Richtungen davon.

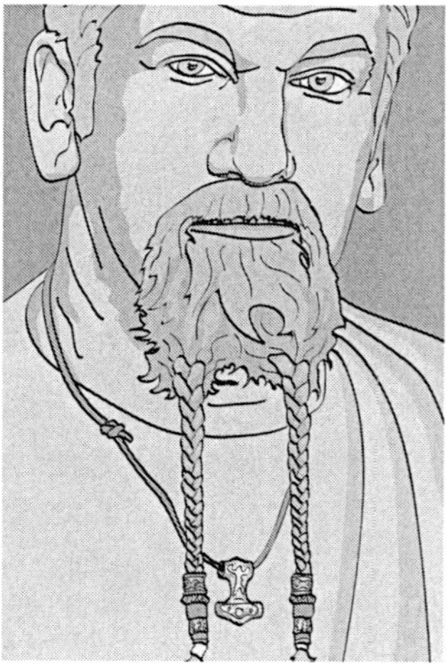

Ban

1 Heute Trebefour.

„Was bedeuten die vielen befremdlichen Tiere?“, verlangt Ban, die Zukunft vorhergesagt zu bekommen. „Ich spüre eine Warnung der Allmächtigen!“
„Ich sehe große Veränderungen auf dich zukommen!“, sagt Lain düster und senkt seine Augenbrauen.
„Diese Tiere tragen keine Waffen“, sinniert Ban, „kennen keine Gebote und leben trotzdem in großen Gesellschaften.“
„Die Römer haben das Getier eingeschleppt.“
„Dir sind die Geheimnisse und die Gesetzte der Natur geläufig. Ich kenne die Erlasse, die mein Bruder Bohort verfasst hat.“
„Claudas respektiert jene Gesetze nicht!“,
„Ein jeder achtet die Naturgesetze des uneinnehmbaren Sumpfgebiets!“, ist Ban überzeugt.
„Wenn endlich Nebel aufstiege!“, fleht Lain die Götter an.
„Ich sehe Reiter am anderen Ufer!“
„Bitte ihn um Verzeihung!“
„Niemals!“
„Sende Artus eine Nachricht!“
„Ich habe vor Tagen einen Boten geschickt. Der »King« hat nicht geantwortet. Jetzt kommt jede Rettung zu spät!“
„Ich hole unsere Krieger! In diesem unwegsamen Gelände genügen ein Dutzend Bogenschützen, um den Gegner auf Abstand zu halten.“
„Du entweihst den heiligen Boden!“, ist Ban überrascht.
„In erster Linie habe ich vor, möglichst lange zu leben!“
„Du bist ein Feigling!“
„Ich bin kein Streiter! Ich suche Rat bei den Geistern der Natur und nicht bei einer Waffe.“
„Brennen Sümpfe?“, fragt Ban.
„Die Dürre des Sommers und die Entwässerung durch die Bauern haben den Torf getrocknet.“
„Das Feuer kommt auf uns zu.“
„Wir fliehen nach »DuLac«! Dort wartest du bei der Familie deiner Frau, bis sich die Wogen des Hasses geglättet haben.“
„Lieber sterbe ich!“
„Denke an deine Söhne!“

„Gehe, und hole Elaine!"

„Alleine, bist du gegen diesen Gegner, der sich mit dem Feuer verbündet hat, machtlos. Wir holen deinen Anhang und setzen mit dem Boot nach »Aletum« über! Von dort reisen wir über die Römerstraßen unbehelligt nach »DuLac«.

Erste Schatten erreichen das Heiligtum. Ban und Lain rennen durch das Unterholz über einen geheimen Pfad zum Dorf. Reiter umringen die beiden, die den parallel verlaufenden, regulären Weg genommen haben.

„Mein hochtrabende Reden schwingender Bruder hat sich vor mir versteckt!", lästert Claudas. „Jetzt verschlägt dir mein Anblick die Sprache?"

„Du unternimmst nichts, was Schande über unsere Familie bringt!"

„Ein weiterer großmäuliger Verwandter weniger fällt nicht ins Gewicht! Bohort ist längst Geschichte!"

„Scherze nicht! Ich habe Frau und Kinder! Nebenbei habe ich ein großes Land zu verwalten!"

„Dir geschwätzigen Versager kommt ausgerechnet jetzt seine Verantwortung in den Sinn? Reichlich spät, wie mir scheint? Du bist Bohort verdammt ähnlich!"

„Ich habe das Recht, eine andere Meinung zu haben!"

„Du hast mich vor dem unfähigen Emporkömmling blamiert!"

„Schlägst du dich mit mir, deinem eigenen Fleisch und Blut?"

„Du hast mich gedemütigt. Ich demütige dich ebenfalls."

„Nur heraus! Schmähe mich!"

„Beschimpfen? Nichts liegt mir ferner, als dich zu schelten. Ich verbanne dich! Nimm deine Familie und verlasse das Land. So entgehst du allen Verunglimpfungen und dem Siechtum in einem Gefängnis."

„Mit welchem Recht stürzt du uns ins Unglück? Hector und Lancelot sind deine dich liebenden Neffen!"

„Du hast meinen Aufstieg zum »Obersten Reix« verhindert. So bin ich gezwungen, »Letavia« zu erobern, um diesen Titel mit Recht zu tragen! Aller Anfang ist schwer! Ich habe beschlossen, nachdem ich Bohort beseitigt habe, mit deinem Land zu anzufangen. Deine Krieger sind zu mir übergelaufen. Deine Zeit läuft! Treffen dich meine Leute morgen in »Bénoïc« oder »Gaunes« an, erwürge ich deine Frau und die Kinder und zwinge dich, zuzuschauen!"

Ban eilt zu seiner Frau. Das Ehepaar packt das Nötigste an alltäglichen Utensilien und den Familienschmuck in die Reisekörbe. Ban spannt zwei Pferde hintereinander vor den Kobelwagen. Elaine legt behutsam ihren erst einjährigen Sohn Lancelot auf den mit Fellen und ihrem Hab und Gut beladenen Kasten und lässt den drei Jahre älteren Hector aufspringen. Ban reitet das zweite Pferd und lenkt von dort aus das Gespann. Am Ortsausgang springt ein Mann auf das vordere Pferd.

„Du lässt mich nicht mit deinem rachsüchtigen Bruder alleine!", fordert Lain mit weit aufgerissenen Augen.

„Besser du bleibst!", erschrickt Ban. „Ich habe keine Zukunft mehr!"

„Eines Tages kehrst du zurück!", lügt Lain.

„Wann ist dieser Tag? Auf mich wartet der schleichende Tod. Die Würmer fressen mich bei lebendigem Leib! Ich bin ein gefallener »Gouas«[2] ...?"

„Ban, was ist los mit dir? Sag was!"

Der Angesprochene rutscht langsam vom Sattel, kippt zur Seite und schlägt auf dem Boden auf. Die Pferde erschrecken und schlagen mit den Hufen aus. Lain beruhigt seines und hält den Wagen an. Elaine eilt zu Bans schwerem Leichnam.

„Sein Hals ist gebrochen", erklärt Lain. „Wir legen Ban in den Wagen und schaffen ihn fort! So erfährt sein niederträchtiger Bruder nicht, was mit ihm geschehen ist!"

„Ban ist zu gewichtig, um ihn anzuheben!"

„Wir nehmen dicke Äste", regt Lain an, „über die wir ihn nach oben rollen!"

„Ich höre Reiter!", ist Elaine alarmiert. „Claudas folgt uns. Erspare meinen Kindern den Anblick ihres toten Vaters! Wir versenken den Körper im Moor!"

„Der Sumpf ist ausgetrocknet", gibt Lain zu bedenken. „Du hast recht, ihn mitzunehmen, kostet unnötig Zeit und Kraft. Wir ziehen weiter und lassen ihn liegen! Wenn der Widerling ihn findet, schämt sich dieser seiner Heimtücke und lässt dich und deine Kleinen in Frieden."

2 Vasall auf Keltisch.

In der Hoffnung, die Grenze zu »Domnomea« überschritten zu haben, verbringen die Flüchtenden die Nacht im Wald. Trotz der Kälte trauen sich die beiden nicht, ein Feuer zu entfachen. Hector fürchtet sich vor dem Heulen der Wölfe und weint unaufhörlich. Elaine schließt kein Auge und versucht, ihn zu trösten. Immer wieder wacht Lancelot auf und verlangt die Brust der Mutter.

Mit den ersten Sonnenstrahlen weckt Elaine den Druiden. Rastlos treibt Lain die Rösser zur Eile an. Die Übernächtigte schläft vor Erschöpfung ein. Der Wald ist zunehmend dunkler. Die Angst sitzt ihm im Nacken. Kindheitserinnerungen erscheinen vor seinem geistigen Auge. Nicht weit entfernt ist die Verkostung des Drachenfleischs gewesen. Der schauderhafte Anblick der getöteten Drachen hat sich tief in sein Hirn gebrannt. Dieser verwunschene Wald bereitet ihm Angst. Die Zugtiere schwitzen und schnauben. Der Weg führt an einem Bach entlang. Lain fasst sich ein Herz und gönnt den Tieren und den Passagieren eine Rast. Der Wagen kommt zum Stehen. Elaine schreckt aus ihren Albträumen auf. Lain pflockt die Vorderbeine der Pferde an und reibt deren Fell mit Stroh trocken. Die Tiere trinken aus dem Bach. Elaine sucht Hector, der im Dickicht spielen gegangen ist. Nach einer lautstarken Belehrung über die Gefährlichkeit, alleine im Wald zu verschwinden, fängt der Junge an zu weinen. Seine vor Angst zitternde Mutter tröstet ihn mit nach Gewürzen duftendem Honiggebäck. Der Druide entfacht ein Feuer für die Zubereitung des Mittagsmahls, begibt sich auf die Suche nach Pilzen, Schnecken und Wildkräutern, nimmt einen undichten Holzeimer, der seitlich am Wagen hängt, und läuft zum Bach, Wasser holen. Gedankenversunken sucht Lain nach einer tieferen Stelle und überhört das Rascheln und Knacken im Unterholz. Ein Bär bäumt sich vor ihm auf. Vor Angst bleibt sein Schrei im Hals stecken. Dem Ungeheuer ausweichend, rutscht Lain am Ufer aus und fällt auf den Rücken. Der Bär nähert sich und beugt sich über sein Opfer. Da bohrt sich ein Pfeil in das dicke Fell. Das gewaltige Tier richtet sich ruckartig auf und bringt seine Krallen in Angriffsposition. Ein weiterer Pfeil trifft das Herz. Ein Verdrehen der Augen und die Fleischmassen stürzen in den Bach.

„Nimue!", freut sich Elaine, ihre Schwester wiederzusehen. „Du hast uns das Leben gerettet!"

„Das ist nur ein harmloser Bär gewesen! Der wahre Dämon wütet in »DuLac« und ist der Bruder deines Mannes!"

Am späten Nachmittag des folgenden Tages taucht der See vor ihnen auf, an dem ihre Familie lebt. Ihr alter Vater Gerren, ein Sohn des ehrwürdigen Stammesführers Solor, steht mit einem dünnen Speer bewaffnet am Ufer und sticht nach schlaftrunkenen Fischen.

„Meine kleine Elaine!", ist der Greis gerührt. „Was ist geschehen?"

„Wir haben alles verloren! Ban ist tot! Und ich habe keine Ahnung, wo ich in Sicherheit bin."

„Ich bin zu alt, um dir zu helfen. Sprich mit deiner Schwester! In euch beiden fließt das Blut des Heilands! Vertraut auf eure göttliche Kraft!"

„Bei uns bist du des Lebens nicht gewiss!", bedauert Nimue. „Claudas ist bekannt für seine brutalen Methoden, Rache zu nehmen."

Elaine nimmt Lancelot in den Arm, drückt ihn liebevoll, und überreicht ihn wortlos seiner Muhme. Diese watet mit ihm ins Wasser, um ihn zu waschen.

„Was macht die Tante da?", fragt Hector.

„Nimue führt deinen Bruder in ihr Reich. Winke ihm zum Abschied! Eines Tages siehst du ihn wieder. Aber suche nicht nach ihm!"

Erste, den Nebel vertreibende Winde kündigen den Sommer an. Die Natur erwacht und die Vögel erfreuen sich lautstark der Partnersuche. Einige Insekten kriechen langsam aus ihren Verstecken, um ein wenig von den wärmenden Sonnenstrahlen abzubekommen. Der »Herius« ist nach intensiven Regenfällen über die Ufer getreten und die Furt ist unpassierbar. Die Krieger überprüfen ihre Ausrüstung, flicken beschädigte Kleidung und schärfen ihre Waffen. Der mitgeführte Tross an Handwerkern, Dienern und Frauen, die jene Soldaten zu versorgen haben, treffen Vorbereitungen für den Aufbruch in die bevorstehende Kampagne gegen »Gaunes« vor. Unverhofft taucht Merlin in »Durutia« auf.

„Wo kommst du denn her?", freut sich Artus.

„Ich habe mir erlaubt, Claudas einen Besuch abzustatten."

„Der »Reix« hat dich nicht erkannt?"

„Dein Vater hat meine Künste gekannt, mich in die eine oder andere Person zu verwandeln!"

„Was hast du mir zu berichten?"

„Der »Reix« ist zur Zeit im Lande »DuLac«. Seine Armee kontrolliert das Gebiet zwischen »Sulis« und »Aletum«. Ich habe mit Erschrecken gesehen, wie hochgerüstet seine Armee inzwischen ist! Ihn treiben Rachegefühle, falscher Ehrgeiz und die Gier nach Gold zu blutigen Eroberungszügen. Der Tyrann ist extrem gefährlich und verschont kein Leben."
„Seine Armee hat mich bis zum jetzigen Zeitpunkt nicht angegriffen."
„Das liegt an seinem Aberglauben. Claudas ist längst im Bilde, wo du dich aufhältst. Du kommst nicht umhin, durch das von ihm beherrschte Land zu reiten, wenn du zu deiner Burg zurückkehrst. Ich habe ihm als römischer Augur verkleidet weisgemacht, die Sterne stünden für einen Angriff ungünstig und ihm geraten, bis zum Beginn des Hochsommers zu warten. Der »Reix« hat daraufhin Teile der Truppen für die Feldarbeit freigestellt und bis heute nicht wieder reaktiviert!"
„Du bist ein alter Fuchs, Merlin! Wie stehen die Aussichten für uns?"
„Mobilisiere deine Männer und marschiere umgehend zurück nach »Kameled«! Wenn du zögerst, greift dich der Gegner in »Durutia« an und hat alle Vorteile auf seiner Seite. Und dir fallen die Goten in den Rücken, wenn ihnen die Gelegenheit günstig erscheint."

Mit den warmen Regenfällen des fortschreitenden Sommers erreicht die Armee, auf dem Rückmarsch über die »Römerstraße der Mitte«, den See von »Guerlédan« und schlägt neben dem Ort »Tarabust«[3] ihr neues Quartier auf. Das Gewässer ist im Grenzgebiet zwischen »Gaunes« und »Cornouaille«. Artus hofft, seine Siege sprechen sich herum und Claudas gibt klein bei. Stattdessen bittet ihn der Riese Lot um ein Gespräch.

„Ich habe mir einiges durch den Kopf gehen lassen und gestehe meine Fehler ein!"
„Wie kommt dein Sinneswandel?"
„Du bist Teil der Familie! Selbst wenn du nicht so groß bist wie ich, haben wir gemeinsame Vorfahren. Ich habe ein wenig gebraucht, den Zusammenhang zu begreifen, weshalb Merlin dich zu Pflegeeltern gegeben hat. Madoc hätte dich aus reiner Eifersucht getötet."

3 Heute Mûr-de-Bretagne.

„Du hast ebenfalls mit dem Gedanken gespielt, mich zu beseitigen!"
„Ich habe nicht vorgehabt, dich zu töten. Ich habe deinen Aufstieg zu verhindern versucht."
„Claudas hat meinen Kopf längst rollen sehen!"
„Das gelingt ihm nicht. Du bist omnipotent. Vergebe mir!"
„Ich verzeihe dir und erhebe dich in den Stand eines »Sirs«, Lot von Orgères und Lousillais!"

Lot bittet Artus, ihn unter vier Augen zu sprechen.

„Wie bist du nur diesem Listrac-Médoc auf den Leim gegangen?"
„Pellinore? Ein paar Verrücktheiten sind nicht von der Hand zu weisen. Weshalb dein Argwohn ihm gegenüber?"
„Der Kerl ist kein Flüchtling, sondern ein Spion der Goten!"
„Das ergibt keinen Sinn."
„Die Invasoren haben ihm zur Belohnung versprochen, ihn in seinem Land zu rehabilitieren, wenn ihm gelingt, dein Versteck des Goldes aufzustöbern."
„Pellinore sucht nach Abenteuern und nicht nach einem Schatz."
„Das ist nur ein Vorwand. Verbanne ihn aus deinem Land!"
»Die Listrac-Médocs sind nicht wie wir. Trotzdem hast du nicht das Recht, abwertend über meine Freunde zu reden!"

Den Dienern fällt schwer, Feuer zu entfachen. Im Regen ist selbst das in den Fuhrwerken eingelagerte Brennholz nass geworden.

„Jeden Tag", beschwert sich »Sir« Ector, „lassen die Götter Regen fallen, so oft, wie ich Finger an der Hand habe. So viele Jahre, die ich lebe, und nur selten hat die Sonne geschienen."
„Trinke unverdünnten Wein!", schlägt Artus vor. „Das Wasser nimmst du über deine Haare auf."
„Bechere ich den viskosen Trank, treffe ich meine Gegner nicht."
„Keie trinkt für vier und tötet in der Schlacht für hundert!"
„Keie und du", überlegt »Sir« Ector laut, „ihr seid jung. Mir raubt der Wein die Sinne."
„Heute ist »Samhain«!", stimmt »Sir« Keie zu. „Ich habe keine Lust, dem Wahnsinn zu verfallen, und zeche für zehn."

„Ich saufe für sechzig!", ist »Sir« Lot begeistert.
„Bei deiner Größe verschmerzt du das Doppelte", zieht ihn Pellinore von Listrac-Médoc auf. „Was?"
„Genehmige dir nur zwei winzige Violen", spielt »Sir« Lot auf dessen Größe an.
„Ich vertrage mindestens die gleiche Menge", reagiert dieser entsprechend sauer, „wie du. Was?"
„So lasst uns ein Wetttrinken veranstalten!", schlägt »Sir« Keie vor. „Gegen mich habt ihr keine Chance!"
„Wer zählt die Hörner?", fragt »Sir« Lot.
„Niemand von uns ist unparteiisch", bemerkt der »King«.
„Da sprichst du ein wahres Wort!", stimmt »Sir« Ector zu. „Lasst Elaine zählen, die keine von uns ist, und somit unvoreingenommen bleibt."
„Wer ist das?", fragt Pellinore. „Was?"
„Ich habe ihr gestattet", erklärt »Sir« Ector, „mich zu begleiten. Die Kleine ist eine DuLac und Mutter eines Kindes, welches den gleichen Namen trägt wie ich."
„Diese Frau ist aus dem gegnerischen Lager!", ist Artus misstrauisch.
„Elaine DuLac ist vorübergehend meine Sklavin."
„Was sagt die Mama zu deiner bezaubernden Hierodule?", fragt Keie frech.
„Du sagst ihr nichts davon! Bevor wir zuhause angekommen sind, lasse ich die Frau wieder frei."
„Hole die Genannte herbei!", fordert Artus seinen Ziehvater auf. „Die Frau zählt die Hörner!"

Vor Sonnenuntergang ist das Trinkgelage in vollem Gang. Endlich brennen die Feuer. Leichter Nebel zieht auf. Die Dunkelheit bricht herein. Mit lautem Gegröle brechen die Krieger des »Reix« Claudas aus dem Dickicht des nahe gelegenen Waldes hervor. Der Schreckmoment lähmt die angetrunkenen Kämpfer zunächst, doch der Wein vollbringt Wunder und hilft bei der Überwindung der Angst. Artus' Männer sind im Kampfrausch. Da rammt Pellinore sein Schwert in die Wade von»Sir« Lot.

„Ich habe dein Gespräch mit dem »King« belauscht. Du hinderst mich nicht an meinem Vorhaben, das »Questing-Tier« zu jagen! Wenn ich dich am Leben lasse, riskiere ich, alles zu verlieren."

Der Riese fällt zu Boden. Der Kleinwüchsige durchtrennt, vor den Augen aller Anwesenden, dessen Kehle. Keiner hat Zeit, zu fragen, weshalb Pellinore einen Freund getötet hat. Der »King« ist entsetzt. Der Mann seiner Schwester Morgause hat diese Welt unehrenhaft verlassen. Mit erhobenen Waffen und tosendem Kampfgebrüll, stellt sich die Meute dem Gegner entgegen.

In der Nacht ziehen sich die geschlagenen Krieger von »Reix« Claudas, im Schein der lodernden Feuer, zurück. Die Schreie der Verletzten verstummen erst in den frühen Morgenstunden. Krähen steigen auf und verkünden den Sieg. Artus hat die Schlacht gewonnen, doch sein schlimmster Feind ist geflohen und weiterhin nicht endgültig besiegt. Der nahende Winter und seine erschöpften Leute zwingen ihn, die Angelegenheit entweder bis zum nächsten Frühjahr aufzuschieben oder sofort anzugreifen. Der Sturm auf den Wald von »Pontivy« gerät ins Rollen. Artus' Leute haben mit heftigem Widerstand gerechnet, aber nicht mit im Matsch versinkenden Angriffen und Gegenangriffen. Die Gegend ist sumpfig, unwegsam und weit abseits der Römerstraße »Condate–Sulis« gelegen. Die Suche nach dem »Reix« der Feinde verläuft ohne Erfolg, denn dieser ist spurlos verschwunden. Reihenweise ergeben sich seine verunsicherten Truppen. Nur Riences kläglicher Haufen greift Artus verzweifelt an.

„Halte ein!", fordert der »King«. „Mein Vater hätte nicht gern gesehen, wenn sein Sohn einen Freund erschlägt."

„Du beleidigst Uther, indem du behauptest, sein Sohn zu sein. Lieber sterbe ich, als mich dir unterzuordnen!"

Mit erhobenem Schwert schreitet »Reix« Rience auf Artus zu. Der erfahrene Soldat nutzt das Überraschungsmoment und die Unerfahrenheit seines Gegners, um seine Klinge möglichst mit einem gezielten Stich ins Auge zu bohren. Artus zerschlägt reaktionsschnell dessen bronzene Waffe. Mit der »Kürze« schlägt Artus den Kopf des Angreifers vom Rumpf.

„Jetzt hänge ich deinen abscheulichen Kopf als Trophäe an meinen Sattel!", sagt der »King« trocken.

In den Nebeln der zunehmend verblassenden Sonne und nachlassenden Winde, sucht Artus mit einer Handvoll Vertrauten nach einem Weg durch den morastigen Wald zurück nach »Cornouaille«.

Vor Angst, im Moor zu versinken, suchen die Freunde angestrengt nach vorhandenen Wildpfaden oder von Menschen angelegten Wegen. Die Reiter verlieren die Orientierung und steigen von ihren Pferden, um den Boden besser zu sehen. Ein Wurzelstock bewegt sich im Sumpf.

„Helft mir!", winselt das untote Holz.

„Weshalb einem Baumgeist helfen?", ist Artus irritiert.

„Rede keinen Unfug! Das Pferd unter mir ist ertrunken und euch schicken die Götter!"

„Die Barden erzählen Märchen, in denen unheimliche Bewohner des Waldes arme Wanderer verderben, wenn diese versuchen, sich den Unholden zu nähern. Ich reite weiter, ohne dich eines Blickes zu würdigen!"

Der Verunglückte sieht nicht, wer hinter ihm steht. Mit jeder Bewegung riskiert der im Morast Steckende, endgültig unterzugehen.

„Ich bin »Reix« Claudas! Ich gebe dir die Hälfte meines Vermögens, wenn du mir hilfst!"

„Lass ihn ersaufen!", rät »Sir« Ulfin. „Das erspart dir, diesen Wicht zum Tode zu verurteilen."

„Lasse uns mit Baumstämmen nach ihm werfen", schlägt »Sir« Keie vor, „um sein Ableben zu beschleunigen!"

„Was seid ihr nur für ein mordlustiges Gesindel!", schreit Versinkende mit letzter Kraft. „Ich bin ein »Reix« und habe Privilegien."

„Welche Arroganz der Herr an den Tag legt. Die »Gaunesen« haben unserem Land Schaden zugefügt, ohne nach den Vorrechten zu fragen."

„Wer seid ihr, mir die Hilfe zu verweigern? Ihr missbraucht meine misslichen Lage, um euch über mich zu belustigen."

„Ich bin »King« Artus!"

„Ausgerechnet du? Großen Anstand hast du nie gehabt."

„Reiten wir weiter", ist »Sir« Ulfin ungeduldig. „Dank des Gezappels, schauen nur noch sein Gesicht und der Helm heraus. Überbringen wir dem Volk die traurige Nachricht seines Ablebens und Frieden kehrt in »Letavia« ein."

„Zieht ihn aus dem Schlamm!", befiehlt Artus.

„Was erhoffst du dir davon?", ist »Sir« Keie entsetzt. „Bei der erstbesten Gelegenheit erschlägt, vergiftet oder erwürgt dich der Unhold."

„Schwörst du", fragt Artus den Ertrinkenden höflich, „zukünftig mein Vasall zu sein und an meiner Seite zu kämpfen?"
„Ich schwöre alles", sagt Claudas kleinlaut, „wenn du mich nur vor dem nassen Tod bewahrst, der mir in der »Anderswelt« nur Schande bringt!"
„Ich bestehe auf eine Geisel!"
„Ich habe die Frau meines Bruders in deinen Reihen gesehen. Elaine und der kleine Hector sind demnach deine Geiseln. Der Junge ist mein Neffe, den ich über alles liebe!"
„Beeide, nie wieder einen Krieger gegen mich oder meine Ländereien zu Felde zu führen!"
„Ich befürchte", durchschaut »Sir« Keie die Situation, „wenn du ihn jetzt nicht rettest, hilft ihm niemand mehr."
„Reicht dem neuen Gefolgsmann einen Ast!"
„Durch einen Friedensvertrag", ist »Sir« Ulfin entsetzt, „bringst du unsere Soldaten um ihre Beute!"
„Gewiss ist Claudas gewillt, eine entsprechende Entschädigung zu leisten. Eilt euch! Dort liegt ein langer Ast."
„Der Baumgeist hat nie eines seiner Versprechen gehalten!", beschwert sich »Sir« Ulfin.
„Mein Ziel ist, »Letavia« zu einen. Jeder, der sich mir unterwirft, hat das Recht, mein Vasall zu sein."
„Mir scheint", gibt »Sir« Keie zu bedenken, „dieser Ast ist ebenfalls nicht lang genug."
„Sucht einen größeren und beeilt euch endlich!"

GUERLEDAN
TARAB
CORNOUAILLE
GAUNES

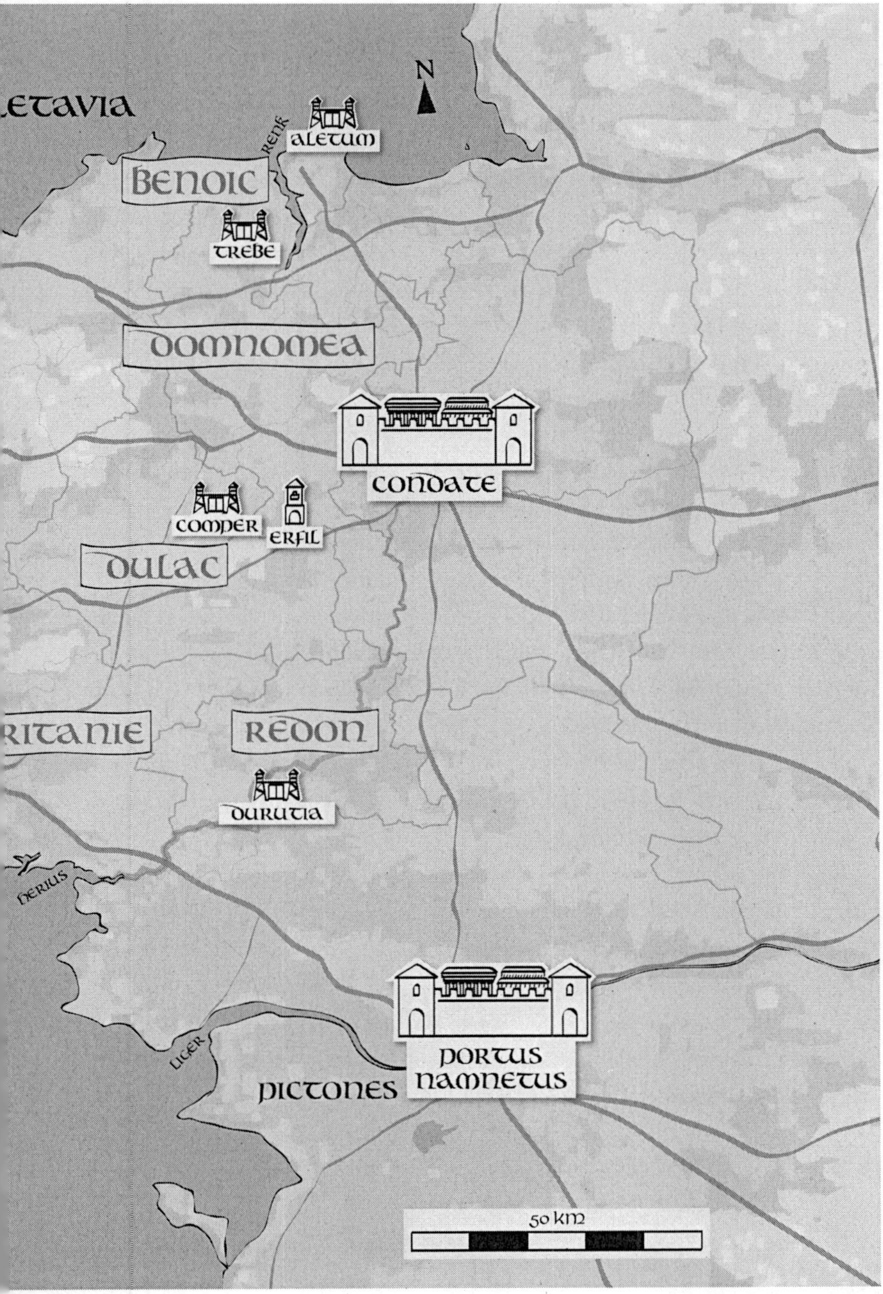
LETAVIA
RENK
ALETUM
BENOIC
TREBE
DOMNOMEA
CONDATE
COMPER
ERFIL
DULAC
RITANIE
REDON
DURUTIA
HERIUS
LIGER
PICTONES
PORTUS NAMNETUS
50 KM
N

Kameled 11

Juni 453 nach Christus

Der Sonnengott, LUGH, erlangt die Vormacht über die Natur und vertreibt die Spuren der kalten Jahreszeit. Vereinzelt fliegen kleinere Wolken in geringer Höhe über die Hügel von »Ker Léon« und scheinen zum Greifen nah zu sein. Die Menschen sind guter Dinge. Auf dem Markt bieten Fischer ihren frischen Fang samt Austern, Muscheln, Hummer, Seespinnen und Taschenkrebse zum Tausch oder Handel an. Die Bauern verkaufen ihr schwarzes Mehl, Weizen, Gerste, Milch, Quark, Käse und Molke. Das Angebot reicht von Bohnen, Erbsen und Rüben über Nüsse, Pilze, Beeren und wildes Obst. Teure Artikel, wie Butter, Brotfladen und gepökeltes Fleisch, sind ebenfalls zu haben. Ausgesprochen geschätzt ist ein je sechzig Kilogramm schwerer Käse, der nach dem langen Winter endlich wieder zu bekommen ist, da die »Bo Vindas«[1] auf den Weiden sind.[2] Beliebt sind Hasen, Hühner und Gänse, die sich die Reichen zum Vergnügen halten und nicht auf dem Opferfeuer landen. Sklavenhändler preisen bevorzugt ihre vorzüglich ausgebildeten Mietsklaven an. Dazwischen tummeln sich Korbflechter, Wagenbauer, Schmiede und Töpfer.

„Nach deiner erfolgreichen Kampagne gegen die »Pictonen« und Goten", freut sich Merlin, „ist Frieden in »Letavia« und obendrein im gesamten »Are Mori« eingekehrt".

„Ich habe gehört", erkundigt sich Artus freundlich, „du bist im Kreis der Druiden zu deren Oberhaupt gewählt worden?"

„Ich eigne mich nicht zum Anführer!", lacht der Riese laut über seine absichtlich falsche Antwort.

„Somit führst du unsere geistige Elite", lässt sich Artus nicht mehr von solchen Aussagen beeindrucken. „Die Leute sagen, dein Ruf eilt dir weit über die Landesgrenze voraus!"

1 Weiße Kühe. Daraus entwickelten sich die französischen Worte »Viende« (Fleisch) und »Bovine« (Fleisch von der Kuh).

2 Im Winter ist dieser Käse nicht herstellbar, da die Weidetiere im Stall untergebracht und zu viele Fliegen vorhanden sind.

„Ich bin nicht gekommen, um mich für meinen Aufstieg loben zu lassen. In Kürze sind wir Druiden vom Erdboden verschwunden! Ich komme mir vor wie ein Verbrecher oder Politiker, der eine Fehlentscheidung getroffen hat. Wie das Gesetz die Vergeltung fordert, habe ich eine Bestrafung in Form einer Verstümmlung oder der Unfruchtbarkeit verdient. Nach den Informationen von Sagramore dem Goten, breitet sich das sogenannte Christentum rasant aus. Unter römischer Verwaltung ist mein Amt längst verboten. Die Römer unterbinden heidnische Gottesdienste. Das ist heftiger als die Todesstrafe."
„Rom hat kein Recht, uns vorzuschreiben, an welche Götter wir uns richten! Selbst wenn die Römer einem Hartweizendämon ihre Frömmigkeit schenken, in meinem Land herrscht Religionsfreiheit!"
„Begehe nicht den gleichen Fehler wie Tibatto[3]. Die Römer verhängen drakonische Strafen für Abweichler. Unser Dasein hängt nicht von dem Gott ab, zu dem wir beten, sondern von dem Gott, von dem wir abstammen!"
„Wie habe ich das zu verstehen?"
„Das Christentum ist von meinem Vater ersonnen. Die Änderung des Glaubens trifft insbesondere mich, den eigenen Sohn! »Reix« Bran von Gordes und Estangore hat mir von Leo dem Großen berichtet. Die Einflussnahme des Bischofs von Rom auf kirchliche Angelegenheiten in Gallien dehnt sich in unerträglichem Maße aus! Die Christen dulden keine Andersgläubigen. Wer nicht bekehrbar ist, spielt mit seiner gesellschaftlichen Stellung oder dem Leben. Rate den Druiden, sich zu christlichen Priestern ausbilden zu lassen und gründe einen Geheimbund! Mit einer Portion Glück existiert unsere Kultur im Untergrund weiter."
„Du bist der neugewählte Oberdruide. Legen diese Herrschaften nicht mehr Gewicht auf deine Worte als auf die eines »Reix«?"
„Ich habe dich zum »King« ernannt und somit zum militärischen und geistigen Führer erkoren! Du stehst weit über mir! Auf diese Idee hat mich Sagramore der Gote gebracht. Sein Vater ist »Oberster Reix« von »Pannonia inferior« gewesen und seine Mutter die Tochter des

3 Tibatto hat sich achtzehn Jahre zuvor gegen Valentinian erhoben. Der Aufstand ist 437 von Aetius niedergeschlagen und Tibatto gefangen genommen worden (vermutlich hingerichtet).

oströmischen Kaisers ist. Imperatoren herrschen alleine über alle Angelegenheiten ihres Landes, hat der Gote mir gesagt."

„Wie ist der Junge nach »Letavia« gelangt?"

„Sein Vater ist in einer Schlacht gegen die Hunnen gefallen, als der Gote ein kleines Kind gewesen ist. Marina, ist daraufhin mit besagtem Bran von Gordes und Estangore, einem Offizier der römischen Armee, durchgebrannt. Bran ist so in den Dienst von Vortigern getreten. Der »Aquitanier« ist dem »Reix« bis nach »Condate« gefolgt und kurz darauf zu deinem Vater übergelaufen."

„Das erklärt nicht, weshalb du deine Macht abgegeben hast!"

„Ich habe Bedenken, Opfer eines Fanatikers zu sein."

„Und mir gestehst du solche Befürchtungen nicht zu?"

„Du bist kein Druide. Deine Macht ist von weltlicher Natur. Ein anderes Thema: Du feierst heute den achtzehnten Geburtstag, Artus!"

„Du hast an meinen Ehrentag gedacht?"

„Den vergesse ich nie!", lacht Merlin.

Der Riese zieht an einer Leine, an deren Ende ein weißer Brachet[4] hereingelaufen kommt.

„Cabot[5] lautet sein Name".

„Was habe ich mit dieser Kreatur aus der Unterwelt zu schaffen?"

„Ein Hund ist in der Lage, Geister zu sehen, die sich vor deinen Augen verbergen und warnt dich rechtzeitig vor Feinden!"

„Du rätst mir, mich mit ihm anzufreunden?"

„Wenn ein Wadenschnapper heult, ist das eine Warnung vor dem nahenden Tod."

„Diese Zeichen siehst nur du! Ich bin sachlich erzogen worden. In der Literatur kommen Höllenhunde vor, die oft eine Vielzahl von Köpfen haben und die »Anderswelt« bewachen. Das sind Bestien, die nur darauf aus sind, Leben von unschuldigen Menschen auszulöschen."

„Hat Cabot viele Köpfe?"

„Ich sehe nur einen. Ein Weiterer ist unter Umständen unsichtbar oder verbirgt sich im Nackenfell!"

4 Jagdhunderasse, die nach dem Monat Juni benannt ist.

5 Französisch: Köter.

„Dein Scharfsinn zwingt mich zur Sprachlosigkeit, Artus! Hat Cabot das schwarze Fell und die roten Ohren einer Unterweltbestie?"

„Die Farbe irritiert mich."

„Bei der nächsten Jagd wunderst du dich über seinen Spürsinn und über seine Gabe, die Beute zu suchen und herbeizubringen."

„Dieser Winzling schafft den Sprung über die Wildschutzmauern nicht!"

„Weshalb erfreut dich mein Geschenk nicht?"

„Andere junge Männer bekommen Musikinstrumente geschenkt, um bezaubernden Frauen zu imponieren."

„Du bist der »King«! Du hast das nicht nötig! Für dich arrangiere ich eine Verbindung zu einem exquisiten Herrscherhaus."

„Statt mich mit dem Hund zu beschäftigen, übte ich mich lieber im Spiel der »Binoù«[6]!"

„Für Musik hast du keine Zeit! Neben einer möglichen Hochzeit, fordert das Land deine volle Aufmerksamkeit. Die Straßen sind marode und bedürfen dringend der Sanierung. Viele Ortschaften haben keinen Anschluss an die Handelswege."

„Die Wälder haben übernatürliche Macht! Nur ein Verrückter wagt sich, in das Reich der Baumgeister eine Breche zu schlagen. Die Waldbewohner haben ihre Pfade oder folgen der Spur des Wildes."

„Diese Wege sind bei Regen unpassierbar. Und die Hälfte des Jahres fällt Niederschlag."

„Die Regulierung des Wetters steht nicht in meiner Macht!"

„Ich habe für diese Nacht Gäste eingeladen, um deinen Geburtstag gebührend zu feiern."

„Welch einmalige Idee, Merlin!"

Abends entfacht der Riese am Strand unterhalb der Hügel von »Ker Léon« ein großes Feuer. Weithin über die Bucht sind die in den Himmel lodernden Flammen zu sehen. Der Zauberer bereitet ein berauschendes Getränk zu. Das Fest möge ausgelassen sein. Sein Schützling ist endlich ein Mann. Diese Nacht bleibt Artus womöglich stets in Erinnerung. Eine Nacht, in der alles möglich und nichts unmöglich ist. Die Gästeliste ist lang. Artus präsentiert seine »Sirs«, Lucan von Landévennec, Cador der Jüngere von

6 Bretonische Sackpfeife.

Cornouaille, Ector und den alten Ulfin. »Sir« Keie ist ein wenig eingeschnappt. An seinen Ehrentag hat niemand gedacht und nur der verrückte Dagonet vermag ihn aufzuheitern.

Merlin spendiert ein halbes Dutzend Ochsen und opfert diese rituell. Kräftige Männer spießen die geschlachteten Tiere mit einem enormen Akt auf angespitzte Stämme junger Bäume. Über der Glut gart das Fleisch und verbreitet einen verlockenden Duft. Vor dem Essen fließt »Chouchen« in Strömen. Übermäßig Hungrige erhalten die ersten, halb rohen Fleischstücke. Druiden-Barden aus dem ganzen »Trajon« haben sich eingefunden und spielen streng festgelegte, traditionelle Weisen. Weitgereiste Interpreten geben Stücke zum Besten, in denen römische Elemente der Musik zugelassen sind. Der Meister verteilt einen geheimnisvollen Trank. Die Stimmung steigt wie die neu entfachten, lodernden Flammen. Feuer bedeuten Transformation. Der Takt der Musik steigert sich, die Tänze nehmen an Wildheit zu und Kleidungsstücke fallen. Artus steht einer Halbnackten gegenüber, die ihn mit ihren dunklen Augen fixiert.

„Ich bin Morgause", stellt sich die Verführerische vor. „Und du bist noch so jung!"

Die Riesin lacht und läuft davon. Artus, der sich – wie viele Männer in ähnlichem Zustand – gewiss ist, nie im ganzen Leben, eine betörendere Frau gesehen zu haben, setzt ihr quer durch die Menschenmenge nach. Endlich umschlingt seine Hand ihren Arm. Ihre Körper berühren sich im Fall. Für Artus ist dieser Akt der Liebe das erste Mal. Kurz darauf verschwindet das Wesen einer anderen Welt zwischen den Schatten der Tanzenden, die vor Ekstase schreien. Artus schwinden die Sinne.

✝✝✝

„Ich habe einen Traum gehabt, Merlin!"

„Gestern haben wir alle Kontakt zu unseren Ahnen gepflegt, Artus. Mir ist aus Versehen zu viel eines Wirkstoffs in den Trank hineingeraten."

„Ich bin mit einer Frau vereint gewesen."

„Das verheißt nichts Gutes! Großes Unglück und Leid kommt auf dich zu! Das Kind ist dein Verhängnis!"

„Das Ganze ist schnell vonstattengegangen. Mit einem Mal ist alles vorbei gewesen."

„Die Zeit spielt keine Rolle! Wer ist das Mädchen?"

„Ihr Name ist Morgause. Weiter habe ich kein Wort mit ihr gewechselt."
„Bei allen Göttern! Das verschlimmert die Angelegenheit erheblich!"
„Warum bist du so entsetzt? Die Gäste reisen ab und die Sache ist vergessen, bevor der Tag zur Neige geht!"
„Du hast leider keine Ahnung! Was habe ich nur angerichtet!"
„Wieso auf einmal du? Ich habe ..."
„Ach, schweig und höre mir zu! Morgause ist deine Schwester."
„Meine was?"
„Halbschwester."
„Hat mein Vater eine weitere Frau gehabt?"
„Dein Abenteuer ist eine der Töchter deiner Mutter mit Gorlois. Das ungeborene Kind ist unser aller Untergang! Ich sehe Tod und Verderben, wenn ich an euren Nachwuchs denke!"

†††

Winter 453 nach Christus

In »Léon« ist in der Nacht Schnee gefallen und lässt das Wasser im Schein der klaren Sonne blauer als sonst erscheinen. Vor Vergnügen über die weiße Pracht ist »Sir« Keie aufgeregt und pocht bei Artus heftig an die Tür.
„Nimm Pfeil und Bogen!", ist seine Begrüßung. „Sattel dein Pferd!"
„Wie redest du mit mir?", schaut Artus ihn schlaftrunken an. „Ich bin dein »King«!"
„Du bist in erster Linie mein Bruder, der mich auf die Jagd begleitet."
„Draußen ist alles verschneit."
„Dein Hund hat seine Freude an dem neuen Kleid der Erde."
„Nimm Cabot gerne mit!"
„Heute erlegst du das Wild, das du dir anhand der Spuren auswählst!"
„Du hast recht. Gehen wir auf die Pirsch."
„Vergiss dein Jagdmesser nicht!"
Die Menschen fürchten sich vor Waldgeistern. Die schneebedeckten Bäume und Felsen sind ihnen unheimlich. Ständig verschwinden Kinder in der Kälte unter den Baumkronen und sind nie wieder gesehen worden. Die Begegnung mit einer »Cailleach«, den Hexen des Winters, oder einem Frostgeist endet immer tödlich.

Den Hass der Landbevölkerung auf Bäume versuchen die Druiden einzudämmen und berufen sich auf längst vergessene Mahnungen der alten Götter. Sobald die heiligen Männer weiterziehen, brennt der nächste Wald oder ein alter Baum, der einige hundert Jahre allen Wettern getrotzt hat, fällt unter den Schlägen der Äxte. Eitel präsentieren die Landbesitzer ihren Gästen das neue Weideland fürs kommende Frühjahr und opfern einen weißen Ochsen für den Wuchs von saftigem Gras.

Die Gefahr ignorierend, reiten Artus und Keie in vollem Galopp Richtung Süden, auf den Wald von »Ker Antraon« zu. Keie liegt bei diesem Rennen die ganze Zeit vorn, treibt aber sein Pferd nicht weiter an, um seinem Bruder die Laune nicht zu verderben. Kurz vor Erreichen des Waldrands überholt ihn der »King« und gewinnt. Ein Schwarm Kolkraben flattert unter lautem Protest in den Himmel auf. Die Pferde und Cabot springen über eine Wildschutzmauer und die beiden suchen sich einen Weg durch die kahlen Laubbäume. Vom Wild weit und breit keine Spur. Dicht an dicht stehen die Bäume, bis eine Lichtung ihre Aufmerksamkeit erregt. Dort entdeckt Keie ein schäbiges Haus. Aus dem Moos gedecktem Dach steigt Rauch auf. Im Inneren blöken Schafe und ein Hund knurrt. Cabot bellt. Langsam öffnet sich die primitive, aus Ästen zusammengeschnürte Tür. »Sir« Keie spannt den Bogen und zielt auf den Eingang. Das Holz knarrt laut. Die Tür springt auf. Angstvoll schauen Augen neben der schweren Zarge hervor.

„Wer seid ihr?", fragt der schmutzige Junge in einem unverständlichen Dialekt.

„Vor dir steht der »King« von »Letavia«!", herrscht »Sir« Keie den Fremden an, ohne den Pfeil zu senken. „Auf die Knie mit dir!"

Der Junge wirft sich zu Boden.

„Du verschreckst den armen Kerl nur!", sagt Artus. „Tritt heran und nenne uns deinen Namen."

„Ich heiße Tor."

Tors dunkle Haare sind der Natur überlassen. Seine schwarzen Augen wirken desinteressiert und abweisend. Seine unzivilisierte Erscheinung rundet ein fleckig wachsender Flaum auf seinen Wangen ab.

„Und was treibst du mutterseelenallein, mitten in einem Wald voller wilder Tiere und Räuber?"

„Ich bin nicht alleine! Meine Mutter schläft und mein Vater sieht nach den Fallen. Wir essen diese Tiere, um keine Schafe zu verlieren!"

„Du stammst nicht aus »Léon«!"

„Wir sind aus dem »Médoc«."

„Warum habt ihr euer Land verlassen?"

„Wir sind vor den Goten geflohen."

Am Rand der Lichtung knackt ein brechender Ast. »Sir« Keie fährt erschrocken herum und schießt seinen Pfeil ab. Unmittelbar neben dem erblassten Gesicht eines heruntergekommenen, alten Mannes, bleibt das Geschoss in einem Baum stecken.

„Seid ihr bei Sinnen?", schreit das runzlige Antlitz. „Ich habe euch nichts angetan."

„Was schleichst du dich an? Wer bist du?"

„Lasst meinen Vater am Leben!", fleht der Junge.

„Nennt mich Widder. Ich bin Schäfer."

In den Augen der Krieger ist der Hirte schwächlich und zu mager. Seine steifen Hände erlauben ihm nicht, ein Schwert zu führen. Die ärmliche Kleidung ist in einem verwahrlosten Zustand. Das teils weiße Haar ist verfilzt und verleiht ihm Ähnlichkeit mit seinen zotteligen Tieren.

„Vater, du hast den »King« von »Letavia« vor dir stehen. Knie dich nieder und zeige ihm deine Ehrfurcht!"

„Ich sehe", freut sich »King« Artus, „du lernst schnell, Tor."

„Tor ist gescheit. Nur hat der Junge, seit wir ihn gefunden haben, nie Glück gehabt."

„Bleibt nicht im Wald", rät Artus. „Folgt uns zu meinem Hof nach »Ker Léon«. In unserem Ort lebt seit langer Zeit ein Landsmann von dir. Einige Häuser haben Leerstand und bieten euch mehr Komfort als diese schäbige Hütte."

„Wir bedanken uns für die wohlwollende Einladung! Aber wir sind mittellos und für euren Hof keine Bereicherung."

„Ihr habt Schafe?"

„Beste Wolle aus dem »Médoc«!"

„Na bitte! Ein tauglicher Schäfer ist immer gefragt. Tor hat alle Voraussetzungen für einen fähigen Soldaten, wie mir scheint. Ihn bilden wir zum Krieger aus!"

„Wir sind in deiner Schuld, gütiger »King von Letavia«!"
„Erhebe dich, wecke deine Frau, treibe deine Herde an und folge mir!"
„Wir haben im Wald Wild gejagt", schmunzelt »Sir« Keie, „und kehren mit Weidevieh zurück. Was sagt Vater, wenn du mit einem weiteren Schafhirten auftauchst?"

Nach einem langen Fußmarsch in »Ker Léon« angekommen, zeigt »Sir« Keie den Neuankömmlingen ihr neues Zuhause.

„Das eine oder andere ist zu reparieren", entschuldigt sich »Sir« Keie für den desolaten Zustand, „aber mit den Arbeiten wartest du besser, bis der Winter vorüber ist!"
„Wo finden wir unseren Landsmann?", fragt Widder voreilig.
„Alles zu seiner Zeit! Vorher wascht euch gründlich!"
„Diese Art der Reinigung ist grundlose Vergeudung von Wasser."
„»King« Artus schätzt Menschen nicht, die unreinlich sind."
„Wo wir herkommen, wälzen wir uns im Dünengras, um uns zu säubern."
„Meinetwegen wälzt euch im Schnee. Nur wagt nicht, streng zu riechen, wenn ihr sein Haus betretet!"
„Ich habe ein Auge auf meinen Vater!", schlichtet Tor. „Leider ist der alte Mann ebenso bockig wie sein Name."

Ein paar Wochen später hat Artus die Neuankömmlinge längst vergessen. Da erinnert ihn »Sir« Keie an sein Versprechen. Am Morgen darauf versieht »Sir« Keie die Gäste mit neuer Kleidung und begleitet diese zu Artus' Haus. Verschämt senken sich ihre Blicke zu Boden, als der »King« im Glanz seiner Krone, gefolgt von »Reix« Pellan, den Raum betritt. Mit gepolter öffnet sich die Tür erneut und Merlin weht wie eine frische Prise in den Raum.

„Wie ich sehe", ist dieser entsetzt und lacht hysterisch, „hast du Besuch, Artus! »Reix« Pellan, dich habe ich lange nicht gesehen! Wie ist dein Wohlbefinden?"
„Mein Augenlicht hat mich verlassen. Ich sehe dich nur schemenhaft, und doch erkenne ich dich jederzeit an deiner Stimmen wieder."
„So siehst du deine Ähnlichkeit mit den Neuankömmlingen nicht."

„Über ihre Herkunft hat mich Keie unterrichtet. Ich habe dem »Médoc« in früher Jugend den Rücken gekehrt und bin eine halbe Ewigkeit fort von der Stadt meiner Geburt. Was habt ihr zu berichten?"
„Nichts Erbauliches!", klagt Widder und Merlin verlässt eilig das Haus. „Eines Tages, so haben wir angenommen, hat eine große Dürre den Fluss »Garumna«[7] ausgetrocknet. In »Viganus«[8] sind die Menschen verdurstet. Auf einer Wanderung habe ich den Grund entdeckt. Die Goten haben den Fluss umgeleitet, der sich ursprünglich bei »Alingo«[9] geteilt hat. Auf einmal haben wir nicht mehr auf einer Insel gelebt und die gotischen Reiter sind über das ausgedörrte Flussbett in unser Land eingedrungen. Unsere Soldaten haben gekämpft. Wir sind bis zur Spitze des »Médocs« geflohen, wo uns Fischer nach »Roianum«[10] übergesetzten haben. Als wir uns der »Murus« des »Opidums«[11] genähert haben, sind wir mit Pfeilen beschossen worden. Niemand hat uns willkommen geheißen! So sind wir dem Verlauf der Küste gefolgt, bis wir diese Lichtung im Wald aufgetan haben, in der das Wild uns zahm bis vor unser Haus gelaufen ist."
„Kein Wunder", sagt Keie spitz, „nichts erlegt zu haben!"
„Was ist aus meiner Familie geworden?", klagt »Reix« Pellan. „Was habt ihr von den Listrac-Médocs gehört?"
„Wir sind Hirten und froh, den Goten entkommen zu sein! Gewiss ist deine Sippe fortgelaufen oder hat tapfer im Kampf gegen die Eroberer …"
„Halte ein! Vermutungen helfen mir nicht weiter."

Reisen ist in der Oberschicht ein beliebter Zeitvertreib und so bekommt Artus Besuch von »Reix von Léon« Victor von Ker Ahes und Ker Mel-Karhez mitsamt seinem Anhang. Die Wiedersehensfreude ist groß und sofort schwelgen die beiden in Erinnerungen an die Schlacht am »Mons Badonicus«.

7 Heute die Garonne.

8 Heute Biganos.

9 Heute Langon.

10 Heute Royan.

11 Siedlung mit Schanzanlage, umgeben von einer Murus Gallicus, einer mit Erde oder Steinen gefüllten Schalmauer aus Holz.

Erst gibt Artus vor, als habe der allzeit beschäftigte »King« die ältere Tochter, Jennifer[12], gar nicht bemerkt. Doch ihre Blicke treffen sich unablässig. Ihr Vater bedankt sich erneut für die schnelle Hilfe, als »Reix« Rience »Ker Mel-Karhez« überfallen hat, weil Victor Artus als obersten »King« anerkannt hat. Da erinnert sich Artus, Jennifer bei dieser Gelegenheit gesehen zu haben, ohne ihm aufgefallen zu sein.

„Ich bin in erster Linie gekommen", wechselt der Gast das Thema, „um dich von einem enormen Möbelstück in Kenntnis zu setzen, auf das ich im Auftrag deines Vaters Uther acht gebe."

„Woher weißt du, wer mein Vater ist?"

„Merlin kennt kein anderes Thema mehr! Erst im vorigen Monat, auf dem Weg zu seinem Lehrmeister Blaise, hat der Meister bei uns übernachtet."

„Von welchen Gegenständen sprichst du?"

„Dein Vater hat mir einen runden Tisch überantwortet."

„Warum hast du ihn nicht gleich mitgebracht? Tafeln sind stets willkommen. Am Tisch zu sitzen, finde ich bequemer, als unwürdig auf einem »Triclinium«[13] zu liegen!"

„Dein Vater hat ähnlich gedacht. Wir haben alle gleichrangig an diesem Tisch gesessen und haben uns gegenseitig in die Augen geschaut."

„Am Tisch sitzend zu essen, ist ab sofort »Ietavische« Sitte!"

„Alle Plätze, bis auf einen, sind gleichwertig. Jeder Nutzer eines Tisches nimmt dort mit bis zu fünf weiteren Personen Platz. Die Tafel besteht aus vierundzwanzig Einzeltischen und einem Doppeltisch. Insgesamt stehen dreizehn Dutzend Stühle zur Verfügung. Kein »Lectus Imus«, »Medius« oder »Summus«[14] mehr!"

„Ich scheine meinem Vater in vielem zu gleichen."

„Diese Spezialanfertigung hat leider einen Haken. Der Tisch hat einen Durchmesser von hundert Pes[15]."

12 Keltisch: Guinevere. »Genévrier« heißt auf Französisch Wacholder.

13 Römisches Speisesofa.

14 Festgelegte Liegeordnung. Der Bereich »Imus« für die Gastgeberfamilie, »Medius« für den besonderen Gast samt dessen Familie und »Summus« für weitere Gäste. Der Gastgeber und sein besonderer Gast lagen sich über Eck gegenüber.

15 Knapp dreißig Meter.

„Wo um alles in der Welt, hat mein Vater diesen Tisch aufgestellt? Kein Haus scheint mir groß genug, um ihn aufzunehmen.“

„Unsere Treffen fanden im Freien statt. Wind und Wetter haben dem Holz entsprechend zugesetzt. Dein Vater hat mich gebeten, das morsche Holz auszutauschen und die Tische den Winter über unterzustellen. Zwischenzeitlich ist mein Freund bedauerlicherweise vergiftet worden. Jetzt nimm dein Erbe bald in Empfang, denn wenn die Möbel fort sind, habe ich wieder Platz auf meinem »Ker«!“

»King« Artus inspiziert mit »Sir« Keie die Grenzen Ker Léons. Nach einem langen Ritt begegnen die Brüder dem am Boden zerstörten Schäfer Widder. Weinend sitzt dieser im Gras. Neben ihm liegen Stelzen, die ihm beim Hüten der Tiere einen besseren Überblick verschaffen. Hinter ihm, auf der an einem Waldrand liegenden Wiese, bluten die Kadaver seiner Schafe aus, deren Kehlen durchgeschnitten sind.

„Ich habe im Wald ein Rudel junger Hunde knurren hören und bin nachsehen gegangen. So habe ich gehofft, einen Ersatz für meinen alten, treuen Gefährten zu finden, der erblindet ist und kein Schutz für meine Tiere darstellt. Ich gehe ins Unterholz, da bäumt sich ein gewaltiger Schatten vor mir auf! Ich bekomme einen Schlag an den Kopf. Als ich wieder zu mir komme, höre ich nichts mehr. Absolute Stille. Ich renne und sehe nach, warum meine Herde so still ist. Die dunkle Gestalt hat ihnen die Hälse durchtrennt.“

„Wir suchen den Schlächter und ziehen ihn zur Rechenschaft!“, verspricht der »King«.

„Was nutzt mir das? Meine Schafe sind tot!“

„Ich besorge dir neue Tiere“, stellt »Sir« Keie in Aussicht. „Mein Vater züchtet ebenfalls welche.“

„Das sind nicht die guten Schafe aus dem »Médoc«!“, jammert Widder.

„Unsere sind tadellos“, ist »Sir« Keie ein wenig pikiert.

„Mag sein, aber nicht so vorteilhaft wie die Lämmer aus dem »Médoc«. Wir legen gar Decken auf ihre Rücken, so fein ist ihre Wolle.“

Durch das Unterholz nähert sich ein unbekannter Reiter mittleren Alters in fremd anmutender Kleidung.

„Dem Pferd nach zu urteilen", mutmaßt Artus, „bist du aus gehobenem Hause. Dem äußeren Anschein nach stammst du nicht aus dieser Gegend und dennoch kommt mir dein Gesicht bekannt vor."

„Ich bin Pellinore und ein jeder weiß, ich bin auf der Suche nach einem außergewöhnlichen, den Tod bringenden Tier. Was?"

„Ein großer Schatten hat die Tiere unseres Freundes getötet!"

„Der »Glisant« hat Hörner, den Kopf eines Drachens, den Hals einer Schlange, das Fell eines persischen Leoparden und ist hoch wie ein Baum. Was?"

„Was bitte", fragt Artus erstaunt, „ist ein Leopard?"

„Das ist ein Raubtier mit tödlichen Zähnen und giftigen Krallen. Was? Ich sah einen Römer, der ein geflecktes Leopardenfell auf seinem Rücken trug. Dieser Römer ist der mutigste Mann, den ich je gesehen habe. Was? Sich einem Leoparden zu stellen, gleicht einem Selbstmord!"

„Das Tier, von dem du gesprochen hast, ..."

„Das »Questing«. Was? Eine Mord lüsterne Bestie, die ich seit dem Verlassen meiner Heimat verfolge. Sein Weg hat mich hierher geführt. Was?"

„Mich ließ das Scheusal am Leben", jammert Widder, „meine Tiere hat das Untier massakriert!"

„Deine Tiere sind dem »Questing« gefolgt. Mit aller Kraft habe ich das verhindert! Was?"

„Du hast meine Tiere getötet?"

„Ich habe nur das Schlimmste vereitelt. Was?"

„Du ersetzt Widder die Tiere!", fordert »Sir« Keie.

„Der Schäfer schuldet mir den Lohn für mein Einschreiten! Was? Ich verlange jedes zehnte Tier von ihm!"

„Am Ende hast du ihn niedergeschlagen!"

„Dieser Mann hat sich dem »Glisant« angeschlossen. Und wie ich sehe, steht ihr alle auf der Seite meines ärgsten Feindes. Was? Deshalb vernichte ich euch!"

Pellinore zieht seine »Spatha«, die ein auffällig kunstvoll mit Silber tauschiertes Gefäß ziert. Bevor Artus reagiert, trifft ihn der erste Hieb am linken Arm. Sein Kettenhemd verhindert eine schwere Verletzung. Der Fremde kniet nieder und schlägt nach den Knien seines Kontrahenten.

Artus springt hoch, um nicht den nächsten Treffer zu kassieren. Pellinore ist wieder auf den Beinen und sticht zu. Artus weicht zur Seite und bringt »Ex.Sal.Liburn« in Angriffsposition. Nach drei Schlägen bricht des Gegners Schwert auseinander.

PELLINORE

„Ich gebe mich geschlagen!“, gibt Pellinore kleinlaut zu. „Eine derartige Klinge scheint unbesiegbar? Was?“

„Diese Waffe ist ein Geschenk der Götter an mich, den »King«!“

„Du bist »King« Artus? Was? Ich habe unterwegs einiges von dir gehört. Die Leute sagen, du seist zu jung, um ein »Reix« zu sein. Was?“

„Woher stammst du?“

„Aus Listrac-Médoc und bin Nachfahre des Josef von Arimathia. Was?“

„Die Ähnlichkeit ist frappierend“, ist »Sir« Keie beeindruckt.

„Ich bin ebenfalls aus dem »Médoc«!“, freut sich Widder.

„Du bist eine Kämpfernatur“, bemerkt Artus. „Ausgezeichnete Krieger sind stets willkommen.“

„Verstehe! Du zwingst mich, den Schäfer zu entschädigen und mich deiner Armee anzuschließen. Nicht mit mir! Ich erledige das »Questing«. Was?“

„Wir helfen dir bei der Suche, wenn du möchtest.“

„Im Ernst? Was? Ihr lauert darauf, den Ruhm für euch selbst einzustreichen.“

„Weshalb dieses Misstrauen? Ich bin der »King«.“

„Ihr kennt Josef von Arimathia? Was?“

„Bei uns weilt ein »Reix« namens Pellan, der dir recht ähnlich sieht.“

„Mein Vater ist am Leben?“, ruft Pellinore erstaunt. „Ich habe angefangen zu laufen, als der alte Herr uns verlassen hat, um nach einem großen Schatz zu suchen. Was? Hat der greise Abenteurer ihn gefunden?“

„Ich denke nicht“, räuspert sich »King« Artus. „Dein Vater hat an der Seite meines Vaters gekämpft. Ich biete dir an, dich zum »Sir« zu ernennen, wenn du in meine Dienste trittst!“

„Was ist ein »Sir«? Nie gehört? Was?"
„Wir haben uns von Rom abgewendet und stellen unsere eigenen Regeln auf. Bei uns trägt ein Mann aus dem Ritterstand den Titel »Sir«."
„Nennt mich ab sofort »Sir« Pellinore von Listrac-Médoc, den Jäger des »Questing«. Was?"
„Sei uns willkommen »Sir« Pellinore!"
„Ich hoffe, ihr habt ein großes Haus für mich? Was? Ich habe eine Frau und einige Kinder, die im Wald auf mich warten."

Artus ist durch Merlins Erzählungen neugierig geworden und lässt Sagramore den Goten zu sich bitten. Dessen Stiefvater »Reix« Bran von Gordes und Estangore hat ihn damals als »King« akzeptiert, während sein verstorbener Halbbruder, Madoc San Uther, ihm strikt abgelehnt hat.

SAGRAMORE

„Merlin hat mir von dir und deinem Vater erzählt. Du hast so manches von der weiten Welt gesehen."
„Ich bin ein Kind gewesen, als meine Mutter »Sirmium« in »Pannonia inferior« verlassen hat. Nach dem Tod meines richtigen Vaters sind wir zurück nach »Byzantium« in »Thracia« zu meinem Großvater, dem Kaiser des Oströmischen Reichs, gegangen."
„Berichte mir von deiner Heimat!"
„Neuerdings trägt die Stadt den Namen »Konstantinopel«. Dort stehen so hohe Gebäude, wie du noch kein Bauwerk in deinem Leben erblickt hast."
„Aber nicht größer als mein Haus!"
„Ich sage nur ungern die Wahrheit, aber diese Stadt sprengt jede Vorstellungskraft. Die Mauern, welche die Burg umgeben, sind höher als der Hügel, auf dem »Ker Léon« erbaut worden ist. Allein die »Große Kirche« passt nicht in diesen Ort."

„Was ist eine Kirche?“
„Das ist ein Gebetshaus der Christen.“
„Weshalb beten die Anhänger des Christentums nicht im Freien, wo die Götter, die in den Bäumen sitzen, ihnen zuhören?“
„Frage meine Mutter, die ist seit ihrer Kindheit eine Christin.“
„Du sagst, die Stadt ist von einer hohen Mauer umringt. Eine solche Stadt wünsche ich mir! Bist du in der Lage, mir eine Burg zu bauen? Merlin schwebt vor, einen Turm zu errichten. Da passt mein Tisch nicht hinein! Ich benötige einen Raum, in der Größe deiner Kirche!“
„Du verlangst einiges von mir! Für ein Bauwerk dieser Größe ist eine lange Zeit vonnöten. »Konstantinopel« ist nicht an einem Tag erbaut worden!“
„Knie nieder! Hiermit schlage ich dich, Sagramore den Goten, zum »Sir«. Deine Aufgabe ist, mir eine Burg mit Mauern aus Stein zu bauen, die meine Güter und die Tafelrunde vor Dieben schützt!“

Pünktlich zum Lughnasadh-Fest[16] taucht Merlin auf. Die Sonne steht glutrot über dem Horizont, färbt das Meer in goldorangenen Tönen und kündigt eine laue Sommernacht an. Doch die Stimmung ist getrübt. Die Fremden stehen, nach ihrer Herkunft getrennt, in kleinen Grüppchen und fassen nicht den Mut, sich zu den Einheimischen zu gesellen. Zu spät bemerkt der Riese die Leute aus dem Médoc, und Artus steht ausgerechnet inmitten der Widersacher seines Vaters.

AGLOBALE

„Artus!“, ruft »Sir« Pellinore. „Ich stelle dir meine Frau, meine beiden Söhne und deren Cousin Ither vor, was?“
Lamorak ist ein Kind und erweckt der langen Haare wegen den Eindruck, ein Mädchen zu sein. Artus übersieht ihn. Aglobale kommt als Krieger in Frage.

16 Nachtfest zu Ehren des Sonnengottes LUGH, heute »Fest-noz«.

Ither trägt eine mit rotem Samt geschmückte römische Rüstung, von der Artus schwer beeindruckt ist.

ITHER

„Schau nur, Merlin, neue Freunde! Die Armen sind von den Goten aus dem »Médoc« vertrieben worden."

„Das »Médoc«!", lacht der Druide auf seine irrsinnige Art. „Ich besinne mich vage, einmal dort gewesen zu sein."

„Was hat dich in unser Land geführt?", fragt »Sir« Pellinore. „Sind wir uns dort rein zufällig begegnet? Was? Ich erinnere mich nicht an dich."

„Ich bin damals auf der Suche nach dem »San ...«. Eine alte Geschichte."

„Hast du den »San Grá EL« gefunden? Was? Seit Jahren suchen wir ihn, um ihm zu dienen. Was habt ihr zu besprechen gehabt?"

„Wie gesagt, eine alte Sache, die niemanden zu interessieren hat!"

„Ich glaube", stammelt Widder, „dich wiederzuerkennen. Das bist du in jener Nacht gewesen, als das Kind vor unserer Haustür lag!"

„Alles möglich", lacht der Ertappte laut auf. „Der Junge ... das Kind ist in großer Gefahr gewesen. Ich habe nicht vorgehabt, ihn bei mir zu behalten. Da bin ich an eurer Hütte vorbeigekommen. Finstere Dämonen haben uns bedroht."

„Wann ist das geschehen?", fragt »Sir« Pellinore. „Eines Nachts ist unser Erstgeborener entführt worden. Was? Wir sind einer dunklen Gestalt gefolgt, die in die Sümpfe geflohen ist."

„Womöglich hat diese Person euer Kind fallen lassen", weicht Merlin aus.

„Wir haben nie mehr von dem Jungen gehört. Was? Viele Jahre haben wir um ihn getrauert!"

„Tor hat nie Glück gehabt!", jammert Widder. „Ich befürchte, wir sind keine geeigneten Eltern. Ich habe ihm die Schafzucht beigebracht. Und auf Stelzen zu laufen. Selbst bei so leichten Tätigkeiten hat sich Tor immer wieder schwer verletzt."

„Vater, das ist mir peinlich, wenn du den Leuten davon erzählst!"
„Du hast unser Kind gefunden?", ist der »Sir« von Listrac-Médoc wie vom Schlag getroffen. „Was hast du mit unserem Kind gemacht?"
„Ist das so unverständlich? Ich habe Tor diesem Schäfer übergeben."
„Was! Tor ist mein Sohn? Was?"
»Sir« Pellinore umarmt seinen verstörten Sohn. Weder der Schafhirte noch dessen Frau scheinen durch die veränderte Situation gekränkt zu sein.

TOR

Die Last des fremden Kindes ruht nicht mehr auf ihren Schultern.
„Ich habe immer geahnt", ist Widder erfreut, „das Kind ist aus edlem Hause. Wie oft habe ich gesagt, Tor ist von hoher Geburt!"
„Ich habe in ihm gleich das Besondere gesehen", schreitet »King« Artus feierlich ein. „Dein Pech hat ein Ende! Wie deinen Vater schlage ich dich zum »Sir«, Tor von Listrac-Médoc!"
Diese Wendung ist Merlin gar nicht recht. Der einstige Entführer des Jungen hält den Zeitpunkt nicht für den richtigen, die Wahrheit der versuchten Verschleppung auszuplaudern. Wer versteht die finsteren Machenschaften, in die sein Vater verstrickt ist, oder gar diesen ewigen Krieg, der seit Anbeginn der Erde tobt. Düstere Vorahnungen brauen sich in seinen Gedanken zusammen. Den Feind vor der Tür zu haben, bringt Unheil! Der Riese ärgert sich maßlos, über das arglose Verhalten seines Schützlings. Weshalb ist Artus nur derart naiv und denkt, diese Menschen seien seine Freunde? Wenn diese Brut erst einmal Fuß in »Léon« gefasst hat, lassen deren Gegenspieler nicht lange auf sich warten.

†††

Merlin hält sich zu einem Umtrunk bei Artus auf. Stolz erzählt »Sir« Sagramore von seinen Plänen zum Bau der Burg.
„Dem Jungen eine solch heftige Aufgabe zu übertragen", schimpft der Gelehrte, „für die ein Druide erforderlich ist! Ihm fehlen alle Grundlagen."

„Ein paar Steine aufeinander zu türmen", entschuldigt sich der Gote, „ist nicht allzu schwer!"
„Obwohl du viele Bauwerke gesehen hast, bist du kein römischer Bauingenieur!"
„Weshalb hast du mich nicht auf die Idee gebracht", fragt Artus, „eine Burg zu bauen?"
„Erdwälle und Palisaden verrichten ihre Dienste fulminant", lacht der Riese hysterisch.
„Holz brennt. Stein entzündet sich nicht."
„Ich baue meine Burg aus Stein!", sagt Artus.
„Ich gebe zu, die Idee ist nicht verkehrt! Die Römer bauen alles aus Stein. Gewisse »Dinge« sind in einem solchen Gebäude besser untergebracht als in dem unbewachten Grab."
„Hilf dem Goten bei der Planung!"
„Wir bauen zunächst ein Modell", schlägt der Gote vor.
„Fangt an, die richtige Burg zu bauen!"
„Interessiert dich nicht, wie die Anlage einmal aussieht?"
„Der Tisch, der Schatz, die »Sirs« und die Pferde der »Sirs« sind beim Bau zu berücksichtigen! Alles andere ergibt sich von alleine."
„Ich benötige viele Leute! Mehr als du Krieger und Sklaven hast."
„Die Gefängnisse sind voll", sagt Merlin. „Versprich ihnen Freiheit nach der Vollendung der Burg!"
„Ich verspreche den Sachsen niemals diese zu entlassen!"
„Ausgerechnet die sind geschickte Handwerker. Nutze ihre Fähigkeiten! An welcher Stelle errichtest du meine Burg?"
„»Sir« Lucan von Landévennec hat mir erzählt, wie würdevoll der Felsen von »Kameled«[17] sei. Von dort reicht der Blick weit über die Bucht bis hinüber ins »Ben Trajon«."

†††

17 Das legendäre Camelot. Heute Camaret-sur-Mer.

Artus packt die Neugierde, seine richtige Mutter kennenzulernen. Andererseits bestehen Ängste vor der Begegnung, die albtraumhafte Züge annehmen. Wie ist danach sein Verhältnis zu seiner Ziehmutter? Was, wenn seine Gebärerin sich weigert, ihn zu sehen? Artus holt tief Luft und befiehlt einem Boten, nach ihr zu suchen. Merlin gibt dem Reiter einige Vermutungen über den Aufenthaltsort mit auf den Weg.

Der Frühsommer verleitet die Menschen in »Letavia« zu Verwandtschafts- und Freundschaftsbesuchen. Eine Gelegenheit, sich mit regionalen Spezialitäten verwöhnen zu lassen. Wegen der relativ trockenen Straßen ist dies die beste Zeit für Unternehmungen, denn im Hochsommer sind die Temperaturen in den Kutschen unerträglich und die Zeit der kriegerischen Auseinandersetzungen beginnt.

Die einstige »Duchesse« besucht ihren Sohn Artus, gemeinsam mit ihrer ältesten Tochter, Morgane von Cornouaille.

„Dein frevelhaftes Verhalten", wirft Morgane Artus vor, „hat unsere ganze »Family« durcheinandergebracht!"

„Keine freundlichen Worte für eine erste Begegnung, findest du nicht?"

„Was hast du meiner »Sister« angetan? Als du »King« geworden bist, haben dich Lot und Morgawse aufgesucht, um dich kennenzulernen. Du bist eindeutig zu weit gegangen! Zum Glück ist »Reix« Lot eine Seele von einem Riesen gewesen und hat sich rührend um deinen Sohn Medrawd gekümmert!"

„Der Junge heißt Mordred", klärt die schwer Gealterte auf. „Deine Schwester hört miserabel! Den Jungen finde ich abartig! Agrabain, Gawein, Gaheris und Gareth sind mein ganzer Stolz!"

„Schickt Mordred zu mir nach »Ker Léon«!"

„Ich bin gekommen, Arthur, um dich zu aufzufordern, mir mein Schwert zurückzugeben. Auf dem Rückweg bringe ich unsere »Mother« nach »Britannien« in ein Frauenhaus der Mariengemeinde in »Vannorigum«[18], das an den Ufern von »Avalon« liegt."

„Welches Schwert? Was ist »Avalon«?"

18 »Darioritum«, heute Vannes.

„Im Ursprung »Apfelion«!", wirft Igerne genervt ein. „Das sind geheimnisvolle Inseln, die aus den im Nebel liegenden Wiesen auftauchen und ebenso schnell wieder verschwinden!"[19]

„Auf den »Islands« bin ich eine armselige Kriegerin. Mit dem Zauberschwert bin ich in Kürze die »Oberste Fay« des Landes!"

„Ich bin gespannt, deine Heimat kennenzulernen."

„Meinetwegen brauchst du nicht zu kommen!", sagt Igerne. „Du erinnerst mich an deinen widerwärtigen Vater!"

„Mein Aussehen haben mir die Götter gegeben."

„Ich habe bis heute nichts bereut!"

„Gib mir das Schwert!", giftet Morgane ihn an.

„Niemals! »Ex.Sal.Liburn« führt nur ein »King«! Die Klinge und mich verbindet ein Band der Freundschaft. Ich bin seiner würdig."

„Ist das dein letztes Wort?"

„Drohst du mir?"

„Ich habe Ehrerbietung vor dem Ansehen, aber ich verachte dich für deine Verfehlungen und deinen mangelnden Familiensinn. Obwohl ich deine ältere »Sister« bin, gönnst du mir nicht, neben dir aufzusteigen!"

„Ich gebe dir nicht das Wertvollste, das ich besitze."

„Für deine Demütigung lasse ich dich büßen, dummer Bruder! Gegen meine Gifte und meinen Zauber bist du machtlos."

„Verschwindet, bevor ich mich an euch keifenden Frauen vergreife! Ich lehre euch, Anstand und Respekt vor mir zu haben. Wagt nie wieder, in meine Nähe zu kommen!"

Beltaine 456 nach Christus

Ein langer Winter ist vorüber und nach wie vor ist auf dem Felsen von »Kameled« kein Stein auf den anderen gesetzt worden. Artus nutzt anlässlich der Feierlichkeiten zu Beltaine[20] einen Besuch Merlins, um die Verzögerungen anzusprechen.

19 Durch Ebbe und Flut verursacht, was damals niemandem eingeleuchtet hat.

20 Feier zum 1. Mai.

„Ich bin ein Meister des Turmbaus!", gebart sich der Magier wichtig, „Nur von einer hohen Warte aus siehst du den Feind von weitem nahen."
„Ich benötige einen Festsaal", protestiert Artus, „der die Tafelrunde aufzunehmen vermag."
„Ein Turm dieses Ausmaßes stürzt in sich zusammen."
„Im Orient stützen Säulen hohe Decken ab", erklärt Sagramore.
„Für den Tisch rechnen wir mit einer Seitenlänge von einem »Actus«. Um die Halle plane ich einen Gang mit einer Breite von einem »Pertica«[21]."
„Wofür ist die kostspielige Erweiterung erforderlich?", fragt Artus.
„Die Sklaven schaffen hierüber ungehindert die Speisen und Getränke aus der Küche oder aus dem Weinlager herbei!"
„Die Amphoren bringen wir im Turm neben dem Tor unter", empfiehlt Merlin. „Zum Meer hin baue dir einen Turm, in dem wir deine »wichtigen Dinge« unterbringen."
„Dein letzterbauter Turm ist bis auf die Grundmauern abgebrannt!"
„In den oberen Etagen habe ich vermutlich übermäßig Holz verbaut", räumt der Druide hysterisch lachend ein.
„Auf »Kameled« errichtet ihr alle Gebäude aus Steinen!"
„Wir benötigen einen eigenen Steinbruch. Doch was sagen unsere Götter, wenn wir das Dach zur »Anderswelt« abtragen?"
„So lange TEUTATES nicht mit Erdbeben reagiert, haben wir sein Einverständnis."
„An der Westküste fällt das Gelände leicht ab", sagt »Sir« Lucan von Landévennec. „Dort schlagen wir den Felsen."
„Deine Burg benötigt hohe Mauern!", empfiehlt »Sir« Sagramore.
„Was nützen diese", fragt Merlin, „wenn ein jeder deine Burg mit Waffen betritt? Baue um die Burg eine weitere Burg mit einer Waffenkammer, Stallungen und Vorratshäusern. Niemand hat das Recht, die innere Burg mit einer Waffe zu betreten. Nicht einmal mit einem Messer!"
„Ein Zeughaus ist eine exzellente Idee", bestätigt der Gote. „Der göttliche Gaius Iulius Caesar hätte länger gelebt, wenn im Senat das Tragen von Stichwaffen geächtet gewesen wäre."

21 Ein Actus sind 35,6 Meter und ein Pertica um die drei Meter.

„Welche Zeit ist für die Fertigstellung von zwei Burgen nötig?", klagt Artus. „Ich hoffe, vor Beginn der kalten Jahreszeit ein erstes Fest zu geben."
„Der Bau lässt sich in einzelne Abschnitte unterteilen", schlägt der Riese vor. „Je mehr Leute du zur Verfügung stellst, desto schneller kommen wir voran. Für die erste Burg rechnest du mit drei Jahren Bauzeit."
„Das dauert mir zu lange! Zieht die Bauern zur Fronarbeit heran! Lasst die Kriegsgefangenen zu jeder Tageszeit und selbst im Winter arbeiten! Spätestens Ende nächsten Sommers treffen die Tische ein und ich halte die erste Tafelrunde ab."

✝✝✝

Sommer 458 nach Christus

Eine Fahne flattert in der frischen Brise, die über den Felsen von »Kameled« weht. Die Sonne scheint. Weiße Wölkchen ziehen in geringer Höhe übers Meer. Möwen picken auf dem von der Ebbe freigegeben Landstreifen nach Krebsen und kleine Garnelen, die in den Pfützen gefangen sind. Die Blätter der Bäume rauschen in den Windböen und das Gras schließt sich ihrem Rhythmus an. Erste Mauern und der Turm neben dem Tor sind, wenngleich mit einem Jahr Verspätung, abgeschlossen. Unter dem Jubel der Menge senkt sich erstmals das große hölzerne, mit Kupfer vernagelte Tor. Vergessen sind die Tränen, der Schweiß, der Einsturz des Krans und eines Gerüsts sowie die ungezählten Toten bei einem Erdrutsch im Steinbruch. Die Kosten für Fahrzeuge, die unter der Last der Steine zusammengebrochen sind, haben die Bauherren ebenfalls verdrängt.

Vor der Burg brennen große Feuer. Die Druiden aus dem »Crozon« bringen zur Einweihung des Bauwerks den Allmächtigen Fleischopfer. Das Blut der Stiere, Ziegen und Schafe färbt das Brachfeld dunkelrot. Aus der Art und Weise, wie die geschlachteten Tiere niederstürzen, aus dem Zucken der Glieder oder aus dem Verlauf des strömenden Blutes weissagen die Mantiker die Zukunft. Die Barden tragen laut geschriene Gesänge zu dem Ritual bei. In Einrichtungsgegenständen versteckt, schaffen Merlin und seine Sklaven einen Teil des »Schatzes der Götter« – vor den Augen der berauschten Gäste – unauffällig in die Burg. Unter den Gästen entdeckt Artus einen jungen Mann, der ihm bislang nicht vorgestellt worden ist.

„Sage mir, wer du bist?", spricht der »King« ihn an.

accolon

„Ich bin Accolon, Sohn des Urien, dem »Reix« von »Goulien«."

„Wo befindet sich das Land!"

„Der Hof liegt oberhalb der Bucht von »Dinn«[22]."

„Ich suche tapfere Burschen, die mich bei meinen Kampagnen begleiten. Bist du entschlossen, mir zu folgen?"

„Nichts lieber als das! Ich bin der Zweitgeborene. Für mich ist das Leben auf dem »Ker« öde, traurig, nutzlos und langweilig."

„Starte einen Angriff auf mich!"

„Ich kämpfe für und nicht gegen dich!"

„Greife mich an oder du bezwingst gleich niemanden mehr!"

„Du bist unser Lehnsherr! Dich anzugreifen bedeutet den Tod."

„Attackiere mich an oder ich zünde eure Felder an!"

Accolon zieht blank, holt tief Luft und stürmt auf Artus los. Der Anblick des Glanzes »Ex.Sal.Liburns« lässt ihn kurz stutzen. Dennoch drischt der Junge mit aller Kraft auf den gleichaltrigen Herrscher ein. Gelassen wehrt »King« Artus die Schläge ab, bis das gegnerische Schwert auseinanderbricht.

„Das ist ein Zauberschwert!", ist der Angreifer bleich vor Entsetzen. „Mein Leben ist in deiner Hand!"

„Junger Freund! Ich habe gesehen, mit welchem Mut du mich angegriffen hast, und habe deine Kampftechnik beobachtet. Sei willkommen an meinen Hof und trete in meine Dienste!"

Das Fest hat den Höhepunkt überschritten. Erste Gäste erliegen ihrer Trunkenheit und schlafen an Ort und Stelle ein. Andere sind mit sich und der Welt noch nicht zufrieden. »Reix« Bague von Madus und Gorron verspürt den heftigen Trieb, sich abzureagieren. Die Auswahl schlaftrunkener Gelegenheiten im Rausch von Zaubertränken ist groß.

22 Heute Anse de Dinan.

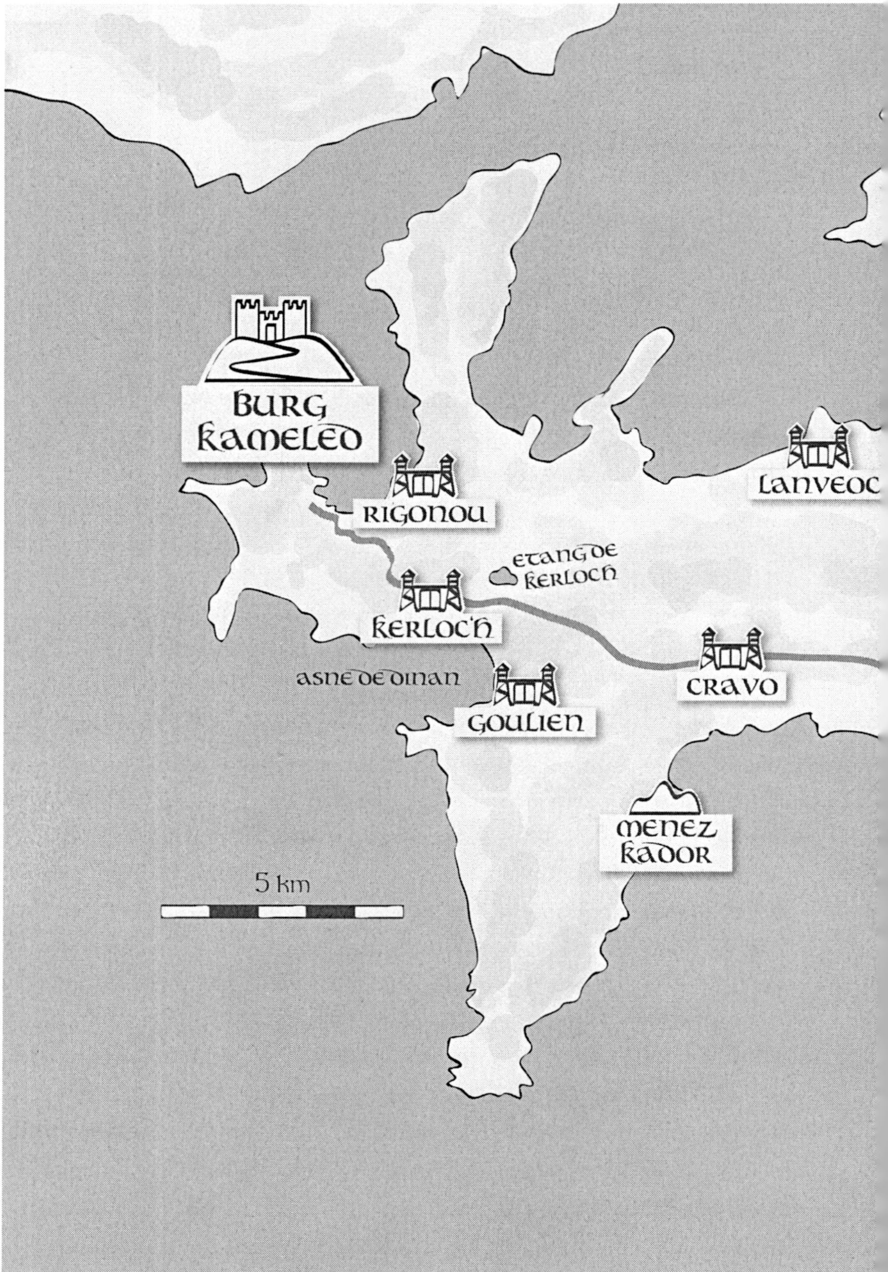
Burg Kameled
Rigonou
Lanveoc
Etang de Kerloch
Kerloc'h
Asne de Dinan
Goulien
Cravo
Menez Kador
5 km

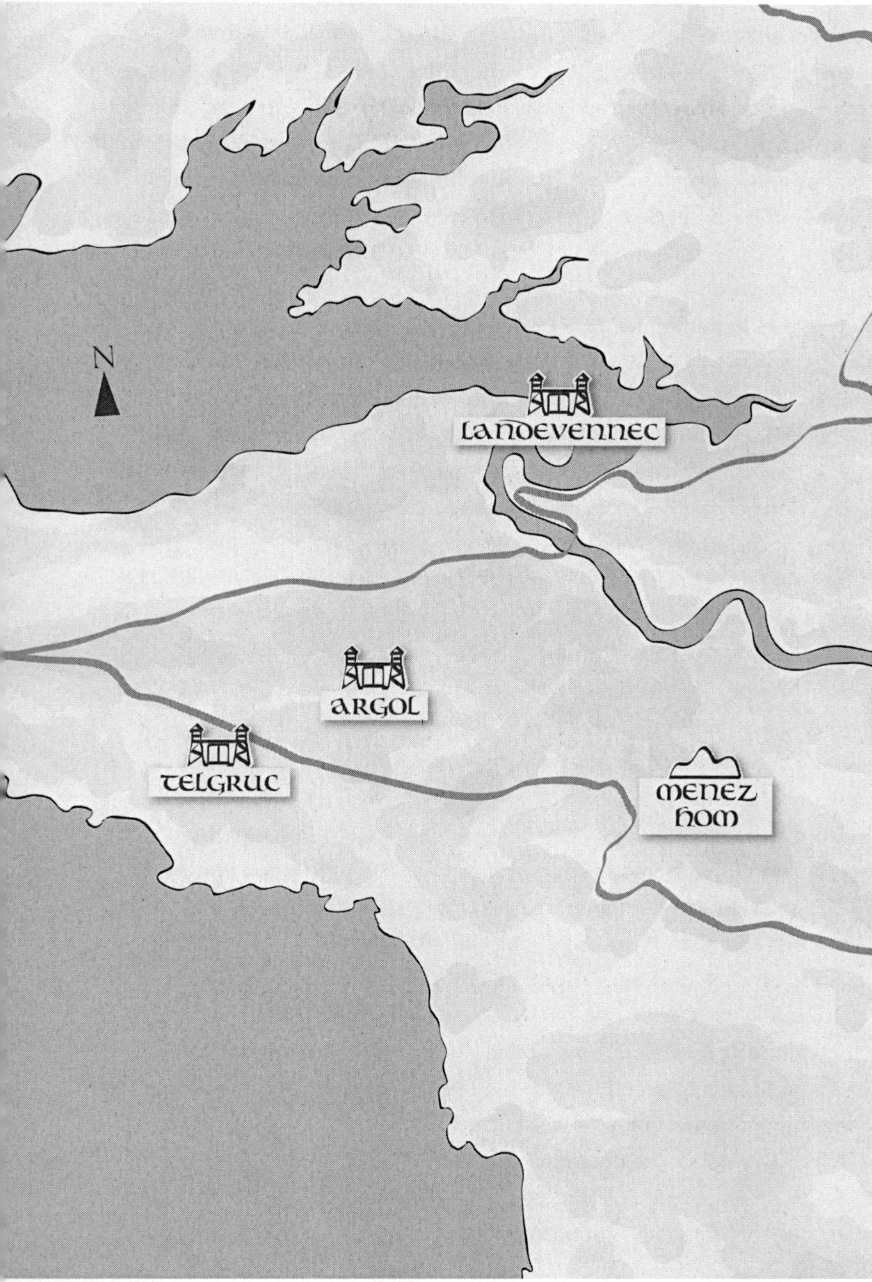
N
LANDEVENNEC
ARGOL
TELGRUC
MENEZ
HOM

Erste Versuche scheitern an teilweise vorhandenem Abwehrmechanismus. Bague ist für die meisten Frauen zu unansehnlich. Die Damen weisen ihn trotz eingeschränkten Sehvermögens ab. Endlich hat Bague Glück. Eine Frau in fremdartigen Gewändern winkt ihn herbei. Ihr Geruch erinnert ihn an die Weiden seiner fernen Heimat, ihre Rundungen an das hüglige Land der Vorfahren und ihr leises Stöhnen an die Winde des Frühjahrs, die in der Jugend durch den Eingriffeligen Weißdorn neben dem Haus gestrichen sind. Schon ist der Akt vorüber. Lautes Geschrei schreckt Artus auf. Schnell streift der »King« sein Kettenhemd über und setzt den Helm mit der Krone auf. Die Menge umringt zwei Männer. Artus bahnt sich einen Weg durch die Menschentraube und sieht, wie Pellinore auf Bague eindrischt.

„Mit meiner Frau schlafen?", wiederholt diese bei jedem Hieb. „Was?"

„Halte ein!", geht Merlin dazwischen. „Du erschlägst ihn! Du hast ohnedem den Schwager des »Kings« auf dem Gewissen!"

„Den Tod hat dieser Widerling verdient, was!"

„Bei einem Fest schläft ein jeder mit der Frau seiner Begierde", durchschaut der Hellseher die Situation, „wenn diese mit der Annäherung einverstanden ist. So ist unsere Sitte."

„Im »Médoc« gehört die Frau ihrem Mann! Ohne mein Einverständnis berührt niemand meine Frau, was?"

„Dem stimme ich zu!", mischt sich »King« Artus ein. „Ich formuliere ein entsprechendes Gesetz."

„Du rüttelst nicht an den alten Vorschriften!", ist Merlin empört.

Der Druide entleert einen Eimer Wasser über den am Boden Liegenden.

„Das schreit nach Genugtuung!", sind Bagues ersten Worte.

„Du bist kein »Sir«!", weist ihn der »King« zurecht.

„Artus ernennt dich zum »Sir«", belehrt ihn der Riese, „wenn du den anderen »Sirs« ebenbürtig bist!"

„Ich kehre gewiss erst zurück", gibt »Reix« Bague von Madus und Gorron bekannt, „wenn ihr mir den Respekt erweist, den Hasardeur für sein schändliches Vorgehen zu bestrafen!"

„Ich erwarte eine Entschuldigung, was?"

„Pellinore ist ein »Sir«! Somit liegt die Pflicht zur Abbitte bei dir, Bague!"

„Holt mein Pferd!", hustet der Verletzte.

Jennifer

12

Frühjahr 459 nach Christus

Burg »Kameled« ist in der erweiterten Bauphase. Die Waffenkammer, der Stall und eine Regenwasser-Zisterne sind fertiggestellt. Artus weilt auf dem »Donjon«, hoch über der Schatzkammer, und schaut auf die Bucht in Richtung »Gesogribate«. Leicht außer Atem, erreicht Merlin die Plattform, die in schwindelerregender Höhe von vier »Pertica«[1] liegt.

„Der Lärm ermüdet mich!", klagt Artus, ohne sich umzudrehen. „Die Vernunft hätte geboten, im Laufe der Bauarbeiten in »Ker Léon« zu bleiben, bis der letzte Handwerker seinen Dienst verrichtet hat!"

„Die Aussicht vom Turm ist grandios!", lacht der Druide auf gewohnte Weise, um seine Höhenangst zu verbergen.

„Ich langweile mich zu Tode! Niemand wohnt bei mir, in diesen kargen Gemäuern. Selbst »Sir« Keie hat sich nicht überreden lassen."

„Hast du dir Gedanken über eine mögliche Vermählung gemacht? Du brauchst Gesellschaft und eine Trauung ist die Gelegenheit, die Burg zu beleben und einen eher unflätigen Nachbarn zum Verbündeten zu gewinnen! Die Gaunes zum Beispiel. Du hast zwar einen Friedensvertrag geschlossen, aber die Einhaltung bleibt fraglich."

„Eine Gaunes? Schiefe Schultern und eine kleine, nichtssagende Nase!"

„Gorron ...?"

„Das Zwergenvolk?"

„Ich hoffe, du hast dich nicht verliebt! Ein Mann deines Standes vernarrt sich nicht, sondern lässt die Vernunft regieren!"

„Jennifer von Ker Mel-Karhez[2]."

„Wie bist du auf Victors Tochter gekommen? Der alte Mann ist dir treu ergeben und du hast durch diese Verbindung keinen Vorteil!"

„Der Wohlklang ihres Namens lässt mein Herz höherschlagen. Das Mädchen ist unnachahmlich grazil. Ihre Augen! Ihr Gang! Außerdem sind die von Ker Ahes und Ker Mel-Karhez von alteingesessenem, edlem Stand."

1 Knapp zwölf Meter.

2 Fälschlicherweise als Cameliard überliefert.

„Schlage dir dieses Frauenbild aus dem Kopf! Deine Freunde heißen eine Liaison mit der Riesin nicht gut. Du bist einen ganzen Kopf kleiner als deine Angebetete. Das gibt kein erfreuliches Bild!"
„Meine Getreuen haben auf mich zu hören, nicht umgekehrt!"
„Du provozierst den nächsten Krieg. Und was weit fataler ist, du gefährdest den Schatz! Alles ihretwegen? Deine Auserwählte ist zwar anmutig, doch sehe ich in Zusammenhang mit der Vermählung deinen unumkehrbaren Untergang!"
„Ich erinnere mich nicht, je Voraussagen von dir vernommen zu haben, die in Erfüllung gegangen sind."
„Bitte höre auf meinen Rat und berufe eine Versammlung ein! Du brauchst das Einverständnis aller Vasallen. Deine Angetraute hat das Recht, mit ihnen den Beischlaf zu vollziehen. So bekommen deine Kinder die besten Wesensarten der tapferen Krieger mit! Wenn ihnen die Frau nicht gefällt, verweigern deine Freunde dir den Gefallen."
„Jennifer gehört an meine Seite. Für mich alleine!"
„Du brichst wieder mit den Traditionen. Das bringt Verderben!"
„Ich habe stets alle Gepflogenheiten gebrochen und breche mit der Zeit alle altbackenen Brauchtümer! Wer meine Gattin anfasst, ist des Todes!"

„Nimm eine Frau, an der du emotional nicht hängst! Bei der dich der Schmerz nicht packt, wenn ein anderer den Akt mit ihr vollzieht. Deine jetzige Angebetete nimmst du zur Geliebten!“

„Angenommen, ein Fremder vermählt sich mit ihr, der unter Umständen mein Feind ist, so sehe ich meine Liebe nie mehr! Nein, mein Intimus! Wie Sueton den großen Caesar zitiert hat: »Alea iacta est!«[3]“

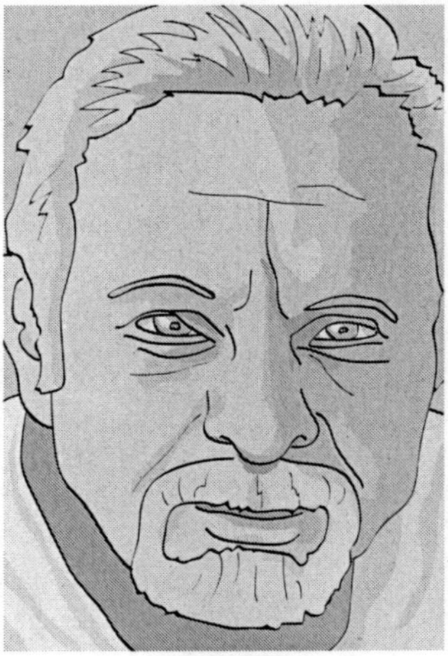

URIEN

Bei einer Brandrodung hat der Wind gedreht. Weite Flächen des Ackerlands und ein Großteil der Häuser in »Ker Léon« sind zerstört. Tagelang dauern die Löscharbeiten, bei dem alle Handwerker des Ortes beteiligt sind. Die engsten Vertrauten des »Kings« finden sich bei ihm ein. Endlich findet auf »Kameled« höfisches Leben statt. Die Neugierde treibt unbekannte Gesichter aus der näheren Umgebung zur Burg. Alle sind gespannt, wen der »King« zur Frau nimmt. Wegen eines heimlichen Aufrufs seines Freundes empfängt Artus reihenweise Gäste, die ihm ihre Töchter präsentieren. Der junge Accolon von Goulien hat, neben Ettarde, den Vater mitgebracht. Ein alter Mitstreiter Uthers, wie sich herausstellt. Kurzerhand ernennt der »King« Urien von Goulien zum »Sir«.

„Im Gegenzug“, sagt Urien überschwänglich, „gebe ich dir mein Kind zur Frau!“

„Dein Angebot ist schätzenswert.“

„Ist dir die Kleine keine Augenweide?“

„Wir haben schwere Zeiten vor uns“, ergreift Merlin das Wort. „Ich spüre die dunklen Wolken heraufziehen, die uns zu vernichten drohen.“

3 Das Würfelspiel hat begonnen!

„Drängst du auf weitere Abgaben für den Kauf neuer Waffen?", hinterfragt »Sir« Keie.
„Das ist Unfug", reagiert der Seher genervt. „Dein Bruder hegt die falschen Hochzeitspläne!"
„Wegen dieser Lappalie haltet ihr mich davon ab", protestiert »Sir« Pellinore von Listrac-Médoc, „meine Suche nach dem »Questing-Tier« fortzusetzen? Was?"
„Das hat Zeit", wirft »Sir« Tor von Listrac-Médoc ein. „Du denkst immer nur an dich, Vater! Artus braucht deine Hilfe!"
„Du sprichst mit scharfem Verstand!", pflichtet der Riese bei. „Artus hat sich unsterblich verliebt und zeigt keine Einsicht."
„Die Frau ist vermutlich von überragender Schönheit", schwärmt Tor in seiner jugendlichen Naivität.
„Anmut alleine reicht nicht aus", entrüstet sich Merlin, „um die »Queen« an der Seite des »Kings« zu sein. Das Haus ist eine wichtige Komponente. Mein Magen verkrampft sich, wenn ich an die junge Dame von Ker Mel-Karhez denke!"
„Ihr Vater", erinnert sich »Sir« Ulfin, „hat sich tapfer auf unserer Seite am »Mons Badonicus« geschlagen! Für ihn ist diese Verbindung eine Ehre. Ich kenne diese Person und ihren ... sagen wir schwierigen Charakter."
„Ich bin ihr Lehrer in Rhetorik gewesen", berichtet »Sir« Cador der Jüngere von Cornouaille. „Vordergründig ist das Mädchen die Brave. Hinter dem Rücken der Leute führt das Biest ein Doppelleben!"
„Wie redet ihr von der künftigen Braut!", ist »King« Artus entsetzt. „Jetzt heirate ich Jennifer erst recht. Nur um euch zu zeigen, welches Unrecht ihr dem armen Geschöpf antut und um euch das Gegenteil zu beweisen. Und dich, Merlin, bitte ich, in meinem Namen, um ihre Hand anzuhalten!"
„Du verlangst eine Menge von mir! Um des Friedens willen werbe ich die Braut für dich an. Eines Tages bereust du diesen Schritt und besinnst dich der warnenden Worte."

✝✝✝

»Reix von Léon« Victor von Ker Ahes und Ker Mel-Karhez, stellt eine Hundertschaft seiner Krieger zum Schutz der zukünftigen »Queen« zur Verfügung, die sich mit dem Druiden auf den Weg zu Artus begibt. Da die Tafelrunde nach wie vor nicht den Weg nach »Kameled« gefunden hat, sind einige der Fahrzeuge mit den Tischen und Stühlen beladen und verlangsamen durch das hohe Gewicht das Reisetempo. In »Bidar« kommen dem Tross, am Hang eines bewaldeten Hügels, Reiter entgegen. Sofort eilen die Fußsoldaten nach vorne, um den Konvoi zu sichern. Eine Kutsche, in der eine alte Dame sitzt, eskortieren zwei Dutzend junge Frauen. Den Wagen lenkt wider Erwarten ein Mann. An der Spitze sitzt eine Dunkelhäutige majestätisch im Sattel. Ihre kraftstrotzende Hand hält eine von ihr eroberte gotische Lanze senkrecht nach oben. Unter ihrem spitz zulaufenden Frauenhelm mit Bänderschmuck lugen zwei aufmerksame hellblaue Augen hervor. Das Kettenhemd trägt die Anführerin auf nackter Haut. Ihre Soldatinnen beziehen Verteidigungspositionen vor dem Vehikel. Die Amazone reitet auf den Riesen zu.

MORGANE

„Weshalb haltet ihr uns auf?", ergreift Merlin das Wort.

„Seid ihr nicht diejenigen", erwidert die Frau, „die uns aufhalten?"

„Wir haben ein festes Ziel vor Augen, ziehen aber friedlich des Weges."

„Wir haben uns auf diesem »jinxed Way« verirrt!", sagt die Kriegerin kleinlaut.

„Wie lautet euer Ziel?"

„»Camelot«. Dort steht eine Burg, deren Mauern dicker sind als jeder bekannte Baum auf der Erde."

„Den gesuchten Ort findest du entlang der Straße nicht!"

„Niemand kennt den geheimnisvollen Ort!"

„Diese Route führt nach »Condate« oder nach »Kameled«".

„Dort liegt »Camelot«?"

„Verzeihung, ich sagte »Kameled«".
„Wenn ich den Kerl erwische, der uns in »Châtellium[4]« in die falsche Richtung geschickt hat!"
„Warum führt euer Weg ausgerechnet zu der Burg am Ende der Welt?"
„Ich bin auf dem Weg zu meinem ungerechten »Brother«. Ich verlange mein Schwert zurück!"
„Wir sind rein zufällig ebenfalls auf dem Weg dort hin", lacht der Riese laut. „Begleite uns!"

Der neu zusammengestellte Konvoi setzt sich in Bewegung. Der Wind legt an Stärke zu. Die bewegten Äste des Waldes flüstern dem Riesen Warnungen zu.

„Weshalb gibt dir dein Bruder die Waffe nicht?"
„»Excalibur« ist ein Zauberschwert, das auf »Avalon« geschmiedet worden ist, um mir zu dem Rang »Oberste Fay von Britannien«[5] zu verhelfen. Die Klinge ist mein »Property«!"
„Wir haben einander nicht vorgestellt. Ich bin Merlin."
„Ich bin die Kriegerin Morgane aus »Berdic«. Ich habe meinem »Brother« Arthur das Schwert nur geliehen. Der Größenwahnsinnige hat vor, mit der Waffe »Avoric« zu erobern! Ich entreiße ihm die »Weapon« und das »Gold Related Alone to the Lord«, das sich dieser als unberechtigtes Erbe unter den Nagel gerissen hat! Das Gold gehört »my Mother«, die den Tyrannen User so lange ertragen hat. Der Erbarmungslose hat uns Kinder nicht in seiner Nähe geduldet. Eine alte Frau hat mich mitgenommen und mich zur Druidin ausgebildet. Die Alte hat übernatürliche Fähigkeiten besessen und mich ihr Handwerk gelehrt, mit Giften umzugehen."
„»Druidin« ist ein bemerkenswertes Wort für eine Sache, die rein den Männern vorbehalten ist!"
„Du scheinst ein erbärmlicher »Old Man« zu sein, wenn du so denkst!"
„»Avalon« sind die »Islands« des Nebels, die durch göttliche Kräfte auf einer Wiese auftauchen, wenn das geheimnisumwitterte Wasser diese flutet."

4 Richtig: Castellinum, heute Châteaulin.

5 Der Titel »Fay« (deutsch: Fee) entspricht in der Spätantike dem männlichen »Reix«.

„Ich habe diese Gefilde nie gesehen. Ich halte mich meist im Norden auf und bei meinen Wanderungen verlasse ich selten die befestigten Straßen."

„Das »Archipelago« liegen nahe der »Coast« des »Beneticus«."

„Wahrlich eine Gegend, die ich nicht kenne!"

Der einstige Vertraute Vortigerns hat das Schwert selbst an sich genommen und an Uther weitergereicht. Morgane ist gefährlich, verrückt und unberechenbar! Das ist ihm mittlerweile bewusst.

„Ich habe dir Uryen[6] nicht vorgestellt, der meine »Mother« kutschiert. Mit ihm habe ich einen »Son«, den wir Owain[7] nennen. Wer ist die junge Dame, die euch begleitet?"

„Das ist Jennifer, die in Kürze deinen Bruder heiratet."

„Du kennst meinen »Brother«?"

„Wer kennt ihn nicht?", lacht Merlin hysterisch und hätte sich am liebsten auf die Zunge gebissen.

✝✝✝

In der Nacht weht sanft ein lauwarmer Wind die Klippen hinauf. Das Meer ist ein flacher Spiegel und das sanfte Plätschern der seichten Wellen ist oben auf dem Felsen nicht zu hören. Der Mond ist eine hauchdünne zur rechten Seite geöffnete Sichel. Hirschkäfer fliegen ruhelos zwischen den Mauern umher. Der Riese steht mit Artus und Jennifer auf dem Brachfeld an einem Lagerfeuer und wirft ein Säckchen in die Flammen. Die Menge umringt die Szenerie und wartet gespannt, was die verbrannten Nüsse prophezeien.

„Habt Respekt voreinander! Achtet die guten Sitten! Meidet Fremde! So beschert euch das Glück. Wie lautet der Vertrag?"

„Die Güter bleiben getrennt", fordert Artus. „Meine Frau gehört mir alleine. Kein anderer hat das Recht, meine Gemahlin zu berühren!"

Ein Raunen flieht durch die Menge.

„Sind alle »Sirs« einverstanden?", fragt Merlin in die Runde.

6 Urien von Gorron.

7 Obain (keltisch: Yvain) von Gorron.

„Die Zeiten haben sich geändert", beschwichtigt »Sir« Ulfin. „Wir haben uns auf den Verzicht des Beischlafs mit der »Queen« verständigt. Wir vertrauen dem »King«, der uns in ein modernes Äon führt."

JENNIFER

„Ihr riskiert", sagt der Riese sonderbar gelassen, „kümmerlichen Nachwuchs zu bekommen, der eines »Kings« nicht würdig ist."

„Grenzenlos ist die Zahl unserer Kinder, wenn wir einmal alt sind!"

„So gilt dieser Vertrag, der vor den Augen und den Ohren der Anwesenden formuliert worden ist, als geschlossen."

✝✝✝

1. August 459 nach Christus

Vor der kommenden Neumondnacht fängt der neue Tag mit strahlendem Sonnenschein an. Nur eine leichte Prise weht aus dem Landesinneren herbei und duftet nach dem Harz der Bäume. Die Gäste kommen, wie sonst nur zu einem »Lugnasadh-Fest« üblich, in edlen Sommergewändern. Je nach Herkunft und Würde, sind diese nach der neuesten römischen oder keltischen Mode gefertigt. Braut und Bräutigam legen traditionelle, feierliche Hochzeitskleidung an. Anlässlich des Festaktes stehen die Tische unter freiem Himmel. Wer sich zur besseren Gesellschaft zählt, versucht einen der begehrten freien Plätze zugewiesen zu bekommen, die von keinem »Sir« belegt worden sind. Insgeheim erhoffen sich alle von Rang und Namen wirtschaftliche Beziehungen zum Hof des »Kings«. Abseits der Menge unterhält sich Morgane mit Accolon von Goulien.

„Deinen Vater hat Arthur zum »Sir« geschlagen und ihm einen Platz an der Tafelrunde zugeteilt. Du bist leer ausgegangen. Warum lässt du dir das gefallen? Dir steht ein eigener Tisch zu!"

„Ich habe im Kampf gegen Artus verloren. Der »King« ist unbesiegbar!"

„Nur durch »Excalibur«! Ich besorge dir das Schwert, denn du hast die Veranlagung zum Helden. Sei mein »King«!"

„Du bist verheiratet!"

„Uryen gehorcht meinen Befehlen!"

„Mein Vater?"

„Mein alter Gemahl aus Gorron. Wenn du erst einmal der »King« bist, lässt sich die Scheidung leicht arrangieren. Als Herrscher hast du die Macht, Gesetze festzulegen!"

Merlin wegen begegnet Artus seiner grimmig dreinschauenden Mutter ein zweites Mal. Die alte Dame hat sich die Haare kurz scheren lassen.

„Du siehst deinem Vater immer ähnlicher!", faucht Igerne. „Ich ertrage den Anblick nicht!"

„Ich habe dich nicht eingeladen."

„Von dir habe ich nichts anderes erwartet! Ich bin gekommen, um Uthers Hinterlassenschaft abzuholen!"

„Welches Erbe? Das alte Haus in »Ker Léon«?"

„Das Gold, das dein Vater hinterlassen hat. Das steht mir zu!"

„Ich bin sein rechtmäßiger Nachfolger."

„Das hat dir dieser Merlin eingeredet. Du bist ein Niemand! Selbst Uther hat dich gleich nach der Geburt weggegeben."

„Weil mein Vater die Bedrohungen gesehen hat."

„Ein weiterer Floh, den dir der besserwisserische Druide ins Ohr gesetzt hat. Der Riese ist schuld an meinem Unglück!"

„Uther hat Feinde gehabt."

„Ich habe vor, dich zu erschlagen. Gib mir mein Gold! So bekommst du unter Umständen ein Hochzeitsgeschenk von mir und ich lasse dich zukünftig in Ruhe."

„Wie redest du mit dem »King« des Ben Trajon?"

Das Geschrei lockt Morgane herbei.

„»Pendragon«? Ist dir bei der Krönung ein »Dragon« über den Kopf geflogen? Hat sein heller Schweif deine Sinne geblendet? Gib Mutters Vermögen zurück!"

„Ihr erdreistet euch, mir gegenüber Forderungen zu stellen? Bringe die Alte wieder ins Frauenhaus!"

„Nicht, bevor du mir mein Eigentum ausgehändigt hast!"

„Das Schwert hat meinem Vater gehört. Und wie der Name verrät, ist das Metall mit Salz aus »Liburn« geschmiedet worden. Jetzt halte ich die »Waffe der Götter« in Händen!"

„Ich jage dich! Ich vergifte dich! Ich verfolge dich in den Träumen! Ich nehme dir, was dir am liebsten ist! Ich bin deine Fügung, da meine auf tragische Weise mit der deinen verbunden ist, wenn du mir die Waffe nicht gibst. Ich sehe mich eines Tages deine Wunden heilen. Erst in jenen Tagen begreifst du, welchen Wert deine Schwester für dich hat!"

„Du drohst mir nicht. Verlasst mein Land! Haltet ihr euch zu Beginn der Hochzeitsfeier weiterhin in meinem Gebiet auf, töte ich euch."

Artus zieht blank. Sofort kommen seine Getreuen herbeigelaufen und ziehen ebenfalls blank.

„Dein Schicksal ist besiegelt, Arthur!"

Artus wartet, bis die Frauen verschwunden sind, und begibt sich auf die Suche nach seinem Hund Cabot. Schlagartig kehrt Stille ein. Gebannt starrt das Publikum auf einen altertümlich gekleideten Mann, der am anderen Ende der Wiese steht und einen langen Stab über dem Kopf schwingt. Der Mime kickt mit einem Fuß gegen eine »Bodhrán«[8].

„Ich bin SENOS der Alte!", stellt sich der Epiker vor. „Ich berichte euch vom Mythos von »Lugunaissatis«. Vom Anbeginn der Welt überliefere ich euch die heiligen Geschichten. Ich habe alle mythischen Ereignisse mit eigenen Augen gesehen!"

Eine verschleierte Tänzerin, springt wie aus dem Nichts hinter ihm hervor und vollführt seltsame Verrenkungen. Ein Harfner und ein Flötenspieler gesellen sich zu dem Erzähler und spielen archaische Weisen zum dumpfen Klang der Trommel.

„Diese Melodien hat PAN selbst in die Welt gebracht", fährt der Sprecher fort. „Und dies ist SENA. Da der Anblick der Göttin der Erde tabu ist, verhüllt sich die Alte mit einem weißen Kleid und einem Schleier."

Artus läuft verwirrt zwischen den Menschen umher, aus deren Reihen ein weiterer Druide, mit einer Maske vor dem Gesicht und einer stattlichen Stange in der rechten Hand, auf SENOS zugeht.

„LUGOS, der Lichtgott, eilt mit seinem jenseitigen Speer herbei."

8 Keltische Ziegenfell-Trommel.

„Hast du Cabot gesehen?“, fragt Artus Merlin, der fasziniert dem Schauspiel, das ihn an seine Kindheit erinnert, folgt.

„Sieh dir die Darbietung an! Den Hund suchst du später!“

„Ich berichte euch von der Sage von »Lugunaissatis«“, wiederholt der Redner und hebt seine Stimme.

„»Cabot« hat bei meiner Hochzeit bei mir zu sein!“, protestiert Artus.

„Und erst hast du dich geweigert“, lacht sein Freund laut, „den Höllenhund anzunehmen.“

Der Geschichtenerzähler entfacht ein Feuer.

„LUGH ist geboren und die Erdgöttin erzieht ihn.“

Die Tänzerin umrundet den Illusionisten mit schnellen Bewegungen, die sich nach und nach verlangsamen.

„Eines Tages, ist die Alte gestorben.“

Die Aktrice wirft sich auf die Erde. Wie ein Lauffeuer verbreitet sich die Nachricht von dem entschwundenen Hund. Das Publikum ist abgelenkt. Der Druide trauert in auffälliger Weise um die verstorbene Göttin und versucht mit lautem Geheul, die Aufmerksamkeit der Gäste zurückzugewinnen.

„Nach den Trauerspielen gründet LUGOS zum Andenken an seine Ziehmutter die Stadt »Lugunaissatis«.“

„»Sir« Tor sagt“, berichtet »Sir« Urien von Goulien, „dein Hund sei in Richtung der Ortschaft davongelaufen.“

„Was hat mein Hund bei den Fischern verloren?“

„»Sir« Tor ist ihm gefolgt.“

„Dein Hund vollzieht vermutlich in diesem Moment selbst die Hochzeit!“, lacht Merlin auf seine spezielle Art. „Anstelle von »Sir« Pellinore von Listrac-Médoc sage ich, »was, was, was«.“

„LUGOS’ Trauer endet nicht!“

Der Druide berührt die Tänzerin mit dem Stab.

„So seht nur!“, ruft der Erzähler. „Die Göttin ist wiedergeboren.“

»Sir« Tor kommt den Hügel heraufgelaufen und trägt »Cabot« auf den Armen. Der Hund sieht Artus und wedelt verlegen mit dem Schwanz.

„Mein kleiner Ausreißer! »Sir« Tor, du hast dir eine Belohnung verdient.“

Langsam steht die Darstellerin auf und lässt den Schleier fallen. Die junge Frau ist in einen durchsichtigen weißen Stoff gehüllt. Am Kopf, den Armen und den Beinen sind grüne Blätter und Blumen angebracht.

„Ein Wunder ist geschehen! SENA ist unter die Lebenden zurückgekehrt! LUGH bittet seine Angebetete um ihre Hand."

Der Druide und die Schauspielerin führen den Hochzeitstanz auf. Artus gesellt sich zu seiner Braut.

„Was hat sich zugetragen?", empfängt ihn Jennifer kühl. „Mich alleine vor den Leuten stehen zu lassen!"

„Der Hund ist weggelaufen. »Sir« Tor hat ihn wieder eingefangen."

„Ich bin selbst kurz davor wegzulaufen und »Sir« Tor holt mich nicht zurück!"

„Lass uns ein Obst-Opfer bringen!", wechselt Artus das Thema.

„Springt über meinen Stab!", ordnet Merlin an.

„Das gibt Ärger mit dem Zeremonienmeister!", gibt Artus zu bedenken. „Du greifst in den Ablauf ein."

„Der Oberdruide bin nach wie vor ich! Statt Früchte verstreut diese Brotkrumen! Für die Götter mag das genügen."

„Ist das Opfer gestattet, dem Hund rohes Fleisch vorzuwerfen?"

„Nur zu. Cabot hat nach seinem kleinen Abenteuer großen Appetit."

Begleitet von den Musikern, umrundet das Paar dreimal die Tafelrunde. Gelegentlich nickt einer der Gäste mit dem Kopf zum Gruß. Jennifer überreicht Artus einen Krug mit rotem »Chouchen« und beide treten vor die Göttin SENA. Das Paar trinkt gemeinsam aus einem Becher und schwört vor der Erdgöttin, sich gegenseitig zu respektieren. Mit einem Stoffband verknotet der Druide die rechten Handgelenke des Brautpaares. Die Gäste tanzen und alle geben sich die Hände.

Palamedes

„Sprecht mit mir das »Vedô«[9] und empfangt den Hochzeitssegen."

„Die Gäste haben Hunger und fangen an zu murren!", sagt Artus ungeduldig.

9 Keltisch: Ich binde, joche.

„Vergesst das »Vedô«, gebt euch einen Kuss und legt ein wenig Fleisch vom Schaf als symbolisches Opfer auf den Grill!"

SEGWARIDES

Sechsunddreißig Schafe, ein Dutzend Ochsen und ein Gros[10] Amphoren Wein verschwinden in den gierigen Kehlen der Anwesenden. Zwei Männer mit goldbrauner Haut stehen hinter »Sir« Pellinore die dem »King« erst jetzt ins Auge fallen.

„Wen hast du da mitgebracht?"

„Vor Ärger über Bague habe ich vergessen, dir meinen besten Freund Palamedes den Sarazenen und seinen Bruder Segwarides vorzustellen. Ihr Vater ist Esclabor, der Herrscher von Babylon gewesen ist. Ich schulde ihm mein Leben und selbst der Kaiser hat ihm seines zu verdanken."

Palamedes ist selbstgefällig und überheblich. Jede Bewegung ist geplant und die Gesten sind überlegt und aufgesetzter Ausdruck eines nie gelebten Egos altorientalischen Feudalismus. Obwohl annähernd ein Zwerg, gleicht seine Präsenz die mangelnde Körpergröße aus, solange sein Mund geschlossen bleibt. Segwarides hat eine übermäßig helle Stimme. Das ihm fehlende Durchsetzungsvermögen, korrigiert der Orientale mit hektischen Gebärden und unkontrolliertem Aufbrausen.

„Leute von solch hoher Geburt sind stets willkommen auf »Kameled«! Kniet nieder! Zur Feier des Tages ernenne ich euch zu »Sirs« meiner Tafelrunde."

Merlin ist über Artus' Großzügigkeit sprachlos. In den Morgenstunden geleiten die Gäste und die Musiker das Paar in die Burg, um deren ersten Beischlaf beizuwohnen. Bei dieser Gelegenheit bekommt der Druide, wie die Tradition dies fordert, das Hochzeitskleid überreicht.

†††

10 Ein Dutzend mal ein Dutzend, ergeben hundertvierundvierzig Amphoren.

N
Letavia
Ker Leon
Leon
Burg Kameled
Goulien
Castellinum
Poher
Da-Roup
Bidar
Ker Mel Karhez
Ker Ahez
Cornouaille
Gaunes
Britanie
Veneticus
50 km

Die Tafelrunde

nach der Hochzeit

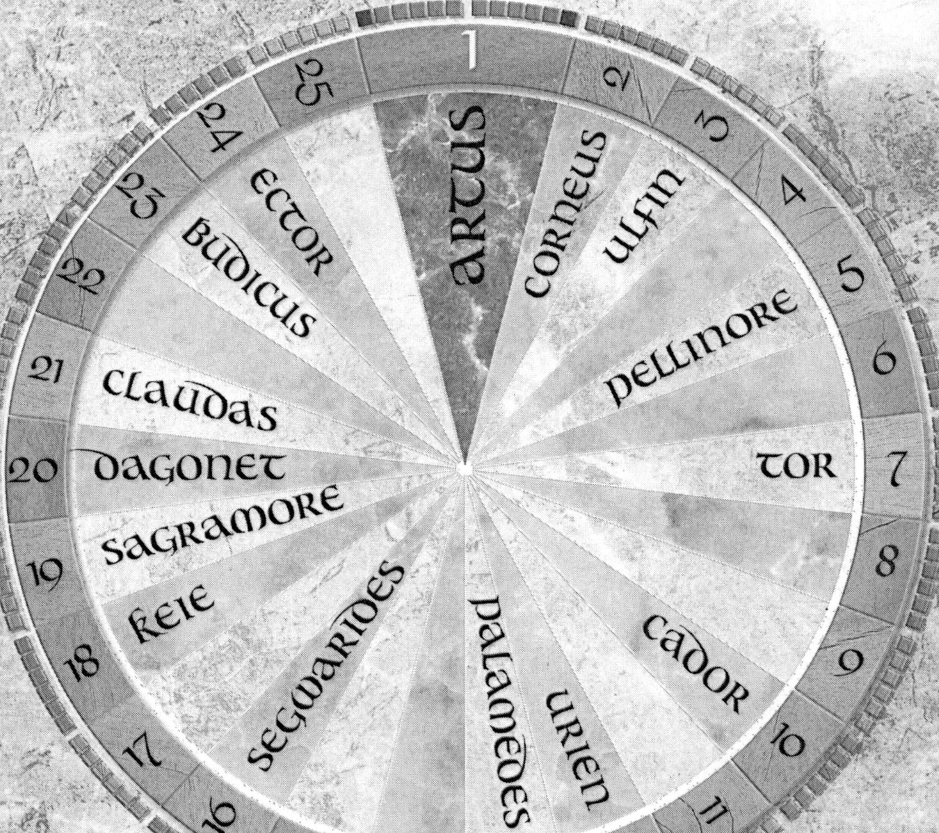

Tafelrunde

13

Herbst 459 nach Christus

Nur ein zur Torwache eingeteilter »Sir« hat das Recht, die Tür zu öffnen und zu entscheidet, wer Zugang zu Burg erhält. Ohne Kenntnis der höfischen Regeln ist der Eintritt nicht gestattet. »Sir« Keie hat für diesen Dienst den Begriff »Lloyd«[1] geprägt, da seiner Meinung nach dem Zugeteilten graue Haare wachsen. Artus sitzt in einem kleineren Raum an einem Tisch, der für Schreibarbeiten vorgesehen ist und deshalb höhere Beine hat als ein herkömmlicher. Die Wände sind mit bunten Stoffen abgehängt. Vor ihm liegt ein Stück kostspieliges, mit Purpur eingefärbtes Stück Pergament, das aus der Haut einer ungeborenen Ziege hergestellt worden ist. Mit Silbertinte entwirft der »King« eine festgelegte Sitzordnung der Tafelrunde. Merlin, der neben ihm steht, ist von den malerischen[2] Fähigkeiten entzückt.

„Ich bringe Ordnung in den Kreis meiner »Sirs«. Nur die, denen ich einen Platz zuweise, haben zukünftig das Recht, an den Mahlzeiten und den Gesprächen teilzunehmen. Alle anderen nehmen mit dem Burghof oder dem Brachfeld vorlieb."

„Vergebe die Stühle mit bedacht! Trenne die Sippen!"

„Stelle ein weißes Pferd anbei!", schlägt Dagonet vor. „Wie dies der römische Kaiser Caligula im Senat vorgemacht hat."

„Ich habe geplant, die Familien zu gruppieren! Deine Worte bereiten mir Kopfzerbrechen, da ich nicht verstehe, was du mit der Trennung bezweckst."

„Ich spüre gewisse Rivalitäten zwischen den Clans. Die Familienangehörigen nebeneinanderzusetzen, halte ich für gefährlich. Schnell entstehen Gruppen, die sich gegenseitig bekämpfen. Sitzen die Blutlinien weit voneinander entfernt, verhinderst du heimliche Absprachen und unterbindest Gerüchte. Ein falsches Wort bedeutet dein vorzeitiges Ende! Die Goten suchen ihren Schatz. Vergiss das in keinem Moment deines Handelns!"

1 Keltisch: der Grauhaarige.

2 Das Wort »Zeichnen« ist zu diese Zeit nicht existent gewesen.

„Aus Führern forme Diener!", sinniert der Schelm. „Aus Narren ernenne Anführer!"
„Servierst du mir mein Essen? Schenkst du mir meinen Wein ein?"
„Ich bin kein »Sir«!", lacht Merlin aufgesetzt. „Und habe nicht vor, einer zu sein! Meine Bestimmung ist eine andere. Ein ständiger Stuhl in deiner Nähe genügt mir."
„Dagonet hat keinen Titel und ich mag mir beim besten Willen nicht vorstellen, den Spaßvogel mit ernsten Themen zu belasten."
„ADHUC· TUA· MESSIS· IN· HERBA· EST![3]", brabbelt der Possenreißer vor sich hin. „Tafeln in der Runde ist ein Vergnügen. Tragen eines Titels ist eine Last."
„Dein Vater hat ihn von ganzem Herzen gemocht. Der Einzige, der Uther je zum Lachen gebracht hat. Weshalb denkst du über ihn nach?"
„Mein Vater hat ihm einen Tisch zugewiesen und ich habe ihm versprochen, diesen Umstand nicht zu ändern."
„Diese Eingebungen haben dir die Götter übermittelt!", freut sich der Narr.
„So ist seine Aufgabe klar geregelt! Dagonet besingt deine Heldentaten und bringt die Damen durch anzügliche Witze zum Erröten."
„Manche Gedankengänge sind selbst bei längerem Nachdenken nicht nachvollziehbar."
„Ernenne den Schwiegervater zum »Sir« und zum ersten Bediensteten der Tafelrunde."
„Weshalb ausgerechnet ihn?"
„Victor hat das Amt bei Uther innegehabt und bleibt so weiterhin ein Vorbild. Ich hab damals deinem Vater den Rat gegeben, die beiden äußeren Stühle des Doppeltisches stets unbesetzt zu halten!"
„Ergibt das einen Sinn?", erkundigt sich der Narr. „Zwei Personen weniger, denen bei meinen Scherzen das Lachen vergeht!"
„Stürzt sich ein Attentäter auf dich, hast du Zeit zu reagieren!"
„Ich bin der erste »King« aller Zeiten und beim Volk beliebt. Niemand hat einen Grund, mich zu töten!"

3 Noch ist die Ernte auf dem Halm!

„Bestimme den Stuhl zu deiner Rechten für einen »Sir«, der nie ein Unrecht begangen hat. Verkünde allen, wer den linken Stuhl zu besetzen wagt, den trifft der Schlag! Von diesem Platz aus ist der Stich mit dem Messer in dein Herz problemlos auszuführen."
„Über diese Möglichkeit habe ich nicht nachgedacht."
„Ich rate dir weiterhin, »Crozon« zu einer unüberwindbaren Festung auszubauen! Stimme alle Orte darauf ein, eindringende Feinde aufzuhalten und Fremde davon abzuhalten, ohne deine Zustimmung nach »Kameled« vorzudringen! Die Sachsen haben uns im »Quent« gezeigt, wie Gegner mit bescheidenen Mitteln abzuschrecken sind. Ich denke an Windpfeifen, Wassergräben, Schutzwälle und Wehrtürme."
„Ist deine Sorge nicht übertrieben? Wir sind am Ende der Welt."
„Du bist verloren, wenn du das Land nicht schützt. Ich sehe ein Unheil über diese »Briga« hereinbrechen. Besuche die Herrscher von »Telgruc«, »Argol« und »Landévennec« und nehme diese in die Reihe deiner »Sirs« auf!"

An einem sonnigen Tag reitet Artus, in Begleitung einiger »Sirs«, oberhalb der Steilküste entlang. In »Lanvéoc« lädt ihn die Bevölkerung zum Essen ein. Der »King« sieht sich nicht in der Lage, den freundlichen Menschen ihren Wunsch auszuschlagen. Am Nachmittag erreicht der Erkundungstrupp »Landévennec«. Am Meer steht ein heruntergekommenes römisches »Castrum« neben einem ungenutzten Hafen, in dem zwei gesunkene Schiffwracks ankern. Das relativ schmale Eingangstor steht weit offen. Der Wind spielt mit zerfetzten Zeltbahnen und treibt den Sand über den verlassenen Exerzierplatz. Keine Spuren von frischen Hufabdrücken. Vereinzelt liegen Scherben von zerbrochenen Amphoren und Reste gesplitterter Holzbretter herum. In der Ferne bellt ein Hund. Cabot antwortet ihm. Da erscheint ein Mann auf einem der Wehrtürme.

„Wer seid ihr?", ruft der Fremde. „Was führt euch in diese Abgelegenheit?"

Der kleine Mann steigt umständlich eine Leiter herunter. Da fällt Artus seine fehlende Hand auf.

„Weshalb ist diese Wehranlage nicht besetzt?", fragt Artus.

„Mein Vater ist vor ein paar Jahren vergiftet worden."

„Wenn Sachsen oder Piraten an dieser Stelle anlanden, hält die Invasoren niemand auf."

„Ich bin schwerlich in der Lage, alleine eine Armee aufzuhalten!"

„Warum führst du die Männer deines Vaters nicht an?"

„Einen Einhändigen römischer Abstammung haben die alten Kämpfer abgelehnt, sich über die Nachfolge zerstritten und sind davongelaufen."

„Ablehnung habe ich selbst erfahren! Traust du dir zu, einen neuen Heerhaufen zu rekrutieren, der unter deinem Kommando den Ort zur Festung ausbaut und gegen meine Feinde verteidigt?"

„Wer bist du, mir solche Fragen zu stellen?"

„Ich bin »King« Artus, der Herrscher »Letavias« und somit dein Lehnsherr."

„Ich bin Bedibere von Landévennec."

„Du erinnerst mich an einen alten Freund. Kennst du einen gewissen Lucan?"

„Das ist mein älterer Halbbruder."

BEDIVERE

„Lucan ist ein »Sir« und Corneus ist mit meinem Vater befreundet gewesen. Dein Bruder hat mir »Kameled« für den Bau der Burg empfohlen."
„Du findest kein schöneres Land auf der Welt als diese Halbinsel hinter dem »Menez-Hom«[4]. Ich in entschlossen, diesen Ort zu befestigen und mit dem Leben zu verteidigen."
„So nenne dich von jetzt an »Sir« Bedibere von Landévennec!"

Artus' Halbschwester, die Riesin Morgause, sieht sich nach dem Tod ihres Mannes, »Sir« Lot von Orgères und Lousillais, außerstande, ihre Kinder zu ernähren. Die Witwe beschließt, in die nahe gelegene Großstadt »Condate« zu ziehen, um sich dort als »Marketenderin« durchzuschlagen, wie die verarmte Mutter vorgibt.

„Gehe zu deinem Onkel!", lautet ihre Anweisung an ihren ältesten Sohn Gawein. „Meine Schwester hat mir geraten, dich zu ihm zu schicken. Artus kümmert sich um dein weiteres Schicksal!"

„Was geschieht mit dir und meinen Brüdern, wenn ich gehe?"

„Um mich sorge dich nicht. Der »King« hat Lot zum »Sir« geschlagen. Kurz darauf hat ein gewisser Pellinore euren Vater ermordet. Versprich mir, ihn zu rächen!"

„Der Widerling ist so gut wie tot! Nichts ist in der Lage, ihn zu schützen!"

„Nimm Agrabain[5], Gaheris, Gareth und Mordred ebenfalls mit! In der Stadt habe ich ohne euch ein einfacheres Leben. Bei Artus habt ihr eine Zukunft."

GAWEIN

Die Gebrüder ähneln sich, nur Mordred hat ein mondartiges Gesicht und mandelförmige Augen. Seine rotblonden Haare sind dünn und von langsamem Wachstum.

4 Erloschener Vulkan. Mit 330 Metern zweithöchste Erhebung der Bretagne.

5 Keltisch: Agravain.

„Mordred ist unheimlich und kommt trotz seines Alters auf merkwürdige Gedanken. Oft ist mir in den Sinn gekommen, sein Wesen passt nicht zu uns. Behalte ihn bei dir!"

„Dein Onkel Artus ist sein Vater und du bringst ihn zu ihm!"

„Das ist genau der richtige Zeitpunkt, mich über unsere familiären Verhältnisse aufzuklären! Hoffentlich übersteht der Kleine diese qualvolle Reise bis ans Ende der Welt!"

„Du trägst für ihn die Verantwortung!"

„Ohne Mutter ist die Reise für das Kind eine enorme Strapaze!"

„Gnade den Göttern, wenn ihm ein Leid widerfährt!"

Ein paar Tage später erreichen die Brüder das Fischerdorf »Fines«[6]. Schnell spricht sich die Ankunft der jungen Riesen bei den Einheimischen herum. Von den Fremden angelockt, eilen die Bewohner auf den Dorfplatz, der in unmittelbarer Nähe des Meeres liegt.

„Der »King« verlangt von euch", behauptet Gawein, „alle Kinder im Alter dieses Knaben in ein Boot zu setzen und den Elementen zu überlassen! Artus ist von einem berühmten Druiden geweissagt worden, ein vor vier Wintern geborenes Kind besiegelt eines Tages sein Schicksal!"

„Wir sind Christen und opfern keine Leben! Fisch geben wir dir, so viel du begehrst. Nimm den gesamten Fang des Morgens. Mit den Meerestieren stimmst du deinen Gott gnädig und niemand widerfährt ein Leid!"

„Ich gebe dir meine Kuh!", schreit eine Frau. „Aber nicht die Frucht meines Leibes!"

„Der »King« befiehlt und ihr gehorcht! Sonst seid ihr des Todes!"

„Du hast nicht das Recht, ein solches Opfer zu fordern!"

„Du erledigst, was ich dir sage!"

„Niemals, du Aufschneider! Dein Atem stinkt nach faulem Fisch! Unser Gott verbietet Menschenopfern!"

„Diese kleinen Dämonen bringen Unglück! Ein Druide hat Artus vor ihnen gewarnt."

„Das ist ein Scharlatan und Artus ist des Todes! Von uns bekommst du kein Boot und wir wissen uns zu wehren!"

„So stirb!"

6 Heute Yffiniac. Der ehemalige Zugang zum Meer ist versandet.

Gawein sticht dem besorgten Vater seine Klinge in den Bauch und in den Hals. Der Fischer erstickt an seinem Blut. Der »Ort« zeigt in Richtung eines Bootes.

„Einsteigen!"

„Lieber sterbe ich", brüllt die Frau mit der Kuh, „als dir mein Kind zu geben".

„Dein Wunsch ist mir Befehl!", zischt der Mörder.

„Halt ein!", fleht Agrabain. „Vergehe dich nicht an einer wehrlosen Frau!"

Ein Greis in einem weißen Gewand steht wie versteinert neben dem Toten. Seine knochigen Hände heben und senken sich hektisch.

„Wir tun alles", beschwichtigt der alte Mann, „was du verlangst. Bitte töte niemanden mehr!"

„Was fällt dir ein, dich einzumischen? Wer bist du?"

„Ich bin der Geistliche dieses Ortes. Du bist besessen von den Dämonen des Bösen. Viele Jahre sind diese Kräfte eingesperrt gewesen. Mit dir haben die Kreaturen der Finsternis den Weg aus der Hölle hierher zurückgefunden. An deinen Fingern klebt das Blut eines unschuldigen Menschen und haftet dir dein ganzes Leben lang an. Das prophezeie ich dir. Bekehre dich zum Christentum und ich bitte Gott, dir deine Sünden zu vergeben."

„Schweig, alter Narr! Du schüchterst mich nicht ein."

„Gott verzeiht dir nicht, wenn die Sprösslinge deinetwegen sterben!"

„Die Götter verlangen ein Opfer! Das ist nicht meine Schuld."

„Ich spüre die Lüge, deine jugendliche Einfalt und deine Niedertracht!"

Das Boot ist voll besetzt. Gawein setzt Mordred in die Mitte, auf den einzigen freien Platz. Der Junge versteht nicht, was sein älterer Bruder mit ihm vorhat. Sein Magen schmerzt und ihm steht die Verzweiflung in Augen. Der Ruf nach seiner Mutter hallt über die Bucht. Die Dorfbewohner schieben, mit der Klinge im Nacken, den Kahn in die Strömung. Das heftige Schaukeln erzeugt mehr Angst. Die Kinder weinen und schreien schrill.

„Erbarme dich dieser Geschöpfe!", bittet der alte Mann mit zitternder Stimme. „Verschone diese Unschuldigen. Noch lässt sich das Boot wieder ans Ufer ziehen."

„Der erste, der ein anderes Boot besteigt, den treffen meine Pfeile! Wer ins Wasser läuft, den erschlage ich eigenhändig!“

Heulend stehen die Frauen am Ufer und kraftlos ihre unbewaffneten Männer daneben.

„Ich wünschte“, begehrt einer der Väter auf, „ich hätte ein Schwert!“

„Agrabain, gib ihm deines!“

„Gegen dich hat der Mann keine Chance!“, widerspricht ihm sein Bruder, den Gewissensbisse plagen.

„Hört auf mit dem Gejammer und akzeptiert endlich den Willen der Götter!“, schreit Gawein in die Menge.

„Dich verfluchen deine erbarmungslosen Götzen!“, spuckt ihm eine Frau ins Gesicht. „Und dieser Artus möge in der Hölle schmoren!“

✝✝✝

»Reix« Bran von Gordes und Estangore hat von Artus, zum Dank für dessen Unterstützung, ein Haus in »Ros Goff«[7] geschenkt bekommen. Aufgrund von Altersbeschwerden verzichtet der alte Mann aufs Reiten und freut sich über jeden Besuch seines Ziehsohns, »Sir« Sagramore den Goten.

„Um den Platz an der Tafelrunde beneide ich dich. Für den jungen »King« zähle ich leider zum alten Eisen. Ich fühle mich trotz der Beschwerden nicht veranlasst, mich mit Brei füttern zu lassen und jeden Tag auf den Tod zu warten.“

„Artus meint das nicht persönlich! Die vielen Aufgaben rauben ihm die Zeit, über Kleinigkeiten nachzudenken. An meinem ... An deinem alten Tisch ist jederzeit ein Platz für dich frei!“

„Damals im Wald von »Mons Relaxus«, unter »Reix« Uther, haben wir gegessen, getrunken und danach unsere Triebe befriedigt. Ich verstehe Artus nicht. Niemand hat das Recht, seine Frau anzufassen. Ihre Kinderlosigkeit kommt nicht von ungefähr!“

„Sein Verhalten erinnert mich an die Christen in meiner Kindheit. Die haben behauptet, ihr Gott habe ihnen vorgeschrieben, sich nur auf eine Frau einzulassen.“

7 Heute Roscoff (Anhöhe des Schmiedes).

„Hast du den Goldschatz zu sehen bekommen?"

„Wo denkst du hin! Ich habe die Schatzkammer mit hochwertigen römischen Schlössern gesichert. Alles Spezialanfertigungen, zu denen jeweils nur ein Schlüssel passt, und keiner hat eine Ahnung, wo diese versteckt sind."

„Haben dich deine Landsleute auf den Schatz angesprochen?"

„Außerhalb von »Kameled« ist seine Existenz unbekannt!"

„Die Goten suchen ihr Gold und töten dich als Verräter, wenn du ihnen nicht hilfst!"

„Seit »Konstantinopel« ist nicht ein Einziger in mein Leben getreten."

„Du hast die Burg gebaut. Du kennst die Schwachstellen!"

„Worauf spielst du an? Du hast Artus stets unterstützt! Ich falle meinem »King« nicht in den Rücken!"

„Mit dem Gold wäre ich längst »Oberster Reix« von »Pannonia inferior« oder einem anderen Gebiet. Jetzt bin ich zu alt für die Politik und habe mich an das beschauliche Leben an der Küste gewöhnt. Du bist jung. Denke an deine Zukunft."

„Nicht durch Illoyalität!"

„Schütze deinen »King« und »Letavia«! Wir Alten reden bei den Treffen häufig über die Umsturzpläne einzelner Clans, die nur auf einen Fehler des »King« lauern."

„Bei unseren Begegnungen sind wir unbekümmert und ausgelassen."

„Kein Wunder! Wer setzt freiwillig seine Tarnung aufs Spiel?"

»Sir« Sagramore eilt zur Tür. Die Worte seines Ziehvaters erfordern eine Brise frischer Luft.

„Eine gute Idee, mein Sohn! Lass uns ein paar Schritte gehen. Ich habe dir einiges zu erzählen."

Die Sonne scheint und ein kalter Wind aus dem Norden lässt die Wellen der einsetzenden Springflut tanzen. Schnell steigt der Wasserspiegel und überflutet den Strand. Ein Boot treibt zwischen den vorgelagerten Inseln auf die Küste zu. Wenige Meter vom Ufer entfernt ragt ein Steinhaufen aus dem Wasser.

„Wieder ein armer Fischer", vermutet Bran „der in den eisigen Fluten sein Leben gelassen hat. Bei Nordwind treiben ihre Boote unvermittelt vor mein Haus. Leider eignen sich die Wrackteile nur zum Verbrennen."

„Ich höre Rufe!"

„Bei allen Göttern! Meerjungfrauen sind dem Boot gefolgt. Hüte dich vor ihren Gesängen!"

Krachend zerschellt der Narren an den Felsen. Schrilles Gekreische übertönt die Brandung.

„Da sind Kinder an Bord!"

Die Männer werfen ihr Mäntel ab und laufen ins Meer hinein. Der Widerstand des eiskalten Meeres erfordert ihre ganze Kraft, um voranzukommen. Das Boot sinkt vor ihren Augen. Die Schreie verebben. Ein leises Winseln ist zu vernehmen. Endlich erreichen die beiden die Trümmer. Für die jungen Seelen kommt jede Hilfe zu spät. Nur in der Mitte des Boots sitzt ein Knabe, der wie durch ein Wunder unbeschadet ist. Sagramore nimmt das unterkühlte Bündel Elend fest in seine Arme.

„Wie heißt du?", fragt Bran.

„Mordred."

✝✝✝

Jahresende 459

Die Halbinsel »Crozon« dominiert im Osten ein heiliger baumloser Berg. Die Götter der Luft treiben an den Hängen ihr Unwesen. Leidenschaftlich jagen die Geister der Winde die Keimlinge junger Bäume vor sich her. Der Gipfel erstarrt selbst im Sommer unter der Kälte der Sturmgötter. Ein ständiger Kampf zwischen BELENOS und TARAMIS um die Vorherrschaft über die Temperatur. Am Fuß des Massivs wacht CERONUS über die Wälder, die der Gott mit aller Macht verteidigt. ESUS hütet das Wild vor dem Erfrieren.

Die Jagd auf Wildschweine verspricht, nach den Voraussagen des Druiden von »Kameled« Claude[8], reiche Beute. Artus lädt »Sir« Urien von Goulien und dessen Sohn Accolon ein, mit ihm rund um den »Menez-Hom« auf die Pirsch zu gehen. Die Jäger durchkämmen den Wald bis in die Abendstunden. Der Jagderfolg bleibt aus. Irgendetwas hat die Tiere gestört und vertrieben. Nur ein krankes, blindes Kaninchen haben die Männer erlegt.

8 Keltisch: Clwyd.

Am Wegesrand steht eine alte Frau, die den jungen Mann herbeiwinkt und ihm eine Flasche reicht. Dieser bedankt sich und schließt wieder zu den Reihen der Reitern auf. Bei einem Hain, in einem vom Wind geschützten Terrain am Fuße des Hügels, schlagen die Sklaven ein Zeltlager auf. Am Lagerfeuer erheitert Dagonet die Gesellschaft mit seinen Witzen und bereitet die Mahlzeiten zu.

„Die Götter sagen", kommentiert der »Harlequin« das spärliche Abendessen, „wir sind mit Blindheit geschlagen. Und sehen nach wie vor nichts."

„Die Dunkelheit ist hereingebrochen", bemerkt »Sir« Urien. „Nur das Nachtgetier sieht seine Opfer."

„Selbst wenn wir uns anstrengen", führt der Spaßvogel weiter aus, „in der Finsternis Gegenstände zu erkennen, erblicken wir die Zukunft nicht!"

„Nur die Sterne", sinniert Artus, „kennen unsere Bestimmung."

Nach dem Essen und der Einnahme eines wohlschmeckenden Trankes, den ihnen die alte Frau am Wegesrand geschenkt hat, legen sich die drei schlafen und haben Albträume. Accolon erwacht, sonderbarerweise mitten im Winter, in einem erntereifen Feld und begegnet dort der Frau seiner Träume, Morgane von Cornouaille, die seit der Hochzeit wie vom Erdboden verschwunden ist.

„Ich habe dich vermisst!", stammelt der Verwirrte.
„Und ich habe dich nicht vergessen!"
„Weshalb bist du nicht früher gekommen?"
„Ich riskiere mein Leben nur ungern ohne Aussicht auf die »Anderswelt«."
„Besteht keine Gefahr mehr?"
„Der Trank verhindert Schlimmeres. Durch seine Wirkung erkennt mich Artus nicht. Sobald du meinen Bruder aus dem Weg geräumt hast, stehen uns alle Türen offen! Ich bin die »Queen von Letavia«."
„So bist du in Kürze meine Frau!"

Unwillig tritt »Sir« Keie an diesem Morgen seinen Dienst als »Lloyd« an. »Kameled« liegt im Morgendunst. Die feuchte Kälte dringt bis tief ins Rückenmark ein. Möge GRANNUS[9] ihn von Krankheiten verschonen. Das Kratzen im Hals ist der Vorbote einer aufziehenden Erkältung. Accolon von Goulien läuft den Hügel herauf. Sein Atem kondensiert in der Kälte. Sein Kettenhemd klirrt bei jedem Schritt.

Neben ihm bewegt sich unbemerkt ein kleiner Schatten, den »Sir« Keie nicht wahrnimmt. Der Zwerg Kroton trägt einen glänzenden Helm mit Visier, der sein Gesicht teilweise verschwinden lässt, da das helle polierte Metall die Umgebung spiegelt.[10]

„Weshalb ziehst du solch bittere Mine?", fragt »Sir« Keie. „Gegen dein Antlitz scheint die Sonne durch schwarze Wolken."
„Lass mich vorbei!", sagt Accolon gefasst und trocken.
„Nenne mir dein Anliegen!"
„Ich habe mit dem Mörder der Kinder zu sprechen!"
„Ein »Sir« dieses Namens ist mir nicht bekannt!", scherzt »Sir« Keie.
Kroton schleicht sich unbemerkt hinter »Sir« Keie zum Tor hinein. Der Zwerg hat eine täuschend echte, auf »Avalon« gefertigte, Fälschung »Ex. Sal.Liburns« in den Händen. Trotz der Tarnkappe bellt Cabot und die Pferde scheuen.

9 Keltischer Heilgott, mit Apollon gleichgesetzt.

10 Sogenannte Tarnkappe. Die Spiegelung ist für damalige Sehgewohnheiten nicht nachvollziehbar gewesen und hat seinen Träger durch optische Täuschung unsichtbar gemacht.

„Ich schlage ihm den Kopf von den Schultern!", wettert Accolon.

„Das Betreten der Burg mit Waffen ist verboten. Gib mir dein Schwert!"

„Ich entwaffne mich niemals. Ich erwarte Artus vor dem Tor, wenn der Feigling sich traut herauszutreten!"

„Was wirfst du ihm vor?"

„»Fay« Morgane hat berichtet, Artus habe seine Häscher in ein christliches Fischerdorf geschickt, um deren Kinder den Göttern zu opfern."

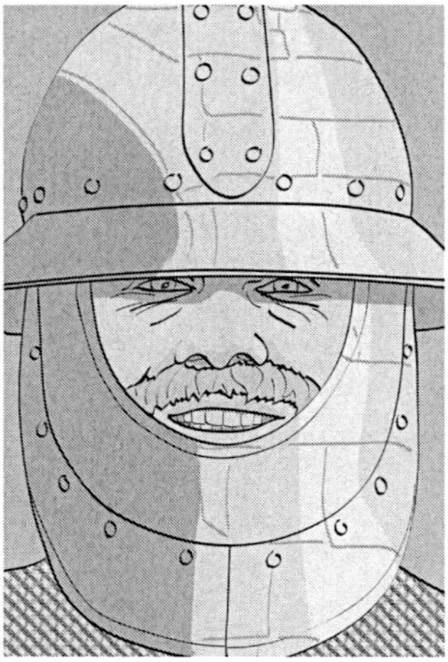

Kroton

„Davon wüsste ich. Vermutlich ist das eine Verwechslung!"

„Du bist sein Vasall und ich traue dir nicht. Lasse mich passieren!"

„Sonst was?"

„... stirbst du vor deinem scheußlichen Bruder."

„Selbst wenn der »King« das Opfer gefordert hat, steht dir nicht zu, ihn zu tadeln."

„Nicht ich, sondern das Volk ist empört!"

„Was geht dich das Volk an?"

„Ich fordere im Namen der Tante eines der Kinder Gerechtigkeit! Ein Herrscher, der den Tod von Zöglingen fordert, gehört erwürgt!"

„Mich überkommt das Gefühl, du bist nur auf Streit aus. Alle Sprösslinge dieses Landes gehören dem »King«. Folglich entscheidet Artus über deren Schicksal. Wer ist diese Tante?"

„»Fay« Morgane."

„Artus' Schwester? Du wartest vor dem Tor auf mich! Ich rede mit dem »King«. Gleich klärt sich das Missverständnis auf."

Keie schreitet durch das Tor zum zweiten Innenhof, da taucht der Zwerg wieder auf. Wegen der Tarnkappe sieht Accolon ihn und die Freude in den Augen nicht.

„Ich habe »Ex.Sal.Liburn«!", platzt Kroton heraus.

„Der Helm ist Gold Wert", erschreckt sich der Angesprochene.

„Gib mir dein altes Schwert und richte alle deine Gedanken auf die »Waffe der Götter«!"

»Sir« Keie erscheint am Tor.

„Der »King« weist deine Vorwürfe zurück. Der von dir gewählte Zeitpunkt ist ungünstig. Artus hat Besuch von seinem Neffen, der zufällig Zeuge des Vorfalls ist. Ihm zufolge ist das Kind bei einem Unfall abhandengekommen. Gawein ist ein Schönredner und hat einiges zu berichten. Komme beim nächsten Vollmond wieder!"

„Ich warte vor diesem Tor, bis Artus herauskommt!"

✝✝✝

Das Meer hat eine blaugraue Färbung angenommen. Der Wind bläst in Böen aus Nordwest und führt kalte Luft mit sich. Auf den Wellen bilden sich Schaumkronen und in »Léon« schlagen Blitze ein. Dicke Regentropfen tanzen, von der Luftströmung getrieben, über die Pfützen. Die Dunkelheit bricht herein, obwohl die Sonne ihren Höhepunkt nicht erreicht hat. Artus schreitet bewaffnet und von einer Eskorte seiner besten Krieger begleitet, vor das Portal.

„Was ist geschehen? Weshalb bist du am »Menez-Hom« im Wald verschwunden? Wir haben dich überall gesucht. Und jetzt erhebst du schwere Beschuldigungen gegen mich. Wie kommst du auf die Idee, ich habe meinen Sohn, den ich nie zu Gesicht bekommen habe, ermorden lassen?"

„Morgane hat dies von den Bewohnern von »Fines« erfahren."

„Diese Unruhestifterin hat nicht das Recht, mein Land zu betreten!"

„Deshalb schickt die »Fay« mich, um Genugtuung zu fordern."

„Der »King« ist unschuldig!", mischt sich Gawein ein. „Wir haben unseren Bruder bei einem Unfall verloren! Der arme Junge ist aus dem fahrenden »Benna«[11] geschleudert worden. Selbst nach langer Suche haben wir ihn nicht gefunden. Mein Onkel hat bei der Nachricht vom Tod seines Sohnes Tränen vergossen!"

„Die Fischer haben eine andere Geschichte erzählt! Ein Mann habe im Namen des »Kings« die Opferung der Kinder gefordert. Dein Name ist

11 Keltisch: Wagen.

bei der Gelegenheit gefallen! Dein Häscher habe einen von ihm mitgebrachten Jungen mit den Kindern des Dorfes in das Boot gesetzt."

„Bist du dort gewesen?"

„Weichst du dem Kampf durch Gerede aus? Ich glaube deinem Neffen kein Wort!"

„Ich habe angenommen", ist Artus betrübt, „wir seien Freunde."

„Wer mit einem Mörder befreundet ist, schmeichelt dem Tod."

„Du bist ein Handlanger meiner intriganten Schwester, die dich für ihre Zwecke missbraucht."

„Ich liebe Morgane! Nach deiner Niederlage nehmen wir uns den Schatz und regieren gemeinsam über »Letavia«."

„Von dort weht der Wind!", ist Artus über die offenen Worte erstaunt.

„Im Kampf gegen mich bist du der Unterlegene und chancenlos. Ich gebe dir einen Tag Zeit, dich von deiner Sippe zu verabschieden."

„Diesmal verlierst du, Artus!"

Accolon zieht blank und wirft gedankenlos die leere Hülle beiseite. Sofort nimmt Kroton den Heil bringenden Gegenstand an sich.[12] Artus erwidert den Schlag und das Imitat bricht. Der vom Sieg Berauschte drischt unaufhörlich auf den wehrlosen »King« ein. Der setzt den Kampf unerschrocken fort. Artus' Schild hängt in Fetzen. Das Kettenhemd reißt und Wunden klaffen an der Hüfte und am Arm. Ein gezielter Todesstoß und das Leben von Artus ist beendet. Dem nervös Gewordenen fällt durch ein Missgeschick das »Heft« aus der Hand. Der »King« verliert das Gleichgewicht und fällt. Im Sturz rammt Artus den Stummel seiner gebrochenen Waffe in Accolons Oberschenkel.

„Die Götter sind dir gewogen, Artus, und haben mir die Kontrolle über »Ex.Sal.Liburn« entzogen! Das ist das Werk einer üblen »Schadenszauberin«. Du bist zwar am Leben, aber du findest keine Ruhe vor mir! Deine Freunde sind deine Feinde! Deine Familie ..."

„Da hinter der Attacke meine Schwester Morgane steckt, lasse ich dich laufen. Bist du genesen, verlässt du das Land deines Vaters für immer!"

12 Auf der Scheide ist eine Tasche angebracht, in der sich eine aus Heilkräutern bestehende, blutstillende Salbe befindet.

Artus schwinden die Sinne. Da Merlin nicht zugegen ist, versorgt Claude seine Wunden, was einige in der Burg das Schlimmste hoffen lässt.

Kroton flieht unbemerkt und berichtet seiner Auftraggeberin, die ungeachtet ihrer Verbannung am nahe gelegenen »Loc'h«, ihr Zelt aufgeschlagen hat, von Accolons Misserfolg. Die »Fay« belohnt ihn mit römischen Goldmünzen, obwohl der Plan gescheitert ist, und wirft zornig »Ex.Sal.Liburns« schützende Schwertscheide ins Wasser.[13]

„Ich finde einen Weg, ihn zu heilen."

„Ich kenne den Raum, in dem der Druide ihn pflegt."

„Du hast versagt! Gehe mir aus den Augen!"

„Ist dies dein Dank für meine treuen Dienste? Wer schafft deinen Bruder beiseite, wenn nicht ich? Dein Liebhaber hat uns enttäuscht!"

„Ich bin selbstsüchtig und mein Geliebter ist um ein Haar gestorben. Deshalb bitte ich Artus um Verzeihung. Sobald Accolon wieder gesund ist, führe ich mit ihm ein bedächtiges Leben."

„Ist das dein letztes Wort? Nach allem, was ich für dich getan habe?"

Morgane antwortet nicht. Der Zwerg verschwindet laut fluchend und Verwünschungen ausstoßend im Wald.

In der Früh läuft die »Fay« den kurzen Weg zu Fuß nach »Kameled«, um kein Aufsehen zu erregen. Ohne ihr Pferd und ihre Rüstung, fällt die als Marktfrau Verkleidete nicht auf. Jules, der Torwache hat, lässt die Frau ihrer geschickt in Szene gesetzten Weiblichkeit wegen passieren. Unbeachtet von den mit sich beschäftigten Besuchern des »Kings«, sucht die Kriegerin Raum für Raum ab. In einer kleinen Kammer steht ein schlichter Bettkasten. Accolon liegt steif im Stroh und ist an einem frischen tiefen Schnitt verblutet, der durch die alte Wunde verläuft. Einen Schatten verlässt den Raum und ihr laufen die Tränen.

„Kroton! Du hinterlistiger Mörder!"

✝✝✝

13 Nicht das Schwert, wie oft falsch berichtet! Das »Loc'h« ist heute der See »Étang de Kerloc'h«, circa sechs Kilometer von »Camaret-sur-Mer« entfernt.

»Fay« Morgane von Cornouaille ist niedergeschlagen und enttäuscht. Weder »Ex.Sal.Liburn« noch der Schatz sind in ihrem Besitz. Ihr Geliebter ist tot und sein Schlächter, dieser niederträchtige Zwerg, hat die Burg unbemerkt verlassen. Mit der Waffe ließe sich zumindest ein Teil des Goldes erpressen. Die »Fay« wendet sich an den ahnungslosen Claude.

„Guter Mann. Ich kümmere mich um meinen verletzten Bruder."

„Ein vorzüglicher Gedanke! Familienangehörige verbessern die Heilung."

„Das Schwert halte ich für wenig gesundheitsfördernd."

„Der »King« hält das »Gehilz« fest gepackt. Ich bin nicht in der Lage, seine Finger zu bewegen."

Ungeduldig zerrt Morgane an der Waffe. Artus laut schreit auf, ohne die Augen zu öffnen. Im Zimmer nebenan halten sich »Sir« Keie, »Sir« Tor und der junge Gawein auf. Die beiden Älteren eilen herbei. Gawein stürmt die Treppe zum Turm hinauf. Die »Fay« ist verschwunden. Eine Sklavin stellt einen neuen Krug Wasser neben das Bett.

„Was hast du Artus angetan?", brüllt Keie.

„Nicht ich!", ist die Angesprochene über die Anschuldigung entsetzt. „Schwester."

„Morgane?", fragt Artus benommen.

„Was hat seine Schwester in diesem Zimmer zu suchen gehabt?", befragt »Sir« Tor die Sklavin.

„Nichts weiß!"

„Die Schwertscheide!", ruft Artus mit weit aufgerissenen Augen.

„Wer hat den Gegenstand mitgenommen?", fragt »Sir« Tor.

„Nichts weiß. Groß! Lang!"

„Sind meine Heilkräuter entwendet worden?", fragt Artus.

„Zum Glück nicht das Schwert!", beruhigt »Sir« Keie.

„Ohne die Salbe verblute ich!"

„Nichts weiß. Du ruhig!"

„Sattelt mein Pferd!"

„Du bist zu geschwächt für einen Ausritt!"

„Bleibe ich auf dem Lager liegen, sterbe ich. Schicke ich euch ohne mich fort, kommt ihr unter Umständen zu spät zurück. Reite ich selbst, habe ich eine geringe Chance zu überleben!"

„Nichts weiß!", spricht die »Serva« ungefragt weiter. „Du reiten?"
„Wir sind an deiner Seite!", versichert »Sir« Tor.
„Vom Turm habe ich gesehen", berichtet Gawein, „wie eine Frau davongelaufen ist. Am Waldrand von »Pen Hir« haben Reiterinnen gewartet und sind mit ihr in Richtung »Menez-Hom« davongeritten."
„Hinterher!", röchelt Artus.
„Nichts weiß. Nichts Pferd! Du alleine!"

Tagelang folgen die Freunde den Spuren Morganes. Eines Abends erreicht der Trupp ein Gebiet namens »Cairnacum«[14]. Dort stehen Felsbrocken, die von unbekannter Hand in Linien angeordnet sind.
„Mir ist unheimlich!", gibt »Sir« Ither zu bedenken. „Ich habe das Gefühl, ein Stein beobachtet mich!"
„Die Kriegerinnen sind in Felsen verwandelt!"
„Ein Felsblock hat eben einen Speer nach mir geworfen!", klagt Gawein.
„Das ist nicht gut! Mir schwinden die Sinne!"
„Du benötigst dringend Ruhe!", rät »Sir« Keie. „Im nächsten Ort übernachten wir in einer Herberge. Deine Schwester finden wir, wenn du wieder gesund bist."
„Beeilt euch!", treibt »Sir« Tor zur Eile an. „Artus ist ohne Besinnung."
„Gawein!", befiehlt »Sir« Keie, „Reite zurück. Bringe die »Queen« und Merlin her! Nur die beiden sind in der Lage, Artus zu helfen."
„Der Druide ist nicht auf »Kameled«, und ich habe keine Ahnung, wo sich der Meister aufhält!"
„Holt meine Frau!", kommt Artus zu sich.
„Dein Neffe kümmert sich um deinen Wunsch."
„Guter Junge!", verliert Artus erneut das Bewusstsein.

14 Heute Carnac.

Artus' Wunden heilen dank der Hilfe des Kräuterkundlers Claude und der Pflege Jennifers. Die Freunde geben die Verfolgung auf und kehren nach »Kameled« zurück.

An einem Tag wie jeder andere stirbt der verstümmelte Pellan von Listrac-Médoc an Altersschwäche. Der »Reix« mit verlorenem Land hat sich trotz der ihm von den Göttern auferlegt Bürde stets für das Wohlergehen der Flüchtlinge aus dem »Médoc« eingesetzt. Seine Landsleute haben ihn über alle Maßen geschätzt und ihm seine ständig üble Laune gerne verziehen. Das durchlittene Siechtum ist bei den älteren Kriegern ein Thema, die ihm einen raschen, ehrenvollen Tod auf dem Schlachtfeld gegönnt hätten. Zur Beerdigung sind zahlreiche Gäste gekommen, darunter viele seiner Anhänger. Trotz angeschlagener Gesundheit empfängt der »King« die Trauergäste persönlich.

Weit entfernt von der eigenen Erde, trennt Claude nach keltischer Sitte »Reix« Pellan den Kopf ab und balsamieren diesen, unter Einhaltung der vorgeschriebenen Rituale, vor den Augen der Angehörigen ein. Den Körper heben Sklaven auf einen mannshohen Scheiterhaufen. Das Feuer brennt bis in den späten Nachmittag hinein. Am Abend füllt seine Familie, unter der Aufsicht des Druiden und dem Aufsagen eines heiligen Sprechgesangs, die Asche in eine Urne. Die »Servi« bestatten den Kopf, die Urne und seine Waffen in einem Erdhügel. Die Gäste zerschlagen Weinamphoren und stellen kostbares »Garum«[15] zur Urne. Die Trauernden ziehen zur Burg, um an der Tafelrunde dem Toten zu gedenken. »Sir« Pellinore hat seinen Bruder Pelleas, seinen ältesten Sohn Aglobale und seinen Neffen Ither mitgebracht.

„Weshalb rührst du den Totenschmaus nicht an?", fragt Artus.

„»Sir« zu sein", antwortet »Sir« Pellinore, „ist kompliziert, was?"

„Von den Römern haben wir gelernt, Gesetze zu befolgen oder als Belustigung einer Zuschauermenge zu enden. Ich verlange nur, ein paar Umgangsformen einzuhalten."

„Deine Regeln übersteigen meine Fähigkeiten. Wer nimmt sich wann was oder lässt sich wann was bringen, was?"

15 Deftige Fischsauce, die nicht nur bei den Römern beliebt gewesen ist.

„Bei Hofe begegnen sich alle meine Gäste mit Respekt und Anstand. Wir benötigen Vorgaben, an die wir uns halten!"
„Was? Bei uns im »Médoc«, haben wir Traditionen. Simpel und für jeden verständlich."
„Meine Leitsätze sind leicht zu erlernen. Aglobale und Ither helfen dir, diese zu verstehen!"
„Für meinen »King«", ereifert sich Aglobale, „erfülle ich jede Aufgabe!"
„Regelwerke sind wie Brücken über einen reißenden Fluss", sinniert Ither. „Je stabiler, desto unwahrscheinlicher ist die Gefahr zu ertrinken."
„An der Tafelrunde", sagt Artus unter dem Einfluss alkoholischer Getränke, „sind für tapfere Männer noch Tische frei! Ither, Pelleas und Aglobale kniet nieder! Ich schlage euch zu »Sirs«. Möge dieses Land für immer eure Heimat sein."

Gaweins Verhältnis zu seinem Vater ist bis zu dessen Tod stets angespannt gewesen. Lot hat keinen Sinn für Rhetorik vergeudet und die Waffe als einzige Sprache verstanden. Um so wichtiger ist dem Riesen die Zuneigung seines Onkels Artus, der ihm im Hof begegnet. »Sir« Keie steht teilnahmslos an eine Mauer gelehnt und reinigt seine Fingernägel mit einem Jagdmesser.
„Herzallerliebster Onkel und von den Göttern bejubelter Herrscher »Letavias«. Du hast mich in deine vorzüglich eingerichteten Räume gebeten. Für dich habe ich alle dir unwürdigen Tätigkeiten ruhen lassen und bin in neuen Schuhen, um den Boden nicht mit dem Dreck der Straßen zu verunreinigen, ohne Umwege deinem Ruf gefolgt."
„Wie ist Mordred ums Leben gekommen?"
„Meine geliebten Brüder und ich sind auf dem Weg zu dir, da sind wir in einen finsteren Wald geraten. Unheimlich haben die Bäume auf uns herabgeschaut, Wölfe heulten in der Ferne und Unken sind über den Boden gekrochen. Da haben wir leuchtende Augen im blattlosen Gebüsch gesehen. Erst ein Paar, zwei Paare, und mit jedem Moment haben diese sich vermehrt! Wir haben zunächst angenommen, die Lichter seien Tote, die an »Samhain« versäumt haben, ihre Reise in die bodenlosen Tiefen der »Anderswelt« anzutreten."

„Du sagst, die Geister haben das Kind mitgenommen?"
„Ich wünschte, dieser Umstand sei eingetreten. Ein anderes Schicksal ist uns beschieden gewesen. Die Augen gehörten einer Bande von Räubern. Der Wald ist voll von Mördern und Halunken. Diese Bestien haben uns umringt und mit ihren Waffen bedroht. Ohne Kettenhemd, ohne Helm, ohne Schild und nur mit einem altmodischen Sparta bewaffnet, habe ich versucht, unser Leben zu retten."
„So lange dir deine Zunge und deine blumigen Worte geblieben sind", spottet Keie „genügt dir als Rüstung ein Umhang von dünnem Leinen."
„Mein Vater hat mich zum Kämpfer ausgebildet!"
„Einen Krieger, der mit einem Schwall von Worten tötet?"
„Mein Vater hat nur das Schwert gekannt. Du wärst längst tot, stünde Lot an meiner Stelle!"
„Berichte weiter!", fordert Artus.
„Ich habe das Pferd unseres kleinen »Rédas«[16] zur Eile angetrieben. Wir sind durch den Wald geflogen, die Räder haben nur selten den Boden berührt. Ich habe mich das erste Mal umgeschaut. Die Räuber sind uns dicht auf den Fersen. Ihre Pfeile haben uns verfehlt. Beim zweiten Umschauen haben wir einen Vorsprung. Der dritte Blick nach hinten hat mir gesagt, wir haben die Banditen abgehängt. Ich habe erneut rückwärts gesehen. Da ist der Wagen leer gewesen."
„Ist mein Sohn am Leben?"
„Wir haben uns nicht getraut nachzuschauen!"
„Dich trifft keine Schuld. Die Halunken fordern früher oder später ein Lösegeld. Ich zahle und mein armer Sohn kommt endlich in meine Obhut."
„Die Schurken haben keine Ahnung, wer der Knabe ist. Mordred nicht in der Lage, mehr als seinen Namen auszusprechen."

†††

Ein ungewöhnlich harter Winter bringt hohen Schnee und eiskalte Stürme. Die jungen »Sirs« langweilen sich. Statt zu fechten, zu reiten oder mit dem Fußvolk zu exerzieren, bleibt den Abenteurern nur, in den engen Stuben

16 Keltisch: Reisewagen mit vier Rädern.

ihre Waffen zu reinigen, zu schärfen und mit kostbarem Olivenöl einzureiben. Das Kauen von Holzstückchen hilft gegen Hunger. Zu allem Überfluss sehnt sich »Sir« Pelleas von Listrac-Médoc nach Ettarde, der Schwester des kürzlich verstorbenen Accolon. Jeden Tag reitet der Verliebte, trotz der kalten Witterung, nach »Goulien« in der Hoffnung, die Auserwählte empfängt ihn endlich. Statt das Mädchen zu Gesicht zu bekommen, werfen Uriens »Netos«[17] mit Schneebällen nach ihm, um ihn zu verscheuchen. Gawein ist zufällig Zeuge einer dieser Vertreibungen und passt den Gedemütigten auf dem Rückweg nach »Kameled« ab.

„Du scheinst kein Glück bei ihr zu haben?“

„Ich komme nicht einmal bis vor ihre Haustür.“

„Deine Strategie ist wenig abwechslungsreich. So erreichst du dein Ziel nie! Warum fällst du mit der Tür ins Haus? Schicke jemand, der dein Anliegen überbringt.“

„Die Idee ist ausgezeichnet! Wen betraue ich mit einer solch delikaten Aufgabe?“

„Die Person reitet dir zur Seite!“

„Wie kommst du an den Wachen vorbei?“

„Du übergibst mir deine Rüstung! Ich erkläre ihr, dich besiegt zu haben und dies zu berichten, da ihr Name deine letzten Worte gewesen seien. Dein Wunsch sei, ihr deinen Besitz zu vermachen. Jetzt benötigen wir ein totes Tier, um deine Sachen mit Blut zu beschmieren.“

Gemeinsam begeben sich die zwei am Tag darauf erneut nach »Goulien«. Der Golfstrom hat einen Wetterumschwung eingeleitet. Der Schnee ist über Nacht getaut. Pfützen und Matsch verzögern das Fortkommen. Ein hinkendes, von Schlamm verkrustetes Reh, das sich im Sumpfgebiet des »Loc'h« verlaufen hat, kreuzt ihren Weg. Nervös schießt Pelleas mehrmals daneben. Sein großer Freund verlangt den Bogen und erlegt das Tier mit dem ersten Pfeil. Die Beute zu bergen, ist in dem sumpfigen Gelände zeitraubend. Die beiden lassen ihre Pferde zurück, marschieren am Strand entlang und klettern kurz vor dem Dorf den Felsen hinauf.

„Verstecke dich zwischen den Bäumen, bis ich dich abhole!“

17 Keltisch: Krieger.

„In »Ker Loc'h« steht eine Mansio[18]!"

„Nicht auszudenken, wenn einer der Krieger dich dort erblickt! Ich fliege auf und bekomme heiklen Ärger. Suche dir eine trockene Stelle, von der aus du den Ort im Blick hast!"

„Bei der Kälte erfriere ich!"

„Die Feuer von »Kameled« verweichlichen dich!"

Gawein zeigt den Wachleuten die blutverschmierte Kleidung. Freudig führen ihn die Wächter zu Ettarde. Der Riese ist von ihrer Erscheinung mehr als angetan und verliebt sich selbst in die junge Frau.

„Ich bringe dir die Rüstung des Pelleas. Um dir zu gefallen, habe ich ihn zur Rede gestellt und für dich erschlagen."

„Seit Accolons Tod verachte ich jeden, der mit Artus in Verbindung steht. Dieser Vasall des Mörders, widert mich an."

„Ich hasse den »King« und habe seinen Sohn getötet."

„Komme in mein Haus und erzähle mir, wie du die beiden in die »Anderswelt« befördert hast."

Ettarde ist fasziniert von dem großen Mann, der ihr in allen Einzelheiten seine Morde schildert. Nie hat ein Mann so offen mit ihr geredet.

„Mein Bruder hat berichtet, der »King« habe einen beachtlichen Schatz."

„Von dem Gold habe ich gehört!", behauptet Gawein. „Ich kenne das Versteck."

„Reiße das »Caneco«[19] an dich und herrsche mit mir über das Land!"

„Mit dir als »Queen«, ist mir kein Abenteuer zu gefährlich."

Das Mädchen hat Feuer gefangen.

»Sir« Pelleas friert. Nur zögernd setzt sich der Vollmond gegen die Wolken durch und spiegelt sich in den Pfützen. Unterhalb der Klippe rauscht das Meer bei steigender Flut. Der Ruf einer Eule schallt durch den Hain. Ist sein Freund vergiftet oder von den Soldaten erschlagen worden? Zu seiner Verwunderung ist das Tor zum Gehöft nicht verschlossen. Die Wachen trocknen feuchte Äste über glühender Holzkohle. Dichte Rauchschwarten vernebeln die Sicht. Unbemerkt schleicht Pelleas ins Dorf. Dank zahlreicher Beobachtungen weiß der Verliebte genau, in welchem Haus Ettarde wohnt.

18 Herberge.

19 Keltisch: Gold

Die Tür ist nur angelehnt. Im Haus brennt spärlich ein Feuer. Das Bett steht am anderen Ende des Raums. Unter dem niedrigen Tisch knabbern Ratten an heruntergefallenen Essensresten. Ein neugieriger Blick auf den Störenfried, und die Nager setzen ihre Mahlzeit fort. Im Schein der kleinen Flammen zeichnen sich die Umrisse des Riesen ab, der nackt neben der Angebeteten im Bett liegt. Geschockt zieht der Gehörnte sein Schwert und holt zum Schlag aus. Tränen laufen über seine Wangen. Dieser falsche Hund! Wut wechselt sich mit Enttäuschung und Ohnmacht ab. Unsäglich müde legt der Enttäuschte die Waffe in die Mitte des Bettes und hegt den sehnlichen Wunsch zu sterben. Was ist sein Leben ohne seine Geliebte Wert?

In seinem Zimmer auf »Kameled« wartet der Gegrämte auf sein Ende und hat nie wieder vor, mit jemandem zu reden oder Nahrung zu sich zu nehmen. Die Kraftlosigkeit führt in ein paar Tagen unweigerlich zum Tod. So hat der Verräter nicht gelogen, sein Mörder zu sein. Möge die Einsichtslose ihr Glück finden und ihr sein Ableben den Weg in eine glänzende Zukunft ebnen.

Ettarde wacht mit einem Druck im Rücken auf. Ein harter Gegenstand liegt zwischen ihr und Gawein. Mit einem Satz springt die junge Frau aus dem Bett und zieht das Objekt aus dem Stroh.

„Weshalb liegt das in meinem Schlafgemach? Hat die Waffe den Zweck, unser gemeinsames Band zu zerschneiden?"

„Seltsam! Das ist nicht mir. Das hat ein Krieger aus dem Dorf liegen lassen."

„Diese Waffe stammt nicht aus unserer Schmiede!"

„Womöglich ist dies das Kampfgerät des Toten und hat unter den von mir erbeuteten Habseligkeiten gesteckt. Einer deiner Leute ..."

„Du bist ohne das Schwert angekommen. Ich habe dich beobachtet!"

„Stimmt! Pelleas hat seine Waffe behalten, um sich gegen Räuber und Wölfe zu wehren."

„Sagtest du nicht, du hast ihn getötet? Was bezweckst du mit dieser Täuschung?"

„Ich bin im Begriff gewesen, im Namen meines Freundes, um deine Hand anzuhalten."

„Und warum hast du mich das nicht gefragt?"

„Deine Schönheit hat mich abgelenkt."

„Du hast mich angelogen!"
„Ich habe nichts Falsches zu dir gesagt."
„Du hast behauptet, der Flegel sei tot und du habest den Sohn von Artus ebenfalls beseitigt."
„Das habe ich!"
„Ich prophezeie dir, der taucht ebenso wieder auf wie dieser Pelleas!"
„Der dich von Herzen liebt."
„Warum hat der Dummkopf mir das nicht persönlich mitgeteilt?"
„Deine Leute haben ihn jedes Mal verjagt."
„Bist du gekommen, um mich mit deinen Lügengeschichten ins Bett zu bekommen?"
„Ich habe einen Irrtum begangen!"
„Mit mir zu schlafen, siehst du als Fehler? Wir haben Glück, heute Morgen nicht in zwei Hälften aufgewacht zu sein! Dein Freund hat weit mehr Anstand als du!"
„Pelleas hasst Artus, weil sein Erbe nach wie vor nicht geklärt ist."
„Das ist nicht von Belang! Ich rede mit ihm und bitte ihn um Verzeihung. Mein Verhalten ihm gegenüber ist nicht angebracht gewesen. Gehe und sage ihm, ich freue mich, ihn wiederzusehen. Und du lässt dich in »Goulien« nie wieder sehen!"

Frühjahr 461

Warme Winde aus Südwest bringen lang anhaltenden Regen. Der Niederschlag bildet einen dichten grauen Vorhang. Artus sitzt an seinem Tisch und sinniert über den Ausbau der Verteidigungsanlagen. Merlin hat ihm geraten, nach römischem Vorbild Signaltürme entlang der Küste zu errichten, die bei einer Landung fremder Truppen das Heer alarmieren.

Auf dem Meer schlägt ein Blitz ein. Der Donner verhallt. Ein zunehmend lauter werdendes Streitgespräch im Hof reißt ihn aus den Gedanken. Da die heftige Diskussion nicht endet, beschließt Artus, nach dem Rechten zu sehen.

„Weshalb streitet ihr?“
„Meine Blutlinie ist auf ewig auserkoren“, schreit »Sir« Pellinore von Listrac-Médoc, „das Questing-Tier zu jagen. Was!“
„Ich erinnere mich, dir auf deiner Jagd begegnet zu sein. Wie stelle ich mir dieses fremdartige Ungeheuer vor?“
„Der »Glisant«, was? Dieses Wesen aus der »Anderswelt« hat den Hals einer Schlange, den Körper eines Leoparden, die Lenden eines Löwen und die Füße eines Rehs.“
„Das klingt nach einem Wurm aus vergangenen Zeiten.“
„Für diese Vermutung spricht der tosende Lärm, der aus dem Inneren der Bestie kommt, und sich nach dem Bellen von dreißig Hunden auf der Hetzjagd anhört. Was? Mein Lebenssinn ist für immer verloren!“
„Ist der Drache davongeflogen?“
„Was? So hätte ich Hoffnung auf seine Wiederkehr. Der verfluchte Sarazene hat mein Tier erlegt!“
„Du hast das Tier bei jedem Treffen mit Absicht fliehen lassen“, behauptet »Sir« Palamedes, „um stets einen Grund zu haben, weiter auf die Jagd zu gehen, statt deine Dienste für »Kameled« abzuleisten!“
„Das ist eine bodenlose Frechheit! Meine Aufgabe ist, die Bevölkerung vor diesem Monster zu schützen. Was!“
„In »Africa« nennen die Einheimischen das Tier ‚Giraffe‘“, löst »Sir« Sagramore das Rätsel auf. „Ein harmloser Pflanzenfresser.“
„Was?“, brüllt »Sir« Pellinore. „Ungefährlich? Du lügst! Nur ein Lindwurm ist durch seine Fähigkeit zu fliegen in der Lage, auf schnelle Art und Weise zu kommen und zu gehen.“
„Dein langhalsiges Getier scheint aus dem »Circus von Condate« entflohen zu sein“, sagt der Welterfahrene trocken.
„Was erfüllt mein Leben ohne den »Glisant«?“
„Wenn das Volk die Wahrheit erfährt, sind wir und insbesondere unser Freund, das Gespött der Leute! Dein voreiliges Handeln, »Sir« Palamedes, ist von trauriger Tragweite. Dir gehört der Ruhm, die Bestie erlegt zu haben. Zur Strafe zahlst du vierhundert Solidi an den Geschädigten! Wir bleiben bei der Aussage, das »Questing« sei ein Drachentier. Wer eine andere Behauptung aufstellt, den lasse ich erwürgen!“

Zur jährlichen Vollversammlung der »Sirs« erscheint ein neuer Gast. Claudas der Jüngere von Gaunes hat das Ziel, eines Tages »Sir« der Tafelrunde zu sein. Artus ist erfreut über dieses, den Frieden sichernde Anliegen. Merlin erkennt in dessen düsterem Blick sadistische Züge und sieht das nächste Problem auf Artus zukommen. Der Druide hat keine Gelegenheit, seine Bedenken zu äußern. Artus weiht Claudas in die Runde ein und schlägt ihn zum »Sir«. Ein weiterer Fremder betritt den Saal.

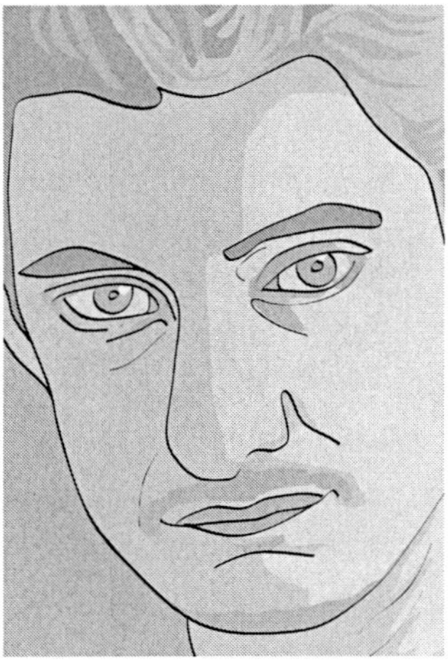

CLAUDAS

„Mit Freuden sehe ich keine christlichen Symbole."

„Bist du gekommen", fragt Artus, „um uns nach der rechten Konfession zu befragen? In meinem Land herrscht die Freiheit des Glaubens."

„Ich, Eliabre, stelle euch auf die Probe."

„Wir bestehen alle uns gestellten Aufgaben. Unsere Herzen sind rein und gegenüber den Allmächtigen offen."

„So fordere ich nach alter keltischer Tradition einen Enthauptungstest!"

„Wer ist derjenige", fragt Artus, „der sich dieser Herausforderung stellt?"

„Ist der neue »Sir« darauf gefasst, für die Götter zu sterben?"

Pflichttreu bietet »Sir« Claudas seinen Hals an.

„Du hast Mut bewiesen", sagt der Druide. „Trotzdem töte ich dich nicht."

„Warum nehmen die Schöpfer mein Opfer nicht an?"

„Weil ich dein Vater bin."

„Du bist nicht mein Vater!"

„Ich habe dich gezeugt. Jetzt, wo du ein »Sir« bist, verlange ich einen Platz an deinem Tisch, den du immerzu für mich freihältst! Im Kreis der »Sirs« bin ich dein Berater und bewahre dich vor den Christen."

„Gehe weg! Ich benötige deine Ratschläge nicht."

„Ich verstehe deine Unsicherheit und deine Wut. Ich gebe dir Zeit, dich an den Gedanken zu gewöhnen, deinem echten Vater begegnet zu sein. Ich kehre zur gegebener Zeit zurück und wehe dir, mein Stuhl ist besetzt."

✝✝✝

»Sir« Claudas begleitet »Sir« Cador den Jüngeren von Cornouaille, der stets mit seiner Schwester Jenny unterwegs ist, nach Gaunes. Die drei besuchen »Sir« Claudas den Älteren. Sein Sohn erzählt ihm von der Offenbarung Eliabres.

Jenny

„Ich erinnere mich an gewisse Wahnvorstellungen. Jetzt ahne ich, warum ich außer Gefecht gesetzt worden bin. Wenn ich diesen falschen Druiden in die Finger bekommen, verarbeite ich ihn zu Viehfutter!"

„Ich bin nicht sein Sohn!"

„Dein unechter Vater steht uns im Weg. Wir beseitigen ihn."

Am Abend schleichen Vater und Sohn zum hölzernen Wohnturm des Hofes, in dem Osabe sich eingenistet hat. Durch einen Spalt in der Tür sehen die beiden eine Reihe nackter Menschen bei allerlei sexuellen Handlungen. In der Mitte des Raumes steht der Illusionist. Mit einem langen Stab berührt der Schwarzkünstler die Geschlechtsteile der Frauen, die vor Freude quieken. Der Alte versteht jetzt, weshalb seine Frau von ihm getrennt wohnt.

„Jahrelang habe ich ihre Wünsche respektiert! Das hat ein Ende!"

„Was hast du vor, Vater?"

„Hole die Tiere aus dem Stall! Verursache keinen Lärm und beeile dich!"

Claudas der Ältere öffnet mit einem Ruck die Tür und sein Sohn treibt Schafe, Schweine und eine Kuh in den Turm hinein. Verschreckt verlassen die Teilnehmer der Orgie den Raum. Eliabre tritt ins Freie. Ein Holzbalken fährt ihm in den Nacken und bringt ihn zu Fall. Die beiden schnappen sich den Besinnungslosen und werfen ihn im Adamskostüm auf einen Wagen.

Schnell sind zwei Pferde angeschirrt. Der Weg führt zu einer menschenleeren und halb verfallenen Köhlerei, mitten im Wald. Der Gefangene landet in einem fensterlosen Halbkeller.

Seit Tagen sitzt der Zauberer in dem dunklen Loch, spricht Verwünschungen aus und beschwört mit düsteren Formeln den Tod seiner Peiniger. Claudas der Jüngere stellt ihm eine Mahlzeit auf den Boden.

„Was bist du für ein falscher Sohn!"

„Höre auf mit dieser unhaltbaren Behauptung! Du hast meine Mutter entehrt und den Tod verdient!"

„Fühle deine Angst! Ich bin ein Druide. Ich beherrsche die Kräfte der Natur."

„Das sind nur billige Zaubertricks vom Jahrmarkt."

„Du schließt die Tür nicht ab! Denn du hast den Schlüssel verlegt. Schau auf meine Hand! Siehst du das Licht in meiner Handfläche?"

„Ich sehe kein Licht."

„Du gehst, und holst deinen Vater! Claudas lässt mich frei! Claudas öffnet die Tür! Claudas lässt mich laufen!"

„Iss deine Mahlzeit, bevor die Wärme verloren gegangen ist!"

„Du lässt mich frei! Du lässt diese Tür geöffnet! Du lässt mich auf der Stelle ziehen!"

„Niemals!"

„Deine Mutter lässt mich frei! Deine Mutter lässt diese Tür offen stehen! Deine Mutter lässt mich frei!"

„Höre auf mit dem unerträglichen Gebrabbel!"

„Hole Claudas! Hole den Vater schnell! Lauf Bursche! Lauf!"

„Gib endlich Ruhe! Ich gehe ihn holen!"

Mit Entsetzen bemerkt der Junge die Wirkung der Zaubersprüche. Aus unerfindlichen Gründen ist die Tür nicht verschlossen. Eine kurze unüberlegte Drehung, um das Versäumnis nachzuholen, und ein heftiger Schmerz zieht durch seinen Arm, der ihn lähmt.

„Das ist eine Eidechsennatter", klärt ihn Eliabre auf. „Dieses Reptil schlingt sich um deine Gliedmaße und zieht dir deine Lebensenergie ab. Ihr Biss ist nicht gleich tödlich. Du bist mit jedem Tag schwächer, bis dich die Ermattung dahinrafft. Bis bald, mein Sohn! Wir sehen uns in der »Anderswelt«."

„Wie bekomme ich die Schlange wieder ab?"

„Die Natter verzieht sich von alleine, wenn du nicht mehr lebst."

Tagelang sind »Sir« Cador und seine Schwester Jenny umhergeeilt, um einen Rat zu erhalten, wie das Kriechtier zu beseitigen sei. Ein Druide, der auf der Römerstraße unterwegs ist, und sich als Léighius vorstellt, kennt die Lösung.

„Ihr stellt zwei Wannen auf", rät der alte Mann. „Eine füllt ihr mit Essig und eine mit Milch. In die Milch setzt ihr eine entkleidete Frau. Diese Tiere stehen auf weibliche Körper. Der Mann setzt sich in die Essigwanne. Das Reptil gleitet daraufhin von der einen Wanne zur anderen und ihr schlagt das Vieh in der Mitte entzwei!"

Frohen Mutes kehren die beiden zur alten Köhlerei zurück. Claudas der Jüngere von Gaunes ist sichtbar blutarm. In dem verfallenen Haus ist weder ein Bottich noch Milch oder Essig vorhanden.

„Zieht euch aus! Statt Essig verschütte ich Kohlestaub."

„Ich frage mich", zögert Jenny von Cornouaille, „ob die Methode geeignet ist?"

„Wir haben keine Wahl! Unser Freund stirbt sonst auf schändliche Art, ohne je seinen Heldenmut bewiesen zu haben."

»Sir« Cador hält sein Schwert mit zwei Händen. Sein nach vorn gebeugter Körper ist angespannt. Jenny und Claudas setzen sich auf zwei wacklige Schemel. Ihre nach oben gerichteten nackten Brüste irritieren ihn für einen kurzen Moment. Wegen des Kohlenstaubs nach Luft schnappend, schnellt die Schlange zu Boden und kriecht unter Jennys Hocker hindurch. Blut spritzt! Jenny schreit und springt auf, ihre Hände an eine Brust haltend.

„Was ist passiert?", fragt ihr Bewunderer.

„Mein Bruder hat mir einen Nippel abgeschlagen!", ist Jenny entsetzt.

„Wie sieht dein Arm nur aus!", fehlen Cador die Worte.

„Schaue nicht auf meinen Arm! Verbinde deine Schwester!"

Jenny und ihr Verehrer sind sich durch das Abenteuer näher gekommen. Die beiden reiten zu dem Druiden Léighius, der ihnen bei der Lösung des Problems geholfen hat, um sich zu bedanken.

„Trinkt aus dem magischen Horn!", fordert der alte Mann.

„Was bringt das?"

„Das sage ich, wenn ihr getrunken habt!"

„Ich spüre keine Veränderung", bemerkt Jenny gelassen.

„Ihr habt beide zur Hälfte ausgetrunken. Der kleine Treue-Test zeigt mir, ihr seid füreinander vorgesehen."

„Für unsere Zuneigung brauchen wir keine Probe!", sagt Claudas. „Im nächsten Sommer heiraten wir."

„Ich sorge mich, meiner verletzten Brust wegen. Wie ernähre ich künftige Kinder?"

„Ich verfüge über die Macht, dir einen Ersatz aus Gold zu fertigen, mit dem du in der Lage bist, deinen Nachwuchs zu stillen."

Nach der Rückkehr in »Kameled« wendet sich Claudas der Jüngere an den Druiden Claude, doch der Arm heilt nicht. Für »Sir« Keie Anlass, sich darüber zu amüsieren und ihm den Spitznamen »Brefbras«[20] zu geben, was dieser, mit gespieltem Humor, über sich ergehen lässt.

20 Französisch: Kurzarm.

Die Tafelrunde

460 nach Christus

1 Der Jüngere

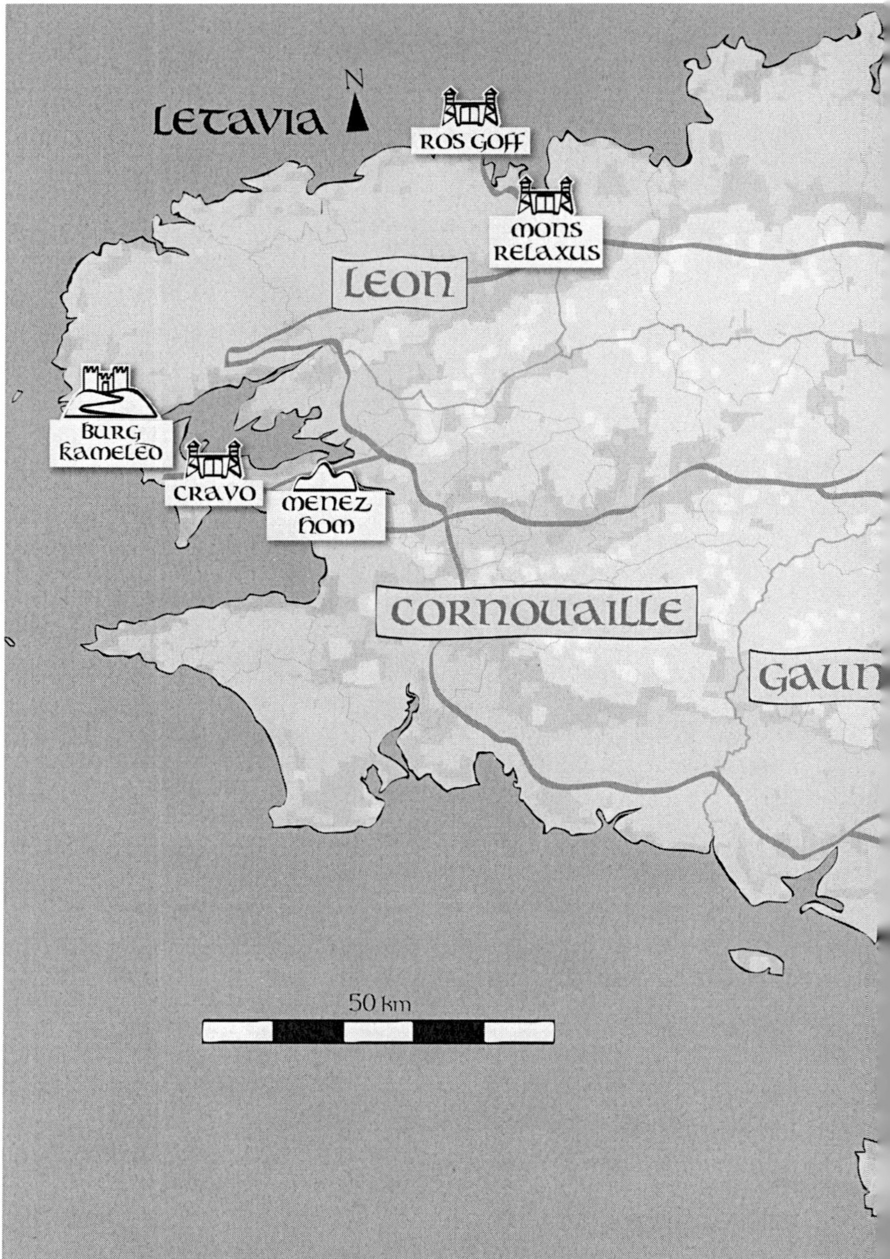
LETAVIA
N
ROS GOFF
MONS RELAXUS
LEON
BURG KAMELED
CRAVO
MENEZ HOM
CORNOUAILLE
GAUN
50 km

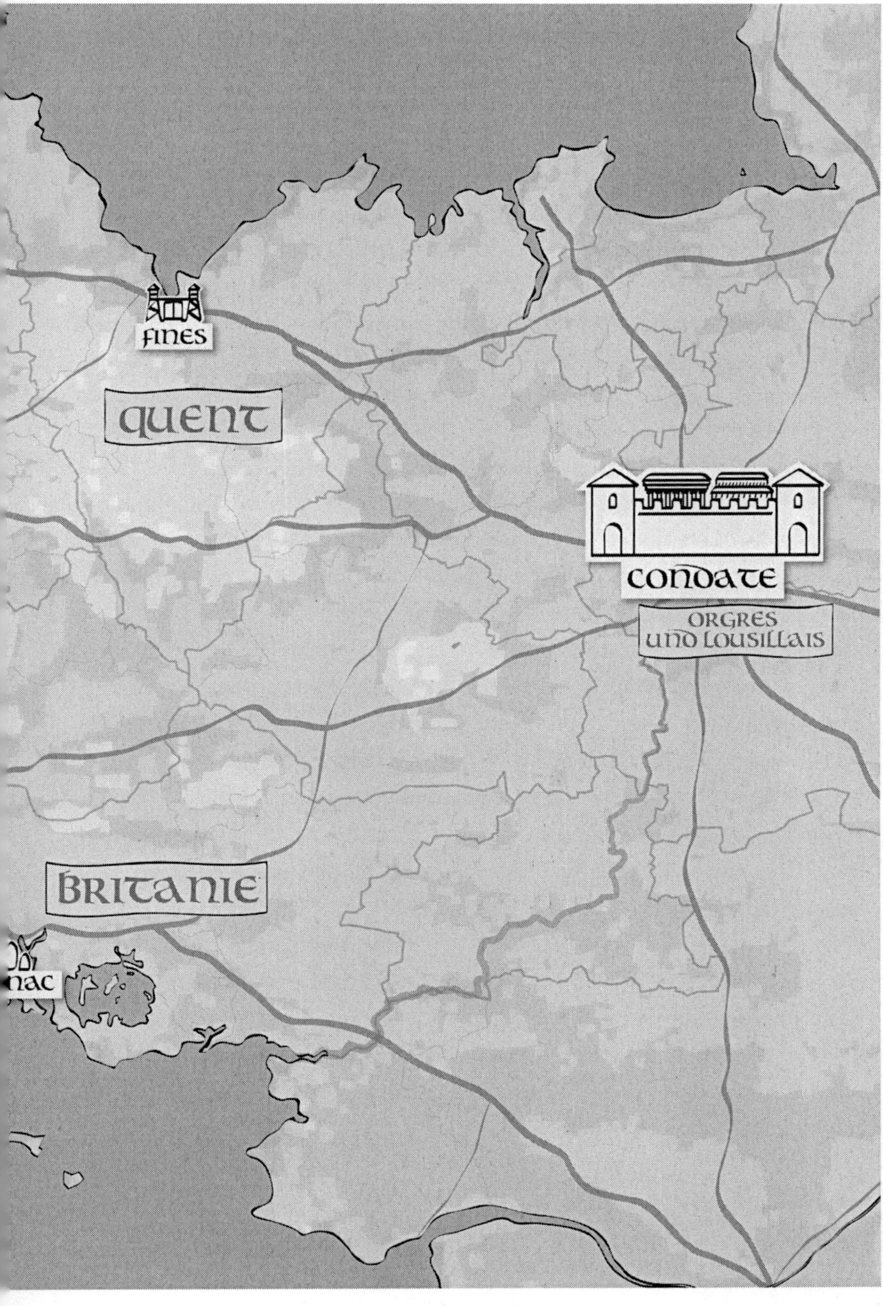
Fines
Quent
Condate
Orgres und Lousillais
Britanie
nac

Osbad von Taden[1] 14

460 nach Christus

Im wöchentlichen Wechsel haben die auf »Kameled« anwesenden »Sirs« Tordienst und den Befehl über die Wachmannschaft. Obwohl mit Gold bezahlt, ist der Posten nicht sonderlich begehrt. »Sir« Keie inspiziert seine Soldaten, da reitet ein junger Mann gemächlich auf die Burg zu. Die hohlen Hufe des vierjährigen Pferdes lärmen ungewöhnlich weit über die baumfreien Hügel hinweg. Das mit goldenen Röhrchen besetzte Zaumzeug, zwei Speere mit Silberspitzen, ein kleiner Schild, der mit getriebenem Gold überzogen ist, und ein aufwändig gearbeitetes Schwert, zeugen von der höfischen Herkunft des Reiters. Sein Mantel ist mit Purpur gefärbt und seine vier Ecken zieren »rotgoldene Äpfel« aus hochwertigem Messing, von dem jeder einzelne hundert Kühe Wert ist. Das Tier ist nervös und schnickt ständig seinen in der Sonne glänzenden Kopf zur Seite. »Sir« Keie hat aus dem »Lloyd« einen »Ehrentitel« kreiert, der die Aufgabe in seiner gewohnten Art verhöhnt.

„Ich bin der »Gleou Lloyd Gate Féal Vouer«[2] von »Kameled«", empfängt »Sir« Keie den Fremden. „Mein Auftrag lautet, Weitgereiste zu empfangen und wieder nach Hause zu schicken. Außer den »Sirs« und den Handwerkern, die ihrer Arbeit nachgehen, lasse ich keinen herein."

„Wenn du das Tor öffnest", sagt der Junge selbstbewusst, „ist alles in Ordnung. Wenn du mir den Einlass verweigerst, bringe ich Schmähreden gegen deinen Lehnsherren hervor und stoße Schimpfworte gegen dich aus! Ich schreie dreimal laut und löse mit den Tönen Fehlgeburten aus. Den Frauen, die nicht schwanger sind, entzündet sich durch meinen Ruf die Scheide auf schmerzliche Art. Von heute an, hat keine eurer Frauen jemals wieder eine Empfängnis!"

„Wenn das so ist, lasse ich dich Wohl oder Übel herein. Zunächst habe ich die Pflicht, dich mit den Sitten und Gewohnheiten des Hofes ins Vertrauen zu setzen. Alle Waffen sind abzugeben!"

1 Ysbaddaden, französisch: Osbad de Taden.

2 Glewlwyd Gafaelfawr: wortgewaltig, ehrenvoll, Tür, zuverlässig, kümmern. Ehrentitel und Berufsbezeichnung des obersten Torwächters.

Der Fremde erhält eine Unterweisung in höfischen Umgangsformen. »Sir« Keie führt ihn in das Arbeitszimmer des »Kings«.

„Ich bin Coluche[3], der Sohn deiner Tante »Renne« Coledith[4]."

„Ein weiterer Zweig der Familie, der mir vorenthalten worden ist."

„Mein Vater, »Reix« Gillett[5], ist äußerst reich. Die Geschichte um meine Geburt hingegen, leider unrühmlich."

„Du erzählst mir jetzt nicht ernsthaft deine Familiengeschichte?"

„Die Abfolge der Ereignisse ist der Grund, weshalb ich hergekommen bin."

„Ich befürchte, du lässt nicht locker, bevor du mir dein kurzes Leben geschildert hast!"

„Schneide mir die Haare zum Zeichen meiner Unterwerfung!"

Artus bittet Coluche, auf einem kurulischen Stuhl Platz zu nehmen, und holt aus einer Truhe mit Bronzebeschlägen ein Holzkästchen, einen Kamm, einen Spiegel und eine Schere heraus.

„Meine geistig verwirrte Mutter ist in der Schwangerschaft auf dem Hof herumgeirrt, hat mir mein Vater erzählt, und hat mich in einer Schweinekuhle zur Welt gebracht! Ein Schweinehirt hat mich gefunden, gewaschen und zu meinem Vater getragen."

„Du hast Glück! Der Geruch ist verflogen."

„Vor ein paar Jahren ist meine arme Mutter an einer schweren Krankheit gestorben."

„Mein Beileid! Da unsere Familien keinen Kontakt haben, ist die Kunde nicht bis zu mir vorgedrungen."

Artus zieht ein Rasiermesser aus der Schachtel und schärft, unter Verwendung von ein paar Tropfen Öl, die Klinge auf einem geschliffenen Stein.

3 Keltisch: Kulhwch. Übersetzt: Schweinekoben.

4 Keltisch: Goleuddydd.

5 Keltisch: Cilydd.

„Auf dem Sterbebett hat meine Mutter meinem Vater das Versprechen abgerungen, erst wieder zu heiraten, wenn auf ihrem Grab ein Dornenstrauch mit zwei Trieben gewachsen sei. Letztes Jahr hat unser alter Sklave vergessen, das Grab von Bewuchs freizuhalten, und der besagte Strauch ist aufgeblüht."
„Versäumt, oder hat dein Vater nachgeholfen?"
„Das ändert nichts an der Geschichte. Mein Vater hat sofort nach einer neuen Frau verlangt. Da hat ihm einer seiner Vertrauten vorgeschlagen, die anmutige junge Frau des Nachbarn, »Reix« Doged, zu ehelichen."
„Der »Reix« ist vermutlich nicht einverstanden gewesen?"
„Doged ist von dem Berater erschlagen worden. Die Frau und ihre Tochter sind an unseren Hof gekommen. Unser Land hat sich erweitert."
„Ein Vorgang, der sich ständig wiederholt auf dieser Welt. Du bist davongelaufen, weil du mit dieser Frau nicht zurechtkommst?"
„Wenn nur das der Grund wäre! Ich bin aufgefordert worden, ihr von jedem Liebreiz befreites Kind zur Frau zu nehmen! So aufreizend ihre Mutter ist, dieses Mädchen hat alle Übelkeiten ihrer Väter übernommen. Ihr Geruch erinnert an faule Eier und ihr Wille ist niederträchtig."
„Du hast das zarte Wesen verschmäht? Mit dieser Ablehnung hast du nach dem Gesetz auf das Reich deines Vaters verzichtet."
„Diese Schadenszauberin ist mit Beschimpfungen, Verfluchungen und Morddrohungen gekommen. Ich bin standhaft geblieben. Jetzt liegt ein Bannspruch über mir."
„Welche Gemeinheit hast du zu erfüllen?"
„Ich bin gezwungen, Olouane[6] zu heiraten."
„Vermutlich eine alte unansehnliche Scharteke?"
„Das nicht. Gerüchten zufolge eine Schönheit, mit einem winzig kleinen Haken: Olouane ist die Tochter des Giganten Osbad."
„Von diesem habe ich reden hören. Kein freundlicher Zeitgenosse, wie mir scheint."
„Deshalb hat mich mein Vater zu dir geschickt, mit der Bitte mir zu helfen!"
„Und »Reix« Gillett ist der Auffassung, ich habe keine wichtigeren Aufgaben?"

6 Heute der Name Louane.

„Wir haben ein weiteres Problem."

„Deine Unannehmlichkeit sind bisher nicht meine Angelegenheit!"

„Keine Ahnung, wo dieser Gigant sein Unwesen treibt."

„Ich lasse meine Leute nach ihm suchen."

„Ich danke deiner Güte und Hilfsbereitschaft, obgleich ich für diese Zeit zur Untätigkeit gezwungen bin!"

„Hast du solche Eile, diese Frau zu heiraten?"

„Die Frau meines Vaters hat mir ein Ultimatum gestellt."

„Bei mir bist du in Sicherheit."

„Nicht vor dieser Megäre! Keine Mauer ist breit genug, um ihren Zauber zu bannen."

Wochen später bespricht Merlin mit Artus die Baumängel an der Burg, da kehrt der Bote von der Suche zurück.

„Wir haben den Gesuchten nirgendwo in »Léon« oder »Cornouaille« gefunden", berichtet einer der Reiter. „Eine alte Frau hat uns den Hinweis gegeben, Osbad sei aus einem Ort namens »Taden«[7], der in »Domnomea« zu finden sei."

„Das Land ist bekannt für seine Riesen und Giganten", lacht Merlin irritiert. „Warum hast du mich nicht gefragt?"

„Ist nicht so wichtig. Habe die Angelegenheit inzwischen vergessen."

„Welche Begebenheit steckt dahinter?"

„Coluche ist auferlegt worden, Osbads Tochter zu heiraten."

„Eure Mütter sind Riesen und eure Familiengeschichte ist mit diesem Land verwurzelt. An deiner Stelle ließe ich deinen Cousin nicht alleine dorthin ziehen. Einige von ihnen haben Menschen auf ihrem Speiseplan stehen."

„Lassen meine Staatsgeschäfte ein solches Abenteuer zu? Was ist mit meiner Pflicht, nach der »Gessa« in meinem Land zu bleiben?"

„Früher oder später langweilst du dich. Du bist jung und brauchst Aufgaben, an denen du deine Fähigkeiten und deine Intelligenz misst. Kein Barde singt je von den Wagnissen, die du am Schreibtisch vollbringst! Deshalb entbinde ich dich von der »Gessa«."

☨☨☨

7 Heute ist Taden eine Gemeinde im Departement »Côtes-d'Armor«.

»King« Artus reitet mit Coluche, Gawein, »Sir« Keie und »Sir« Bedibere über die mittlere Römerstraße in Richtung Küste. Ohne Zwischenfälle durchqueren die Abenteurer das von den Sachsen befreite »Quent«. An der Grenze zu »Domnomea« versperrt ihnen ein elegant in Wildleder gekleideter Gigant den Weg. Ein Stirnband aus Schlangenhaut hält seine langen, gelockten Haare dem Gesicht fern. Sein Bart ist gepflegt, was bei Schafhirten sonst selten vorkommt.

„Was habt ihr bei uns verloren?“, fragt dieser ironisch barsch, während seine grünen Augen die Ankömmlinge streng mustern. „Ich vernichte euch mit meinem feurigen Atem!“

„Wir sind auf der Suche nach Osbad aus »Taden«“, sagt Artus fordernd.

„Was erwartet ihr von ihm?“

„Mein junger Cousin ist im Begriff seine Tochter zur Frau zu nehmen.“

„Ich bin Custenhin, Osbads Bruder. Deshalb vermag ich euch zu sagen, euer Ansinnen begeistert ihn nicht. Nach der Weissagung einer alten »Fay«, die ihn in seiner Jugend im Zweikampf besiegt, aber nicht getötet hat, stirbt Osbad an dem Tag, an dem sein Kind sich bindet.“

„Wer hört auf das Geschwätz einer alten Frau?“, amüsiert sich »Sir« Keie.

„Osbad ist fest von dem ihm vorbestimmten Schicksal überzeugt.“

„Und tötet jeden“, mutmaßt Gawein, „der sich ihm mit diesem Anliegen nähert.“

„Coluches Stiefmutter hat vermutlich davon gehört und sorgt mit ihrem Auftrag für klare Verhältnisse“, überlegt »Sir« Keie.

„Mein Bruder ist kein Mörder!“, empört sich Custenhin. „Seine Bedingungen sind für einen Sterblichen nicht zu erfüllen.“

„Hilfst du uns?“, fragt »Sir« Keie frech. „Dein angstgeplagter Bruder stellt unserem Freund eine Rätselfrage, die du womöglich schon kennst.“

„Wenn die Antwort jemand kennt, so ist das meine Frau, die oft bei meiner Schwägerin zu Besuch ist.“

Wenig später, betreten die Freunde, von der Hausherrin misstrauisch beäugt, die mit Stroh gedeckte Blockhütte des Giganten.

„Wen bringst du mir ins Haus, obwohl ich keine Fremden in meinen vier Wänden dulde?“

OLOUANE

„Der kleine Riese hat ein delikates Anliegen, bei dem du ihm freundlicherweise weiterhilfst."

„Dein Gesicht kommt mir bekannt vor."

„Ich heiße Coluche."

„Und deine Mutter heißt Coledith?"

„Woher weißt du das?"

„Ich hoffe, meine Schwester erfreut sich bester Gesundheit. Warum hat dich deine Mutter nicht bei mir angekündigt?"

„Meine Mutter ist vor langer Zeit gestorben."

„Diese Nachricht trifft mich schmerzlich. Ich kümmere mich um dich! Sei ein Teil meiner Familie."

„Das ist nicht nötig! Ich bin alt genug, um selbst für mich zu sorgen. Die Frau meines Vaters zwingt mich, die Tochter Osbads zu heiraten. Anderenfalls droht mir der frühe Tod!"

„Diese verderbliche Person zwingt dich, einen dir nicht vorbestimmten Weg zu folgen! Wenn du Osbads Forderungen nicht gerecht wirst, erwartet dich ein qualvolles Ableben durch seine Folter. Diese Aufgaben zu erfüllen, kostet dich deine ganze Kraft."

„Meine Freunde helfen mir!"

„Ich lade meine Nichte zu uns ein. So hast du die Gelegenheit, das Mädchen kennenzulernen, um zu entscheiden, ob sich der Aufwand für dich lohnt."

„Was stimmt nicht mit ihr?"

„Die bezaubernde junge »Dame« hat ausgezeichnete Manieren, ist aber ein ganzes Stück größer als du."

„Das stört mich nicht."

Olouane kommt ein paar Tage später zu Besuch. Coluche gesteht ihr beim ersten Blick in ihre Augen seine Liebe. Traurig wiederholt seine Angebetete die schwierigen Umstände seiner Brautwerbung. Der Anwärter ist frohen Mutes, mit der Hilfe seiner Begleiter allen Anforderungen zu trotzen.

»Reix« Osbad lebt in einer ein »Actus quadratus«[8] großen römischen Villa, die von der hölzernen Festung »Taden« umgeben ist, am »Ästuar des Renk«[9]. Die Anlage dient dem Schutz der Furt und des Hafens, sowie einem ein »Saltus«[10] umfassenden landwirtschaftlichen Betrieb. Gegenüber dem Herrenhaus steht ein Tempel, der APOLLON TADENUS geweiht und somit der Namensgeber des Ortes ist. Ein gelangweilter Torwächter lässt die Freunde mit einem kurzen Gruß passieren. An der Tür zur Villa steht ein Sklave, und wünscht den Grund des Besuches zu erfahren. Der Bedienstete lässt die Tür offenstehen und bittet die Gäste, trotz der Verlockung einzutreten, vor dem Haus zu warten. Eine Weile vergeht. Vom Land her verdunkeln sich die Wolken und der Wind lebt auf. Wutgeschrei ertönt. In einem fernen Gang hallen immer lauter und immer schneller werdende Schritte. Ein Gigant erscheint am anderen Ende der Empfangshalle und schleudert einen Steinspeer nach den Ankömmlingen. »Sir« Bedibere von Landévennec fängt die Waffe mit nur einer Hand auf und wirft diese zurück. Der Wurf trifft nicht das Ziel. Die Gruppe flieht aus der Festung. Starkregen fällt.

„»Reix« Osbad hat einen schlechten Tag", überlegt Coluche. „Wir versuchen nächstes Mal unser Glück."

Die Freunde kehren zu Custenhin zurück. Eine Woche später, der Regen hat nachgelassen, nehmen die Abenteurer einen zweiten Anlauf, der ähnlich endet. Diesmal fängt Gawein den Speer. Vor Nervosität verfehlt sein Wurf ebenfalls das Ziel. Der Gigant hebt das Wurfgeschoss schwerfällig und verunsichert tastend auf. Wutschnaubend nähert sich die acht Fuß[11] große Fleischmasse.

„Meine Tochter bekommt ihr nicht!"

Der »Pilum« saust erneut in ihre Richtung. Coluche fängt ihn auf und springt mit seiner Beute hinter ein Gebüsch.

„Osbad sieht uns nicht", mutmaßt Gawein. „Sonst wären wir längst tot!"

„Mir scheint, als sei sein Kopf zerlaufenes Fleisch!"

„Wir warten", schlägt Coluche vor, „bis sich Osbad beruhigt hat, erschlagen den Sklaven und überraschen meinen zukünftigen Schwiegervater in seinem Arbeitszimmer. Olouane hat mir gesagt, wo wir dieses finden."

8 Circa tausenddreihundert Quadratmeter.

9 Der Flut ausgesetzte Flussmündung der Rance.

10 Circa zwei Quadratkilometer.

11 Rund zwei Meter vierzig.

Auf Zehenspitzen schleichen sich »Sir« Bedibere und Gawein über die breite dreistufige Marmortreppe an und postieren sich jeweils links und rechts der Tür. Coluche tritt abermals vor den Eingang. Der Sklave fällt auf den Trick herein und die beiden Komplizen überwältigen ihn.

„Lasst mich am Leben!", jammert dieser. „Ich bin auf eurer Seite. Ich verspreche, euch zu ihm zu führen, wenn ihr mich am Leben lasst. Ich habe Frau und Kinder, die ..."

„Ein falscher Ton und deine Kinder trauern um dich!", sagt Gawein und hält dem leichenblassen Mann sein Schwert an den Hals.

„Ihr müsst meinem Onkel den erbeuteten Speer ins Auge stechen!", flüstert der Sklave. „An keiner anderen Stelle lässt sich seine lederne Haut und sein hartes Fleisch durchbohren. Seine Augenlider sind unsagbar schwer. Osbad ist nicht in der Lage, diese aus eigener Kraft zu heben. Wartet, bis ich ein Auge mit einer Astgabel geöffnet habe, und stecht sofort zu! Aber achtet darauf, nicht mich zu treffen. Die Spitze ist vergiftet und tötet auf der Stelle."

„Dein Onkel?", fragt »King« Artus erstaunt.

„Ich bin sein Neffe Goreu, Sohn des Custenhin, und doch behandelt mich Osbad wie einen Sklaven!"

Goreu führt die Eindringlinge bis zu einer kunstvoll verzierten Holztür, die verschlossen ist. Der Komplize verschwindet in dem Raum, die Tür bleibt nur angelehnt. Coluche wartet, bis das Auge offen ist, stürzt auf den Giganten zu und sticht ihm die Waffe mit einem sachten Stoß mitten in den Augapfel.

„Warum hast du ihn nicht getötet?", fragt Goreu entsetzt.

„Wie halte ich um die Hand der Tochter eines Toten an?"

„Du hättest das Mädchen gleich für dich."

„Verfluchter Neffe!", bäumt sich der Gigant auf. „Elender Brautwerber! Für den Rest meines Lebens ist mein Gesicht entstellt. Im Wind tränen meine Augen. Zukünftig habe ich Kopfschmerzen und bei jedem Neumond Schwindelanfälle. Verdammt sei die Esse, auf der dieser Stein gehärtet worden ist. Das Gift wirkt, wie der Biss eines tollwütigen Hundes! Wer von euch Kleinwüchsigen erdreistet sich, mich um die Hand meines Kindes anzuhalten?"

„Ich habe erwartet", flüstert Artus, „das Gift sei tödlich?"

„Das hat Osbad mir gegenüber so behauptet", entschuldigt sich Goreu.

„Ich bitte um die Hand deiner Tochter!", sagt Coluche mit Nachdruck.
„Du bekommst Olouane, wenn du alle meine Forderungen erfüllst!"
„Nenne, was du begehrst, und ich befriedige jedes deiner Bedürfnisse!"
„Du bist für dein Alter recht vorlaut! Ich verlange von dir, das Material für die Hochzeitsfeier herbeizuschaffen. Fälle die Bäume eines Waldes, den ich dir zuweise. Pflüge den frei gewordenen Acker. Säe auf einem Teil des Feldes Korn. Wir brauchen Unmengen an Brot für die Gäste."
„Ich kaufe Mehl. Ich habe genug Geld."
„Erledige die Aufgaben ehrlich oder die Hochzeit findet nicht statt!"
„Den Wald rode ich mit Feuer und bin im Handumdrehen fertig. Das ist nicht schwer und Brot backe ich vom Feinsten. Ich habe unserem Sklaven öfter beim Backen zugeschaut."
„Das ist lange nicht alles! Auf der restlichen Freifläche pflanzt du Flachs an. Du benötigst neun Scheffel[12] beste Qualität, die weder zu hell noch zu dunkel ist, um aus den Fasern einen Brautschleier zu weben."
„Was ist an dieser Bedingung so schwer? Das vollbringe ich mit Bravour."
„Der Flachs rupfst du mit seinen Wurzeln und röstest ihn im Morgentau. Wenn Regen fällt, vernichtet das Wasser deine Arbeit!"
„Seit Generationen baut meine Familie Leinsaat an und stellt Stoffe her."

Osbad regt sich über die Überheblichkeit des Brautwerbers auf und überlegt sich weit schwerere Aufgaben, die immer absurder klingen.

„Sammle Honig, der neunmal süßer ist, als gewöhnlicher Bienen-Saft, um edlen Met daraus zu brauen!"
„Das ist nicht schwierig. Das erledige ich mit Leichtigkeit."
„Dein Cousin ist recht einfältig!", flüstert »Sir« Keie dem »King« ins Ohr.
„Was ist mit neunmal süßerer Honig gemeint?"
„Wir rühren Rohrzucker unter", schlägt Artus vor.
„Das ist ein teurer Spaß[13]!", staunt Keie.
„Besorge Becher aus Glas[14]! Nur diese sind in der Lage, den »Chouchen« ohne Schaden aufzunehmen. Für das Gebräu sind dies die einzig verwendbaren Gefäße."

12 Circa 234 Liter.

13 Zuckerrohr ist indischer Import und hat einen entsprechend hohen Preis.

14 Keltisch: Llwyr. Französisch: Verre. Deutsch: Glas.

„Das ist ein Kinderspiel. Das erfülle ich ohne Mühen. Ich kenne einen Glashändler aus »Vitré«."
„Osbad ist drauf und dran", sagt Keie, „Coluche finanziell zu ruinieren."
„Die Hochzeitsfeier findet im Freien statt. Du benötigst den Picknick-Korb des Gui von Dineux, Sohn des Garanhirs[15], in den die Nahrung für siebenundzwanzig Personen passt."
„Das ist leicht. Das bewältige ich problemlos."
„Dir fehlen die Argumente und die Mittel", bemerkt »Sir« Keie frech, „um Gui zu zwingen, dir den Korb auszuhändigen!"
„Die mechanische Harfe des Tétru[16], musiziert in der Hochzeitsnacht vor dem Schlafgemach des Brautpaares. Erfreue mich mit dem Lied »Gezwitscher« der »Drei Vögel der Rhiannon«[17], deren Gesang die Toten zum Leben erweckt und die Lebenden in den Schlaf singt!"
„Das ist nicht schwierig", antwortet »Sir« Keie anstelle von Coluche. „Das erledige ich mit Leichtigkeit."
„Holt den »Kessel aus Tír na nÓg«[18], um das Fleisch für das Hochzeitsmahl darin zu kochen."
„Das ist für mich leicht zu erfüllen, selbst wenn du anderer Meinung bist."
„Du weißt nicht einmal", überlegt Osbad, „wo der Kessel derzeit ist. Und wie dein Freund folgerichtig bemerkt hat, gelingt dir auf keinen Fall, ihn zu überreden, dir das Kochgerät auszuhändigen."
„Wenn du weiterhin behauptest", flüstert »King« Artus seinem Cousin ins Ohr, „die Anforderungen seien leicht für dich, kehre ich nach »Kameled« zurück, ohne dir zu helfen!"
„Die nächste Aufgabe gibt dir einen Hinweis", setzt Osbad fort, „wo du den Kessel findest. Ich wünsche, bei der Hochzeit gepflegt unter den Gästen zu erscheinen. Deshalb benötige ich Rasierzeug. Meine Haare sind hart und widerspenstig. Mit normalen Messern oder Scheren, ist ein sauberer Schnitt unmöglich. Im Land der »Hièren«[19]

15 Keltisch: Gwyddneu fab Garanhirs.

16 Teirtu ist als Name für keltische Harfen erhalten geblieben.

17 Vermutlich ein geläufiges Lied, damals bekannter Musiker.

18 Diwrnach, Land der ewigen Jugend. Ein Hinweis auf Avalon.

19 Nicht mit Iren verwechseln! Der Fluss »Hière« ist ein letzter Hinweis auf diesen Volksstamm.

lebt ein gigantischer weißer Keiler mit drei beträchtlichen Hauern. Ein Ungetüm der Urzeit oder wie der Volksmund sagt, der »Anderswelt« entflohen. Du erbeutest einen Stoßzahn dieses Torche Trois[20], um mir ein Rasiermesser daraus zu schnitzen. Den Hauer reißt du dem Monster bei lebendigem Leib heraus! Ist der Keiler tot, verliert der Zahn seine übernatürliche Kraft. Meiner Einschätzung nach vollbringt diese Anforderung, dank seiner enormen Größe, nur Gawein. Nimm einen Hund mit. Ohne dessen Spürsinn findest du den Keiler nicht! Menou führt den Hund!"

„Der seltsame Junge aus unserem Dorf?", fragt Keie.

„Menou reitet das Pferd des Zwergen Gui von Louin[21], dem Sohn des Nudd. Überrede ihn als Jagdhelfer teilzunehmen und bei der Jagd den Rappen Moro des Hervé von Daougue[22] zu reiten. Die Römer haben Gui von Louin zum Herrn über die teuflische Brut der »Diablintes«[23] gesetzt, um diese zu hindern, die gegenwärtige Menschheit zu vernichten. Gui verfügt über ausgezeichnete Ortskenntnisse, ohne die du dich hoffnungslos verirrst. Verlässt der »Reix« seinen Hof, ist ihm die Rückkehr verwehrt! Dem ist sich Gui bewusst. Ihn umzustimmen, gelingt dir deshalb nicht. Aus dem Bart von Dillus[24] flechtest du eine Hundeleine. Die Haare sind ihm lebend auszureißen. Dies erträgt der Empfindsame nicht. Erwarte heftige Gegenwehr. Wenn Dillus erst einmal tot ist, sind die Fasern für die Leine nicht geschmeidig genug. Deine nächste Aufgabe ist, mir das Blut der schwarzen Unheilszauberin zu bringen. Ist diese nicht mehr am Leben, ist deine Ehe nicht länger in Gefahr! Ich meine die Tochter der »Weißen Alten«, die bei deinem Vater wohnt. Raube zu diesem Zweck das Schwert von »Reix« Odgar, Sohn des Aedd."

20 Twrch Trwyth, drei Fackeln, beziehungsweise Dreizahn. Später Ysgithyrwyn genannt. Möglicherweise ein seltenes Mammut-Wildschwein, dem ein Hauer fehlt. Sprachlich besteht eine Verbindung zur Tarasque. Demnach ist der Drache von Tarascon ebenfalls ein Rieseneber gewesen.

21 Gwydolwyn / Gwendolyn, Kurzform Gwynn.

22 Oerfeddawg / Oeveddawg. Daougue liegt bei Saint-Yvi in der Nähe von Concarneau.

23 Gallischer Keltenstamm, Teil der Aulerci, im Gebiet zwischen Loire und Seine.

24 Sein Beiname lautet Varvawc. Französisch: Barbe à Bouc. Deutsch: Spitzbart.

„Ich nehme »Ex.Sal.Liburn«!", mischt sich Artus ein. „Weshalb nach einer stumpfen Klinge suchen?"

„Die Klinge ist für den Giganten geschmiedet, der die Ländereien des »Reix« verwaltet. Ein Mensch führt diese Waffe mit zwei Händen. Mit deinem Käsemesser teilst du die Magierin nicht mit einem einzigen Hieb entzwei, und ihr giftiges Blut zerstört womöglich deine Klinge! Deshalb erfragt der Brautwerber von Gui von Louin einige Flaschen aus Glas, um ihren Lebenssaft darin flüssig zu halten. Mit diesem Blut benetzen die Druiden den Opferstein in der Hoffnung, die Götter binden deine Ehe auf ewig."

Der Waldbrand ist verheerend. Aus Unwissenheit hat Coluche das Unterholz angezündet, ohne die Windrichtung zu beachten oder eine Schneise zu schlagen, die eine weitere Ausbreitung des Feuers verhindert. Die Flammen ziehen bis ans Meer und fordern einige Opfer.

„Ich baue nach meiner Hochzeit Mühlen", verkündet der Brandstifter, „die mein Korn mahlen. Meinen Flachs verkaufe ich in die ganze Welt."

Das ursprünglich vorgesehene Feld ist bestellt. Die Freunde reiten südöstlich und kommen nach »Gart«, in das Gebiet der »Hièren«. Das »Castrum« des »Reix« Odgar erhebt sich über einem verwahrlosten Ort namens »Isengart«[25]. Unheimliche Stille liegt über der Landschaft. Keine Menschenseele ist zu sehen. Die Äcker liegen brach und sind von Dornenhecken überwuchert. Am Tor zur hölzernen Festung steht eine schwarz gekleidete Gestalt, die sich mit gebeugtem Rücken auf eine Lanze stützt. Eine rostige Eisenspitze, verheißt Tod und Verderben.

„Bist du der »Gleou Lloyd Gate Féal Vouer« dieser verlotterten Anlage?"

„Schon allein dieser dreisten Frage wegen riskierst du", antwortet dieser gereizt, „deinen Kopf zu verlieren! Wer seid ihr?"

„»King« Artus und der allzeit charmante »Sir« Keie. Öffne das Tor!"

„Das Tor bleibt zu! Wer sind die anderen?"

„Die besten Männer, die »Letavia« aufzubieten hat. Weshalb verweigerst du uns den Eintritt?"

25 Heute Issé-en-Gart.

„Messer stecken in den letzten Stücken gebratenen Fleisches und die Hörner sind nur spärlich gefüllt. Aufgrund der Not ist die Halle überfüllt. Ich habe die Anweisung, nur Handwerker hereinzulassen, die eine exzellente Fähigkeit anzubieten haben. Ihr seht mir nicht nach Spezialisten aus."

„Vor dir", antwortet »Sir« Keie, „steht der beste Schwert-Polierer der Welt."

„Verstehst du dich auf Eisen?"

„Jedes erdenkliche Metall!"

„Welch ein Glück! Seit langem sucht mein Herr einen Schwertpolierer, der Eisen behandelt, und wir haben bislang niemanden gefunden."

Artus betritt mit seinen Freunden das Haus des Häuptlings. Als Zeichen der Friedfertigkeit ziehen die Krieger ihre Helme ab. »Reix« Odgar liegt auf einer wackeligen »Kline«[26].

„Was führt euch in mein Land?", fragt »Reix« Odgar die Fremden misstrauisch. „Habt ihr die Verwüstungen nicht bemerkt?"

„Deine Bauern mühen sich nicht recht um ihre Felder!", antwortet Artus leicht übermütig.

„Einer von euch ist Schwert-Polierer? Leider kommst du zu spät. Mein Verwalter, der Gigant Dillus, hat sich gegen mich aufgelehnt und rückt meine kostbaren Gegenstände nicht heraus. Mein Beidhänder ist der einzige, mit dem ein kräftiger Mann in der Lage ist, ihn oder andere Riesen und Giganten in die »Anderswelt« zu befördern."

„Dillus mit dem spitzen Bart?", wundert sich Gawein.

„Ihr kennt den Widerling?", ist »Reix« Odgar erstaunt.

„Wir haben von ihm gehört."

„Wir helfen dir bei deinen Problemen", schlägt Artus vor. „Wir befreien dich zunächst von Dillus und dann von dem Wildschwein, das dein Land verwüstet."

„Ihr wisst von dem Ungeheuer? Wie lauten eure Bedingungen?"

„Wir benötigen das Schwert und den Kessel, der von alleine kocht."

„Der Kessel ist nicht mehr in meinem Besitz. Erschlagt ihr Dillus und den Keiler, gehört euch der Riesentöter. Aber niemals gebe ich euch den Kessel!"

26 Ruheliege mit aufgebogenem Kopfende.

„Osbad hat uns geraten, meinen Hund und einen Nachbarn, der als verschollen gegolten hat, mit auf die Jagd zu nehmen. Ich schicke einen meiner Männer, die beiden zu holen. Gewährst du uns Unterkunft sowie Verpflegung, kümmere ich mich in der Zwischenzeit um Dillus."

Artus setzt seinen Helm auf.

„Was ist der goldene Firlefanz an deinem Helm?", fragt »Reix« Odgar.

„Ich bin ein »King« und diese Krone ist das Zeichen meiner Macht!"

„Gib mir die Krone! Im Land der »Hièren« habe ich die Macht! Ich bin der »King« von »Isengart«."

„Niemals."

„Zwinge mich nicht, Gewalt anzuwenden!"

„Behandelst du so deine Gäste, die dir ihre Hilfe angeboten haben?"

„Ein jeder, der mein Land betritt, ist mein Eigentum! Gib mir die Krone oder ich lasse dich hinrichten. Und deine Freunde gleich mit."

„Niemand hat dich legitimiert, den Titel »King« zu tragen! Du bist nur ein kleiner »Reix« auf einem unfruchtbaren Stück Boden."

„Wache! Zu mir!"

Drei Soldaten stürmen in den Raum.

„Gebt uns eure Waffen!", brüllt einer der Männer.

Artus zieht »Ex.Sal.Liburn« und erschlägt die Angreifer. Seine Getreuen erstechen »Reix« Odgar. »Sir« Keie nimmt eine brennende Öllampe und wirft diese gegen die hölzerne Wand des Hauses.

Auf dem Weg ins Freie verlieren weitere »Hièren« ihr Leben, die ihrem toten »Reix« zu Hilfe eilen. Die Flammen greifen auf benachbarte Häuser über. Die Bevölkerung flieht. Von der anderen Seite des Ortes taucht ein Gigant mit roten Haaren und einem spitzen Bart auf.

„Bist du Dillus", fragt Artus von der Größe überwältigt, „der Verwalter?"

„Wer verlangt, das zu wissen?"

„»King« Artus, der neue Herr von »Isengart«!"

„Wo ist Odgar?"

„Wir sind dir gegenüber keine Rechenschaft schuldig!"

„Ich begehre, zu wissen, ob der »Reix« am Leben ist."

„Seine Überreste verzehren die Flammen."

„Welch eine Freude, das zu hören! Seid meine Gäste! Ihr müsst mir erzählen, wie ihr ihn zu Fall gebracht habt."

Die Freunde folgen dem drei »Gradus«[27] messenden Mannes in sein enormes Haus am anderen Ende der Siedlung. Dornenhecken und zugespitzte Äste schützen das Anwesen gegen die ihm feindlich gesonnenen Dorfbewohner.

„Ist unter euch ein Schwert-Polierer? Mein kostbares Eisen benötigt dringend eine Behandlung gegen die »Rote Krankheit«[28]."

„Das ist kein Problem für uns", sagt Coluche vorlaut.

Die Gefährten betreten die Halle des Giganten. Auf ein Zeichen von Artus stürzen sich alle gleichzeitig auf Dillus und bringen ihn zu Fall. Drei halten ihn mit aller Kraft an seinen fetten Armen fest und fesseln ihn. Keie rupft ihm den Bart aus. Schreie und Flüche sind die Folge.

„Ich bringe euch um!", brüllt Dillus, „Ihr räudigen Hurensöhne!"

„Halte still! Die Leine ist sonst nicht lang und geschmeidig genug! Wenn du so zappelst, zerreiße ich das Haar, statt die Wurzel mit herauszuziehen."

„Eine Leine?", schreit Dillus. „Seid ihr zu retten? Nehmt Leder!"

Artus sucht mit »Sir« Bedibere nach den von Osbad geforderten Gegenständen. Das Schwert lehnt gegen ein Kleidergestell. Der Rost hat einige Löcher in die Klinge genagt. Bedibere schleift den Riesentöter mit seiner übrig geblieben Hand hinter sich her.

„Sage mir", fordert der »King«, „wo der rätselhafte Kessel steht!"

„Nur wenn dieser Verrückte aufhört, mir meinen Mannesstolz zu rauben!"

„Du bist nicht in der Position, Forderungen zu stellen."

„Dieser Kessel unterscheidet böse von guten Menschen. Für solche wie euch kocht der Zaubertopf kein Essen."

„Wir benötigen ihn für die Hochzeit meines Cousins."

„Selbst wenn ihm der Anblick des Kessels Glück bereitet, von mir bekommt ihr dieses Wunderwerk nicht einmal aus der Ferne zu sehen!"

Stück für Stück zerlegen die Eindringlinge die Einrichtung des Hauses und verbrennen die zu Kleinholz verarbeiteten Einzelteile. Dann ist der Viehstall im Anbau an der Reihe. In einem Heuhaufen finden die Freunde den Kessel, auf dem ein Blech mit einem Griff liegt. »Sir« Bedibere hebt die Vorrichtung vorsichtig an.

27 Circa zwei Meter zwanzig groß.

28 Rost.

„Das Töpfchen kocht kein Essen!“, freut sich Coluche. „Der Topf kocht einen Schatz.“

„Ich frage mich, welches Geheimnis hinter der Abdeckung steckt.“[29]

„Das Blech schützt das Essen vor dem kalten Blick, der das Garen der Mahlzeiten verhindern.“

Selbst zu viert lässt sich der Kupferkessel nicht anheben.

„Bei dieser Menge benötigen wir einen Wagen.“

„Woher stammt der Schatz?“, fragt Artus den am Boden liegenden Dillus.

„Die »Hièren« behaupten, das Gold von den »Teufelsmenschen« entwendet zu haben.“

»Sir« Keie ist von dem Gespräch über den Schatz abgelenkt und merkt nicht, wie Dillus sich aus der Fessel seines rechten Arms befreit. Der hat den Gigant ihn im Würgegriff. »Sir« Keie ist nicht mehr in der Lage, um Hilfe zu rufen. Sein Gesicht läuft blau an. Unmittelbar neben ihm schlägt eine eiserne Klinge funken über den Steinboden. Blut spritzt und Dillus lässt endlich los.

„Ich bin kurz davor gewesen“, röchelt »Sir« Keie, „ihm die letzten Barthaare auszurupfen und ihn im Anschluss zu erledigen! Seine Gesichtsbehaarung ist nicht mehr geschmeidig genug!“

„Mische tote Haare unter die Lebenden“, rät Artus.

»Sir« Keie flechtet das Seil. Artus beobachtet ihn eine Weile und ersinnt einen Reim.

„Eine Leine strickt Keie, aus dem Bart von Dillus.
Lebte der Bursche weiter, wäre mit Keie Schluss!“

„Denkst du“, reagiert »Sir« Keie beleidigt, „ich wäre mit Dillus nicht alleine fertig geworden?“

„Ich denke nicht. Ich habe mitbekommen, was geschehen ist!“

„Nichts hast du gesehen!“

„Beruhige dich. Zeige dich bei dem Einhändigen aus »Landévennec« für deine Rettung erkenntlich!“

„Bedanken? Für was? Mir den Spaß zu vermiesen und sich mit dem Ruhm zu kleiden, der mir zusteht?“

29 Die Erfindung des Kochtopf-Deckels, der die Garzeit verringert hat.

„Dein unrühmliches Ende stünde auf dem Monument, in dem dein Schädel zur letzten Ruhe gebettet wäre."
„Du hältst mich für einen Dummkopf, Schwächling und Versager!"
„Das habe ich nie behauptet!"
„So denkst du von mir und das ist eine Herabwürdigung!"
„Dir zu schaden liegt mir fern! Du bist mein Bruder!"
„Vater hat mich in seiner Nachfolge gesehen und du kommandierst mich wie einen deiner Leibeigenen herum."
„Ich habe dich stets um jeden Gefallen höflich gebeten!"
„Keiner kommt mit deinem Getue zurecht, das du höfisch nennst."
„Weshalb beleidigst du mich?"
„Ich bin deine Überheblichkeit leid!"
„Gehe mir aus den Augen!"
„Am liebsten sofort! Leider habe ich meinem Vater versprochen, in deiner Nähe zu bleiben. Erwarte von mir keine Hilfe, selbst wenn du eines Tages kraftlos am Boden liegst. Wenn Feinde deine Männer erschlagen, sehe ich tatenlos zu!"
„Ich habe Vater das Versprechen gegeben, dich nicht deiner Worte wegen zu tadeln und dir nicht dein Amt zu nehmen!"
„Mein Vater ist nicht dein Vater. Vergiss das nicht!"

Gawein begleitet Cabot und Menou nach »Isengart«. Ihnen folgt eine Schar abenteuerlustiger kleiner Soldaten unter dem Befehl ihres »Reix« Gui von Louins. Auf einem Wagen steht der von Osbad geforderte Korb. Auf der Jagd nach Torche Trois durchkämmen die Krieger angespannt den Wald der »Hièren«. Die Kettenhemden sind in den Satteltaschen verstaut, denn jeder versucht möglichst leise zu sein.

Der Wald besteht aus Birken, Kiefern und Eichen. Am Boden wachsen vereinzelt Farne und Gräser. Die Pferde traben über Moos. Die Sonne scheint durch seichte Nebelschwarten, und von Ferne rattert ein Specht. Die Reiter folgen einem Bachlauf. Immer weiter führt die Fährte nach Westen. An einem See[30] mit bewaldeten Inseln suhlt sich Torche Trois mit seiner Brut im

30 Heute der »Étang de Gruellau«.

Uferschlamm. Der über tausend Minen[31] schwere Keiler wittert den Geruch der Menschen und stößt einen markerschütternden Schrei aus. Mit aller Kraft wälzt sich das Ungetüm aus dem morastigen Boden. Zum Schutz seiner Ferkel greift das Tier an. Lanzen zerbrechen oder bleiben wirkungslos in der dicken Haut stecken. Die Wunden bringen das Riesenschwein zur Raserei. Zwei Soldaten hebt der Keiler aus dem Sattel und zertrampelt diese.

Die Frischlinge erreichen das rettende Ufer und fliehen in nördlicher Richtung um den See. Torche Trois wendet, rennt den Jungtieren hinterher, überholt diese und verschwindet in dem Wald, der dem See gegenüberliegt. Artus setzt ihnen in vollem Galopp nach. Das kleinste Ferkel hinkt und verliert den Anschluss an seine Familie. Der »King« sticht dem verletzten Tier mit der Lanze in den Hinterlauf. Das herzerweichende Quieken hält den Eber nicht davon ab, tiefer in den Wald vorzudringen. Frustriert über den misslungenen Versuch, erlöst Artus das Tier von seinen Leiden.

Die Reiter umrunden den See und finden auf der anderen Seite von den Wildschweinen keine Spuren. Artus lässt absitzen. Cabot schnüffelt gelangweilt an Gräsern und markiert an verschiedenen Stellen sein Revier. Die Leine aus Dillus' Bart ist dank der harten Haare längst gerissen.

31 Eine Mine = 433,52 Gramm.

Den Hund zu führen, ist nicht mehr möglich. In der Ferne gellt ein Kreischen durch den Eichenwald. Die Reiter bilden eine breite Linie und preschen in vollem Galopp durch das Unterholz. Auf einem umgestürzten Baumstamm sitzt eine alte Frau. Ihre gesammelten Pilze, Wurzeln und Beeren liegen verstreut auf dem Boden.

„So ein großes Schwein ist mir mein Lebtag nicht begegnet!"

„Wir sind auf der Suche nach Torche Trois", erklärt Artus.

„Das Vieh hat mich um ein Haar umgebracht."

„In welche Richtung ist die Kreatur geflüchtet?"

„Ich habe mich im letzten Moment hinter diesen toten Baum geworfen."

„Du hast Glück gehabt!"

„Auf einmal ist das Vieh auf der anderen Seite wieder aufgetaucht. Schnell bin ich über den Stamm auf die andere Seite geklettert. Daraufhin ist das Ungeheuer mit seinen Ferkeln der untergehenden Sonne gefolgt."

„Wir orientieren uns nach Westen", ordnet Artus an.

Gegen Abend erreicht der Suchtrupp Vaè[32], eine keltische Siedlung an der Römerstraße zwischen »Portus Namnetus« und »Condate«. Einige Häuser sind zerstört. Nur ein Haus mit einem merkwürdigen Turm ist dank seiner Bauweise aus Stein unbeschädigt. »Sir« Bedibere eilt zur Pforte. Diese ist verschlossen. Auf sein Rütteln hin dringen menschliche Laute aus dem Inneren.

„Wer ist da?", ruft zaghaft eine Stimme.

„Weshalb ist diese Tür verriegelt?"

„Ein Schwein aus der »Anderswelt« sucht diesen Ort heim."

„Wir jagen den Torche Trois. Wohin ist die Bestie entschwunden?"

Die Tür öffnet sich und ein alter Mann schaut vorsichtig durch den Spalt.

„Wir haben uns vor ihm versteckt."

„Was ist das für ein merkwürdiges Gebäude?"

„Das ist unsere Kirche. Wir glauben an die Heilige Maria."

„Welch ein Glück! Eure Schutzpatronin hat immense Kräfte. Die Götter haben euch verschont."

„Das Dorf unserer Vorväter ist zerstört, und du redest von Glück?"

†††

32 Gwez = Vay, nicht Wales.

Am nächsten Morgen verdichtet sich der Wald. Die Pferde kommen nur schleppend voran. Der Trupp findet einen der vorausgeeilten Späher, der auf den weißen Keiler gestoßen ist, zerfetzt zwischen den Bäumen liegen. »Cabot« weigert sich nach wie vor, die Witterung aufzunehmen. An einer Furt über den Fluss »Isac«[33], stellen die Jäger die kleine Herde. Einige der Jungschweine sind kurz darauf eine willkommene Mahlzeit beim abendlichen Lagerfeuer.

Am folgenden Morgen besteigen die Jäger gleich bei Sonnenaufgang ihre Pferde. Auf der anderen Seite des sich in einer Kurve windenden »Isacs« lichtet sich der Wald. Die Riesenschweine kommen erneut in Sicht. Die Tiere rennen um ihr Leben. Die Pferde folgen in schnellem Trab. Gegen Mittag wendet der Keiler und greift an. Die überlebenden Frischlinge setzen den Weg eilig fort. Torche Trois tötet erneut zwei Soldaten und flieht. Die Häscher bleiben ihm dicht auf den Fersen. Der Abend dämmert und die Pferde sind erschöpft. Die Reiter erreichen erneut einen Waldrand. Am Ende der vor ihnen liegenden Felder steigt Rauch auf. Hilferufe und Entsetzensschreie dringen von weitem in ihre Ohren. Der Keiler verwüstet das Dorf Severacum[34] und ist deshalb abgelenkt. Artus sieht eine Chance, sich dem Ungetüm unbemerkt zu nähern. Mit Gawein umrundet der »King« die Ruine einer Hütte. Vorsichtig schleichen sich die beiden an und stürzen sich auf das erschrockene Tier. Gawein hält den Hals umschlungen und Artus versucht mit seinem Messer, den Hauer aus dem Kiefer zu schneiden. Mit aller Kraft wehrt sich das Riesenschwein. Immer mehr Männer werfen sich auf den Koloss und halten Torche Trois am Boden. Der Hauer ist entfernt, da befreit sich der Keiler mit einem Ruck und verschwindet ohne seine Ferkel in Richtung Sonnenuntergang.

„Lasst den Keiler nicht entkommen!“, ruft Gawein.

„Wir haben“, entgegnet »King« Artus, „was Osbad verlangt hat.“

„Torche Trois ruiniert ein Dorf nach dem anderen.“

„Ich erhebe die Jagd nach dem Schwein nicht zu meiner Lebensaufgabe.“

„Deine Pflicht ist, für die Sicherheit der Bevölkerung zu sorgen.“

„Ich gebe dir einen Tag Zeit, das Tier zu erlegen. Übermorgen ziehen wir weiter.“

33 Heute Gouenrouet.

34 Heute Sévérac.

Der Tag graut. Eine Hundertschaft Reiter steht in einer langen Reihe nebeneinander. Die Kettenhemden sind angelegt. Gawein gibt das Kommando, loszureiten. Stur bahnen die Pferde einen Weg durchs Unterholz. Die Jagdgesellschaft erreicht gegen Mittag die Ufer des »Herius«. Der Keiler ist dem Flussverlauf nach Süden gefolgt und hat im Schlamm eindeutige Spuren hinterlassen. Wenig später erreichen die Männer den Ort »Camoël«. Wieder ist Torche Trois mit der Zerstörung des Ortes beschäftigt. Die Reiter stoben auf das Riesenschwein zu, das zum Strand flieht und von Panik getrieben aufs Meer hinaus schwimmt.

Gegen Abend schlagen am Strand die Flammen eines großen Feuers weit in den Sternenhimmel. In der guten Annahme, Torche Trois sei in den Fluten des Meeres ertrunken, feiern die Freunde mit den Dorfbewohnern die Vertreibung des Ungetüms. Dankbar opfert der Druide des Dorfes reichlich »Chouchen«, frische Fische, Krebse und Muscheln. Die Meeresfrüchte sind eine willkommene Abwechslung zu den Wildschweinbraten der letzten Tage.

„Welche Anforderungen stehen an?", fragt »King« Artus angetrunken.

„Die schwarze Schadenszauberin", antwortet »Sir« Gawein.

„Hast du die Flaschen eingesteckt?"

„Welche Flaschen?"

„Osbad hat uns angewiesen, darin das giftige Blut abzufüllen."

„An diese Aufgabe erinnere ich mich nicht!"

„Frage Gui, ob einer seiner Männer die Phiolen holt!"

Gawein zieht eine aus seiner Umhängetasche.

„Oder meinst du diese Dinger?"

„Du wagst, mit mir zu scherzen?"

„Nur wenn du darüber lachst."

„Du hast meisterhafte Arbeit geleistet. Deshalb verzeihe ich dir dein unhöfliches Verhalten."

„Wir sind nicht auf »Kameled«!"

„Egal wo wir uns aufhalten, deinem »King« begegnest du stets mit Respekt und Anstand!"

Die Bäume ächzen unter der Last des auffrischenden Windes, der durch die Felsen der Schlucht pfeift. Aufgewirbelter Sand erschwert die Sicht. Coluche führt seine Freunde über einen verschlungenen Pfad zum Haus seines alten Vaters.

„Willkommen am Ende des Tals der Leiden", sagt der Junge scherzhaft, „im Oberland der Hölle!"

»Reix« Gillett steht vor der Haustür seines großen Hauses und schaut betrübt auf seinen zurückgekehrten Sohn.

„Du hast Osbads Tochter nicht bekommen“, mutmaßt der jugendlich wirkende Mann. „Ihrer Rache bist du nicht gewachsen.“

„Wir haben die Aufgabe, ihrer »Filia« das Blut zu entnehmen.“

„Sind wir in einen alten Streit zwischen ihr und dem Giganten geraten?“

„Wo ist diese Ausgeburt der Finsternis?“

„Bei eurer Ankunft sind beide in den Wald geflüchtet.“

„Ihr drittes Auge hat uns verraten. Wo verstecken sich die Xanthippen?“

In diesem Augenblick tritt »Sir und Reix von Léon« Victor von Ker Ahes und Ker Mel-Karhez vor die Tür, der bei »Reix« Gillett zu Besuch ist.

„In der Schlucht ist eine Höhle“, sagt Victor.

„Führe uns hin!“, freut sich »King« Artus, seinen Schwiegervater zu sehen.

„Fügt meinen Täubchen kein Leid zu!“, ist der Gastgeber empört.

„Deine Drude hat vor deinen Sohn zu töten“, regt sich der »King« auf.

„Das hat sich Coluche selbst zuzuschreiben.“

„Gawein, du bleibst hier und verhinderst am Ausgang der Talenge die Flucht der beiden! Wir dringen bis zur Grotte vor und legen diesen Unheilszauberinnen das Handwerk.“

„Lasst die Pferde zurück!“, rät »Sir« Victor.

Die Krieger folgen einem dünnen Trampelpfad durch den Wald. Hinter einem kleinen See erhebt sich ein baumhoher Felshang.

„Wartet an dieser Stelle auf mich!“, ordnet »Sir« Victor an. „Versteckt euch zwischen den Bäumen. Ich behaupte, ihr seid abgezogen, und gebe vor, Gillett habe mich geschickt, die beiden abzuholen.“

Wenig später kehrt »Sir« Victor mit den Megären zurück, die nur zu genau wissen, mit ihrem Verhalten und ihren Forderungen gegenüber seinem Sohn zu weit gegangen zu sein. »King« Artus springt aus seinem Versteck und spaltet die schwarz gekleidete jüngere Frau mit dem »Riesentöter« in zwei Hälften. Coluche erdolcht seine verhasste Stiefmutter. Die Freunde hängen beide Teile der Tochter mit einem Seil über einen Ast und fangen ihr Blut auf, bis alle Flaschen gefüllt sind. Die Leichen, die sich gespenstisch im Wind bewegen, überlässt der »King« den Krähen und Wölfen.

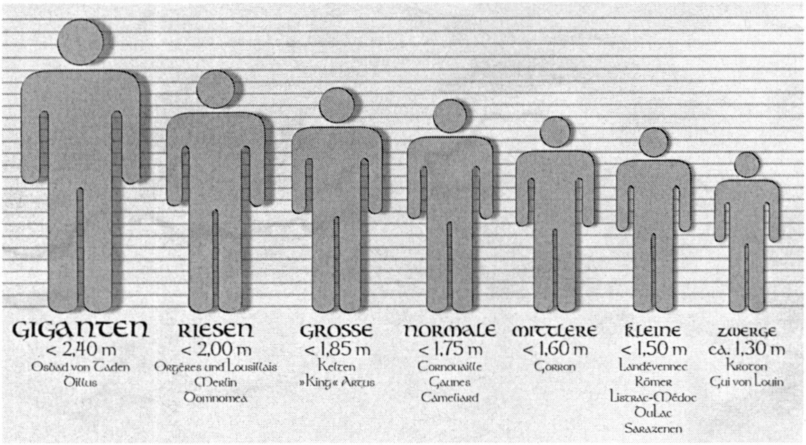

Nach einem kühlen Morgen erhebt sich LUGH und vertreibt die Winde. Die Blüten bereiten den Rückkehrern ein Meer an Farben und die Vögel geben ein Konzert. Der kleine Trupp kehrt nach »Taden« zurück und reitet triumphierend auf Osbads Hof zu. Dieser läuft kreidebleich an. Vom Schwindel gepackt, sieht der von der Todesangst befallene Gigant die bepackten Wagen mit den geforderten Gegenständen. Der »King« berichtet ihm den Hergang ihrer Abenteuer aus seiner Sicht. Seine eigenen Leistungen hebt Artus in hohen Maßen hervor.

„Den Erzählungen nach", spricht Osbad müde, „hast du, Coluche, am wenigsten zur Erfüllung der Aufgaben beigetragen. Artus und dessen Gefährten haben alles für dich erledigt. Aber meinetwegen. Ich stimme der Hochzeit mit meiner Tochter zu und bitte um meinen Tod!"

Mit dem geschärften Hauer schneiden die Wegbegleiter Osbad den Bart, das Haar mitsamt der Kopfhaut und die Ohren bis auf die Knochen ab. Sein von der Sklaverei befreiter Neffe Goreu schlägt ihm den Kopf ab und steckt diesen zum Zeichen seiner Besitzergreifung von Hof und Herrschaftsgebiet auf eine Stange. Der Körper landet auf einem Misthaufen. So hat sich die Prophezeiung erfüllt und Osbad stirbt bei Olouanes Verlobung.

„Was wünschst du dir zur Trauung?", fragt »King« Artus seinen Cousin. „Du bekommst von mir alles, außer meinen Mantel, »Ex.Sal.Liburn«, meine Lanze, mein Schild, mein Messer, meine Burg, meine Frau oder mein Vermögen!"

†††

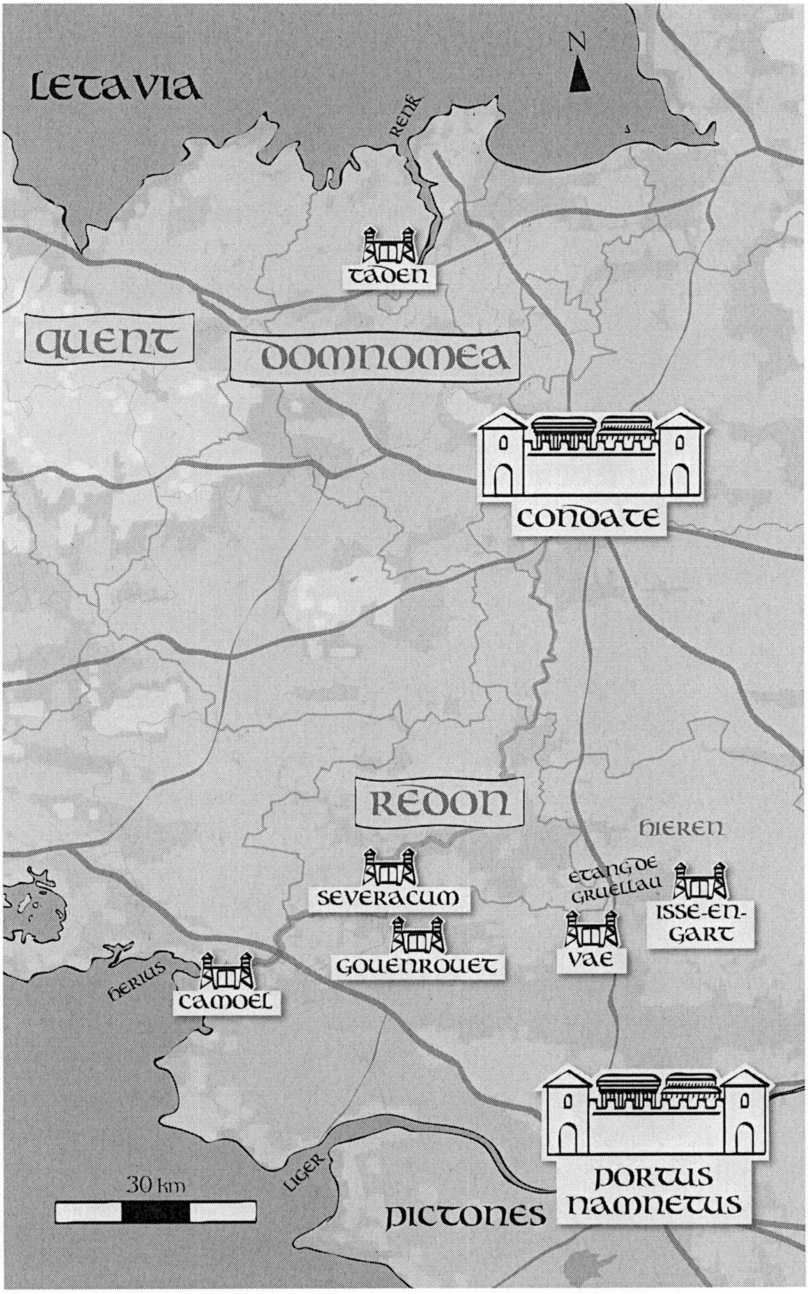
LETAVIA
N
RENK
TADEN
QUENT
DOMNOMEA
CONDATE
REDON
HIEREN
ETANG DE
GRUELLAU
SEVERACUM
ISSE-EN-
GART
VAE
GOUENROUET
HERIUS
CAMOEL
30 km
LIGER
PORTUS
NAMNETUS
PICTONES

GORRON

15

Frühling 462 nach Christus

Ein blondhaariger Riese reitet auf der Straße von »Aletum« nach »Condate«. An der Kreuzung der Römerstraße nach »Lutetia« gellen schrille Schreie durch den Wald. »Reix« Gereint von Domnomea gibt seinem Pferd die Sporen und galoppiert zwischen den Bäumen hindurch. Auf einer Lichtung steht ein Mädchen, dem die Kleidung vom Leib gerissen worden ist. Der Täter sieht den Reiter kommen, springt auf sein Pferd und zieht sein Schwert. Die zusammengewachsenen Augenbrauen seines Gegners mahnen den Kavalier zur Vorsicht.

„Du bringst mich um mein Vergnügen, Bursche! Nur eine Memme ohne Hoden stört einen Mann bei seiner Entlastung."

„Die Memme schlägt dir zu deiner Erleichterung den Kopf vom Rumpf!"

„Die gehört mir!"

„In meinem Land gehört dir nichts, Fremder!"

„Du Bohnenstange erzählst mir nicht, du seist ein »Reix«! Verschwinde, bevor ich dir den Schädel einschlage!"

Das Mädchen beeilt sich, in einem unbeobachteten Moment, im Unterholz davonzulaufen. Die beiden Kontrahenten schlagen aufeinander los. Schnell erkennt der Fremde seine Unterlegenheit. Gereint nähert sich. Der Fremde wirft ihm Sand in die Augen, den jener einem Sack am Sattel entnommen hat. Im letzten Moment weicht der kurzzeitig Geblendete dem Hieb des Gegners aus. Tränen rauben ihm weiterhin die Sicht und dennoch flieht der Unhold. Der »Domnomii« zieht den Helm ab, greift nach seiner kreisrunden römischen Feldflasche aus Kupfer und schüttet sich den Inhalt über den Kopf. Zornig gibt der Gedemütigte seinem Pferd die silbernen Sporen. Gegen Abend erreicht dieser den an einem kleinen, lang gezogenen See gelegenen Ort »Korle«[1]. Die heruntergekommene Wehranlage reicht bis zum Ufer. Die Mauern der Häuser haben Risse und teilweise fehlen die Dächer. Ein Mann füllt die Lücken mit Mörtel.

1 Heute Corlay.

„Wie ein Sklave bist du nicht gekleidet", spricht Gereint den Fremden an.
„Die Sklaven sind tot."
„Ich Suche ein Quartier für die Nacht."
„Die Sachsen haben alles zerstört. Kein Dach hält den Regen ab, keine Mauer den Wind und kein Fenster die Sonne."
„Ich bin genügsam."
„Deiner Kleidung zufolge, bist du ebenfalls kein Untergebener."
„Ich bin »Reix« Gereint von Domnomea."
„Und ich Tiouel, der »Reix« dieses verlorenen Stück Landes."
„Ich sehne mich nach einer Mahlzeit und einer Ecke zum Schlafen."

GEREINT

„Wenn du Wild gerne isst, bist du willkommen. Die Schweine und Schafe sind tot. Ich habe nur Wasser aus dem See, denn die Amphoren sind zerschlagen."
„Schäme dich nicht deiner Situation! Deine Krieger sind der Überzahl der Sachsen unterlegen gewesen."
„Meine Leute haben den größten Teil meines Schatzes geraubt und sind zu diesem Artus übergelaufen. Und vor kurzem ist ein Reiter des Weges gekommen, der mich um den Rest erleichtert hat. Im Gegenzug hat dieser Widerling meine Tochter in Ruhe gelassen."

Tiouel führt seinen Gast in eines der verfallenen Häuser. Eine Falltür ist in den Boden eingelassen, die der Gastgeber mithilfe eines Bronzerings öffnet.
„Dort unten sind die Wände trocken und das Feuer hält uns warm."
„Wie ertragt ihr den Qualm?"
„Der Keller verfügt über eine Öffnung ins Freie. Ich stelle dir meine Frau Elaine und meine Tochter Enid vor."

Die »Filia« sitzt neben ihrer Mutter auf einem kleinen Schemel. Obwohl Enid nur ein zerschlissenes Hemd und einen alten Römermantel an hat, verliebt sich Gereint auf der Stelle in die junge Frau mit den makellosen Zügen und den klaren Augen.

Unterhalb eines Steilhangs an der Nordküste der Halbinsel »Cravo« führt ein auffällig bunter Krieger sein Pferd zwischen den Felsen eines mit Austern übersäten Strandes hindurch. Die Person scheint auf der Suche nach dem richtigen Weg zu sein. Der wolkenverhangene Himmel ist ihm keine Orientierungshilfe. Mühsam arbeitet sich sein Pferd einen Geländeeinschnitt hinauf. »Sir« Keie, dem »Kameled« zu klein und die Nähe zu Artus zu eng geworden ist, sitzt auf seinem Pferd in der Deckung eines Baumes und beobachtet den Fremden, dessen Kleidung ihm bekannt vorkommt. Beim Näherkommen sind die zusammengewachsenen Augenbrauen deutlich zu erkennen.

„»Dux« Bague von Madus und Gorron!", sagt Keie zu sich selbst.

Der erklärte Feind seines Bruders ist auf dem Weg zur Burg. Einerseits interessiert ihn das nicht mehr, andererseits ist der Tag recht langweilig verlaufen. Ohne Vorwarnung löst sich »Sir« Keie aus seinem Versteck und reitet auf den überraschten Gegner los. Dieser zieht instinktiv sein Schwert. Bevor der Ort die Scheide verlässt, hebt der durch Keie verursachten Aufprall Bague aus dem Sattel. Der »Dux« wälzt sich zur Seite, stemmt sich mit aller Kraft gegen das Gewicht seiner Ausrüstung und richtet sich auf. Da vibriert die Kürze der gegnerischen Klinge unter seiner Nase.

„Halt ein, Keie!"

„Gib mir einen Grund, dich am Leben zu lassen! Mich beim Namen zu nennen reicht nicht aus."

„Dein Vater und ich sind immer Freunde gewesen!"

»Sir« Keie packt den wesentlich kleineren Bague und zerrt ihn zu dem alleinstehenden, knöcherigen Baum.

„Was wird das? Ich komme in friedlicher Absicht."

„Du hast beim Streit um »Ex.Sal.Liburn« auf meinem Schwert gestanden und mich so vor allen Bewohnern »Ker Léons« gedemütigt. Das verzeihe ich dir nicht! Und ich erinnere mich deutlich an deine Drohungen gegen unseren »King«."

Schon hat Bague eine Schlinge um die Füße, und »Sir« Keie zieht ihn nach oben. Kopfüber hängt der alte Mann an einer Astgabel des Baumes.

„Ich verhindere den Mord an meinem Bruder! Bitte deinen Gott um Beistand für die Reise, die du gleich antrittst. Vorher sagst du mir, wo deine Armee lagert! Wo versteckst du deine Männer?"

BAGUE

„Ich habe nicht vor, euren »King« umzubringen!“

„Weshalb befindest du dich sonst auf dieser strapaziösen Reise, ohne dich zuvor angekündigt zu haben?“

„Das hat dich nicht zu interessieren! Das ist eine Sache zwischen Artus und mir.“

„Ich schneide dir die Ohren ab!“

Durch rhythmische Bewegungen hat »Dux« Bague den Strick in Schaukelbewegungen versetzt, um einem Angriff auszuweichen.

„Hör auf, mit dem Gezappel, und gib mir eine Antwort! Habe ich einen Grund, dich am Leben zu lassen?“

„Aegidius hat sich mit der Regierung in Ravenna zerstritten und sich nach »Aurelianum«[2] abgesetzt. Die Sachsen sind an der Küste der »Baiocassen«[3] gelandet und nach »Condate« vorgedrungen. Die Garnison von »Legedia«[4] in »Gallia Lugdunensis«[5] ist den Invasoren in die Hände gefallen. Die Eindringlinge kontrollieren die »Itineraria Romana«[6] und belagern »Gorron«.“

„Deine recht oberflächliche Darstellung beeindruckt mich nicht!“

„Wir stehen kurz vor dem Untergang. Der »King« ist die letzte Hoffnung!“

„Ach! Auf einmal ist dir Artus gut genug?“

„Ich bitte den »King« um Entschuldigung!“

„Du bist mein Gefangener.“

„Nimm mein Schwert!“

„Das hört sich schon besser an. Was noch?“

„Ein paar Tage mehr, und ich habe außer meinem nackten Leben nichts mehr zu vergeben.“

2 Heute Orléans.

3 Keltischer Volksstamm im Raum des heutigen Bayeux in der Normandie.

4 Heute Avranches.

5 Römische Provinz zwischen Gallia Belgica und Gallia Aquitania.

6 Die römische Fernstraße Nummer hundertzwölf.

„Ich lasse dich hängen. Durch dein vorzeitiges Ableben bist du deine Sorgen sofort los!“
„Als »Dux« steht mir das Recht zu, den »King« zu sprechen!“
„Du verdankst den Umstand, dich abzuhängen, meinem Mitleid! Ich habe niemals einen solch roten Kopf gesehen. Ab sofort nenne ich dich »Face Rouge«[7]!“
„Nenne mich, wie dir beliebt. Aber hänge mich ab, bevor mir der Schädel platzt!“

Keie bindet seinen Gefangenen los und zeigt ihm den Weg nach »Kameled«. Endlich spricht »Dux« Bague von Madus und Gorron beim »King« vor.
„»Sir« Keie berichtet mir von einem erneuten Einfall der Sachsen in »Gallia Lugdunensis«. Weshalb bist du nicht bei deinen Leuten?“
„Mein Bruder Urien kämpft gegen die Eindringlinge. Als »Reix« steht ihm die Verteidigung seines Hofes zu! Ich werbe um Unterstützung gegen den gemeinsamen Feind.“
„Ein Bote genügt, um mich von eurer Situation in Kenntnis zu setzen.“
„Meine Anwesenheit ist aufgrund der letzten Meinungsverschiedenheiten von großer Bedeutung! Damals habe ich einem so jungen Mann nicht zugetraut, militärischer und darüber hinaus geistiger Führer aller Stämme zu sein. Dein Erfolg hat mich eines anderen belehrt. Du alleine bist in der Lage allen Feinden zu trotzen. Hilf uns und wir helfen dir, »Letavia« zu erweitern. Das ganze »Trajon« gehört unter deine Führung! Ich benötige deine Zusage, bevor ich in die Schlacht zurückkehre. Ein Kurier ist nicht in der Lage, dir mein aufrichtiges Bedauern zu übermitteln und dich von meinen redlichen Absichten zu überzeugen.“
„Der Einfall der Sachsen steht zweifelsfrei über kleinen persönlichen Befindlichkeiten.“
„Ich freue mich über deinen Scharfsinn und deine richtige Einschätzung der Lage.“
„Sobald mein Heer bereit ist, marschiere ich los, um die Invasoren endgültig ins Meer zurückzuwerfen.“

7 Rotgesicht.

„Das Meer ist von uns aus gesehen weit weg. Höchste Eile ist geboten, da ich nicht abzuwägen vermag, wie lange Urien unser »Castrum« hält. Deine Krieger schlagen die Angreifer allein durch den Anblick deiner Standarte in die Flucht!"

„Wir sind nicht Rom. Wir kämpfen mit unserem Blut und unserer Ehre für »Letavia«, und nicht mit Feldzeichen!"

„»Gorron« erkläre ich zum Teil deines Landes!"

„Bevor ich dir helfe, fordere ich von dir, mein Vasall zu sein!"

„Das habe ich dir schon zugesichert."

„Knie nieder! Hiermit ernenne ich dich zum »Sir« Bague von Madus und Gorron. Reite zu deinem Bruder! Haltet durch, bis ich eintreffe! Ich gebe dir ein Schreiben mit auf den Weg. In diesem bitte ich den »Reix« von Domnomea, dich mit allen verfügbaren Mitteln zu unterstützen."

Artus kommt der Krieg ungelegen. Wenn nur Merlin vor Ort wäre. Ein Fremder in heruntergekommener Rüstung begehrt, den »King« zu sprechen.

„Dein Gesicht ist mir nicht bekannt", empfängt ihn der »King«.

„Ich habe stets versäumt, dir einen Freundschaftsbesuch abzustatten. Ich bin Gereint von Domnomea, der Sohn des »Reix« Erbin. Mein Vater ist der Bruder deines Vaters gewesen. Seit seiner Vergiftung trage ich die Last, mein Land zu verwalten. Für Reisen ist keine Zeit geblieben."

„»Sir« Bague ist auf dem Weg zu dir, um dich zu bitten, ihn im Kampf gegen die Sachsen zu unterstützen."

„Ich bin selbst vor dem Ansturm der Gegner geflohen. Ihre Stoßrichtung ist »Condate«. Diese Barbaren haben die Ortschaften an unserer Grenze niedergebrannt. Die Männer getötet, Frauen und Vieh geraubt. Wir haben angenommen, der Spuk sei vorüber, da sind die Plünderer zurückgekehrt. Unser Land hat eine reiche Landwirtschaft. Ich habe Zeit und Geld in unsere Erträge investiert. Mit Bedauern stelle ich fest, den Aufbau einer schlagkräftigen Armee versäumt zu haben. Mag sein, wir sind körperlich groß, doch ohne Waffen sind wir wehrlos!"

„Mein Heer steht abmarschbereit. Schon morgen brechen wir auf!"

„Wie danke ich dir?"

„Sei mein Vasall, lieber Vetter, und kämpfe an meiner Seite!"

„Nichts lieber als das, denn wir sind eine Familie."
„So knie nieder! Ich schlage dich zum »Sir« Gereint von Domnomea."
„Zu dir sind Soldaten aus »Korle« übergelaufen, die ihrem »Reix« den Schatz gestohlen haben. Fordere die Beute zurück!"
„Weshalb forderst du mich auf, so zu handeln?"
„»Reix« Tiouel von Korle ist mein Schwiegervater."

»Sir« Ither von Cussac-Fort-Médoc beruft sich auf sein Recht, den »King« mit einem Anliegen zu behelligen.
„Was belastet dich?", fragt Artus freundlich.
„Dahergelaufenen", ist Ither genervt, „die du nicht kennst und die keine »Sirs« sind, versprichst du gegen ihre Feinde ins Feld zu ziehen."
„Was ist an dem Umstand verwerflich, jemandem in Not zu helfen?"
„Wenn dies einseitig geschieht, ist das ungerecht."
„Ich bin mir keiner Schuld bewusst. Wen behandele ich deiner Meinung nach nicht angemessen?"
„Mich und meine ganze Sippe!"
„Ich erinnere mich nicht an ein Bittgesuch von euch."
„Wir sind verzweifelt angekommen und froh gewesen, in deinem Land Schutz erhalten zu haben. Aller Bitten zum Trotz bist du nicht gegen die Goten in den Krieg gezogen."
„Ihr habt an meinem »Ker« ein neues Zuhause gefunden. Ich habe angenommen, ihr seid ein Teil unserer Gesellschaft und sinnt nicht darauf zurückzukehren."
„Ich verzichte nicht auf das Erbe meiner Vorväter!"
„Die Goten haben alles zerstört. Dir bleibt dort nur das nackte Land!"
„Ein Ort lässt sich wieder aufbauen, das Land sich wieder herstellen!"
„Verzweifle nicht, »Sir« Ither! »Letavia« entwickelt sich zu einer großen Nation neben Rom. Täglich melden sich Freiwillige, die in meine Armee eintreten. Wenn ich die Sachsen vertrieben habe, erzittern die Goten beim Anblick meiner Übermacht und fliehen zurück bis in ihre ursprüngliche Heimat. Gleich nach diesem Krieg bekommt ihr euer Land und seid selbst ein Segment von »Letavia«."

Artus packt seine Sachen für den bevorstehenden Feldzug in einer hölzernen Transportkiste. Darunter ist das erbeutete Christenkreuz als Talisman, ein Ersatzkettenhemd, eine zweite Krone und Wäschestücke für alle Wetterlagen. Für Jennifer schreibt der »King« eine Liste an Regeln und Verfügungen auf, da betritt eine imposante Gestalt, ohne anzuklopfen, seine Privatgemächer.

„Merlin? Endlich lässt du dich mal wieder sehen!"

„Die Lage ist ernst, und ich bin nicht zum Plaudern vorbeigekommen."

„Ich bin selbst in Eile."

„Du hörst mir zu! Unser Schatz ist in großer Gefahr."

„Das Gold ist auf »Kameled« in Sicherheit."

„In dieser Burg lagert nur ein marginaler Teil der Wahrheit. Weit mehr des edlen Materials habe ich in verwunschenen Höhlen verborgen."

„Weshalb erfahre ich diesen wichtigen Umstand erst jetzt?"

„Nur meine stummen Sklaven und ich kennen die mit Fallen versehenen Verstecke", lacht Merlin hysterisch.

„Um mir diese Orte[8] zu zeigen, ist jetzt nicht der passende Zeitpunkt!"

„Du hast unser Vermögen zu beschützen!"

„Du hast mich von ‚unserem Vermögen' nicht in Kenntnis gesetzt. Ich benötige für eine Kampagne selbst alle verfügbaren Streitkräfte!"

„Der Schatz hat Vorrang, vor allem anderen. Ohne ihn sind wir verloren!"

„Wenn ich mich erst um den Schatz kümmere, ist die größere Katastrophe nicht mehr aufzuhalten."

„Ich bin deine moralische Stütze und fordere, dich zunächst auf meine Angelegenheit einzulassen! Alles andere hat zu warten!"

„Was bitte, gefährdet die Sicherheit des Schatzes?"

„Die Sachsen sind im Norden »Aremoricas« gelandet und hinterlassen auf der Suche nach dem Schatz eine Spur der Verwüstung."

„…"

„Warum sagst du nichts? Ich habe das wichtigere Anliegen! Vergiss deine Nachbarschaftsstreitigkeiten und ziehe für unsere Sache gegen die Eindringlinge ins Feld!"

8 Vermutlich die Grotten von Morgat und Huelgoat sowie die Orte Pouldergat, Treffiagat, Treogat, Treouergat, Guengat, Plouegat Guerand, Plouegat Moysan und Plumergat.

„Ich ziehe meine Streitkräfte aus diesem Grund zusammen und bin im Begriff, ihnen ihren Frevel heimzuzahlen, unser Land ungefragt betreten zu haben!"

„Warum sagst du mir das nicht gleich?"

„Du hast mich nicht zu Wort kommen lassen! Begleitest du mich?"

„Setze deine Soldaten in Marsch und komme mit mir! Für den Fall, mir stößt ein Unglück zu, zeige ich dir jeden Schlupfwinkel."

†††

Artus erreicht einen Monat später seine Truppen bei »Lonlay«. Seine Krieger sind am Feiern.

„Wo hasst du dich aufgehalten?", fragt »Sir« Keie unfreundlich.

„Eurer Feier nach zu urteilen, habt ihr eine Schlacht gewonnen!"

„Wir haben uns nicht nur in einem Kampf behauptet. Von den Sachsen ist keiner mehr am Leben. Unser Vater ...! Aber das trifft dich vermutlich nicht!"

„Ich freue mich für »Sir« Ector, den Weg in die »Anderswelt« auf ehrenhafte Weise gefunden zu haben. Erzähle mir mehr von den Kampfhandlungen!"

„Der Feind hat uns frontal angegriffen. Da ist »Morte Jeune«[9] den Eindringlingen mit Gawein und Bague in die Flanke gestoßen."

„»Morte Jeune«?"

„So nenne ich »Sir« Sagramore seit Neuestem."

„Ich verstehe den Zusammenhang nicht!"

„Der Gote kippt immer mal wieder um, hat Schaum vor dem Mund und verdreht die Augen. Ein grauenvoller Anblick!"

„Ein Toter kämpft nicht!"

„Im Gegenteil. Wenn die Schlacht ihren Lauf nimmt, ist »Morte Jeune« nicht mehr zu halten. Unser Held sticht auf die Gegner ein, bis sich keiner mehr rührt. Dann ist ihm so lange übel, bis drei Mahlzeiten in seinem Bauch verschwunden sind."

Ein sonniger Tag mit angenehm frischer Luft, die vom Meer ins Landesinnere zieht, erfreut die siegreichen Krieger. Oberhalb eines Hanges, der zum

9 Junger Tod.

Ufer des »Colmont« führt, steht das Zelt des »Kings« in keltischer Manier. Die Stirnseiten bestehen aus einem hölzernen Fachwerk. Die Wände halten Querstangen auf Abstand. Das restliche Material besteht aus Leinen. Vor dem Zelt steht ein langer Tisch mit Holzbänken und neben dem Eingang der Schild und die Lanzen des »Kings«. Gawein wartet auf ein Gespräch mit seinem Onkel.

„Du hast dir einen festen Platz an meiner Tafelrunde erworben!", empfängt Artus seinen Neffen. „Ab sofort hast du die Pflicht, dich dort an den von mir festgelegten Tagen einzufinden."

„Ich begleite zunächst »Sir« Gereint und seine junge Gattin Enid nach »Domnomea«", kündigt »Sir« Gawein an.

„Was ist dort bedeutsamer denn »Kameled«?"

„Das Land haben die Sachsen schwer verwüstet und ich helfe meinem Freund mit konstruktiven Ratschlägen beim Wiederaufbau."

„Du sagst ihm, wie sein eigenes Land zu regieren ist?"

„Stelle die Bittsteller zufrieden, habe ich ihm gesagt, erst dann lässt du dich feiern!"

„Das klingt wahrlich – beratend. Ich hoffe, von solcherlei Weisheiten verschont zu bleiben!"

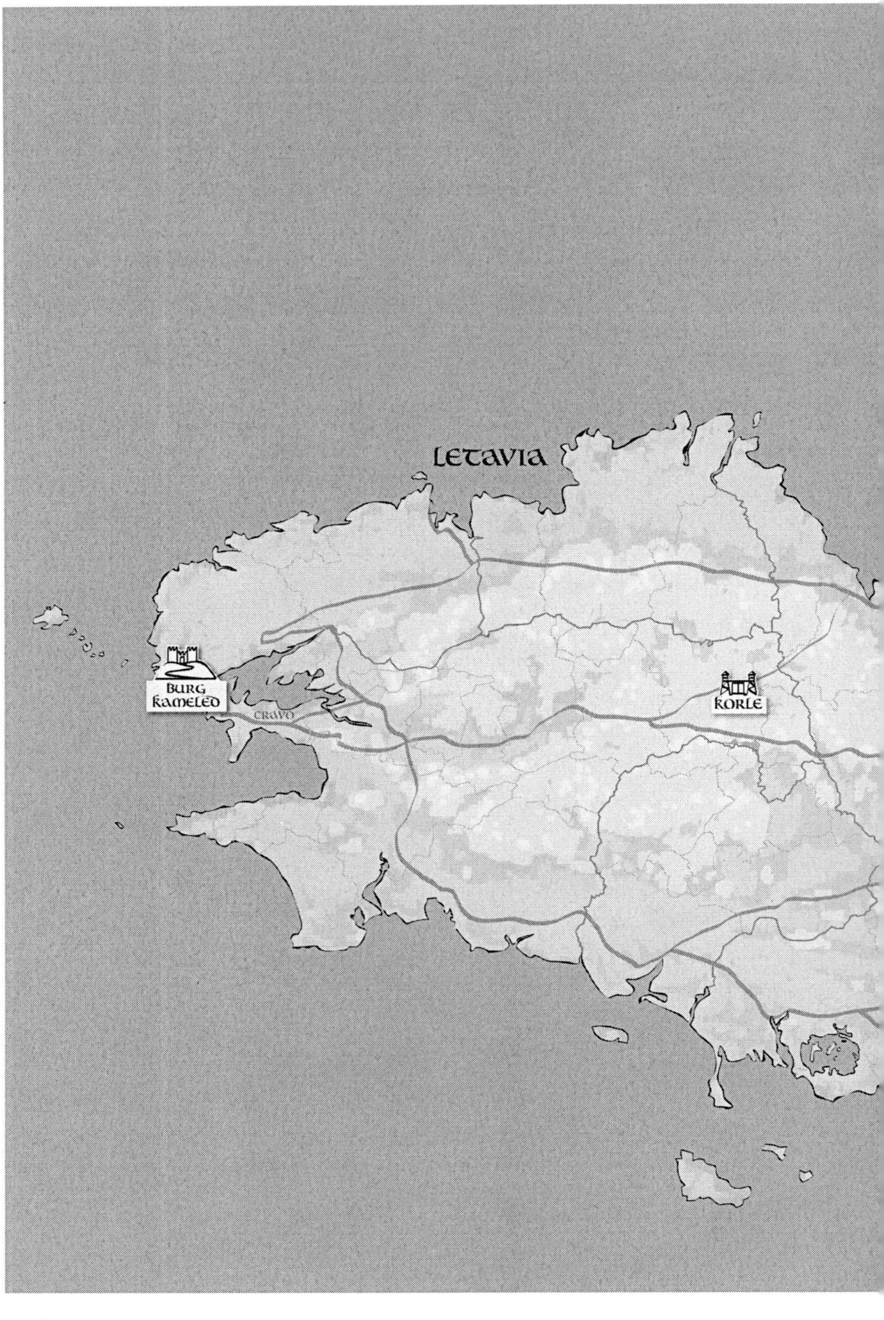
LETAVIA
BURG KAMELED
CRAVO
KORLE

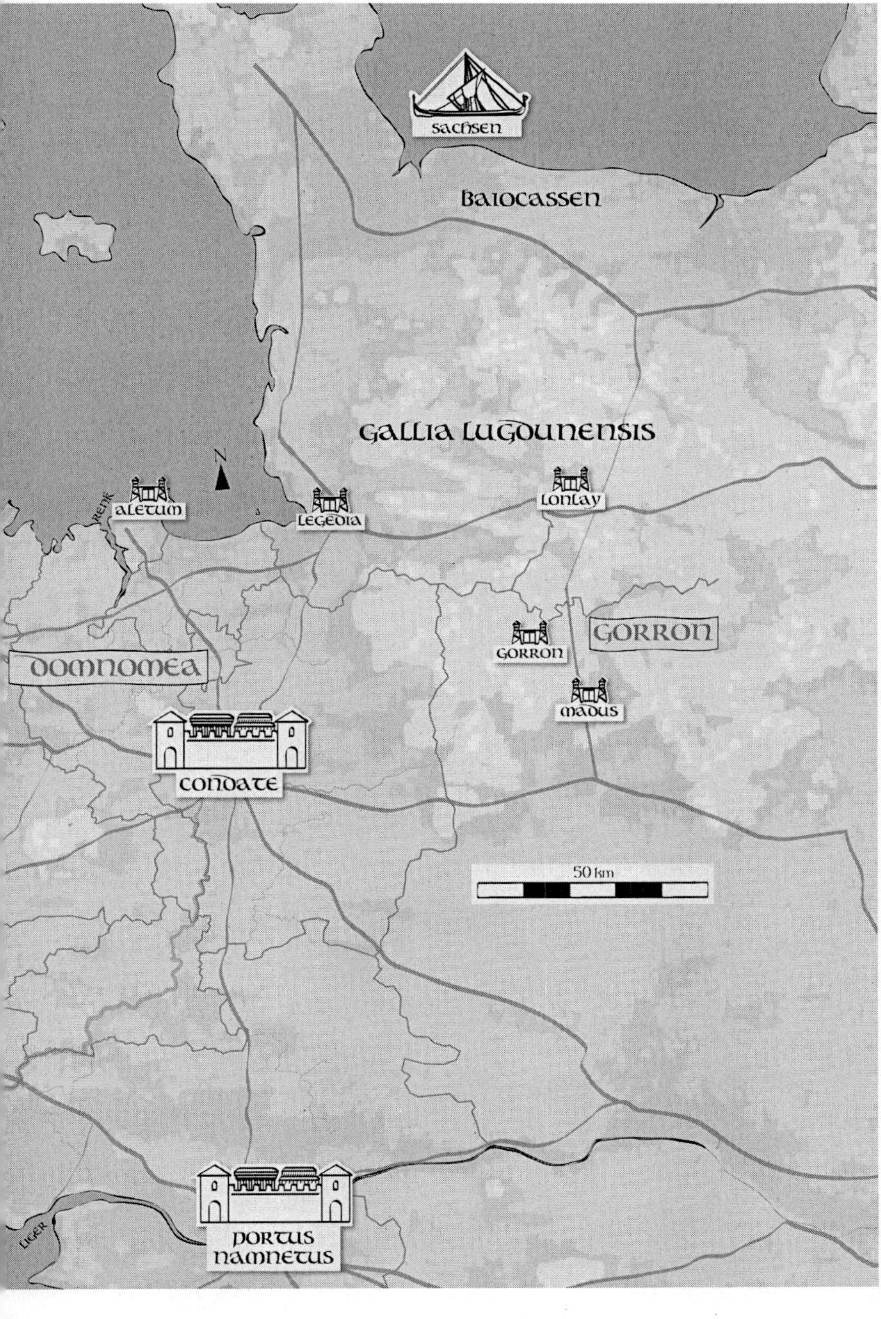
SACHSEN
BAIOCASSEN
GALLIA LUGDUNENSIS
N
RENK
ALETUM
LEGEDIA
LONLAY
GORRON
GORRON
DOMNOMEA
MADUS
CONDATE
50 km
PORTUS NAMNETUS
LIGER

Die Tafelrunde
462 nach Christus

1 Der Jüngere

Pellinore

16

Spätsommer 462 nach Christus

Nach vereinten Anstrengungen ist die letzte Schlacht gegen die Sachsen geschlagen. »Gorron« und die Garnison von »Legedia« sind befreit. Die »Itineraria Romana« ist wieder frei befahrbar. Das Heerlager der »Letavier« bereitet den Abbau und den Abzug vor. Ein warmer Wind weht über die sanften Hügel hinweg. Auf den saftigen Wiesen weidet das Vieh.

»Sir« Pellinore von Listrac-Médoc steht vor dem Zelt des »King« und zögert einzutreten. Artus nimmt einen zu großen Raum in seinem Leben ein. Zwar ist der »King« bereit, für seine Dienste vieles zu geben, nur das Unterordnen fällt ihm schwer. Nervös umklammert seine Hand den »Pommel« seines Schwertes. Pellinore verteidigt seine Freiheit, falls erforderlich, mit Waffengewalt.

„Was führt dich zu mir", betont Artus auffällig das Wörtchen »was«, „mein Freund?"

„Ich fühle mich müde, was!"

„Nach einer Schlacht ist das völlig normal!"

„Nicht des Kampfes wegen. Mir fehlt das Questing-Tier! Was? Und mir fehlt meine Heimat."

„Du hast deine Familie."

„Heimatlose, denen ich nichts zu hinterlassen habe! Was?"

„Ich gebe dir Land."

„Was? Das ist kein Vergleich! In deinem Land fehlen die Sonne und der Wein. Und meine Landsleute fehlen! Was!"

„Du bist ein Teil der Tafelrunde! Du hast dich nicht wie ein Dieb davonzustehlen!"

„Was erwartest du von einem alten Bock wie mir? Lamorak ist voller Feuer. So jemand brauchst du! Was?"

„Deinem Sohn fehlt die Ausbildung! Für einen »Sir«, reichen seine Fähigkeiten nicht aus!"

„Bilde ihn aus und lasse mich ziehen!"

„Du hast mir nie gesagt, weshalb du »Sir« Lot getötet hast!"

„Ich habe gespürt, wie ihn das Questing-Tier in seinen Bann gezogen hat. Mein Lebenswerk ist in Gefahr gewesen!"
„Ich entbinde dich deiner Verpflichtungen. Ziehe deines Weges."
„Einfach so? Keine weiteren Bedingungen?"
„Suche dir eine neue Aufgabe! Du bist zu Höherem berufen! Eine göttliche Bestimmung habe ich dir nicht zu bieten."
„Sobald ich mein Werk vollbracht habe, kehre ich zu dir zurück!"
„Ich freue mich schon jetzt auf den Tag, da die Barden deine Heldentaten besingen! Nur wer versorgt deine Frau in deiner Abwesenheit?"
„Die Kinder sind alt genug, um sich selbst zu versorgen und sich um Curled[1] zu kümmern."

†††

»Sir« Sagramore der Gote hat sich entschuldigt, ist zur Beerdigung seines Ziehvaters »Reix« Brandegoris von Estangore nach »Ros Goff« geritten und hat vor, sich seines minderjährigen Ziehbruders anzunehmen. Drei Jahre nach der Affäre mit »Sir« Gawein heiratet »Sir« Pelleas von Listrac-Médoc endlich die hochschwangere Ettarde. Die Feier findet, entgegen den Regeln der Tafelrunde, ohne den »King« auf »Kerbenic« statt. Die »Sirs« Tor von Listrac-Médoc, Gereint von Domnomea, Bedibere von Landévennec, Cador der Jüngere von Cornouaille, Palamedes der Sarazene, sein Bruder Segwarides und Aglobale von Listrac-Médoc sind unter den geladenen Gästen. Bei der Hochzeit verspricht der Bräutigam seiner Frau, Artus für den Tod an ihrem Bruder zu Fall zu bringen. Das sorgt für einen Eklat unter den Gästen. Die Artus-Treuen verlassen das Fest. Ein Tag nach der Trauung bringt Ettarde einen Sohn zur Welt, der den Namen Guibert[2] erhält. Artus erfährt durch »Sir« Bedibere von Landévennec

Pelleas

1 Keltisch: Cywrlyd. Womöglich der Kosename von Herceloide.

2 Keltisch: Guivret bzw. Guivred.

von der Vermählung und ist durch die offen zum Ausdruck gebrachte Feindschaft enttäuscht. Außer sich vor Zorn zitiert der »King« »Sir« Pelleas nach »Kameled«. Einige Tage später als angemessen erscheint der Abtrünnige mit ordentlich gekämmten Haaren. Das verwehrt Artus die Chance, durch einen Haarschnitt einen schnellen Friedensschluss herbeizuführen. In seinem langen, ovalen Gesicht spiegelt sich blanker Hass. Die dem »King« ohne die nötige Ehrerbietung zugewandte rechte Schulter ist ein Zeichen der offenen Zwietracht. Artus schreitet dennoch gönnerhaft auf den Provokateur zu.

„Deine Gebaren mir gegenüber sind nicht höfisch!"

„Jedes Verhalten hat einen Grund!"

„Ich erinnere mich nicht, dich ungerecht behandelt zu haben."

„Ich selbst habe keinen Grund der Beschwerde. Ettarde weint jeden Tag um ihren Bruder, den du getötet hast!"

„Nach dem Kampf ist Accolon weiterhin am Leben gewesen. Ich habe ihm den Angriff auf mich und den Diebstahl von »Ex.Sal.Liburn« verziehen! Ich habe den Druiden Claude beauftragt, ihn zu heilen. Das schwöre ich bei allen Göttern!"

„Wer ist der Mörder?"

„Das entzieht sich meinen Kenntnissen!"

„Dich hat sein Tod nicht weiter gekümmert!"

„Der Abtrünnige hat mich enttäuscht und du bist auf dem Weg, der Nächste zu sein. Deine Loyalität ist unzureichend und zwingt mich, dich zu den Wachen der »Queen« zu versetzen!"

Mit hochrotem Kopf verlässt Pelleas »Kameled« und reitet nach »Kerbenic« zurück. Ettarde sieht seine Entsendung mit Argwohn. Jennifers Methoden, Männer den Kopf zu verdrehen, sind ihr nur zu bekannt.

✝✝✝

Herbstbeginn 462 nach Christus

»Sir« Pellinore von Listrac-Médoc ist zu Fuß auf dem Weg in seine alte Heimat. Von »Portus Namnetus« aus nimmt der Wanderer die Straße Richtung Süd-Westen. Die vernachlässigte Römerstraße schlängelt sich durch sumpfiges Gebiet. Wolken von männlichen Schnaken tanzen über den Wiesen, während ihre Weibchen den Reisenden unermüdlich attackieren.

An einem großen See liegt eine Siedlung[3], die bei ihm den Eindruck erweckt, fern jeder technischen Entwicklung zu sein. Die Bewohner bedienen sich archaischer Steinäxte, um ihre Felder zu jäten, und scheinen das Rad bisher nicht für sich entdeckt zu haben. Ihre Häuser bestehen aus Erdhügel, deren Inneres eine Holzkonstruktion stützt. Pellinore gruselt die Vorstellung, in einem Grab zu leben, und zieht weiter.

Gegen Abend kommt ein städtisch und modern anmutender Ort in Sicht. Die visigotischen[4] Reiter, die auf den vermatschten Straßen patrouillieren, beachten den alten Mann nicht. Gegen einen unverschämt hohen Obolus lässt ein Bauer ihn in einem seiner heruntergekommenen Ställe übernachten. Der Preis fürs Logieren sei, der zwangsweise einquartierten Goten wegen, in die Höhe geschnellt. Bei der Morgenvesper zeigt sich der Vermieter großzügig. Pellinore isst weiter, bis sein Magen vor Überfüllung die Weiterreise zu verhindern droht. Laut rülpsend marschiert der Heimkehrer dem Meer entgegen. Gegen Mittag durchquert der Reisende das »Oppidum« »Kallans«[5], welches ebenfalls von Goten übervölkert ist. An der Kreuzung in der Mitte des Ortes stehen gleich drei Garküchen. Die Goten sind nicht zimperlich Wartende zur Seite zu schubsen. Trotz des umfangreichen Frühstücks ersteht der Dauerhungrige nach längerer Wartezeit eine Mahlzeit, die aus einem ausgehöhlten Brot besteht, das mit kaltem Fleisch und einer angedickten Soße gefüllt ist.

Kurz vor Erreichen der Küste ist die Sicht auf das Meer durch eine niedrige Hügelkette versperrt. Nur von weitem ist die Brandung zu hören. Möwen kreisen über den Anhöhen. Jetzt erkennt Pellinore anhand der untergehenden Sonne, in »Kallans« die falsche Straße genommen zu haben. Die längere Strecke ärgert ihn. Der viele Wein am Mittag hat ihm die Sinne vernebelt. Der Umweg ist eine weitere Erschwernis. Zur besseren Orientierung sucht der Wanderer den Weg zu einem Aussichtspunkt. Oben auf dem Hügel angekommen, schweift sein Blick über einen langen Sandstrand hinweg. In unmittelbarer Nähe steht eine gemauerte Festungsanlage, die keiner römischen Bauweise entspricht. Die Menschen, die dort ein- und ausgehen, erinnern ihn dem Aussehen nach an seine eigene Familie.

3 Heute Bouaye.

4 »Visi« heißt nicht »West«, sondern »Gut« oder »Edel«.

5 Heute Challans.

Kein Torwächter verstellt ihm den Weg und keine Tür ist verschlossen. Die steinernen Häuser stehen entlang der Wälle eng beieinander. Ihre Ziegel gedeckten Schrägdächer gehen ineinander über. Der Wehrgang oberhalb der Gebäude ist unbesetzt. Ein Turm, der zur Hügelseite steht, überragt die gesamte Anlage. Auf der Aussichtsplattform küsst sich ein Liebespaar. Darunter steht ein zweistöckiges Bauwerk, in dem ein ungewohnt helles Licht brennt. Eingeschüchtert bleibt Pellinore vor der Eingangstür stehen. Seine Augen gewöhnen sich nur langsam an die Helligkeit. Gleich neben dem Eingang steht eine Lanze, die ihm bekannt vorkommt. Der alte »Reix« nimmt die Waffe an sich. Jede Riefe und jeder Kratzer im Holz wecken Kindheitserinnerungen.

„Das ist die Lanze des Herrn!“, herrscht ihn eine Stimme an.

„Das ist die Waffe meines Vaters, was!“

„Verfluchter Dieb! Stelle diese zurück oder du bist des Todes!“

„Du hast meinen Vater bestohlen! Du bist der Dieb! Was? Diese Lanze gehört mir!“

Der Fremde stößt den Überraschten zur Seite, entreißt ihm die Waffe und sticht auf ihn ein. Pellinore wehrt den Angriff mit seinen Händen ab. Beide Arme erleiden schwere Verletzungen.

„Du Elender!“, schreit der von Listrac-Médoc sich vor Schmerz krümmend. „Mein Großvater ist Josef von Arimathia! Was!“

„Warum sagst du das nicht gleich? Der San Grá EL erwartet dich!"
„Um mir den Todesstoß zu verpassen! Was?"
„Um dich zu heilen! Warte auf mich! Ich hole ihn."
Trotz des Blutverlustes rafft sich der Verletzte auf und rennt zum Strand hinaus, wo ihn eine Patrouille der Goten abfängt.
„Quo vadis?[6]", brüllt der Anführer der Reiter.
Bevor Pellinore antwortet, verlassen ihn die Sinne.

†††

»Sir« Keie hat Küchenaufsicht. Von allen Diensten, die ein »Sir« zu erfüllen hat, ist dies für ihn der mit Abstand schändlichste. Das Geschnatter der »Trancheurinnen«[7], die Hitze, sowie der Gestank nach Rauch und verbranntem Fett, setzen seine Laune auf Eis. Der »Chef de Cuisine« ist ein ehemaliger Sklave aus Thrakien, der sich nichts sagen lässt oder sich mit dem Gegenteil dessen beschäftigt was andere von ihm verlangen. Der »Confisseur«[8] rührt den ganzen Tag teuren Zucker und behauptet steif, die Götter nähmen sich ihren Anteil, obwohl jeder dessen Naschsucht kennt. Unter den Küchenjungen fällt Keie einer auf, der ständig Töpfe fallen lässt, Wasser verschüttet oder die falschen Zutaten bringt.
„Für einen Koch sind deine Hände zu groß! Das ist der Grund, weshalb du alles fallen lässt."
„Meine Hände sind geschaffen, um ein Schwert zu halten."
„Ein »Coup de Main«[9] schwingt ein Messer und keine schwere Waffe."
„Eines Tages bin ich ein »Sir« wie meine Brüder!"
„Erlerne den Kampf mit toten Tieren und dem Feuer. Das ist, was der »Chef de Cuisine« dir beibringt."
„Bilde du mich aus!"
„Einem »Beaumains«[10] wie dich vermag ich nicht in die hohe Kunst des Krieges einzuweisen."

6 Wohin gehst du?
7 Gemüseschneiderin.
8 Süßspeisenkoch.
9 Beikoch.
10 Keie meint einen »Weishändigen«, womit ein Säugling gemeint ist.

„Gib mir eine Klinge und ich zeige dir, wozu ich in der Lage bin."

„Deine Bestimmung ist die Küche und in der Burg sind Schlägereien und das Tragen von Waffen nicht gestattet."

„Gerne gehe ich mit dir vor die Burg."

„Du bist ein Kind! Erkundige dich bei deinen Brüdern, weswegen dir nicht vergönnt ist, ein »Sir« zu sein."

„Schon bald erzitterst du beim Klang meines Namens! Meinen Heldenmut besingen die Barden einmal eher als deinen."

„Für einen »Beaumains«, nimmst du den Mund recht voll. Aber gut. Ich erzähle dem »King« von dir. Aus welcher Familie stammst du?"

„Orgères und Lousillais."

„Das habe ich mir gedacht. Weshalb hast du dich nicht gleich an deinen Oheim gewendet?"

„Gawein hat mich im Ort einquartiert und behandelt mich wie ein unmündiges Kind."

„Wie bist du in die Burg gelangt?"

„Der Sohn meiner Wirtin arbeitet in dieser Küche und hat mir seine Kleidung gegeben. Ich gebe ihm für den Gefallen meinen Lohn."

†††

»Sir« Pellinore von Listrac-Médoc wacht schwerfällig auf. Sein Kopf wackelt schlagartig hin und her. Der Sonnenbrand in seinem Gesicht bildet Blasen, die aufplatzen und nässen. Das Wundsekret auf seiner Haut trocknet stellenweise gelbliche ein. Schmutzige Fratzen schauen ihn teilnahmslos an.

„Das also ist die »Anderswelt«! Was?"

Pellinore hat sich das Jenseits weniger sonnig vorgestellt. Die Mitreisenden entsprechen ebenfalls nicht seinen Erwartungen. Ein heftiges Pochen quellt aus seinen unbeweglichen Armen und hämmert bis in sein Hirn.

„Ich bin ein Reix, was!"

„Ein verstümmelter »Reix«", antwortet einer trocken.

„Was? Wann erreichen wir die »Anderswelt«?"

„»Anderswelt«? Die Goten fahren nicht in die »Unterwelt«!"

„Seid ihr meine Armee, was?"

„Wir? Wir wissen nicht, was uns erwartet."

„Was! Ich bin euer Reix! Befreit mich von meinen Fesseln!"
„Das sind Verbände. Blutige Bandagen. Die fasse ich nicht an!"
„Zu den Waffen! Zu den Pferden!"

In der Abenddämmerung öffnet ein Wärter den Verschlag des Wagens, wirft altes Brot herein und stellt zwei Eimern Wasser daneben. Die Gesichter stürzen sich darauf. Niemand ist bereit, seinen Anteil an ihn zu verfüttern. Tiefer Schlaf übermannt ihn. Die Wärter zerren ihn in einen Gefängnisturm. Dort wacht Pellinore wieder auf.

„Ich bin euer Reix, was? Wo bin ich?"
„Du steckst im Turm von »Vensac«!", amüsiert sich ein extrem hagerer Gote. „Und unser Häftling!"
„»Vensac«, das kenne ich! Was! Zu den Waffen, edle Kämpfer!"
„Du bist nicht bei Sinnen, alter Mann!"
„Zu den Pferden! Zu den Mädchen! Ach, die Mädchen, was?"
„Wir sperren dich besser in eine Einzelzelle, bevor du andere Inhaftierte herumkommandierst!"
„Legionäre! Bringt mir meine Waffen und bindet mich endlich los! Was! Euer »Reix« braucht seine Arme und seine Armee, was!"
„Dein Geist hat dich verlassen. Gott verlässt dich nie! Vertraue auf ihn."
„Diese vielen Götter wissen selbst nicht, was für diese Welt das Beste ist! Was?"
„Als Christ kenne ich nur den einen Gott, der dich liebt und der dir hilft!"
„Was? Warum gibt mir dein Gott meine Armee nicht zurück!"
„Ich bete für deinen Verstand, alter Mann."
„Was? Ich bete für meine Waffen! Zum Angriff!"

Spätherbst 462 nach Christus

Nach vielen Wochen öffnet sich erstmalig wieder die schwere Zellentür. »Sir« Pellinore von Listrac-Médoc schaut verwirrt auf den hageren Wärter.

„Verschwinde!"
„Zu den Waffen! Was?"
„Das Tragen einer Waffe ist dir verboten!"
„Das ist mein Land! Ich bin dein »Reix«! Zum Angriff! Was?"

„Gehe endlich!“

„Meine »Esquites«[11] zermalmt dich!“

Jetzt erst sieht der Wärter die vielen Fliegen, denen die Flügel herausgerissen sind und seine vermeintliche Reiterei darstellen. Der ganze Raum wimmelt von diesen armen Kreaturen.

„Ich verteidige mein Land! Was?“

Drei Wächtern zerren Pellinore gewaltsam aus dem Turm. Der verrückte »Reix« wehrt sich mit Fußtritten. Schläge mit Holzknüppeln führen zum Erfolg. Gutgelaunt und in der Überzeugung, eine Schlacht geschlagen zu haben, begibt sich der »Médoquin« auf den Weg nach »Kameled«, wie dies jeder unterwegs zu hören bekommt. Der Wanderer kommt zwei Wochen später in »Ker Cadélac«, einem Wehrhof mit Gasthaus an der Römerstraße nach Condate, an.

„Bringt eurem »Reix« eine Mahlzeit. Was?“

„Ist der werte »Reix« in der Lage, die Zeche zahlen?“

„Was? Beleidige mich nicht, Soldat!“

„Zeige mir dein Geld!“

Am großen Tisch auf der anderen Seite des Raums sitzt eine Gruppe Riesen.

„Kenne ich dich?“, fragt der Älteste. „Du bist »Sir« Pellinore, nicht wahr?“

„Siehst du, Soldat! Meine Heerführer erkennen mich wieder! Was?“

„Was ist mit deinen Armen geschehen?“

„Ich habe die heilige Lanze entdeckt! Was? Der San Grá EL hat diese meinem Vater abgenommen. Holen wir uns diese Waffe!“

„Ein Krieg für eine Lanze? Weshalb?“

„Mit ihr bist du unbesiegbar! Was? Selbst ich bin ihr unterlegen! Seht mich nur an!“

„Wer ist dieser San Grá EL?“

„Das ist der Heilsbringer, der alle Verfehlungen gegenüber Gott verzeiht!“

„Zahlt der »Reix« seine Zeche“, fragt der Wirt ungeduldig, „oder nicht?“

„Überlasse uns den edlen Herrn. Wir kümmern uns um ihn!“

„Bekomme ich jetzt die Mahlzeit, die mir als »Reix« zusteht? Was?“

Die Riesen begleiten Pellinore ins Freie und zerren ihn in einen Lagerraum im Anbau des Wirtshauses.

11 Latein: Reiterei

„Erkennst du mich wieder?"

„Die Gesichter von Soldaten, sind eine einzige große Masse an Augen, Nasen und Münder! Was? Wie gewahre ich einen einzelnen, dem Tod der Schlacht Geweihten, ohne seinen Helmschmuck, Heermeister?"

„Schau mich an und sage mir, ob du die Ähnlichkeit zu meinem Vater siehst?"

„Zu den Waffen! Zum Angriff! Was?"

„»Sir« Lot von Orgères und Lousillais ist mein Vater gewesen! Und du hast ihn ermordet!"

„Kampfhandlungen fordern Tote! Was?"

„Zehn lange Jahre warten wir auf diese Gelegenheit der Rache!"

„Kämpft für unser Land! Was? Kämpft für unsere Ehre!"

Gawein lässt zunächst seine Brüder Gaheris, Gareth und Agrabain zustechen. Zuletzt bohrt der Riese sein Schwert gezielt in Pellinores Herz. Die Leiche werfen die Brüder in einen nahegelegenen Tümpel.

✝✝✝

Winter 462 nach Christus

Über Nacht ist Schnee gefallen. Bläulich trüber Dunst verdeckt die Sicht aufs Meer. In »Kameled« herrscht gespenstische Stille. Der Turmwächter hat seinen Helm abgesetzt und eine Kapuze übergezogen. Im Osten steigen Krähen auf. Reiter nähern sich der Burg. Der Soldat bläst in sein Signalhorn. Bogenschützen besetzen den Wehrgang oberhalb des Tores. Den sich nähernden Riesen reichen die Fußspitzen bis zur Schneedecke. Der Mann auf dem Turm erkennt »Sir« Gawein an seinen Farben und bläst Entwarnung. Artus ist voller Freude, seinen Neffen zu sehen, und eilt zum Tor.

„Wir haben uns lange nicht gesehen, und die Regierungsgeschäfte langweilen mich zu Tode! Komm ans Feuer und berichte mir von deinen »Aventüren«!"

Die Neuigkeit von der Rückkehr Gaweins eilt wie ein Lauffeuer durch die Burg. Bewohner und Gäste »Kameleds« eilen herbei und lauschen gespannt den Worten des Reisenden.

„Wir haben nach der Schlacht gegen die Sachsen eine berauschende Zeit bei »Sir« Gereint verbracht. Meine Brüder und ich haben »Domnomea« verlassen und sind auf die Suche nach unserer Mutter gegangen."

„Wie ist das Befinden meiner Schwester?", erkundigt sich Artus.

„»Condate« ist eine Stadt der Gesetzlosen. Dort jemanden zu finden ist unmöglich!"

„Ihr habt recht lange nach ihr gesucht!"

„Wir sind in Richtung Süden getrabt und haben »Sir« Bague von Madus und Gorron auf seinem Weg in seine Heimat begleitet. Erinnerst du dich an Peredur?"

„Der Name sagt mir was."

„Peredur ist mit uns geritten, obwohl dieser kein »Sir« ist. In einer Herberge an der Römerstraße sind wir seinem Vetter Pellinore begegnet."

„Der gute alte »Sir« Pellinore! Was? Was berichtest du mir von ihm?"

„Dieser hat weder uns, noch seinen Vetter erkannt und ist scheinbar verrückt geworden. Seine Armee habe ihn im Stich gelassen, und eine »Lancea Magica« habe ihn schwer verletzt. Diese sei heilig und der Träger unbesiegbar."

„Ihr habt der Verlockung nicht widerstanden, diese Waffe zu erbeuten?"

„Wie du dich erinnerst, haben wir mit ihm eine offene Rechnung zu begleichen gehabt."

„Das ist lange her und »Sir« Pellinore hat mir gegenüber sein aufrichtiges Bedauern zum Ausdruck gebracht!"

„Die Gelegenheit ist günstig gewesen und wir haben ihn von seinen Leiden befreit!"

„Ermordet hast du ihn!", schreit Lamorak und rennt aus dem Saal. „Für seinen Tod bezahlst du!"

Weitere Verwünschungen sind aus dem Treppenhaus zu hören.

„Dein Feingefühl, »Sir« Gawein, ist Legende! Nachher entschuldigst du dich bei ihm. Zeige mir die Lanze!"

Lamorak

„Wir sind in das Land der Goten vorgedrungen und an den Ort gekommen, wo Pellinore verletzt worden ist. Von der heiligen Waffe keine Spur. Unheimliche Frauen zogen vor einer Festung umher. Ihnen ist zuzutrauen, deinen Freund verwundet zu haben. Diese Wesen der Finsternis haben auf unsere Fragen ständig nur mit »Gralsburg« geantwortet. Wir sind genötigt gewesen, diese Dämonen zu erschlagen!"

„Ich ernenne Lamorak zum Nachfolger seines Vaters und zum »Sir«! Das beruhigt ihn. Ich wünsche mir von dir mehr Zurückhaltung gegenüber Frauen! Wo hast du die Lanze?"

„Welche Lanze?"

Pellinores Witwe flieht aus Verzweiflung über das Morden unter den »Sirs« mit ihrem jüngsten Sohn in die Einöde des Waldes »Sol d'Âne«[12] weit hinter dem »Menez-Hom«. Ein Sklave und das Kindermädchen begleiten ihre Herrin. Oberhalb eines Baches entsteht aus einem Geflecht aus dünnen Ästen eine, an einen hohlen Baum angelehnte, flache Hütte. Erde und Moos decken das Dach ab. Unter hohen Tannen stapelt sich gesammeltes Holz zum Trocknen für den Winter. Herceloide erzieht Gui in Unschuld und Unwissenheit. Die Dienerschaft schwört, dem Jungen nichts zu erzählen, denn ganz bewusst, enthält die verängstigte Mutter ihm jede Kenntnis von der Welt außerhalb des Waldes und dem Leben der Krieger vor. Die laufende Blutfehde hat unzählige Opfer gefordert, und die von Artus geführten Schlachten haben zahlreiche Männer zu jung dahingerafft.

Das Leben im Wald fordert von der kleinen Gruppe eine Menge ab. Schlingen liegen aus und das erbeutete Fleisch hängt im Rauch des hohlen Baumes. Neben dem Feuer dorren Pilze, Beeren und Würmer. Nach und nach stapeln sich rund um den Unterschlupf brauchbare Gegenstände, wie Amphoren, Transportkisten, Töpfe, Werkzeuge und Kleidungsstücke, die Reisende auf der Straße verloren haben. Pferdedecken schützen die gehorteten Schätze vor Feuchtigkeit.

12 Solitane, Eselsgrund. Der Name findet sich im Fluss Stêr Goanez und in Kerdanet wieder.

Hundert Schritte entfernt, ist eine kleine flache Höhle hinter vermoosten Steinen versteckt, in welcher der Sklave gesammelte Kräuter und Felle aufbewahrt. Einige fahrende Händler tauschen wohlwollend das relativ wertlose Gebrauchsgut gegen vergorenen Wein oder Öl ein. Zu den Mahlzeiten gehören neben gerösteten Weinbergschnecken, Schlangen-Ragout, Spitzwegerich-Blüten, Giersch, Brennnessel-Spinat und Bärlauch. Gui schnitzt einen Speer und wirft ihn nach kleinen Vögeln. Getroffen stürzt einer zu Boden. Der Junge ist über dessen Tod entsetzt und weint. Seine Mutter sieht seine kriegerischen Instinkte mit Argwohn und verbietet ihm das Spiel mit dem Messer.

465 nach Christus

An einem windstillen Morgen steigt die Sonne neben dem »Menez-Hom« glutrot zum Himmel auf. Das Meer schlägt keine Wogen. Die Möwen kreischen nicht und harren auf ihren Felsen auf den nächsten Sturm. Cabot liegt vor dem Bett und schläft tief und fest. Selbst auf Artus Rufe hin reagiert das Tier nicht. Das Gehör und die Sicht haben in den letzten Jahren erheblich nachgelassen. Artus wirft mit einem Stück zusammengeknülltem Papyrus nach ihm. Keine Reaktion. Traurig stellt der »King« den Gang seines treuen Begleiters in die »Anderswelt« fest. Artus befällt eine innere Leere. Cabots Freundschaft und Treue, hat die seiner Vasallen bei weitem übertroffen. Sein Hund ist immer um ihn gewesen und hat ihm nie widersprochen. Am Tag darauf bestattet eine gewaltige Menschenmenge Cabot wie einen »Sir«.

467 nach Christus

»Sir« Sagramore der Gote bittet den »King« um eine Unterredung. Ein junger Mann hat ihn nach »Kameled« begleitet, den Artus nie zuvor zu Gesicht bekommen hat und der ihm dennoch vertraut vorkommt.

„Nach dem Tod meines Vaters habe ich mich fünf Jahre lang um die Erziehung des Jungen gekümmert. Die Zeit ist gekommen, Mordred militärisch auszubilden.“

„Wie heißt der Junge?", ist Artus hellhörig. „Mordred. Mein Vater und ich haben ihn damals am Strand aus einem zerschellten Boot gerettet. Wir haben versucht, seine Eltern zu finden. Der Name ist die einzige Antwort auf unsere Fragen, die uns das Kind seines Alters wegen gegeben hat."

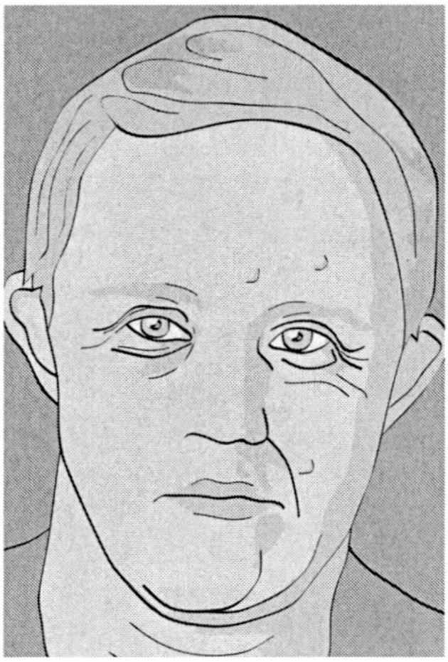

MORDRED

„Dieser Junge ist mein totgeglaubter Sohn! Sieh nur, die Ähnlichkeit!"
„Jetzt, wo du das sagst, glaube ich das ebenfalls zu erkennen. Nur seine Augen sind größer als deine."
„Du bist mein Vater?", fragt Mordred ungläubig. „Ich habe angenommen, Bran von Gordes sei mein Vater."
„Bitte erkläre mir, wie du in das Boot gelangt bist? Gawein hat gesagt, du seist aus dem fahrenden Wagen gefallen."
„Gawein? Heißt so der Mann, der mich ins Boot gesetzt hat? Ich habe so vieles vergessen! Ich erinnere mich nicht einmal an meine Mutter. Die Angst, die Schreie der anderen Kinder und die Wellen, haben sich bei mir bis heute, tief in mein Gedächtnis eingeprägt. Den Anblick der toten Kinder habe ich jeden Tag vor Augen!"
„Mordred hält immer einen respektvollen Abstand zum Wasser."
„Warum hat dein Bruder dich auf dem Meer ausgesetzt?"
„Ich denke stets an seine Worte! Die Götter und der »King« haben ihm das befohlen, hat dieser Gawein geschrien. Dann hat dieser Mörder einen Mann erschlagen, der seine Worte bezweifelt hat."
„Der »King« bin ich!"
„Du hast meinen Tod verlangt?"
„Niemals! Ich bin voller Trauer über den Verlust gewesen und bin heilfroh, dich gesund und munter vor mir zu sehen! Ab sofort lebst du bei mir auf »Kameled«. Und niemand fügt dir unter meiner Obhut ein Leid zu! Du bekommst die beste Ausbildung, mein Sohn, und ich erfülle dir jeden erdenklichen Wunsch. »Sir« Sagramore, ich stehe in deiner Schuld!"

Eine junge Frau reitet mit drei Jugendlichen zur Burg und bittet, den »King« zu sprechen.

„Ich bringe die von dir geforderte Geisel aus dem Hause DuLac. Wähle einen von ihnen zum Nachfolger des Hectors!"

„Durch deine freiwillige Geste nähern sich unsere Länder weiter an! Hector ist zwischenzeitlich ein fester Bestandteil »Kameleds« und ist in der Ausbildung. Wie heißt du?"

„Ich bin die Überbringerin der Geisel. Mein Name tut nichts zur Sache!"

„Bist du die Mutter der Jungen?"

„Ich bin die Mutter von Bors und Lionel von Gaunes. Lancelot DuLac ist der Sohn meiner verstorbenen Schwester, den ich großgezogen habe."

Lionel

„Deine beiden Söhne scheinen tüchtige Krieger zu sein?"

„Beide haben nie an einer Schlacht teilgenommen. Bors und Lionel haben sich nur mit der Dorfjugend gemessen."

„Ich benötige Kerle, wie die beiden. Tretet in meine Dienste! Ihr erhaltet eine ausgezeichnete Heranbildung zum Schwertkämpfer."

„Ich dachte", antwortet Bors zögerlich, „ich sei eine Geisel?"

„Zur Geisel nehme ich nur den Jüngsten. Euch ernenne ich zu »Sirs«! »Sir« Bors von Gaunes und »Sir« Lionel von Gaunes."

„Erhebst du Lancelot ebenfalls zum »Sir«?", erkundigt sich Elaine DuLac.

„„Du scheinst recht jung zu sein?", fragt Artus.

„Ich bin sechzehn!", sagt der Schweigsame.

„Bei den vielen Riesen in der Familie verschätze ich mich hin und wieder, was das Alter kleiner Menschen anbelangt. Ich lasse dich wissen, wenn seine Zeit gekommen ist und ich nach einer weiteren Geisel aus dem Hause DuLac verlange."

Die Ankunft der jungen Männer ist nicht ohne die Aufmerksamkeit der Mädchen auf »Kameled« geblieben. Claire, die jüngste Tochter des kürzlich verstorbenen »Reix« Brandegoris von Estangore, hat sich auf der Stelle in »Sir« Bors von Gaunes verliebt. Schon folgt die Enkelin des oströmischen Kaisers dem verunsicherten Jungen auf Schritt und Tritt. Selbst ihrem wesentlich älteren Stiefbruder »Sir« Sagramore der Gote ist ihre Anhänglichkeit aufgefallen.

BORS

„Ich bitte dich inständig, lasse den Jungen in Frieden!"

„Das hat dich nicht zu interessieren! Ich vollbringe stets, wonach mir zumute ist!"

„Vater ist tot. Deine Mutter ist tot. Und du ziehst ihr Andenken mit deinem Verhalten in den Schmutz!"

„Ich heirate Bors!"

„Dein Opfer hat gesagt, der Umgang mit Frauen läge ihm fern."

„Mein Opfer? Ich bin der Gewinn seines Lebens!"

„Gleiche deine Absichten erst einmal mit den seinen ab."

„Dies ist schon geschehen! Ich habe mit ihm geschlafen! Ich bin in sein Bett gekrochen und habe mich seiner bedient!"

„Da du lebst, scheint sein Wille gebrochen zu sein."

„Bors hat jeden Moment mit mir ausgekostet!"

✝✝✝

469 nach Christus

Claire bringt einen gesunden Sohn zur Welt, und verlangt von Bors ihn in der Marienkirche auf den Namen Alain[13] zu taufen.

„Was denken die anderen?", klagt »Sir« Bors von Gaunes. „Später lachen die Kinder über ihn und niemand bildet ihn zum Krieger aus!"

13 Keltisch: Elyan.

„Die Druiden ziehen sich in die Wälder zurück. Zunehmend ist aus Gallien von Übergriffen römischer Legionäre auf diese Scharlatane zu hören. Die Zeit der alten Götter ist vorbei! Maria zeigt uns den Weg ins Licht! Maria formt Alain zu einem umsichtigen Mann, dem Liebe wichtiger ist als Menschen zu töten."

„Zuvor erschlägt ihn einer, der nur die Liebe zu seinem Schwert kennt! Der Junge erlernt das Kämpfen und eines Tages befreit Alain unsere Heimat von dem Tyrannen Artus. Als »Reix« aller keltischen Völker stellt unser Kind den Frieden mit Rom wieder her!"

CLAIRE

✝✝✝

470 nach Christus

Lancelot von DuLac feiert seinen achtzehnten Geburtstag. Ständig schwänzelt der junge Kerl um die kinderlose »Queen« herum, die mit ihren vierunddreißig Jahren eine hohe Anziehung auf ihn ausübt. Artus ist das Getue der beiden bisweilen lästig. Seine Freunde witzeln über das in Größe und Alter ungleiche Paar. Der »King« ordnet Lancelot den Besuch seiner Familie an. Erschüttert und mit flauem Magen begibt sich der Verliebte auf den Weg nach »Gaunes«. Nach ein paar Tagen erreicht der Reiter »Kerbenic«, einen Hof, den Artus Pelleas von Listrac-Médoc bei seiner Ernennung zum »Sir« geschenkt hat. Ein Kranich, der als Vorbote der Unglücksgöttin ARANROD gilt, steht in einem Bach neben der Straße. Vom Hufschlag erschreckt, fliegt der Fischreiher schwerfällig davon. Der Lärm zweier sich streitender Frauen dringt zur Straße herüber. Sofort ändert der selbst ernannte Beschützer aller weiblichen Wesen die Richtung, und reitet auf die römische Villa zu. Beim Öffnen der Tür strömt heißer Wasserdampf ins Freie, der ihm die Sicht vernebeln.

„Du nimmst mir keinen Mann mehr weg!"

„Hässlich wie du bist, starren mich die Männer an, selbst wenn du neben mir stehst!"

„Wehre dich nicht! Die »Anderswelt« wartet schon auf dich! Das kochende Wasser löst dir das Fleisch von deinen Knochen. So nimmst du deinen verdorbenen Körper gleich mit!"

„Das gelingt dir nicht, du hinterhältiges Biest!"

Endlich sieht Lancelot die beiden Frauen. Die eine trägt die Rüstung einer »Fay«, die andere ist völlig nackt und versucht, sich mit bloßen Händen zu wehren. Die Kriegerin hat ihr Opfer an den Haaren gepackt und zerrt diese zu einer im beheizten Boden eingelassenen Badewanne. Das Wasser sprudelt gefährlich und erzeugt Dampfwolken. Da bemerkt die Angreiferin den Eindringling.

Lancelot

„Das geht dich nichts an! Verschwinde!"

„Was hat dir diese Frau angetan?"

„Elaine von Kerbenic ist keine Frau! Das ist eine, die den Männern die Augen aussaugt!"

„Die Männer schauen sich diese unansehnliche »Fay« nicht gerne an!"

„Ich bin nicht verabscheuungswürdig!"

„Deine Narben sind zum Fürchten! Abscheulich! Alle nennen dich Morgane, die Zerschnittene!"

Elaines äußere Vorzüge lassen indes Lancelot nicht kalt.

„Ich gebiete dir als angehender »Sir« Einhalt!"

„Ich habe dich gewarnt!"

Lancelot sieht rot und drischt mit einem Stuhl auf die Kämpferin ein. Die Lehne trifft die »Fay« am Hals. Diese strauchelt rückwärts. Mit einem Satz nach vorne, rettet sich Morgane im letzten Moment vor dem Fall in die Wanne. Der Angreifer packt die nächste Sitzgelegenheit. Die Kriegerin greift nach ihrem Schwert, das an der Wand steht, und nach dem Helm, der auf dem Tisch liegt. Der Schemel trifft ihr Gesicht. Von dem Schlag benommen flüchtet die Unterlegene zur Tür, wo ein weiterer Stuhl gegen die Wand kracht.

„Die kommt so schnell nicht wieder!“, ist sich der Retter siegesgewiss.

„Du hast mein Leben gerettet und bekommst von mir, was immer du begehrst!“

Beschämt schaut der Junge zur Decke, um ihre Blöße nicht anzustarren.

„Ich wäre dir für ein Nachtquartier dankbar, denn ich bin auf der Heimreise und der Tag neigt sich seinem Ende entgegen.“

„Gefalle ich dir nicht?“

„Du bist begehrenswert, trotzdem gehört mein Herz Jennifer.“

„Diese Frau ist weit weg! Ich bin die Belohnung für meine Rettung!“

ELAINE

„Ich bin meiner Liebe ewig treu!“

„Was sind das für Worte? Bist du kein Mann? Was ist so Besonderes an dieser Jennifer?“

„Hast du ein Quartier für mich?“

„Du bekommst das komfortabelste Zimmer in diesem Haus.“

Ohne sich anzukleiden, schreitet Elaine mit schwingenden Hüften vor Lancelot her, um ihm den Weg zu seiner Unterkunft zu zeigen.

„Ich besorge dir eine Mahlzeit!“

„Ich habe Durst.“

Elaine kleidet sich an und stampft zu ihrer alten vertrauten Sklavin Brusen.

„Erst rettet der Kerl mich und jetzt nimmt mich dieser Dickschädel nicht, weil ihm eine gewisse Jennifer im Kopf herumgeistert!“

„Die berühmte Jennifer?“

„Wer ist das?“

„Hast du nie von der Frau des »King« gehört? In welcher Zeit lebst du, mein Kind?“

„Seine Liebe ist demnach ohne jede Hoffnung? Hilf mir, ihn umzustimmen!“

„Wir benötigen ein wenig Magie! Zieh dir einen goldenen Ring an. Den Größten, den du findest. Die reichen Damen haben alle diese übertrieben dicken Goldringe. Ich braue einen »Amoris Veneficium«.“

„Ist dieser schädlich?"

„Keine Sorge, ich verwende nur Wein, Hanf, »Zincimber«[14] und stimulierende Gewürze."

Brusen bringt einen Krug mit ihrem Gebräu und einen Becher aus Ton. Lancelot stürzt die Flüssigkeit, ohne abzusetzen, seine Kehle hinunter und verlangt einen weiteren Becher voll. Zügig leert sich der Krug. Elaine betritt den Raum und schickt ihre Sklavin dankend fort. Die Wirkung des Trankes setzt ein. Elaine hält ihm den »Anulus Aureus« vor Augen.

„Ich habe mich auf den weiten Weg begeben, um dich zu sehen, mein kleiner Geliebter! Freust du dich, mich zu sehen?"

„Jennifer?"

„Sei leise! Artus ahnt nicht, wo ich bin."

„Ich liebe dich!"

„Deshalb meine Eile."

„Mein Herz brennt nach dir!"

„Dein Herz gehört nur mir!"

„Jennifer", sagt Lancelot, obwohl sein Blick stur auf den Ring gerichtet ist, „du bist so hinreißend!"

„Nimm mich! Sei für immer mein!"

Der Morgen erwacht und bereitet Lancelot unsägliche Kopfschmerzen. Ist dies der Preis für eine Nacht mit der Frau seiner Träume? Seine Angebetete liegt unmerklich atmend neben ihm. Ihr Duft raubt ihm die Sinne. Sanft liegt seine Hand auf ihren Hüften und liebkost ihren Hals. Das sind nicht Jennifers Augen, die ihn freudig anstrahlen!

„Wer beim BELENOS bist du?"

„Bist du ausgeschlafen?", fragt eine fremde Stimme.

Lancelot springt aus dem Bett und zieht sein Schwert. Mit dem »Ort« fuchtelt der Verwirrte vor der Nase der Fremden herum.

„Wer bist du?"

„Elaine, deine zukünftige Frau!"

„Was hast du mit mir angestellt? Jennifer ist bald meine Angetraute?"

„Vergiss diese Frau!"

„Weiche von mir! Bevor ich mich nicht mehr im Griff habe."

14 Ingwer.

„Ich erwarte ein Kind von dir! Das kommt vor, wenn ein Held wie du mit einer Frau wie mir schläft."
„Das ist nie meine Absicht gewesen!"
„Du hast mich gerettet! Hast du das schon vergessen? Küsse mich und sei lieb zu mir!"
„Ich verschone dein Leben. Aber ich bin nicht in der Lage, zu bleiben! Bei meinen Zielen stehst du mir im Wege!"

†††

Frühsommer 471 nach Christus

Elaine von Kerbenic bringt am Hof ihres Vaters einen Jungen zur Welt, der den Namen Galahad erhält. »Sir« Pelleas von Listrac-Médoc fordert von ihr zu erfahren, wer der Vater seines Enkels ist. Um ihr beizustehen, wendet sich der Besorgte an den »King«.
„Ich sehe dich in Sorgen!", empfängt Artus seinen Vasallen.
„Meine Angelegenheit ist heikel und delikat!"
„Ich habe stets ein offenes Ohr für deine Probleme."
„Meine Tochter hat ein Kind zur Welt gebracht."
„Das klingt nach Freude in deinem Haus!"
„Eine Freude wäre, stünde der Vater zu seiner Verantwortung."
„Weshalb scheut dieser Mann das Bündnis mit ihr?"
„Eine andere Frau raubt ihm den Sinn!"
„Da du dich an mich wendest, nehme ich an, ein »Sir« steckt hinter der Geschichte."
„Lancelot."
„Ihn habe ich vor Zeiten aus meiner Burg gejagt, weil seine Nähe zu meiner Frau mich belastet hat. Ich habe ihn zu keiner Zeit zum »Sir« ernannt! Dein Wort steht somit über dem seinen."
„Eine gewisse Jennifer sei seine große Liebe, hat dieser ständig wiederholt."
„Ich regele die Angelegenheit und lasse ihm keine Wahl. Weigert sich der Herzensbrecher, versenken wir ihn nach alter Sitte im Moor!"

†††

Drei Tage vor Lugnasadh 471 nach Christus

Der freudestrahlende »Sir« Cador besucht seinen Vetter Artus.

„Dir scheinen die Götter wohlgesonnen zu sein?", bemerkt der »King« dessen blendende Mine.

„Ich bin Vater!", jauchzt »Sir« Cador. „Ich habe einen Sohn! In Anlehnung an unseren ruhmreichen Vorfahren haben wir ihn Constantine getauft."

„Getauft?"

„Meine Frau ist Christin und ich bin ebenfalls ein Christ."

„Lass Merlin das nicht zu Ohren kommen."

„Die Römer erziehen die Druiden zu Priestern. Lange hält sich der alte Glaube nicht mehr! Bald sind wir Christen in der Überzahl!"

„Solange ich lebe, hat jeder das uneingeschränkte Recht, seine Konfessionen frei zu wählen."

Artus hat zum Lugnasadh-Fest nach »Kameled« geladen. Ungewöhnliche Kälte herrscht und dunkle Wolken ziehen vom Meer kommend in Richtung des »Menez-Homs«. Lancelot DuLac ignoriert Elaine von Kerbenic. Seine Gesten der Missachtung entgehen ihr nicht und kränkt die junge Mutter. Abermals klagt diese ihr Leid der ehemaligen Sklavin Brusen, die für ihren Beistand von Elaine die Bürgerrechte zugesprochen bekommen hat. Nach römischem Gesetz bleibt Brusen ihrer Herrin weiterhin verpflichtet, doch die beiden verbindet inzwischen eine tiefgehende Freundschaft, in der solche Vorschriften nur nebensächlich sind.

„Hilf mir, diesen Sturkopf endgültig an mich zu binden!"

„Ich habe eine ganze Amphore von meinem Trank mitgebracht."

„Wie flöße ich ihm das geheimnisvolle Gebräu nur ein?"

„Das lasse meine Sorge sein! Mich beachtet dein Zukünftiger nicht! Heute Nacht liegt dein Angebeteter wieder neben dir."

Brusen begibt sich zur Tafelrunde und schleicht unbemerkt zum Tisch von »Sir« Bors, an dem Lancelots Stuhl steht. Eine kleine Gabel dient ihr zum Entfernen des Pfropfens aus Wachs, der die Tonflasche fest verschließt, wodurch einige Zeit verstreicht. Ihr kommt die Idee, das Wachs an einer Kerze zu schmelzen. Da packt eine Hand ihren Arm.

„Du bist die verflixte Giftmischerin, die mein Leben ruiniert hat!"

„Wieso ich?"

„Ich erkenne dich wieder! Du bist die Alte aus »Kerbenic«!"

Mit einer heftigen Bewegung schüttet ihm Brusen das heiße Wachs über den Arm. Für einen Augenblick öffnet sich seine Hand. Die Alte verschwindet in der Menge der stehenden Gäste. Sein Versuch, ihr zu folgen, misslingt. Hinter einer Säule versteckt, beobachtet Brusen ihren Verfolger, der vom Eintreffen der »Queen« abgelenkt, an seinen Tisch zurückkehrt, und nur Blicke für seine Angebetete hat.

»Sir und Reix von Léon« Victor von Ker Ahes und Ker Mel-Karhez beaufsichtigt vier Sklaven, die ein großes Fass herein rollen. Mühevoll richten die Männer das schwere Behältnis auf und schlagen den Deckel mit einem Hammer ein. »Sir« Victor nimmt feierlich einen Schöpflöffel und kostet von dem teuren Wein.

„Gleich sind wir alle glücklich!", freut sich der Alte.

In einem unbeobachteten Moment schüttet Brusen den Inhalt ihrer Amphore in das Fass. Wenig später bringt Brusen den wenig Zurechnungsfähigen zu Elaine. Die eingesetzten Substanzen haben der Feier eine gewisse Ausgelassenheit verliehen.

„Die »Queen« wartet auf dich!", lügt ihn Brusen an.

„Du bist die Schadenszauberin!", säuselt Lancelot.

„Alte Frauen, die sich ähneln, findest du an allen Orten der Welt."

Brusen hilft Elaine, den Liebsten zu entkleiden. Erneut schlafen die beiden miteinander. Die echte »Queen« begibt sich von den Rauschmitteln enthemmt auf die Suche nach ihrem Verehrer. Auf dem Gang läuft Jennifer der alten Brusen über den Weg.

„Hast du meinen kleinen Liebling gesehen?", lallt diese von der Suche verbittert.

„Dein Geliebter feiert weiterhin mit den anderen im Saal."

„Dort bin ich ihm nicht begegnet! Endlich schläft Artus und ich finde meinen Liebhaber nicht."

„Du bist so bezaubernd", dringt leise die Stimme ihres Bewunderers aus dem Raum, vor dem Brusen steht. „Jennifer!"

„Du hast mich angelogen! Gehe mir aus dem Weg!"

Die »Queen« zieht die Decke beiseite.

„Ich habe mir deine Liebe nur eingebildet!"

„Jennifer? Weshalb liegst du nicht neben mir?"

„Wer liegt da neben dir?"

„Ich bin seine zukünftige Frau!", schreit Elaine. „Eine Frau, die ihm eine Hoffnung und eine Familie gibt!"

„Ich bin seine Künftige!"

„Du? Ich sehe nur eine verwelkte Primel ohne Kinder, die mit dem mächtigsten Mann des Landes vermählt ist!"

„Jennifer, ich liebe dich!"

„Packe deine Sachen und verschwinde!"

„Das gibt Krieg! Ich bin eine Geisel!"

„Eine Geisel hat nicht das Recht, seine »Queen« zu betrügen!"

Lancelot DuLac, verrückt vor Selbstmitleid, springt nackt aus dem Fenster und läuft davon.

„Deinetwegen ist mein Mann dieser Welt entrückt, du Unbarmherzige!"

„Dein Mann? Wenn Artus ..."

„Artus hat für übermorgen unsere Vermählung anberaumt!"

„Verziehe dich von meinem Hof!"

„Nichts lieber als das! Ich hoffe, du erstickst an deinen eigenen Worten!"

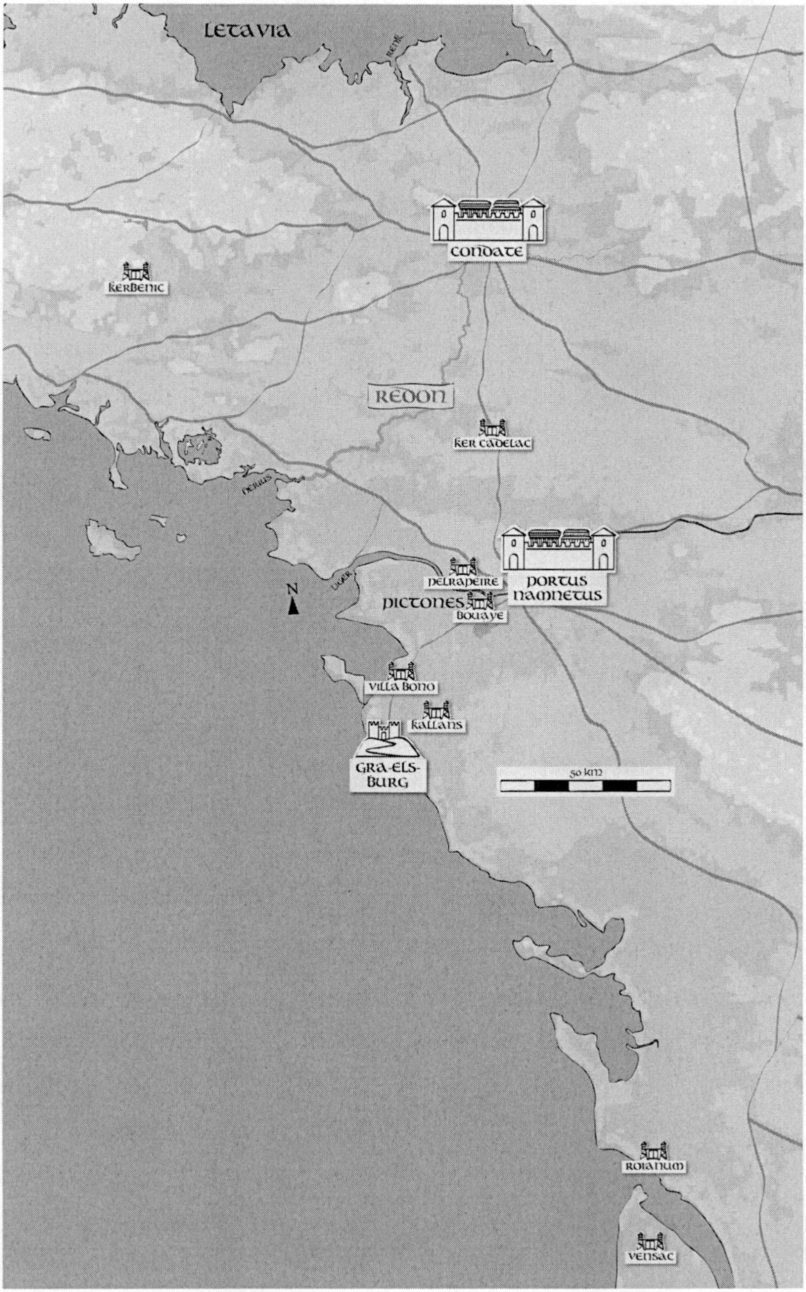
LETAVIA
CONDATE
KERBENIC
REDON
KER CADELAC
PELRAPEIRE
PORTUS
NAMNETUS
N
PICTONES
BOUAYE
VILLA BONO
KALLANS
GRA-ELS-
BURG
50 km
ROIANUM
VENSAC

Die Tafelrunde

471 nach Christus

1 Der Jüngere

Elaine

17

Spätsommer 474 nach Christus

Von Westen ziehen schwerfällig weiße Wolken in langen Bahnen durch den dunkelblauen Himmel. Dazwischen blitzt die Sonne hindurch und erinnert die Zugvögel, sich auf ihre Abreise vorzubereiten. Am Abend zieht kühle Luft durch den Garten, in dem Elaine von Kerbenic Äpfel erntet. Ein Schatten bewegt sich zwischen den knochigen Bäumen. Elaine erschreckt und greift nach einer Mistgabel. Eine hagere Gestalt irrt wie ein verletztes Tier umher, kratzt mit seinen zerschundenen, dreckigen Fingern Käfer und Feldsalat aus dem Boden, beäugt die Funde und stopft sich die ausgerupften Pflanzen mitsamt Wurzeln und Erdklumpen in den Mund. Ein merkwürdiges Grunzen entweicht seiner Kehle. Rot unterlaufene Augen sehen teilnahmslos zu den Wolken. Schmatzgeräusche vertreiben die Vögel. Mit einem weithin hörbaren krachen knackt der Panzer eines Hirschkäferweibchens auf.

„Lancelot! Mein geliebter Lancelot! Wache auf! Ich bin deine kleine Elaine. Schau mich an! Du bist den weiten Weg zu mir gekommen. Ein Beweis deiner Zuneigung zu mir und deinem Sohn. Galahad ist drei Jahre alt. Sei ihm ein Vater! Bleibe bei uns!"

Der Weltentrückte verändert keine Miene und kaut stoisch einen weiteren Käfer. Elaine reicht ihm einen Apfel. Eine Geste des Missfallens ist die Antwort. Der Unanschauliche gräbt weiter. Elaine eilt ins Haus und kommt mit einem halben Laib Brot zurück. Wirr schaut der Lebensferne auf den Brocken, den Elaine abgerissen hat und ihm hinhält.

„Iss das, mein Liebling! Erinnere dich, das ist Brot."

Zögerlich riecht der Verwilderte an dem fremden Objekt, weitet seine Augen und beißt hinein. Ein Jauchzen und seine Hände betteln nach mehr.

„Ich bringe dich zu San Grá EL, dem Wunderheiler! Hast du schon einmal von dem alten Mann gehört? Jesus ist ein Freund der Familie und schlägt mir meinen Wunsch, dich zu heilen, nicht ab."

Ihre Blicke treffen sich. In ihm regt sich ein Gefühl der Nähe. Freudig lässt Lancelot Wasser und sich von Elaine an der Hand ins Haus führen.

†††

Winterbeginn 474 nach Christus

Die Luft ist eisig und Frühreif bedeckt die Pflanzen. Der Boden ist hartgefroren und auf den Pfützen bilden sich dünne Eisflächen. Nach einer dreimonatigen Reise zur Gralsburg kehren Elaine, Lancelot und Galahad nach »Kerbenic« zurück. Brusen eilt ihrer Freundin entgegen.

„Endlich wieder daheim!", freut sich Elaine.

„Das ist nicht mein Zuhause", sagt Lancelot mürrisch.

„Nach der Hochzeit ist dies dein Heim und mein Land deines."

„Ich heirate dich nicht, selbst wenn ich bei dir bleibe."

„Der San Grá EL hat dies von dir verlangt!"

„Jesus hat mich geheilt. Gut. Alles andere ist meine Angelegenheit!"

„Ohne Vermählung hat Galahad nicht das Recht, sich ein DuLac zu nennen! Was sagt Artus, wenn dein Sohn ihn eines Tages bittet, ihn zum »Sir« zu ernennen?"

„Kein Mensch fragt nach der Wahrheit! Gib ihm den Namen. Und Artus ist der Letzte, der sich um seine Herkunft schert."

✝✝✝

Frühjahr 476 nach Christus

Auf einer Lichtung im Wald von Sol d'Âne, wuchten Herceloide, Gui und die Amme den Leichnam des Sklaven auf einen Scheiterhaufen. Die Flammen lodern bis hoch in die Baumwipfel. Das Kindermädchen springt ins Feuer. Ein herzzerreißender Schrei lässt die Vögel zum Himmel aufsteigen und sich in alle Winde verstreuen.

„Die beiden sind ein Paar gewesen", sagt die Mutter betroffen. „Ich habe das die ganze Zeit geahnt, aber ignoriert."

Seine Mutter hat nie geweint. Teilnahmslos schaut Gui den Feuerzungen zu und versteht die Tränen der alten Dame nicht, die sich vor der bevorstehenden Einsamkeit fürchtet.

Gui zählt zwölf Jahre und hat sich dank der Anleitung des Dieners zu einem primitiven Jäger und Sammler entwickelt, der sich rührend um seine Mutter kümmert. Sein ständiges Lächeln besticht durch seine weißen und gleichmäßigen Zähne. In seinen Wangen haben sich Grübchen gebildet. Seine zusammengekniffenen, leicht schielenden Augen scheinen stets zu lachen. Seine Haare flattern in alle Richtungen davon. Gemeinsam trinken die beiden das warme Blut erlegter Tiere, sammeln Schnecken, Flusskrebse, Frösche und trotzen nachts Nässe und Kälte. Doch Stille und Trostlosigkeit, plagen ihn wie die Angst vor den Geistern und Unholden des Waldes, die ihn in seinen Träumen heimsuchen.

GUI

Hector DuLac ist auf dem Weg nach »Kerbenic«, da laufen ihm die beiden nahe einer Lichtung über den Weg. Gui ist sprachlos. Ein Wesen halb Mann halb Pferd steht vor ihm. Der Reiter steigt ab. Fasziniert beobachtet der Junge, wie sich die Formen trennen. Das seltsame Material am Körper des Fremden flickert im Licht. Ein langer flacher Ast wächst aus dessen Seite.

„Wer bist du?", fragt Gui unbeholfen und eingeschüchtert.

„Mein Name ist Hector DuLac. Ich bin bald ein »Sir« der Tafelrunde zu »Kameled«."

„Was ist eine Tafel?"

„Ein Tisch."

„Das klingt aufregend. Mama, warum haben wir keinen Tisch? Was machst du an der runden Tafel?"

„Da besprechen die »Sirs« wichtige Dinge, die unser Land betreffen."

„Was ist unser Land?"

„Bei allem Respekt, werte Frau, weshalb ist der Junge so naiv?"

„Kurz nach der Geburt ist sein Vater gestorben. Seither leben wir in diesem Wald, der uns schützt und uns ernährt."

„Wer ist sein Vater gewesen?"

„Pellinore von Listrac-Médoc."

„Ich erinnere mich an ihn. Dieser starb in der Zeit da sein Sohn Lamorak zum »Sir« ernannt worden ist."

„Dieser unsägliche Titel hat uns nur Unglück gebracht! Niemand hat meinen Mann respektiert. Als Fremde haben wir nichts zu erwarten gehabt. Das ihm so bedeutungsvolle »Questing« hat ein anderer, ohne seine Ehre zu respektieren, erlegt."

„Eines Tages", ist Gui elektrisiert, „bespreche ich ebenfalls die wichtigen Dinge des Landes!"

„Auf dem Rückweg nehme ich euch nach »Kameled« mit."

„Dort gehe ich nie wieder hin", protestiert die Mutter.

„Ich gehe mit!", sagt Gui laut. „Ich habe vor, ein »Sir« zu sein."

„Du bist dort alleine!", resigniert Herceloide.

„Das ist mir egal! Ich begehre, so ein Tier zu haben. Und ich benötige so einen dünnen Ast, der mir an der Seite herauswächst. Ich gehe nach »Kameled«!"

„Du hast mein Wort. Auf der Heimreise nehme ich dich mit."

„Das dauert mir zu lange! Sage mir, wo ich »Kameled« finde. Ich gehe selbst dorthin."

Herceloide hegt die Hoffnung, Gui kehrt zurück, wenn dieser nur ausreichend desaströse Erfahrungen durchlebt. Aus verschiedenen Tierhäuten, Federn und Fellen entsteht eine Nachbildung Pellinores Rüstung, und aus einem Ast, die einer Schwertscheide. Gui ist begeistert und denkt angestrengt nach, was das Land ist und was die wichtigen Dinge sind.

„Grüße alle Menschen freundlich. Versprich mir das!"

„Das verspreche ich, Mama."

„Nimm dich vor den Frauen in acht! Vor ihnen bist du zu keiner Zeit in Sicherheit."

„Du bist eine Frau, Mama!"

„Ich bin deine Mutter! Das ist nicht das Gleiche. Junge Frauen sind für Männer eine große Gefahr. Gib auf dich acht!"

Gui umarmt seine Mutter zum Abschied und eilt in die von Pellinore gezeigte Richtung davon, ohne sich noch einmal umzuschauen. Der Abschiedsschmerz lähmt Herceloide. Die drohende Einsamkeit schwächt ihr Herz. Ihr schwindet die Kraft. Vom Schwindel erfasst, setzt sich die Angeschlagene auf einen nassen Stein. Der einzige, bei ihr gebliebene Sohn, gerät zwischen den Bäumen außer Sichtweite, und seine Mutter stirbt an seelischen Qualen.

Der neunzehnjährige Gareth ist der Jüngste der Orgères-und-Lousillais-Brüder. Sein glattes Gesicht ist bartlos, seine Haare lang und luftig. Beim Nachdenken schweift sein Blick stets in die Ferne, während sein Mund offen steht und die oberen Schneidezähne freigibt. Gareth sieht sich als Held der neuen Generation, für die das Erscheinungsbild wichtiger ist denn vollbrachte Aventüren. Gareth ist in einer Unterredung mit Artus, da bitten sein Bruder Gaheris und dessen Frau den »King« um ein Gespräch.

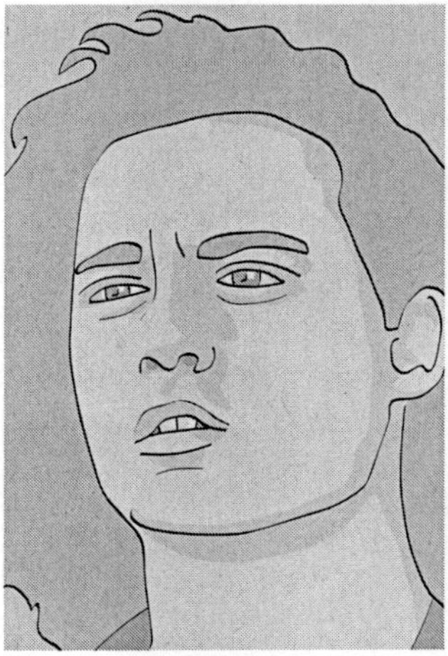

GARETH

„Der »Rote Ritter« hat meine Schwester Lyoness entführt!", platzt Lonette gleich beim Betreten des Arbeitszimmers heraus. „Sende einen »Sir« aus, der die Ärmste befreit!"

„Alle »Sirs« sind auf einem Ausritt, und niemand vermag zu sagen, wann meine Leute zurückkehren. Das dauert unter Umständen Tage."

„Bis dahin, ist meine Schwester tot!"

„Ich übernehme diese Aufgabe!", bietet ihr Schwager an.

„Du bist kein »Sir«!"

„Das mag sein. Meine Ausbildung habe ich dennoch abgeschlossen."

„In meiner Familie lassen wir uns nicht von einem Dahergelaufenen retten! Wir stammen aus ritterlichem Geblüt."

„Und bist selbst nicht mit einem »Sir« verheiratet."

„Einmal diesen Fehler begangen zu haben reicht völlig aus."

„Dies ist eine seltene Gelegenheit", mischt sich Artus ein, „sich durch tapferes Vorgehen als »Sir« zu beweisen!"

„Ich danke dir für dein Vertrauen!"

„Du schickst dieses Kind nicht los, um einen Frauenschänder zu jagen! Dieser Fall, erfordert einen erfahrenen Krieger."

„Ich habe meinen Entschluss gefasst. Wenn wir zögern, sind von deiner Schwester am Ende nur die Knochen übrig. Ziehe los, Gareth! Und bringe keine Schande über uns!"

Gareth hat einen Verdacht, wo sich der Gesuchte aufhält, und begibt sich auf den Weg nach »Kerloc'h«. Auf die Forderung auf Herausgabe der Gefangenen, reagiert der Angesprochene mit Arroganz und wüsten Beschimpfungen. Gareth zögert nicht, zieht sein Schwert und besiegt in einem lange währenden Kampf den »Roten Ritter«, der sich als »Sir« Ither von Cussac-Fort-Médoc herausstellt. Großzügig verschont Gareth das Leben seines Gegners und befreit Lyoness.

„Mich errettet zu haben", ist die junge Dame unangemessen abweisend, „gibt dir kein Recht auf gar nichts. Bilde dir nichts auf eine in solchen Situationen erforderliche Zwangsläufigkeit ein."

„Seit der Hochzeit deiner Schwester mit Gaheris, bin ich in dich verliebt! Weshalb sonst, habe ich mich angeboten, dich zu befreien?"

„Du bist noch ein Kind!"

„Ich habe mit deiner Befreiung das Gegenteil bewiesen! Wenn dies dein Wille ist, erbringe ich weitere Beweise, erwachsen zu sein."

Der durch die Demütigung übel gelaunte Riese legt sich nach der Rückkehr am Hof mit den »Sirs« an, die ihm zufällig über den Weg laufen. Keiner von ihnen ist seiner Schnelligkeit gewachsen. Den Schlägen seiner Gegner weicht Gareth durch flinke Drehungen oder raschen Verbiegungen seines Oberkörpers aus. Die Stiche zielen ins Leere. Nach kurzem Schwertkampf hält Gareth selbst seinem Bruder »Sir« Gawein von Orgères und Lousillais die Waffe an den Hals und zwingt ihn zur Aufgabe. Der »King« ist begeistert von seinen kämpferischen Fähigkeiten und schlägt ihn unverzüglich zum »Sir«. Lyoness sieht inzwischen ebenfalls das Potenzial ihres Verehrers, ist von seiner Hingabe zu ihr geschmeichelt und willigt in die Vermählung ein.

Artus lässt nach dem unrühmlichen »Roten Ritter« suchen, mit der Aufforderung, an die Tafelrunde zurückzukehren. »Sir« Ither verspricht dem »King«, keine weiteren Skandale zu provozieren und seine Kräfte für »Letavia« einzusetzen.

✝✝✝

Gui erreicht die lebhaft befahrene Römerstraße. Die schnellen Fuhrwerke verwirren ihn. Ständig schreit ihn einer der Kutscher an oder Passagiere amüsieren sich laut über sein Aussehen. An einer Kreuzung beschließt Gui, den Weg über das ruhigere und abseits der Straße gelegene Land zu laufen. Am Rand einer entlegenen Ortschaft schöpft eine junge Frau Wasser an einem Brunnen. Gui erschreckt zu Tode. Büsche zur Deckung nutzend, pirscht sich der Junge an.

„Ich grüße dich herzlich, obwohl du eine Gefahr für mich bist!"

Durch gezielte Faustschläge geht das ahnungslose Opfer zu Boden. Gui reißt ihr die Kleider vom Leib, um sich von ihrer Weiblichkeit zu überzeugen. Ihr Schmuck fasziniert ihn. Mit einem Ruck nimmt sich der seines Verbrechens nicht Bewusste die Kette mit Muscheln vom Hals und zieht ihren goldenen Ring vom Finger. Überwältigt von ihrer Schönheit küsst Gui die Ohnmächtige zweimal auf den Mund. Langsam kommt die Frau wieder zu sich und kreischt vor Entsetzen. Aus Angst flüchtet Gui in einen nahegelegenen Schuppen. Krachend öffnet sich die Tür des Hauses gegenüber. Ein Mann kommt mit einem Knüppel bewaffnet herausgeeilt.

„In CERONUS Namen", schreit dieser. „Was liegst du nackt auf dem Boden herum?"

„Ich habe keine Ahnung!", stammelt die Frau. „Was ist geschehen?"

„Das wüsste ich nur zu gerne von dir! Mit wem hast du dich herumgetrieben? Ich breche meine Lanze[1] über dir, so wahr ich »Dux« Orilus von La Lande[2] heiße!"

Orilus zerrt Jejoute auf die Beine und drischt mit dem Schlagholz auf die am ganzen Körper Zitternde ein.

„Du Ehebrecherin! Deinen Schmuck hast du diesem Mistkerl gleich mitgegeben."

„Ich habe nichts angerichtet! Ich bin Wasser holen gegangen."

„Du hast mich hintergangen! Verschwinde aus meinem Haus! Lass dich nie wieder sehen!"

Gui ist in Panik. Wenn der Mann ihn erwischt, ist sein Leben in Kürze vorbei. Orilus kehrt verbittert ins Haus zurück und schlägt die Tür hinter sich zu. Jejoute läuft bitter weinend in den Ort hinein. Gui sucht das Weite und gelangt am Morgen des nächsten Tages an einen unüberwind-

1 Gui denkt, »Je joute« ist ihr Name. Wolfram von Eschenbach hat die Übersetzung für „Ich breche meine Lanze" verdeutscht: Jeschute.

2 Diesen Namen hat Eschenbach ebenfalls eingedeutscht: Herzog Orilus de Lâlânt. La Lande heißt: das Moor.

baren Flussarm. Weiter abwärts ist das Gewässer wesentlich breiter. Schwimmen hat der Junge nie gelernt und steht somit vor einem großen Problem. Wie kommen die »Sirs« nach »Kameled«? Am Hang zum Ufer stillt Gui mit Pilzen, Beeren, wildem Weinberg-Lauch, Löwenzahn und dem roten Fruchtfleisch einer weiblichen Eibe seinen Hunger. Nach einem Verdauungsschlaf ist das Wasser bis auf einen kleinen Bach in der Mitte des Flussbettes spurlos verschwunden. Hastig überquert Gui den sandigen Flussgrund. Seines Aussehens wegen amüsieren sich die ihm begegnen, geben aber freundlich Auskunft, in welcher Richtung die Burg zu finden ist. Neben ihm erhebt sich der »Menez-Hom«. Atemlos bestaunt Gui die Höhe. Ist das der Berg, auf dem die Götter leben, von dem ihm der Sklave so oft erzählt hat? Warum haben diese Wesen alle Bäume herausgerissen? Am späten Nachmittag erreicht Gui den Ort »Cravo«[3]. Dort steht eine junge Frau zwischen den Häusern. Ihr Anblick bereitet ihm Unbehagen. Wieder eines dieser gefährlichen Wesen. Ihre Augen mustern ihn. Vorsichtig und von Neugier getrieben, nähert sich Gui langsam.

„Was schaust du mich so an?"

„Ich habe auf dich gewartet."

„Woher weißt du, wer ich bin?"

„Du bist Gui. Gui von Listrac-Médoc."

„Bist du eine Hellseherin?"

„Ach, woher! Ich bin deine Cousine Sigourne. Hector DuLac hat uns von dir berichtet."

„Was ist Listrac-Médoc?"

„Das ist das herrliche Land, aus dem wir geflohen sind, weil uns üble Mächte vertrieben haben, kleiner Dummkopf!"

„Ich bin kein Dummkopf! Ich bin demnächst ein »Sir«."

✝✝✝

Januar 477 vor Christus

Der »King« gibt anlässlich der Hochzeit von »Sir« Gareth von Orgères und Lousillais mit Lyoness ein Festessen. »Sir« Ither von Cussac-Fort-Médoc lässt sich seine Wut nicht anmerken, schreitet mit aufgesetzt heiterer

3 Heute Crozon, auf Keltisch: steiniger Ort.

Miene auf den an der Tafelrunde sitzenden »King« zu. Seine überschwängliche Geste, Artus zu umarmen, löst ein Malheur aus. Mit dem Ellenbogen stößt Ither aus Versehen einen goldenen Becher um, dessen Inhalt sich auf den Schoß der »Queen« ergießt. Jennifer von Ker Mel-Karhez springt entsetzt auf. Ihr teures Kleid ist von rotem Wein durchtränkt.

„Das »Göttliche Hall«[4] zahlst du mir!", raunt ihn der »King« an.

„Das ist keine Absicht gewesen", rechtfertigt sich »Sir« Ither. „Bei deinen Angelegenheiten gibst du dich stets großzügig, doch bei einem kleinen Fleck, erweist du dich als kleinherzig!"

„Männer, die nicht zu ihren Verfehlungen stehen, sind mir ein Gräuel."

„Das Kleid hat ein Vermögen gekostet!", schreit Jennifer.

„So bringt dich der Preis für das Salz nicht um. Und davon abgesehen, hat Artus mich geschupst."

„Gehe mir aus den Augen", läuft Artus rot an, „bevor ich mich vergesse! Du wartest vor der Burg, bis ich mir eine Strafe für dich ausgedacht habe!"

»Sir« Ither hängt auf dem Brachfeld seinen düsteren Gedanken nach. Da kommt Gui, von Sigourne begleitet, mit seinem seltsam anmutenden Jagdspeer des Weges. Seine Cousine bittet ihn, erst einmal vor dem Tor zu warten, um ihn dem »King« anzukündigen.

„Komm mal zu mir", ruft »Sir« Ither, „du komischer Vogel!"

„Mit einem fliegenden Tier hat mich bisher niemand gleichgestellt. Ich hoffe, du meinst mit dem Federvieh keinen Raben!"

„Du siehst nicht aus, wie MORRÍGAN. Deshalb scheidet der Rabe aus. Bist du auf dem Weg zum »King«?"

„Ich begehre, ein »Sir« zu sein, der wie du, eine bunte Rüstung trägt."

„Das ist nicht bunt! Das ist rot!"

„Ist das ein seltenes Fell?", betatscht Gui den Stoff. „Eine derart dünne Haut habe ich bei uns nie gesehen. Kein Tier dieser Farbe ist mir bekannt, das solch kurze Haare hat."

4 Aus dem altgriechischen »Háls«: Salz, in diesem Fall teures Fleckensatz. Der Begriff findet sich noch heute in Ortsnamen einstiger Salzbergwerke wieder, wie Schwäbisch Hall, Hallein oder Bad Reichenhall.

„Das ist Samt, keine Tierhaut! Gehe zu Artus und richte ihm aus, ich warte auf einen »Sir«, der mit mir um den goldenen Becher kämpft! Der »King« ist im Bilde, ich habe meine Ehre wiederherzustellen! Gehe hinein! Die Waffe mitzunehmen, ist strikt verboten."

»Sir« Ither wechselt ein paar Worte mit dem Torwächter. Gui lehnt seinen Speer an die Mauer und betritt die Burg. Im Festsaal verursacht sein Aufzug allgemeine Erheiterung. Gui befolgt den Rat seiner Mutter und spricht jeden Einzelnen der Anwesenden an.

„Dich herzlich zu grüßen", sagt der naive Junge, „hat mir meine Mutter geraten."

„Wer ist denn unser seltsam gekleideter Gast?", fragt Artus.

„Ich bin Gui, der Sohn von Herceloide. Ernenne mich zum »Sir«!"

„Wer hat dir Einlass gewährt?"

„Vor der Tür steht ein »Sir« in rotem Samt. Die stünde mir gut! Der Mann sagt, jemand solle mit ihm um den goldenen Becher kämpfen."

„Wenn du einen solchen Brustpanzer begehrst", schlägt »Sir« Keie vor, „gehe hin, kämpfe mit Ither und hole dir das noble Stück!"

„Die rote »Armis« stünde dir auf jeden Fall besser", bestätigt Artus, „als dieses merkwürdige Gewand."

Gui von Listrac-Médoc eilt voller Vorfreude nach draußen.

„Ich bekomme deine Kleidung und kämpfe mit dir um den Becher."

„Mit welchem Recht, du seltsamer Vogel? Bist du bei Verstand? Das ist meine Rüstung!"

„Ich habe die Erlaubnis, deinen Panzer an mich zu nehmen!"

„Wer sagt das?"

„Der »King« und seine Männer, die mir nicht, wie dies bei Frauen der Fall ist, gefährlich sind."

„Schickt mir einen ebenbürtigen Gegner und keinen Narren! Sage ihnen, ich warte!"

„Ich gehe erst wieder hinein, wenn ich deinen Harnisch habe, den ich benötige, um ein »Sir« zu sein!"

„Verschwinde lieber, bevor ich mich vergesse, und dich in meiner Wut versehentlich töte!"

Gui eilt zur Burgmauer und wirf seinen Speer mitten in das Gesicht von Ither. Dieser ist auf der Stelle tot. Der Sieger betrachtet den Toten, der ihn an den Vogel im Wald erinnert, entkleidet den Leichnam und legt triumphierend die ihm exakt passende Rüstung an. Schnee fällt, bedeckt das Blut und die nackte Leiche, die unbeachtet auf dem Brachfeld liegen bleibt. Gui freut sich über seine neue Kleidung, ist von dem eigenen »Ast« angetan und hantiert unbeholfen mit dem Gegenstand am Gürtel herum, ohne den wahren Sinn zu begreifen. Ein Mann mittleren Alters eilt aus der Burg heraus.

„Gui! Sigourne sagt, du bist mein kleiner Bruder, den unsere Mutter in den Wald mitgenommen hat. Ich bin Aglobale. Ich hoffe, Mutter hat dir von mir erzählt?"

„Sigourne hat mir den Weg gezeigt, wo mich der »King« zum »Sir« schlägt und ich die wichtigen Dinge des Landes entscheide."

„Ist das Ithers Panzerkleid? Bist du der neue »Rote Ritter«? Hat unser Cousin dir freiwillig seine berühmte Rüstung gegeben?"

„Der Cousin ist tot!"

„Das ist keine Tragödie. Außer Artus hielt ihn niemand für angenehm. Ständig hat Ither Frauen verschleppt und sich mit jedem angelegt, dessen Gesicht ihm nicht gefallen hat. Warum hast du deine alte Kleidung nicht abgelegt?"

„Mutter hat diese Stücke mit ihren eigenen Händen angefertigt."

„Gib deine Waffe ab! Ich stelle dich dem »King« vor."

„Von meinem Ast trenne ich mich nie wieder!"

„Wenn du mit dem Ast dein Schwert meinst und dieses nicht abgibst", lacht Aglobale, „bleibt dir der Weg zum »Sir« für immer versperrt."

Die Tafelrunde

477 nach Christus

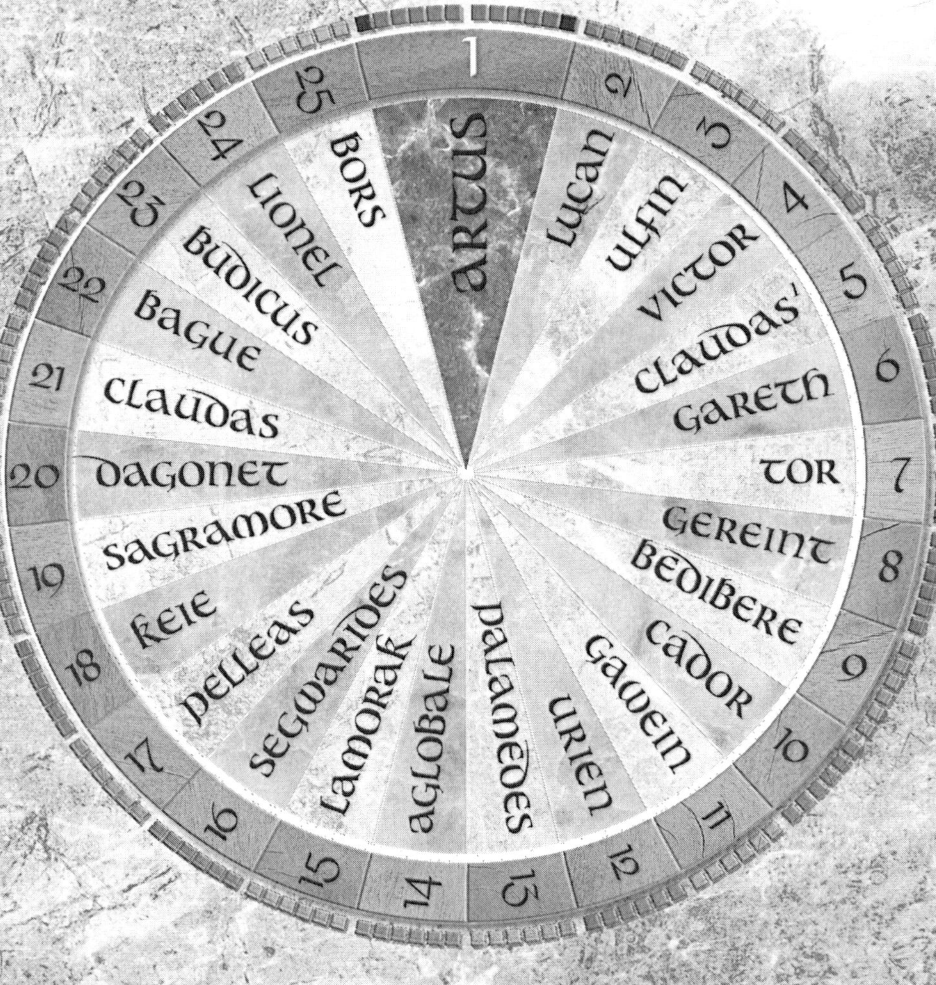

1 Der Jüngere

Maelouas[1]

18

481 nach Christus

Galahad DuLac hat sein zehntes Lebensjahr erreicht.

„Ich ertrage nicht länger", regt sich sein Vater auf, „unter falschem Namen zu leben und mich vor »Kameled« zu verstecken!"

„Wir führen ein ehrliches und beschauliches Leben", kontert Elaine von Kerbenic. „Galahad ist bald ein Mann. Sei stolz auf deinen Sohn!"

„Ich komme nur meinen Pflichten nach."

„Ich stehe dir stets zur Seite. Ich sorge für dich, ich liebe dich, und ich gehe für dich bis ans Ende der Welt!"

„In einen Kerker aus Fürsorge hast du mich gesteckt."

„Du hast auf »Kerbenic« alles, was dein Herz begehrt."

„Eben nicht! Wenn dem so wäre."

„Ich habe jeden Tag gehofft, du hast diese Frau vergessen. Ich habe mir ersehnt, du spürst meine Liebe und die deines Sohnes. Ich habe mir gewünscht, du bleibst für immer bei mir!"

„Ich habe keinen Augenblick nicht an Jennifer gedacht!"

Elaine zieht sich weinend in ihr Schlafgemach zurück. Lancelot packt seine Sachen. All die verlorene Zeit. Erkennt Jennifer ihn wieder? Bei dem Gedanken fährt ihm ein Zittern durch seine Hände. Nur schnell weg! Durch die Nacht zu reiten ist ein zu hohes Wagnis. Seine Aufregung steigert sich zu Herzrasen. Mit den ersten Sonnenstrahlen fängt die Reise an. Lancelot legt sich auf ein Fell neben der Feuerstelle. Ein Gegenstand fällt zu Boden. Dem Gehör nach springt das Metall mehrmals in die Höhe, bevor dieses endgültig zum Liegen kommt. Die Zeit hat ihn reifer gemacht. Die Zeit ist verronnen. Die Zeit bringt ihm keiner zurück.

„Artus liebt Jennifer schon lange nicht mehr!", denkt Lancelot. „Die arme Jennifer wartet auf mich. Oh Jennifer, gedulde dich! Ich reite im Galopp. Ich reite ohne Pausen."

1 Lateinisch: Melvas. Im keltischen Alphabet sind zwei Formen des »W« gebräuchlich gewesen: »UU« und »OU« (deshalb im englischen der Begriff »Double U«. Im Französischen ist das »OU« erhalten geblieben.

Lancelot wacht auf. Die Vögel zwitschern im Garten vor dem Haus. Ihn irritiert die Stille. Sonst ruft Elaine an jedem Morgen die Anweisungen für die Sklaven durch das Haus. Diese erwidern laut eine Bestätigung. Ihm ist der Umstand recht, wenn Elaine mit der Organisation des Hauses wartet, bis ihr Gebrüll sein Ohr nicht mehr erreicht. Jetzt aber los! Kein Zögern mehr. Lancelot sitzt auf. Eine Sklavin rennt mit tränenden Augen ins Freie.

Galahad

„Herrin tot!"

Der Boden ist mit verkrustetem Blut überzogen. Ein Dolch liegt mit gebrochener Spitze neben dem Bett, in dem Elaine mit schmerzverzerrtem Gesicht und zerrissenem Kleid liegt. Nach der Beerdigung nimmt Lancelot Galahad zur Seite.

„Ich bin nicht in der Lage, für deine Erziehung zu sorgen."

„Ich helfe dir, mein armer Vater! Ich kümmere mich um den Hof."

„Ich gebe den Hof ab."

„Wohin reisen wir? Wovon ernähren wir uns?"

„Ich gehe nach »Kameled«. Dich bringe ich zu meiner Schwester, Nimue. Wenn du älter bist, hole ich dich zu mir auf die Burg."

„Nimm mich mit! Ich versorge dein Pferd und wasche deine Sachen."

„Ich regle meine Angelegenheiten selbst. Dein Leben ist dort in Gefahr. Ich habe viele Feinde und der »King« sähe in dir nicht mehr als eine Geisel. Gehe zu deiner Tante und lerne kämpfen! Eines Tages bist du mir unter Umständen nützlich."

So kommt Galahad zu Nimue an den See von »Comer«.

„Vater ist bald ein »Sir«!", erklärt der Junge seiner Tante.

„Du siehst, niemand eignet sich besser zum »Sir« als du!"

„Weshalb ich?"

„Du bist Nachfahre unseres Königs David. Dein Name kommt von »Gilead«, einem heiligen Land östlich des Jordans, aus dem wir stammen. Wir sind Diener des San Grá ELs und keines anderen Herren."

Unerträglich hohe Feuchtigkeit schwängert die Luft. Von den kalten Steinen rinnt das kondensierte Wasser zu Boden und weicht die ausgelegten Teppiche auf. Modriger Duft breitet sich aus. Der gealterte »Sir und Reix von Léon« Victor von Ker Ahes und Ker Mel-Karhez wünscht den »King« zu sprechen.

„Ich habe mir überlegt, wie du die Anführer der keltischen Höfe enger an dich bindest und weitere geeignete Männer findest."

„Demnächst ist wahrhaftig ein Platz an der Tafelrunde frei. »Sir« Ulfin gedenkt, sich in absehbarer Zeit in seine Einsiedelei zurückzuziehen."

„Veranstalte ein Fest, bei dem die Besten der ganzen Region ihre Kräfte im Zweikampf messen."

„Dieser Vorschlag gefällt mir nicht. Das ist das alte Rom, das wir verabscheuen. Wie stellst du den Sieger fest? Durch den Tod seines Gegners? Ich benötige mehr Getreue, nicht weniger!"

„Wir kämpfen nach strengen Regeln, die unbedingt einzuhalten sind. Wer unsere Anweisungen missachtet, den schließen wir von der Teilnahme aus! Schläge ab dem Hals aufwärts sind verboten. Verletzte scheiden sofort aus. Wer den Kampf unbeschadet übersteht, gewinnt. Den Sieger ernennst du zum »Sir« und zu deinem ersten Mundschenk."

„Das ist deine ehrenvolle Aufgabe. Und nicht die eines Fremden!"

„Schau mich an! Ich bin schlicht die rote Krankheit auf meinem zerschlissenen Schwert. Gönne mir nach dem Fest eine Zeit der Ruhe. Ich widme meine Gedanken den Vögeln. Wer weiß? Ich ergründe auf diese Weise mit etwas Glück das Geheimnis des Fliegens."

„Womöglich hilft dir Merlin bei deinen Überlegungen."

„Merlin? Wo steckt der Kerl? Ich habe ihn seit einer Ewigkeit nicht mehr gesehen und keine Nachricht mehr von ihm erhalten."

„Den neuesten Gerüchten nach auf dem Weg hierher."

„Gib das Fest zu seinen Ehren! Lasse ihn die Regeln verkünden und den Schiedsrichter sein. Das schmeichelt ihm."

Trotzt des fortgeschrittenen Sommers hängen marinegraue Wolken am Himmel und führen eiskalte Polarluft mit sich. Stürmische Böen zerreißen die bunten Zeltbahnen der Tribüne auf dem Brachfeld vor »Kameled«.

Merlin ist hoch erfreut über das Fest in alter Tradition. Anderenorts verhindern zunehmend Christen sein in ihren Augen teuflisches Treiben. Rechts neben dem »King« sitzt die mittlerweile vierundvierzigjährige Jennifer. Die alten Streiter, »Sir« Ulfin aus Rigonou, »Sir und Reix von Léon« Victor von Ker Ahes und Ker Mel-Karhez, »Sir« Claudas der Ältere von Gaunes und »Sir« Bague von Madus und Gorron, sitzen auf den Ehrenplätzen, links neben Artus.

„Mein Sohn Mælouas verteidigt die Ehre meines Landes", sagt Bague stolz. „Sein sehnlichster Wunsch ist, an deiner Seite zu kämpfen, Artus."

„Zuvor ist selbst im Falle seines Sieges, das Studium meiner höfischen Regeln und die Ausbildung zum vorbildlichen Krieger unumgänglich. So vergeht die Zeit bis zum Freiwerden eines Tisches nicht ohne Sinn."

„Mælouas hegt die Hoffnung, heute Abend an seinem eigenen Tisch an deiner Seite zu speisen."

„Seine Zeit kommt, mein Freund."

LUG bekommt einen Stier und zwölf Schafe geopfert. Die besten Stücke garen auf dem Feuer.

„Diese Tiere haben sich für uns gegeben", sagt Merlin zur Menge, „um uns ihre Kraft zu übertragen. Für das Fleisch gehört ihnen unser Dank! Ich bitte LUG, ihre Seelen für ein besseres Leben in der Anderswelt zu begünstigen. Und jetzt vernehmt das »Cartell«[2] für das »Tournoi«![3] Jeder Teilnehmer hat ein Band aus gefärbtem Tuch an seinem linken Handgelenk. Der Gegner, der als erstes, selbst einen kleinen Fetzen, von dem Stoff in seinen Händen hält, ob durch Abschneiden oder Abreißen, gewinnt den Zweikampf. Das Los entscheidet, welche vier »Sirs« gegen welche vier Unerfahrenen antreten. Die Kämpfe finden paarweise statt. Wer die Regeln verletzt, den schließe ich vom Wettkampf aus. Am Ende tritt der beste »Sir« gegen den besten Herausforderer an. Ich bitte »Sir« Gereint von Domnomea, »Sir« Bedibere von Landévennec, »Sir« Pelleas von Listrac-Médoc und »Sir« Keie vorzutreten. Und die den »Sirs« die Stirn bieten sind Lancelot DuLac, Parzival von Listrac-Médoc, Gaheris von Orgères und Lousillais sowie Mælouas von Gorron."

2 Altes Wort für Spielregeln.

3 Französische Bezeichnung für einen Wettbewerb.

»Sir« Gereint siegt gegen Lancelot. Durch diesen Kampf außer Puste geraten sind ihm Gui, Gaheris und Mælouas überlegen. »Sir« Pelleas verliert gegen Lancelot, setzt sich gegen Gui und Gaheris durch, unterliegt zum Schluss aber Mælouas. »Sir« Bedibere hat kein Glück und behauptet sich nur gegen Gaheris. »Sir« Keie rettet die Ehre der »Sirs« und ist ungeschlagen.

„»Sir« Keie tritt gegen »Reix« Mælouas von Gorron an", kündigt Merlin das Finale an.

»Sir« Keie zögert nicht und greift sofort nach dem gegnerischen Band. Der Gegenspieler lässt sein Schwert niedersausen. Keie dreht und windet sich. Der Stoff seines Gegners reißt.

„Dein Sieg ist nur knapp gewesen. Mein Tuch hat schon einen Riss von einem anderen Kampf davongetragen. Ich verlange ein neues Band und eine Revanche!"

„Eine Wiederholung ist laut unseren Regeln nicht vorgesehen", ermahnt Merlin. „Mit diesem zweiten Platz hast du dich für die Ausbildung zum »Sir« qualifiziert. Hierzu gratuliere ich dir!"

„Du bist schwach!", verhöhnt ihn Keie. „Nicht nur in den Armen, sondern selbst im Kopf. Gegen mich gewinnst du nicht. Gegen die übrigen hast du nur deiner faulen Tricks wegen gewonnen. Du hast den Platz an der Tafelrunde nicht verdient!"

„Nimm das zurück!"

„Du ängstigst mich nicht! Du bist mir bei weitem unterlegen."

Mælouas springt über die Absperrung der Tribüne und stellt sich mit seinem Schwert hinter die altehrwürdigen »Sirs«.

„Entweder ich bekomme meine Revanche oder ich töte einen »Sir« nach dem anderen!"

„Du tötest deinen eigenen Vater!", protestiert Bague.

„Ihr traut mir nicht zu, meinen Vater ohne zu zögern in die »Anderswelt« zu befördern, der mich unter falschen Versprechen hergelockt und mir sonst nie geholfen hat?"

„Dies ist ein Freundschaftsfest", beschwichtigt Artus.

„Das ist ein Fest für Krieger", provoziert »Sir« Keie weiter. „Du Schwächling bist nicht in der Lage zu töten!"

Mælouas bohrt sein Schwert in den Hals von »Sir und Reix von Léon« Victor von Ker Ahes und Ker Mel-Karhez.

„Vater!“, schreit Jennifer. „Die Bestie hat meinen Vater getötet.“
„Mein Vater hat einen kleinen Aufschub bekommen“, erklärt Mælouas die Änderung der Reihenfolge zynisch.
„Halte ein!“, hebt Merlin seine Hände zum Zeichen der Verständigung. „Keie ist nicht das Maß aller Dinge! Wenn Keie nicht zur Verfügung steht, kämpfst du gegen den Sieger der Vorrunde.“
„Das ist mir gleich. Ich brauche ein Pfand. Eine Garantie, die Übergriffe auf meine Person verhindert.“
„Was stellst du dir unter diesem Pfand vor?“
„Jennifer.“
„Das kommt nicht in Frage!“, protestiert Artus.
„Entweder die »Queen« oder ich töte das ganze Publikum!“
„So sieht niemand“, mischt sich Dagonet ein, „ob du gewinnst oder nicht. Deine Untaten bleiben ohne Gesang und du erntest den Spott.“
„Das ist nicht der Moment“, herrscht Merlin den Spaßvogel an, „Witze zu reißen.“
„Die »Queen« ist ein gebührendes Ehrenpfand“, ergreift »Sir« Keie das Wort. „Wir bestreiten einen weiteren Kampf. Da du verlierst, ist die Sache ausgestanden und wir vergessen die Angelegenheit.“
„Mein Wort genügt!“
„Dein Wort ist keine Sicherheit“, zischt ihn Mælouas an.
„Gleich nach dem Kampf“, beschwichtigt Keie, „bekommst du deine Frau zurück! Ich selbst trete gegen ihn an. Sei beruhigt. Gegen mich hat dieser Anfänger keine Chance!“

Merlin legt den Kontrahenten neue Bänder an, prüft deren Halt und Reißfestigkeit und mahnt erneut die dringende Einhaltung der Regeln an. »Sir« Keie gibt sich gönnerhaft und gestattet dem jungen, unerfahrenen Jungen, den Kampf zu eröffnen. Der Unterlegene ist in Rage und vollkommen auf »Sir« Keie fixiert. Beide starren sich in die Augen, ohne sich zu bewegen. Merlin zieht sich nervös ein paar Schritte zurück. Beim Anblick ihres Vaters schluchzt Jennifer laut auf. Im gleichen Augenblick sind seine Bänder durchgeschnitten und »Sir« Keie ist wie gelähmt.

„Du hast das Recht erworben“, belehrt Merlin den Sieger, „nach deiner Ausbildung, ein »Sir« der Tafelrunde zu sein.“
„Ich behalte die »Queen«, bis Artus mich zum »Sir« schlägt!“

Sein linker Arm umschlingt die Geisel und mit seinem Schwert drischt Mælouas wahllos auf jeden ein, der in seine Nähe gerät. Die Menge weicht zurück und lässt ihn fliehen. Auf dem Weg zu seinem Pferd stellt sich ihm Pelleas von Listrac-Médoc in den Weg. Zwei schnell ausgeführte Hiebe treffen den »Sir« am Kopf und dieser sackt tot zu Boden.

„Gib auf!", fleht »Sir« Bague seinen Sohn an. „Du bist zu jung, um die Tragweite deines Handelns zu verstehen. Diesen Krieg, gewinnst du nicht!"

„Kommt mir nicht zu nahe!"

„Du ruinierst meinen Ruf! Ohne Artus wäre »Gorron« heute in der Hand der Sachsen. Wiederhole nicht die Fehler, die ich begangen habe!"

„Folge mir nicht, sonst zähle ich dich zu meinen Feinden, Vater!"

Die Wolken hängen tief. Durch das Grau verschmilzt der Horizont mit der Unendlichkeit. Von der blutverschmierten Tribüne flattern zerrissene Stoffbahnen im Wind, der nach Gewitter riecht und die Asche der niedergebrannten Opferfeuer in den Hafen von »Kameled« weht. Raben und Möwen streiten um das übriggebliebene Fleisch, der teilweise verkohlten Kadaver. Artus scharrt seine Krieger um sich und zieht mit »Sir« Gawein und Lancelot dem Entführer hinterher. Späher berichten, die »Queen« sei in »Urbs Vitrae«[4], der „gläsernen Stadt". Der Menschenräuber vergewaltigt sein Opfer dort vor den Augen der Bewohner. Daraufhin reitet »Sir« Gawein mit einer kleinen Elite voraus, um dem Ungeheuer den Fluchtweg abzuschneiden. Ein paar Tage später erreicht Artus mit dem Heer die befestigte Stadt und trifft dort auf »Sir« Gawein, der unter Verlusten einen Ausfall verhindert hat.

„Mælouas verlangt Lösegeld", berichtet »Sir« Gawein. „Die Hälfte deines Reichtums und die Hälfte deines Landes."

„Ich zertrete diesen Wurm! Ich reiße ihm seine Genitalien bei lebendigem Leib heraus! Wir ruhen nicht, bevor Jennifer befreit ist und die Käfer sein Fleisch fressen!"

4 Heute Vitré, eine spätantike Glashütte. »Fenster« heißt noch heute auf Französisch »vitre«.

Seit einem Jahr belagert Artus »Urbs Vitrae«. Hunger und Krankheiten haben auf beiden Seiten hohe Verluste gefordert.

„Artus“, jammert der verzweifelte »Sir« Bague von Madus und Gorron, „lasse mich bitte mit meinem Sohn verhandeln! Das sinnlose Sterben gehört auf der Stelle beendet.“

Mælouas lässt seinen Vater in die Stadt hinein. Tagen vergehen, dann kommt der besorgte Vater mit der »Queen« aus der Festung herausgelaufen.

„Ich habe meinen Sohn zur Vernunft gebracht. Ich erwarte keine Verzeihung und bitte dich nur, sein Leben zu verschonen!“

„Aus alter Freundschaft gewähre ich dir deinen Wunsch. Doch wenn dieser »Sus Canis« mein Land betritt, ist sein Leben verwirkt.“

Artus' Truppen ziehen ab und die Bewohner von »Urbs Vitrae« atmen auf. Die Tore sind weit geöffnet, um Lebensmittelhändler in den Ort zu lassen. Der Unterlegene packt seine Sachen für die Abreise nach »Gorron«. Die Affäre hat ihm keinen Vorteil verschafft. Der »Sir« ist ihm für immer verwehrt und das Verhältnis zu seinem Vater ist nicht mehr wie zuvor.

„Einmal kommt der Tag“, weissagt der Hitzkopf verbittert, „an dem Artus mir zu gehorchen hat!“

„Bist du Mælouas?“, fragt ihn ein Mann mit einer ins Gesicht gezogenen Kapuze.

„Verschwinde, Fremder! Von mir bekommst du keine Almosen!“

„Du hast meine große Liebe geschändet!“

„Woher kenne ich die Frau deines Herzens? Wie lautet ihr Name?“

„Jennifer.“

„Die »Queen« hat in allen Tonlagen geschrien, wenn ich … wenn ich in ihr drin gewesen bin!“

„Du hast einen langsamen und qualvollen Tod verdient! Leider fehlt mir die Zeit.“

Lancelot schiebt sein Schwert in Mælouas Gürtel, drückt die Klinge hinunter bis zu den Weichteilen und zieht die Klinge durch die Eingeweide seines verhassten Gegners. Ein hämisches Lachen und ein Schwall Blut aus dem Mund des Sterbenden quillt ihm entgegen.

✝✝✝

Der kleinwüchsige Hector DuLac hat seine Ausbildung zum Krieger bei »Sir« Lucan abgeschlossen. Hector hat trotz seiner jungen Jahre Sorgenfalten auf der Stirn. Seine dichten Haare sind nach römischer Art im Nacken kurz geschnitten. Der größte Teil seines Gesichts ist mit Bartstoppeln überzogen. Artus schwärmt für den Jungen und bietet ihm an, den Platz des verstorbenen »Sir« Pelleas an der Tafelrunde einzunehmen.

HECTOR

„Ich bin zufrieden mit dir und der Loyalität, die du mir gegenüber hegst! Ich schenke dir die Freiheit."

„In meiner Heimat erwartet mich meiner Ergebenheit zu dir wegen der Tod."

„Ich habe nicht von dir verlangt, meinen Hof zu verlassen. Im Gegenteil! Du bist einer der unsrigen. Ich übertrage dir Verantwortung."

„Für höhere Aufgaben fühle ich mich zu jung."

„In deinem Alter bin ich schon lange Zeit der »King« dieses Landes gewesen! Knie nieder und nenne dich künftig, »Sir« Hector DuLac!"

„Du gibst mir die Berechtigung, mich dem zu widmen, was mir in den Sinn kommt?"

„Du bist frei in deinen Entscheidungen und nur mir gegenüber zu absolutem Gehorsam verpflichtet."

„So gewähre mir morgen einen freien Tag."

„Was treibt dich derart zur Eile?"

„Ich halte um die Hand meiner geliebten Perse an."

„Fürwahr! Einer Hochzeit steht dir nichts mehr im Wege!"

Im Morgengrauen des folgenden Tages eilt Hector zur Landenge von Roscanvel und begegnet dort Perse auf dem Hof ihres Vaters beim Wasserholen. Der verliebte Junge umrundet mit seinem reich verzierten Pferd mehrmals den Brunnen, um seiner Angebeteten zu imponieren. Mit einem eleganten Sprung steigt »Sir« Hector vom Pferd und eilt auf Perse zu.

„Ich bin verlobt!“, entgegnet diese erstaunt und ein wenig entsetzt.
„Weshalb hast du dich damals auf mich eingelassen?“
„Das ist nichts Ernsthaftes gewesen!“
„Meine Liebe zu dir ist aufrichtig.“
„Du bist ein Niemand!“
„Seit gestern bin ich ein »Sir«!“
„Der »King« hat dich in den Ritterstand erhoben? Du hast dementsprechend eine gesellschaftliche Stellung vorzuweisen und kein Problem, jedes andere freie Mädchen zu bekommen.“
„Somit bin ich eine lohnende Partie für dich!“
„Wie gesagt, bin ich vergeben.“
„Löse die Verbindung auf!“
„Das lassen meine Eltern nicht zu.“
„Ich rede mit deinen Eltern.“
„Bei deinem Akzent hört mein Vater dir nicht einmal zu! Wer vom Teufel spricht, bekommt ihn zu Gesicht. Da kommt mein Verlobter. Ich bitte dich, zu verschwinden!“
„Niemals! Ich weiche nicht mehr von deiner Seite!“
„Du verkomplizierst nur unnötig mein Leben.“
„Meine Liebe zu dir führt mich in den Wahnsinn!“
„Wer ist der junge Mann?“, fragt der Zukünftige und erhält als Antwort Hectors Klinge in den Bauch gestoßen.
„Was hast du angerichtet?“, ist Perse schockiert.
„Ich schaffe klare Verhältnisse.“
„Du hast mich nicht nach meiner Meinung gefragt.“
„Hilf mir“, fordert Hector, „seinen Leichnam ins Meer zu werfen!“

Die Tafelrunde

Jahresbeginn 482 nach Christus

1 Der Jüngere

MORDRED

19

Frühsommer 482 nach Christus

Eintönig grau ziehen Wolken dicht über die Wogen des von NEPTUN bewegten Meeres hinweg. Unstete Böen reißen an den Wipfeln der Bäume und zwingen diese, ihre Form zu ändern. Der betagte und erkennbar gealterte »Sir« Bague von Madus und Gorron besucht den »King«, der mit einigen »Sirs« an der Tafelrunde zu Abend isst.

„Der Vorfall ist mir nach wie vor peinlich, Artus! Ich habe meinen Sohn beerdigt und bekunde dir gegenüber meine Loyalität."

„Mælouas ist tot? Was ist geschehen?"

„Jemand hat ihn ermordet, ohne ihn zu einem fairen Kampf herausgefordert oder sein Handeln erklärt zu haben."

„Bei dem", mischt sich der am Tag zuvor zum »Sir« geschlagene Lancelot ein, „was dein Spross der »Queen« angetan hat, wundert mich das nicht."

„Das Christentum sagt", sinniert Bague, „Gott verzeiht Fehler."

„Die Götter sagen", kneift Lancelot seine Augen zusammen, „übe deine Rache selbst!"

„Bist du gekommen", fragt Artus, „um deinen Sohn zu rächen?"

„Sobald ich weiß, wer der Mörder ist, forderte ich dessen Kopf!"

„Und ich dachte", bemerkt Lancelot zynisch, „du seist Christ!"

„Ich sage nur, ein Christ tötet nicht aus Rache."

†††

Sommer 482 nach Christus

Einen lauen Abend, an dem das Meer nur kraftlos gegen das Ufer plätschert und die Krebse in Scharen über den Sand krabbeln, nutzt »Sir« Bague für einen Spaziergang hinunter zum Ort unterhalb der Burg. Das trockene Gras knirscht unter seinen Sohlen. Heuschrecken suchen das Weite. Von weitem beobachtet Bague den Wirt der Taverne am Meer, der eine Laterne als Signal für seine Bereitschaft, Gäste zu empfangen, neben die Tür seiner Gaststube hängt. Bague freut sich auf jene weibliche Wesen aus der Umgebung, die kleine Gefälligkeiten gegen eine Mahlzeit oder ein paar Münzen tauschen. Am Hang neben dem Wirtshaus wachsen Ligustersträucher, aus denen ein Rascheln und ein Winseln zu vernehmen ist. Der alte Mann schleicht zwischen den Pflanzen hindurch und erblickt einen Mann, der eine junge Frau penetriert. Eine Hand auf ihrem Mund und die andere auf ihren verschränkten Armen lassen »Sir« Bague Gewaltanwendung vermuten. Bague kickt seinen Fuß in den Hintern des Unholden.

„Lass das arme Geschöpf in Frieden!"

„Verschwinde!", herrscht ihn der Vergewaltiger mit schmerzverzerrtem Gesicht an. „Suche dir eine andere!"

Mordreds teilnahmslose Augen schauen an Bague vorbei.

„Du hast nicht das Recht, dir dieses Mädchen mit Gewalt zu nehmen! In meiner Jugend habe ich diesen Fehler oft selbst begangen. Heute bedaure ich mein ungestümes Verhalten. Ich habe in Frauen niedere Wesen gesehen, deren Willen nicht zählt. Die wie ein Tier zu zähmen sind. Die Christen haben mir die Augen geöffnet!"

„Ich nehme mir, was ich begehre! Ich bin der Sohn des »Kings«."

„Ich fordere dich ein letztes Mal auf, von der jungen Frau abzulassen, oder du lernst mich kennen!"

„Jetzt lernst du erst einmal mich kennen, alter Mann!"

»Sir« Mordred springt auf und greift bei offenem Gürtel nach seiner Waffe, die in der losen Scheide stecken bleibt. Bague nutzt die Gelegenheit, zieht sein Schwert und sticht ihm in den Arm. Der Gedemütigte schreit laut auf und heult, wie ein verwundeter Wolf. Das Mädchen läuft erleichtert davon.

„Ich habe viele Schlachten geschlagen. Lege dich nicht mit mir an!"

„Du hast dein Todesurteil unterschrieben!"

„Suche das Weite, bevor ich dich erschlage!"

Vom Schmerz getrieben eilt der Verletzte in die Taverne.

„Was ist geschehen?", fragt »Sir« Gawein.

„Vor dem Haus hat mich der alte Bague hinterrücks überfallen."

„Die Menschen aus dem Gorron sind verrückt und unberechenbar!"

„Ich bin zu schwer verwundet, um die Sache selbst zu regeln, und du hast bei mir eine Schuld zu begleichen!"

„Ich bin damals von der Situation überfordert gewesen."

„Spare dir deine Erklärungsversuche. Wenn du diesen Kerl für mich erschlägst, sind wir quitt!"

Mordred verlassen die Sinne. Der Wirt versorgt die Wunde und lässt seinen Sklaven den Druiden Claude holen. »Sir« Gawein tritt vor die Taverne und holt tief Luft. In einiger Entfernung läuft der alte Mann ohne Fackel zur Burg zurück. Der Zwischenfall hat ihm den Abend verdorben. Sein Schatten zeichnet sich klar gegen den Vollmond ab. Mit schnellen Schritten holt Gawein »Sir« Bague von Madus und Gorron ein, zieht sein Messer und sticht ihm die Klinge in den Hals.[1]

✝✝✝

An einem nebligen Morgen steht ein Reiter vor dem Tor.

„Ich bin »Reix« Obain von Gorron. Ich bin gekommen, um meinen Onkel Bague zu rächen. Ich erwarte seinen Mörder zur Mittagszeit am Waldrand, zu einem Kampf auf Leben und Tod!"

»Sir« Gawein, der Tordienst hat, sieht sich nicht als denjenigen, der den Tod von Bague verschuldet hat. Dagonet kehrt von einem Ausflug mit einem Strauß Blumen für die »Queen« zurück.

„Da beabsichtigt einer", zieht ihn »Sir« Gawein auf, „sich mit dir zu messen. Bereite dich vor!"

„Mit mir? Täuschst du dich nicht? Ich habe nicht einmal eine Rüstung!"

„Mordred ist schwer verletzt. Nimm seine Sachen!"

„Welch ein Spaß! So viele Jahre habe ich darauf gewartet, einmal gegen einen richtigen Gegner zu kämpfen!"

„Beeile dich! Dir bleibt nur wenig Zeit."

„Was benötige ich? Ein Kettenhemd? Ich bin so nervös! Einen Helm?"

»Sir« Gawein lässt ein Pferd satteln.

„Ich finde die Waffen nicht!", jammert Dagonet.

„Das Kriegsgerät ist in der Waffenkammer", beruhigt ihn Gawein.

„Nimm dir ein Schwert."

„…"

„Du hast Recht! Eine Lanze ist für dich die geeignetere Waffe. Der Gegner kommt nicht so nah an dich heran. Du brauchst einen Schild!"

„Ich nehme zwei Schilde!"

„Einen für den Rücken ist heute nicht mehr üblich."

1 »Sir« Bague von Madus und Gorrons Grab befindet sich in Lonlay-l'Abbaye.

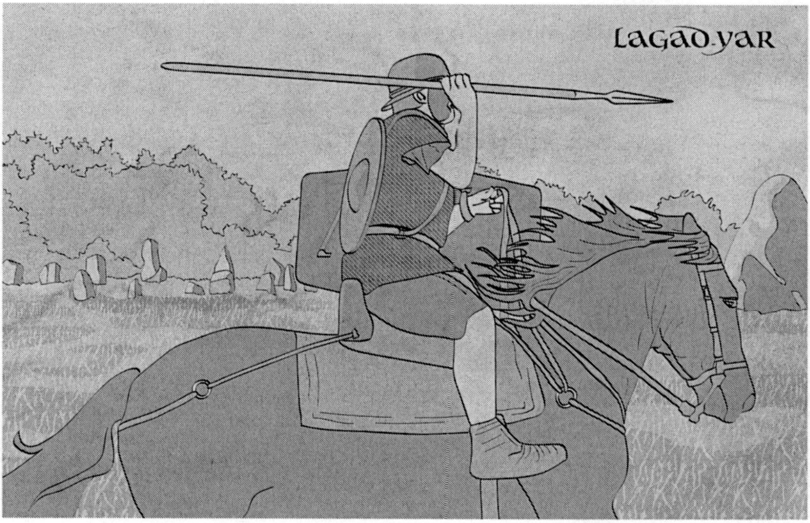

„Als ich klein gewesen bin, haben viele Reiter einen Schild auf dem Rücken getragen."

„Das ist lange her!"

„Wo steckt der Gegner?", sagt der Todesmutige großspurig. „Ich stürze ihn zu Boden!"

Schnell spricht sich die Neuigkeit auf »Kameled« herum. Eine Menschentraube findet sich in Lagad-Yar[2] bei einer Ansammlung von Hinkelsteinen zwischen der Burg und einem kleinen Waldstück ein.

„Sieh dich vor", schreit der Spaßvogel laut. „Ich erschlage dich!"

»Reix« Obain, der einen durchschnittlichen Halunken erwartet hat, hält sein Gegenüber für »Sir« Mordred und sieht den Kampf für sich verloren. Obain wendet sein Pferd und flieht. Dagonet hetzt ihn laut brüllend durch das Wäldchen. Aus der Menge erhebt sich lautes Gelächter.

„Holt ihn zurück", befiehlt Artus, „bevor Schlimmeres geschieht!"

„Seht nur!", sagt »Sir« Gawein. „Der Narr kehrt von alleine zurück."

„So ein Feigling!", ist der Sieger erbost.

„Für deine unvorhergesehene Tapferkeit schlage ich dich zum »Sir«."

2 Auge der Plejaden.

Mordred hält sich für einen großen Haufen unnützes Elend. Von einem alten Mann geschlagen! Sein Vater ist der »King«! Andere haben zu respektieren, was ihm in den Sinn kommt. Eines Tages gehört der große Tisch an der Tafelrunde ihm. Wenn Artus nur schon tot wäre und diese verflixte Wunde endlich heilte. Die Gänge in der Burg treiben ihn in den Wahnsinn. Treppen, die nach oben führen, Gänge, die verzweigen, Türen, die den Zugang zu den Zimmern versperren. Eine Tür steht offen! Sein achtsamer Blick offenbart ihm den Raum der »Queen«. Jennifer ist nicht alleine. Ein Mann küsst ihren Mund. Seine Hand umfasst ihren Busen. Die beiden stehen eng beieinander.

„Sei vorsichtig!", ermahnt die Ehebrecherin ihren Liebhaber. „Die Tür steht offen!"

„Nicht mehr lange und uns stehen alle Türen offen! Sobald ich Zutritt zur Schatzkammer habe, vernichte ich Artus samt seiner Familie! Dann bist du frei und als eine DuLac meine »Queen«!"

„Denkst du nicht, ich bin zu alt für dich? Du verlässt mich, wenn dir eine Jüngere über den Weg läuft!"

„Für mich hat diese Welt nur eine Frau geboren, und die bist du!"

„Ich gehe weiter nach dem Schlüssel suchen. Ich habe sein Zimmer heimlich auf den Kopf gestellt und nichts gefunden."

„Frage ihn beiläufig, wo der Bund liegt."

„Artus schöpft Verdacht, wenn ich ihn ohne Grund frage!"

„Gib ihm reichlich Wein zu trinken."

„Mit berauschenden Getränken legst du ihn nicht rein! Artus trinkt täglich einige Hörner Wein, ohne sich das Geringste anmerken zu lassen."

„Wir finden einen Weg!"

Mordred eilt in den Hof und wartet auf den Mann, der ihm den Rücken präsentiert hat. Kurz nach ihm verlässt »Sir« Lancelot das Haus.

„Die »Queen« gehört mir!", murmelt der zufällige Zeuge. „Und dich liefere ich meinem Vater aus!"

DIE TAFELRUNDE

zum Jahresende 482 nach Christus

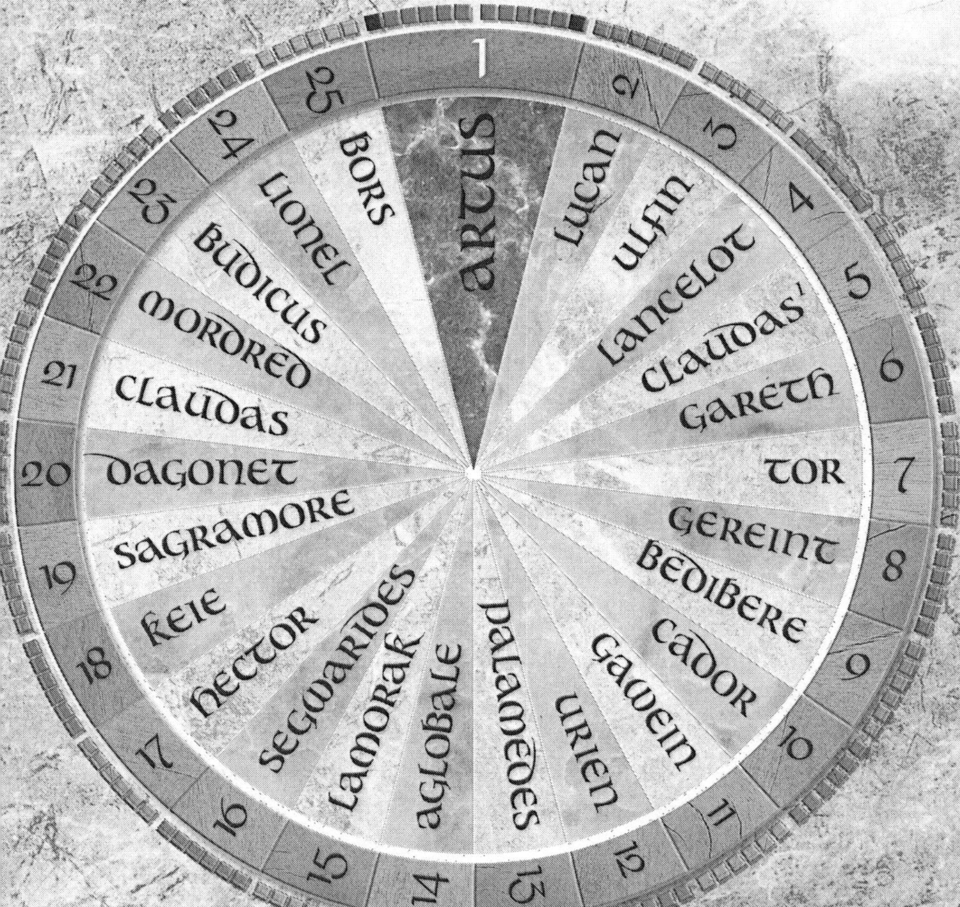

1 Der Jüngere

Merlin

20

Winter 483 nach Christus

Ein Orkan tobt. Die Gewalten der Natur entwurzeln Bäume, reißen Dächer ab und bringen baufällige Hütten zum Einsturz. Ein Handelsschiff, auf dem Weg von »Albion« in den neuen Hafen von »Gesogribate«, kentert und die Seeleute ertrinken. Unterhalb der Burg brechen die Wellen mit lautem Getöse an den Felsen. Die Gischt schießt bis an den Kamm der Steilküste empor. Merlin schreitet nervös in der Burg umher.

„Bedrückt dich der Wind?", fragt Artus beiläufig.

„Wind?"

„Draußen tobt ein Unwetter."

„Ich habe ausgesprochen andere Sorgen! Dieses Land steht vor gravierenden Veränderungen. Und ich verlasse dich in Kürze."

„Wann bist du je länger als ein paar kurze Wochen bei mir geblieben?"

„Ich rede nicht von »Kameled«, sondern von dieser Welt! »EGO· AUTEM· SUM· DEI«[1] und dennoch nicht unsterblich. Das Ende steht deutlich vor meinen Augen."

„Plagt dich eine schwere Krankheit?"

„Ich begehe eine Dummheit und ignoriere genau in diesem Moment jede Gefahr."

„Du bist gewarnt. Sei auf der Hut! Ändere deine Vorhaben!"

„Ich habe viele junge Männer unterwiesen und alle ermahnt, sich an die Regeln der Götter zu halten. Jeden von ihnen habe ich zur Strafe mindestens einmal vom Gottesdienst ausgeschlossen."

„Diese Maßnahme scheint keine Wirkung zu zeigen."

„Diese Ahndung ist für einen Druiden dramatischer als der Tod. Ein Faden, der dich mit einem der Götter verbindet, zerschneidet ein solcher Ausschluss. Stelle dir vor, was passiert, wenn die Christen in der Mehrheit sind und uns den Kontakt zu den Allmächtigen verbieten?"

„Ich halte die Religionsfreiheit für ein hohes Gut meiner Staatsführung. Siehe daher mit Zuversicht in die Zukunft!"

1 Ich bin ein Sohn Gottes.

„Die Anhänger der Kirche sind übler als die Fianna[2]. Mit jedem »Mann der Bäume«, der konvertiert, stirbt ein Teil des alten Wissens. Die Priester drohen bei Weitergabe der Überlieferungen mit der Todesstrafe."

„Ich biete dir mein Arbeitszimmer und einen Schreibtisch an. Notiere deine Kenntnisse für die Nachwelt."

„Was nutzt die Schrift? Dieses klanglose Ungetüm kleidet Worte in Leichentücher. Nur der richtige Ton vermag die Natur zu verändern. Ein falsch gesprochenes Wort hat kein Gewicht! Ein falscher Klang bringt Zerstörung und Tod! Und Bücher mit weltlichem Wissen verbrennen die Diener der Kirche als Teufelswerk."

„Ihr habt Schriftzeichen auf »Menhiren«[3] hinterlassen. Schreibe auf meine Wände, wenn das hilft."

„Die Megalith-Bauten stammen aus einer Zeit vor unserer Zeit! Das sind Zeugnisse einer einst blühenden Zivilisation, da die Götter die Erde beherrschten. Selbst für die »Tuatha Dé Danann« sind die verwitterten Steinsäulen ein ungelöstes Rätsel gewesen, bis die Götter wiederkehrten und den ursprünglichen Zweck dieser Anlagen erklärten. Auf den Monolithen sind einst fliegende Kutschen gelandet. Auf den Steinen haben Holzkonstruktionen gestanden, die der großen Flut und dem Zahn der Zeit zum Opfer gefallen sind."

„Flunkerst du mich an? Nur Vögel fliegen! Mir scheint, du hast einen unheilvollen Traum gehabt. Der Wind lässt nach. Ruhe dich aus, Merlin! Morgen hast du deine schwarzen Gedanken vergessen."

„Die Götter sind erzürnt von der Abkehr der Menschen! Opfere einen Stier! Besänftige unsere Schöpfer."

„Das Volk glaubt längst nicht mehr an BELENOS oder TEUTATES! Ich selbst zweifle, welche Religion die richtige ist. Weshalb sonst sind die Christen auf dem Vormarsch?"

„Deine Worte sind unbedacht! Die neumodischen Anschauungen des Jesus sind nicht von Dauer!"

2 Umherziehende Kriegergruppen.

3 Hinkelsteine.

NIMUE

Nimue DuLac steht vor ihrem Haus am See und beobachtet die Hirten, die zu Imbolec, dem Fest der BRIGID, erstmals in diesem Jahr die Schafe melken. Zwei Reiter preschen in vollem Galopp auf den Hof zu. Anhand der Farben erkennt Nimue ihre Söhne schon von weitem. Die Sklaven aus dem Stall eilen herbei, um die Pferde in Empfang zu nehmen.

„Was ist diesem Lancelot nur in den Kopf gefahren?", ist ihre knappe Begrüßung.

„Du sprichst von Jennifer?", fragt »Sir« Bors zurückhaltend.

„Das ganze Land spricht von keinem anderen Thema mehr. Bis zu mir ist die Kunde seiner Liebe zur »Queen« gedrungen. Was findet der Einfältige an dieser alten Rosine so begehrenswert?"

„Über die Frau des »Kings«", sucht »Sir« Lionel nach einer Erklärung, „beabsichtigt unser Cousin herausfinden, wo sich der Schatz verbirgt."

„Das »Aurum« hat dieser Taugenichts längst vergessen. Seid ihr der Sache auf den Grund gegangen?"

„Wir haben jeden befragt", beschwichtigt »Sir« Bors. „Außer den »King« – versteht sich – und Merlin. Erstaunlicherweise wissen alle von einer Schatzkammer in der Burg, die stets verschlossen ist. Dort lagert nur ein kleiner Teil des angeblich über das gesamte »Trajon« verteilten Goldes, munkeln die Leute und die Sklaven."

„Weshalb kommt ihr mit leeren Händen?"

„Wir haben bei unseren Ausritten nach Hinweisen auf den Verbleib des Schatzes gesucht. Keiner der Angesprochenen hat uns weitergeholfen."

„Ihr seid so stupide, das Volk außerhalb der Burg nach dem Gold zu befragen? Ihr Narren! Jetzt sucht euertwegen jeder Bauer nach den Verstecken."

„Nach dem Geheimnis haben wir verständlicherweise nicht direkt gefragt!"

„Deshalb habt ihr nichts gefunden."
„Unser Augenmerk lag auf Merlin und der ist in allen Teilen des Landes beobachtet worden. In der Zeit, in der wir fleißig lernen, unsere Waffen zu führen, ist dieser Geheimniskrämer ständig unterwegs. Der Magier ist der Schlüssel zu den Schlupfwinkeln."
„Warum seid ihr ihm nicht gefolgt?"
„Wann immer Merlin das »Crozon« verlässt, scheint sich sein Körper in Luft aufzulösen oder sich in ein Tier zu verwandeln!"

✝✝✝

Beltaine 483 nach Christus

Bunte Fahnen flattern im lebhaften Wind des beginnenden Sommers. Die Sonne lockt die Bevölkerung aus ihren Häusern. Auf dem Brachfeld vor »Kameled« ist der Jahrmarkt zu »Beltaine« zur Tradition geworden. Händler kommen von weit her und bieten »Terra Sigillata«[4], Öllampen, Seide, Stoffe, Honig, Wein, Öl, Garum, Datteln und Feigen an. Die seltenen Waren sind begehrt. Die Käufer drängen sich in Scharen um die Verkaufstische. Erste Rangeleien um die besten Stücke heben die Geräuschkulisse. Entlang der Straße bis zum Ort hinunter bieten Viehzüchter ihre Tiere zum Kauf an. Zwei Feuer brennen beidseitig der Straße, zwischen denen die Züchter das Vieh zur Reinigung und Steigerung der Fruchtbarkeit hindurchtreiben. Waffenübungen finden statt, um junge Männer für den Beruf des Soldaten zu begeistern. In der Menschenmenge tummeln sich Taschendiebe, Glücksspieler und Barden. Merlin beobachtet das Treiben vom Turm aus, da ihm das Gedränge zuwider ist. In der Ferne kommt eine Reiterin den Hügel heraufgeritten und der Magier ist wie elektrisiert. Die Frau aus seinen Träumen schwebt herbei. Sein Inneres füllt sich mit Wärme. Die Sonne scheint heller als jemals zuvor in seinem Leben. Von Unruhe getrieben, eilt Merlin den Turm hinab und stürmt zur Burg hinaus. Zu seiner Verwunderung reitet die Besucherin, ohne ihn aus den Augen zu lassen, auf ihn zu.
„Merlin!", ruft die Fremde schon von weitem. „Hilf mir vom Pferd! Allein deinetwegen bin ich den weiten Weg hierher geritten. Ich habe mit dir zu reden."

4 Hochwertiges Tafelgeschirr aus Keramik.

„Wenn du meinetwegen gekommen bist", brabbelt Merlin benommen, „lasse ich dich nie wieder los!"
„Bilde mich zur Druidin aus."
„Das dauert zu lange und das Druidentum ist Männern vorbehalten."
„Ich habe Zeit und ich bin deine große Ausnahme."
„Sei meine Frau!"
„Nur, wenn du mich ausbildest und Artus verlässt!"
„Meinen besten Freund lasse ich nicht im Stich."
„Ich stelle dich vor die Wahl."
„Was hältst du davon, wenn ich Artus nur gelegentlich besuche."
„Du beschäftigst dich ab sofort ausschließlich mit mir!"
„Bleibe bei mir! Auf »Kameled« ist Platz genug für alle."
„Du verstehst nicht! Das ist keine Voraussetzung für eine Ehe mit mir."
„Ich benötige Bedenkzeit!"
„Zeit zum Nachdenken? Reite mit deinem Esel zehn Tage nach Osten. In »Méwen«[5] kreuzen sich die Römerstraßen. Im Süden gelangst du an den See von »Comper«. Ich warte dort auf dich."
„Ich kenne die Gegend. Dort habe ich einst den Turm für Uther gebaut. Ist Lancelot an dem von dir genannten See aufgewachsen?"
„Nachdem sein Vater Ban gestorben ist, hat Elaine ihn zu mir gebracht. Diese ist mit deiner Mutter Adhane zusammen herangewachsen. Weißt du das? Ich bin ein kleines Kind gewesen, da meine Schwester Adhane von uns gegangen ist."
„So bist du meine Tante?"
„Deine Mutter hat sich mit dem Teufel eingelassen! Dein Urgroßvater, der San Grá EL, hat euch außer sich vor Zorn verjagt. Später hat Jesus, wie dies seine Art ist, diesen Schritt bereut und hat deiner Mutter verziehen und dich getauft. Adhane hat dich daraufhin zu einem Fischer in Obhut gegeben."
„So trage ich die Herzen von zwei Göttern in mir? Jetzt verstehe ich die Zurückhaltung meines Vaters mir gegenüber."
„Lancelot hat am See eine vollendete Jugend verbracht und seine Nimue trotzdem vergessen."

5 Heute Saint-Méen-le-Grand.

„Niemand hält ihn davon ab, dich zu sehen."

„Seine Gedanken halten ihn ab."

„Ihn leitet die Begierde nach Jennifer."

„Spürst du dein Verlangen nach mir, Merlin?"

Verlegen dreht sich der Meisterdruide zur Seite und hebt seinen Kopf. Seine Hand fährt zunächst über seine Augen, dann durch den Bart.

„Bei mir ist das anders."

Merlin dreht sich wieder um. Nimue ist spurlos verschwunden.

Monoton prasselt der Regen seit Tagen auf die Ziegel der mit Holz gedeckten Dächer. Merlin hat einen Entschluss gefasst und seine wenigen Habseligkeiten in einer kleinen, speziell für seinen Esel angefertigten Transportkiste verstaut.

„Warte wenigstens", bittet ihn Artus, „bis der Regen aufhört!"

„Weshalb verlängerst du meine Qual? Das Wetter wechselt fünf Mal am Tag! Die Wolken kommen und verziehen sich wieder, doch wir sehen uns nie wieder. Du bist ab sofort auf dich alleine gestellt. Der Gedanke, dich für immer zu verlieren, zermartert mein Hirn."

„Und wenn ich deinen Rat benötige?"

„Ich sage dir alles, was ich für deine Zukunft sehe. Hüte dich vor deiner Schwester! Ohne dein Wissen durchkämmt die durchtriebene Morgane von Cornouaille das Land und sucht den Schatz. In jedem Ort verwandelt die »Fay« ihr Aussehen, um keine Spuren zu hinterlassen. Wenn das Gold in ihre Hände gerät, ist das dein Untergang!"

„Warum sagst du mir das erst jetzt?"

„Ich habe die Situation stets unter Kontrolle. Wenn ich gehe, ändert sich das. Bewache und schütze den Schatz! Bereite dich auf eine große Änderung in deinem Leben vor. Aber bedenke, die Tafelrunde zerbricht des Goldes wegen und die »Sirs« zerstreiten sich. Führe deine Freunde auf falsche Fährten. Lasse deine »Sirs« nach dem »Heiligen Gral« suchen!"

„Haben Händler nicht behauptet, den »Gral« auf »Mont-Sale-Vent-et-Chie« gesehen zu haben?"

„Der San Grá EL ist ständig unterwegs und ist jetzt in »Kerbenic«, um seinem Ururenkel Galahad Trost zu spenden. Nimue hat ihn in das

Haus seiner Vorfahren zurückgebracht. Jesus beabsichtigt, ihn zum Grá-Els-Ritter zu ernennen."

„Gralsritter? Weshalb unterhält dieser Jesus eine eigene Armee?"

„Die Templer sind seine Leibwache und tragen eine silberne Taube auf ihren Rüstungen, das Zeichen des Friedens. Niemand von ihnen zweifelt deine weltliche Herrschaft an."

„Warum gehst du in deinen Untergang? Du weißt, dein Schweigen ist der falsche Weg!"

„Wen die Götter zu verderben gedenken", sagt Merlin nachdenklich, „den schlagen die Allgewaltigen mit Blindheit!"

†††

Frühsommer 483 nach Christus

Merlin wacht in einem dunklen Raum auf. Heftige Kopfschmerzen quälen den sonst so robusten Riesen. Sein Blick in die Vergangenheit ist durch dichten Nebel verschleiert. Nimue hat ihn mit Freuden empfangen und ihn in dieses Loch geführt. In beschwingter Erwartung erotischer Abenteuer ist Merlin ihr blind gefolgt. Seither fehlen ihm die Erinnerungen. Seine Arme und Beine sind gefesselt. Auf seiner Wange klebt verkrustetes Blut. Die Tür öffnet sich. Nimues Silhouette zeichnet sich gegen das grelle Licht ab.

„Jetzt sagst mir brav, wo du das Gold versteckt hast."

„Das Gold gehört den Göttern!"

Zwei Männer und ein Zwerg betreten den Raum.

„Sage meiner Mutter", zischt Bors von Gaunes leise, „was meine Mutter zu hören begehrt!"

„Sei kein Dummkopf!", fordert Lionel von Gaunes. „Wir bereiten dir sonst unerträgliche Schmerzen."

„Ihr ängstigt mich nicht!"

Ein glühender Schürhaken kracht auf Merlins Brust. Für einige Sekunden bleibt dem Druiden die Luft weg.

„Ich frage dich ein letztes Mal. Rede endlich!"

„..."

Eine Faust bricht Merlin das Nasenbein, ein stumpfes Messer zerfetzt seinen Bart, ein Holzbalken zertrümmert ihm den rechten Fuß.

„Ihr Bestien!", schreit Merlin schrill.

„Haltet ein, meine tapferen Söhne. Mein zukünftiger Gatte verrät mir jetzt sein kleines Geheimnis."

„Lasst ihr mich in Frieden, wenn ich euch das Versteck nenne?"

„Versprochen. Wir prüfen deine Aussage, und wenn du die Wahrheit gesagt hast, heirate ich dich."

„Nicht weit von »Kameled« liegen die Höhlen von »Morgat« in den Felsen verborgen. Ihr benötigt ein Boot, um dort bei hohem Wasser hinein zu gelangen. Dort liegt der Schatz im Wasser versteckt. Wartet, bis das Meer sich verzieht, bergt die Truhen und geduldet euch bis zur Rückkehr der Fluten."

„Warum nicht gleich so, mein Liebster? Weshalb die ganze Aufregung? Wofür brauchst du, Mann des Geistes, solche Mengen Gold?"

Mit einem langsamen und tiefen Schnitt schneidet der Zwerg Kroton Merlins Kehle durch.

„Und wir sind für immer ein Paar!"

Wenig später ist Merlin tot.

„Vergrabt ihn im Wald!", befiehlt Nimue ihren Söhnen. „Schafft ihn weit weg vom Haus! Sonst findet mich des Nachts sein Geist."

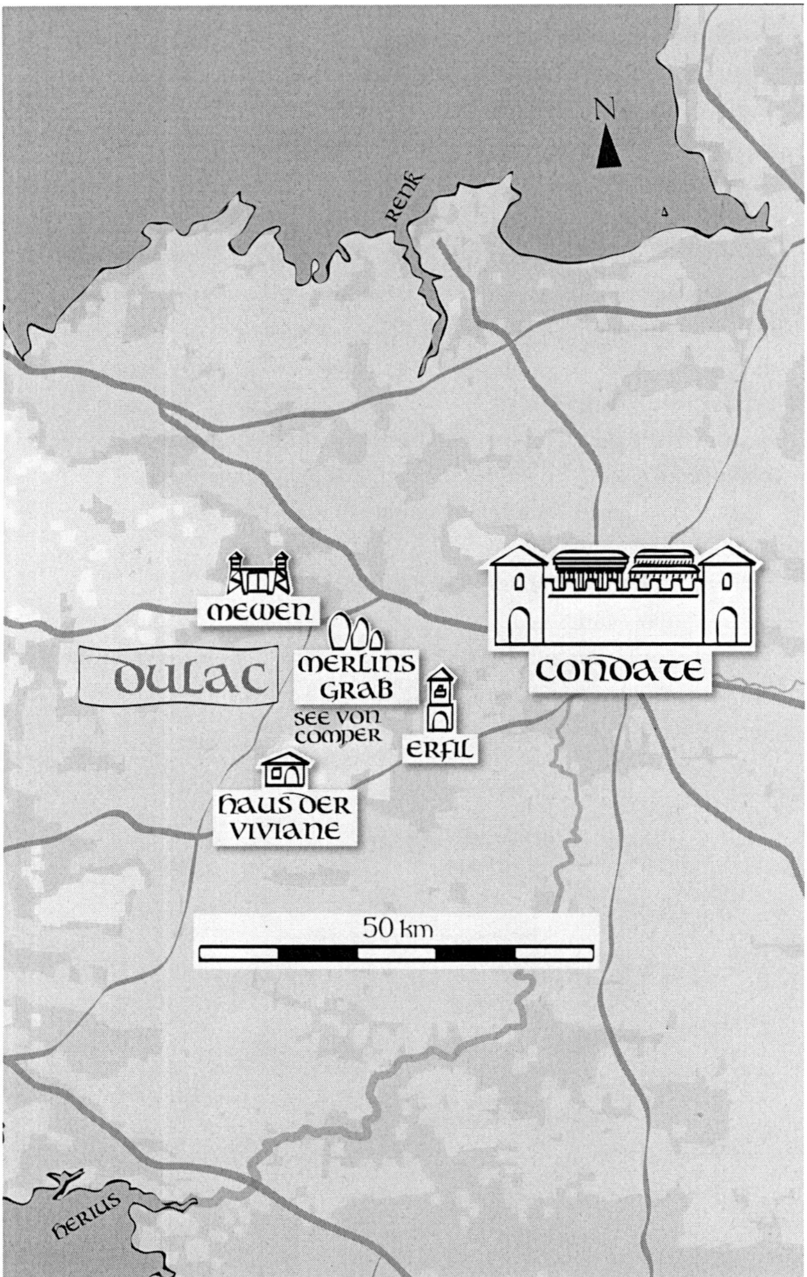
N
RENK
MEWEN
DULAC
MERLINS GRAB
SEE VON COMPER
ERFIL
CONDATE
HAUS DER VIVIANE
50 km
HERIUS

Galahad

21

Sommer 483 nach Christus

In »Letavia« ist für Frauen wohltuender Frieden eingekehrt. Der milde Winter sorgt früh für erste Ernten. Die Speicher sind gefüllt und der nächste Schnitt verspricht einen weit höheren Ertrag. Nach der erfolgreichen Jagd ihrer Männer auf Bären und Wölfe tummeln sich in den von der Abholzung verschonten Wäldern vermehrt Rehe, Hasen, Kaninchen, Siebenschläfer und Wildschweine. Die Bäche und Seen sind voller Forellen, Flusskrebsen, Fröschen, Brunnenkresse, und das Meer ist reich an Dorschen, Katzenhaien, Meeraalen, Rochen, Sardinen, Seelachsen, Seeteufeln und Seezungen. Die Tische sind prall gedeckt, und nach den sich in die Länge ziehenden Mahlzeiten wölben sich die Bäuche.

Bei den Kriegern herrscht trostlose Langeweile. Ein Sommer ohne Schlachten kündigt sich an. Das Schärfen der Waffen erscheint sinnlos. Die Kettenhemden röten sich, und die Augen der Würfel sind abgenutzt und nur noch schwer zu erkennen. Artus weigert sich, Kampfspiele nach römischem Vorbild auszurichten. Alle verfügbaren Kräfte verpflichtet der »King« zum Straßenbau und setzt die »Sirs« zur Überwachung der Bauarbeiten ein.

Mit Einsetzen der warmen Jahreszeit setzt sich die jährliche Lawine von Reisefreudigen in Gang. So erfährt der »King« über seine Besucher, was in letzter Zeit, in deren Land, vorgefallen ist. Aus »DuLac« erreichen ihn Berichte, wonach »Sir« Hector eine Affäre mit der Cousine seiner Frau gehabt hat – der Tochter eines Imperators aus »Ros Goff« –, bis der Einsichtige zu Perse zurückgekehrt sei. Aus »Gorron« ist zu erfahren, Obain sei nicht wie vereinbart von seinen Aventüren zurück. Der ungleiche Kampf mit einem lauten schwarzen Ritter[1] habe ihn nachdenklich gestimmt und seine Suche nach dem Sinn des Lebens ausgelöst. Deshalb habe ihn seine Gattin verlassen, obwohl dieser herzlich, überaus freundlich und vernünftig sei. Seither sei sein Lebensziel, in Bedrängnis geratenen Frauen beizustehen, wodurch Obain zum Wanderer zwischen einsamen Herzen gediehen ist.

✝✝✝

1 Dagonet in Lagad-Yar.

Ein Mann, der sich als Guibert der Jüngere von Kerbenic und Listrac-Médoc vorstellt, bittet Artus um ein Gespräch. Ein Junge begleitet ihn.

„Ich bin der Sohn von Pelleas und Ettarde."

„Wieso bewirbst du dich nicht »Sir«? Denkst du, deines Vaters wegen hast du keine aussichtsreichen Reverenzen? Ich bin nicht geneigt, jemanden vorzuverurteilen."

„Ich bin ein Mann des Pfluges, nicht des Schwertes! Mit dem Hof habe ich eine Menge Arbeit und keine Zeit, mich mit Waffen zu beschäftigen. Seit dem Tod meines Vaters ist meine Mutter sterbenskrank. Ich fühle mich ihr verpflichtet! Ettarde ist extrem stur, was mir das Leben erschwert."

„Wer ist der junge Mann an deiner Seite?"

„Das ist Galahad, der Sohn meiner Schwester."

Der Kleinwüchsige sieht seinem Vater zum Verwechseln ähnlich. Seine Haare sind einen Hauch dunkler, seine Augen deutlich blauer, sein Kinn gleichmäßiger und sein Lächeln einnehmender.

„Du bist Lancelots Sohn? Demnach ein DuLac."

„Sein Vater hat ihn bei mir abgegeben. Galahad trägt das trotz seiner Entbehrungen seinem Vater nicht nach. Der Junge hat sich nichts zuschulden kommen lassen."

„Galahad ist, wie ich mir einen richtigen »Sir« immer vorgestellt habe. Dein Neffe ist ohne Furcht und jeden Tadel."

„Ich hätte ihn gerne zu dir in die Ausbildung geschickt."

„Nur zu. Sei ein »Sir« an meiner Tafelrunde!"

„Mein Symboltier ist das Einhorn! Und das »Monoceros« nimmt jede Herausforderung an."

„Ohne die erforderlichen Unterweisung ernennst du den Jungen zum »Sir«?", ereifert sich »Sir« Gereint von Domnomea.

„Ausgerechnet ein DuLac!", stimmt »Sir« Gawein zu.

„Seht genau hin!", verteidigt Artus seine Entscheidung. „Der Junge hebt sich durch seine Unschuld hervor. Sein Wesen unterscheidet sich von allen anderen."

„Höre ich aus deinen Worten", ist »Sir« Gawein angesäuert, „ich sei nicht respektabel??"

„Bevor du zu mir gekommen bist, hast du erheblichen Schaden angerichtet. Dir habe ich verziehen, und der Jüngling ist mit dir nicht zu vergleichen."

„Alle Tische sind belegt", sagt »Sir« Gereint schadenfroh.

„An meiner Tafelrunde gilt ein Platz als der Gefährliche. Nur, wer reinen Gewissens ist, hat das Recht dort zu sitzen."

„Das Einhorn hält mich ab, Untadeliges zu vollbringen."

„Knie nieder! Ab sofort bist du »Sir« Galahad von DuLac!"

Lancelot stellt seine Zuneigung zur »Queen« immer aggressiver zur Schau und drückt seine Verachtung Artus gegenüber durch Schweigsamkeit aus. Seinen Sohn, ohne ihn zu fragen, gleich bei der ersten Begegnung zum »Sir« ernannt zu haben, stößt ihm bitter auf. Nachts finden heimliche Treffen mit Hector DuLac sowie den Brüdern Lionel und Bors von Gaunes statt. Der verstoßene Gaheris von Orgères und Lousillais, der das Land trotz der Gefahr einer drohenden Hinrichtung nicht verlassen hat und sich im Haus von Lamorak versteckt hält, ist ebenfalls Teil dieser höchst verschworenen Gemeinschaft.

Am Morgen begegnet Mordred im Hof seinem Vater und Onkel.

„Der Zufall ist mein Helfer!"

„Verbringe mehr Zeit bei mir auf »Kameled«!", lügt Artus, denn sein Sprössling ist ihm nicht geheuer.

„Die Suche nach einer passenden Frau, gestaltet die Art meiner Unternehmungen."

„Ich habe gehört, bei der jüngeren Schwester meiner Frau hast du kein Glück gehabt."

„Jeneba[2] übertrifft in Bezug auf Treue Jennifer um Längen!"

„Was deutest du mir mit diesem Vergleich an?"

„Alle Welt spricht über den jungen Liebhaber."

„Was sagst du da?", ist Artus empört, „Meine Frau ist mir treu ergeben!"

2 Keltisch: Guinevache oder Guinevàt.

„Die »Queen« hat das Recht, jeden Freund ihres Mannes mit ins Bett zu nehmen."
„Wir haben andere Absprachen."
„Höchst einseitig, wie mir scheint!"
„Wenn du »Sir« Lancelot meinst, so bin ich mir seiner Loyalität gewiss."
„Ich habe die beiden beim Küssen ertappt!"
„Und ich habe eine Aufgabe für dich! Derzeit halten die Goten still. Ein Überfall auf unser Land ist dennoch nur eine Frage der Zeit. Für diesen Fall sind Vorkehrungen notwendig, um unseren Schatz in Sicherheit zu bringen. Ich benötige an der Straße nach »Portus Dubris«[3] den »Reix« von Guînes als Verbündeten. Von dort ist schon Gaius Iulius Caesar nach »Albion« übergesetzt. Reise zu ihm und versichere ihm meine Freundschaft. Bekomme in Erfahrung, wie viele Schiffe dort für eine mögliche Überfahrt zur Verfügung stehen. Aber erwähne den Schatz mit keinem Wort!"

Ein lauer Wind lässt die Gräser tänzeln. Die Insekten verrichten ihre Arbeit und das Brummen ihrer Flügel ermüden Tor, der Dienst als »Lloyd« hat. Der Schlaf übermannt ihn. Wenig später kribbelt seine Hand. Entsetzt schüttelt Tor die Käfer ab. Da fällt sein Blick auf »Fay« Morgane, die in Begleitung eines jungen Mannes vor ihm steht.
„Ich wünsche meinen »Brother« zu sprechen."
„Gebt eure Waffen ab, und folgt mir!"
Artus ist wenig erfreut, seine Schwester zu sehen.
„Ich habe dir verboten, mein Land zu betreten!"
„Das ist lange her! Sind wir nicht beide »adult« geworden?"
„Älter? Mag sein. Verändert haben wir uns nicht."
„Ich spüre, du brauchst mich eines Tages."
„Und ich spüre, du bringst mich um mein Vermögen."
„Du hast das Land stabilisiert. Du gehst mit vielem äußerst vernünftig um. Das Volk liebt dich über die Grenzen deiner Gebiete hinaus. Dich zu schwächen, wäre der Untergang »Britanniens«!"

3 Heute Dover.

„... der Zerfall »Letavias«"

OBAIN

„Ab sofort »supporte« ich dich mit meinen »magic« Fähigkeiten. Lasse mich deine Vasallin sein!"

„Ich verlange ein Pfand."

„Ich habe dir meinen Sohn Iwein mitgebracht."

„Mein Name ist Obain von Gorron!"

„Und du hast militärisch keine Verwendung für ihn?", fragt Artus.

„Unsere Streitmacht besteht aus Frauen! Männer sind nicht erwünscht!"

„Dein Sohn ist herzlich willkommen!"

„Ist das alles?"

„Worauf spielst du an?"

„Was begehrt jeder deiner Adligen?"

„Ein Krieger in meinem Heer zu sein!"

„Und darüber hinaus?"

„Sobald ein Platz freigeworden ist, nehme ich meinen Neffen in den Kreis der »Sirs« auf."

„Ich habe von einem Todesfall gehört."

„Ich hoffe, du hast nicht nachgeholfen?"

„Ich habe einen Racheakt an dir vereitelt."

„Wer spielt mit dem Gedanken, sich an mir zu rächen? Und weshalb?"

„Sein Sohn ist durch deine Hand gestorben."

„Sprichst du von deinem Geliebten, Accolon? So weißt du, wen Schuld trifft und wen nicht!"

„Ich habe Uryen versucht zu erklären, welche »bad Role« Kroton bei dem Mord gespielt hat."

„»Sir« Urien von Goulien lebt demnach nicht mehr?"

„Ich bin »faster« gewesen. Sonst wären wir beide »dead«."

„Obain, knie nieder. Ich schlage dich zum »Sir« Obain von Avalon."

„Owein ist nach wie vor ein Sohn »Uryens«."

„So nenne dich »Sir« Obain von Gorron."

Sommer 485 nach Christus

Wärmegewitter entladen unaufhörlich ihre Energie ins aufgewühlte Meer. Die Menschen fürchten sich vor dem Donnergrollen und gewahren den Zorn der Götter. »Sir« Mordreds Vermählung mit Julia von Guînes[4] steht an. Die Herbergen auf »Crozon« sind überfüllt und »Kameled« platzt aus allen Nähten. Selbst in den Ställen schlafen Gäste, während sich ihre Pferde auf der Wiese vor der Burg tummeln. Freiwillig findet die Hochzeit nicht statt. Julia hat Mordred, bei seinem Aufenthalt in ihrem Land, die Zwillingssöhne Melehan und Melou geschenkt. Der Übereifer seines Sohnes kommt dem »King« nicht ungelegen.

Auf dem Brachfeld steht ein abgemagerter Maulesel. Sein Fell ist mit Kletten übersät, die Zügel sind zerrissen und ein loser Sattel hängt an seinem Bauch. »Sir« Gereint von Domnomea, der Torwache hat, führt das Tier in den Hof und berichtet dem »King« von seinem Fund. Artus hat keine Zeit, sich um ein herrenloses Tier zu kümmern. Bis sich der Besitzer meldet, haben sich die Wachen des Mulis anzunehmen. Erst »Sir« Hector DuLac erkennt Merlins Reittier wieder. Jetzt ist Artus hellhörig. Im Hof scharen sich Bewohner und Gäste um das Tier.

„Wir sehen Merlin nie wieder!", sagt der »King« traurig.

„Gib die Hoffnung nicht auf", rät »Sir« Hector. „Dein Freund ist unter Umständen nicht weit von der Burg vom Sattel gefallen und nicht mehr in der Lage, sich zu bewegen. Merlin benötigt deine Hilfe!"

„Sucht ihn entlang der Straßen! Merlin scheut kleine Wege. »Sir« Keie nimmt die Nördliche, »Sir« Gawein die Straße der Mitte und »Sir« Lancelot die Südliche."

Nach ein paar Tagen kehrt »Sir« Gawein alleine zurück.

„Wo steckt Merlin?", ist Artus schwer enttäuscht.

„Die Suche ist hoffnungslos."

„Wie bist du zu dieser Erkenntnis gelangt?"

„Ich bin Nimue DuLac begegnet."

„Ist Merlin nicht bei ihr gewesen? Seine ganze Liebe hat nur ihr gegolten. Ihretwegen hat Merlin mich verlassen. Für immer."

4 Keltisch: Cwyllogm (Cuillog) Gwynedd. Guînes liegt im Pas-de-Calais am Ärmelkanal.

„Leider nicht.“
„Haben die beiden sich getrennt? Kehrt Merlin zu mir zurück und ist auf dem Weg hierher gestürzt?“
„Nimue hat mir von einer dreijährigen Reise durch das gesamte römische Imperium berichtet. Der Meister habe ihr die Künste der Druiden beigebracht.“
„Merlin ist in das Land der Christen gegangen und hat eine Frau zur Druidin ausgebildet? Das ist absurd! Das klingt nach einer Lüge.“
„Die Geschichte von dem, was ihm angeblich auf dem Rückweg geschehen ist, scheint noch weiter hergeholt zu sein. Bei einer Rast unter einem hohen Felsen haben die beiden einen Eingang zu einer Höhle entdeckt und unheimliche Geräusche gehört, die tief aus dem Inneren der Erde gekommen sind. Um Nimue zu schützen, habe Merlin einen Bannspruch rund um einen Weißdornstrauch gelegt, der vor der Öffnung im Felsen gestanden hat, und sei in die Tiefen des Berges hinabgestiegen und nicht wieder aufgetaucht.“
„Warum ist Nimue nicht dort geblieben oder hat Hilfe geholt?“
„Die Zauberformel habe ihr Vordringen verhindert. Alle ihre Rufe seien unerwidert verhallt. Da habe ihr das Brüllen eines Drachens einen gehörigen Schrecken eingejagt. Vor Angst sei Nimue geflohen, um mit den Burschen eines nahegelegenen Dorfes zurückzukehren. Bei ihrer Rückkehr sei der Wald wie von Zauberhand verändert und der Berg nicht mehr an seinem Platz gewesen.“
„Und trotzdem hat der Esel zurückgefunden?“
„Ein Esel findet immer seinen Weg nach Hause, hat Nimue gesagt.“

Die Tafelrunde
485 nach Christus

1 Der Jüngere

Lamorak

22

Frühjahr 486 nach Christus

Zwischen Wolkenlücken hindurch scheint die Sonne. Ein kühler Wind sorgt für klare Luft und eine herausragende Fernsicht. Gelegentlich fallen kurze heftige Regenschauer. »Queen« Jennifer weint seit Tagen und bekommt üble Laune, wenn Artus in ihrer Nähe ist. Die Begründung für ihren Missmut lässt nicht lange auf sich warten.

„Ausgerechnet Lancelot hast du losgeschickt, um nach Merlin zu suchen. Das ist keine Aufgabe für einen »Sir«, nach einem Vermissten zu suchen! Das ist die Pflicht eines Boten."

„Denkst du, ich sehe nicht, wie dieses Scheusal dich umgarnt? Denkst du, ich sehe nicht, wie du ihn anhimmelst? Hast du unsere Vereinbarung vergessen?"

„Schau mich an! Deinetwegen bin ich kinderlos."

„Benimm dich, wie eine »Queen« sich zu benehmen hat! Du hast nicht nur Freunde auf »Kameled«."

Die Säfte des frühen Jahres steigen und suchen nach Erleichterung. Missmutig verlässt Morgause von Cornouaille »Condate«. Die Mieten und Lebensmittelpreise sind drastisch gestiegen. Altersbedingt sind ihre Dienste nicht mehr gefragt. Der Konkurrenz der jungen, aus dem Norden zwangsverschleppten Frauen, hat die Verlebte nichts entgegenzusetzen. Die kleinen Römer stehen auf hochgewachsene Germaninnen mit blonden Haaren und glatter Haut. Keltinnen sind nicht in Mode. Mit einem Bündel Habseligkeiten ist die heruntergekommene Schwester des »King« zu Fuß auf dem Weg nach »Kameled«, um bei ihrem Bruder Unterschlupf zu finden und versorgt zu sein. Die Straße erscheint ihr endlos lang. Nach einem Tag ermüdenden Laufens ist die Stadt nach wie vor in Sichtweite. Ein junger Reiter drosselt sein Tempo und steigt vom Pferd und schreitet neben ihr her.

„Eine liebreizende Frau wie du", erklärt ihr »Sir« Lamorak von Listrac-Médoc galant, „zieht nicht ohne meinen Schutz durchs Land!"

„Von »liebreizend« bin ich längst weit entfernt."

„Dieses Urteil zu fällen, überlasse anderen. Was ist dein Ziel?"

„Ich bin auf dem Weg zur Burg des »Kings«."

„Welch ein Zufall! Das ist ebenso mein Weg. Ich biete dir an, auf meinem Pferd Platz zu nehmen."

„Ich bin vom Laufen müde. Ein junger Mann, der mich auf sein Pferd bittet, begegnet mir nicht alle Tage!"

Morgause sitzt auf, ergreift seine Hand und zieht diese unter ihrer Toga an die Brust. Diese Art zu Reisen findet der junge Mann äußerst angenehm. Im Gegenzug übernimmt Lamorak die Kosten für ein üppiges Abendessen und die Übernachtung in einer gehobenen Herberge. In der Nacht finden die beiden keine Gelegenheit, ein Auge zu schließen, verlängern ihren Aufenthalt und schlafen den Tag und die folgende Nacht miteinander durch.

„Ich habe ein Haus unterhalb der Burg und du wohnst dort bei mir."

„Ich bin gekommen, um meine Söhne wiederzusehen."

„Lade deine Kinder jederzeit zu uns ein."

„Manche von ihnen sind älter als du!"

„Wir finden Wege, uns zu amüsieren."

„Ich habe lange nichts von meinen Söhnen gehört. Wir haben uns einiges zu sagen."

✝✝✝

Zuhause angekommen, schickt »Sir« Lamorak seinen Haussklaven zur Burg, um den Orgères-Brüdern die frohe Nachricht von der Rückkehr ihrer Mutter zu überbringen. Gawein ruft seine Brüder herbei. Agrabain, der Größte unter ihnen, der seines missgestalteten Körpers wegen die Gesellschaft meidet, hält sich im nahegelegenen Wald auf. Der missgelaunte Kämpfer ist überheblich, hinterhältig, garstig und gemein. Niemand hört gerne seine unkontrolliert ausgesprochenen Flüche, die insbesondere die Frauen für Zaubersprüche halten.

„Mutter hat jeden Anstand verloren!", empfängt Gawein seine Brüder. „Die Alte wohnt bei dem Sohn des Mörders unseres Vaters!"

„Dieses Scheusal hat sich ihr gegenüber vermutlich nicht vorgestellt", versucht »Sir« Mordred ihr Verhalten zu erklären.

„Ich erinnere mich nicht einmal an ihr Gesicht", regt sich Gareth auf.

„Bei allen Göttern!“, ist Agrabain wütend. „Ich vergesse nicht, wer meinen Vater ermordet hat.“

„Wir holen unsere Mutter her!“

„Wir geben uns der Lächerlichkeit preis“, mischt sich Gaheris ein, „wenn wir zu fünft eine alte Frau abholen.“

„Solange diese Frau an diesem Ort weilt“, bringt Gareth seinen Unmut zum Ausdruck. „Gehe ich zu »Sir« Ulfin in die Einsiedelei.“

„Ich erlaube Mutter nicht“, entgegnet Agrabain, „bei ihm zu bleiben.“

„Gaheris“, entscheidet Gawein, „gehe und hole die Alte! Ich bereite unseren Onkel auf den Besuch seiner Schwester vor.“

„Ich kehre erst zurück“, verkündet Gareth, „wenn Mutter gegangen, oder gar gestorben ist.“

„Verhandele nicht mit Lamorak!“, rät Agrabain. „Verlangt der Halsabschneider eine Entlohnung, versprich ihm, ihn am Leben zu lassen!“

Agrabain

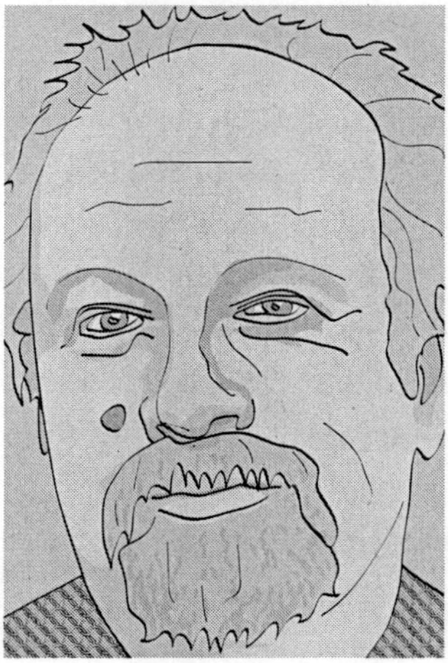

Gaheris

Gaheris holt sein Schwert aus der Waffenkammer und eilt hinunter in den Ort. Die Eingangstür ist nicht versperrt. Ein leises Stöhnen ist zu hören. Der »Sir« zieht seine Waffe und schleicht vorsichtig hinein. Im Schein der Sonne wälzen sich zwei nackte Körper am Boden. Die Frau genießt hörbar jede Bewegung, und quittiert diese mit einem miau-artigen Ton. Der angewiderte Sohn beobachtet das Treiben einen Moment. Da entdeckt ihn seine Mutter. Erschrocken springt der Sohn einen Schritt zurück. Der Gespiele gewahrt die Anspannung im Raum und wälzt sich zur Seite. Die Klinge an seinem Hals zwingt ihn, Ruhe zu bewahren. Morgause sieht ihren Sohn mit weit aufgerissenen Augen an.

„Ich bin deine Mutter!"

„Du weißt nicht, wer meine Mutter ist!"

„Du gleichst deinem Vater, wie ein Rabe dem anderen."

„Und kennst nicht einmal meinen Namen!"

„Du bist Agrabain."

„..."

„Gaheris?"

„Was hast du mit diesem Mann zu schaffen? Weißt du nicht, wer das ist?"

„Das ist Lamorak. Mein zukünftiger Mann!"

„Wenn ihm sein Leben lieb ist, verlässt dieses Scheusal das Haus auf schnellstem Wege, und lässt sich auf »Kameled« nie wieder sehen."

„Bleib bei mir!", fleht Morgause ihren Liebhaber an.

„Hat dir dieser Hundesohn gesagt, wer sein Vater ist?"

„Lamorak ist nicht für mögliche Verfehlungen seines Vaters verantwortlich."

„Ich bin, seines Vaters wegen, ohne Vater aufgewachsen. Ich habe, seines Vaters wegen, meine Mutter verloren. Und du, verdammte Hure, steigst mit dem Sohn dieses Mörders ins Bett!"

Gaheris hebt sein Schwert. Lamorak rennt aus dem Haus.

„Lerne zu verzeihen!"

„Ich hasse dich!"

Mit einem gezielten Schlag enthauptet Gaheris seine Mutter und wischt in aller Ruhe die Schneide an ihrer Kleidung ab. Der entsetzte Liebhaber eilt von Todesangst getrieben im Adamskostüm zur Burg hinauf. Unter Tränen vor Lachen reichen ihm die Torwachen eine Toga. Die Kunde vom nackten Mann kursiert durch die Burg. Deshalb ist der »King« erpicht auf den Bericht des »Sirs«, der für einiges an Furore sorgt.

„Gaheris hat mich aus meinem Haus verjagt."

„Weiterhin der alte Zwist? Als »Sirs« habt ihr die Pflicht, euch der Idee der Tafelrunde unterzuordnen. Ich habe die Orgères-und-Lousillais-Brüder inständig gebeten, den Vorfall zu vergessen."

„Gegenüber uns Heimatlosen geben deine Neffen niemals Ruhe. Ich fürchte um meine Sicherheit!"

„Ich erinnere »Sir« Gawein an sein Versprechen."

„Gawein hat seine Brüder nicht im Griff! Siehe nur, was geschieht, wenn einer von ihnen ohne die anderen aufkreuzt."

„Ab sofort gilt der Waffenstillstand zwischen euren Klanen wieder! Heute bleibst du auf »Kameled«. Schon morgen gehst du unter meinem Schutz nach Hause."

„Garantierst du für meinen Schutz? Nicht einmal die Götter sind imstande, mich vor dieser Brut zu bewahren. Bei Anbruch der Nacht verlasse ich »Letavia«, für immer!"

Die auf dem Brachfeld wartenden, Gawein, Mordred und Agrabain, sind überrascht, ihren blutverschmierten Bruder alleine den Hügel heraufschreiten zu sehen.

„Lamorak hat unsere Mutter umgebracht!", lügt Gaheris. „Ich bin an seinem Haus vorbeigekommen, da lag ihre Leiche nackt und blutüberströmt auf dem Boden."

„Diese Mörderbande!", ist Agrabain entsetzt. „Wie sein Vater ist der Fremdling eine Bestie! Arme Mutter!"

„Wir gebieten diesen Listrac-Médocs ein für alle Mal Einhalt", fordert Gaheris, „bevor von uns niemand mehr am Leben ist."

„Lamorak ist nackt den Hügel heraufgekommen.", berichtet »Sir« Mordred. „Ich bin ihm in die Burg gefolgt. Dort habe ich sein Gespräch mit Artus belauscht. Der Mörder ist ist im Begriff, das Land zu verlassen."

„Das schädliche Gewissen treibt ihn fort!", stachelt Gaheris seine Brüder weiter an.

„Holen wir unsere Waffen!", sagt Gawein gefasst. „Wir warten in seinem Haus auf ihn."

„Und bringen ihn vor den Augen meines Vaters um?", gibt Mordred zu bedenken.

„Ich habe einen Plan", lenkt Gawein ein. „Wir lauern ihm am Fuß des »Menez-Hom« auf."

✝✝✝

Von den Geistern der Angst verfolgt, gibt »Sir« Lamorak seinem Pferd die Sporen. In der beginnenden Abenddämmerung taucht der heilige Berg vor ihm auf. Bei Anbruch der Dunkelheit gedenkt der Flüchtende den Ort »Vuzit«[1] zu erreicht, um dort erst einmal in Sicherheit zu übernachten.

1 Heute Pleyben.

Im Wald hinter der Anhöhe brennt ein Feuer. Raben kehren von den Feldern zu ihren Nistplätzen zurück. Ein Fuchs läuft am Waldrand entlang. Beim Erreichen der ersten Bäume stürzt sein Pferd. Ein Seil ist über die Straße gespannt. Lamorak steht umständlich auf. Eine Gruppe von Riesen umringt ihn. Die blanken Flächen ihrer Klingen blitzen. Seine Klinge verlässt ihre Scheide. Die Schultern senken sich in Verteidigungsposition. Kampflos ergibt sich ein Listrac-Médoc nicht dem Schicksal. Die Riesen tänzeln um ihn herum und attackieren ihn. Ausweichen. Parieren. Gegenangriff. Ducken. Schlagen nach den Beinen. Drehen. Schwert in die linke Hand. Zuschlagen. Abwehren. Nur drei gegnerischen Fackeln brennen weiter. Ein Gegner versteckt sich in der Dunkelheit der Nacht. Lamorak übermannt die Müdigkeit. Kein Mensch weit und breit, der ihm hilft. Sein Pferd wiehert vor Schmerzen. Flucht unmöglich. Wieder eine Fackel weniger. Hinter ihm tanzen zwei Schatten zwischen den Bäumen hindurch. Angriff. Rundumschlag. Abwehr. Ein heftiger Stich im Arm. Ein Aufschrei. Mordred packt ihn von hinten, zieht ihm das Kettenhemd aus dem Gürtel und schiebt ihm sein Messer langsam in die Lende. Die Anderen stechen zu, bis der kleine Mann tot zu Boden sackt.

†††

Artus bittet Gaheris ins große Sitzungszimmer.

„»Sir« Lamorak hat »Kameled« verlassen. Über den Grund bin ich nicht erfreut. Ich bin gezwungen, seine Entscheidung respektieren, denn sein Haus ist leer und sein Pferd ist ebenfalls verschwunden. Aus Anlass meines fünfzigsten Geburtstags und da derzeit ein Tisch an der Tafelrunde frei ist, bitte ich dich, vor den Anwesenden niederzuknien, »Sir« Gaheris von Orgères und Lousillais!"

„Lamorak kehrt nicht zurück!"

„Wie kommst du zu diesem Schluss?"

„Wir haben seine Leiche im Wald verscharrt."

„Wer ist wir?"

„Gawein, Mordred, Agrabain und ich."

„Vier Riesen gegen einen kleinen Menschen? Ihr habt Schande über unsere Familie gebracht! Ihr seid den »Sir« nicht Wert! Wir haben die Leiche meiner Schwester in Lamoraks Haus gefunden. Inzwischen bezweifle ich dessen Schuld. Hast du deine Mutter auf dem Gewissen?"

„Agrabain ist der Schuldige!“

„Der Junge hat seine Mutter nie kennengelernt! Sage mir die Wahrheit oder ich verbanne dich von meinem Hof!“

„Gegenüber unserer Mutter hat unser Bruder stets eine ungesunde Besessenheit gehegt! Alle Frauen hat dieser mit dem Namen seiner Mutter angesprochen.“

Artus lässt den Verdächtigten holen. Der »King« trägt ihm die Anschuldigung vor. Dieser ist leichenblass.

„Gaheris hat uns berichtet, Lamorak habe Morgause umgebracht. Wir haben ihn gestellt und zur Rechenschaft gezogen. Aber selbst sind wir nicht in seinem Haus gewesen!“

„Dein Bruder ist demnach alleine in den Ort gegangen?“

„Gawein, Mordred und ich, haben auf dem Brachfeld auf Gaheris gewartet.“

„Ich denke, deine Schuld ist erwiesen! Gaheris, du bist von heute an ein Geächteter! Ich gebe dir bis Sonnenuntergang Zeit, mein Land zu verlassen!“

Die Tafelrunde

486 nach Christus

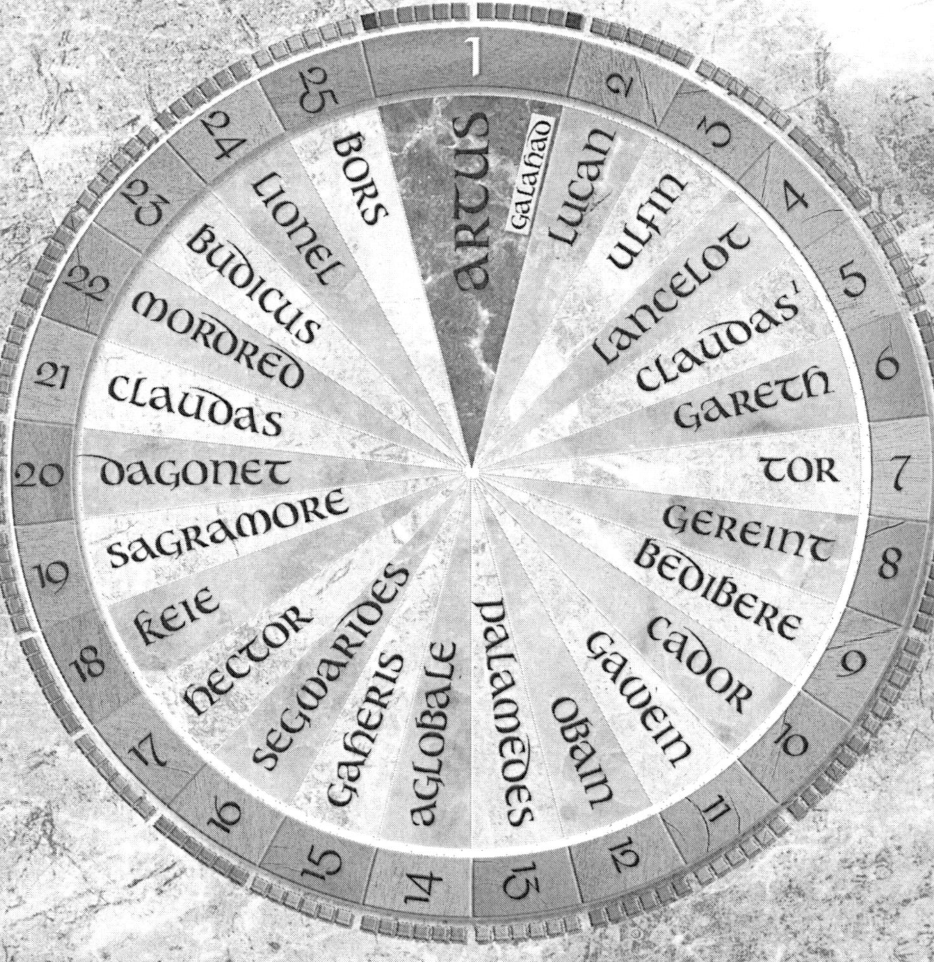

1 Der Jüngere

Gui

23

Winter 487 nach Christus

Die Halbinsel »Cravo« liegt unter einer für Riesen knietiefen Schneedecke. Im Schein der strahlenden Sonne klingen auf dem Brachfeld vor der Burg aneinandergeschlagene Waffen bis weit über den Hügel hinaus. Die angehenden Soldaten freuen sich, endlich wieder im Freien zu sein, und trainieren ihr mörderisches Handwerk. Ihr Ausbilder, »Sir« Lucan von Landévennec, ist alles andere als erheitert und bittet Artus um eine unverzügliche Unterredung.

„Ein solch düsterer Blick an einem solch herrlichen Morgen?“

„Dieser Kerl ist selbst nach Jahren absolut hoffnungslos! Ich habe Angst um mein Leben und um das der jungen Kerle, die ruhmreich in die »Anderswelt« übergehen zu gedenken. Der Trottel ist imstande, diese versehentlich dorthin zu befördert.“

„Gui von Listrac-Médoc?“

„»Naiv« ist sein Zweitname! Nicht einmal den Gürtel legt sich dieser Hinterwäldler alleine an. Sein Benehmen lässt zu wünschen übrig. Das Maß angedrohter Bestrafungen versteht der Sonderling nicht, und jede Form der Belehrung belustigt ihn.“

„Die Jugend von heute hat nicht mehr den Biss, den wir einmal hatten. In seinem Alter bin ich lange acht Jahre »King« gewesen!“

„Die Rekruten sind bei der Sache, und ich bin mit ihnen zufrieden. Nur nicht mit dem, der sich die Daumen abgeschnitten hat. Die Auszubildenden brächten mir mehr Aufmerksamkeit entgegen, wenn Gui nicht dieses erbärmliche Narrenkostüm anzöge.“

„Beleidige den Narren nicht!“, mischt sich »Sir« Dagonet ein. „Ein solches Gewandt anzuziehen läge mir fern. Allgemeines Gelächter wäre die Folge.“

„Wenn Gui dich weiterhin bei den Späßen und mit universellen Weisheiten übertrumpft“, lacht »Sir« Lucan, „verlierst du dein Ansehen und deine Stellung an diesem Hof.“

„Artus!“, fleht der Hofnarr. „Biete dem Jungen Gold für sein Gewand.“

„Aus Unwissenheit,“ gibt Artus zu bedenken, „isst Gui das Gold.“

„Hast du nicht schon immer einen Goldesel begehrt?"

„Eure ersprießliche Laune hilft bei meinem Problem nicht weiter", beschwert sich »Sir« Lucan.

„Schicke Gui zu dem altehrwürdigen Ritter »Dux« Cénomans nach »Ker Hars«. Schreibe ihm, Guis Wissen über die Welt ist weit mehr als mangelhaft und nur durch seine Lehren zu erwerben."

Der Schnee ist in der zunehmend wärmer werdenden Sonne geschmolzen. In der Nacht fallen die Temperaturen, und der Boden gefriert.

„Mitten im »Corsold«", hat ihm »Sir« Lucan mit auf den Weg gegeben, „findest du deinen neuen Ausbilder!"

Gui begibt sich auf den Weg, schlittert unbekümmert über die Eisflächen und fragt jeden in seiner unbestechlich naiven Art nach dem Weg. Niemand ist im Bilde, wo »Ker Hars« zu finden ist. Andere finden seine Art zu fragen nicht freundlich genug und geben ihm falsche Hinweise. Drei Wochen später, steht Gui eines Morgens vor dem Tor des Hofes. Das Herrenhaus ziert ein imposantes Holzkreuz, das weit über das Dach hinaus ragt. Die Soldaten beobachten den lachhaft Gekleideten mit Argwohn.

„Was hast du an diesem Ort verloren?", rufen selbst die Bewohner erschrocken. „Verzieh dich! Gehe dorthin, woher du gekommen bist!"

„Ich bin auf der Suche nach Cénomans", spricht Gui einen hochdekorierten Torwächter an.

„Für dich noch immer »Dux« Cénomans! Sein Interesse, dich zu sehen, ist schätzungsweise verschwindend gering!"

„»King« Artus schickt mich."

„Ich lache mich tot! Was hat der »King« mit dir zu schaffen?"

„Mein Vater ist »Sir« an seinem Hof gewesen."

„Ich vermute, der Hofnarr?"

„Ich bin nicht imstande, das zu bestätigen. Mein Vater ist lange tot."

„Das tut mit leid für dich. Ich frage den »Dux«, ob du ausnahmsweise die Erlaubnis erhältst, den Hof zu betreten."

Dem Lachen nach zu urteilen, unterhalten sich die Bewohner lebhaft über den seltsamen Gast vor der Tür. Zwei Männer öffnen einer galanten Erscheinung das doppelflügelige Tor. Seine grauen Haare sind kurz geschnitten und der Bart ist auf die Partie unter dem Mund reduziert. Eine goldene Fibel in Form einer Brosche schließt den weißen, mit Fransen verzierten Mantel. Die weiße Tunika hat an den Ärmeln, dem Saum und beidseitig des Halses blass-violette Streifen. Das Eisenschwert steckt in einer ledernen Scheide und hängt an einem hellbraunen Gürtel mit Schulterwurf, der mit Silber beschlagen ist. Die weißen Hosen reichen bis zu den Fußspitzen. Den schwarz gefärbten Schuhen aus kunstvoll gelochtem Leder ist der hohe Preis anzusehen, den der Schuhmacher verlangt hat.

„Bist du ein Christ?", fragt Cénomans den Neuankömmling.

„Ein solches Tier ist mir nicht bekannt! Ich sehe mich als Wolf, denn im Wald bin ich so schnell und so gewitzt wie dieser."

„Ich weihe dich zunächst in die Zeremonien und Riten unserer christlichen Gemeinschaft ein. Wir feiern die Morgenmesse!"

✝✝✝

Nach der Messe lädt der Ausbilder Gui zu einer gemeinsamen Mahlzeit ein.

„Weshalb hat dich Artus zu mir geschickt?"

„Ich strebe an, ein »Sir« zu sein."

„Mir scheint, du bist kein leichter Fall! Welche Lehrer hast du gehabt?"

„Meine Mutter hat mir alles beigebracht. Ich weiß, wie ich ein Tier erlege und ausnehme, ich kenne die Früchte des Waldes und die Gefahr, die von Frauen ausgeht."

„Ich sehe, du bleibst einige Zeit bei mir."

„Ich zeige dir, …"

„Ab sofort, hörst du mir zu! Du sprichst nur, wenn ich dich auffordere! Du verrichtest nur das, was ich dir sage! Hast du mich verstanden?"

„…"

„Eines Tages bist du unter Umständen Herr über ein Dorf oder gar eines ganzen Landes. Nur mit Zurückhaltung – einer der Grundtugenden des Rittertums – bist du deiner Verantwortung gerecht. Sei niemals unverschämt! Jemanden, dem das Gefühl von Scham und Schande abgeht, ist bei Gott und den Menschen verpönt. Der ist wie ein Habicht in der Mauser, der beim ersten Flugversuch abstürzt. Sein Titel schützt ihn nicht und zeigt ihm höchstens den Weg, der zur Hölle führt. Nur mit Milde, Güte und Demut gegenüber Notleidenden bist du eines Tages ein großer »Sir«. Andererseits wahre deinen Besitz und hüte dich vor Verschwendung! Verfalle nicht der Habgier oder der Geschwätzigkeit. Stelle keine Fragen und warte, was dein Gesprächspartner erzählt. Zögere nicht, vernünftige Antworten zu geben, die nicht an der Frage vorbeigehen, die ein anderer stellt. Bedenke immer, ein Gespräch dient in erster Linie dem Kennenlernen."

✝✝✝

Über Nacht hat Eisregen einen drei Finger dicken Eispanzer über das Land gezogen. Die Kinder in »Ker Hars« spielen Schleifen. Gui schaut wehmütig zu ihnen hinüber. Sein Lehrer erlaubt ihm nicht, an dem Spaß teilzunehmen.

„Wann endlich, lerne ich fechten und reiten? Wann zeigst du mir, wie meine Gegner bei meinem Anblick sterben?"

„Wieder hast du gegen Regeln verstoßen. Weder habe ich dir gestattet zu sprechen, noch Fragen zu stellen oder gar ein Verlangen zu äußern!"

„Bitte schlage mich nicht!"

„Der liebe Gott straft dich für deine Sünden und belohnt dich für deine Frömmigkeit. Sei still und lausche meinen Worten, denn der Schwertkampf erfordert Wissen, nicht nur Fingerfertigkeiten und Kraft. Wir haben ein paar Grundregeln. Hart schlägt weich und weich schlägt hart. Was ist das Ziel eines Kampfes?"

„Den Gegner zu besiegen und ihn zu töten?"

„Eine Auseinandersetzung ist immer das Versagen der Worte! Bist du der Stärkere, so hat dich Gott auserkoren, den Sieg davonzutragen und die Verantwortung zu übernehmen. Dein Gegner hat verloren und sich deinem Willen zu fügen."

„Mein Wunsch ist, ihn sterben zu sehen."

„Stelle dir vor, dein Gegner gewinnt und metzelt dich gnadenlos nieder, ohne auf dein Flehen nach Erbarmen zu hören. Du gibst ihm dein Ehrenwort, ihm in alle Zukunft treu zu dienen, und dieser tötet dich erbarmungslos. Zeige Mitleid mit dem Unterlegenen, wenn dieser dir für deine Milde eine Gegenleistung anbietet."

✝✝✝

„Als du angekommen bist, hast du mir erzählt, deine Mutter habe dich über die Gefahren, die von Frauen ausgehen, belehrt. Das sagen alle Mütter zu ihren Söhnen. Um bei der Minne[1] Erfolg zu haben, ist Waschen dringend erforderlich! Reinige deine Hände und dein Gesicht vom Dreck und dem Rost deiner Ausrüstung. Sprich keine Unwahrheiten aus, denn diese führen zu einer kurzen Beziehung! Eine Frau ist ein Teil deines Lebens und ohne eine Partnerin ist dein Wirken auf Erden unvollkommen. Mann und Frau sind im Grunde genommen ein Körper und sind miteinander verbunden wie der Tag und die Nacht. Beides trennst du nicht voneinander!"

„Das nächste Mal, wenn ich eine Frau ...!"

„Habe ich dir erlaubt zu reden?"

Der Himmel hat sämtliche Schleusen geöffnet. Dicke Tropfen klatschen auf den aufgeweichten Boden. Der Niederschlag läuft in Strömen über die Felder. »Dux« Cénomans fängt inmitten der Pfützen und Schlammlöcher endlich mit den praktischen Unterweisungen an. Der Ausbilder lässt zwei Pferde holen und lehrt den völlig durchweichten Gui den richtigen Umgang mit den Tieren.

„Reiten beruht auf gegenseitigem Vertrauen. Begegne diesen Geschöpfen stets mit Respekt und verlange Gleiches von deinem Partner, der dich trägt."

„Ich habe eine Frage."

„Sprich!"

„Isst ein Christ Pferde?"

„Diese Tiere sind zum Essen zu edel! Nur nach einer Schlacht ist der Verzehr ihres Fleisches angemessen."

Erst Tage später sitzt Gui, ohne herunterzufallen, im Sattel. Sein Tier hat das ständige Anbrüllen nicht ertragen und ihn ohne Unterlass abgeworfen. In anderen Fällen ist der Gurt nicht nachgezogen gewesen. Gegen die Empfehlung seines Meisters füttert Gui sein Pferd auf der Weide und gerät in die Rangeleien der Tiere, die ebenfalls das vermeintlich bessere Futter begehren. Nur durch das beherzte Eingreifen seines Ausbilders kommt Gui

1 Brautwerbung.

mit ein paar Quetschungen davon. Nach der Bestrafung des Tieres beißt ihn der Rappen und schlägt mit den Hinterhufen nach ihm aus. Cénomans gibt ihm ein frisches Pferd und mahnt Gui, die gleichen Fehler nicht erneut zu begehen. Einsichtig lässt der Ermahnte sein Ross am Waldrand selbst nach schmackhaften Kräutern suchen. Der Cocktail aus Gundelrebe, Pfaffenhütchen und Wolfsmilch endet tödlich.

✝✝✝

Frühjahr 488 nach Christus

Der Winter verabschiedet sich mit schweren Stürmen. Inmitten umherfliegender Zweige vollzieht Cénomans die Unterweisung im Schwertkampf.

„Behalte deinen Gegner immer im Blick und konzentriere dich nie nur auf dessen Schwert. Seine andere Hand ist unter Umständen dein Verhängnis."

Wie ein Büffel[2] drischt Gui auf seinen Meister ein, ohne die zuvor erklärte Mensur[3] einzuhalten. Gegenangriffe quittiert Gui mit großen Sprüngen und verliert durch die unkontrollierten Bewegungen an Standfestigkeit. Vorsichtshalber kämpft der Ausbilder mit einem Stock gegen ihn, um Verletzungen zu vermeiden.

✝✝✝

Vierzehn Tage sind vergangen. Der Schlamm ist getrocknet und aus dem naiven Jungen ist ein nahezu perfekter Anwärter auf den Titel eines »Sirs« hervorgegangen.

„Habe ich die Erlaubnis zu sprechen?"

„Nur, wenn sich deine Frage auf das Schwert bezieht."

„Ist die Klinge als Fleischspieß nutzbar?"

„Ich bilde dich zum Krieger aus, nicht zum Koch."

„Ich verlasse »Ker Hars«", verkündet Gui feierlich.

„Kommt dieser Wunsch nicht überstürzt? Bringe die Ratschläge bezüglich der Minne bei meiner liebreizenden Tochter Liasse[4] in An-

2 Abwertend für rohe und unerfahrene Schwertkämpfer, die sich nur auf Ihre Kraft verlassen.

3 Aus dem lateinischen »mensura« für Messen, bezeichnet der Begriff den Fechtabstand.

4 Liaze bei Wolfram von Eschenbach. Auf Französisch: Bündel

wendung? Ich benötige auf dem Hof einen tüchtigen Schwiegersohn! Macht mir die Freude und küsst euch!"

„Ich habe ständig die ursprüngliche Heimat meiner Vorväter im Sinn, das Land, in dem Wein und Ginster wächst und das zwischen zwei Meeren liegt. Bevor ich mich binde, reise ich dort hin."

„Dein Land ist von den Goten besetzt. Setze dort das von mir Gelernte ein und nimm nach deiner Rückkehr Liasse zur Frau."

„Ich schulde dir große Ergebenheit! Deshalb verspreche ich dir, nach meinen Aventüren zurückzukehren."

Auf einem von Cénomans geschenkten Gaul reitet Gui der Mittagssonne entgegen. Von der Dunkelheit überrascht, übernachtet Gui an einem Waldrand. Im weichen Moos drückt ihn ein harter Gegenstand. Von Neugier getrieben schaufeln seine Hände die Stelle frei und bergen ein Gladius. Ein Überbleibsel aus einer längst vergessenen Schlacht. Die Bronze in brauchbarem Zustand. Mit einem Riemen befestigt Gui das Ersatzschwert am Sattel.

Nach neun Tagen, bei Anbruch der Nacht, erreicht Gui »Portus Namnetus«. Überall in der Stadt leuchten Laternen und auf den Straßen herrscht reger Verkehr. Menschenmassen sind auf der Suche nach einem Platz in einem Restaurant oder stehen vor einem Straßenlokal Schlange. Gui entdeckt ein weniger frequentiertes Gasthaus und gibt dort einen großen Teil des von Cénomans erhaltenen Lehrgeldes für einen Teller mit Pfauenzungen und in Kreuzkümmel geschmorte Siebenschläfer aus. Hungriger als zuvor wartet Gui an einer der übermäßig besuchten Imbissbuden auf eine Portion gesalzener Erbsen mit Brot und einem Tonbecher Wein. Gui hat Zeit, die Goten zu beobachten, die beidseitig der Brücke über den »Liger« große Feuer brennen lassen und sämtliche Karren und jeden Reiter penibel kontrollieren. Gesättigt begibt sich Gui zum Fluss. Ein Soldat winkt ihn herbei.

„In unserem Land ist euch das Tragen von Waffen nicht gestattet und sind deshalb abzugeben!"

„Euer Land? Meine Cousine sagt, ihr habt mein Land, ohne zu fragen, in Besitz genommen."

„Das ändert nichts an dem Gesetz, wonach Waffen abzuliefern sind."

Gui drückt dem Grenzsoldaten den gefundenen Gladius in die Hand. Dieser ist abgelenkt, da an einem der zu kontrollierenden Wagen ein Gote unverständliche Worte brüllt.

„Du wartest, bis ich zurückkomme!"

Gui begreift den Grund nicht und verschwindet in die Nacht. Ab »Portus Namnetus«, hat ihm »Dux« Cénomans erklärt, führt der Weg entlang des Ufers des »Ligers« und anschließend des Meeres bis nach »Roianum«[5]. Der Mond scheint hell und auf der Römerstraße sind viele Kutschen, überwiegend Carrucas[6], darunter Carpentums[7] und seltener Cisiums[8] unterwegs, die mit Öllaternen beleuchtet sind. Gui erreicht einen belebten Ort, dessen Palisade von unzähligen Lagerfeuern hell erleuchtet ist. Die am Fluss gelegene Wehranlage »Pelrapeire«[9] ist von Zelten und Karren belagert. Die Bewohner der beweglichen Behausungen stehen vor dem verschlossenen Tor und skandieren um Einlass. Auf einem Turm neben dem Eingang erscheint eine junge Frau, die das Gewand einer Druidin in der Ausbildung trägt.

„Lasse mich rein!", übertönt einer der Verehrer die anderen.

„Conduiramours[10], ich bin dein zukünftiger Gatte!"

„Verschwindet, lästiges Gesindel!"

„Ich habe Land!", brüllt der Stimmgewaltige. „Ich habe Geld!"

„Euertwegen sterben wir des Hungers!"

„Entscheide dich für mich, und schon morgen hast du keinen Mangel mehr! Ich kaufe dir jeden Tag ein Huhn."

„Ich kämpfe um deine Hand!", sagt Gui in einem Moment der Ruhe. Conduiramours ist von der roten Rüstung beeindruckt.

„Verjage diese Piraten, danach gehöre ich dir!"

Mit erhobenem Schwert stürzt Gui auf den Nächstbesten los und verletzt ihn am Oberarm.

5 Heute Royan.

6 Verzierte und überdachte, vierrädrige Transportwagen.

7 Einachsiger, überdachter Reisewagen.

8 Offene, zweirädrige Reisekutsche, leichter Bauart.

9 Heute Le Pellerin am Ufer der Loire.

10 Kondwiramurs bei Eschenbach.

„Was erlaubst du dir?", ruft der Lautstarke.
„Wir sind Kaufleute, Handwerker, und keine Krieger!"
„Bitte um Gnade, oder besiege mich!"
Ein Teil der Menge weicht erschrocken zurück. Die Mutigeren bilden einen Halbkreis um Gui.
„Das Tragen von Waffen ist untersagt!"
„So seid ihr ein leichtes Spiel für mich! Wer legt sich mir an?"
Die ersten Wagen verlassen fluchtartig das Gelände. Gui verwüstet ein Zelt nach dem anderen und steckt das Leder in Brand. Ein Betrunkener greift ihn mit einer zerbrochenen, spitz zulaufenden Zeltstange an. Seine Klinge bohrt sich tief in das Herz des Angreifers. Dessen Blut spritzt pulsierend in die Menge. In Panik rennen die Männer auf der Straße in Richtung »Portus Namnetus« davon.

CONDUIRAMOURS

„Öffnet das Tor!", ruft die junge Frau.
„Ich gehe mich erst waschen!"
„Das erledigst du in meinem Haus!"
„In diesem Zustand trete ich dir nicht unter die Augen! Ich suche eine Wasserquelle und komme wieder!"
„Wenn du jetzt gehst, schließt sich das Tor für dich, auf ewig."

✝✝✝

Frühsommer 488 nach Christus

Die von ihm schwangere Conduiramours beauftragt Gui, das Land und den Ort aufzuräumen. Das Haus ist reparaturbedürftig und der Brunnen schmeckt nach brackigem Wasser des »Ligers«. So hat sich der junge Mann sein Leben nicht vorgestellt: Mit dreiundzwanzig Vater zu sein und auf alle Aventüren zu verzichten und nie die alte Heimat gesehen zu haben.
„Ich gehe, meine Mutter suchen. Bei unserer Hochzeit ist die Gute schon nicht unter den Gästen gewesen. Vorher bereise ich das Land meiner Vorväter, um zu sehen, woher ich komme! Danach kehre ich zu dir zurück."

„Du lässt mich in gesegneten Umständen alleine?“
„Die Dorfbewohner kümmern sich um dich! Du bist ihre »Regina«.“
„Du hast selbst erlebt, was los gewesen ist, bevor du diese Wegelagerer fortgeschickt hast!“
„Die kommen nicht wieder! Und wenn, zeigst du deinen Bauch!“

In der Nacht liegen die beiden wach nebeneinander. Zu viele Gedanken rauben den Schlaf.

„Nenne meinen Sohn Garin[11].“
„Carl gefiele mir besser. Und wenn das Kind ein Mädchen ist?“
„Wähle einen Namen, der dir gefällt!“

Bei Tagesanbruch reitet Gui los. Die alte Römerstraße kontrollieren die Goten regelmäßig, was eine Menge Zeit kostet. In »Villa Bono«[12] erwirbt Gui an einer Garküche eine Mahlzeit aus Krebsen, wozu der Koch gesalzenes Brot reicht.

„Ist das essbar?“, schaut Gui das Servierte kritisch an.
„Krebse sind der neueste Schrei! Die Goten bekommen nicht genug davon.“
„Kommen die Fremden oft hierher?“
„Du trägst eine Waffe, mit der du dir nur Ärger einhandelst! Verstecke dein Schwert bei mir! Erwischt dich ein Gote, ist dein Leben vorbei!“
„Ich habe einen langen Weg vor mir! Ich gedenke, die Heimat meiner Väter zu sehen.“
„Wo liegt dieses Land?“
„Das Land heißt »Médoc«. Ich habe keine Ahnung, wo das ist.“
„Vertraue niemandem und laufe immer am Meer entlang. Gehe zu Fuß! In einem halben Monat kommst du in deiner Heimat an. Die Goten verabscheuen uns, wenn wir keinen festen Wohnsitz haben, und kontrollieren in erster Linie Fahrzeuge. Gib mir das Pferd und deine Waffe! Ich gebe dir eine Heugabel. So siehst du wie ein Feldarbeiter auf dem Nachhauseweg aus.“
„Erhalte ich meine Waffe und den Gaul auf dem Rückweg wieder zurück?“
„Gegen eine Aufbewahrungsgebühr, versteht sich. Ich trage deinetwegen ein hohes Risiko, Ärger mit den Goten zu bekommen.“

11 Später Garin von der Loire. Bei Wolfram von Eschenbach Loherangrîn, bei Wagner Lohengrin.

12 Heute Bouin in der Vandée.

Am Abend erreicht Gui eine Hügelkette, die ihn nach Süden abdrängt. Ein Fischer kommt ihm auf der Straße entgegen.

„Du bist nicht aus dieser Gegend? Und doch kommst du mir bekannt vor."

„Ich suche eine Bleibe für die Nacht."

„Am Ende des Hügels nimmst du die Straße zum Meer. Dort gelangst du an ein »Castrum«. Sage, An Fort EL habe dich geschickt, und meine Freunde versorgen dich."

Die Sonne versinkt in orangen bis roten Tönen in den Weiten des Atlantischen Ozeans. Die Möwen ziehen ihre letzten Bahnen, bevor die Nacht hereinbricht. Die trauernden Bewohner der besagten Burg freuen sich verhalten über die Ankunft des Fremden und zeigen ihm sein Quartier. Gui stellt sein Gepäck ab und begibt sich auf die Suche nach Essbarem. In der Mitte des Hofs ist ein großes Zelt aufgebaut. Zu seiner Verwunderung steht An Fort EL am Eingang.

„Nimm Platz. In Kürze servieren die Jungfrauen das Essen."

Lautes Klagen erklingt. Eine Frau trägt eine blutige Lanze durch das Zelt. Die Gesellschaft vergießt Tränen.

„Weshalb weint ihr?"

„Die Lanze hat ausgerechnet den Enkel dessen verletzt, der diese an sich genommen hat."

„Wer ist die Person?"

„Dein Vater!"

Vierundzwanzig Mädchen tragen Geschirr und die Mahlzeiten herein.

„Ich bin leider zu bettlägerig, um den San Grá EL hereinzuführen. Deshalb vertritt mich Réponse von Choyé[13]. Da kommt der Meister! Knie nieder! Freue dich mit uns über seine Anwesenheit."

Gui stellt, wie von »Dux« Cénomans als höfisch angemessenes Benehmen gelernt, keine Fragen.

„Wie ich sehe", bemerkt An Fort EL, „bist du unbewaffnet! Ich schenke dir mein kostbares Schwert. Ich brauche diese Waffe nicht!"

✝✝✝

13 Heute Choyé-le-Moutier bei Tours.

Am nächsten Morgen ist das »Castrum« verlassen. Keine Menschenseele weit und breit. Eine Schar Möwen sucht den Hof nach Essbarem ab. Gui versucht vergeblich, den Hufspuren der Leute zu folgen, und trifft im Wald stattdessen seine Cousine Sigourne.

SIGOURNE

„Ich freue mich, dich wiederzusehen!"

„Du infantiler kleiner Narr!"

„Ich habe mich schon lange von den Kleidungsstücken getrennt, die mir meine Mutter gegeben hat."

„Ich spreche nicht von deinem Gewand. Du hast alles vertan! Du hast ihn nicht gefragt. Warum nicht?"

„Da ist ein seltsamer Ort gewesen."

„Das ist »Mont-Sale-Vent-et-Chie«[14], die heilige Burg des San Grá EL. Warum hast du An Fort EL nicht nach seinen Leiden erkundigt?"

„Bei Hofe stelle ich keine Fragen."

„Du hättest ihn erlöst und wärst jetzt selbst ein »Reix« mit hohem Ansehen."

„Ich bin nicht fähig, mitleidige Fragen zu stellen. Ich finde das heuchlerisch. Lieber sage ich nichts!"

„Du bist verflucht, Gui! Gehe mir aus den Augen und deiner Wege! Versuche die Schuld, die du auf dich geladen hast, zu sühnen!"

✝✝✝

Gewitter liegt in der Luft. Schwarze Wolken färben das Wasser des »Girus Undae«[15] grau. Gui ersteht für eine hohe Summe eine Überfahrt. Das Schiff hat schwer gegen die Strömung zu kämpfen. Der Wind ändert ständig die Richtung. Endlich betritt Gui am späten Morgen das Médoc. Mit emotionsgeladenen Gefühlen in der Brust kneten seine Hände den Ginster. Hinter einem Wald erstreckt sich ein Weinberg. Gui

14 Im Volksmund: Berg des dreckigen Windes und der Scheiße, heute Saint-Jean-de-Monts.

15 Heute die Gironde.

verschlingt Unmengen von Trauben. Ein Gote hat vor, ihn mit einem Knüppel zu vertreiben.

„Dreckiger Pictone! Wenn du weiterhin von den Weinbeeren isst, verfüttere ich dich an die Fische."

„Das ist das Land meines Vaters", bleibt Gui gefasst.

„Du bist kein Gote! Erzähle mir folglich keine Lügengeschichten."

„Bringe mich zu deinem Reix! Ich verlange die Herausgabe meines Besitzes."

Der Gote brüllt vor Lachen und schupst Gui mit dem Ende seines Schlagstockes auf die Straße zurück. Ein kurzer Regenschauer weicht die Schlammschicht auf der nicht gewarteten Römerstraße auf. Die Fahrzeuge geraten ins Schlingern und rutschen gefährlich nahe an die an der Seite laufenden Fußgänger heran. Gui läuft den ganzen Tag, erreicht am Abend »Lesparre-Médoc« und übernachtet in einem Gasthaus. Gleich am nächsten Morgen treibt ihn die Ungeduld auf die Straße zurück. Immer häufiger sind die Felder von der Sonne verbrannt. Allerorts begegnet Gui dem Kreuz, das Zeichen der neuen Machthaber. Am frühen Nachmittag stehen Reiter auf einer Kreuzung.

„Ich verlange den Hof meines Vaters zurück", sagt Gui unbekümmert.

„Von welchem Hof ist die Rede?", fragt deren Anführer.

„Listrac-Médoc, der Sitz meiner Vorfahren. Wo finde ich mein Gehöft?"

„Das bekommst du von mir geschenkt! Biege nach links ab und nach zweihundert Schritten stehst du vor dem Tor."

So umstandslos hat sich Gui die Rückgabe des Familienbesitzes nicht erträumt. Doch obwohl seine Wurzeln aus dieser Gegend sind, ist ihm nichts vertraut. Die Bewohner des Ortes sprechen die Sprache der Goten, die Gui nicht versteht. Zu seinem Glück spricht der Wirt des Straßenlokals einige Brocken Latein. Bei ihm stehen in Trauben gegarte Wachteln auf der Speisekarte. So schmeckt die alte Heimat.

Am Ortsausgang umringen ihn Männer, die heftig mit den Händen fuchteln. So kurz vor dem Ziel lässt Gui nicht irritieren und erreicht gegen Abend den Hof, wie ihn seine Mutter, abgesehen von den eingefallenen Dächern, beschrieben hat. Beim Betreten der ummauerten Anlage zieht ihm ein unbekannter Duft durch die Nase. Aus dem Herrenhaus sind Stimmen zu hören. Im Inneren brennen Feuer, auf denen Gänse braten.

„Ihr esst unsere Haustiere?", ist Gui entsetzt.

Niemand antwortet. Die tief stehende Sonne dringt durch eine Öffnung und beleuchtet den Raum. Erst jetzt sieht Gui die geröteten Flecken auf der Haut der Bewohner. Manche haben vergrößerte Körperteile, anderen fehlen Finger.

„Was ist nur mit euch geschehen?“, ruft Gui.

„Wir sind Aussätzige“, reagiert endlich jemand. „Dieser Hof ist unser Grab. Wenn du gesund bist, verlasse den Ort auf schnellstem Wege.“

Von panischer Angst getrieben rennt Gui auf die Straße. Der Vollmond erhellt die Nacht und leuchtet ihm den Weg zurück. Bitter enttäuscht, beschließt Gui, an Artus' Hof zurückzukehren.

†††

Gui erhält in »Villa Bono« sein Pferd und das Schwert zurück, umgeht »Pelrapeire« großräumig und begegnet Wochen später in »Castellinum« zufällig Jejoute. Gui drückt ihr gegenüber sein Bedauern aus und verspricht, seinen Fehler zu korrigieren. Die beiden begeben sich zu ihrem Mann.

„Was wagst du dich hierher?“, braust Orilus auf, ohne Gui zu beachten. „Ich habe dich verstoßen!“

„Das ist die Schuld meiner Mutter!“, stammelt Gui. „Ihretwegen hat mich eine falsche Vorstellung geleitet! Ich bin jung und unerfahren aus dem Wald gekommen. Ihre Mahnung, Frauen seien gefährlich, habe ich wörtlich genommen. Ich habe deine Frau für einen argen Feind gehalten! Für mein törichtes Verhalten bitte ich dich um Entschuldigung!“

Der Beleidigte zieht sein Schwert und schlägt auf Gui ein. Nach einem heftigen Schlagabtausch fällt Orilus' Klinge zu Boden.

„Ich habe nicht die Absicht, dich zu töten.“

„Und du schwörst, kein Verhältnis mit ihr zu haben?“

„Ich schwöre! Damals hast du deine Ehegattin alleine gelassen und ihr gegenüber die »Huote-Pflicht«[16] verletzt. Du bist ihr nicht zu Hilfe geeilt. Siehst du den Fehler ein?“

„Deine Tat, verzeihe ich dir nie! Jejoute, wie du meine Frau nennst, erlaube ich, zu mir zurückzukehren. Du lässt dich in »La Lande« nie wieder sehen! Anderenfalls erschlage ich dich.“

†††

16 Aufsichtspflicht.

Ulfin

24

Sommer 488 nach Christus

Ungewöhnlich viele Möwen umkreisen die Felsen von »Kameled«. Gewitter liegt in der Luft. Die Sonne scheint auf schwarze Wolken, die sich aus Südwest über die Bucht bewegen. Ein Reiter ohne Gefolge nähert sich der Burg und verlangt, den »King« zu sprechen. Seiner Ähnlichkeit zu denen aus dem Médoc wegen empfängt ihn Artus mit gemischten Gefühlen.

„Ich bin Ithers jüngerer Bruder", erklärt der Gast. „Die mich besser kennen, nennen mich Pinel den Wilden. Ich bin gekommen, um seinen Platz an der Tafelrunde einzunehmen."

„Wir haben, speziell aus deiner Familie, tragische Verluste erlitten. Ich freue mich über die Anfrage und bitte »Sir« Lucan, dir das Kämpfen und die Regeln meines Hofes beizubringen. Erst danach entscheid ich, ob du der Tafelrunde würdig bist."

Artus hofft, mit Pinel nicht den nächsten Unglücksraben in die Reihe der »Sirs« aufzunehmen.

„Dauert das lange?"

„Geduld ist eine der obersten Tugenden an meinem »Ker«."

„Durch Schnelligkeit habe ich mir den Namen erworben."

„Hebe diese Tugend für die Jagd auf! Erweise dich in deiner Ausbildung als umsichtig und besonnen."

†††

Lancelot genießt die Freiheit, ohne Begleitung durch das Land zu reisen. Die Sonne scheint und die Frauen sind ausgelassen, da für diesen Sommer keine Kriege angekündigt worden sind. Die Menschen reden über das vorzügliche Essen, doch niemand erinnert sich, Merlin in letzter Zeit gesehen zu haben. Bleibt der Druide verschollen, schwindet Artus' Macht. Seine Gedanken kreisen um Jennifer, denn sein Ziel rückt in greifbare Nähe. In »Darioritum«[1], einer kleinen gallo-römischen Siedlung, kehrt Lancelot in einer Herberge ein.

1 Heute Vannes (Gwned).

Das Gasthaus betreiben zwei freundliche Brüder, deren Töchter beim Bedienen helfen. Der eine empfängt die Gäste, während der andere vor allen Augen die Mahlzeiten zubereitet. An Lancelots Nachbartisch unterhalten sich zwei Männer über Inseln, die wie von Geisterhand aus den Wiesen auftauchen. Nimue hat schon in seiner Kindheit von dem Wunder erzählt.

„Sprecht ihr von »Avalon«, den Apfel-Inseln? Wo finde ich diese?"

„Verlasse die Römerstraße in Richtung Mittag", antwortet der Ältere der beiden. „Suche dir einen Weg durch den Sumpf."

„Du schickst diesen Mann in den sicheren Tod!", sagt der Jüngere entsetzt. „Das Wasser verschlingt ihn oder der Nebel raubt ihm die Sinne!"

„Ich bin nicht für ihn verantwortlich."

„Ich bin ein »Sir« und immer auf der Suche nach Aventüren!"

„Gleich hinter dem Ort erstreckt sich das Land der »Fayen«!", erklärt der Jüngere. „Gerätst du in Gefangenschaft, endest du als einer ihrer Sklaven. Bist du zur falschen Zeit auf die Wiesen des Todes, ertrinkst du."

„Ihr scheint euch auszukennen. Führt mich zur rechten Zeit auf dem richtigen Weg zu den Inseln und ich entlohne euch reichlich!"

„Für kein Gold dieser Erde", sagt der Alte gelassen, „gehe ich zur Pforte der »Anderswelt«."

„Ich habe einiges von eurem Gespräch mitbekommen", ist Lancelot wütend. „Ihr Diebesgesindel habt selbst vor, euch zu bereichern!"

„Das hast du missverstanden!", beschwichtigt der Jüngere. „Wir haben beide Familienangehörige, die dort für immer verschwunden sind."

„Selbst die Römer haben sich nicht in diese Gebiet getraut", merkt der Alte mit Grabesstimme an. „Nicht einmal Gaius Iulius Caesar, auf seinem Feldzug in die »Britanie«."

Der Wirt hat ebenfalls Teile des Gesprächs mitbekommen.

„Wenn du die Inseln der Frauen betrittst, ist das dein Todesurteil! Für Männer endet die Welt an der Römerstraße nach »Portus Namnetus«."

„Ich bin auf der Suche nach Merlin."

„Selbst Merlin meidet diese Gegend, obwohl ihm das Geheimnis, welches den Weg in die »Anderswelt« öffnet, bekannt ist. Dort bewachen Dämonen seinen Schatz, die uns Menschen mit einem Biss verschlingen. Wer ihnen entrinnt, landet im Feuer des Vergessens oder ist Futter für den siebenköpfigen Drachen."

„Meinst du den »Schatz der Goten«?"

„Jeder kennt Merlins Geheimnis, doch niemand vermag zu sagen, wo sich der Magier aufhält oder sich der Zugang zur »Anderswelt« befindet."

Der dichte Nebel bereitet Lancelot Unbehagen. Das Gebiet steht teilweise unter Wasser, und der Trampelpfad ist nur schwer zu erkennen. Die Pflanzen scheinen zu kochen. Sein Pferd setzt am Ufer eines Baches vorsichtig einen Huf vor den anderen. Vereinzelt quaken Frösche. Kolkraben sitzen auf umgestürzten Bäumen und beobachten den Eindringling argwöhnisch. Die bizarren Formen lassen ihn frösteln. Ein Drache faucht ihn an. Eine Figur sieht aus wie eine Frau mit Kapuze. Eine weitere erinnert ihn an einen Reiter auf einem Pferd.

„Suchst du nach mir", fragt eine weibliche Stimme, „Lancelot?"

Dem Angesprochenen fährt der Schreck in die Glieder und verursacht in ihm mehrere zuckende Stöße.

„Du verläufst dich noch!", säuselt die Sirene.

„Wer bist du?"

„Erkennst du mich nicht wieder? Ich bin »Fay« Morgane von Cornouaille, die Schwester deines Lehnsherren!"

„Was verschlägt dich in diesem Sumpf?"

„Dies ist mein Land! Willkommen in »Avalon«!"

Lancelot hört weitere Hufe im Matsch knatschen und ist im Begriff, sein Schwert zu ziehen.

„Gib mir deine Waffen! Meine Bogenschützinnen sind bei diesem Wetter äußerst nervös!"

„Ich bin ein »Sir« und genieße gewisse Privilegien!"

„Du bist mein Gefangener und genießt den Vorzug, am Leben zu sein!"

Die Frauen stülpen ihm eine Maske über. Sein Pferd setzt sich in Bewegung. Erst nach einiger Zeit schlagen die Hufen auf steinigen Boden. Zwei oder drei Personen zerren ihn aus dem Sattel und schleift ihn in einen feuchten, modrig riechenden Raum.

„Was hast du in meinem Gebiet verloren?", fragt »Fay« Morgane streng.

„Ich habe von deinem Bruder den Auftrag, Merlin zu suchen."

„Hältst du mich für geistig umnachtet? Arthur schickt dich, zu »kill« mich!"

„Wäre ich in einem solchen Fall alleine gekommen?"

„Meine Spione vom Wirtshaus haben mich vor dir gewarnt."

„Ich habe mich erkundigt, ob Merlin nach »Avalon« gesucht hat."

„Wie kommst du auf die absurde Idee?"

„Merlin verbirgt einen Gegenstand, nach dem ich suche. Gerüchte sind im Umlauf, dieser befände sich auf »Avalon«, in einem Zugang zur »Anderswelt«. Mit dir hat mein Handeln nichts zu schaffen."

„Jeder weiß, dieser Geheimniskrämer verbirgt einen Schatz! Alle sind hinter dem »Gold der Goten« her. Verbünde dich mit mir. Seit ich Accolon verloren habe, bin ich auf der Suche nach einem neuen Liebhaber."

„Mein Herz ist vergeben!"

„Keine Frau reicht an mich heran!"

„Doch! Jennifer."

„Ich lache mich tot! Sprichst du von der »Woman« meines »Brothers«?"

„Das ist mein voller Ernst."

„Ich bin gespannt, was Artus zu deiner Affäre sagt."

„Was gedenkst du mit dem Gerede zu bezwecken?"

„Ich demütige ihn, weil du mich ablehnst, und sperre dich ein, bis du zur Vernunft kommst oder den Weg in die »Anderswelt« findest."

„Lieber sterbe ich, als mich auf dich einzulassen!"

Ungezählte Tage vergehen, an denen ein zarter Lichtspalt unter der Tür den Raum dürftig erhellt, dessen Boden mit Stroh bedeckt ist. Darunter sind verkohlte Holzstücke verstreut. Die Wände sind mit Lehm geglättet. In einer Ecke steht ein Krug mit Wasser. Lancelot quält der Hunger und kaut zur Beruhigung nach Verbranntem schmeckende Strohhalme. Die feuchte Holzkohle erregt sein Interesse. Diese lässt sich zum Malen seiner ihn peinigenden Gedanken verwenden. Gelegentlich öffnet sich die Tür einen Spalt und jemand schiebt eine Schale mit gekochtem Getreide herein. Das grelle Licht blendet ihn, und Stockschläge vertreiben ihn von der Tür. Von draußen ist nur das Gezwitscher der Vögel zu hören. Bei Dunkelheit quaken Frösche. Plötzlich nähern sich Stimmen.

„Dein Bruder genehmigt dir die Einreise, wenn du alleine reitest."

„Das sieht ihm ähnlich, eine Frau ohne Schutz reisen zu lassen! Ich breche im Morgengrauen auf, sobald das Wasser die Wiesen verlassen hat."

✝✝✝

Artus erträgt die Hitze nicht, die bis in den letzten Winkel vorgedrungen ist und ihm den Schlaf raubt. Die wachen Nächte bescheren ihm Wahnvorstellungen von raubenden Dämonen und unbesiegbaren Drachen. Zeichen, die nur Merlin zu deuten gewusst hat. Durch die hohen Temperaturen platzen die Holzziegel auf dem Dach. Wein und Chouchen sind knapp. Ihn plagt der Durst. Selbst am offenen Fenster regt sich kein Lüftchen. Ein Schiff, dessen Segel sich nicht füllen, scheint über die unbewegte Oberfläche des Meeres zu schweben. Der Besuch seiner Schwester, lässt sein Blut zusätzlich kochen.

„Hinter den Mauern von »Camelot«", begrüßt ihn »Fay« Morgane, „spielen sich wundersame Dinge ab."

„Du lebst nicht in dieser Burg, und denkst mehr über ihre Bewohner zu wissen, als ich?"

„Ich habe einen staunenswerten und aufschlussreichen Gast beherbergt, der behauptet hat, für dich auf der Suche nach Merlin zu sein."

„Wir vermissen Lancelot."

„Ein grauenvoller Name für den kleinen Kerl."

„Die Vorfahren stammen aus einem Land kleinwüchsiger Menschen."

„Umso bedenklicher ist die Wahl seines Herzens. Die Angebetete ist weit über einen Kopf größer als der Minnegänger[2]."

„Hat Lancelot sich in eine deiner Kriegerinnen verliebt?"

„Auf einem Wandgemälde in seiner Kammer sind eine große Frau und der Maler selbst in einer eindeutigen Pose zu sehen. Unter der Figur des Mannes steht sein Name und bei der Frau – Jennifer."

„Du erzählst mir nicht Neues. Ich halte die beiden strikt getrennt. Nicht ohne Hintergedanken habe ich ihn auf die Suche nach Merlin geschickt."

„Das ist nicht alles! Auf dem Gemälde ist ein großer Goldschatz zu sehen, den Lancelot im Auftrag der Leute vom See sucht und der angeblich seinem Gott gehört."

„Ist der Spion bei dir? Ich sperre ihn ein, bevor ein Unheil geschieht!"

„Ich habe versucht", lügt Morgane, „ihn in der Kammer gefangen zu halten. Kurz vor meiner Abreise ist ihm die Flucht gelungen."

„Ich lasse nach ihm suchen und setze eine Belohnung aus!"

†††

2 Ein Mann, der eine Frau begehrt. Minnesänger ist ein Mann, der Liebesgedichte vorträgt.

Artus ruft trotz der Hitze zur Tafelrunde. Seit dem Tod von »Sir« Victor hat »Sir« Lucan die Stellung des Mundschenks übernommen. Sein neuer Schüler ist eingeteilt, die Tische zu decken. Die »Queen« verteilt mit frühgereiften »Renette-Äpfeln« und »geblümten Muskateller-Birnen« gefüllte Obstkörbe. Pinel bekommt die Sitzverteilung der »Sirs« erklärt und welche Sonderwünsche die Herrschaften haben. Am Platz von »Sir« Gawein von Orgères und Lousillais verlangsamt der Cousin des kürzlich ermordeten »Sir« Lamorak von Listrac-Médoc seine Schritte. Jennifer verlässt den Saal, um weitere Obstkörbe zu holen, während »Sir« Lucan sich mit den Sklaven ins Vorratshaus begibt, um den frisch gelieferten, mit Gold aufgewogenen Wein herbeizuschaffen. Pinel ist alleine im Raum und kramt aus der Innentasche seiner Toga eine kleine Flasche heraus. Vorsichtig träufelt deren Inhalt über das Obst.

„Stehe nicht untätig herum!", herrscht ihn »Sir« Lucan an. „Stelle die Teller auf die Tische!"

Vor Schreck lässt Pinel die mit Schlangenmuster verzierte Phiole in den Obstkorb fallen und eilt sich, den erteilten Befehl zu befolgen, um nicht aufzufallen. »Sir« Ulfin schlurft in den Festsaal. Sein Blick wirkt verängstigt und weinerlich. An der Nasenwurzel hat sich ein unschöner Wulst gebildet.

„Ein neues Gesicht!", stellt Ulfin fest.

„Mir scheint", kontert Pinel, „du lebst nicht auf dieser Burg, alter Mann."

„Ich bin Ulfin aus Rigonou".

„Rigonou?"

„Das ist der kleine Ort nebenan."

„Ich bin bisher nicht aus der Burg herausgekommen."

„Ist nicht so wichtig. Mittlerweile lebe ich als Einsiedler in »Keronek«[3]. Dort ist das Leben ruhiger als an Artus Hof."

„Stehe nicht wie angewurzelt herum!", fordert die »Queen« von Pinel. „Stelle auf jeden Tisch einen Krug Met!"

Der Junge zieht hastig die Phiole aus dem Obstkorb.

„Ich verlange die unverzügliche Ausführung meiner Anweisungen!"

»Sir« Ulfin fühlt sich müde und setzt sich.

„Du bist seit einer Ewigkeit nicht zur Tafelrunde gekommen", bemerkt die »Queen«.

3 Gegenüber von Landévennec, auf der anderen Seite des Mündungstrichters der Aulne.

„Mir ist der frühe Tod auf dem Schlachtfeld nicht vergönnt. Ich habe lange Zeit meiner Leiden wegen im Bett gelegen.“

„Nimm einen Apfel! Der gibt dir neue Kraft und die Jugend zurück.“

Jennifer reicht ihm eine der Früchte aus dem Korb von »Sir« Gaweins Tisch.

„Iss! Der Apfel hilft, Krankheiten zu vertreiben!“

„Nichts reicht an die Vollkommenheit des Obstes unserer Heimat! Die Frucht der Götter.“

„Morgen fühlst du dich wieder, wie ein Mann im besten Alter.“

ULFIN

„Im Fall meiner Verjüngung bist du vor mir nicht mehr in Sicherheit.“

„Du alter Schmeichler! Trinke ein wenig Wein! Der bringt dich auf andere Gedanken. Wo steckt dieser faule Junge? Lasse dir von ihm eine weitere Amphore bringen!“

Pinel schaut sich vor dem Tor erneut um. Niemand folgt ihm. Beim Schmied, unten im Ort, steht sein Pferd. Im Schein der untergehenden Sonne reitet der Junge in vollem Galopp Richtung »Menez-Hom« davon.

✝✝✝

Die politischen Debatten sind geschlagen und die Mägen gefüllt. Wein und Met fließen in Strömen. Im ganzen Land bekannte Barden heizen die Stimmung mit schnellen Weisen an. In den Ecken des Saals tanzen die Angetrunkenen. Pärchen verschwinden in den dunklen Fluren. Plötzlich fällt Ulfin vom Stuhl. Die Frauen in der Nähe kreischen bei dem Anblick erschrocken auf. Die Musik verstummt. Die Menge strömt herbei. Sein Gesicht ist aufgedunsen, die Augen verquollen und die Lippen blau aufgebläht.

„Jemand hat ihn vergiftet!“, ist der Druide Claude entsetzt. „Für ihn kommt jede Hilfe zu spät!“

„Jennifer hat ihm einen Apfel gegeben und ihm Wein eingeschenkt!“, berichtet »Sir« Lucan.

„Halte dich mit falschen Anschuldigungen zurück!“, ermahnt Artus seinen Mundschenk.
„Die »Queen« hat gesagt, der Apfel sei ein Mittel gegen Krankheiten.“
„Eine Flasche liegt in meinem Obst!“, ruft »Sir« Gawein.
„Das riecht nach dem Gift bitterer Mandeln!“, weiß Claude aus Erfahrung.
„Der Anschlag hat mir gegolten!“, ist »Sir« Gawein entsetzt.
„Wo ist Jennifer?“, fragt der »King« sichtlich erblasst. „Wer außer Ulfin hat noch aus dem Obstkorb gegessen?“
„Was ist mit ihm?“, ruft die »Queen« erschrocken.
„Spiele nicht die Unschuldige!“, wettert »Sir« Gawein. „Dein Attentat auf mich ist dir misslungen!“
„Was behauptest du da? Ich bringe niemanden um! Habe ich einen Grund, dich zu töten? Ich habe Ulfin nicht nach dem Leben getrachtet. Ich gab ihm den Apfel zur Heilung!“
„Du bist keine Heilerin“, schreit Claude. „Du hast kein Recht, Kranken zu helfen!“
„Merlin hat mir prophezeit, ich sei auserkoren, Ulfin eines Tages zu pflegen.“
„Da der Magier nicht anwesend ist, lassen sich solche Behauptung leicht aussprechen.“
„Mein Freund hat mich seit Jahren nicht mehr besucht!“, sagt Artus.
„Hast du ihn ebenfalls vergiftet?“, fragt »Sir« Lucan misstrauisch.
„Niemals!“, ist die »Queen« empört.
„Wir benötigen ein Gottesurteil!“, sagt Claude mit Nachdruck. „»Sir« Gawein, bist du bereit, für die Anschuldigung einzustehen, und einen Kampf auf Leben und Tod zu führen, der die Schuld der »Queen« beweist?“
„Nichts lieber als das!“
„Wenn du siegst, findet Jennifer den Tod durch Erwürgen!“
„Auf diese Weise finden in »Letavia« keine Hinrichtung mehr statt!“, empört sich Artus. „Kein Mensch legt an Gottes Werk Hand an.“
„In diesem Fall, ist der Kampf auf Leben und Tod sinnlos!“, empört sich der Druide.
„Wie wir einen Toten den Flammen übergeben“, legt Artus fest, „überantworten wir die Verurteilten dem Feuer. Nur die Stellvertreter der Sonne auf Erden, reinigen die Verfehlungen der Hinzurichtenden.“

alain

„Wer verteidigt die »Queen«?", fragt der Druide in die Runde.
„Ihr Geliebter ist nicht anwesend", lästert »Sir« Mordred.
„Fragen wir seinen Freund", schlägt Gawein vor, „»Sir« Bors von Gaunes!"
„Diese Ehre steht mir nicht zu", tritt der Angesprochene hervor.
„Als Komplize Lancelots", gibt Mordred sein Wissen um die verschworene Gemeinschaft preis, „vertrittst du deinen Freund ohne Widerrede!"
„Claude legt den Tag fest", verfügt Artus, „an dem die Götter ihre Aufmerksamkeit auf den Kampf richten. »Sir« Keie sperre Jennifer in den Turm! »Sir« Gareth und »Sir« Gaheris, euch bitte ich, die »Queen« zu bewachen!"
„Wieso fällt deine Wahl auf uns?", fragt »Sir« Gareth.
„Ich bevorzuge für diese Aufgabe Familienangehörige."
„Du bürdest uns die Last auf, mit voller Rüstung und bei jedem Wetter vor dem Turm zu stehen."
„Dies ist kein Kampfeinsatz und auf »Kameled« besteht das Verbot, Waffen zu tragen. Ihr habt nur die Tür im Auge zu behalten!"
„Wer bekommt den leeren Tisch?", fragt Mordred.
„Sobald Ulfin beerdigt ist, ernenne ich Alain von Gaunes zum »Sir«!"
Dieser fragt sich, ob Artus seinen Vater aufgegeben hat und ihn deshalb in die Ersatzrolle steckt. Alain beschließt, dies mit allen Mitteln zu verhindern.

Sklaven binden Ulfins Leiche mit schweren Stricken an einen alten Baum. Ein Bogen wandert von »Sir« zu »Sir« und jeder schießt einen Pfeil auf den dahingeschiedenen Weggefährten ab. Auf diese Weise tritt der Tote ehrenhaft nach »Anaoun«[4] über.

ttt

4 Anawn, keltischer Name der Anderswelt.

Die Tafelrunde

Sommer 488 nach Christus

1 Der Jüngere

Lancelot 25

Spätsommer 488 nach Christus

Windstille. Die unsägliche Hitzewelle stülpt sich wie eine gewaltige Glocke über »Letavia«. Das Meer schäumt bei jeder trägen Welle. Die Stände sind übersät mit toten Fischen. Die Flüsse sind zu Kloake führenden Rinnsalen verkommen. Alte Menschen und kleine Kinder verdursten. Die Luft flirrt und Myriaden von Insekten schwirren umher. Vielenorts brennen die Sümpfe. Rauchwolken steigen bedrohlich in den tiefblauen Himmel auf. Gräser und kleine Büsche sind vertrocknet. Nur die Inseln von »Avalon« tauchen nach wie vor, wie von Geisterhand, aus den gefluteten Wiesen auf. Die Tür kracht unsanft gegen die Wand. Das hereinflutende Licht blendet Lancelot. Statt seine täglichen Schläge zu bekommen, zerren ihn vier Hände ins Freie. Dort erwartet ihn die »Fay« Morgane von Cornouailles mit einem Schwert in der Hand.

„Ich lasse dich ziehen, Lancelot."

„Woher dein plötzlicher Sinneswandel?"

„Meine Spione berichten, Arthur habe deine Geliebte zum Tode verurteilt."

„Wie viel Zeit bleibt mir?"

„Ich erlaube dir nicht, meinen »Brother« zu töten, »Excalibur« an dich zu reißen oder den »Heiligen Gral« an dich zu nehmen! Schwöre das bei allen Göttern!"

„Anderenfalls?"

„Siehst du deine Geliebte erst in der »Anderswelt« wieder."

„Wo ist mein Pferd?"

„Ein Boot setzt dich an der Mündung des »Auray« über[1]. Dort geben dir meine Kriegerinnen dein Tier und deine Waffen wieder. Kehre nach ihrer Befreiung zu mir zurück. Wenn »Guinevere« mir sagt, wo ich den Schatz finde, lasse ich euch beide für alle Zeit in Frieden!"

✝✝✝

1 Heute: von Arzon nach Locmariaquer.

Strahlend blauer Himmel. Keine Abkühlung in Sicht. Die Felder sind verdorrt und mit Tierkadavern übersät. Lancelot erreicht nach vier staubigen und zäh dahinziehenden Tagen den heiligen Berg »Ménez-Hom«[2]. Die Winde haben über Jahrtausende hinweg die Bäume sterben lassen. Die kahle Kuppel warnt die Reisenden davor, den Gipfel zu betreten. Gras und Heidekraut sind in der Hitze ausgetrocknet. Das Meer verschwindet in der Spiegelung der heißen Luft. Da begegnet ihm ein Reiter auf einem auffällig unansehnliches Pferd[3]. Beim Näherkommen erkennt Lancelot »Sir« Gawein.

„Wir hielten dich für tot!", spricht ihn »Sir« Gawein mit ironischem Unterton an.

„Ich bin in der »Anderswelt« gefangen gehalten worden. Dunkle Mächte haben mich gehindert, zu den Lebenden zurückzukehren."

„Morgane hat Artus von deiner Gefangenschaft bei ihr berichtet. Du seist geflohen. Das ist ein paar Monde her. Wo hast du in der Zwischenzeit gesteckt?"

„Die »Fay« hat mich erst vor ein paar Tagen aus ihrem Verlies entlassen."

„Begleitest du mich auf die Jagd?"

„Ich befreie Jennifer!"

„Artus rechnet mit deinem Einschreiten. Die Burg und der Turm sind schwer bewacht. Die »Queen« ist eingesperrt und wartet auf ein Gottesurteil. Ein Zweikampf entscheidet über ihr Schicksal. Sind die Götter ihr nicht wohlgesonnen, übergibt Artus deine Geliebte den Flammen."

„Hilf mir, Jennifer zu befreien!"

„Das geht nicht. Meine Brüder halten Wache."

»Sir« Segwarides hat Torwache. Die Sonne brennt erbarmungslos auf das Holz der Türen. Der Innenhof bietet leicht kühlenden Schatten, in dem die Soldaten, nebeneinander auf dem nackten Boden liegend, auf die Nacht warten und sich mit Würfel- oder Knochenspielen die Zeit vertreiben.

2 Mit 311 Metern Höhe eine der höchsten Erhebungen der Bretagne. Der Hügel begünstigt Windschleifen, die für hochalpines Klima sorgen.

3 Überlieferter Name des Tieres: Gringuljete.

»Sir« Tor und sein Bruder »Sir« Aglobale von Listrac-Médoc haben die Aufgabe, für den Fall der Verurteilung auf dem Brachfeld vor der Burg einen Scheiterhaufen zu errichten. Die beiden kehren mit einigen Sklaven und einem Handkarren voll Treib- und Bruchholz vom Strand zurück. Die Hitze treibt ihnen den Schweiß in die Augen. Lancelot nähert sich in vollem Galopp. Müde heben die Männer ihre Hand zu Gruß. Der Angreifer ist in Rage und durch die Einnahme enthemmender Mittel nicht in der Lage, Freund und Feind zu unterscheiden. Sein Schwert durchbohrt das Herz von »Sir« Tor. »Sir« Aglobales Kopf fällt zu Boden. Ein Sklave nach dem anderen verliert sein Leben, ohne in der Lage zu sein, sich zu wehren. Von dem Lärm aufgeschreckt, eilt »Sir« Segwarides herbei. Beim Anblick der Toten zieht der Sarazene erschrocken sein Signalhorn. Als Segwarides Lancelot erkennt, zögert dieser und breitet beide Armen für einen brüderlichen Empfang aus. Im nächsten Moment sackt sein Körper leblos und blutüberströmt zu Boden. Lancelot ist endgültig im Blutrausch. Jennifers Wachen, die Riesen Gaheris und Gareth, freuen sich, ihn zu sehen und grüßen ihn in aller Freundschaft. Lancelot erschlägt die beiden Unbewaffneten. Erst im Turm, durch die Anstrengung des Treppensteigens begünstigt, erkennt der Angreifer »Sir« Bors von Gaunes, der mit seinem Sohn Alain die Tür zu dem Raum bewacht, in dem die »Queen« untergebracht ist, um diese gegen Übergriffe zu schützen.

„Endlich bist du da!", freut sich Bors.

„Ich benötige jede Hilfe!"

„Hast du Gareth nicht gesehen? Der Junge wartet sehnsüchtig auf dich!"

„Beeilt euch, bevor die ganze Burg hinter uns her ist!"

„Hole unsere Verbündeten!", beauftragt Bors seinen Sohn.

„Öffnet endlich die Tür!", befiehlt Lancelot.

Alain kehrt mit nur drei Männern zurück.

„Ich habe weder Lionel noch Gareth gefunden!", entschuldigt sich dieser.

„Folgt mir zur Waffenkammer!", zischt Lancelot. „Mit nur einem Schwert kommen wir nicht weit."

„Wir teilen uns auf!", schlägt Bors vor. „Du gehst mit Alain und dem jungen Claudas. Ich gehe mit dem Rest die Pferde holen."

„Jennifer bleibt bei mir!"

„Weshalb setzt du deine Geliebte unnötig der Gefahr aus?"

„Ich trenne mich nicht erneut von ihr!"

Ein Signalhorn ertönt. Der Ton erschreckt die Befreier der »Queen«. Beide Gruppen rennen los. In den engen Gängen sind die Retter gezwungen, hintereinanderzulaufen. Alain eilt vorneweg. Jennifer folgt Lancelot. Claudas bildet die Nachhut. Beim Erreichen des Zeughauses springt plötzlich die Tür ruckartig auf. Agrabain ersticht Alain mit einer Lanze. Voller Wut zieht Lancelot seinem Gegner am Schaft herbei und sticht ihm sein Schwert ins Auge. Agrabain ist auf der Stelle tot. Bepackt mit erbeuteten Waffen, eilen die Befreier zum Stall. Oberhalb des Tores schießen drei Bogenschützen einen Pfeil nach dem anderen ab. Der junge Claudas erwidert den Beschuss und zwingen die Gegner, kurzzeitig Deckung aufzusuchen. Bors führt die ersten Pferde in den Hof. Lancelot hilft Jennifer in den Sattel. Die beiden stoben davon. Der alte Claudas zieht weitere Reittiere aus dem Stall.

„Schnell!", zischt Claudas. „Bevor die Wachen meinen Mangel an Pfeilen bemerken!"

Ein Reiter nach dem anderen verlässt die Burg. Als Letzter trabt Claudas der Ältere los, da ihm das Besteigen des ungewohnten Tieres schwerfällt. Die Bogenschützen töten ihn mit mehreren Pfeilen in den Rücken.

Auf »Kameled« herrscht Betroffenheit. Viele Tische der Tafelrunde sind unbesetzt. Die aufgetischten Speisen rührt niemand an. Nur die Ratten folgen dem Duft des gebratenen Fleisches.

„Wir haben alle geschlafen!", ist Artus tief enttäuscht. „Ich habe jenen Verrätern einen Platz an meiner Tafelrunde geboten. Ich habe ihnen zu essen und zu trinken gegeben. Und ich habe dieser Bande vertraut! So viele gute Männer haben sinnlos ihr Leben gelassen. Ich bedaure den Verlust meiner »Sirs« Agrabain, Gaheris, Gareth, Tor, Aglobale und Segwarides! Von dieser dreckigen und hinterhältigen Bande haben wir nur Alain und den alten Claudas erwischt."

„Ich verstehe das alles nicht!", ergreift »Sir« Gawein das Wort. „Die beiden sind beste Freunde gewesen. Ich glaube, Lancelot hätte sich meinen Bruder als Kämpfer an seiner Seite gewünscht. Gareth liebte ihn mehr als mich oder einen anderen von uns! Ich wage, seine Schuld von zu bezweifeln!"

„Ich habe selbst gesehen", berichtet »Sir« Sagramore, „wie der Verräter deinen Bruder erschlagen hat."
„Wenn das so ist, ruhe ich nicht eher, bis ich diesen hinterhältigen Mörder in die »Anderswelt« befördert habe."
„Wir befreien die »Queen«!", ist Artus fest entschlossen.
„Um Jennifer nach der Rückkehr zu verbrennen?", sagt Palamedes ironisch.
„Ich zweifle mittlerweile an ihrer Schuld. Ich gewähre ihr Amnestie."
„Dir fehlen Leute! Wie hältst du mit den wenigen »Sirs« die Tafelrunde aufrecht?"

SAFIR

„Darüber denke ich nach, wenn Lancelot besiegt ist. Ich ernenne Agrabain postum zum »Sir«. Das bin ich ihm schuldig!"
„Ernenne Lebende zum »Sir«!", piepst Palamedes. „Mein Bruder Safir hat geholfen, deine Burg zu verteidigen, und hat mehrfach sein Leben riskiert!"
„Derartigen Mut habe ich ihm gar nicht zugetraut! Ich ernenne Safir zum »Sir«! Als Bedingung verlange ich mehr Loyalität, die ich bei dir zeitweise vermisse!"

Die Tafelrunde

Spätsommer 486 nach Christus

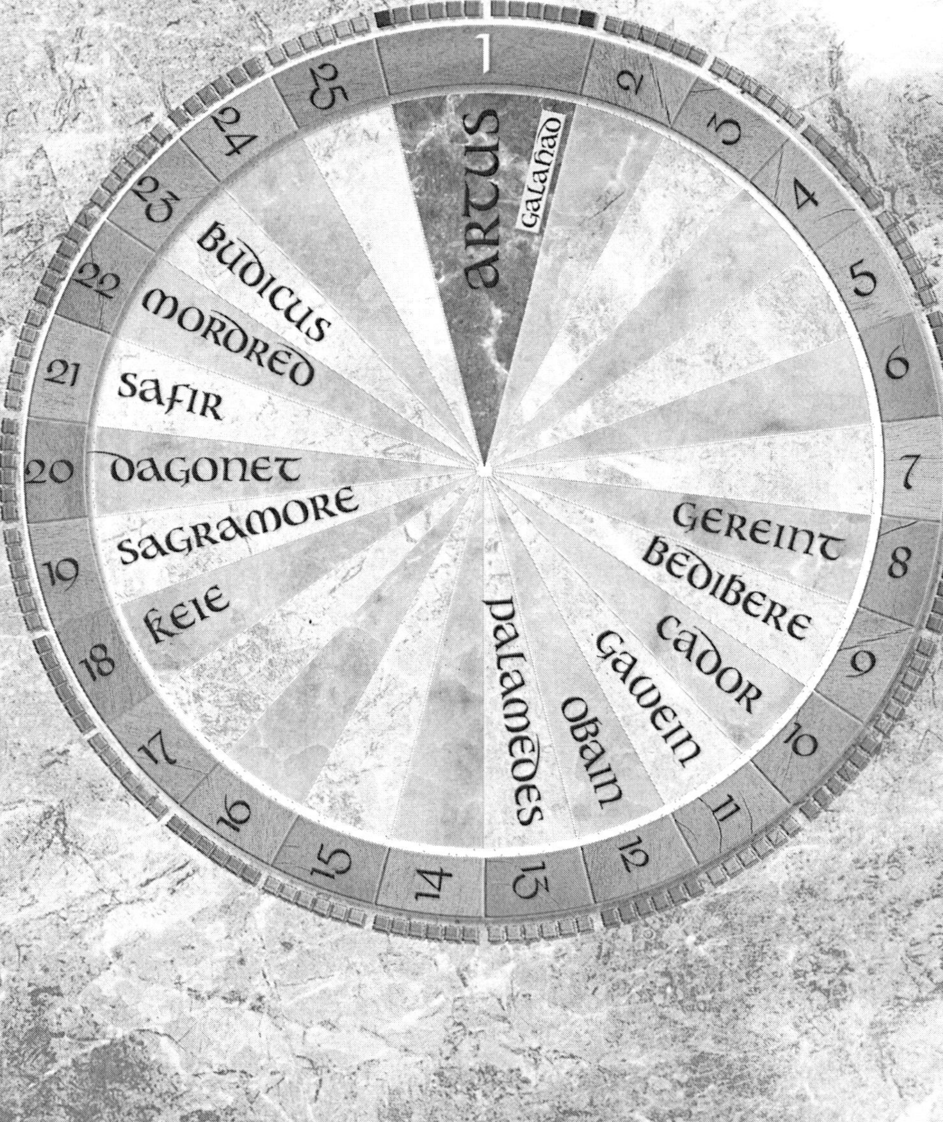

Bürgerkrieg

26

Frühjahr 489

Trotz scheinender Sonne ist kein Ton zu hören. Sogar die Vögel geben keinen Laut von sich. »Sir« Dagonet hat die Welt verlassen. Sein Witz hat selbst in aufgeheizten Situationen auf den »King« abgefärbt und ihn beruhigt. Ein weiteres Mitglied in der Runde der »Sirs«, das fehlt. So viele, die auf schändliche Weise gegangen sind. Beim Anblick der leeren Tafelrunde überkommt Artus ein Gefühl der inneren Verlassenheit. Tief in ihm kocht einen Vulkan, der Lava aus Hassgefühlen spuckt, Eruptionen von Wutausbrüchen hervorbringt und einen pyroklastischen Strom der Enttäuschung über seine Anhänger rauschen lässt. Die Ehre ist verletzt. Argwohn gegenüber den vertrauten Gesichtern frisst sich wie Säure durch die Seele.

„Mein Bruder hat auf derart tragische Weise sein junges Leben verloren!", fistelt »Sir« Palamedes der Sarazene, „Safir und ich sind nach unseren alten Traditionen verpflichtet, seinen Tod zu rächen."

„Ihr habt mich in dieser schweren Stunde hängen lassen!"

„Deine Worte enthalten viele Ungerechtigkeiten!", beschwert sich »Sir« Safir. „Wir haben alles in unserer Macht stehende unternommen, um diese Burg gegen die Übermacht der Angreifer zu schützen."

Beim Öffnen der sinnlichen Lippen entweicht Safir ein heller Ton, der an Bettelrufe von Küken erinnert.

„Mir ist der wahre Hergang berichtet worden. Segwarides hat mich hintergangen und sich Lancelot angeschlossen."

„Wie redest du über einen Toten?", quietscht Palamedes aufgeregt.

„Segwarides ist dir treu ergeben gewesen.", quiekt Safir.

Artus verliert die Nerven und schlägt mit der bloßen Faust auf die beiden ein.

„Du hast nicht das Recht, uns zu züchtigen!", überschlägt sich die Stimme von Palamedes „Wir sind »Sirs« und keine Leibeigenen!"

„Segwarides hat den einzigen Freund der Familie klar erkannt. Ohne den von dir geforderten Tordienst lebte unser großer Bruder noch!"

„Ich habe seinen Tod nicht verschuldet!", kocht Artus innerlich.

Der »King« nimmt einen Stuhl und hebt diesen drohend in die Höhe.

„Wir haben von Lancelots Absichten nichts geahnt."

„Was wäre anders, wenn ihr im Bilde gewesen wärt?"

„Deine Tyrannei hätte ein Ende!", schreit Safir schrill.

Der Stuhl senkt sich zu Boden. Artus atmet tief durch.

„Ich verbanne euch! Verzieht euch zu euren Freunden nach »Gaunes«. Ihr habt nicht mehr das Recht, den von mir verliehenen Titel zu tragen!"

„Ist das deine Art", mimt Safir den Gekränkten. „Dankbarkeit zu zeigen?"

„Wir sehen uns wieder!", zischt Palamedes.

„Ein weiteres Wort, und ich lasse euch bei lebendigem Leib verbrennen!"

„Du bist nicht die leuchtende Gestalt, die du vorgibst zu sein. Dein Ende kommt, »King« Artus!"

„Meine Größe ist grenzenlos! Meine Stärke sucht ihresgleichen. Meine Güte ist unvergleichbar. Ich ernenne selbst einen bunten Vogel zum »Sir«. Knie nieder Gui von Listrac-Médoc! Schwöre, den Schatz und den »King« mit deinem Leben zu verteidigen!"

„Ich schwöre bei allen Göttern!"

„Dafür schenke ich dir »Valais«. »Sir« Gui hat mehr Verstand und Mumm in Knochen als ihr beiden und euer verräterischer Bruder. Seid ihr morgen früh weiterhin in meinem Land, seid ihr des Todes!"

✝✝✝

Der Winter ist hart. Orkanartige Stürme toben. Ergiebige Schneefälle hindern den Transport wichtiger Güter. Und trotz aller Widrigkeiten lodern im ganzen Land die Feuer in den Schmieden. Artus scheut keine Kosten, Eisen aus dem »Redon« kommen zu lassen. Die Bleiminen arbeiten auf Hochtouren. Die fertigen Waffen finden reißenden Absatz und reichen von kostengünstigen Spießen bis zu elegant gearbeiteten Schwertern aus mit Eisenkraut gehärtetem Eisen. Die wehrhaften Männer sind mobilisiert und nehmen an Kampfausbildungen teil. Als Kaufleute getarnte Kundschafter suchen selbst im Feindesland nach den Abtrünnigen.

Artus ist zu den Klippen gelaufen und schaut über das Meer auf die gegenüberliegende Landspitze und zur Halbinsel von »Roscanvel« hinüber. Der Wind streift über die vereisten Dünengräser. Der »King« riskiert, auf dem glatten Untergrund abzustürzen. Unter ihm umspült die Brandung einen Felsenbogen. Von hinten nähert sich ein junger Mann.

„Die Burgbewohner haben mir gesagt, wo ich dich finde. Ich bin Jules[1], der Sohn von Budicus und deiner Schwester Anna."

JULES

Jules ist groß und kräftig. Sein massiver Kopf ist von langen hellroten Haaren umgeben. Seine Ringe unter den tiefblauen Augen rühren von seiner ständigen Schlaflosigkeit her.

„Wieso habe ich nie von dir gehört?"

„Ich stamme aus »Cornouaille und bin«", stammelt Jules, „solange ich mich erinnere, Sklave von »Reix« Aergol von Louan und Diévet[2] gewesen."

„Ich habe deiner Familie den Hof anvertraut und euch seither nicht mehr gesehen."

„Vater schämt sich. Ein Hof bereitet eine Menge Arbeit. Sein Vetter »Reix« Macliau hat erst die Vieh-, und anschließend die Landwirtschaft übernommen. Danach hat uns der einstige Nachbar von unserem eigenen Land vertrieben."

„In diesen schweren Zeiten brauche ich eine Familie, die zu mir hält. Knie nieder, mein Neffe! Ich ernenne dich zu »Sir« Jules von Cornouaille. Ab sofort bist du ein Mitglied der Tafelrunde."

„Ich hoffe, du hilfst uns, den Hof zurückzubekommen."

„Ich habe andere Sorgen, bei denen du mich unterstützt. Wir stehen vor einem Krieg gegen meinen Erzrivalen Lancelot. Dieser verdorbene Zwerg wagt, mir die Stirn zu bieten. Sobald uns der Feldzug geglückt ist, kümmere ich mich um deinen Hof. Ich zähle auf dich!"

„Ich bin des Kämpfens nicht fähig! Ich habe nie ein Schwert in meinen Händen gehalten!"

„»Sir« Lucan bringt dir alles Erforderliche bei! Bis zur nächsten Kampagne bist du ein gemachter Krieger."

1 Keltisch: Howel.

2 Diévet liegt in der Nähe von Kerlouan.

Die Sonne scheint und der leuchtend helle Schnee blendet die Soldaten. Ein Mönch kommt auf einem Esel angeritten. Der Torwache flüstert der vermeintlich heilige Mann ein paar Worte ins Ohr. Der Waffenmeister nimmt ihm sein verborgen getragenes Schwert ab. Im Hof fällt die Kutte. Der Rosenkranz und die Halskette mit dem Holzkreuz baumeln am Knauf des Zaumzeugs. Die Gestalt eilt sich, das Arbeitszimmer des »King« zu erreichen. Strahlend empfängt Artus seinen Vetter.

„Coluche, welche Neuigkeiten bringst du mir? Wo hält sich Lancelot versteckt?"

„Wie ich vermutet habe, steht seine Streitmacht in »Poher«."

„Nicht übermäßig einfallsreich, sich ins Land meines Schwiegervaters zurückzuziehen."

„Jennifer hat dort ihre Verbündeten."

„Lancelot hat meine Frau entführt!"

„Das sehen die Menschen dort anders. Die Bewohner denken, ihr Held habe ihre »Queen« vor dem Flammentod befreit und feiern ihn als Helden."

„Die Götter haben bisher kein Urteil gefällt! Lancelot hat eigenmächtig eingegriffen."

„Die Leute denken, Eifersucht und Rachegefühle seien Schuld an deinem tief sitzenden Hass."

„Jennifer hat Ulfin ermordet."

„Ich bin nicht zugegen gewesen, als die Tragödie ihren Lauf genommen hat. Viele fragen sich, weshalb der Tod eines längst Überfälligen ein Gottesurteil erfordert?"

„Ich teile meinem Volk die Wahrheit über die Verschwörung Lancelots und die Untreue Jennifers mit."

„Du gibst dich der Lächerlichkeit preis. Der »Queen« steht nach altem Recht zu, sich aller deiner Freunde zu bedienen!"

„Ich habe das Gesetz aufgehoben und die Christen sind, was diesen Punkt anbelangt, mit mir einer Meinung!"

„Das stößt bei adligen Frauen auf wenig Gegenliebe."

„Diesen Erlass hat ein Mönch in seinem Brief an mich ausdrücklich begrüßt. Der Mann hat mich gebeten, das Abschlagen von Köpfen ebenfalls als unchristlich zu untersagen."

„Lancelot rekrutiert ein Heer und plant, dich im Sommer zu überfallen. Erkläre deinen Kriegern, jener strebt danach, den Thron an sich zu reißen und mit Jennifers Hilfe das Volk zu unterjochen. Der Mordanschlag auf Ulfin ist sein Werk, um dich in Misskredit zu bringen und um das Vertrauen der »Queen« zu erlangen. Im Falle eines Siegs Lancelots ist der Wohlstand der »Sirs« und die Gesundheit ihrer Familien in Gefahr!"

„Mein Heer steht. Sobald die Sonne die Felder trocknet, ziehen wir gegen »Ker Mel Karhez«!"

„Lancelot rechnet mit deiner Fehleinschätzung und hat »Ker Ebrauc«[3] als Stützpunkt gewählt."

„Du bist ein Meisterspion, Coluche! Ich entlohne dich mit reichlich Land und Gold."

„Ich bin bei weitem nicht fertig. Lionel ist nach »Ker Ebrauc« geeilt und hat Lancelot erzählt, welcher Fehler ihm bei seinem Angriff unterlaufen ist."

„Gareth?"

„Lancelot hat geheult wie ein Wolf bei Vollmond. Der Junge sei wie ein Sohn für ihn gewesen. Ihn plagen Gewissensbisse. Die Geister der Krankheit suchen ihn heim."

„Ich wage den Angriff vor »Alban Eilir«[4]!"

„Sei gewarnt! Bors hält die Fäden in der Hand und Hector ist sein Heermeister!"

†††

Alban Eilir 489 nach Christus

Seit Tagen ist das Land von dichtem Nebel verhüllt. Die Sichtweite beträgt nur wenige Schritte. Die Soldaten folgen vorsichtig ihrem Vordermann und wagen sich nicht, die Straße zu verlassen. Selbst die Reiter laufen zu Fuß.

„Mein Zeitplan gerät ins Wanken!", ist Artus besorgt.

„Wenn wir nur wüssten", ist selbst der ortskundige Coluche am Zweifeln, „wo wir sind."

3 Heute Kerbérou.

4 21. März, Wiedergeburt der Natur.

„Du bereitest mir Sorgen!"

„Solange wir auf dem Pflaster bleiben, verlaufen wir uns nicht."

Plötzlich schallen Signalhörner durch den Wald. Gespenstisch flirren Pfeile durch die Luft. Ziellos. Vereinzelt stürzen Soldaten zu Boden. Schreie.

„Schwertträger in den Wald!", befiehlt Artus.

Zwischen den Bäumen ist nichts zu sehen. Die Sicht ist in Watte gepackt. Von der Truppe abgeschnitten, sind die Jäger die Gejagten. Anderenorts ist gedämpft Kampflärm zu hören. Kurz darauf herrscht Totenstille.

„Zurück auf die Straße!", ändert Artus seine Meinung.

„Dort sind wir leichte Ziele", schreit Coluche.

„Zurück auf die Straße!", gibt »Sir« Jules den Befehl weiter.

„Vorwärts!", ruft Artus. „Verhindern wir einen erneuten Hinterhalt. Die Kommandos gebe noch immer ich, Coluche! Selbst wenn du anderer Meinung bist."

In der Nacht frischt böiger Wind auf. Mit einem Mal ist die Luft glasklar. Kleine trockne Äste regnen herab. Die Sterne leuchten. Der Mond scheint und gibt den Blick auf das Gelände frei. Coluche, erneut als Mönch verkleidet, entfernt sich ohne Abschied aus dem Nachtlager. Am Ende eines großen Feldes zeichnen sich dunkel die Palisaden von »Ker Ebrauc« gegen den Himmel ab. Ein Meer von Fackeln bewegt sich aus dem Wald auf die Festung zu. Signalhörner zerreißen die Stille der Nacht. Beiderseits nehmen Bogenschützen ihre Stellungen ein. Auf dem höchsten Turm entfacht der Gegner ein Feuer.

„Wir haben dich erwartet!", ruft Hector von dort herunter.

„Gib Jennifer heraus und wir lassen euch in Frieden!", antwortet Artus.

„Wer ist diese Person? Hinter unserer Palisade lebt die Genannte nicht!"

„Öffne das Tor, ich überzeuge mich gerne mit eigenen Augen!"

„Niemals."

„Ich gedenke, mit Lancelot zu verhandeln!"

„In meiner Festung lebt niemand, der solchen Namens ist."

„Ich gleiche dieses »Castrum« dem Erdboden an!"

„Nur zu. Ich freue mich seit Tagen darauf, mich für deine Demütigungen zu bedanken! Komme nur herein. Ich befördere dich in die »Anderswelt« und erweise den Göttern einen großen Gefallen!"

„Wohin sind die beiden geflohen?", mischt sich »Sir« Jules ein.

„Schlaues Bürschchen!", ist Hector erstaunt. „Das errätst du nie!"

„So schwer ist das nicht! Die beiden fliehen nach »Gaunes« oder nach »DuLac«."

„Wir wissen, euch aufzuhalten!"

Krachend springt das Tor auf. Die im Inneren der Festung wartende Masse an Kriegern ergießen sich über den frisch eingesäten Acker. Mit Kriegsgebrüll versuchen die Ausfallenden, die Belagernden einzuschüchtern. Die Verteidiger entfachen rings um die Wallanlagen Strohfeuer, um das Schlachtfeld zu beleuchten. Stattdessen erzeugt das vom Nebel feuchte Heu beißenden Rauch. Während das Fußvolk stirbt, flieht eine Gruppe von Reitern nach Südost.

„Hector hat uns angeschwindelt", ist »Sir« Jules aufgebracht. „Seht! Lancelot verlässt das Dorf!"

Ein Reitertrupp fällt ihnen in die Flanke. In der einsetzenden Morgendämmerung erkennt Artus den Anführer, Lionel von Gaunes. Die Scheinattacke ist von kurzer Dauer. Nach einer Kehrtwende schließt Lionel der Gruppe Lancelots in gestrecktem Galopp auf.

„Wo steckt Coluche?", fragt Artus.

„Deine Zurechtweisung ist unangemessen gewesen", erklärt »Sir« Jules. „Ernenne ihn zum »Sir«!"

„Sucht ihn! Lancelot kennt ihn nicht. Coluche möge ihm heimlich folgen!"

Artus gibt Order, »Ker Ebrauc« zu plündern. Felder und Kornspeicher verwüstet ein Meer aus Flammen. Die Soldaten überfallen, in Rage geraten, ein weiteres, in der Nähe naheliegendes Dorf.

„Ladet die Lebensmittel auf die Wagen und nehmt die Zuchttiere mit!", weist Artus seine Leute an.

„Die Menschen verhungern!", ist »Sir« Jules entsetzt.

„Du bist zu jung, um zu begreifen, was diese Abtrünnigen mit dir veranstalten, wenn du ihr Leben verschonst. Ich führe im Auftrag der Götter nur deren gerechte Bestrafung aus."

„Mein Gott sagt, wir haben zu verzeihen."

„Vergeben heißt, selbst sterben!"

„Lossprechen bedeutet, leben!"

„Keine Gnade! Schlagt den Männern die Köpfe ab! Unverheiratete und Kinder nehmt als Sklaven. Die verbliebenen Frauen berichten, welche Strafen bei Verrat droht."

Jules widerstrebt, einer Leiche den Kopf abzuschlagen. Der überzeugte Christ kniet neben den Toten und betet für deren Seelenheil. Artus lässt ihn gewähren und wendet sein Pferd. Ein junger Reiter erreicht auf einem gemächlich trabenden Ackergaul das Schlachtfeld und fragt nach dem »King«.

„Ein Coluche schickt mich. Lancelot ist in »Pont Glaz«."

„Du hast mir einen eminenten Dienst erwiesen! Reite schnell zurück, bevor dich jemand mit mir sieht."

✝✝✝

Sommer 489 nach Christus

Der Sieg bei »Ker Ebrauc« lässt alte Glücksgefühle aufkeimen. Junge Männer melden sich in Scharen zum Kriegsdienst. Die Stimmung der »Sirs« gegenüber Artus hingegen bleibt verhalten. Der einstige Glanz des »Kings mit edlen Visionen« ist verflogen. Die Luft rund um »Pont Glaz« ist vom Rauch der Köhlereien gelb und sticht in der Nase. Das »Castris« ist heruntergekommen und halb verfallen. Lancelots Männer reparieren die Palisaden notdürftig und zerstören die Brücke. Beiderseits des Flusses beziehen Bogenschützen ihre Stellungen. Der gegenseitige Beschuss, ohne nennenswerte Verluste, zieht sich bis in die Abendstunden. Artus lässt eine Behelfsbrücke bauen. Die erschöpften Männer fällen Bäume und wuchten die Stämme im Schutz der Dämmerung über nasse Äste ans Ufer. Nach Anbruch der Dunkelheit enden die Arbeiten. Bis zum Morgengrauen herrscht gespenstische Ruhe.

Erstes Licht über den Hügeln kündigt den neuen Morgen an. In weiter Ferne kräht ein Hahn. Ein Hund antwortet gelassen. In den Hainen zwitschern die Amseln. Aus dem gegnerischen Lager ist kein Laut zu hören. Feindlicher Beschuss bleibt aus. Der Bau der »Briva«[5] erweist sich als schwierig. Der Fluss hat Hochwasser und die Ufer sind matschig. Ein Baumstamm rutscht nach dem Fall ab und reißt drei Männer in den nassen Tod. Am Nachmittag des folgenden Tages ist die Brücke fertig. Auf der anderen Seite rücken die Soldaten vorsichtig vor. Das trockene Sumpfgras knirscht unter ihren Sohlen. Ein lauter Schrei. Ein Krieger krümmt sich vor Schmerz. Blut quillt aus seinem Schienbein. Im Boden stecken Eisenspitzen. Nervös

5 Keltisch: Brücke.

beschießen die Bogenschützen die gegnerische Anlage. Gespenstisch gelassen, steht der Feind unbewegt entlang der Palisade. Vorsichtiges Vorrücken. Bei jedem Schritt sind weitere Bodennägel gefürchtete Fallen.

„Den Kriegern fehlen die Köpfe", ruft jemand aus den vorderen Reihen. Artus ist außer sich und schreit jeden an, der ihm zu nahe zu kommt.

„Sei nicht ungerecht!", bittet »Sir« Jules. „Die Männer geben ihr Bestes."

„Lancelot rekrutiert ein neues Heer, und wir kämpfen gegen Leichen! Bis wir ihn eingeholt haben, sind wir am Ende unserer Kräfte!"

„Hoffentlich ist Coluche ihnen weiterhin auf der Spur."

„Und ist nicht übergelaufen!", ist Artus mürrisch.

„Ich fürchte, unser Gegner hat ihn enttarnt!"

„Du glaubst an Edelmut und Treue! Deiner Jugend wegen verzeihe ich dir dieses Hirngespinst. Wenn Lancelot ihm reichlich Gold geboten hat, habe ich einen Gegner mehr."

„Der Abtrünnige stimmt mich nicht um."

„Ich habe Lionel unter den Verrätern erkannt. Ich brenne in »Gaunes« jeden einzelnen Ort nieder. Solange, bis ich Lancelot gedemütigt und erschlagen habe."

Das Heer zieht über die Straße in Richtung Süden. Ein Reiter nähert sich. Artus erkennt den Ackergaul und lässt anhalten.

„Coluche schickt mich. Lancelot verschanzt sich in »Cat Celidon Coit«[6].

✝✝✝

Spätsommer 489 nach Christus

Lancelot flieht beim Anblick der Übermacht erneut, diesmal in Richtung Norden. Müde vom Umherziehen lässt Artus sein Heer in »Ker Brithon«[7] Quartier beziehen. Der nahende Winter bereitet ihm Sorgen. Die Gegend kennt der »King« von der Schlacht von »Tarabust«, bei der »Sir« Lot sein Leben gelassen hat. Am nächsten Morgen ertönen Kriegshörner. Lautes Gebrüll leitet einen Angriff ein. Artus verlässt sein Zelt.

„Wir sind umzingelt!", berichtet »Sir« Jules aufgeregt.

6 In Keryouarch ist die kreisförmige Anlage auf Luftaufnahmen in den Feldern erkennbar.

7 Heute Kerbrisen in der Nähe von Mûr-de-Bretagne.

„Lancelot hat nicht genug Männer, um uns herauszufordern."
„Die Belagerer tragen die Farben der Gaunes!"
„Ein großer Fehler, jene Brut nicht vernichtet zu haben!"
„Weshalb nur hast du diese Fremden an die Tafelrunde gelassen?"
„Merlins Mutter ist eine DuLac gewesen. Ich habe nicht vorgehabt, mich mit dem »San Grá EL« anzulegen, dessen Nachfahren diese Leute sind."
„Bevor dein Vater die alte Ordnung gestört hat, ist mein Großvater ebenfalls Teil jener »Brut« gewesen! Wir sind alle eins. Du bist der Fremdkörper!"
„Was fällt dir ein, so mit mir zu reden?"
„Du bist ein Römer!"
„Meine Mutter ist von »Domnomea« nach »Cornouaille« gekommen."
„Igerne ist von Uther vergewaltigt worden. Dein Vater hat diesen Konflikt heraufbeschworen!"
„Da verstehe ich nicht, weshalb du zu mir hältst?"
„Mein Onkel Cador sagt, du ähnelst Gorlois."
„Du meinst, ich bin der Sohn beider Männer?"
„Das ist denkbar. Deshalb haben wir dich als unseren Anführer akzeptiert. Walte Lionel gegenüber Gnade! Seine Mutter ist meine Tante Nimue."
„Ich bin nicht in der Position, Gnade walten zu lassen! Lionel hat uns umzingelt, um seinen Cousin Lancelot zu schützen. Folglich vernichte ich ihn!"
„Vergiss Lancelot! Ich rede mit Lionel. Gemeinsam finden wir eine Lösung."
„Ihr jungen Leute habt keine Ahnung von Ehre. Ihr wisst nicht, welche Menge Blut fließt, bevor Frieden herrscht. Ich gebe nicht auf!"
„Lange halten wir nicht durch. Denke an »Alesia«!"
„Diesmal essen wir unsere Frauen selbst auf! Wir schicken keine Angehörigen im Vertrauen auf ein Durchkommen ins Niemandsland. Dies ist kein zweites »Alesia«!"
„Du hast vor, unsere Frauen essen?"
„Nur als allerletzte Maßnahme, wenn uns der Sieg verwehrt bleibt!"
„Ich bin über deine Worte entsetzt!"
„Du hast »Alesia« erwähnt. Merlin hat mir von der Schlacht berichtet. Die Frauen sind zwischen den Fronten verhungert. Gaius Iulius Caesar hat sich geweigert, ihnen die Flucht zu gewähren. Die Eingekesselten haben zugesehen, wie ihre Frauen und Kinder elend verreckt sind."

Herbstbeginn 489 nach Christus

Die Lebensmittel sind knapp. Nur Wasser ist im Überfluss vorhanden. Andauernde Regenfälle haben den Boden in schmierigen Morast verwandelt. Die Palisaden von »Ker Brithon« haben sämtlichen Anstürmen standgehalten. Im Morgennebel ertönen erneut dumpf die Kriegshörner der Gegner. Schlachtgetümmel von allen Seiten. Plötzlich tauchen schemenhaft die Farben Gorrons vor dem Tor auf. Um die Freunde nicht zu gefährden, zieht Artus seine Bogenschützen von den Wällen ab.

„Ich freue mich, dich zu sehen, Urien!"

„Coluche hat gesagt, du seist in Schwierigkeiten."

„Ich hoffe, ihr habt eine Ladung Essbares mitgebracht? Wir graben schon die Würmer aus der Erde!"

„Sagramore trifft in Kürze mit Lebensmittel ein, die wir im »Quent« für euch gesammelt haben. Coluche hat euren Hunger erwähnt."

„Wo steckt Coluche jetzt?"

„Als Seelsorger Lancelots immer bestens über dessen Absichten informiert."

„Für deine treuen Dienste ernenne ich dich zum »Sir«. Knie nieder!"

„Ich habe mein eigenes Land!"

„Als »Sir« bist du ein Teil »Letavias«!"

„Ohne meine Hilfe wäre von »Letavia« nichts mehr übrig!"

„Ich stelle die Tafelrunde wieder her. Danach verbreitet sich unser Ruhm und Glanz über die ganze Welt. Dein Name erfährt ewige Erwähnung!"

„So gesehen, habe ich nichts zu verlieren."

„Ich ernenne dich zu »Sir« Urien von Gorron!"

Da taucht unverhofft der Junge mit dem Ackergaul vor dem Tor auf.

„Von Coluche richte ich dir aus, Lancelot DuLac ist nach »Le Mégouët« geflüchtet."

Spätherbst 489 nach Christus

Der Wind ist eisig. Dichte graue Wolken rasen zum Greifen nahe in diabolischer Geschwindigkeit über die Landschaft hinweg. Die knochigen Bäume ächzen unter der Last der Böen. Der »King« ist gezwungen, vor Einbruch des Winters die Jagd auf Lancelot zu beenden. Der befestigte Ort »Le Mégouët« kommt in Sicht. Ungeduldig gibt Artus, ohne jede Vorbereitung, den Befehl zum Frontalangriff. »Sir« Urien von Gorron reitet an der linken Flanke, Sagramore an der rechten. Kurz vor erreichen des »Castrums« brechen Reiter aus einem nahegelegenen Wald und greifen zur Linken an. Der »King« erkennt die beiden hinterhältigen Sarazenen Safir und Palamedes. Plötzlich rollt der Kopf Uriens über das Schlachtfeld.

„Greift das Tor an!", brüllt Artus.

„Mein Vetter hat seinen Kopf verloren!", sagt ein Unbekannter.

„Wer bist du?", ist der »King« irritiert.

„Ich bin George von Henan Sa[8]."

„Um den Kopf kümmerst du dich später."

„Das ist der dritte unglückliche Mord aus deinen Reihen! Die Tafelrunde verfällt! Der Kopf ist mehr Wert als dein »Kameled«. Ich wünsche dir Glück, »King der Toten«!"

George bricht durch die Reihen der gegnerischen Reiter. Einer nach dem anderen fällt vom Pferd. Claudas der Jüngere befestigt den von ihm erbeuteten Kopf am Zaumzeug, da streckt ihn George nieder. Dieser schnappt sich das Pferd mitsamt dem Kopf, und reitet in Richtung Osten davon. Die Angreifer aus dem Wald folgen ihm. Das Tor zum »Oppidum« steht offen und ist nicht bewacht. Auf den Palisaden stehen keine Gegner mehr. Artus dringt mit seinen Leuten in den Ort ein. Lancelot ist abermals geflohen. Niedergeschlagen und am ganzen Körper zitternd, steht Jennifer auf dem Dorfplatz. Die »Queen« erwartet ihren Tod. Stattdessen fährt ein Wagen vor. Der Kutscher fordert seine Herrin auf, Platz zu nehmen. »Sir« Mordred hat das Gefährt besorgt und Artus davon überzeugt, Jennifer wieder bei sich aufzunehmen. Ihre Hinrichtung nimmt das Volk nicht hin.

Der Winter ist früh hereingebrochen. Lionel ist der neue »Reix« von Gaunes und gewährt Lancelot Schutz. Erste Schneefälle zwingen Artus zur Aufgabe. Auf dem Rückmarsch vertreibt der »King« »Reix« Aergol Louhir von Diévet und setzt »Sir« Budicus und seinen Sohn Jules wieder als rechtmäßige Herrscher von »Cornouaille« ein. Als der alte Mann den ehemaligen Heimatort betritt, stirbt dieser vor Freude an einem Herzinfarkt. Sklaven heben ein Grab aus.

8 Llywarch Hen. Keltisch Henan heißt alt und Sa steht für Schloss. Heute Hénansal.

Ein Mönch hindert die Gesellschaft, den Kopf abzuschneiden und den Leichnam zu verbrennen.

„Aus der Erde sind wir genommen", predigt der Gottesmann, „zur Erde kehren wir zurück!"

„Auf gleiche Weise", fordert Artus von seinen Freunden, „setzt mich am Ende meiner Tage bei!"

✝✝✝

Der Herbst ist überraschend zurückgekehrt. Nebel und Sonne wechseln sich ab. Erschrocken fliegt ein Habicht davon, der sich auf dem Fenstersims im Abendlicht gewärmt hat. Jennifer sieht ihre Sachen durch, die während ihrer Abwesenheit eingestaubt sind. Ihr ist, als habe die Burg einen hundertjährigen Schlaf hinter sich gebracht. Viele lieb gewonnen Gegenstände, wie das Bärenfell ihres Vaters, der Schemel ihrer Großmutter und die Holztruhe, in der ihre Mutter ihre Aussteuer aufbewahrt hat, erfreuen zwar der Erinnerung wegen ihr Herz, doch wirken die Gegenstände, als seien diese aus den Tiefen eines Sumpfes wieder aufgetaucht. Ihr Ehemann betritt den Raum.

„Die Tafelrunde hat deines Liebhabers wegen viele »Sirs« verloren!"

„Du findest neue Männer. Dein Triumph wirkt bei den chancenlosen Zweitgeborenen einladend."

„Diese jungen Krieger sind allesamt vernünftiger und loyaler als dein geliebter Lancelot!"

„Und wagen nicht, dir die Stirn zu bieten. Jemanden mit eigenem Kopf erträgst du nicht an deiner Seite. Was erwartest du von mir?"

„Ich gebe anlässlich deiner Rückkehr eine Siegesfeier, bei der du dich freudig über die Befreiung äußerst!"

„Bist du von Sinnen? Ich stelle mich nicht vor eine Horde ehrloser Krieger und erdulde deren Spott!"

„Du bist die »Queen«. Eine Stellung, die Überwindung erfordert. Und du hältst eine Rede! Du sagst allen, wie misslich dich Lancelot behandelt und dich gegen deinen Willen entführt hat."

„Sonst was? Sperrst du mich wieder in diesen zugigen, von Wanzen übersäten Turm?"

✝✝✝

Die Anzahl der freien Plätze an der Tafelrunde haben sich längst herumgesprochen. Die Feier für die zurückgekehrte »Queen« ist in vollem Gange. Unerwartet viele Gäste tummeln sich bis hinunter zum Hafen von »Kameled«. Auf dem Brachfeld ist Markt. Die Geschäfte laufen unbefriedigend. Unmengen an Geld ist in den Kauf teurer Waffen geflossen.

Die verbliebenen »Sirs« schauen sich unter den Gästen nach möglichen neuen »Sirs« um. Artus hat einen berühmten Koch aus »Condate« gebeten, nicht alltägliche Speisen aufzutischen. Der Alkohol fließt in Strömen. Selbst die Torwachen nehmen an der Feier teil, da die Burg am heutigen Tag für alle Gäste offen steht. Niemand achtet auf den alten Mann mit weißem Gewand, auf dessen Schulter eine silberne Taube sitzt. Plötzlich grollt ein Donner durch den Saal und gleißendes Licht, weitaus heller als Kerzen oder Öllampen, blendet die Anwesenden. Hinter dem San Grá EL zieht eine junge Frau eine Schale her, in der sich eine hell leuchtende ägyptischen Lampe befindet.[9]

„Ich befinde mich auf Wanderschaft, um die Botschaft der Liebe zu verbreiten. Ich lasse mich nieder, wo Frieden herrscht. An diesem Ort sehe ich nur Hass, Gier und Zwietracht!"

„Schuldigst du mich an", fragt Artus barsch, „um mir zu sagen, ich bin deiner nicht würdig? Was maßt du dir an, den »King« zu tadeln?"

„Dir steht nicht zu, über andere zu richten und deinen Willen mit Waffengewalt durchzusetzen! Ich bin der Sohn Gottes, den die Römer für euch Menschen in Jerusalem ans Kreuz geschlagen haben. Josef von Arimathia hat mich von der Hinrichtungsstätte abgenommen, mich gewaschen, angekleidet und nach meiner Auferstehung mit dem Schiff über »Sulis«[10], in die »Britanie« gebracht. Nahe dem Paradies, in Questembert[11], hat mein Freund Joseph die erste christliche Gemeinde gegründet. Der Unruhen wegen sind wir gezwungen gewesen, weiter nach Süden zu ziehen. Um mich vor deiner Familie und dir zu schützen, habe ich die Gralsburg errichtet. Wer von euch des Mordes schuldig ist, bittet mich demütig um Vergebung! Allen Verletzten, die

9 Ein elektrisches Licht, von Dindraine gezogen.

10 Der Ort heißt noch heute der Schiffe wegen, die aus dem Orient gekommen sind, Lorient.

11 Glastonbury ist nach diesem Ort benannt worden.

reumütig zu mir eilen, heile ich die Wunden. Wer sich nichts zuschulden hat kommen lassen, gebe ich die Gelegenheit, mit mir zu ziehen!"
„Du bist ein Schwindler!", braust Artus auf. „Das Christentum ist durch die Goten zu uns gekommen. Der, von dem du sprichst, ist seit vielen Jahren tot!"
„Ich bin der Sohn Gottes und kein gewöhnlicher Sterblicher. Du hast keine Reue in dir!"

San Grá EL schreitet langsam um die Tafel herum und verschwindet auf geheimnisvolle Weise im Licht. Als sich die Augen wieder an die Dunkelheit der kleinen Öllämpchen gewöhnt haben, lässt Artus die Tische der Tafelrunde demontieren und auf dem Brachfeld vor der Burg verbrennen.

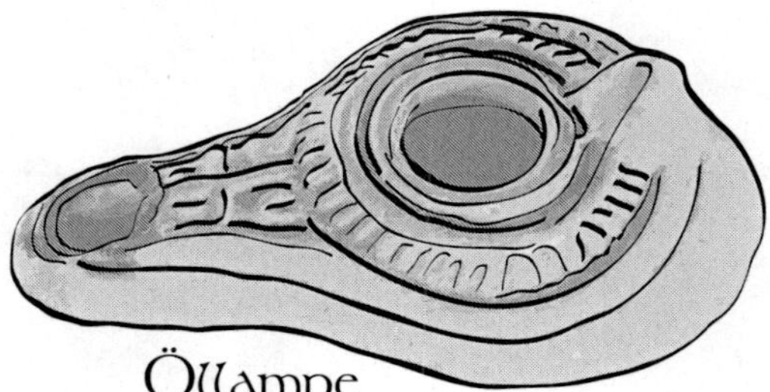

Öllampe

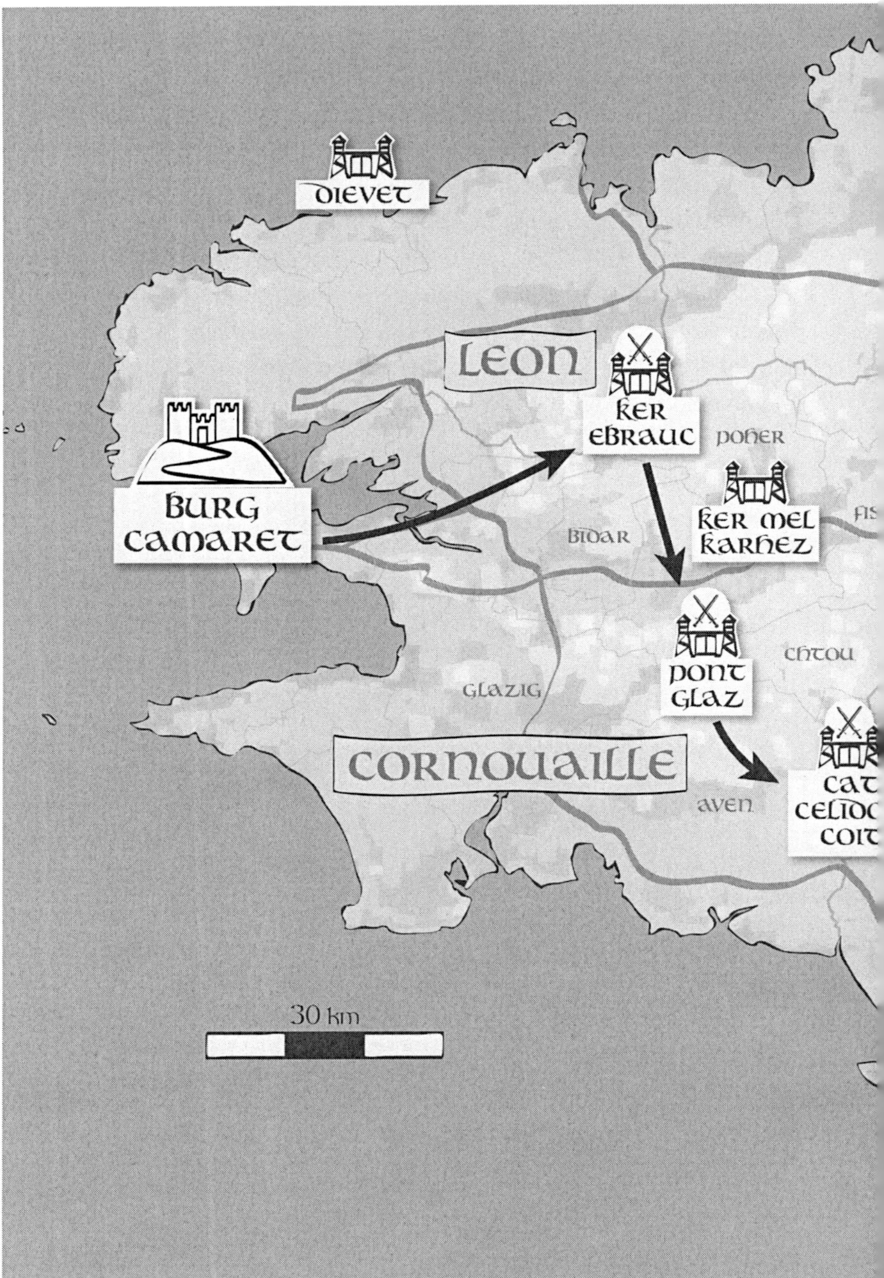
DIEVET
LEON
KER EBRAUC
POHER
BURG CAMARET
KER MEL KARHEZ
BIDAR
CHTOU
GLAZIG
PONT GLAZ
CORNOUAILLE
AVEN
30 km

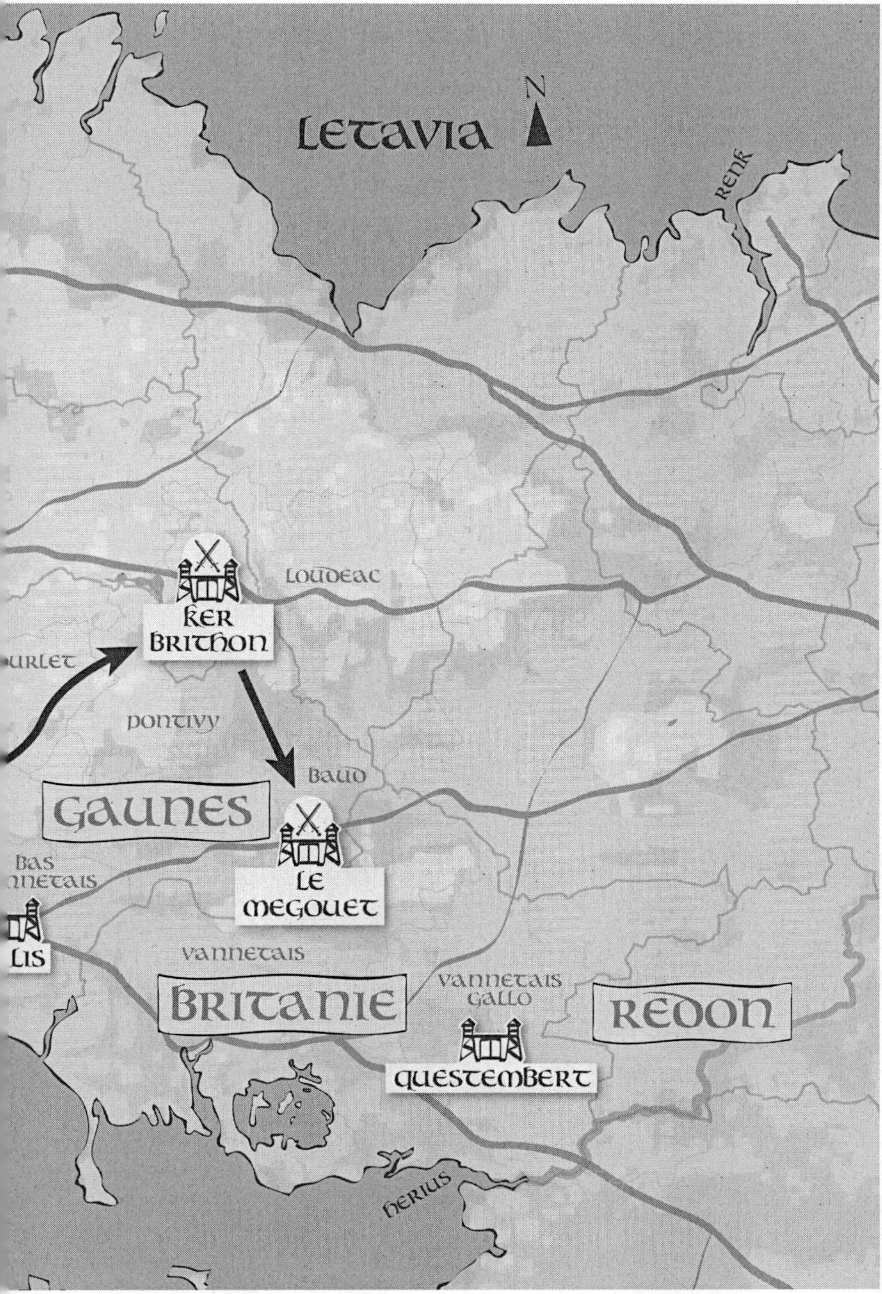
N
LETAVIA
RENK
LOUDEAC
KER BRITHON
URLET
PONTIVY
BAUD
GAUNES
BAS
NNETAIS
LE MEGOUET
LIS
VANNETAIS
BRITANIE
VANNETAIS GALLO
REDON
QUESTEMBERT
HERIUS

Die Tafelrunde

Spätherbst 487 nach Christus

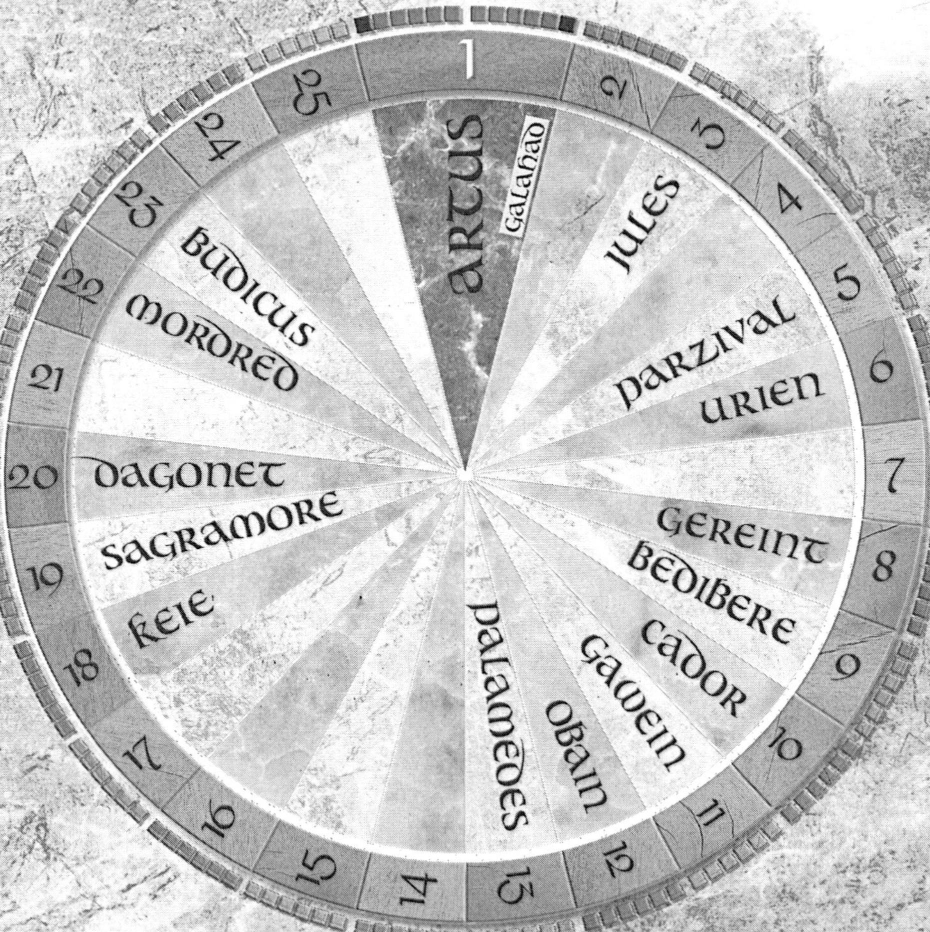

Père Albert

27

Juli 1996

Regen fällt. Ein vortrefflicher Tag, zum Angeln. Marcel begegnet Père Albert und die beiden begrüßen sich wie alte Freunde. Der Junge erzählt dem alten Mann, was ihm seine Tante von »King« Artus berichtet hat. Der Betagte freut sich über sein Interesse an der Geschichte des Landes.

„Hast du dich je gefragt, wie der Apfel, den Eva Adam gereicht hat, ins Paradies der Bibel gekommen ist?"

„Solches Obst wächst überall auf der Welt."

„Diese Frucht ist künstlich verbreitet und verändert worden. In grauer Vorzeit wuchsen Apfelbäume nur im Süden der Bretagne, am Rande eines Zugangs zum »Annousen«[1], in dem die Götter Gold geschürft haben. Auf den Apfelinseln bei »Vannes« haben die Schöpfer Pflanzen aus der Welt vor der Flut an die neuen Bedingungen der Erde angepasst. Im Paradies sei Schweinefleisch ständig nachgewachsen, sagt die Legende. Ein Hinweis auf den Beginn der Schweinezucht in dieser Gegend, als die Arche Noah im Land »Prydain«[2] auf dem »Arzhon-Rewiz«[3] gelandet ist. Einer von Noahs Söhnen ist bei dem Aufprall auf den Felsen ertrunken. Auf »Avalon«, den Inseln der Glückseligkeit und der immer Früchte tragenden Bäume, standen ihre Einrichtungen: Der »Cairn de Petit Mont« ist das Labor, der »Cairn de Gavrinis« die Geburtsstation und »Er Grah« in »Locmariaquer« die Kontrollstation für den Flugplatz in »Carnac« gewesen. Deshalb ist dies das Land der Frauen. Die Bauweise gleicht den Pyramiden von Teneriffa, falls du einmal dorthin reist. Wenn du einen »Cairn« betrittst, überkommt dich zunächst die Dunkelheit. Nach einiger Zeit sorgen kleine Ritzen zwischen den Steinen für einwandfreie Sicht. Die Götter sind wenig Licht gewohnt, da ihre Sonne wesentlich dunkler ist als unsere."

1 Kymrischer Name für die Anderswelt: Annwfn.

2 Aus diesem Begriff leitet sich die Britanie – mit nur einem »n« – ab. Siehe Karte vorne.

3 Der Berg Ararat.

„Haben Hünengräber durch ihre offene Konstruktion nicht immer genug Tageslicht?"
„Die Archäologie hat mehr zerstört, als Kenntnisse hinzugewonnen! Manchmal ist nichts zu sagen besser, als aus eigenem Unvermögen alles auf religiöse Handlungen und Totenkult zu reduzieren. Nur wer das Unmögliche gedanklich zulässt, kommt der Wahrheit näher. Die Menschen der Vergangenheit haben, wie das heute ebenfalls der Fall ist, keine Zeit für ständiges Beten gehabt. Sogenannte sakrale Gebäude haben anderen Zwecken gedient. Ein »Cairn« ist immer von Erde umgeben und kein frei tragendes Gebilde gewesen. Diese Bauwerke sind nicht die Grabstätten ihrer Erbauer. Die Zugänge sind oft zu schmal, um einen Leichnam hinein zu transportieren. Gelegentlich verhindert obendrein ein Stein, am Fuß einer äußerst engen Treppe den Transport größerer Gegenstände oder den ungebetenen Zutritt von gefährlichen Raubtieren."
„Um auf Ihre Frage nach dem Apfel zurückzukommen. Wenn ich mich recht erinnere, haben wir in der Schule gelernt, die Pflanze sei von China über die Seidenstraße, danach vom Schwarzen Meer mit den Goten zu den Römern und von dort nach Westeuropa gelangt."
„Die Verbreitung ist in entgegengesetzter Richtung abgelaufen! Die »Galater«[4] haben auf ihrer Wanderung nach Osten die Saat des Baumes heimlich mitgenommen. Diesen Diebstahl haben die Hiergebliebenen nicht mitbekommen. Der Cidre galt als heiliger Zaubertrank und viele Jahre ist der Apfelbaum als großes Geheimnis gehütet worden. Im benachbarten Gallien ist die Pflanze unbekannt geblieben, bis die Römer veränderte Sorten aus dem Gebiet der heutigen Türkei mitgebracht haben. Der von dir erwähnte chinesische Apfel hat dort die Flut überlebt und ist kein Baum, sondern im Ursprung ein Strauch, dem die mystische Kraft fehlt."
„Ist das der Baum der Erkenntnis?"

4 279 vor Christus, plünderten die keltischen Galater vom Stamm der Volcae (aus dem heutigen Hessen, wo noch heute Äpfel große Tradition haben) das Orakel von Delphi. Von Nikomedes I, als Söldner angeheuert, siedelten die Galater im Gebiet um Gordion und Ancyra (heute: Ankara / Türkei).

„Nicht der Apfelbaum! Was du meinst, ist eine Darstellung der DNA in Baum-Form. Das ist eine andere Geschichte."

„Was hat der Apfel mit den Bausteinen des Lebens zu schaffen?"

„EN.KI hat die DNA des Menschen verändert und die Lebenszeit drastisch verkürzt. In der Frucht ist ein Narkosemittel gewesen, um den Eingriff vorzunehmen."

„In der Bibel steht, das Paradies sei von vier Strömen durchflossen worden. In den Büchern behauptet die Wissenschaft, im Irak sind nur der Euphrat und der Tigris übrig geblieben, während die anderen versandet seien."

„Vier Flüsse fließen durch das Gebiet der »Apfel-Inseln«. Diese sind teilweise weiterhin vorhanden, wenngleich in verkürzter Form, wie der »Crac'h« und der »Auray«. Der »Liziec« und der »Plessis« sind versandet, beziehungsweise im »Golf von Morbihan« untergegangen. Die Menschen des Altertums haben den Garten Eden aus Unwissenheit in Persien verortet und die Flüsse den dortigen Gegebenheiten angepasst. Der »Auray« ist in den »Euphrat« und der »Pischon« in den »Tigris« umgedichtet worden. Aus diesem Grund sind die vier Flüsse der Bibel im Orient nicht nachzuweisen."

Père Albert zieht eine erheblich in Mitleidenschaft gezogene Packung »Gitanes Mais« ohne Filter aus der Vordertasche seiner abgewetzten Segeltuchhose. Das gelbe Papier der Zigaretten hat stellenweise Wasserflecken.

„Diese Sargnägel traue ich mich nicht zu rauchen! Da sind vierundvierzig Milligramm Teer enthalten!"

„Tabak schadet nicht. Probier gerne mal eine."

Marcel zieht kurz, atmet ein und hustet heftig. Ihm ist sofort übel und schwindelig. Die Zigarette erlischt kurz darauf wieder.

„Ein weiterer Vorteil ist, diese Glimmstängel rauche ich nicht am Stück. Wenn ich einen Fisch aus dem Wasser ziehe, verglüht mein Tabak nicht. Danach zünde ich das Teil wieder an. Wie ich stets feststelle, vertragt ihr Menschen der vierten Generation die besten Dinge der Natur nicht mehr."

„Vierte Generation?"

„Australis, Neandertalis, Cro Magnon und Sapiens. Das ist reiner Tabak, ohne zusätzliche Giftstoffe. Und ist nicht, wie bei den Amerikanern, mit Suchtmachern versetzt."

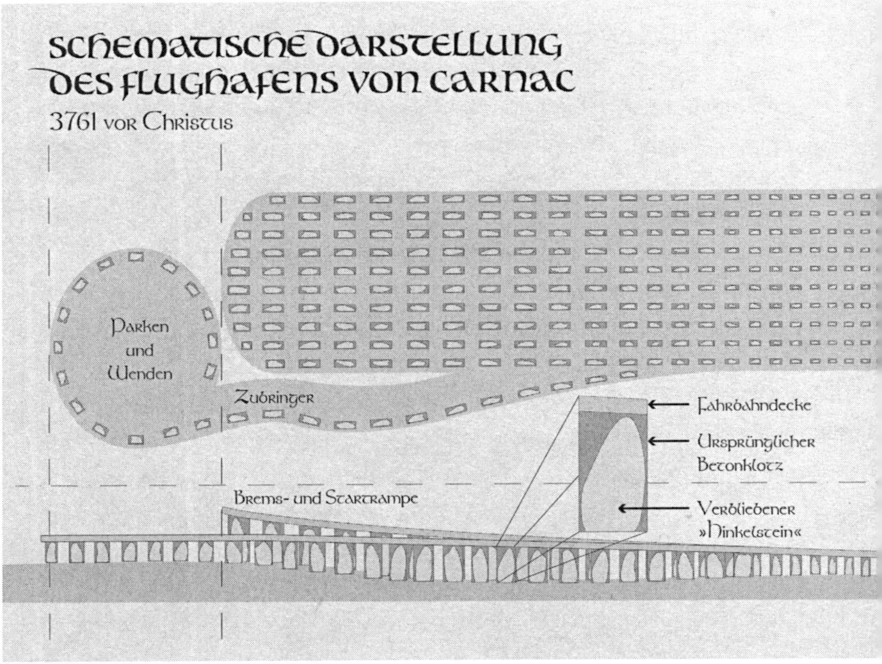

„Weshalb denkst du, mehr zu vertragen als ich?"

„Die Götter haben euch degeneriert. Viele herkömmliche Stoffe sind für euch Gift. Ich weiß von Erzählungen, in denen sich die Allmächtigen auf Avalon über euch Menschen gestritten haben, und zwar auf Bretonisch! Anschließend haben alle Götter Geschlechtsverkehr mit den liebreizenden Menschenfrauen vollzogen. Deshalb stammen die Römer von DIS PATER[5], dem Gott der Unterwelt, ab."

„Die Götter haben sich auf Bretonisch unterhalten?"

„Die alten Worte, wie Budget für einen Geldbeutel, Isarno für Eisen, Karren für Wagen, Lanze für Spieß, Reich für Herrschaft, Slogan für Kriegsruf und Dunum[6] für Festung, haben sich bis heute erhalten."

„Und die Göttinnen? Haben die ebenfalls – Sie wissen schon – mit den Menschen?"

5 JUPITER / HAD.ES.

6 In Städtenamen, wie Lug-Dunum für Lyon.

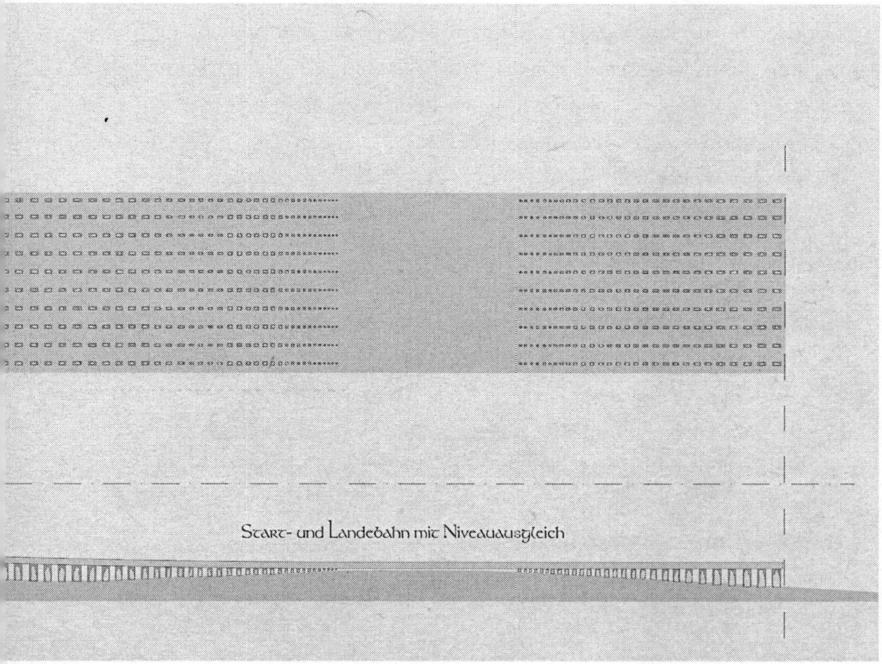

„Das ist vorgekommen. Nur selten mit Nachwuchs. Apropos Nachfolger. Hat dir deine Tante erzählt, was das Zeichen »Fleur-de-Lys« auf sich hat?"

„Meinen Sie die Lilie im Wappen von Paris?"

„Das Zeichen entspricht der Halbinsel »Crozon« vom »Menez-Hom« aus gesehen. Artus hat das Symbol nach dem letzten Besuch des San Grá ELs entworfen. Sein Sinnbild der Macht, in Anlehnung an das Kreuz der Christen!"

„Erstaunlich, was sich mündlich überliefert hat."

„Die ersten schriftlichen Aufzeichnungen stammen aus dem Jahr 550 nach Christus. In Wahrheit sind diese sechzig Jahre nach Artus Tod entstanden. Alle alten, unchristlichen Werke sind von der Kirche vernichtet worden. Nur wenige antike Titel haben dieses Wüten während der ersten großen Bücherverbrennung überdauert."

Père Albert kramt einen harten Klumpen aus seiner Westentasche.

„Weißt du, was das ist?"

„Sieht aus wie ein Stück Kreidefelsen."

„Das ist eine Hirnkugel. Mit Kreide vermengt, ist die menschliche Hirnmasse zu Stein ausgehärtet. Diese ließ sich leicht formen. Dies ist ein tödliches Geschoss, das mein Großvater in der »Schlacht von Narbonne« verwendet und später wiedergefunden hat."
„Ein bisschen widerlich!"
„Wir sind damals nicht zimperlich mit unseren Gegnern umgegangen!"
„Weshalb sind die Köpfe abgeschlagen worden?"
„Götter und meine Gattung Mensch überleben Verletzungen. Erst wenn der Kopf ab ist, endet unser Leben. Die Weltenlenker haben vorgehabt, uns auszurotten. Das ist der wahre Grund für die Kopfjagd der Kelten."
„Kennen Sie den Film »Highlander«?"
„Durch mein langes Leben sind meine Augen nicht in der Lage, Filme mit kurz hintereinander folgenden Bildern anzuschauen. Ich habe einmal in den dreißiger Jahren versucht, ein Kino zu besuchen. Ich habe unerträgliche Kopfschmerzen bekommen."
„Was sagt Ihnen das Bild »Die Hirten von Arkadien« des Malers Poussin?"
„Ich habe davon gehört."
„Was hat der Spruch – ET· IN· ARCADIA· EGO – auf sich?"
„Das bedeutet: »und ich bin im Paradies«. Arcadia ist eine alte Bezeichnung des Gebiets unter dem Himmelsbogen. Damals hat der Mond auf der Erde gelegen. Die Bretagne ist zu jener Zeit als eine der wenigen Stellen in Europa eisfrei gewesen."
„Liegt der San Grá EL in der Bretagne begraben?"
„Seine Wanderung hat ihn in den Süden verschlagen. Jesus ist am Leben. Ich habe bis zum heutigen Tag keine gegenteilige Nachricht gehört. Und wenn doch, so mit absoluter Sicherheit nicht in der Bretagne! Die Goten sind seinesgleichen. Bei ihnen sind seine Weisheiten besser angekommen als bei uns. Ich vermute, Jesus wirkt heute in Lourdes und lebt an einem unbekannten Ort am Fuß der Pyrenäen. Dort hat unser San Grá EL nach weiteren Teilen des Goldes gesucht."
„Und hat den Schatz dort nie gefunden. Jetzt verstehe ich, weshalb das Bild im Louvre ausgetauscht worden ist."
„Womöglich hat Jesus das Gold entdeckt und Saunier zur Aufbewahrung übergeben. Ein fataler Fehler, wie sich herausgestellt hat."

Gralssuche

28

Frühjahr 490 nach Christus

Wie der Regen und der Blick auf den »Menez-Hom« so gehört der Wind zum Leben auf »Kameled«. An diesem Tag scheint ein Dämon in das Element der Lüfte gefahren zu sein. Jeden Augenblick ändert das Wesen der Unterwelt seine Meinung und die Richtung. Mit der Macht über die Wolken verfinstert der Kobold den Himmel und jagt auf dem Meer die Pferde des MANANAN, Sohn des LIR, gegen die Felsen. Vor dem Tor stehen alte Männer in der Tracht römischer Senatoren und verlangen eine Unterredung mit dem »King«.

„Ich bin Prätor Lucius Tiberius."

„Ich erkenne das Christentum nicht als Staatsreligion an!", erklärt Artus. „In »Letavia« haben wir unsere eigenen Traditionen und Religionsfreiheit!"

„Rom wirft dir vor, seit deiner nicht legitimierten Übernahme der Provinzen »Cornouaille« und »Léon« keine Steuern bezahlt zu haben."

„Habt ihr vergessen", fragt Artus leicht überheblich, „wer meine Vorfahren sind? Als Augustus ist Konstantin der kaiserliche Adler vorangetragen worden! Und der Ahnherr aus der mütterlichen Linie hat in grauer Vorzeit »Rom« erobert! Ihr erinnert euch an seine Worte? ‚Wir tragen das Recht in den Waffen, und tapferen Männern gehört alles!' »Ravenna« hat entsprechend mir Tribut zu zahlen! Ich habe das Land von den Sachsen und von den Goten befreit."

„Konstantin ist niemals Kaiser gewesen", widerspricht Lucius Tiberius. „Außerdem hast du den Schatz an dich genommen, den die Goten bei einem Überfall auf Rom gestohlen haben. Wir fordern die Herausgabe des Goldes!"

„»Letavia« ist unabhängig und hat seine Goldvorräte rechtmäßig erworben!"

„Du begleitest uns nach »Ravenna« und erklärst dich den Senatoren!"

„Der Senat hat in meinem Land keine Befugnisse! Seit vielen Jahrzehnten schon ist »Letavia« nicht mehr römische Provinz. Ich bin der Garant für Sicherheit und Wohlstand in der Region. Rom hat uns irritiert, aber nie unterworfen!"

„Lehnst du ab, schickt der Kaiser seine Legionen!"

Von dem Geschrei angelockt, treffen nacheinander die »Sirs« im großen Saal ein, der ohne den Tisch groß und abweisend wirkt. Gui, Jules, Urien, Gereint, Bedibere, Cador und Sagramore sind erzürnt. Obain, Mordred, Lucan und Gawein erwägen, die Steuereintreiber zu lynchen.

„Kommt zur Vernunft!", sagt Keie. „Diese Männer haben verstanden und reisen ab, ohne ihr Leben durch uns zu verlieren. Was interessiert uns das, wenn Artus Steuern zu zahlen hat?"

„Rom besteht auf Tributzahlungen seiner Untertanen", beruft sich der Steuereintreiber auf alte Gesetze. „Die Bewohner der Länder Roms sind verpflichtet, mir bei der Ausübung meiner Pflicht zur Seite zu stehen. Unterlasst ihr die Hilfeleistung, verhänge ich über euch die Todesstrafe!"

„Ich setze ein Schreiben an den Kaiser auf", entschärft Artus die Situation. „So lange bist du mein Gast. Ich versichere dir deine Unversehrtheit. »Sir« Galahad, zeige den Männern ihre Unterkünfte!"

Die Greise schreiten mit steifen Minen dem Jungen hinterher.

„Das gibt Krieg!", ruft Lucan.

„Die Römer lassen vermutlich im Sommer ihre Truppen aufmarschieren", schätzt Cador die sich zusammenbrauende Gefahr ein. „Die geglänzt ausgebildeten Reiter der Goten und der Germanen sind überaus beweglich und stellen für uns eine ernsthafte Bedrohung dar! Wir haben dieser Übermacht nichts entgegenzusetzen!"

„»Ex.Sal.Liburn« garantiert mir den Sieg!"

„Am »Mons Badonicus« haben sich die Götter auf unsere Seite geschlagen. Ohne Merlin richtest du gegen die Kriegsmaschinerie der Römer nichts aus!"

Artus benötigt mehrere Tage, um den Brief zu formulieren. Nicht leicht für ihn, Worte zu finden, die den Kaiser überzeugen, »Letavia« als ein freies Land neben »Rom« zu akzeptieren. Der »King« bittet den Prätor in seine Schreibstube.

„Dies ist mein Schreiben an den Kaiser!"

„Das ist nicht mehr nötig!", ist Lucius Tiberius kurz angebunden.

„Ihr verzichtet freiwillig auf die unberechtigte Steuerzahlung?"

„Wir haben die Zeit genutzt und haben den »Schatz der Goten« geborgen, den Merlin vor Rom versteckt gehalten hat. Das ist, was wir gesucht haben!"

„Der Schatz ist nicht in dieser Burg!"
„Unser Verbündeter, Kroton, hat uns das Versteck gezeigt. Während du geschrieben hast, haben meine fränkischen Truppen das Gold verladen und abtransportiert. Du schuldest uns weiterhin die Steuern, denn der Schatz aus Rom, gehört nicht dir! Wo ist dein Staatsschatz? Die Wagen stehen bereit."
„Ich bringe dich auf der Stelle um! Du hast nicht das Recht, dir zu nehmen, was sich auf meinem Land befindet!"
„Der Schatz ist Diebesgut und nach wie vor Eigentum des römischen Volkes. Eine weitere Widerrede und ich bringe dich in Ketten gelegt nach »Ravenna«!"
„Ich hole mir zurück, was mir gehört! Und ich töte jeden, der versucht, mich zu hindern!"
„Vor dieser schäbigen Burg steht eine Legion fränkischer Söldner. Wer Widerstand leistet, ist des Todes. Wir drehen jeden Stein um, bis wir deine Steuern restlos erhoben haben!"
Schwere Rammböcke bringen die Mauern zu Fall. Der »Donjon« stürzt ein und gibt die Schatzkammer frei. Zufrieden und mit einem breiten Grinsen reibt sich Lucius Tiberius die Hände.
„Das Gold langt, um deine Steuerschuld auszugleichen. Als wahrer Christ gewähre ich dir Gnade und verschone dein Leben. Gehe mir aus den Augen!"
„Gebe mir auf der Stelle mein Gold zurück!"
„Ich habe erhebliche Unkosten bestritten und den Rest bist du mir schuldig. Der Übermacht gehört alles! Das sind Worte, die du gesagt hast!"
Das Meer riecht verdorben. Unablässig wütet die Brandung gegen das Ufer. Die Gicht brodelt von gärenden Algen und totem Meeresgetier. Der Schaum klebt an den Felsen und ist für viele der kleinen Strandbewohner eine tödliche Falle. Von »Trez Rouz« aus sieht Artus die Reste seiner Burg und sein Mobiliar in Flammen aufgehen. Mehrere Tage lang hat das fränkische Ersatzheer des Lucius Tiberius, in der Hoffnung dort verstecktes Gold zu finden, die Mauern niedergerissen, jeden einzelnen Stein zertrümmert und zu Sand verarbeitet. Sämtliche Wertsachen sind verladen und eine Wagenkolonne zieht über den Hügel in Richtung »Menez-Hom«.

„Die Römer haben dich kalt erwischt!", sagt Keie, um die Stille zu durchbrechen.

„Diese Schmach bezahlen die Diebe mit ihrem Leben!", ist Artus wütend. „Weshalb hast du nicht eingegriffen, als die Gelegenheit für eine Umkehr der Dinge zu meinen Gunsten bestanden hat?"

„Ich erinnere dich an dein loses Mundwerk! Damals habe ich dir gesagt, ich helfe dir nicht mehr."

„Ich hätte Lust, dich auf der Stelle zu lynchen!"

„Jetzt sind wir quitt."

Keie und Artus schauen sich zornig in die Augen. Nervös greifen beide an das »Gehilz« ihrer Schwerter. Ihre Daumen streichen hektisch über die Parierstangen. Die Knie senken sich. Plötzlich verfallen die Kontrahenten in schallendes Gelächter.

„Die Franken rechnen nicht mit einem Angriff", überlegt Keie. „Was?"

„Was, was, was! Die lernen uns kennen!"

„Wir sind bereit, Artus!"

„Sendet Boten aus. Die Krieger versammeln sich am Fuße des »Menez-Are«[1]. Die »Sirs« begleiten mich nach »Ker Léon«, meinem alten und neuen Hauptquartier."

„Was suchst du in der halb verfallenen Hütte deines Vaters? Wir verlieren eine Menge Zeit. Lass uns ..."

„Merlin hat den Schatz wohlweislich aufgeteilt. Die Römer haben nur einen Teil des Goldes. Von fünf Fingern sind mir drei verblieben, die Lucius Tiberius nicht gefunden hat!"

„Unsere Soldaten brauchen nicht um ihren Sold fürchten?"

„Auf dem Weg nach Rom erbeuten wir, was immer wir benötigen und was uns gefällt! Die Häuser der Römer gebe ich zum Plündern frei!"

Die Kunde vom Niedergang des »Kings« kursiert in Windeseile durchs ganze Land. Diese Nachricht lässt in »Gaunes« einen jungen Mann elektrisiert aufhorchen. Lancelot sieht seine Zeit gekommen, endlich in den Besitz des Schatzes, der »Queen« und »Letavias« zu kommen.

✝✝✝

1 Heute Monts d'Arrée. Mit 385 Metern, höchste Erhebung der Bretagne. Bildet die historische Grenze zwischen Léon und Cornouaille.

Frühsommer 490 nach Christus

Das Haus ist in einem weit besseren Zustand, als von »Sir« Keie befürchtet. Die Dorfbewohner haben ihren Aussagen nach auf Artus Rückkehr gehofft. Nach der Plünderung der Wohnräume ist das Anwesen als Stall und Lagerraum genutzt worden. Schnell säubern Sklaven die Halle und richten ein Bankett her. Ausgenommen der Lahmen und der Blinden, sind alle »Léonesen« auf den Straßen, um den »King« in Empfang zu nehmen. Nach Jahren der Vergessenheit, stehen Schlachten an, die einen schnellen Weg in die »Anderswelt« oder reiche Beute versprechen. Tosender Jubel und wilde Musik schallen über die Hügel. Viele der jungen Frauen haben ihren Oberkörper entblößt, um den unerfahrenen Helden die Gelegenheit zu geben, Lebewohl zu sagen.

„Krieg!", schreit Artus und hebt »Ex.Sal.Liburn« in Richtung der von Wolken umspielten Sonne.

„Krieg!", grölt die Menge.

„Nieder mit Rom!", brüllt Artus.

Die Menge singt Schlachtlieder und schwenkt bunte Tücher. Die »Sirs« ziehen sich ins Haus zurück.

„Rom hat uns beleidigt und beraubt. Das ist nicht hinnehmbar! Wir brennen Rom nieder!"

„Bis Rom ist ein weiter Weg!", merkt »Sir« Keie an.

„Die Goten warten nur auf die Gelegenheit", ereifert sich »Sir« Lucan, „dich auf dem Weg dorthin zu massakrieren."

„Wir sind in Rom", überschätzt »Sir« Jules die eigenen Fähigkeiten, „bevor die Goten unsere Absichten erraten!"

„Der Römer sagt", lacht »Sir« Keie gehässig, „jeder Weg führt nach Rom. Aber deine Beine sind zu kurz, um die Strecke zu meistern!"

„Bisher ist der »Questor« nicht nach Rom zurückgekehrt", ist sich Artus gewiss. „Die schweren Kutschen fahren nur äußerst langsam."

„Worauf warten wir?", ist »Sir« Jules ungeduldig.

„Sobald meine Späher mir den Aufenthaltsort dieses widerwärtigen Steuereintreibers nennen, greifen wir an!"

„Du verlierst unnötig Zeit!", gibt »Sir« Gawein zu bedenken. „Wer, außer den Gaunes oder den DuLacs, versteckt einen römischen Gesandten, der den »King« ausgeraubt hat?"

„Ziehe ich zu den Gaunes, ist der Schatz bei den DuLacs. Gehe ich zu den DuLacs, ist das Gold bei den Gaunes, und ich verliere kostbare Zeit, hin und her zu irren."

„Wir sind demnach lange fort", wirft »Sir« Gui von Valais ein. „Das Land lassen wir ungeschützt zurück?"

„Mein Sohn verwaltet »Letavia« und schützt die »Queen«!"

„Weshalb ich?", ist Mordred entsetzt. „Verwaltung und Schutz sind Angelegenheiten für alte Männer! Ich beabsichtige, mich im Kampf zu beweisen! Ich begehre, ein Held zu sein!"

„Vertraue ich jemanden mehr als dir? Du bist mein Sohn. Du bist meine einzig würdige Vertretung."

„Du entehrst mich!"

„Dies ist der Beweis meiner Zuneigung."

„Ich langweile mich in diesem Nest zu Tode!"

„Suche dir ein »Castrum«, das dir gefällt und baue eine junge Streitmacht auf! Verteidige »Letavia« gegen eindringende Feinde! Eines Tages ist das dein Land. Übernimm die Verantwortung und halte mir den Rücken frei! Ich zähle auf dich."

☨☨☨

Ein Bote kehrt mit der Nachricht zurück, Lucius Tiberius befände sich in »Gaunes«. Artus teilt seine Soldaten gleichmäßig unter den »Sirs« auf. Die neue Strategie lautet, gleichzeitig von allen Seiten anzugreifen. Erneute Fluchtversuche von Lancelot sind zu verhindern. In Eilmärschen kesselt der »King« die »Gaunen« ein. Der Angriff trifft die Gegner unvorbereitet. In einem kurzen Handstreich fallen sämtliche Festungen in Artus Hände. Der am Kopf blutende Hector DuLac ergibt sich »Sir« Cador.

„Ich schäme mich!", ist Hector den Tränen nah. „Ich bin von einem aus Cornouaille geschlagen worden."

„Erröte lieber, denn du hast den »King« hintergangen!"

„Ich bin nie im Zweikampf geschlagen worden! Selbst die beiden Sarazenen haben mich nie besiegt."

„Deine Niederlage ist ein Zeichen Gottes", sagt Palamedes ruhig, „künftig friedfertig zu sein."

„Ich habe zu keiner Zeit begehrt", piepst Safir, „dich zu besiegen."

„Was hast du mit uns vor?", fragt Hector.
„Auf euch wartet das Gefängnis", sagt Artus trocken.
„Wir haben uns zum Christentum bekehrt", fistelt Palamedes.
„Wir haben uns angeschickt", schließt sich Safir der Ausführung an, „uns auf den Weg in die Heimat unseres Vaters zu begeben, um dort als Mönche die Frohe Botschaft von der Erlösung durch den Herrn zu verkünden, als dein Überfall jäh hereingebrochen ist. Wir sind rein zufällig in »Gaunes«, um uns von alten Freunden zu verabschieden."
„Ihr habt dem Rittertum abgeschworen?", ist Artus erstaunt.
„Nie wieder fassen wir eine Waffe an!", schwört Palamedes.
„Sagt mir, wo sich der Quästor aus Rom aufhält!"
„Der Römer ist nach Norden gezogen", wundert sich Palamedes.
„Wir haben uns gefragt", stimmt Safir zu, „warum die Soldaten den falschen Weg genommen haben. Rom liegt im Süden!"
„So zieht des Weges!", ist Artus großzügig.
„Deine Barmherzigkeit sagt mir", quietscht Palamedes, „du bist ein Christ! Ich berichte der Welt von dieser unermesslichen Güte, die du uns entgegenbringst."

Im eroberten »Trec'horanteg«[2] hält Artus Kriegsrat.
„Wir haben »Letavia« um »Gaunes« bereichert!", jubelt der »King«.
„Den Staatsschatz haben wir gesucht und haben ihn nicht gefunden", stichelt »Sir« Keie.
„Brülle weit lauter heraus, nach was wir suchen."
„Das verlorene Gold ist ein offenes Geheimnis!"
„Sprecht ihr von dem Schatz", fallen Artus Merlins Worte wieder ein, „so nennt ihn den »Heiligen Gral«!"
„Für was ist das von Nutzen?", spielt »Sir« Gawein die Aussage herunter.
„Die Römer wiegen sich in Sicherheit", sagt Artus. „Ich schätze der »Questor« rechnet nicht mit uns und denkt, mich geschlagen zu haben. Lucius Tiberius möge glauben, wir sind auf der Suche nach dem San Grá EL, um geistige Erleuchtung zu erlangen."
„Wir haben nur einen ungenügenden Hinweis", spielt sich »Sir« Keie auf, „wohin die Römer den Schatz bringen."

2 Heute: Tréhorenteuc.

„Den »Heiligen Gral«!", ist Artus genervt.

„Ich wende mich nach Norden", sagt »Sir« Keie eingeschnappt. „Bis dorthin ist die Kunde von deinem Staatsschatz nicht vorgedrungen."

„Die Tafelrunde zerfällt", erinnert sich »Sir« Gawein, „hat Merlin einmal zu mir gesagt. Und der »Heilige Gral« ist schuld an unserem Untergang."

„Seine Voraussagen sind stets eingetroffen", erinnert sich »Sir« Keie.

„Leider hat Merlin nicht gesagt", führt »Sir« Gawein weiter aus, „ob wir den »Heiligen Gral« wiederfinden. Ich suche im Süden und gehe nötigenfalls bis nach Rom."

Der Kerkermeister Turquine hat den Auftrag, die Gefangenen, Hector DuLac und Lionel von Gaunes, nach »Mons Relaxus« zu bringen. Der Gefangenentransport setzt sich in Bewegung, da greift Bors von Gaunes mit seinen Männern »Trec'horanteg« an. Hector nutzt den Tumult für einen Fluchtversuch. Mit bloßen Fäusten ist der mit hartem Leder gepanzerte Kerkermeister nicht zu schlagen. Mit Dornenruten peitscht Turquine Lionel in die Richtung eines vergitterten Fahrzeugs. Zeitgleich zerrt ein Soldat eine junge Frau zu seinem Pferd. Bors steht vor der Entscheidung, den Bruder oder das fremde Mädchen zu retten. Mit wenigen Sätzen ist sein Hengst bei ihr. Von Schwerthieben tödlich getroffen stürzt der Krieger zu Boden. Bors gibt seinem Hengst die Sporen. Lionel sitzt in der Falle. Die Tür des Gefängniswagens fällt ins Schloss. Jede Hilfe kommt zu spät.

„Meinen Bruder rette ich später!", erklärt Bors der Unbekannten.

†††

»Sir« Gui von Valais bittet Artus um ein Gespräch.

„Ich suche diesen »Heiligen Gral« nicht!", platzt der naive »Sir« heraus.

„Das ist vertane Zeit."

„Auf deine Mithilfe verzichte ich nur ungern! Das Gebiet, in dem sich der »Heilige Gral« womöglich versteckt, ist bedenklich groß."

„Gott ist weder fürsorglich noch allmächtig."

„Die Götter helfen uns nicht bei unserer Suche."

„Ich hasse diesen Gott! Weshalb erlöst das grauenhafte Wesen An Fort EL nicht von seinen Leiden?"

„An Fort EL?"

„Das ist der »Reix« der Fischer. Ich bin Schuld an seinen Leiden."

„Was hat An Fort EL mit dem »Heiligen Gral« zu schaffen?"
„Mein Onkel ist sein Hüter."
„Dein Oheim hütet den »Heiligen Gral«?"
„Seine Leiden hindern ihn, der verantwortungsvollen Aufgabe nachzugehen, und nur der »Heilige Gral« ist in der Lage, ihn zu erlösen."
„Du widersprichst dir selbst. Ich verstehe nicht, weshalb du den »Heiligen Gral« nicht suchen gehst?"
„Weil die Erlösung meines Onkels die Angelegenheit Gottes ist. Ich habe mein Verhältnis zu Gott gelöst!"
„Ohne den »Heiligen Gral« ist dein Oheim verloren. Tilge deine Schuld. Erst wenn du ihn findest, ist An Fort EL erlöst!"
„Ich danke dir für die Erhellung meiner Gedanken!"

»Sir« Gui von Valais begibt sich auf die Suche nach dem San Grá EL, da ihm der Unterschied zum »Heiligen Gral« nicht geläufig ist.

✝✝✝

Bei strömendem Regen nähert sich »Sir« Gawein einer Kreuzung.[3] Sein Weg nach »Darioritum« führt ihn über die Straße von »Condate« nach »Sulis«. Hinter ihm klappern Ausrüstung, Proviant, Töpfe und Geschirr in seinem Begleitwagen. Ein neuer Sklave lenkt das Gefährt. Der Mann mittleren Alters, den die Spielsucht in den Ruin getrieben hat, ist von Gawein günstig erstanden worden, da sich dieser ohne handwerkliche Ausbildung nicht zum Mietsklaven eignet. Fröstelnd zieht sich der »Sir« seinen Mantel über den Kopf und schlägt das Ende vor den Mund. Von der Anhöhe aus, ist eine Gestalt zu sehen, die unter ihrem »Counsallt«[4] auf besseres Wetter zu warten scheint. Als Gawein die Kreuzung erreicht, zieht der unbekannte Reiter plötzlich sein Schwert.

„Gib dich zu erkennen!", fordert der Fremde.
„Bei diesem Wetter ziehe ich meinen Mantel nicht vom Gesicht", protestiert »Sir« Gawein. „Weiche zur Seite!"
„Ich lasse dich nicht passieren! Niemand überquert, ohne meine Erlaubnis, diese Kreuzung."

3 Heute der Ort Ploërmel.

4 Überwurf.

„Du bist kleiner als ich. Gegen mich hast du keine Chance!"

„Ich bin geschickter und wendiger als du!"

»Sir« Gawein setzt seinen Weg unbeirrt fort. Da greift der Unbekannte ihn an, verletzt ihn am linken Arm und stößt ihn vom Pferd. Der Verdutzte zieht sein Schwert und hat Mühe, den zweiten Schlag gegen die Hüfte abzuwehren. Der Angreifer springt ab, lässt sich auf die Knie fallen und schlägt nach den Beinen. Nur ein Sprung nach hinten verhindert Schlimmeres. Schon steht sein Gegner wieder auf und zielt auf seinem Hals. Den Schlag pariert »Sir« Gawein mit erhobener Waffe. Ein Messer klirrt gegen sein Kettenhemd. Die Verletzung ist nur leicht. Der Versuch, seinem Kontrahenten das Schwert seitlich an den Kopf zu schlagen, quittiert dieser mit einem festen Tritt wider die Knie. »Sir« Gawein strauchelt. Im letzten Augenblick verhindern seine schnelle Reaktion die Spaltung des Kopfes. Die Anstrengung löst Schweißströme aus. Der Gegner ist nicht mehr im Sichtfeld.

Der Sklave schreit kurz auf. Sein Haupt rollt übers Pflaster. Eine schnelle Drehung. Ein Schwall Matsch klatscht in sein Gesicht und brennt in den Augen. Das Kettenhemd verhindert erneut eine schwere Verwundung. »Sir« Gawein rappelt sich wieder auf. Gleichzeitig schlagen beide Klingen gegen die Helme. Der dumpfe Klang verursacht ihm ein Klingeln in den Ohren, das ihm für einen Moment die Sinne raubt. Der Fremde liegt am Boden. Sein Blut misch sich zwischen den Basaltsteinen mit dem dahinfließenden Regenwasser. Ein kurzes Zittern durchläuft seinen Körper. Eine Pfütze Urin bildet sich am Rande des Überwurfs. Kurzerhand spült der Starkregen die Verunreinigungen von der Straße. »Sir« Gawein friert. Am Straßenrand übergibt sich der Riese. Was ist dem verrückten Vogel nur durch den Sinn gegangen? Hielt sich dieser Spinner für den Wächter der Kreuzung? Da »Sir« Gawein auf einer wichtigen Mission ist, käme ihm der Gang in die »Anderswelt« ungelegen. Der Regen lässt nach.

Der Überlegene zerrt die Leichen von der Straße. Ein Fuhrwerk nähert sich. Der Kutscher schaut ihn unentwegt an und fährt unbekümmert weiter. »Sir« Gawein ärgert sich über die unterlassene Hilfeleistung und entfernt den Überwurf des Fremden. Der Tote ist sein Vetter, »Sir« Obain von Gorron! Ihn überkommen Skrupel, den Leichnam seines Angehörigen, den Wölfen und Krähen zu überlassen, und liest

Steine für die Beerdigung auf. Nach der Beisetzung der beiden Körper und des Kopfes spannt »Sir« Gawein, benommen von einem Schwall an Gefühlen, das Pferd vor dem Wagen aus und knüpft den Zügel an den Knauf seines Sattels. Das Gefährt bleibt als Beute für Diebesbanden auf der Straße zurück.

✝✝✝

»Sir« Gereint von Domnomea reitet, von »Sir« Keie inspiriert, nach Norden in Richtung seiner hügelfreien Heimat, die ihm nach langer Abwesenheit fremd anmutet. Viele Wälder sind von Weideland verdrängt und neue Ortschaften sind entstanden. Selbst Gesichter und Größen der Bewohner haben sich verändert. In seiner Jugend haben dort ausschließlich Riesen gelebt, von den zwergenhaften Römern abgesehen.

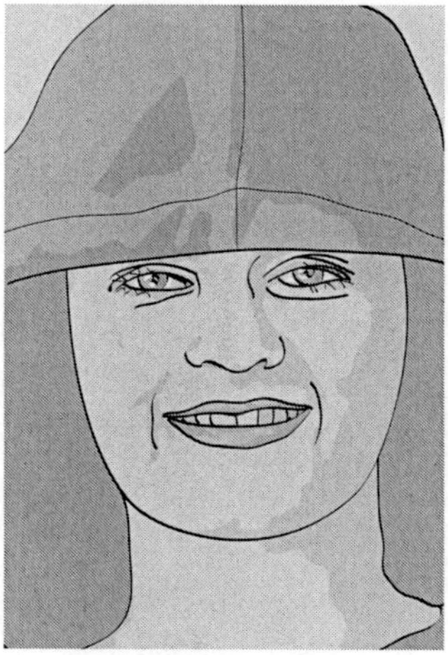

Enid

„Du hast den Hof schwer vernachlässigt!", ist seine Frau Enid glücklich, ihn zu sehen. „Und mich obendrein!"

„Morgen reite ich weiter."

„Das ist nicht dein Ernst!"

„Ich bin auf der Suche nach dem »Heiligen Gral«!"

„Ein billiger Vorwand, zu deiner Hure zurückzukehren!"

„Du unterstellst mir, der käuflichen Liebe nachzugehen? Was treibst du während meiner Abwesenheit mit den Sklaven?"

„Du verlässt diesen Hof nicht ohne mich!"

„Du gibst mir keine Befehle!"

„Ich gehe mit dir auf die Suche nach dem »Heiligen Gral«. Ich koche für dich und trage deinen Schild!"

✝✝✝

Ein einsamer Reiter durchquert in stürmischer Nacht das »Corsold«. Der Vollmond leuchtet hell. Am Tag ist die Reise für ihn zu gefährlich. Sein Ziel liegt hoch im Norden. Zwischen imposanten, rötlich schimmernden

Granitfelsen taucht ein dunkles »Castel«[5] vor ihm auf. Auf dem Turm vor ihm ist der Torwächter eingenickt. Der Reiter ruft erfolglos mit gedämpfter Stimme nach ihm, steigt ab, sucht ein paar kleine Steine und wirft diese nach dem Soldaten.

„Was ist dein Begehr?", fragt dieser mürrisch.

„Rufe deinen Herren! Ich habe mit ihm zu reden."

„Wer bist du? Glaubst du, mein Herr empfängt mitten in der Nacht einen Landstreicher? Ohne triftigen Grund bist du so gut wie tot!"

„Ich bin Lancelot DuLac!"

„Ich habe dich in der Dunkelheit nicht erkannt."

Schritte sind zu hören. In der Ferne erklingt der einsilbige Ruf eines Fuchses. Das Rauschen der Brandung ist zunehmend lauter. Wieder dringen Geräusche aus dem Lager. Das Tor öffnet sich.

„Was ist geschehen?", ist Mordred verwundert.

„Eile ist geboten! Hast du bisher nichts vom San Grá EL gehört? Dein Vater lässt das ganze Land nach ihm durchkämmen."

„Was nutzt die Suche nach einem alten Mann?"

„Der San Grá EL steht mit dem Schatz in Verbindung, den die Römer uns abgenommen haben."

„Ich hasse meinen Vater! Ich bemühe mich nicht, ihn für diesen Narr zu suchen."

„Du bist unser neuer »King«. Wir benötigen den Schatz für deinen Aufstieg! Mit dem Gold verhinderst du seine Rückkehr und bist in der Lage, die Herrschaft über das Römische Reich an dich zu reißen."

„Das klingt nach einem Plan. Was schlägst du vor?"

„Mein Bruder und seine Freunde sind in deiner Gefangenschaft."

„Davon weiß ich nichts!"

„Dein Vater hat Hector und Lionel einsperren lassen. Befreie deine dich schätzenden Anhänger und wir sind dir zur Treue verpflichtete! Ich gehe mit ihnen auf die Suche nach dem San Grá EL, hole den Schatz zurück und wir beide regieren die Welt!"

5 Heute Trégastel. Keltisch Tri bezieht sich vermutlich auf die dreigeteilte Bauweise der Anlage. Dringt der Feind ein, ziehen sich die Verteidiger auf den nächsten Verteidigungswall zurück.

„Was lässt dich glauben, von ihm das Gold zu bekommen?“
„Einmal habe ich San Grá ELs Anwesenheit verschlafen. Damals bin ich von ihm nicht als würdig angesehen worden, das Geheimnis seines Reichtums zu erfahren, obwohl ich ein Nachfahre von ihm bin.“
„Wenn du mit dem Gold zurückkehrst“, denkt Mordred, „bringe ich dich um.“
„Sobald Hector frei ist“, überlegt Lancelot, „benötige ich dich nicht mehr.“
„Was hat sich geändert?“, fragt Mordred.
„Ich bin nicht mehr Artus’ Vasall und bereit, ein »Grá-ELs-Ritter« zu sein.“
„Ich lasse deinen Bruder und seine Freunde frei. Sei bis zu deren Ankunft mein Gast. Erzähle mir in allen Einzelheiten, wie du meinen Vater zu Fall bringst.“

✝✝✝

Die Sonne kündigt an diesem Morgen einen warmen Tag an. Über dem »Liger« liegt ein leichter Dunst. Bei der Waffenkontrolle auf der Brücke trifft »Sir« Gawein von Orgères und Lousillais seinen Todfeind »Sir« Gui von Valais und bietet ihm wider Erwarten sein Ersatzpferd an. Ohne ein Wort zu wechseln, reiten die beiden nebeneinander her und erreichen am frühen Nachmittag die »Grá-ELs-Burg«. Ein gotischer Söldner bewacht den Zugang. Mit bloßer Faust schlägt der Riese den kleinen überraschten Mann zu Boden. Das Tor ist nur angelehnt. Im Inneren der Festung halten sich nur Frauen auf, die den beiden Eindringlingen wissbegierig hinterherschauen.
„Wo finde ich San Grá EL?“, fragt »Sir« Gui von Valais.
Keine der Frauen gibt Antwort. Die beiden betreten das Haupthaus. In der Festhalle sind die Möbel umgestürzt, Essensreste faulen, Kleidungsstücke und Schuhe liegen verstreut umher. In dem heillosen Durcheinander entdeckt Gawein ein Schwert.
„Mit dieser Waffe“, verrät eine Frau mittleren Alters, „ist Johannes der Täufer enthauptet worden.“
„Wer bist du?“, fragt Gui.
„Ich bin Réponse von Choyé, die Auserwählte, die das heilige Licht trägt.“
»Sir« Gawein hat seine Triebe nicht im Griff und greift ihr unter den Mantel.

Langsam schiebt sich eine Hand zwischen ihre Beine.

„Nimm deine Finger von mir, bevor dich Gott verflucht! Als Hüterin der Schale habe ich der weltlichen Liebe entsagt. Respektiere meinen Willen oder du bist des Todes!"

„Ich sehe niemand, der mich hindert. Wer ist dein Beschützer?"

„Die unheilbare Krankheit, die ich habe. Ich bin eine Aussätzige. Nur des San Grá ELs Handauflegens wegen hat sich meine Lebenszeit verlängert."

„Im Namen von »King« Artus", weicht Gawein verlegen aus, „bin ich auf der Suche nach der »Heilige Lanze«!"

„Die Reliquie, die den Beweis vom Tod unseres Herrn erbracht hat? Du bist dieser Waffe nicht würdig!"

„Ich verlange, den »Heiligen Gral« zu sprechen!", ist Gawein ungeduldig.

„Übler Gerüchte wegen ist unser Meister in Lebensgefahr, und deine Absichten sind niederträchtig. Du bist nicht demütig genug, ihn zu sprechen. Artus wäre trefflich beraten, einen Vertreter zu senden, der unschuldig und reinen Herzens ist!"

✝✝✝

Die Rückkehr Artus' ist um jeden Preis zu verhindern. Lancelot hat ein Heerlager voll Söldner rekrutiert. Hector und Lionel sind auf dem Weg nach »Trégastel«, um der Einladung »Mordreds« Folge zu leisten. Freudig begrüßen die beiden, ihnen bekannte Krieger. Der Zurufe wegen kommt Bors aus einem der Kommandozelte herausgelaufen. Zwei Männer folgen ihm. Lionel sieht seinen Bruder und zieht sein Schwert.

„Du Verräter!", ist die Begrüßung. „Eine fremde Frau ist wichtiger als ich."

„Töte ihn nicht!", sagt einer der beiden Männer.

„Halte du dich aus meinen Angelegenheiten raus!", plärrt ihn Lionel an.

„Das ist ein Christ!", antwortet Bors gelassen. „Ein Eremit, der sich als ein Nachfolger Christi sieht."

Lionel hebt seine Waffe und schlägt zu. In diesem Moment springt der Einsiedler dazwischen. Der Hieb spaltet ihn vom Hals bis zur Hüfte. Das Schwert hängt fest. Der zweite Mann zieht blank. Im letzten Augenblick bekommt Lionel die Klinge frei und reißt eine klaffende Wunde in die Seite des ungeschützten Angreifers.

„Calogrenant!", ruft Bors entsetzt.

„Was mischen sich deine Freunde in meine Angelegenheiten?"

„Dich hätte Lancelot besser im Gefängnis schmoren lassen!"

„Darüber unterhältst du dich mit deinen Freunden in der »Anderswelt«!". Lionel hebt sein Schwert, holt aus und sinkt mit weit geöffneten Augen bewegungslos zu Boden.

„Gott fordert meinen Tod bisher nicht!", ist Bors beruhigt.

„Mein Herz!", röchelt Lionel und übergibt sich.

†††

Sommer 490 nach Christus

Guibert hat sich »Sir« Gereint und seiner Frau Enid auf der Suche nach dem »Heiligen Gral« angeschlossen. Schwüle Hitze erschwert jeden Gedanken. Gewitterstimmung. Die Sonne scheint auf schwarze Wolken, die jederzeit zu brechen drohen. Die Landwirte spüren den Zorn der Götter und eilen zu ihren Hütten. In einem Tannenwald angelangt, fällt endlich Regen. Gereint behandelt seine Frau streng und verbietet ihr zu sprechen. Im Farn ist ein Rascheln zu hören. Plötzlich greifen drei fränkische Wegelagerer an. Die Männer sind mit einem Schwert, einer Lanze und einem Bogen bewaffnet.

„Ein Hinterhalt!", schreit Enid.

»Sir« Gereint von Domnomea treibt sein Pferd an und stürmt auf die Angreifer zu. Der Bogenschütze verfehlt ihn und verliert seinen Kopf. Der Lanzenträger bringt sich in Stellung. Guibert greift ins Geschehen ein, reitet ihm in die Flanke und schlägt ihm den rechten Arm ab. Entsetzt flieht der Schwertträger. »Sir« Gereint treibt sein Pferd in dessen Rücken. Das Tier verfügt über Erfahrungen aus mehreren Schlachten und trampelt den Gegner zu Tode. Guibert sieht den Kampf als beendet an und kehrt zu Enid zurück. »Sir« Gereint begehrt alle Köpfe an seinem Sattel zu befestigen und greift den verletzten Lanzenträger an, um ihm den Todesstoß zu verpassen. Mit letzter Kraft wirft dieser sein »Pilum« nach ihm und verwundet ihn am Oberschenkel.

„Ich habe dir nicht erlaubt zu sprechen!", wirft der verletzte Ehemann seiner Gattin vor. „Siehe, was du angerichtet hast!"

„Ich bin nicht Schuld", antwortete Enid, „an deinem Missgeschick. Ich befolge dein Gebot, wenn nicht wieder eine Überraschung dazwischen kommt. Lass mich die Wunde behandeln!"

Gereints Schmerzensschreie hallen weit durch den Wald, vertreiben die Tiere und locken einen Druiden an. Enid und Guibert betten ihn mit Hilfe des Heilkundigen an einer trocknen Stelle unter regendichten Tannen.

„FORTUN.A sei Dank, ihr seid keine Römer! Diese Rechtsbrecher heile ich nicht. Ein mir bekannter Druide hat einen »Centurio« behandelt. Danach hat der Halunke meinen Freund eingesperrt. Traut den Besatzern nicht! Ich traue mich nicht einmal, einen Schüler auszubilden. Am Ende lande ich ebenfalls im Loch. Von den jungen Leuten fühlt sich niemand mehr zum Druidentum berufen. Die Römer zerstören unsere Kultur! Du hast Glück, die Wunde ist nicht tief. Deinem Gegner hat die Kraft gefehlt."

Der Regen lässt nach. Der Druide kramt eine Handvoll Kräuter aus seiner schlauchförmigen Umhängetasche, reibt diese in die Wunde und verbindet das Bein mit gewebtem Leinen.

„Bleibt vor Ort. Meine Sklaven versorgen euch."

„Was bin ich dir schuldig?"

„Mit Verpflegung, zehn »Tremisses«[6]"

„In Not Geratenen verstehst du das Geld aus der Tasche zu ziehen."

„Bedenke, welches Risiko ich eingehe! Du hast dich mit Verbündeten der Römer geschlagen! Das sehen diese als Angriff auf den »Pax Romana«[7], selbst wenn jener nur eine Legende ist."

Enid und Guibert pflegen den Verwundeten. Für jede weitere Woche kassiert der Druide erneut fünf »Tremisses«.

„Du hast mir aufopferungsvoll geholfen!", sagt Gereint zu Enid. „Ich glaube, ich habe mich in dir getäuscht!"

„Gemeinsam finden wir den »Heiligen Gral«!", ist Enid zuversichtlich.

„Danach kehrst du zu mir zurück und bleibst für immer bei mir!"

Ein Rascheln lässt die drei erschrocken zusammenfahren. Reiter galoppieren durch den Wald, geradewegs auf ihren Lagerplatz zu. »Sir« Keie und »Sir« Bedibere ziehen ihre Staubtücher vom Gesicht, als die beiden ihren Kameraden erkennen.

†††

6 Weit verbreitet Münze der Spätantike. Bestand aus 1,51 Gramm reinem Gold.

7 Nach Mark Aurels Tod, 180 nach Christus, propagieren nur noch Münzen den Römischen bzw. Kaiserlichen Frieden.

Weiter südlich, im »Vandée«, weht ein lauer Wind vom Meer und trägt die jodhaltige Luft ins Landesinnere. Lancelot durchstöbert mit Hector, Bors und Galahad die Gegend nach dem »Heiligen Gral«. Unterwegs trifft die Gruppe Palamedes und Safir, die im Bußgewand auf der Suche nach Erlösung sind.

„Nicht zu wissen", beschwert sich Bors, „wohin die Reise führt, schmeckt mir nicht!"

„Gott weist uns den Weg!", ist Galahad zuversichtlich.

„Gui hat berichtet", erklärt Lancelot seinen Gefährten, „der »Heilige Gral« befände sich auf dem »Mont-Salva-et-Sce«[8]."

„Was ist dein Ziel?", fragt Palamedes.

„Ich bin Roms Untergang", antwortet Galahad, „denn ich setze das Werk unseres Erlösers fort und bereite dem Imperium ein Ende. Die Welt gehört den »Britaniern«, dem Volk der »Gaunen«, der »DuLacs« und allen, die sich unserem Kampf gegen die Unterdrücker anschließen! Der Glaube an Jesus eint und stärkt uns."

„Die Römer sind Christen!", protestiert Safir.

„Diese Religion steht auf den Fundamenten des Teufels! Ich handele im Namen des einzig wahren Gottes. Jesus gibt mir seinen Segen!"

„Was ist mit dem Schatz?", fragt Palamedes.

„Im Himmelreich ist Gold wertlos! Jesus beschert uns die Reichtümer des Himmels, wenn wir in seinem Namen friedlich die Welt erobern!"

✝✝✝

An der vom Meer abgewandten Seite der sanften Hügel kommt »Sir« Gui von Valais in einem engen Flusstal an einem steinernen Haus vorbei, vor dem eine Menschenschlange steht.

„Bekomme ich in der Gaststätte eine Mahlzeit?"

„In diesem Gebäude lebt eine Heilige! Ihr Geliebter ist gestorben. Die Frau hat sich mit der Leiche einmauern lassen."

„Weshalb steht ihr an? Ich habe Hunger. Eure Körbe sind reich gefüllt!"

„Wir bringen der Frau die Reste unserer Mahlzeiten und lassen uns von ihr segnen."

8 Bei Eschenbach Montsalvatsch. Im Volksmund Mont-Sal-Vent-et-Chie.

Voller Neugier reiht sich Gui ein und kommt zunächst in eine kleine Eingangshalle. Von dort führt eine Treppe hinunter, in den Keller. Ein kurzer Gang endet an einer Mauer mit einer winzigen Öffnung.

„Gui!", kommt eine ihm bekannte Stimme aus dem Inneren.

„Sigourne? Weshalb steckst du in diesem Loch?"

„Gott hat mir ein schweres Schicksal auferlegt."

„Ich hasse diesen Gott! Ich suche An Fort EL, um ihn zu erlösen. Doch ich finde ihn nirgends!"

„Ich habe vorgehabt, nie mehr mit dir zu reden! Ich sehe, du bemühst dich um Wiedergutmachung. Versündige dich nicht erneut! Finde zu Gott und lehne ihn nicht ab! Erfülle die von ihm gestellten Aufgaben!"

Irritiert verlässt Gui das Haus wieder. Vier Reiter und zwei Fußgänger ziehen über die staubige Straße an ihm vorbei.

„Ist das Gui?", fragt einer der Reiter.

„Ihr seid aus »Kameled«", ist »Sir« Gui von Valais erfreut, Bors und weitere alte Bekannte zu sehen. „Ihr seid »Sirs« wie ich! Was verschlägt euch ins Land der Goten?"

„Wir suchen den »Heiligen Gral«", antwortet Lancelot mit einem mystischen Unterton. „Du weißt nicht zufällig, wo wir die Grá-ELs-Burg finden?"

„Da komme ich her. Mir ist dort versichert worden, der »Heilige Gral« sei auf dem Weg nach Süden."

„Eine Himmelsrichtung als Anhaltspunkt", gibt Palamedes zu bedenken, „scheint wenig erfolgversprechend!"

„Ich bin zuversichtlich, ihn zu finden."

„Wir schließen uns deiner Suche an!", sagt Hector.

„Ich hoffe, ihr seid würdig! »Sir« Gawein ist abgewiesen worden."

„»Sir« Gawein steht auf der falschen Seite!", sagt Galahad naiv. „Wir sind makellos und rein der Seele!"

„Das freut mich zu hören. Der »Heilige Gral« erlöst uns!"

„Und bereichert uns mit Gold!", denkt Lancelot laut.

Die Reiter verabschieden sich von Palamedes und Safir, da sich diese ihrer Hingabe zu Gott wegen weigern, ein Pferd zu besteigen, und setzen ihre Reise in Richtung Süden fort.

†††

Frischer Wind lässt die Hitze ertragen. Möwen streiten sich im brackigen Wasser der Mündung der »Vie« um die Reste eines toten Fisches. Kurz vor einer Flussbiegung gelangen Bors, Hector, Galahad und Lancelot in den Hafen von »Portus-Secor«[9]. Fremd anmutende Häuser archaischer Bauweise säumen die Straße. Eine junge Frau beobachtet aufmerksam und argwöhnisch, wie sich die fremdländischen Reiter nähern. Immer wieder bleibt ihr Blick auf »Sir« Gui von Valais hängen.

„Schau mal", lacht Bors, „die Kleine findet dich sympathisch!"

„Bist du der Sohn von Pellinore?", fragt die Fremde.

Gui nickt zurückhaltend.

„Ich bin deine Schwester Dindraine!"

„Weshalb bist du damals nicht mit uns fortgegangen?"

„Mutter hat Bedenken geäußert, alle Kinder auf der Flucht vor den Goten durchzubekommen. San Grá EL hat mich, um ihr zu helfen, bei sich aufgenommen und ..."

„Der »Heilige Gral«?"

„Nennst du ihn so? Das ehrt ihn!"

„Wo finde ich ihn?"

„Ich bringe dich zu ihm."

„Wir haben die lange Reise seinetwegen unternommen!"

„Zuvor habe ich eine Aufgabe zu erfüllen. Hilfst du mir?"

Dindraine

„Weshalb beauftragt der »Heilige Gral« ausgerechnet dich?"

„Ich bin seine Dienerin. Sein Vertrauen in mich kennt keine Grenzen."

„Wie lautet deine Aufgabe?"

„Ich bin auf der Suche nach der »Salomon«."

„Wenn das Schiff in diesem Hafen liegt", sagt Hector, „ist die Aufgabe leicht zu lösen!"

9 Sidunum, Sidum oder Sidonum, einst von Phöniziern gegründeten, vermutlich der von Cäsar erwähnte Hafen bei seinem Westfeldzug gegen Gallien. Heute Saint-Gilles-Croix-de-Vie.

„Ich bin weder imstande zu lesen noch zu schreiben!"

„Was geschieht", fragt Lancelot, „wenn du das Schiff gefunden hast? Ist der »Heilige Gral« an Bord?"

„Meine Aufgabe ist, in Erfahrung zu bringen, was das Schwert mit dem fremdartigen Riemen auf sich hat und was der Baum des Lebens ist. Auf der Salomon sind Hinweise über die Herkunft der Waffe und göttliche Aufzeichnungen, die das Geheimnis des Schöpfungsmythos enthalten, aufbewahrt."

„Finden wir dort den »Heiligen Gral«?", ist Bors ungehalten.

„Das wage ich zu bezweifeln, denn der San Grá EL selbst ist der Schatz!"

Das vermeintliche Schiff entpuppt sich als ein altes, wenig seetüchtiges Boot, das der Ebbe wegen hälftig auf Schlick liegt. Beim Betreten sickert Wasser ein.

„Der San Grá EL hat dich nach diesem maroden Kahn suchen lassen?", fragt »Sir« Gui von Valais.

„Unter Umständen", mutmaßt Galahad, „liegt im Hafen ein weiteres Schiff gleichen Namens."

„Lasse uns danach fragen!", schlägt Dindraine vor.

Neben einem kleinen, des Nachts mit einem offenen Feuer betriebenen Leuchtturm steht sich ein halb verfallenes Heerlager, dessen Tor geöffnet ist. Beim Betreten wankt ihnen eine ältere Frau entgegen, die sich übertrieben damenhaft gibt. Die einst sündhaft teuren Kleidungsstücke sind voller Flecken.

„Ich bin Réponse von Choyé[10], die Herrin dieses Lagers der Verlorenen."

„Wir suchen die »Salomon«", sagt Gui.

„Ich brauche das Blut einer Jungfrau!", fordert Réponse, ohne auf Gui einzugehen. „Bist du eine »Virgo«?"

„Ohne den San Grá EL", ist Dindraine über ihre Forderung überrascht, „bin ich nicht in der Lage, dir zu helfen!".

„Lasse mich mit diesem Scharlatan in Ruhe!", ist Réponse giftig.

„Ich kenne dich aus der Burg!", erinnert sich Dindraine. „Du bist die Trägerin der Schale."

„Hilf mir! Lasse mich dein Blut trinken! Der San Grá EL vergeltet dir deinen Beistand!"

10 Ferner Repanse de Schoye. Choyé ist ein Ort bei Bordeaux.

„Du hast dich abfällig über ihn geäußert."

„Ich bin von ihm übergangen worden! Heile mich!"

„Was ist nötig, um dir zu helfen?"

„Ein kleiner Schnitt genügt."

„Lasse dich nicht darauf ein!", warnt Bors. „Nach dem Blutverlust, bist du für die Suche nach der Salomon zu geschwächt."

„Wenn ihr ablehnt", erhebt sich Réponse bedrohlich, „sterbe ich auf der Stelle. Nimmst du diese Bürde auf dich?"

„Die Verantwortung für deinen Tod, lasse ich nicht auf mir lasten!"

Réponse zückt ein rostiges Messer und sticht Dindraine in den Hals. Blut schießt aus der offenen Wunde und die Kranke suhlt sich in dem Lebenssaft.

„Welches Gebrechen hast du?", fragt Dindraine.

„Ich bin eine Aussätzige", gurgelt die Gefragte.

„Das Blut hört nicht auf zu fließen", gibt Galahad zu bedenken.

„Ich fühle mich erbärmlich!", jammert Dindraine.

„Der Schnitt ist zu tief!", bemerkt Lancelot.

„Was hast du ihr angetan?", schreit Gui.

„Was ist das Leben dieser Jungfrau schon Wert?"

„Meine Schwester stirbt!"

„Ihr müsst ihr verzeihen!", bittet Dindraine. „Ich spüre die Kräfte schwinden. Legt mich auf das Boot »Salomon« und schiebt mich hinaus aufs Meer! Die Wellen bringen mich nach »Saint-Roche«[11], in die Heilige Stadt."

Dindraine schließt ihre Augen und haucht ihren letzten Atem aus. Bors zieht sein Schwert und sticht Réponse in den Hals. Betroffen stehen die Männer bei den toten Frauen. Bei steigender Flut verlässt das ungesteuerte Boot den Hafen und entgleitet ins offene Meer in den glutroten Sonnenuntergang. Daneben treibt die Leiche Réponses in den Wellen. In dieser Nacht findet keiner der Freunde den Schlaf.

Über den Hügeln steigt die Sonne auf. Während Hector, Bors und Lancelot versuchen, Gui zu trösten, sucht Galahad eine Garküche. Statt mit Essbarem kommt der Junge mit einem weißen Schild zurück, auf dem mit Blut ein rotes Kreuz gemalt worden ist.

11 Sarras, heute La Rochelle. Saint bezieht sich in diesem Fall auf den Volksstamm der Santonen.

„Wo hast du dich herumgetrieben?“, fragt Lancelot seinen Sohn.

„Ich bin dem San Grá EL begegnet und gekommen, um mich von dir und deinen Freunden zu verabschieden.“

„Was ist mit unserem Essen?“, protestiert Bors.

„Ich nehme den »Heiligen Gral« selbst in Augenschein!“, fordert Hector. „Am Ende nimmst du das Gold an dich, ohne mit uns zu teilen!“

„Jesus hat mich gebeten, ihn nach »Saint-Roche« zu begleiten.“

„Ist dort der Schatz versteckt?“, mutmaßt Lancelot.

„Ich führe euch zu ihm“, bietet sich Galahad an.

Ein Mann mit Wunden an den Unterarmen, empfängt die Männer und nimmt jeden kritisch in Augenschein.

„Bors von Gaunes, Lancelot und Hector DuLac! Euer beider Leben sind nicht von Milde und Mitleid geprägt. Wer mordet, seine Freunde hintergeht und die Frau eines Anderen begehrt, nehme ich nicht in die Reihen meiner Ritter auf. Gui, ich taufe dich im Namen des Vaters. Ab sofort nennst du dich Par Ziv EL und bist der Nachfolger deines Onkels An Fort EL. Schon dein Urgroßvater, Josef von Arimathia und dein Großvater haben mir große Dienste erwiesen!“

„Ich habe den Vater meines Vaters nie kennengelernt.“

„Du sprichst von Pellan, der als Ti Tur EL die »Grá-ELs-Burg« errichtet hat. Ich hoffe in »Saint-Roche« ein Schiff in den Süden zu bekommen.“

Plötzlich blendet ein grelles Licht, so hell wie die Sonne selbst, die Anwesenden. Bevor Lancelot reagiert, ist sein Sohn samt dem San Grá EL spurlos verschwunden.

„Wessen bin ich nicht würdig?“, schreit Lancelot erbost ins Leere. „Du hast mir meinen Sohn geraubt!“

„Und jetzt?“, ist Hector ratlos.

„Wir folgen ihnen nach »Saint-Roche«. Ich hole meinen Sohn um jeden Preis zurück!“

„Galahad ist jetzt ein Gralsritter. Siehe mit geschwellter Brust auf ihn!“

„Mein Sohn ist mein Nachfolger. Welchen Sinn hat die Suche nach dem Schatz und das Erreichen der Macht, wenn nicht das eigene Fleisch und Blut erbt?“

Lancelot und seine Begleiter reiten in die Richtung, die ihnen ein Anwohner gewiesen hat. Die Straße führt in immer größerer Entfernung zum Ufer, entlang des Meeres, nach Süden. Erst gegen Abend bei »Olona«[13] nähert sich der Weg wieder der Küste. Auf der Suche nach dem Hafen kommen die Freunde an einen Strand. Zwischen einigen Felsen inmitten des Sandes ist ein gestrandetes Boot eingeklemmt, das ihnen bekannt vorkommt. Dindraine liegt nach wie vor darin. Gemeinsam ziehen die Freunde das Boot auf den Sand. Die Leiche stinkt erbärmlich.

Am nächsten Morgen, nach einer Nacht im zunehmend kühleren Sand, nähert sich ein Einheimischer dem Boot und schaut die sterblichen Überreste fragend an.

„Die arme Frau!", bedauert der Fremde. „Ich habe die zu Gott Befohlene hier nie gesehen."

„Zufällig kennen wir die Verblichene", sagt Lancelot.

„Die Gute trägt eine Kette mit einem Kreuz um den Hals", bemerkt der einfältig wirkende Mann, „So liegt die Vermutung nahe, vor uns eine Christin liegen zu haben. Gott hat ihren Leichnam ans Ufer gespült und verlangt nach einer letzten Ruhestätte in geweihter Erde!"

„Geweihte Erde?", ist Lancelot erstaunt.

„Ich bin ein Mönch der Abtei Esperitel[14]. Helft mir, ihre sterblichen Überreste dort hinzubringen."

Mit ihren Pferden ziehen die Männer das Boot an einem Tau befestigt zum Friedhof. Der verursachte Lärm lockt Neugierige herbei. Des Gestankes wegen werfen die Anwohner mit Steinen nach der Leiche. Durch den zusätzlichen Ballast lässt sich der Kahn immer schwerer ziehen. Erst am Nachmittag ist die Abtei in Sichtweite. In einem Schuppen neben der hölzernen Kirche stehen Schaufeln, die der Mönch an die Männer verteilt. Das Grab erhält die Ausmaße des Bootes. Niemand vermag sich vorzustellen, diesen Nachen je wieder zu nutzen.

„Wie hat ihr Name gelautet?"

„Dindraine von Listrac-Médoc", schluchzt Par Ziv EL.

Der kurzen Zeit wegen die seine Schwester mit ihm verbracht hat, laufen ihm die Tränen. Der Mönch schreibt ihren Namen auf ein Holzkreuz und

12 Heute Olonne-sur-Mer.

13 Les Hesperides in Olonne-sur-Mer. Im vierten Jahrhundert hat der heilige Vivent in dieser Gegend das Christentum eingeführt.

spricht ein paar letzte Worte. Nach der Beerdigung und einer Nacht im Kloster suchen Lancelot und seine Begleiter erneut den Hafen von »Saint-Roche«. Der Mönch weist ihnen den Weg und empfiehlt sich mit Gottes Segen.

✝✝✝

Die Sonne scheint. Hohe Wellen rollen lärmend über den Sand. Ein Fischerboot, gefolgt von einer Traube kreischender Möwen, steuert den natürlichen Hafen von »Saint-Roche« an. Auf dem Marktplatz, entlang der Kaimauer, sitzen und stehen unzählige Menschen, die einer Predigt des San Grá ELs lauschen. Lancelot bahnt sich einen Weg durch die Menge und je näher ihm der Redner kommt, desto enger drängen sich die Zuhörer. Längst haben seine Freunde aufgegeben, ihm zu folgen. Da fällt ihm sein Sohn in den Blick. Jesus segnet ihn und stellt ihn der Menge als neuen Gra-ELs-Ritter vor.

„Auf dich warten höhere Aufgaben“, schreit Lancelot, „als diesen Scharlatan zu beschützen!“

Die Menge drängt ihn unsanft ab.

„Mein Entschluss steht fest“, rechtfertigt sich Galahad.

„Du bist mein Nachfolger! Ich brauche dich. Du bist nach mir der »Reix« eines beträchtlichen Landes.“

„Das Himmelreich ist mir wichtiger als ein sumpfiges Stück Land und alles Gold dieser Erde!“

„Ohne dich gehe ich dorthin nicht zurück!“

„All die Jahre hast du mich ignoriert. Jetzt, da ich meine Bestimmung gefunden habe, bin ich dir plötzlich nutzbringend genug, um dein Leben fortzusetzen!“

„Gehe!“, mischt sich der San Grá EL ein. „Lebe in Frieden! Du änderst den Lauf der Dinge nicht. Du verschlimmerst ihn nur!“

Lancelot stößt im Gerangel San Grá EL versehentlich an. Dieser stürzt zu Boden. Zwei Tempelritter mühen sich, ihm wieder auf die Beine zu helfen. Lancelot nutzt die Gelegenheit und hechtet auf seinen Sohn zu. Entsetzt blick ihm Galahad in die Augen, öffnet, ohne hinzuschauen, die Kappe eines Rings und schluckt das darin befindliche Pulver.

„Was hast du dir nur angetan?“, begreift Lancelot die Tragweite dieses Aktes der Selbstgewalt.

„Niemals kehre ich zu dir zurück!“

Unter der einsetzenden Wirkung des tödlichen Giftes sackt Galahad zu Boden.

„Lancelot ...“, ist sein letztes Wort.

„Hilf ihm!“, schreit der geschockte Vater San Grá EL an, der wieder auf den Beinen ist.

„Ich akzeptiere seinen Tod! Dein Sohn hat ein Leben in Unschuld geführt. Sein Platz im Himmel und in den Herzen der Menschen ist ihm auf ewig gewiss!“

Tremisse

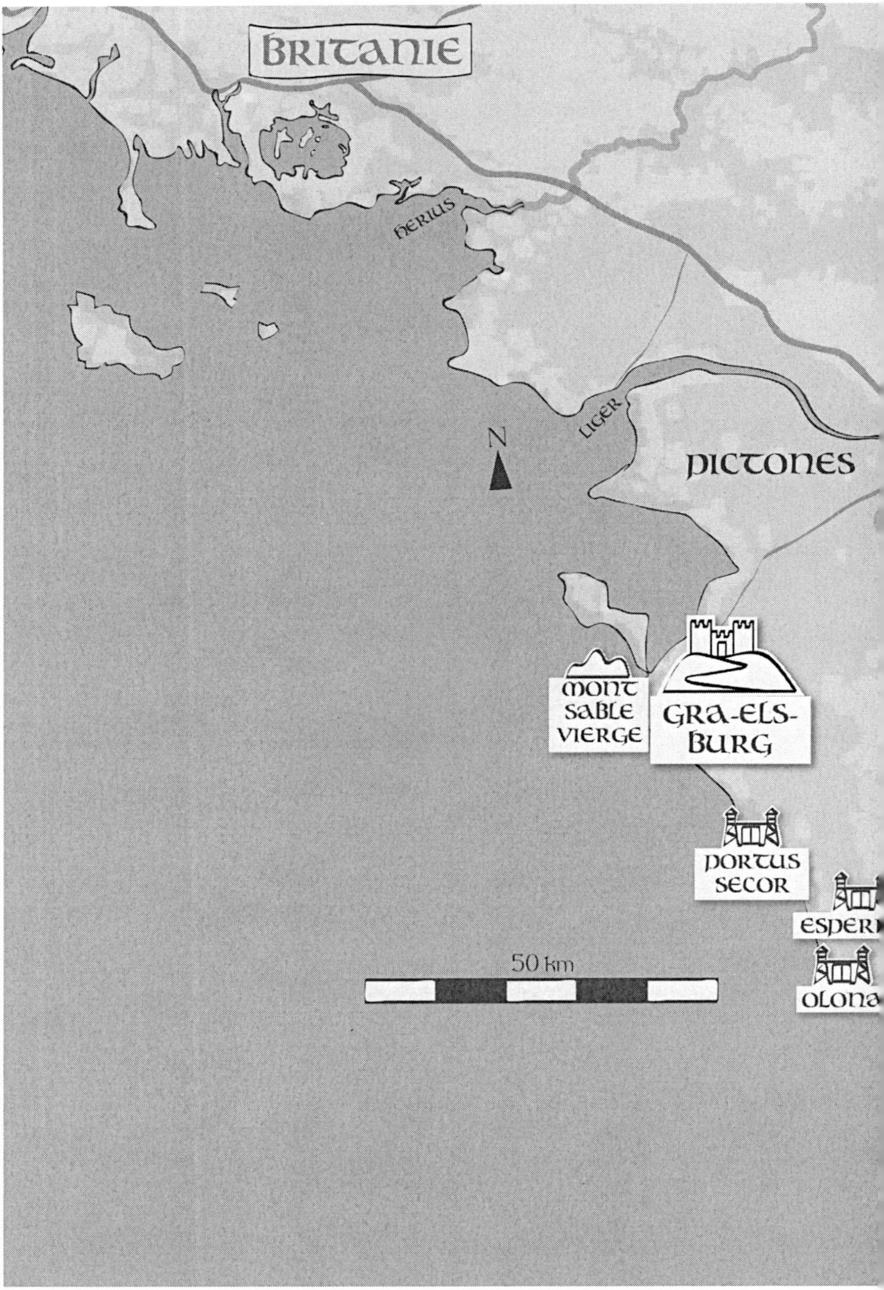
BRITANIE
HERIUS
LIGER
N
PICTONES
MONT SABLE VIERGE
GRA-ELS-BURG
PORTUS SECOR
ESPER
OLONA
50 km

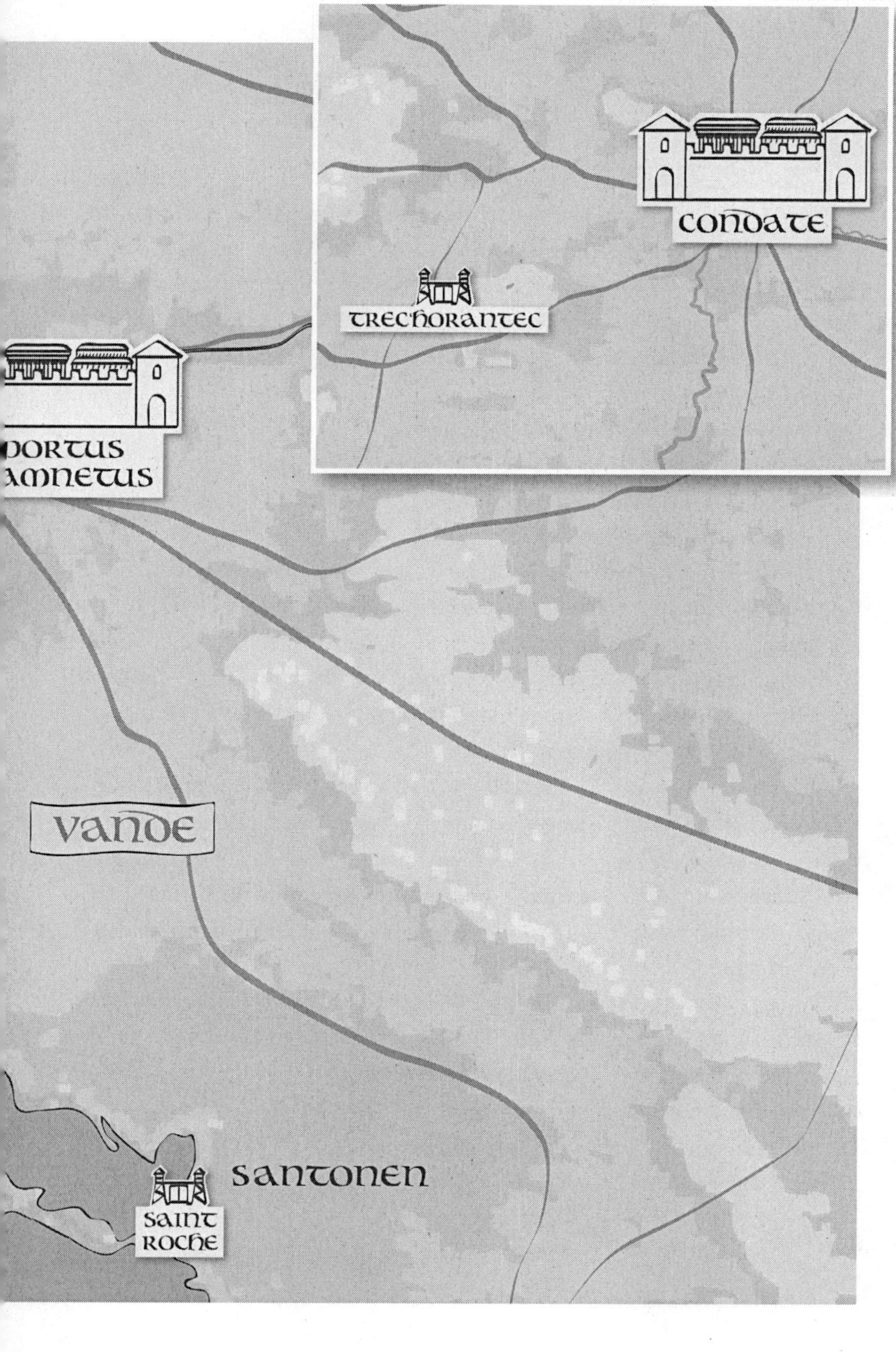
CONDATE
TRECHORANTEC
PORTUS
AMNETUS
VANDE
SANTONEN
SAINT
ROCHE

Dinabuc

29

Spätsommer 490 nach Christus

Stürmische Böen treiben Fetzen von weißen Schwaden vom Meer ins Landesinnere. Die Bäume verneigen sich vor Artus' hochgerüstetem Heer, das vom Wind getrieben den Wolken folgt. An der Grenze zu »Domnomea«, dem Land der Riesen, begegnet der »King« den »Sirs« Cador und Jules, die dort mit einer gewaltigen Streitmacht lagern. Die Krieger sind ausgehungert und miserabel ausgerüstet. Etliche sind erkrankt oder entkräftet. Die beiden »Sirs« haben betrübte Gesichter.

„Wir sind dir gefolgt", sagt Jules, „um an deiner Seite zu kämpfen. Für Mordred sind wir nicht bereit, zu sterben!"

„Ihr lasst meinen Sohn in Stich?"

„Ich halte ihn mittlerweile für einen heimtückischen Dämon", traut sich »Sir« Cador, ihren Unmut zum Ausdruck zu bringen. „Dein Sohn ist immer wieder unauffindbar. Wir haben ihn jedes Mal gesucht. Seine Ausrede hat stets gelautet, durchs Land gefahren zu sein, um bei den Vasallen nach dem Rechten zu sehen. Mordred ist oft mit blutbesudelten Fingern zurückgekehrt."

„Mordred ist merkwürdig, aber der Einzige, der mich würdig vertritt. Selbst wenn seine Vorgehensweisen nicht unseren Wünschen entsprechen, so ist sein Wirken nur für die Dauer meiner Abwesenheit. Wenn ich zurückgekehrt bin, bringe ich alle Angelegenheiten wieder in Ordnung."

„Unter würdig verstehe ich andere Verhaltensweisen! Und wer tot ist, den erweckst du nicht mehr zum Leben!"

In »Pontem Urso«[1] führt eine Brücke über den »Couesnon«. Ein römisches »Castris« sichert den Übergang. Der Kommandant ist beim Anblick der herannahenden Krieger nervös und verunsichert. Artus schickt einen Unterhändler, der seine friedlichen Absichten versichert und um Freigabe der Brücke bittet. Daraufhin kommt der Befehlshaber selbst angeritten.

„Der Anführer ist »Dux« Orsi", freut sich »Sir« Jules, „der Mann meiner Schwester Helen!"

1 Heute: Pontorson.

„Nicht weit von dieser Festung entfernt", sagt »Dux« Orsi, „steht der »Mont Tombe«[2] im Meer, auf dem Dinabuc sein Unwesen treibt."

„Ich habe schon von diesem Unhold aus »Hispanien« gehört", sagt Jules. „Wo der Gigant auftaucht, herrschen Vernichtung und Tod."

„Seit geraumer Zeit ist das Monster bei uns aufgetaucht. Die ihn gesehen haben, sagen, seine Haut gleicht der einer Schlange. Arme und Beine sind Fleischberge. Dinabuc ist durch dessen Größe und Kraft unbesiegbar. Wir sind auf eure Hilfe angewiesen, um …"

„Wir haben keine Zeit", erwidert Artus knapp, „um uns um Bagatellen zu kümmern."

„Bei flachem Wasser verlässt der Unhold die Insel, stiehlt Gold, missbraucht Frauen und raubt Kinder."

„Giganten sind Abkömmlinge der Götter. Fügen wir ihnen Schaden zu, bestrafen uns deren Väter!"

„Meine Tochter Elaine ist in seinen Fängen! Kinder sind dessen bevorzugte Mahlzeit!"

„Ich bedaure, das zu hören! Wir sind in Eile. Bei unserer Rückkehr …"

„Meine Nichte ist in Gefahr!", klagt »Sir« Jules.

„Gütige Götter! Der »Heilige Gral« ist ebenfalls in Gefahr! Die Befreiung des Kindes scheint mir ein zu hohes Risiko zu sein. Ich verliere unnötig Zeit! Zeuge ein neues Kind."

„Der Gigant hat uns ein beachtliches Vermögen geraubt", sagt »Dux« Orsi, „auf das wir zu deinen Gunsten verzichten."

„Wenn wir ihn erledigen", sagt »Sir« Jules, „verfügst du über erhebliche Mengen Gold, ohne eine Schlacht geschlagen zu haben."

„Keiner ist seither lebend von der Insel zurückgekehrt!", jammert der verzweifelte Vater. „Du aber, bist ein mutiger Krieger und hast schon Osbad besiegt. Deshalb besteht Hoffnung, wenn du dich Dinabucs annimmst. Du besiegst ihn mit Leichtigkeit."

„Der »King« hat stets alle Widrigkeiten gemeistert!", beruhigt Jules seinen Schwager.

„Ihr habt mich überzeugt", lenkt Artus ein. „Ich befreie diese Welt von dem schändlichen Wesen. Beschreibe mir deine Tochter!"

2 Der Mont-Saint-Michel (Tombe, französisch: Grab).

Am Nachmittag, mit dem Wechsel der Gezeiten, fließt das Wasser mit hoher Geschwindigkeit ab. Kurz darauf waten Artus, Keie und Bedibere auf ihren Pferden zum anderen Ufer, wo sich den hart gesottenen Kriegern ein Anblick des Grauens bietet. Die Felsen sind mit Knochen und Haaren übersät. Teilweise hängen Fleischfetzen an den Gebeinen. Möwen, Raben und anderes Getier nagen diese ab. Ihr Gepäck bereitet ihnen einen mühevollen Aufstieg.

Hinter einer Biegung des Geländes liegt tot ein nacktes Mädchen zwischen den Felsen, das auf die Beschreibung der Tochter des Kommandanten passt. Der Gigant hat sich an ihr vergangen und den Bauch bis zum Nabel aufgeschlitzt. Die Männer sind vom Gesehenen entkräftet. Kühler Wind spielt mit Kleidungsfetzen. Der Berg ist steil. Der steinige, von Knochen übersäte Untergrund gibt immer wieder nach.

Gegen Abend kommt der Gipfel in Sicht. Ein Feuer lodert hoch in den Nachthimmel hinein. Fledermäuse schwirren durch die kalte Luft. Dinabuc hat keine Hosen an und sitzt nah bei den Flammen. Genüsslich schmatzt und kaut die Bestie an dem Bein eines Kindes. Drei unbekleidete Mädchen drehen Spieße, auf denen Neugeborene stecken, und würzen diese mit einem fremd riechendem Pulver. Artus ist schockiert. Ein solches Unwesen hat in seiner Welt nicht das Recht zu leben!

„Die Götter verlangen deinen schändlichen Tod!“, schreit der »King«.
Der Gigant springt auf und schlägt mit seiner Keule Artus die Krone vom Helm. Der »King« zieht »Ex.Sal.Liburn« zwischen Dinabucs Beinen hindurch und trennt ihm das Glied ab. Gedärme quellen aus der Wunde. Der Koloss stürzt sich auf Artus und würgt ihn. Die beiden rollen ineinander verkeilt und verbissen, über eine Lage von Geröll, den Hang hinunter. Keie und Bedibere rennen hinterher. Mit dem Dolch sticht der »King« seinem Gegner mehrfach ins Auge. Blut ergießt sich über die Rüstung und nässt ihn ein. Der letzte, nach Pest und Fäulnis stinkende Atemzug trifft ihn ins Gesicht. Der Geruch nach Harn und Exkrementen künden den Tod des Giganten an.

Mühsam befreien die Freunde ihren Anführer, der unter Massen von Muskelfleisch begraben liegt und nach Atem ringt. Niedergeschlagen setzt sich der »King« auf einen Stein am Ufer. Die Sonne versinkt hinter den sanften Hügeln des Festlands.

„Schlagt ihm den Kopf ab!"
„Was geschieht mit den Mädchen?", erkundigt sich Bedibere.
„Die Gefahr ist vorüber. Lasst die Verbliebenen friedlich am Feuer ruhen! Morgen kümmern sich ihre Eltern um die Kleinen. Wir verbringen die Nacht am Strand und schlagen im Schutz der Felsen unser Lager auf. Gleich bei Sonnenaufgang suchen wir nach dem Gold des Giganten."

Wieder fließt das Wasser ab und die Anwohner der Gegend strömen in Scharen auf die Insel und verbrennen oder beerdigen die Überreste ihrer Kinder. Ein weißer Ochse steht symbolisch neben dem Feuer. Ein christlicher Priester unterbindet das Opfer und betet für die Seelen der Verstorbenen. »Sir« Jules trauert um Elaine von Domnomea und fasst das Leid seiner Schwester nicht.

„Nach dieser Geschichte bist du mir in den bevorstehenden Schlachten keine Hilfe!"
„Ich stehe in deiner Schuld!", ereifert sich »Sir« Jules. „Du hast dich für die Riesen in Lebensgefahr gebracht! Egal, was geschieht, ich lasse dich nicht im Stich!"
„»Gaunes« braucht einen »Sir«, der in meinem Namen das Land verwaltet. Ich stelle mir für die Aufgabe keinen Besseren vor als dich!"
„Die »Gaunen« akzeptieren niemals einen Anführer aus »Cornouaille«!"
„Ihre Clanchefs sind entweder im Gefängnis oder auf der Flucht. Du stößt dort auf keinen nennenswerten Widerstand. Wer sich dir widersetzt, den sperrst du ein. Doch meide, Todesurteile auszusprechen!"

Herbstbeginn 490 nach Christus

Sonne und Wolken wechseln einander ab. Der Wind führt polare Luft herbei und lässt die Männer frösteln. In der Nähe des Ortes »Saussy«[3] lagern zwei Kohorten[4] fränkischer Söldner. Die Versorgungsfahrzeuge sind in Form einer rechteckigen »Carrago«[5] zusammengestellt. Im Zentrum stehen Zelte.

3 Heute La Coulonche.

4 Eine Kohorte besteht aus sechs Zenturien zu je einhundert Mann, die ein Tribun führt.

5 Keltisch: Wagenburg.

Die fränkischen Söldner sind mit Kettenhemd, Helm, Rundschild, Franziska[6] und Spatha ausgerüstet. Artus greift mit der Reiterei von Westen her an. Mit ihrer übermächtigen Waffentechnik und den beispiellos ausgebildeten Reitern schneiden ihm die Franken den Weg ab.

„An dieser Taktik ist ein Haken!", grübelt »Sir« Bedibere. „Unsere Gegner drängen uns in den Wald, obwohl wir dort klar im Vorteil sind. Greifen wir seine Flanke an, ist uns der Sieg gewiss!"

„Die »Carrago« ist von dieser Position aus nicht zu sehen!", erkennt Artus den Grund des erbitterten Widerstands.

„Zurück auf den Hügel!", schlägt »Sir« Keie vor.

„Das ist der Weg nach »Annousen« und ich erreiche mein Ziel erst im nächsten Leben", lehnt der »King« den Vorschlag ab. „Wir ziehen uns zurück und greifen morgen von der gegenüberliegenden Seite aus an!"

In der Nacht gelingt Lucius Tiberius mit den schwer beladenen Wagen die Flucht. Erst Tage später bemerkt Artus seinen Fehler, während des Angriffs auf die leere Wagenburg.

†††

Wintereinbruch 490 nach Christus

»Sir« Gawein folgt dem Konvoi in sicherem Abstand und sendet regelmäßig Boten aus, die Artus den Standort des Goldes übermitteln. Der »King« harrt auf einem Hügel südlich der verlassenen Wagenburg aus. Die fliehenden Franken sind durch einsetzende Schneefälle gezwungen, bei dem Ort »Albus«[7] Winterquartier zu beziehen. Caius Quintilianus, der Neffe des Lucius, verhandelt mit Gawein, der dem Römer, trotz aller Vorsichtsmaßnahmen, nicht unentdeckt geblieben ist.

„Ihr habt nicht das Recht", klärt Caius auf, „einen Steuereintreiber zu verfolgen oder gar anzugreifen! Das ist eine fatale Missachtung der römischen Gesetze, was die Todesstrafe nach sich zieht!"

„Du bist nicht in der Lage, mich von meiner Jagd auf dich und das Gold abzuhalten!"

6 Wurfbeil.

7 Heute Aube an der Risle im Departement Orne.

„Theoderich ist der neue Kaiser in »Ravenna«. Seine Truppen sind auf dem Weg zu mir! Ihr bezahlt den Aufstand mit eurem Leben!"

„Unser »King« heißt Artus! Ihr habt seinen Staatsschatz geraubt! »Letavia« gehört seit Konstantin nicht mehr zu Rom und schon gar nicht zum Reich der Goten! Ihr stört den »Letavischen Frieden«!"

„Konstantin hat sich eigenmächtig zum Kaiser ausgerufen! Erliegst du dem Wahnsinn, uns am Abtransport der Steuern zu hindern, vernichten wir eure Dörfer, brennen eure Felder nieder und versklaven eure Frauen!"

Unvorsichtigerweise reißt der Kampf unerfahrene Caius sein Schwert aus der Scheide, um seinen Worten Nachdruck zu verleihen, und fuchtelt mit dem »Ort« vor der Nase des Riesen herum. Reaktionsschnell zieht »Sir« Gawein seine Waffe in einem Streich aus dem Halter und durch den Bauch des ungeschützten Gegners. Bevor ihm der Spatha aus der Hand rutscht und den Boden berührt, wischt Gawein die Klinge an Caius' Toga ab. Mit bleichem Gesicht und zitternden Wangen sackt der Römer auf seine Knie.

„Ich habe nicht vorgehabt", röchelt der Sterbende „dich zu töten!"

„Ihr Römer habt das Kämpfen verlernt und badet trotz eurer Dekadenz in Arroganz! Du hast alle Grundlagen der Rhetorik missachtet und mich mit jedem Satz bedroht. Du hast mir keine andere Wahl gelassen, als dich zu töten. Warum hast du nicht versucht, mich als Freund zu gewinnen und eine Einigung herbeizuführen."

„Ich bin so jung!"

„Sterbe einen ehrenhaften Tod und höre auf zu jammern!"

„Hole einen Arzt!"

„Nur wenige Atemzüge trennen dich von deinem neuen Leben."

„Ich habe Schmerzen!"

»Sir« Gawein schlägt Caius den Kopf vom Rumpf. Die anwesenden Römer sind entsetzt, während die fränkischen Söldner keine Miene verziehen.

„Vortreffliche Reise in die »Anderswelt«!", verabschiedet sich »Sir« Gawein von dem Toten. „Der Schädel eines Schwächlings ist kein brauchbares Trinkgeschirr! Ich lasse ihn bei dir liegen!"

„Eure Sitten sind wahrlich verroht!", sagt einer der Römer schockiert.

Ein grimmiger Blick Gaweins lässt ihn das Weite suchen. Langanhaltende Schneefälle zwingen beide Parteien, Winterquartier zu beziehen.

URIEN

Die ersten Zugvögel kehren zurück. »Sir« Urien von Gorron hat den Winter nicht überlebt. Für die »Gorronais« Anlass abzuziehen, um ihn in seiner Heimat ehrenvoll zu beerdigen. Die Sonne beflügelt die verbliebenen Krieger, ihre Waffen zu schärfen. »Sir« Gawein wendet sich als Unterhändler an Lucius Tiberius, der ihn nur widerwillig empfängt.

„Bist du gekommen, um mir den Schädel vom Hals zu schlagen?"

„Gib mir das Gold und dein Kopf bleibt, wo dieser gewachsen ist!"

„Ich handele im Namen Roms. Wende dich an den Kaiser!"

„Du stiehlst im Auftrag deines neuen »Imperators«, der ein Gote ist, und du bist ein Handlanger dieses Invasors."

„Christen sind alle gleich! Wir beurteilen einen Menschen nicht nach seiner Herkunft."

„Übergib mir den Schatz! Lehnst du ab, greife ich dich bei der ersten sich bietenden Gelegenheit an."

„Gegen die »Equites«[8] hast du keine Chance! Ich habe meine Söldner herbefohlen und weitere Kontingente aus »Lutetia«[9] angefordert."

„Bevor diese eintreffen, habe ich dich besiegt!"

✝✝✝

Artus erreicht »Albus«. Die Franken haben den Ort geräumt und als Ruine hinterlassen, um zum Konvoi des Schatzes aufzuschließen. »Sir« Gawein lässt ihm durch einen Boten ausrichten, den Römern auf den Fersen zu sein. Täglich meldet ein Reiter, welche Route die Legionäre zurückgelegt haben.

8 Römische Reiterei.

9 Heute Paris, nach dem keltischen Volksstamm der Parisier (Lutetia Parisiorum).

Müde von der schweren Fracht legt der »Exactor« auf Drängen seiner Kommandeure in »Autura«[10] eine Etappe ein. Wieder entsteht eine Wagenburg, um die Lucius Tiberius eine doppelte Palisade bauen lässt.

Die Heere treffen aufeinander. Beim Anblick der wilden, teilweise, nach alter Vätern Sitte, nackten Krieger, plant der Römer die Flucht nach »Lutetia«. Am frühen morgen wagen die fränkischen Hilfstruppen, trotz einsetzenden Nebels, einen Ausfall. Die Fahrzeuge ziehen unbemerkt weiter. Lucius steht inmitten seiner Truppen, während Artus schwer erkältet sein Feldbett hütet. Lucan, Bedibere, Cador, Gawein, Keie und Sagramore kämpfen erbittert gegen einen übermächtigen Feind. Durch die plötzlich auftauchende Reiterei erleidet das Fußvolk auf beiden Seiten schwere Verluste. Zögerlich dringt die Sonne durch den Dunst und gibt den Blick auf das Schlachtfeld frei. Da trifft die Lanze eines gewöhnlichen Kriegers den römischen Steuereintreiber mitten in die Brust. Ohne Anführer ziehen sich die fränkischen Söldner verunsichert zurück und schließen zu den Trosswagen auf.

✝✝✝

Frühsommer 491 nach Christus

Aus einer durchgängig grauen Wolkendecke ergießt sich dünn tropfender Regen, der nicht zu enden scheint. Kühler Wind sorgt für Unbehagen und reihenweise für weitere Erkältungen. Endlich steigen die Temperaturen und die Männer sind wieder einsatzbereit. Artus steht vor den Toren von »Lutetia«. Ein Gesandter Mordreds berichtet, in der Heimat herrsche Frieden, das Korn wachse und die Kinder im ganzen Land sehnen sich danach, an seiner Seite zu kämpfen. Die Römer haben vor der Stadt ihre Truppen verstärkt. »Tribun« Frollus äußert über Unterhändler Bereitschaft, mit Artus zu verhandeln.

„Wieder verlieren viele Unschuldige auf unchristliche Weise ihr Leben", gibt Frollus im Hinblick einer bevorstehenden Schlacht zu bedenken, „weil zwei Politiker sich nicht einig sind! Der eine, der nicht einsieht, im Unrecht zu sein, und der andere, der im Recht ist."

10 Heute Chartres.

„Meine Männer sind mir gefolgt, um einen ehrenhaften Tod zu sterben! Wir fürchten uns nicht, die »Anderswelt« zu betreten. Schon bald kehren wir zurück, um den Kampf erneut aufzunehmen."

„»Ravenna« ist finanziell nicht mehr imstande, sich die Rekrutierung regulärer Truppen zu leisten! Ich biete dir an, dich und dein Heer in meine Dienste zu nehmen. Kämpfe für anstatt gegen Rom!"

„Weshalb berichtest du mir von deinen Schwierigkeiten? Schweig und sterbe ehrenhaft."

„Du weigerst dich", ereifert sich Frollus. „Steuern zu zahlen! Begreife endlich die Realität! Rom gewährt dir, Herrscher »Letavias« zu sein, und mischt sich nicht in die inneren Angelegenheiten ein, solange du Rom treu bist. Trete in meine Dienste, zahle Steuern, und ich garantiere dir den Frieden für »Aremorica«."

„Gib mir mein Gold zurück und ich krümme deinen Soldatenpüppchen kein Haar."

„Du forderst den Kampf?"

„Du entgehst ihm nicht!"

„Wir sind in der Überzahl und verfügen über moderne Waffentechnik, der du mit deinen veralteten Schwertern nichts entgegenzusetzen hast."

„Mutlose Römer und unerfahrene Fremde. Wir legen »Lutetia« in Schutt und Asche! Danach treibe ich dich bis »Ravenna« vor mir her."

„Ich schlage dir einen Kampf der Häuptlinge vor. Du gegen mich! Eine alte keltische Tradition. Lehnst du ab, ist dein Stamm verpflichtet, dich zu töten! Der Gewinner bekommt das ganze Gold und zieht in Frieden seines Weges."

„Gibst du mir das schriftlich?"

„Du bestehst auf einen Vertrag? Den bekommst du, obwohl du gegen mich verlierst!"

„Wann findet der Kampf statt?"

„Sobald das Schriftstück aufgesetzt ist, unsere Auguren einen würdigen Tag sowie einen geeigneten Ort für den Kampf festgelegt haben."

„Morgen ist ein geeigneter Tag!"

„Das bedarf einiger Vorbereitungen!"

„Bei Sonnenaufgang, oder gleich jetzt?"

„Morgen!"

Wochen vergehen. Die Hitze ist erdrückend. Der Ginster ist grau und lässt die Stiele hängen. Die Nächte sind schlaflos, obgleich der Trockenheit wegen keine Stechmücken unterwegs sind. Aus der Heimat treffen junge Männer ein, die gekommen sind, um an der Seite von Artus kämpfen. Ihre Neuigkeiten sind bedrückend.

„Mordred behauptet", berichtet der eine, „du seist tot! Wir haben ihm nicht geglaubt und uns auf die Suche nach dir begeben."

„Dein Sohn lässt sich »King von Britanien« nennen", erzählt ein anderer.

„Die »Queen« ist erklärtermaßen mit ihm verheiratet!", erhitzt sich ein Dritter.

„Mordred ist nicht mehr mein Sohn! Eine hohe Belohnung für den, der mir seinen Kopf bringt."

Endlich steht Frollus zum Zweikampf bereit. Auf einem gemähten Feld treffen die beiden von ihren Kriegern umringt aufeinander. Unter dem Gegröle ihrer Anhänger ziehen die Kontrahenten ihre Schwerter. Die Anspannung steht ihnen ins Gesicht geschrieben, denn diese Art Wettstreit endet zwingend mit dem Tod.

„Rom siegt immer!", sagt Frollus arrogant. „Rom hat stets triumphiert und unterwirft weitere Völker, wenn wir längst nicht mehr sind!"

Der miserablen Ausbildung wegen schlägt Frollus blindwütig auf »Ex.Sal. Liburn« ein und vernachlässigt hierdurch jede Deckung. Artus, den der Hass auf Mordred treibt, rammt den Schild seines Gegners mit dem Oberarm und schneidet dem Überrumpelten blitzschnell die Kehle durch. Blankes Entsetzen bei den Römern. Lautes Jubeln bei den »Letaviern«. Die Legionäre ziehen sich von den Feiernden unbeachtet in die Stadt zurück. Der Siegesrausch und der Alkohol lassen alle für das Wesentliche erblinden. Am nächsten Morgen eilt Artus zu den Trosswagen, um das Gold wieder in Besitz zu nehmen. Die Stimmung kippt, denn die Wagen sind leer!

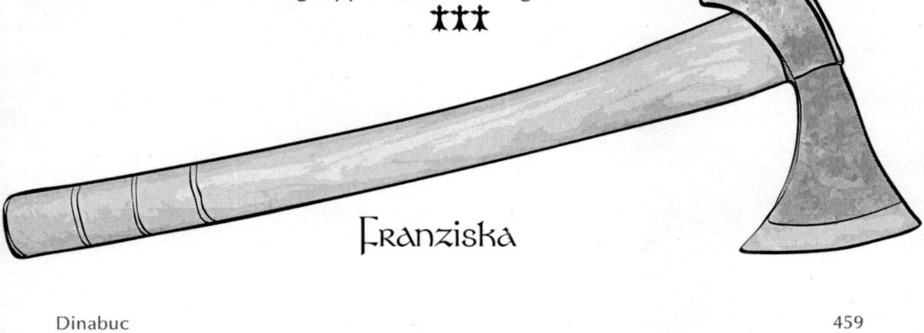

N
RENK
INSEL DES
GIGANTEN
PONTEM
URSO
SAUSSY
DOMNOMEA
CONDATE

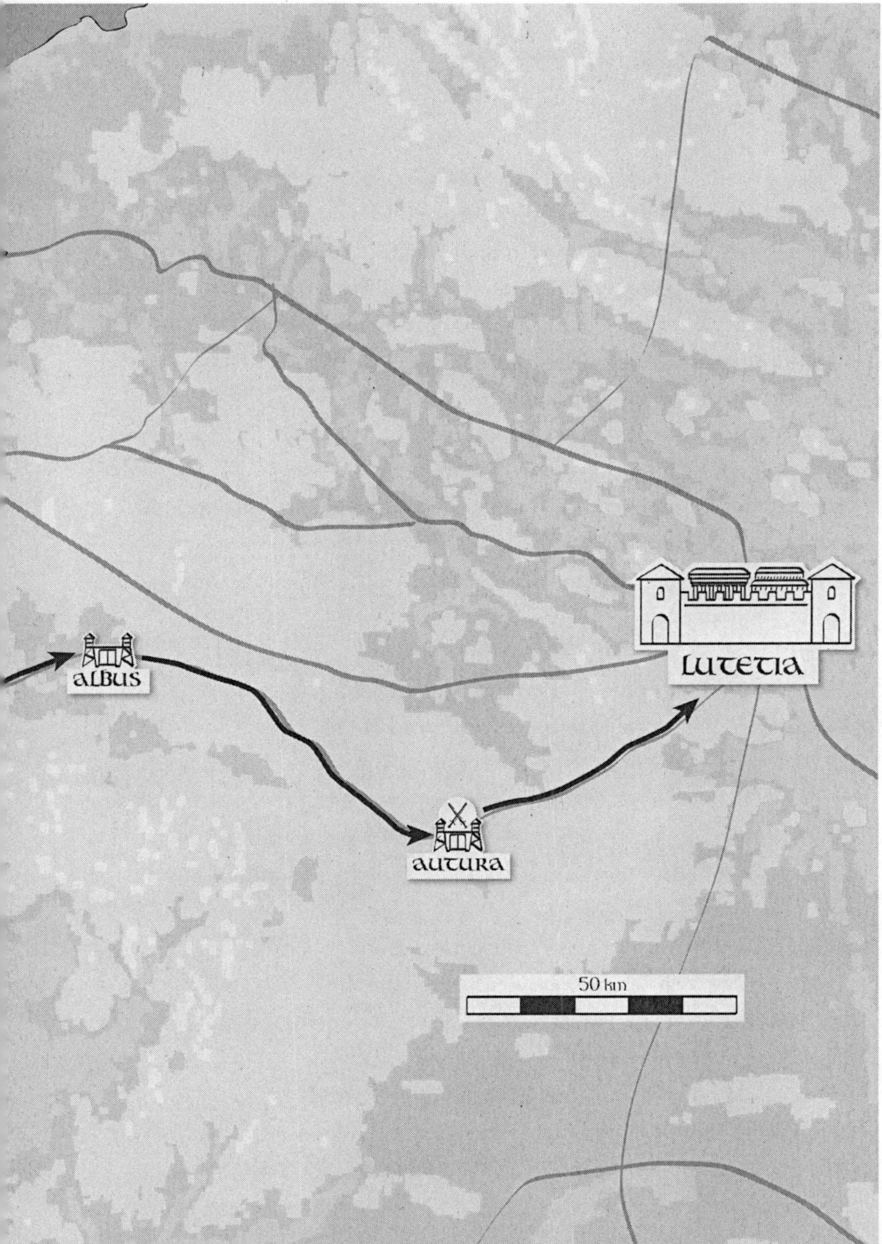
Albus
Lutetia
Autura
50 km

VERRAT

30

Sommer 491 nach Christus

Bors von Gaunes kehrt von der strapaziösen Gralssuche zurück. Zu seinem Entsetzen regiert »Sir« Jules sein Land, der die Römer hindert, die Versorgungslinien zu Artus' Truppen zu unterbrechen. Von alten Wegbegleitern erfährt Bors von Mordreds Wandlung und begibt sich zu ihm nach »Kerloc'h«[1]. Die kleine Festung liegt auf einem Hügel am Meer. Von dort überwachen Soldaten die Bucht von »Dinan« und die Straße von »Crozon« nach »Kameled«.

„Weshalb haust du in dieser unkomfortablen Festung?", ist Bors über die bescheidene Unterbringung Mordreds überrascht.

„Die Römer haben »Kameled« dem Niveau des Erdbodens angeglichen! Ich baue die Burg wieder auf. Größer und uneinnehmbar. Von »Kerloc'h« überwache ich die Bauarbeiten und von »Trégastel« die Straße nach »Lutetia«."

„Artus ..."

„Artus ist tot! Die Römer haben ihm seinen Schatz gestohlen."

„Nutze die Gelegenheit, selbst an das Gold zu gelangen!"

„Ein Krieg gegen Rom ist unser Untergang! Die Römer haben meinen Vater erschlagen. Ich habe seine Frau genommen und bin durch diese Vermählung der »King«. Ich sehe mich als ein Verbündeter Roms und habe das Ziel, »Aremorica« zur stärksten Provinz des Imperiums auszubauen!"

„Wieso begehrst du die alte Frau deines Vaters?"

„Zunächst hat sich Jennifer gewehrt. Ich habe ihr erklärt, wie wichtig ihre Stellung für das Land ist. Für das Volk ist derjenige der »King«, der die »Queen« zur Frau hat."

„Ohne Gold baust du »Kameled« nicht wieder auf!"

„Die Römer haben nicht alles gefunden. Ich habe viel Gold! Das Volk liebt mich! Als meine Vorräte aufgebraucht gewesen sind, habe ich Soldaten losgeschickt, um die Bauern zu bitten, mich zu unterstützen.

1 Keltisch: Kelliwic.

Die Landsknechte sind mit leeren Händen zurückgekommen. Das sind Artus' Leute gewesen. Daraufhin habe ich meine Söldner durchs Land ziehen lassen. Die sind erstaunlicherweise mit reichen Gaben zurückgekehrt. Das Volk hört nur auf mich!"

†††

Spätsommer 491 nach Christus

»Lutetia« einzunehmen, ist aussichtslos. Die Römer haben einen neuen »Praefectus«, der Kämpfe meidet und stattdessen die Verteidigungsanlagen ausbaut. Erstmalig erhält der Ort auf der Insel in der Seine eine Stadtmauer. Ein Bau erstaunt den »King« und erinnert ihn an die Worte von Sagramore. Neben dem Palast steht eine Basilika, die alle anderen Gebäude bei weitem überragt. Ein derart gewaltiges Bauwerk hat Artus bislang nicht zu Gesicht bekommen.

»Sir« Gawein ist am Kopf verletzt. Heeresärzte versorgen ihn. Die »Sirs« Lucan, Bedibere, Cador und Keie suchen, als Bauern verkleidet, in der Festung nach den vermissten Wagen. Sagramore gibt vor, ein verbündeter Gote zu sein, und trifft in einem Wirtshaus, in der Nähe der Präfektur, den Zwerg Kroton.

„Ich kenne dich! Du bist einer von Artus' Leuten! Über dreißig Jahre ist unsere letzte Begegnung her, trotzdem vergesse ich kein Gesicht!"

„Ich bin Gote und kenne deinen Artus nicht!"

„Ein Gote, der kein gotisch Spricht, ist kein Gote! Ich weiß genau, weshalb du die Stadt durchstreifst! Du findest nichts, denn das Gesuchte ist auf dem Weg zu dem Gott, dem das Gesuchte gehört!"[2]

„Wo lebt dieser Gott?"

„Mich überlistest du nicht! Den Berg, in dem der Gott lebt, bewacht ein Drache! Rund um den Berg ist das Land verbrannt. Kein Mensch wagt sich in dessen Nähe!"

„Was hat Rom mit dem »Heiligen Gral« zu schaffen?"

„Nicht die Römer, die Franken sind die neue Generation Kinder dieses Gottes. Das Gesuchte ist bei ihnen in Sicherheit."

„Wir holen uns den »Heiligen Gral« und dich nehme ich als Geisel!"

2 Dies ist eine andere Geschichte, die in einem weiteren Band der Reihe niedergeschrieben ist.

„Wenn ich nach den Wachen pfeife, bist du ein toter Mann! Gehe zu deinem Artus und sage ihm, die Suche ist zwecklos! Als alter Freund verrate ich dir ein Geheimnis. Der Gürtel um »Lutetia« schließt sich mit Legionären aus allen Teilen des Landes. Verschwindet, bevor ihr eingekesselt seid!"

✝✝✝

Aus taktischen Gründen erwägt der »King«, das Umfeld von »Lutetia« zu räumen und über »Rotomagus«[3] ins Land der Franken vorzudringen. Gegen Morgen erreicht ihn ein Eilbote.

„Unter Lebensgefahr", sagt der Bote, „bin ich aus »Kerloc'h« geflohen!"

„Dieses »Oppidum« habe ich in unheilvoller Erinnerung", sagt Artus. „Mein Hund[4] hat dort immer böse Geister gespürt und erst mit dem Bellen aufgehört, wenn wir die Biegung der Straße erreicht haben."

„Mordred ist der Herr dort und rund um den Ort haben sich bei seinem grauenvollen Anblick selbst die Pflanzen schwarz gefärbt. Niemals scheint dort die Sonne und die Kinder sterben gleich nach der

3 Heute Rouen.

4 Keltisch: Cwn (Choun) woraus französisch »Chien« entstanden ist.

Geburt. Berührt der Regen den Boden, vermischt sich das Nass mit dem Gift, das Mordred versprüht."

„Behauptet mein Sohn abermals, die Dinge liefen in meinem Sinne?"

„Jennifer schickt mich! Die »Queen« ist dir für deine Gnade dankbar und warnt dich. Mordred benimmt sich, als seist du tot. Ihm gehören Land, Leute und die »Queen«. Wir gehorchen ihm, weil wir ihn fürchten. Seine Söldner haben das Land dreimal hemmungslos verwüstet. Unsere Frauen, haben diese Bestien dreimal genommen."

„Hat die »Queen« Mordred geheiratet?"

„Nur unter Zwang, denn der Lüstling hat die »Queen« dreimal begattet, bis Jennifer ihre Zustimmung gegeben hat. Dein Sohn hat fadenscheinige Freunde, die ihn beraten. Leute mit grauenvollen Namen wie Bors, Lancelot, Hector und Lionel. Mit jenen dunklen Gestalten schleicht sich dein Sohn zu den Schatztruhen und bedient sich dort hemmungslos. Die »Queen« hat dreimal nach dem Zweck der Ausgaben gefragt, bis Mordred ihr Gewalt angetan und geschrien hat, das Gold sei für Soldzahlungen vorgesehen. »Kerloc'h« ist ein Heerlager fremder Söldner, die der »Queen« keine Achtung zollen. Mordred gibt jeden Tag drei Gelage und lässt sich als neuen »King« feiern."

„Weshalb befreit Lancelot Jennifer nicht aus der Gefahr?"

„Wir alle haben dreimal gehört, Jennifer ist für ihn nur Mittel zum Zweck gewesen. Sein Ziel ist der Schatz."

„Ist Jennifer noch am Leben?"

„Mordred hat ihr einen Brief von dir gezeigt, in dem du ihn dreimal zum Nachfolger erklärt hast, da du im Sterben lägest. Als die »Queen« sagte, dies sei nicht deine Schrift, hat der falsche »King« behauptet, der hundsmiserablen Gesundheit wegen schreibest du dreimal geringwertiger als gewohnt. Wenn Jennifer ihm nicht glaube, habe dies ihren Tod zur Konsequenz. Daraufhin ist die »Queen« von ihm dreimal geschlagen worden. Mordred hat ihr gesagt, Jennifer solle sich ihm nicht in den Weg stellen."

„Wo ist meine Frau jetzt?"

„Die »Queen« ist nicht mehr in »Kerloc'h«. Ich habe ihr bei meiner Ehre geschworen, niemandem zu verraten, wo ihr Aufenthaltsort ist! Wenn du ihr etwas mitzuteilen hast, überbringe ich ihr deine Nachricht."

„Du bist wahrhaftig ein Edelmann! Wenn dich Mordred abfängt, ist ihr Leben und das deinige verwirkt. Ich gebe dir einen guten Lohn für deine Mühen! Reihe dich bei meinen Soldaten ein! Wir kehren um und vernichten Mordred."

Ein erster Sturm weht und treibt bunte Blätter durch das Land. Zugvögel nutzen die Geister der Luft und fliegen LUGH entgegen. Artus lässt seine Männer sammeln, denen die Strapazen des Sommers anzusehen sind.

„Mein Sohn Mordred hat mich hintergangen und bereitet der »Queen« Pein und Verderben. Eile ist geboten, denn ihr Leben ist in Gefahr. Wir lassen alles zurück, was hinderlich und entbehrlich ist. Lasst die Versorgungswagen stehen. Je zwei Mann teilen sich ein Essgeschirr, eine Feldflasche, einen Eimer und eine «Dolabra»[5]. Bereitet euch auf einen strapaziösen Marsch vor!"

Artus lässt abmarschieren.

Feldflasche

5 Hacke zum Bau von Wehranlagen.

Camlann[1]

31

Winterbeginn 491 nach Christus

Entlang der Nordküste marschiert Artus auf »Letavia« zu und treibt seine Soldaten zu unmenschlicher Eile an. Der Winter kehrt früher ein als erwartet. Das Zurücklassen der Vorräte erweist sich als fataler Fehler. An jedem Rastplatz ist der »King« gezwungen, überteuerten Proviant zu kaufen.

„Mordreds Späher haben uns längst ausfindig gemacht!", befürchtet Artus.

„Statt uns zu begrüßen", sagt der am Kopf verletzte »Sir« Gawein, „verstecken sich die Menschen!"

„Mordred hat die Bevölkerung eingeschüchtert!", sagt »Sir« Keie. „Aus Angst sagt uns niemand, wo sein Heer steht."

Zwei Reiter nähern sich und heben zum Zeichen der Freundschaft ihre Hände.

„Mein »King«!", ruft Bors von Gaunes von weitem. „Wir kommen mit guten Absichten."

„Hat Mordred euch aus dem Gefängnis entkommen lassen?", ist Artus fassungslos.

„Wir sind nicht lange eingesperrt gewesen."

Bors schildert kurz den Hergang seiner Reise und sein Entsetzen über Mordreds Verhalten und dessen Ziele.

„Lionel sieht heruntergekommen aus!", bemerkt Artus.

„Ich bin schwer krank gewesen. Nur durch Gottes Gnade bin ich genesen."

„Wohin seid ihr des Weges?"

„Egal! Nur weit genug weg von deinem verrückten Sohn. Mit Gold und Drohungen hat Mordred üble Halunken ins Land geholt. Das sind keine Ehrenmänner! Dunkles Gesindel, das das Volk beraubt und die Frauen schändet! Wenn du unsere Verfehlungen verzeihst, kämpfen wir an deiner Seite gegen diese Ausgeburt der Finsternis!"

„Jeder ehrenhafte »Sir« ist mir willkommen! Wo steht Mordreds Heer?"

„Dieser Bastard verbreitet die Nachricht von deinem Tod und trifft gleichzeitig Vorkehrungen, dich an deiner Rückkehr zu hindern."

1 Heute: Camlez.

„Ein Mordkommando erwartet dich in der Nähe des Klosters von Mönch Brieuc. Ihr Ziel ist, dich aus dem Hinterhalt zu töten. Gelingt ihnen das nicht, hat Mordred seine Streitmacht in »Camlann« bereitstehen.
„Habt ihr Neuigkeiten von der »Queen«?"
„Jennifer ist in Sicherheit", sagt Bors. „Ein Kloster der Marienkirche hat deine Frau in seine Obhut genommen."
„Du bist wie immer gut informiert! Doch wenn selbst du weißt, wo sich Jennifer aufhält, so ist ihr Leben nichts mehr Wert. Wir brechen auf!"
Mit einem Überraschungsangriff reibt Artus die Truppen beim Kloster »Brieuc« auf. Der »King« lässt die gegnerischen Soldaten gnadenlos niedermetzeln, um Mordred nicht zu warnen. Die abgeschlagenen Köpfe nageln die Krieger zur Abschreckung an das Gebälk der Abtei. Eine angekündigte Rast gibt ihnen Zeit, sich um ihre Ausrüstung zu kümmern.
„Ich reite selbst als Kundschafter!", erklärt der »King« seinen »Sirs«.
„Nur auf diesem Weg, bekomme ich ein genaues Bild der Lage. Ich verlasse mich diesmal nicht auf Worte. Vor Anbruch der Nacht bin ich zurück."
„Mordred tötet dich, wenn du in seine Hände fällst."
„Wenn der Fall eintritt, führt euch mein Bruder, »Sir« Keie, in die Schlacht! Kennt keine Gnade mit der Ausgeburt der »Anderswelt«! Befreit die Welt von diesem Scheusal und rächt meinen Tod."

✝✝✝

Kurz vor »Camlann« begegnet Artus einem jungen Reiter mit einem Mistelzweig in der Hand, dem Zeichen eines Boten.
„In wessen Auftrag bist du unterwegs?", fragt Artus.
„Mordred schickt mich. Sage mir, wo sich der »King« aufhält?"
Artus ist enttäuscht. Die Ankunft des Heeres hat sich trotz aller Vorsichtsmaßnahmen herumgesprochen und der Bursche erkennt seinen »King« nicht!
„Siehst du meine Krone nicht? Kehre zu diesem Verräter zurück und sage ihm, ich töte ihn eigenhändig!"
Artus folgt dem Reiter bis kurz vor das Lager seiner Gegner. Der »King« hat genug gesehen, um einen Schlachtplan zu entwickeln, und kehrt um. Im Morgengrauen stehen die Heere gegenüber.

Signalhörner verursachen einen Ohren betäubenden Lärm. Unzählige Lanzen versperren die Sicht auf den Gegner. Unaufhaltsam rücken die Reihe aufeinander zu. Pfeile schwirren durch die Luft. Äxte zerbersten Helme und trennen Gliedmaßen ab. Gepanzerte Reiter brechen ins Gedränge und mähen reihenweise ungeschütztes Fußvolk um. Die Zusammengedrängten ziehen ihre Messer und stechen aufeinander ein. Die Schwerverletzten brüllen vor Schmerz. Nach kurzer Zeit sind über die Hälfte der Krieger gefallen. Beide Seiten signalisieren ihre Absicht, zu verhandeln.

„Weshalb zieht der Vater gegen seinen eigenen Sohn zu Felde?", klagt Mordred. „Ich habe das Land in deinem Sinne regiert und freue mich, dich gesund wieder bei mir zu haben. Böse Gerüchte haben gesagt, du seist tot!"

„Du hast meinen Schatz geraubt, meine Frau misshandelt und das Land verwüstet!"

„Die Menschen sind ungehorsam. Ich habe hart durchgegriffen. Jetzt bist du wieder zurück und befriedest das Land."

„Du weichst freiwillig, um mich bei erst bester Gelegenheit zu vergiften! Du verbringst den Rest deines Lebens in einem nassen, stickigen Loch, in dem du verrottest!"

Eine Kreuzotter beißt »Sir« Keie in die Wade. Dieser schreit auf und zieht sein Schwert, um das Tier zu erschlagen. Das werten beide Seiten als Zeichen des Angriffs. Eine von weitem geworfene Lanze durchbohrt »Sir« Keies Herz. Die Heere treffen erneut aufeinander. Die Soldaten rutschen in den Blutlachen aus. Wer am Boden liegt, bekommt den Kopf abgeschlagen.

Die Schlacht tobt bis in die Abenddämmerung hinein. »Sir« Gawein, der sich erst von den schweren Verletzungen erholt hat, trifft die Hand Lancelots tödlich. Der Sterbende bittet den »King«, seinem Gegner zu verzeihen und ihn in die Reihen der »Sirs« zurückzuholen. Gawein haucht den letzten Atemzug aus. Artus sieht, wie »Sir« Sagramore durch seinen Sohn fällt, und ist hasserfüllt. Nur die »Sirs« Lucan, Bedibere und Cador sind am Leben.

Mit einsetzendem Regen lehnt sich Mordred auf seinem Schwert, um kurz auszuruhen. Artus nimmt eine Lanze, die vor ihm im Boden steckt. Mit Schmerz verzerrtem Gesicht und lautem Brüllen, rennt der bitterenttäuschte Vater auf seinen Sohn los.

Der Wille überwindet die Kraftlosigkeit, der Zorn verdrängt Milde und Verstand. Rache für Keie, für die Freunde, für Jennifer, für das Gold, für das Land und für sein Volk!

„Verräter! Deine Todesstunde hat geschlagen!"

Mordred stellt sich ihm entgegen. Die Lanze durchstößt den Schild und dringt tief in den Körper ein. Mit letzter Kraft schlägt sein Sohn ihm sein Schwert seitlich an den Kopf. Der Helm hält die Wucht nicht ab und die Klinge dringt in die Hirnschale ein. Mordred stürzt tot und Artus bewusstlos zu Boden. Lucan und Bedibere eilen zu ihrem »King« und ziehen ihn vom Schlachtfeld. Plötzlich durchbohrt »Sir« Lucan ein Pfeil. Bedibere überkommt die Wut, eilt zu Mordreds Leiche, schlägt ihr den Kopf ab und spießt diesen auf die Lanze, die ihn getötet hat.

Als das Haupt weit über die Reihen der Gegner hin sichtbar ist, endet die Schlacht. Die wenigen seiner verbliebenen Krieger ergeben sich. Bedibere richtet im Blutrausch einen nach dem anderen an Ort und Stelle hin. Der Regen wandelt sich in Eisregen und danach fällt Schnee. Unentwegt krächzen die Raben ihr Lied vom Tod. Die verletzten Soldaten auf dem Schlachtfeld hauchen langsam und qualvoll ihr Leben aus. Niemand birgt das Fußvolk. Nur die »Sirs« liegen am Rand des blutverkrusteten Ackers und Frauen beweinen ihre Leichen. Die Feldärzte um Artus sind ratlos. Der »King« ist nach wie vor ohne Bewusstsein. Die Wunde ist mit einem in Heilkräutersud getränktem Leinenstoffen verbunden und beruhigt sich dennoch nicht.

Schemenhaft nähern sich Reiter im Nebel des niedergehenden Schnees dem Schlachtfeld. Ein Trosswagen begleitet die berittenen Frauen, die »Fay« Morgane von Cornouaille anführt.

„Der »Day«, den ich dir immer prophezeit habe, ist gekommen. Ab sofort kümmere ich mich um dich, Arthur. Legt ihn auf den Wagen!"

„Was hast du mit ihm vor?", ist »Sir« Bedibere besorgt.

„Ich nehme ihn mit nach »Avalon« und pflege ihn dort."

„Lass mich mit dir ziehen! Ich bin um die Gesundheit meines »Kings« besorgt!"

„Lancelot reißt zur Stunde »Aremorica« an sich. Seine Schergen durchkämmen das Land und töten die Anhänger meines »Brothers«. Dein Leben ist in Gefahr! Nimm »Excalibur« an dich und begleite mich! Artus schätzt deine Nähe."

Die Reise führt langsam Richtung Süden. Weitere Wagen und Reiter schließen sich dem Zug an. Der Wald ist in einen weißen Teppich gehüllt. Der Schnee ist bis zu den Kronen der Bäume gewachsen und bildet bizarre Formen. Stellenweise finden Sonnenstrahlen einen Weg zum Boden und ihre Reflexionen blendet in den Augen. Artus kommt zu sich und spürt das Stroh unter ihm. Mehrere Decken halten ihn warm. Die Hufe schlagen gedämpft und die Räder knirschen. Eine Schneeflocke landet auf seiner Nase und schmilzt. Ein Tröpfchen huscht über die Wange.

„Ich habe Durst!", röchelt der »King«. „Mir schmerzt der Kopf! Wo ist mein Gold?"

„Meine Kriegerinnen bringen den Schatz nach »Avalon«, bevor ihn die DuLacs ihn an sich reißen!"

„Die Franken haben den »Heiligen Gral« gestohlen!", lehnt sich Artus gegen seine Schwäche auf.

„Was haben die »Frenshmen« mitgehen lassen?", fragt Morgane.

„So nennt Artus Merlins Schatz", erklärt Bedibere. „Dein Freund Kroton hat uns verraten. Dank ihm haben die Römer den »Gral« an sich gerissen! Unser Vermögen ist auf dem Weg nach Germanien!"

„Die »Romans« haben nur den Teil gefunden", erklärt Morgane, „den mein »Brother« in der »Briga« eingelagert hat. Zudem sind zwei »Hollows« geplündert worden. Eines Tages holen wir unseren Schatz zurück! Das Gold ist der »Frenshmans« Untergang! Ich ruhe nicht eher, bis der »Holy Grael« in »Albion«, meinem neuen »Britannien«, angekommen ist! Selbst, wenn dies tausende Jahre in Anspruch nimmt."

Tage später erreicht die Gruppe den See der Apfelinseln. Über eine Furt bringen die Reiterinnen Artus auf das kreuzförmige Eiland »Crialeis«. In einem unbeobachteten Moment winkt der »King« »Sir« Bedibere herbei.

„Wirf »Ex.Sal.Liburn« in den See! Das Schwert ist nicht für die Hände meiner Schwester vorgesehen!"

Bedibere betritt das Ufer, versteckt die Waffe im Schilf und kehrt zu Artus zurück.

„Ich habe das Wasser nicht klatschen gehört! Ich bin zwar verletzt, trotzdem arbeitet mein Verstand! Gehorche meinem Befehl, mein Freund!"

Dieser läuft zurück und findet die Waffe nicht. Ein Dieb scheint sich ihrer bemächtigt zu haben.

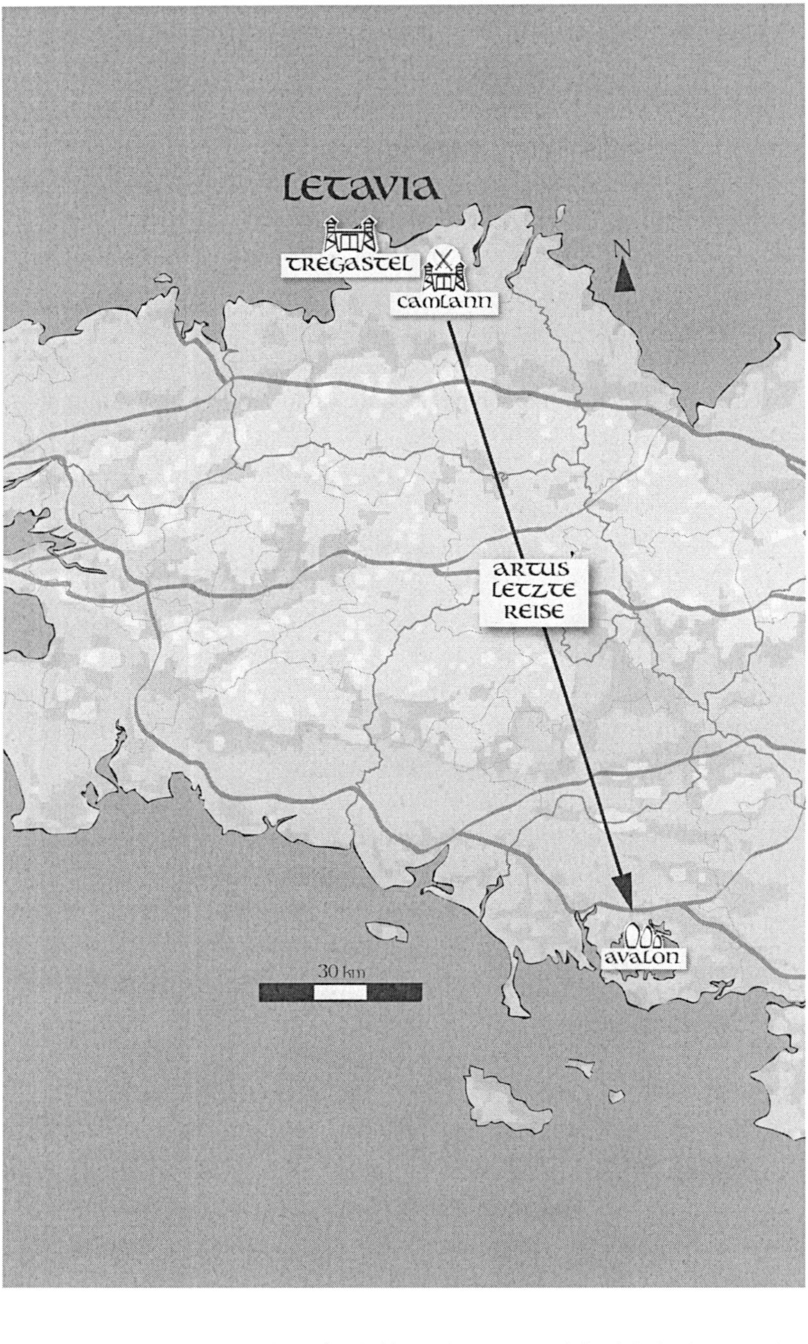
LETAVIA
TREGASTEL
CAMLANN
N
ARTUS
LETZTE
REISE
AVALON
30 km

Um den »King« zu beruhigen, wirft Bedibere stattdessen einen großen Stein im Wasser.

„Jetzt habe ich das Klatschen gehört. Ich habe dir zu danken!"

„Ich habe den Gurt um die Klinge gewickelt und »Ex.Sal.Liburn« in hohem Bogen ins Wasser geworfen. Da erschien eine Hand in den Wellen, hat das Schwert an sich genommen, dreimal geschwenkt und ist danach in den Fluten versunken."

„Die Klinge ist von den Göttern geschmiedet und zu den Allmächtigen zurückgekehrt. Eines Tages, wenn ich wiederkomme, taucht »Ex.Sal. Liburn« aus den Fluten auf und verhilft mir, erneut »King von Letavia« zu sein."

Schiffe fahren mit gehissten ledernen Segeln auf die Küste zu und ankern in der Flussmündung des »Auray«.

„Sage diesem Land Lebewohl, Arthur!"

„Wohin reisen wir?"

„Wir setzen nach »Albion« über. Dort gründe ich als »Queen« eine neue Dynastie, die deiner ewig gedenkt! Dein Sohn ist tot. Meine Töchter erschaffen ein Königreich in unserem Sinne."

Eine von Frauen besetzte Barke bringt Artus und Bedibere zu einem der Schiffe. Im Liegen richtet der »King« wehmütig einen letzten Blick auf sein Land. Seine Lieder sind schwer und ihn verlassen die Sinne.

Danach

32

Anfang August 1996

Marcel und seine Tante sitzen auf der Veranda und trinken Kaffee. Louane hat frischgebackene Sandkekse vom Bäcker mitgebracht. Eine Pinie schattet die Nachmittagssonne ab. Die Temperaturen sind angenehm warm.

„Was ist geschehen, als Artus davongesegelt ist?"

„Vermutlich ist der »King« auf der Überfahrt oder bei der Ankunft in England gestorben. Bedibere hat Morgane von Artus' letztem Wunsch erzählt, ihn christlich beizusetzen. Daraufhin hat die »Fay« ihn in »Glastonbury« beisetzen lassen. Zunächst entstand eine kleine Abtei, die später durch eine größere ersetzt worden ist. Das Gold ist, von seinem ungeklärten Verbleib abgesehen, heute Grundlage der Monarchie in Großbritannien."

„Ich meine, was geschah danach in der Bretagne?"

„Nach der Schlacht von »Camlann« sind Bors und Lionel nach »Gaunes« zurückgekehrt, um ihr Land wieder in Besitz zu nehmen. Jules hat sich geweigert, den Thron zu räumen. Bei dem Gerangel hat Mordreds Sohn Melehan Lionel erstochen. Bors hat Rache geschworen und ist auf die Suche nach seinem alten Freund Lancelot gegangen, der sich in der Festung von »Kerloc'h« verschanzt hat."

„Wie alt ist Melehan gewesen?"

„So gesehen – ein Kind von acht Jahren. Sein Bruder Melou hat sich als nicht minder durchtrieben erwiesen. Die beiden haben sich als »Kings von Cornouaille« ausrufen lassen und sind mit ihrem Vasallen Jules, der ihnen Treue geschworen hat, nach »Kerloc'h« geritten, um die Festung ihres Vaters in Besitz zu nehmen. Lancelot hat nicht lange gefackelt, einen Ausbruch gewagt und mit seinem Bruder Hector sowie Bors Melehan und Melou erschlagen."

„Welch schlimme Zeiten. Eine Umerziehung der Kinder hat damals niemand in Betracht gezogen."

„Diese Attacke ist nicht ohne Folgen geblieben. Lancelot und Hector sind schwer verletzt worden. Hector hat versucht, seinen Bruder

zu verbinden, und ist selbst an seinen Verletzungen gestorben. Das ist acht Wochen nach dem Tod von Jennifer geschehen. Die beiden haben sich nie wiedergesehen."
„Was ist aus den Sarazenen geworden? Die hast du nicht mehr erwähnt."
„Die beiden sind der Kirche beigetreten und haben von den Römern hohe Posten erhalten. Vermutlich haben sich die Sarazenen indirekt am Verrat der Verstecke des Schatzes an den Steuereintreiber beteiligt. Palamedes ist wie aus dem Nichts zum »Dux« der Provence und Safir zum »Dux« des »Languedoc«ernannt worden. Die Römer haben so ihren Dank zum Ausdruck gebracht."
„Wo am Ende alle außer Bedibere tot gewesen sind, wer ist Nachfolger von Artus geworden?"
„Cadors Sohn Constantine hat sich als gutmütiger und gerechter »King« erwiesen, bis sein Neffe Conan ihn ermordet hat. Coluche und Olouane hätte ich um ein Haar vergessen. Die beiden sind nach Wales gegangen, weshalb deren Geschichte dort bis heute überliefert worden ist."
„Ich habe beim Angeln lange nachgedacht. Die Kirche hat den Kalender nicht manipuliert. Meinen Berechnungen nach, ist Jesus 297 nach Christus geboren worden. Seine Kreuzigung hat um das Jahr 333 stattgefunden. Daraus folgt, bis ins frühe Mittelalter hat das Jahr 297 als das Jahr Null gegolten. Das sogenannte Jahr des Herrn. Später hat die Kirche den Kalender wieder an die Geburt von Christus angepasst. In der Archäologie ist zeitlich keine Lücke nachgewiesen worden. Das »Dunkle Zeitalter« ist durch die Bücherverbrennungen entstanden. Viele Überlieferungen haben sich in Rauch aufgelöst. Und eine weitere Idee ist mir gekommen. Hinter dem »Magischen Kessel«, der Tote erweckt, verbirgt sich eine Kupferdestille. Père Albert hat gesagt, diese habe der Atem von drei Jungfrauen erhitzt. Das entspricht der Siedetemperatur von Alkohol. Der Schnaps, der mit dem Gerät gebrannt worden ist, hat die Redensart »der weckt Tote« geprägt."
„Du wärst ein Gewinn für die Geschichtsforschung! Überlege dir noch einmal gut, ob du nicht doch in Brest Mythen und Legenden studierst."

Zweiter Weltkrieg

33

Sommer 1996

Die Sonne scheint, doch der Wind weht kühl. Die Badesaison ist abrupt beendet. Père Albert ist seit ein paar Tagen nicht mehr zum Angeln gekommen und dem jungen Amidieu ist die Lust am Fischen vergangen. Mit Wehmut kreisen alle Gedanken um die Rückkehr nach Paris. Haben die Kleinohren ihn endlich vergessen? Marcel hält sein Versprechen und nimmt sich erneut Zeit für den Großvater. Dieser fängt ohne Umschweife mit seiner Erzählung an.

1943

„Nach dem großen Krieg bin ich zurück in der Konservenfabrik in »Concarneau« arbeiten gegangen und habe Suppen, Jakobsmuscheln, Rillettes[1], Soßen, Fertiggerichte, Sardinen, Thunfische, Makrelen, Anchovis und Algen eingedost. Die Zeit ist im Flug vergangen und wieder tobte ein Krieg. Da habe ich deine Großmutter kennengelernt, die bei dem Überfall der Deutschen auf Frankreich Ihren Mann verloren hat. Gegen den Aberglauben der gutmütigen Seele und trotz der zwanzig Jahre Unterschied, haben wir geheiratet. Um ihr einen Gefallen zu erweisen, habe ich Konservendosen vergiftet, die an die Deutschen geliefert worden sind. Ich habe nicht mit den Methoden der Gestapo gerechnet, Attentäter aufzuspüren. Die Nazis haben kurzerhand den Betrieb geschlossen, die Mitarbeiter verhaftet und die komplette Belegschaft deportiert. Über »Compiègne« und »Buchenwald«, bin ich im November 1944 in ein Arbeitslager auf dem Truppenübungsplatz bei »Ohrdruf« gekommen. Da haben die Nazis eine neue sogenannte Vergeltungswaffe an jüdischen Häftlingen getestet. Uns hat die SS in einen Stollen gebracht. Nach einem lauten Knall hat die Erde gebebt. Wenig später haben wir die Überlebenden und die Leichen in einen Güterzug nach »Auschwitz« verladen."

•

1 Schabefleisch.

„Woher weißt du, wohin die Toten gebracht worden sind?"
„An den Waggons haben die Deutschen Schilder angebracht."
„Und dich haben die Nazis als Mitwisser am Leben gelassen?"
„Damals haben wir mit dem Begriff »Auschwitz« nur wenig anzufangen gewusst. Wir haben zwar von den vielen Krematorien gehört, dachten aber, das Lager sei mit »Buchenwald« vergleichbar. Erst nach dem Krieg ist mir gedämmert, welche Schweinereien in »Birkenau« gelaufen sind. Die durch die ersten Versuche zum Bau einer Atombombe verstrahlten Testpersonen sind dort vergast und verbrannt worden, um die Spuren zu beseitigen. Die Alliierten hätten von den Überlebenden mehr über die Existenz und die Wirkung der Bombe erfahren. Deshalb sind diese kaltblütig beseitigt worden."
„Wie in aller Welt ist dir geglückt, das Konzentrationslager zu überleben?"
„Nach weiteren Tests stand der SS nicht mehr offen, die Leichen nach »Auschwitz« zu bringen. Die Russen haben das Lager zwischenzeitlich befreit. Einige sind in Ohrdruf verbrannt, andere abtransportiert worden. Am 2. April 1945 hat die SS die für den Marsch Untauglichen erschossen und die arbeitsfähigen Gefangenen mitgenommen. Ich habe mich versteckt, bis die Amerikaner mich kurz darauf nach Frankreich zurückgebracht haben."
„Bist du nicht verstrahlt worden?"
„Das bleibt ein Rätsel. Meine Gesundheit ist nicht beeinträchtigt worden. Viel schlimmer sind nach dem Krieg die Schuldgefühle gewesen, die mich geplagt haben. Viele aus der Fabrik sind nicht zurückgekehrt. Ständig habe ich Angst gehabt, die Behörden rollen den Fall auf, entlarven mich als Täter des Anschlags, und liefern mich den Deutschen aus."
„Das Deutsche Reich hat den Krieg verloren und ist nicht befugt, Verbrechen gegen die Nazis zu ahnden!"
„Die Deutschen sind Nachfahren des Teufels! Denen traue ich jede Schweinerei zu. Im Zweifel über ihre Geheimdienste!"

†††

2 Deutsche Ausrüstungswerke.

Zurück in Paris

34

An einem Freitag im August 1996

Marcel ist aus der Bretagne zurückgekehrt. Ausgerechnet an diesem Nachmittag bringt die Briefträgerin das Ablehnungsschreiben der »Sorbonne«. Die Elite-Universität nimmt nur die Allerbesten. Seine Mutter ist frustriert und weint bis zum Abend bittere Tränen. Alle ihre Hoffnungen für eine glanzvolle Zukunft sind dahin.

Marcel streift durch den »Louvre« und schaut jedem auf die Ohren. In einiger Entfernung patrouillieren zwei Soldaten, gefolgt von einem Weiteren, der in angemessener Entfernung seine Kameraden absichert. Alle haben Haare und normale Gehörorgane. Die Graffitis sind entfernt worden. Von ME fehlt ihm die Adresse und jede Spur. Selbst Etienne, der Clochard, ist nicht mehr an seinem Platz. Niedergeschlagen kehrt Marcel nach Hause zurück.

✝✝✝

Sonntag

Die Familie Amidieu sitzt am Esstisch und wartet auf das Abendessen. Während die Hauptspeise am Garen ist, stellt die Mutter winzige Garnelen als Vorspeise auf den Tisch. Das Schälen der gekochten Krebstierchen erfordert einige Zeit und Geduld. Auf einem Stück Baguette mit gesalzener Butter sind die Meeresbewohner eine Delikatesse. Dem für Pariser Verhältnisse geräumigen fensterlosen Raum fehlt das Tageslicht. Die Luft ist stickig. Die alten Möbel, die vom Vormieter übernommen worden sind, riechen modrig. Der Wohnzimmerschrank mit den Vitrinen, in dem die von Marcels Vater bei diversen Auto-Rallyes in seiner Jugend gewonnene Pokale stehen, verströmt einen Geruch der Verwesung, den das Geschirr annimmt und der Gäste die Nasen rümpfen lässt. Die schweren, mit gewundenen Goldstreifen verzierten bordeauxroten Tapeten drücken auf das angeknackste Selbstbewusstsein des Jungen. Wer in solchem Muff aufgewachsen ist, schafft den Sprung in die Auswahl der Besten nicht! Die Eieruhr rattert gedämpft. Das Gerät aus Plastik, in Form eines weißen

Huhns, ist seit Jahren defekt. Die ganze Familie hängt an diesem kitschigen Wecker. Niemand wirft ihn weg. Drückende Stille. Der Parkettboden knackt gelegentlich. Schweigend und mit ernster Miene bringt die Mutter die warme Vorspeise an den Tisch, mit Champignons gefüllte Eierpfannkuchen.

„Hast du eine Vorstellung", eröffnet sein entgegen allen Erwartungen bestens gelaunter Vater den Schlagabtausch, „wie dein Leben jetzt weitergeht?"

Der aus Rüsselsheim stammende Maschinenbauingenieur hat sonst nur wenig Sinn für Humor, weshalb sein Verhalten bei Marcel einen Abwehrmechanismus in Gang setzt.

„Wegen Mama habe ich keine weiteren Bewerbungen an andere Universitäten geschrieben! Also friste ich mein Dasein als Künstler!"

„Bewerbe dich um einen Praktikumsplatz!", schaut ihn sein Vater eindringlich durch seine dünne Nickelbrille an.

„Die wenigen Plätze sind längst vergeben. Die meisten Künstler lassen sich die Ausbildung bezahlen. Woher nehme ich das Geld?"

„Du redest ständig davon", kratzt sich der Vater an den wenigen Kopfhaaren, „als Künstler zu arbeiten. Ich sehe keine Werke von dir! Womit bestückst du die Mappe für deine Aufnahmeprüfung?"

„Kunst lässt sich nicht studieren? Ich bin Künstler! Du weißt das bloß nicht, weil du dich nicht für meine Belange interessierst! Ich warte auf meinen Durchbruch, der nur eine Frage der Zeit ist!"

„Jetzt komme mal wieder zur Vernunft. Diese fixe Idee hat dir den Kopf verdreht. Wie viel hast du mit deiner Kunst schon verdient? Ich befürchte wegen nicht deklarierten Einkünfte vom Finanzamt eine hohe Nachforderung zu erhalten."

Marcel bekommt einen roten Kopf.

„Ich habe meine Beziehungen spielen lassen. Ein ehemaliger Kollege von mir ist Dekan des Fachbereichs »Automotive« der Universität von Metz. Das nur so nebenbei."

„Fahrzeugentwicklung interessiert mich nicht! Ich habe kein Interesse an einem Schreibtisch zu versauern. Wenn ich sehe, wie freudlos du von deiner Arbeit sprichst, stelle ich mir deinen Beruf als eine Art Albtraum vor!"

„Wir führen dank meines Albtraums ein halbwegs erträgliches Leben."
„Anfang September setzt du dich artig in den Zug nach Metz", mischt sich die Mutter ein.
„Mein Kollege hat dich für das Fach Wirtschaftswissenschaften eingetragen und die Anmeldung bestätigen lassen."
„In Mathematik bist du gut, selbst wenn du dich nicht anstrengst."
„Die Mutter meines Freundes vermietet dir ein Zimmer. Für deine künftige Ausbildung ist somit alles geklärt. Die brotlose Kunst schlage dir aus dem Kopf! Ergreife einen Beruf, der dir ein angenehmes Leben verschafft."
„Was sagt der brave Sohn zu seinem Vater?", fragt die Mutter mit entsprechend druckvollem Unterton.
„Danke, Papa!"
„Ist das alles?"

Marcel steht auf, umrundet den Tisch und umarmt seinen Vater.
„Vielen Dank, Papa!"
„Kunst ist ein Hobby. Viele meiner Kollegen haben interessante Nebenbeschäftigungen oder Frauen, die malen, und das nötige Kleingeld, um das auszuleben."
„Und zur Feier des Tages", freut sich die Mutter voller Stolz, „habe ich einen saftigen Kalbsbraten im Ofen!"

Fortsetzung folgt.

Anhang

Falsch interpretierte keltische Buchstaben:

f = f

ſ = s, nicht f

ω = ou, nicht w

ω = uu

ƀ = b, nicht v

y = o (stumm)

x = sch

ll = j

ℑ = j, nicht g

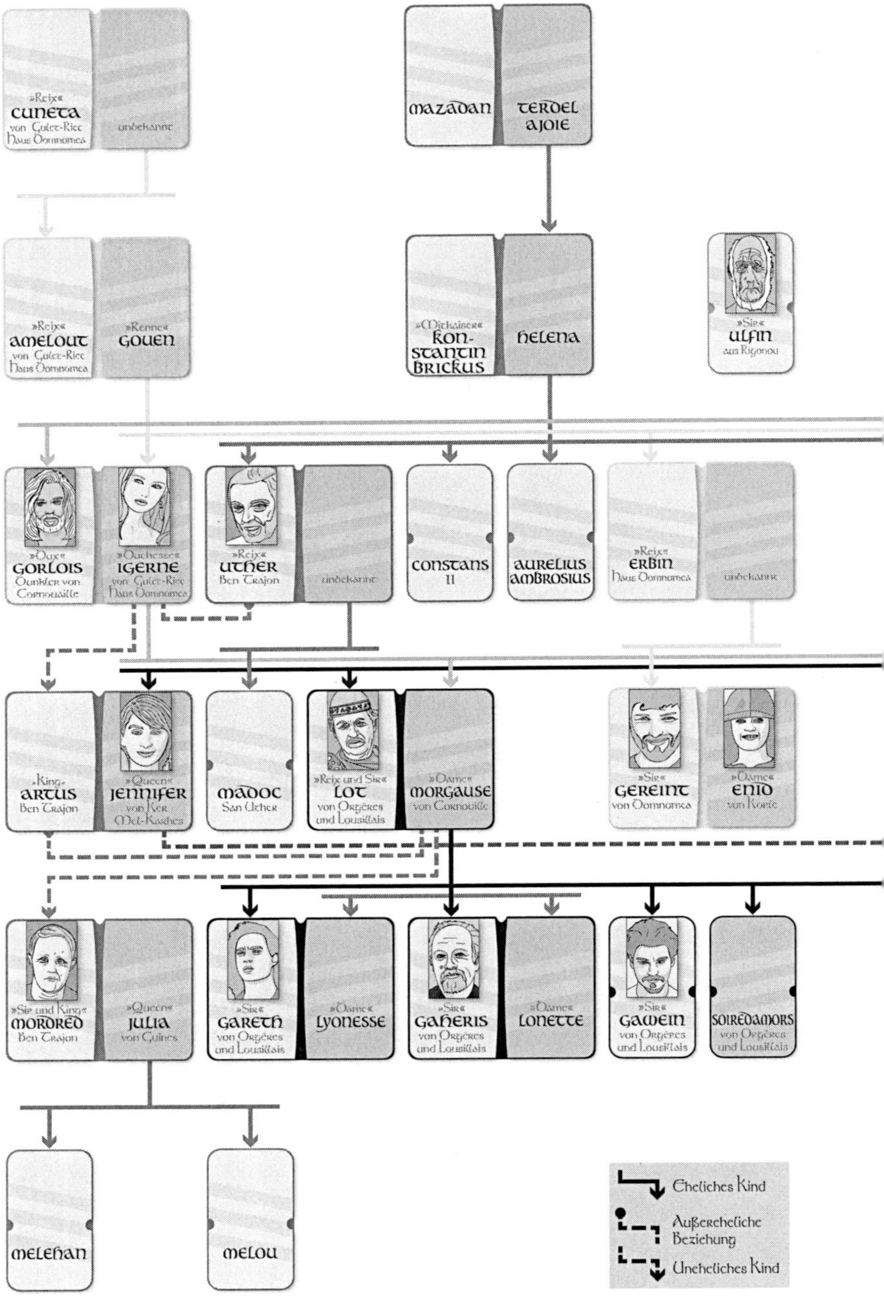
»Reix« Cuneta von Gulet-Riec Haus Domnonea
unbekannt
Mazadan
Terdel Ajoie
»Reix« Amelout von Gulet-Riec Haus Domnonea
»Renne« Gouen
»Mitkaiser« Konstantin Brickus
Helena
»Sir« Ulfin aus Rigonou
»Dux« Gorlois Dunkler von Cornouaille
»Duchesse« Igerne von Gulet-Riec Haus Domnonea
»Reix« Uther Ben Trajon
unbekannt
Constans II
Aurelius Ambrosius
»Reix« Erbin Haus Domnonea
unbekannt
»King« Artus Ben Trajon
»Queen« Jennifer von Ker Mel-Karhes
Madoc San Uther
»Reix und Sir« Lot von Orgères und Lousillais
»Dame« Morgause von Cornouaille
»Sir« Gereint von Domnonea
»Dame« Enid von Korfe
»Sir und King« Mordred Ben Trajon
»Queen« Julia von Guines
»Sir« Gareth von Orgères und Lousillais
»Dame« Lyonesse
»Sir« Gaheris von Orgères und Lousillais
»Dame« Lonette
»Sir« Gawein von Orgères und Lousillais
Soiredamors von Orgères und Lousillais
Melehan
Melou
Eheliches Kind
Außereheliche Beziehung
Uneheliches Kind

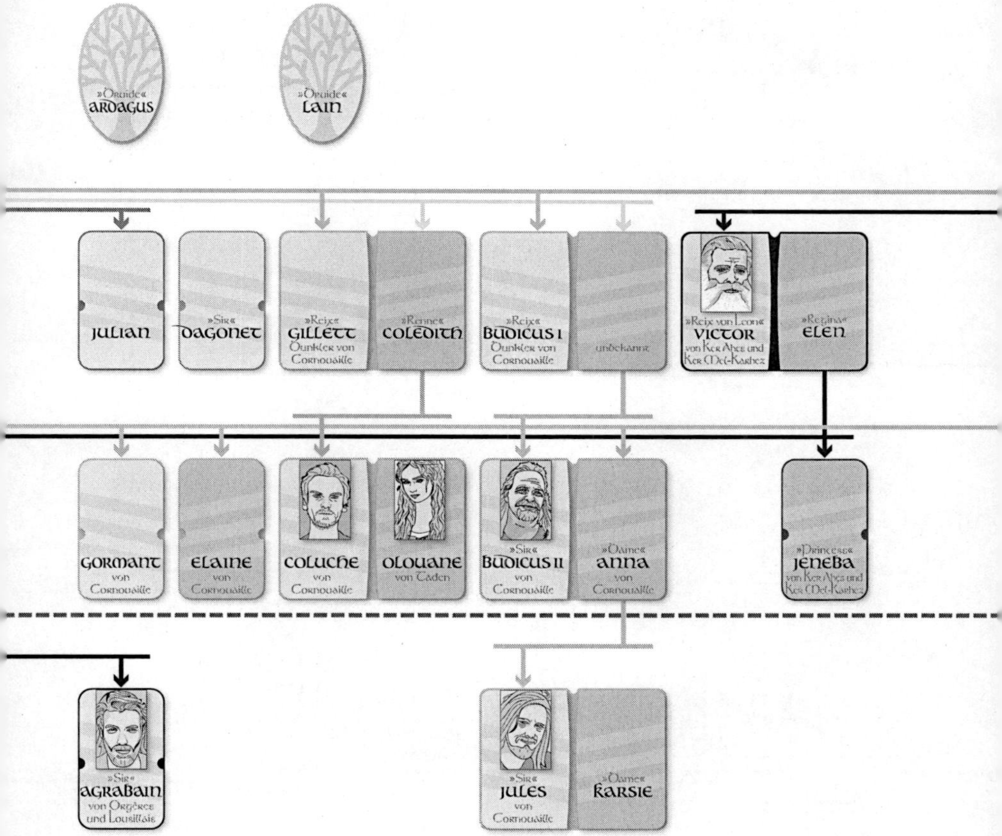

»Druide« Ardagus
»Druide« Lain
Julian
»Sir« Dagonet
»Reix« Gillett
Dunkler von Cornouaille
»Renne« Coledith
»Reix« Budicus I
Dunkler von Cornouaille
unbekannt
»Reix von Leon« Victor
von Ker Ahes und Ker Mel-Karhez
»Regina« Elen
Gormant
von Cornouaille
Elaine
von Cornouaille
Coluche
von Cornouaille
Olouane
von Taden
»Sir« Budicus II
von Cornouaille
»Dame« Anna
von Cornouaille
»Princess« Jeneba
von Ker Ahes und Ker Mel-Karhez
»Sir« Agrabain
von Orgères und Lousillais
»Sir« Jules
von Cornouaille
»Dame« Karsie

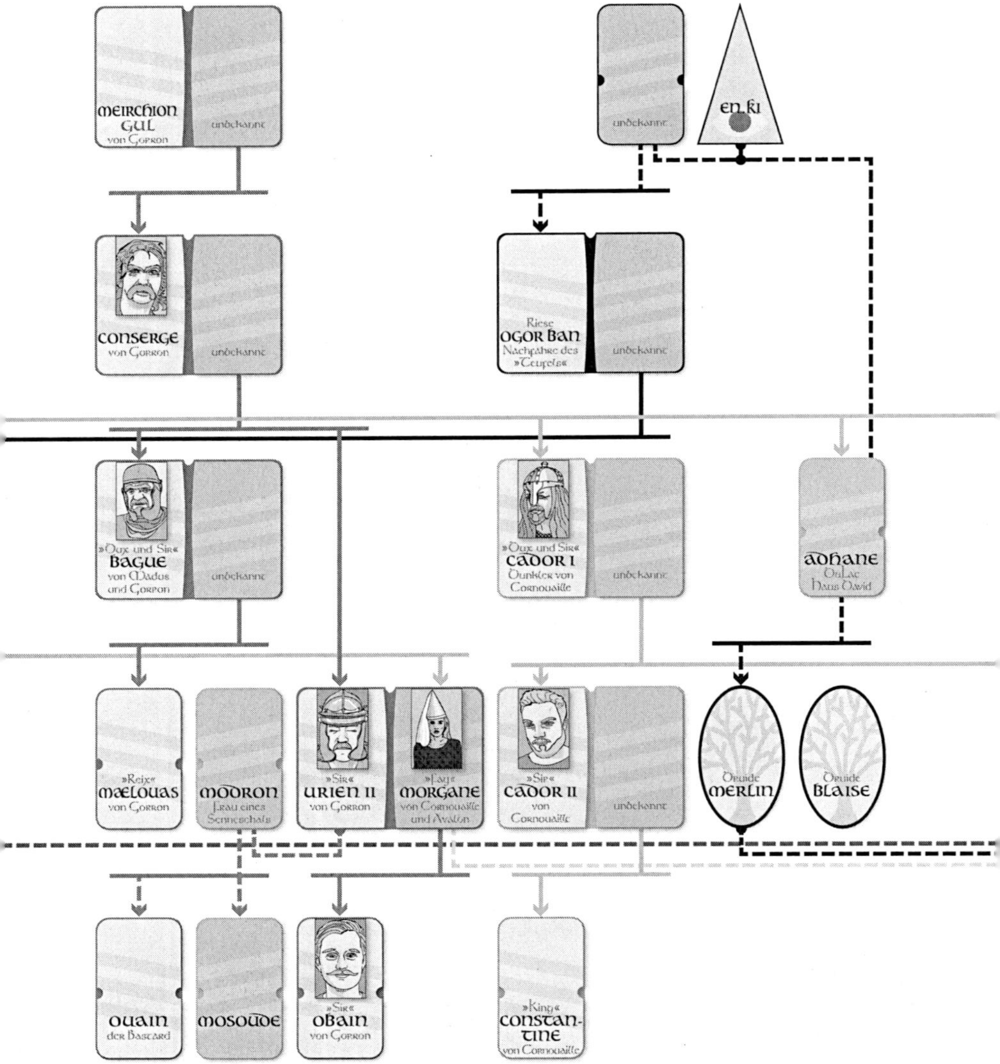
Meirchion Gul
von Gorron
unbekannt
En.Ki
unbekannt
Conserge
von Gorron
unbekannt
Riese
Ogor Ban
Nachfahre des »Teufels«
unbekannt
»Dux und Sir«
Bague
von Madus und Gorron
unbekannt
»Dux und Sir«
Cador I
Dunkler von Cornouaille
unbekannt
Adhane
DuLac
Haus David
»Reix«
Maelouas
von Gorron
Modron
Frau eines Seneschals
»Sir«
Urien II
von Gorron
»Fay«
Morgane
von Cornouaille und Avalon
»Sir«
Cador II
von Cornouaille
unbekannt
Druide
Merlin
Druide
Blaise
Ouain
der Bastard
Mosoude
»Sir«
Obain
von Gorron
»King«
Constantine
von Cornouaille

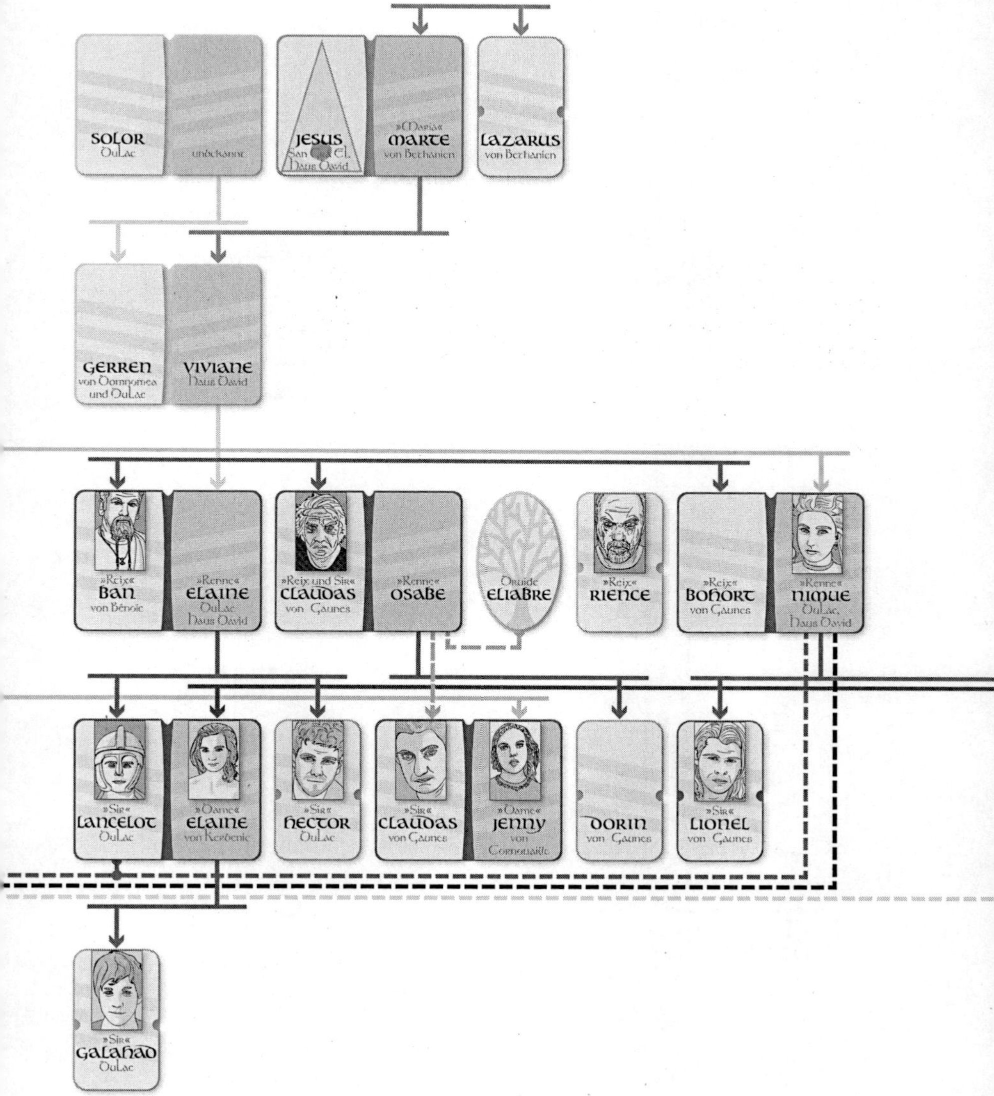
SOLOR
DuLac
unbekannt
JESUS
Haus David
»Maria«
MARTE
von Bethanien
LAZARUS
von Bethanien
GERREN
von Domnomea und DuLac
VIVIANE
Haus David
»Reix«
BAN
von Bênoic
»Renne«
ELAINE
DuLac
Haus David
»Reix und Sir«
CLAUDAS
von Gaunes
»Renne«
OSABE
Druide
ELIABRE
»Reix«
RIENCE
»Reix«
BOHORT
von Gaunes
»Renne«
NIMUE
DuLac,
Haus David
»Sir«
LANCELOT
DuLac
»Dame«
ELAINE
von Kerbenic
»Sir«
HECTOR
DuLac
»Sir«
CLAUDAS
von Gaunes
»Dame«
JENNY
von
Cornouaille
DORIN
von Gaunes
»Sir«
LIONEL
von Gaunes
»Sir«
GALAHAD
DuLac

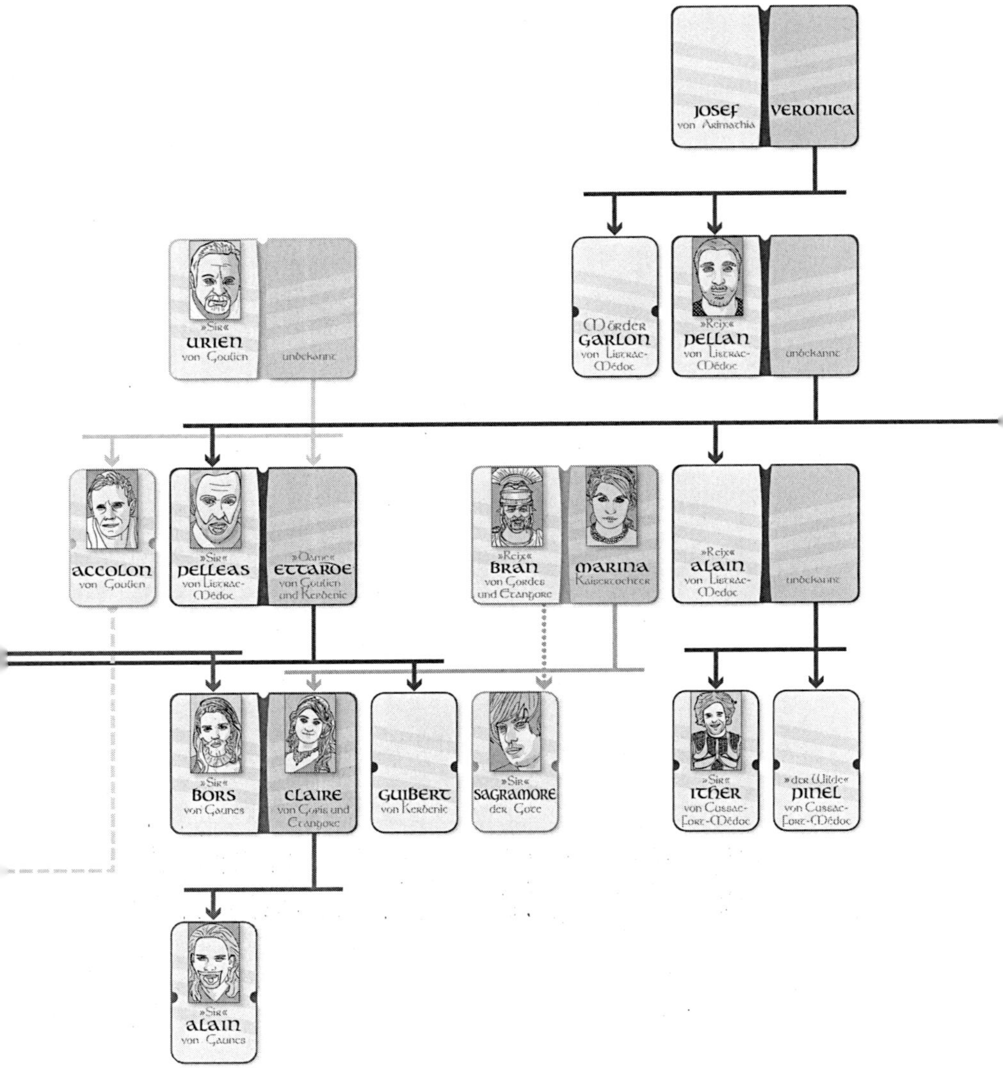
JOSEF
von Arimathia
VERONICA
»Sir«
URIEN
von Goulien
unbekannt
Mörder
GARLON
von Listrac-Médoc
»Reix«
PELLAN
von Listrac-Médoc
unbekannt
ACCOLON
von Goulien
»Sir«
PELLEAS
von Listrac-Médoc
»Dame«
ETTARDE
von Goulien und Kerbenic
»Reix«
BRAN
von Gordes und Etangore
MARINA
Kaisertochter
»Reix«
ALAIN
von Listrac-Médoc
unbekannt
»Sir«
BORS
von Gaunes
CLAIRE
von Gofis und Etangore
GUIBERT
von Kerbenic
»Sir«
SAGRAMORE
der Gote
»Sir«
ITHER
von Cussac-Fort-Médoc
»der Wilde«
PINEL
von Cussac-Fort-Médoc
»Sir«
ALAIN
von Gaunes

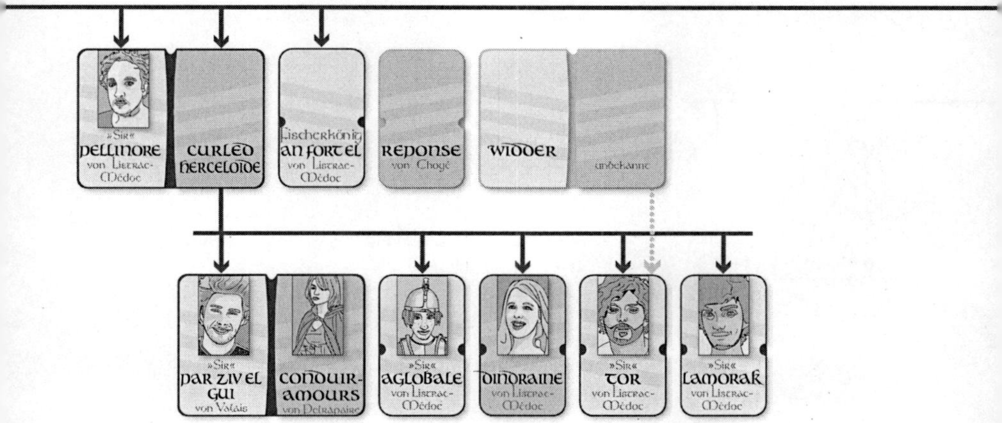
»Sir«
Pellinore
von Listrac-Médoc
Curled
Herceloide
Fischerkönig
An Fortel
von Listrac-Médoc
Reponse
von Choyé
Widder
unbekannt
»Sir«
Parzivel
Gui
von Valais
Conduir-amours
von Pelrapaire
»Sir«
Aglobale
von Listrac-Médoc
Dindraine
von Listrac-Médoc
»Sir«
Tor
von Listrac-Médoc
»Sir«
Lamorak
von Listrac-Médoc

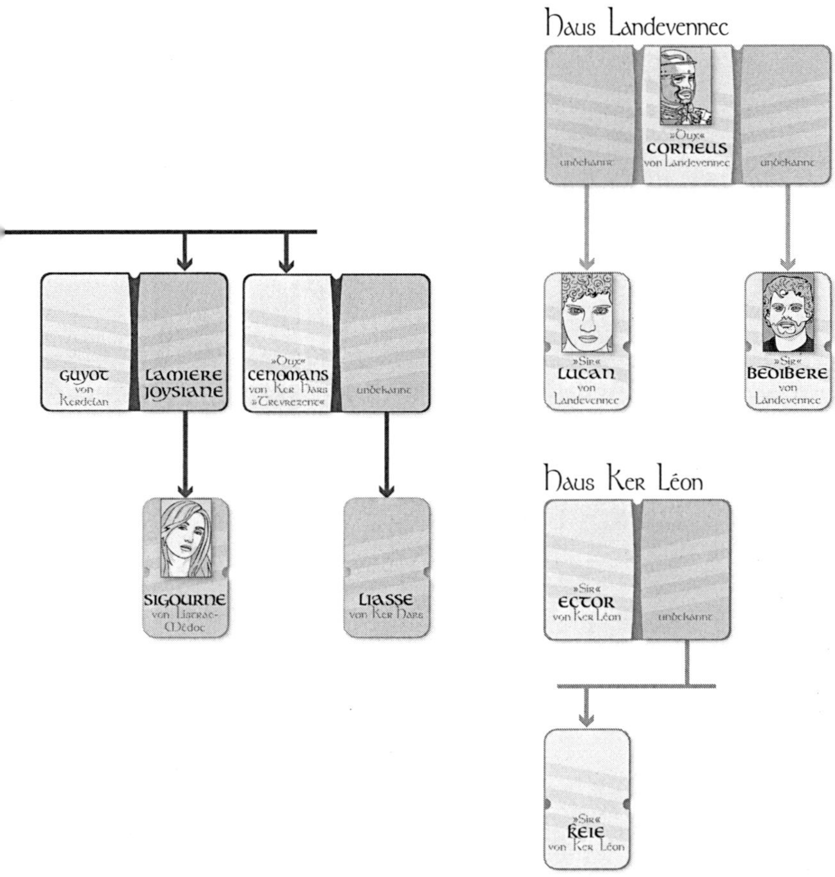
Haus Landevennec
unbekannt
»Dux«
Corneus
von Landevennec
unbekannt
»Sir«
Lucan
von Landevennec
»Sir«
Bedibere
von Landevennec
Guyot
von Kerdelan
Lamiere Joysiane
»Dux«
Cenomans
von Ker Hars
»Trevrezent«
unbekannt
Sigourne
von Listrac-Médoc
Liasse
von Ker Hars
Haus Ker Léon
»Sir«
Ector
von Ker Léon
unbekannt
»Sir«
Keie
von Ker Léon

Vortigern und die Sachsen

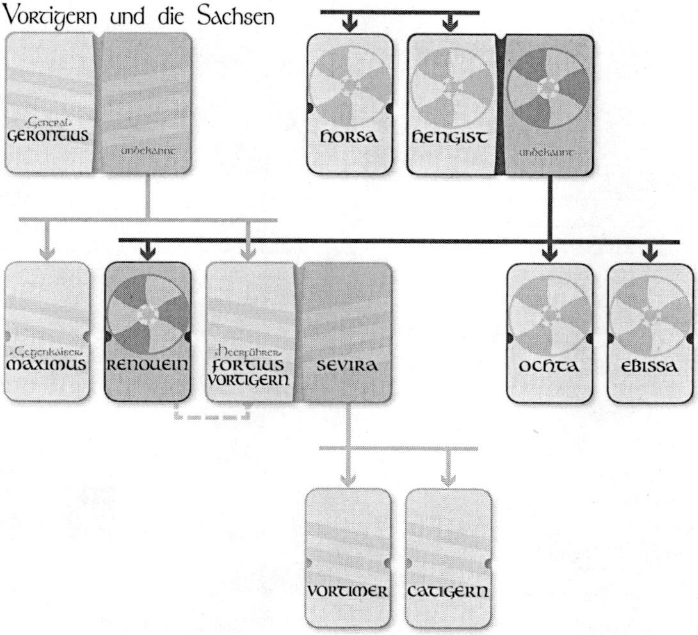

Die Sarazenen

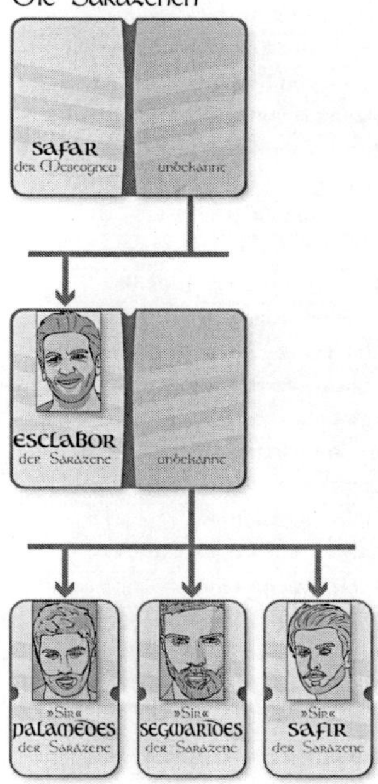

Haus Taden

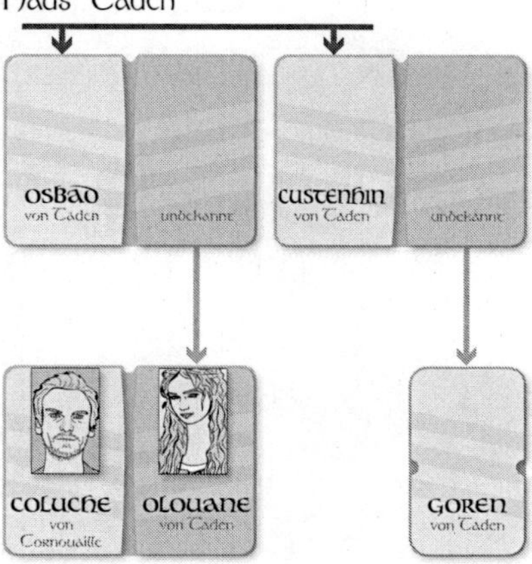

WER IST WANN GESTORBEN

Kapitel	4	5	8	9	10	11	12	13	14	
Gorlois		†								
Erbin von Domnomea		†								
Uther Ben Trajon			†							
Corneus von Landévennec			†							
Conserge von Gorron			†							
Bohort von Gaunes			†							
Esclabor der Sarazene			†							
Cador der Ältere von Cornouaille			†							
Budicus I. von Cornouaille			†							
Madoc San Uther				†						
Rience					†					
Ban von Bénoïc					†					
Lot von Orgères und Lousillais					†					
Pellan von Listrac-Médoc								†		
Accolon von Goulien								†		
Bran von Gordes und Estangore										
Ector				»Sir«						
Cabot										
Pellinore von Listrac-Médoc						»Sir«				
Herceloide										
Ither von Cussac-Fort-Médoc								»Sir«		
Pelleas von Listrac-Médoc								»Sir«		
Victor von Ker Ahes und Ker Mel-Karhez								»Sir«		
Elaine von Kerbenic										
Mælouas von Gorron										
Bague von Madus und Gorron										
Merlin										
Urien von Goulien							»Sir«			
Lamorak von Listrac-Médoc										
Morgause von Cornouaille										
Ulfin aus Rigonou				»Sir«						
Claudas der Ältere von Gaunes					»Sir«					
Segwarides der Sarazene							»Sir«			
Aglobale von Listrac-Médoc								»Sir«		
Tor von Listrac-Médoc						»Sir«				
Gareth von Orgères und Lousillais										
Alain von Gaunes										
Gaheris von Orgères und Lousillais										
Agrabain von Orgères und Lousillais										
Dagonet										
Budicus II. von Cornouaille				»Sir«						
Claudas der Jüngere von Gaunes			*					»Sir«		
Obain von Gorron										
Dindraine von Listrac-Médoc										

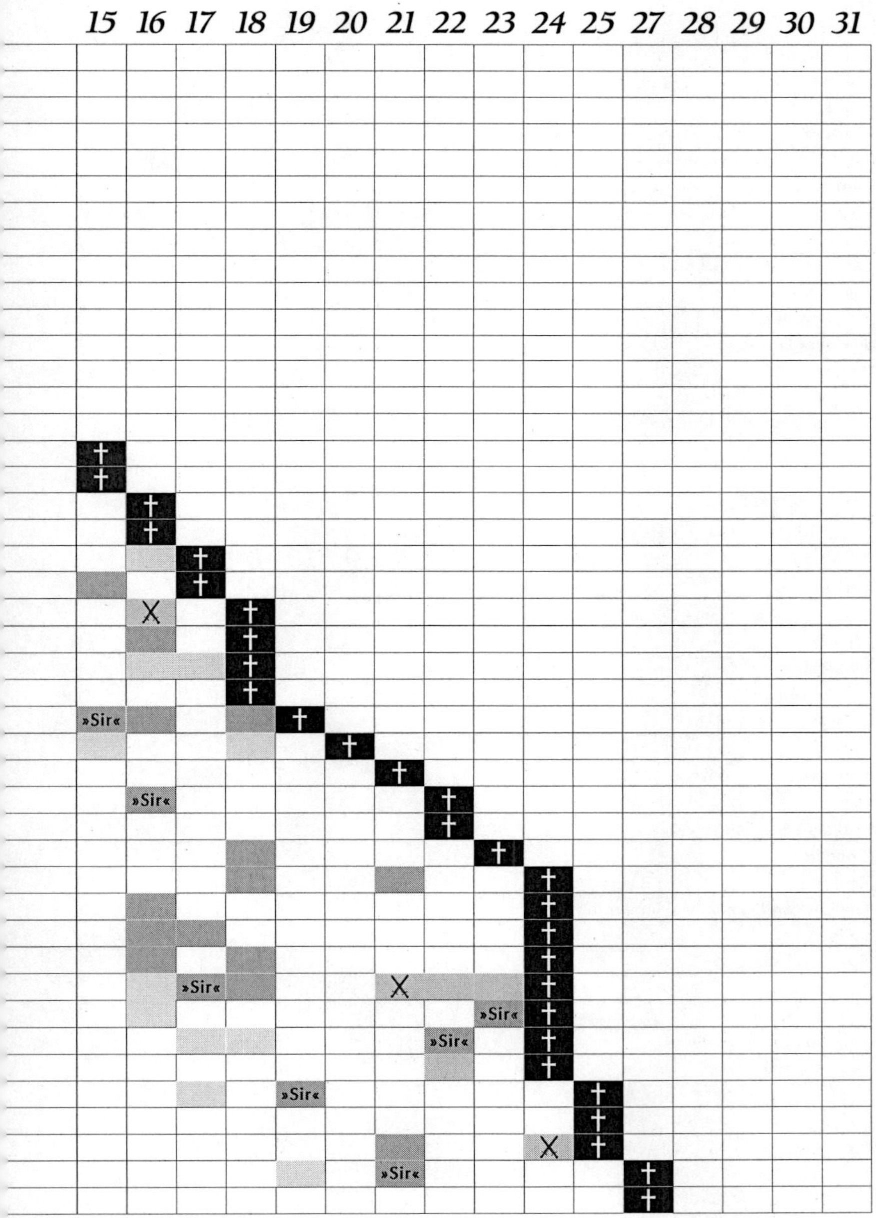
15 16 17 18 19 20 21 22 23 24 25 27 28 29 30 31
»Sir«
»Sir«
»Sir«
»Sir«
»Sir«
»Sir«
»Sir«
X
X
X

Wer ist wann gestorben

Kapitel	4	5	8	9	10	11	12	13	14	
Galahad DuLac										
Urien von Gorron										
Sagramore der Gote						»Sir«				
Gawein von Orgères und Lousillais										
Lucan von Landévennec				»Sir«						
Mordred						*				
Keie			*	»Sir«						
Artus			*	»King«						
Jennifer von Ker Mel Karhez							»Queen«			
Lionel von Gaunes										
Hector DuLac										
Lancelot DuLac										
Melhan										
Melou										
Constantine San Cador										

Weitere

Kapitel	4	5	8	9	10	11	12	13	14	
Osabe										
Cador der Jüngere von Cornouaille						»Sir«				
Eliabre										
Lyoness										
Nimue DuLac										
Morgane von Cornouailles										
Ettarde										
Palamedes der Sarazene							»Sir«			
Kroton										
Bedibere von Landévennec								»Sir«		
Coluche										
Enid										
Gereint von Domnomea San Erbin										
Guibert										
Bors von Gaunes										
Sigune										
Safir der Sarazene										
Jules von Cornouaille										
Gui von Valais (Par Ziv EL)										

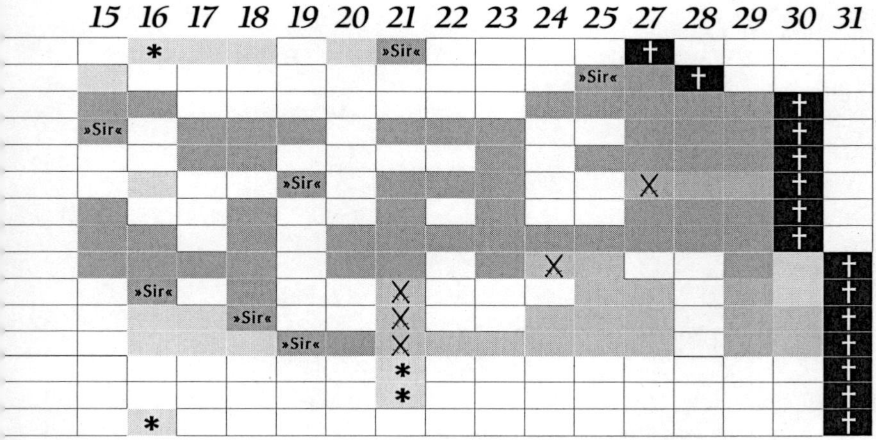
15 16 17 18 19 20 21 22 23 24 25 27 28 29 30 31
»Sir«
»Sir«
»Sir«
»Sir«
»Sir«
»Sir«
»Sir«

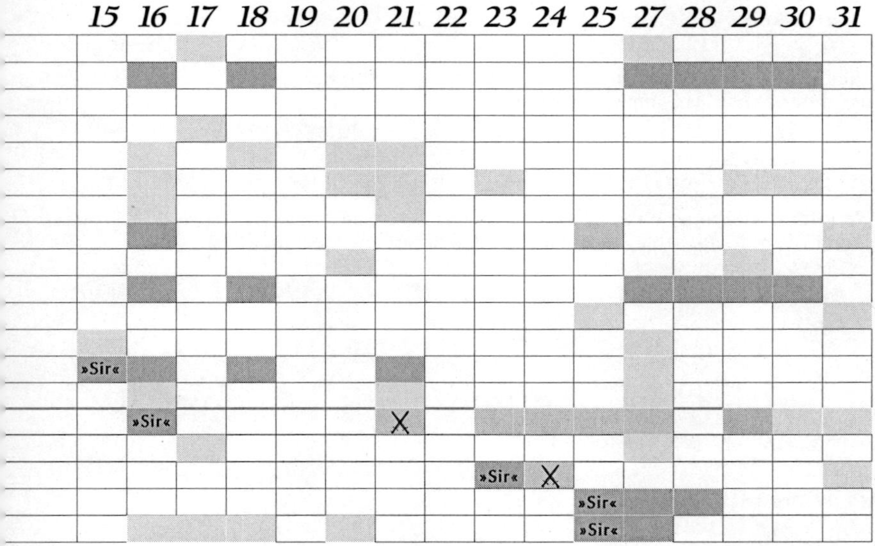
15 16 17 18 19 20 21 22 23 24 25 27 28 29 30 31
»Sir«
»Sir«
»Sir«
»Sir«
»Sir«

Index

Nachwort

Juni 2019

Motivation

Der Name Asterix ist nicht angebracht, denn einem Krieger ist der Titel »Reix« nicht vergeben worden. Sein Clanchef hätte den Namen Majest »Reix« getragen, abgekürzt Majestix. Mirakul, der Druide, ist Frauen nicht abgeneigt und Sklaven haben zu seinem Haushalt gehört.

Ich habe für die begonnene Reihe »Diener des Goldes« nicht geplant, ein Buch über den »King« zu schreiben. In meinem Manuskript habe ich ihn zunächst nur in einem »Nebensatz« erwähnt. Nach nochmaligem Hinschauen entdeckte ich Spuren, welche Artus immer mehr in die Nähe des »Schatzes der Götter« gerückt hat. Doch nur, wenn der Sagenkönig existiert hat. Vieles aus den Überlieferungen hat keinen Sinn ergeben. Deshalb hoffe ich, mit meinen Quergedanken, Ansätze für eine Weiterentwicklung der Artus-Forschung zu liefern.

Heutzutage leben Zwerge und Riesen Tür an Tür und niemand stört sich an deren körperlichen Differenzen. Vor über tausend Jahren haben diese Menschengruppen voneinander getrennt gelebt und sich bisweilen wegen ihrer Unterschiede bekriegt. Heute sind wir eine Menschheit. Größe und Hautfarbe spielen bei normalen Menschen eine untergeordnete Rolle mehr. Das Gift unserer Zeit, ist der Glaube an die Wissenschaft, die Gottlosigkeit auf der einen Seite und religiöser Wahn auf der anderen.

Recherche

Um den Beweis der Existenz zu erbringen, habe ich die familiären Zusammenhänge grafisch rekonstruiert, keltische Namen übersetzt und erwähnte Treffen einzelner Personen in einer Zeitleiste dokumentiert. Bei der Suche nach den Orten und Hinweisen aus den Familiennamen, bin ich in allen Fällen in Westfrankreich gelandet. Somit ist der Bezug zu dem Schatz rein geografisch offenkundig.

Um die Familien der »Sirs« lückenlos zu dokumentieren, ist die Informationsbeschaffung in vier Sprachen nötig gewesen. Merkwürdigerweise sind nicht alle Beteiligten in sämtlichen Ländern bekannt. Manche sind in Frankreich überliefert, die in England fehlen und umgekehrt. Ich bin in die Bretagne gereist, um mich vor Ort zu vergewissern, ob meine Theorien stimmen. Leider haben die Bretonen durch rücksichtslose Rodung der Wälder und Trockenlegung der Sümpfe, viel von der einstigen Mystik zerstört. Ich hoffe, zukünftige Generationen geben den Bäumen wieder mehr Raum.

Trotz gründlicher Recherche sind nicht alle Namen überkommen, weshalb die beiden Druiden Claude und Léighius Namenserfindungen von mir sind. Da die Heiligen Männer zuletzt im Untergrund gelebt haben, sind vermutlich ihre Namen geheim gehalten worden, um die Römer nicht auf ihre Spur zu bringen. Das Risiko ist zu groß gewesen, in die Fänge fanatischer Christen zu geraten. Für eine Handvoll Ortschaften haben sich ihre Lagen rein aus der Logik der Zusammenhänge ergeben. Doch an den von mir genannten lassen sich Spuren der Kelten finden. Die Standorte von Camelot und der Gralsburg sind Mutmaßungen von mir, die sich mir aus den Beschreibungen erschlossen haben. Gleiches gilt für die Herkunft und Herstellung Ex.Sal.Liburns.

Danksagung

Mein erster Dank gilt meinem Freund Martin Fenske, der zum einen die Texte immer wieder akribisch gelesen, kontrolliert und holprige Sätze kritisiert und zum anderen die Klappentexte geschrieben hat. Meinem Verleger Andreas Hohmann zolle ich große Achtung davor, unbequeme Bücher zu verlegen, die zum Nachdenken zwingen, und für das langjährige gegenseitige Vertrauen. Ich danke meinem Freund René Poot-Habisrittinger für seine Anregungen, den Roman, wegen der enormen Vielzahl der Akteure, reich zu bebildern. Meinen Kollegen danke ich für ihre vielen kleinen Unterstützungen und meiner Familie für die Zeit, die ich benötigt habe, dieses Werk zu vollenden. Père Albert danke ich für seine Geschichten über die Bretagne. Leider habe ich ihn zuletzt 1978 gesehen. Danke an die unerwähnten Helfer und Unterstützer, ohne deren Mitwirken einige Fragen ungeklärt geblieben wären.

Zum Schluss

Bei meinen Recherchen bin ich auf einen Witz gestoßen, den ich nicht unerwähnt lasse. Über dem Bild eines Zeltlagers steht: „Wenn Kelten zelten." Aus einem der Zelte kommt eine Sprechblase, wonach einer sagt: „Scheiß Kälte!". Aus einem anderen Zelt kommt die Antwort: „Selber scheiß Kelte!"

Pierre Dietz im Sommer 2019

Vom gleichen Autor:

Um das Jahr 1435 gerät ein Waisenjunge in die Hände des Wirts der Festung Ries. Eines Tages schickt er den Jungen einen Schinken aus einem Raum im Festungswall holen. Doch nicht ganz zufällig gerät der Junge dort in die Welt der Geister, die ihn bereits erwarten. In dieser anderen Welt soll der Junge nun dem Geisterverein helfen, ihren „Zugang zur Unterwelt" bekannt zu machen. Hat sich doch der Geisterverein zum Ziel gesetzt, den Verstorbenen auf ihrem Weg ins Jenseits die Münzen abzukassieren, die sie als Grabbeigabe mit sich tragen. Hier freundet sich der Junge, der Johannes heißt, mit dem „Mädchen aus dem Osten" an, mit der er nun gemeinsam Ideen entwickelt, um ein Geisterfestungsfest zu gestalten. Doch kann der Junge gegen die Profitgier und die Intrigen „des Legionärs" bestehen, der den Geisterverein mit harter Hand führt?

Zahlreiche Zeichnungen zieren das Buch, das im Anhang eine Erläuterung des Festungswesens enthält.

ISBN: 978-3-86841-077-8

Vom gleichen Autor:

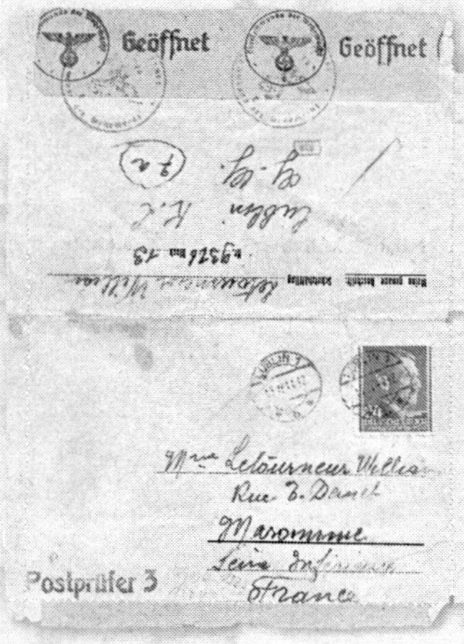

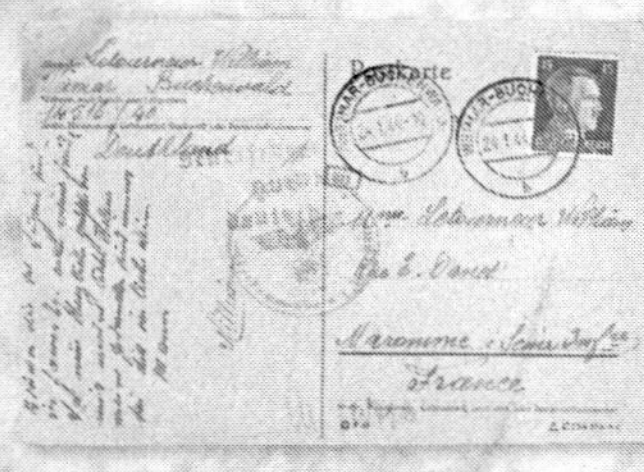

William Letourneur ist Lederfacharbeiter in einem Vorort von Rouen. Nach dem Einmarsch der Deutschen 1940 schließt er sich dem Widerstand an. Von einem Nachbarn denunziert, gerät er in die Mühlen der Gestapo und wird über Compiègne nach Buchenwald, Lublin und Auschwitz deportiert. Er nutzt jede Gelegenheit, um heimlich und offiziell Briefe an seine Frau Hélène zu senden. Briefe in dieser Fülle und über einen solch langen Zeitraum sind eine historische Rarität. Zahlreiche Abbildungen, Zeugenaussagen und Eckpunkte der Geschichte.

ISBN: 987-3-86841-042-6

Edition AV